HISTOIRE DE L'ESPAGNE

大航海时代的
世界帝国

一部西班牙史

[法] 菲利普 · 努里——著
郑东晨——译

la préhistoire

21e siècle

敦煌文艺出版社

1492 年从西班牙驱逐犹太人　埃米利奥·萨拉　1889 年

1492 年 3 月 31 日发布的驱逐令中，居住在西班牙的犹太人若拒不接受基督教洗礼，就必须在三个月内离开，否则将被判处死刑

马尔贝格战役中的查理五世　提香　1548 年

西班牙国王费利佩二世　提香　1551 年

马背上的奥利瓦雷斯伯公爵　委拉斯开兹

身着狩猎服的卡洛斯三世　戈雅

布雷达的投降　委拉斯凯兹　1634—1635 年

描绘了三十年战争中西班牙军队对尼德兰布雷达的围困，以逼迫对方投降

宫女　委拉斯开兹　1656 年

由于复杂且难解的构图，建构了观察者与画中人物间的不稳定关系，引发了关于实景与虚景问题的探讨，成为西方绘画中得到较多分析与研究的作品之一

眨眼之间　莱亚尔

在这幅画中，死神拿着棺材和镰刀，在一位生前拥有权势和影响力但身份不明之人的遗骸前摆出胜利的姿态

尘世荣光的终结　莱亚尔

在这幅画中，下方陈列着两具尸体，一侧是一位主教，另一侧则是一位骑士。在尸体的上方是一个天平，天平的一端放着象征罪恶的动物（贪食的猪、好色的羊、咆哮的狗……），单词的意思是“无须更多”；天平的另一端放着象征祈祷与忏悔的苹果、书籍、圣洁的心脏等，单词的意思是“什么也不能少”。由于每个盘子上都刻有铭文，整体的意思也非常清楚：我们无须做更多的事陷入致命的罪，也无须做更少的事来摆脱罪恶。这表明了一种观点：人类有能力根据自己的行为来调整平衡，在生命结束时给予他们判断价值的权利

卡洛斯三世从海上离开那不勒斯港　安东尼奥　1759 年

1808 年 5 月 2 日的起义　戈雅　1814 年

1808 年 5 月 3 日夜枪杀起义者　戈雅　1814 年

布尔戈斯大教堂　帕塞里萨　1859 年

序言　从新视角看西班牙

菲利普·努里非常了解西班牙的风土人情和历史。过去他出版的作品已充分证明了这一点。他曾成功地向我们展现了一个新的西班牙，一个在胡安·卡洛斯领导下，最终在欧洲占据一席之地的强国。菲利普努力纠正人们的错误认知，用谦逊的言辞，准确、细腻的笔触描绘出了西班牙的面貌。

不过，菲利普·努里认为他最了解的还是当代西班牙。独裁统治使它与欧洲其他国家产生了深深的隔阂；但自 1975 年以来，西班牙踏上了波澜壮阔的发展征程，并建立了民主制度。读过菲利普所写关于弗朗西斯科·佛朗哥和胡安·卡洛斯著作的读者，一定能明显地感受到作者的分析是建立在对西班牙起源、形成和发展的史料考究之上的。因此，这一次，作者想和读者分享他过去丰硕的学术成果和翔实的史料。这也是出版本书的目的。

还有一点，他说，人们往往认为至今没有哪两个国家的历史记载是相似的，但他们错了。每个历史学家从他们自己关心的问题出发，诠释他们所研究的过去。因此，从他们书写的历史中发现与当代议题相呼应的内容也就不足为奇了。不过，写历史最重要的是保持作品本身的客观性，即使有些事实或多或少会动摇人们根深蒂固的观点，也必须考虑到现实的各个方面，再进行写作。

历史学家虽说应该保持客观，但并非没有主观判断。他们不能隐瞒史实，不过可以在适当的时候表明立场，指出某些决定虽然在特定的环境下合情合理，最后却导致了灾难性的结果，理应受到道德谴责。西班牙的命运从它的起源开始就给人们抛出难题：西班牙是什么时候建成的？今天人们的共识是不把罗马时期算在内，不过西哥特国王已经统治了我们俗称的西班牙了吗？菲利普认为是的。

他是对的。法国历史学家皮埃尔·维拉曾经中肯地说，公元 711 年之后人们常惋惜“西班牙的丢失”[1]……在公元711年后（基督教历史文献里）之所以有这么多关于“西班牙丢失”的言论，是因为西班牙应该早已经存在于人们的情感中。

菲利普·努里没有回避西班牙历史发展中的种种问题：收复失地运动是宗教战争还是重新夺回领土的政治斗争；中世纪伊比利亚半岛的局部伊斯兰化；围绕着三种宗教——伊斯兰、基督教[2]、犹太教的争论；对征服和殖民新大陆的争议；近代西班牙如何融入哈布斯堡王朝，以及为此付出的代价——那是一个黄金世纪，也是一段漫长黑暗的时期；18世纪的复兴；独立战争时的大国崩溃；百年的混乱和持续的内战导致西班牙从1815年到1975年间从国际舞台消失……对每一个问题，菲利普都在大量阅读文献后摆出事实，进行解释、分析和判断。阅读这部心血之作，读者会对作者肃然起敬，也能重新发现作者先前作品的价值。

约瑟夫·佩雷

① 后文有引用维拉的同一个说法。这里“西班牙的丢失”是指信奉伊斯兰教的摩尔人于公元711年入侵信奉基督教的西哥特王国，相对基督教来说，西哥特的灭亡即相当于基督教“失去了西班牙”。

② 本书中的基督教大多为广义上的基督教，广义的基督教指凡是信奉耶稣基督为救世主的所有教派，包括了罗马公教、正教、新教三大派及其他一些小教派。

前　言

有约瑟夫·佩雷和巴托洛梅·本纳萨两位法国的西班牙研究专家珠玉在前，我现在写这部西班牙历史并非妄图补充他们的研究，只因我个人好奇，想要梳理一下这段有很多疑点、却又令人沉迷的历史。同时，为了让读者们一步一步向前发现另外一个西班牙，我想严格按照时间线来写，尽量不偏离主题，虽然这种情况会因为历史本身的步调时有发生。

皮埃尔·维拉说过，了解历史所有的细枝末节不太重要，重要的是理解它为什么发生，以及对过去真实发生的事有自己的评判。因此需要去探索它的意义，尽管这种方法也可能会带有意识形态色彩……

阅读前人的书，我能感受到他们的研究来源于对答案的追寻，他们的表述足够凝练清晰，不过仍然需要用更简单、更完整的细节让普通民众明白。这就是西班牙史的特点，一直都给人留下需要探索和解释的空间。

举例来说，约瑟夫·佩雷的研究《聆听西班牙历史》，还有巴托洛梅·本纳萨所著的《佛朗哥传记：理解》（下卷），或者美国的西班牙研究专家史丹利·佩尼最新著作《西班牙内战——混乱的历史》，还有西班牙自己的学者加尼维特、奥特嘉、马隆、马达里亚加，以及乌纳穆诺—— 每个人都在不断反思这个国家的历史，去粗取精，去伪存真，试图揭开棘手的谜团，如西班牙历史学家克劳迪奥·桑切斯·阿尔博诺兹的《西班牙历史之谜》。

很多的迷思来自根深蒂固的偏见，充斥于整个历史，让其显得独树一帜。在这个欧洲边缘的国家，在它独特命运的浪漫光环之外，“衰落”是反复出现的主题。外国人常常把它作为镜子来反观自己的国家，也用它掩盖自己的责任。

西班牙的独特性首先体现在穆斯林统治下的西班牙开展的收复失地运动，从夺回格拉纳达一直持续到现代的伊始。其特殊之处在于一系列历史意外突然且长久地打断了它朝着民族国家方向转变的进程。第一次中断是天主教双王去世后，王朝国家崩溃，接着西班牙被查理五世并入他的帝国计划中，为了它在欧洲的霸权以及那些非正义的殖民（被称为“黑色传奇”）而不断内耗。第二次中断是由于欧洲三十年战争中西班牙失败，自1648年后，其国力式微，走向衰落[①]。但更严重的是18世纪末，法国大革命时期，拿破仑大军的入侵打断了波旁王朝卡洛斯三世英明统治的势头。最后一次断裂是在混乱的19世纪末、20世纪初。1898年西班牙失去了最后的殖民地，后来虽经历短暂的幸福时光，但社会问题仍没有得到解决。那个时代所有的意识形态弊病都在内战中找到出口，汇聚成激烈的冲突。

此后的西班牙历史也表现出振奋人心的一面。虽然以独裁统治为代价，但它不再厄运缠身，有长时间的喘息之机以改变其结构性缺陷，让中产阶级更为安心的、和平的新社会慢慢出现了。这次没有再度发生悲剧，经过三十五年，在西班牙，真实、完全欧洲化的民主制度到来了。

西班牙的历史往往被外来因素阻碍，连续的发展滞后使它被欧洲边缘化，导致它的真实价值没有得到认可。我们对邻国的认知错误比自以为的更多。虽然没有敌意或反感，但冷漠和精神懒惰常常限制我们去思考、验证所接收到的观点。

我们设想西班牙易怒且傲慢，也敬畏它黄金时代的军事和文化力量，但很快会歪曲它，我们忘记了拉封丹（法国诗人及寓言作家）用一段智慧的短诗来总结我们同胞的弱点：

> 我们虚妄自大
> 西班牙人亦自负，但方式不同
> 他们的骄傲，一言以蔽之：
> 疯狂，但不愚蠢

① 1648年，西班牙对法国作战失利，在陆地上的军事优势也宣告结束。此后，在西班牙王位继承战争中，又向英国割让了直布罗陀并陆续丧失了葡萄牙及其在意大利与尼德兰的领土，西班牙逐渐走向衰落。

一个世纪之后，仍然可以看到我们的百科全书编纂者轻蔑地嘲笑西班牙。浪漫主义者虽然改变态度，恢复了伊比利亚半岛的声誉，但有时候会在描写西班牙的文学作品中不公正地指责比利牛斯山另一边的异域特质。在巴雷斯之后，我们有很多作家从自负转变为陈词滥调地吹捧，西班牙人没有那么容易上当而对我们的热情表示感谢。他们的历史使其带有一种介于骄傲和自我否定之间的矛盾情绪。到现在他们依然受不了在人与人之间、国与国之间的关系中被忽略。就像在《希望》一书中马尔劳所说："啊！我不想被人忽视！"

由于上述原因，我开始书写这本酝酿已久的书，如果它能够帮助人们消除一些对历史的困惑，也就达到目的了 。

目　录

第一章　最初的诸国

西班牙堡垒

让我们看看很久很久以前伊比利亚半岛的地理环境，这个巨大的欧洲海角像船头一样在大西洋冰冷的海水中前进，是未来征服者的希望。

这个紧凑的五角形周围被海水浸泡，只有在比利牛斯山难以跨越的地峡处与欧亚大陆相连，它距离马格里布最近处大约 14 千米，更接近岛屿一般的孤立状态。但这个孤地本身是“力量与复杂的统一体”。

鉴于这种轮廓，人们可能会问，是不是与它如此接近的非洲大陆才是伊比利亚半岛真正的母亲？把它看成欧洲的领土，是不是弄错了？许多世纪以来，关于伊比利亚人的来源，关于长期被阿拉伯 - 柏柏尔人占领的半岛，大量的争论显得有些陈词滥调，有的观点还歪曲事实，但它们都在试图回答伊比利亚的起源。“这里已经是东方了！”浪漫主义旅行者狂欢道。20 世纪西班牙的学者用“近东”这个词来称呼这片土地，因为西班牙表现出的“异域风情”让他们也感到困惑。

这块欧洲次大陆的命运坎坷不平，就像它古怪的性格。似流苏散开的海滨和较难接近的卡斯蒂利亚高原占据着半岛的大部分土地。埃布罗盆地朝向东部地中海，塔霍河、杜罗河、瓜达尔基维尔和瓜迪亚纳四条大河汇入大西洋。前两条朝西，另外两条向南。瓜达尔基维尔河在安达卢斯境内的流域——从科尔多瓦到塞维利亚——形成广阔丰饶的平原。梅斯塔巨石所塑造的水路之间，连绵的山脉如锯——瓜达拉马山脉、格雷多山脉、埃斯特雷马杜拉山、伊比利亚山脉——使卡斯蒂利亚高原与外界隔离，成了一片孤地。

在它的外围，半岛的南部和北部都没有繁茂的景象。在南边，从将新卡斯蒂利亚和安达卢斯分开的莫雷纳山脉下来，走过绵延的平路，就会遇到高耸屹立的内华达山脉，其中最高峰穆拉森山高达 3478 米。北面有坎塔布连山脉，是西欧最后一群土生熊的避难所。东部耸立的欧罗巴峰，使得桑坦德和阿斯图里亚斯的沿海地区只有一片狭窄的海岸向比斯开湾开放。

在伊比利亚半岛，走到哪里都有屏障阻碍。各个方向都有山口及难以通过的狭道：北方的潘科尔沃、索莫谢拉，中部的德斯皮纳佩罗。这些天险以及其中致命的陷阱、横行的匪徒、游击队四面埋伏的景象，在历史长河中被写下浓墨重彩的一笔，会被一直铭记。古老土地的野性，人和家乡亲密的关系，很长时间会成为他们的精神烙印。这些分隔可以解释自治者甚至分裂主义者的强烈渴望，他们现在仍然是西班牙国家组织体现出的特色。不要忘了，他们也是一个群体，通过奖励或补偿统一在一起。

到了距离今天相对近一些的时代，人们认为马格德林时期（欧洲的旧石器时代晚期，约公元前 15000 年到公元前 10000 年）的艺术家是半岛上最远古的居民。他们刻在坎塔夫里亚的阿尔塔米拉洞穴里的动物轮廓和拉斯科洞穴的动物绘画相似。从 1983 年，在老城卡斯蒂利亚，在索里亚和布尔戈斯之间的胡瑟裂谷[①]中发现三十多块人类化石，将西班牙大地上的人类足迹推前至距今 30 万年。到了 1994 年，在大多利纳发现另一些化石，来自于六个更早之前的个体，采用现代鉴定方法检测出他们是来自距今 80 万年前的史前人类，尽管他们凶残地食用人肉，但与海德堡人、尼安德特人和智人都有共同之处。这个令人震惊的发现证明伊比利亚半岛是欧洲最早有人类居住的地方。可以说，他们是最早的欧洲人。

不过先让古生物学家继续去探索幽暗深渊吧！我们要靠上“史前史”的未知海岸，在那里，科学知识往往和神话争得不可开交。

---

① 胡瑟裂谷（Sima de los Huesos）：西班牙语中有“骨坑”的意思，位于阿塔普埃尔卡山的马约尔风洞。

黄金国塔特苏斯：神话和现实

越过在阿尔梅里亚（Los Millares）发现的公元前3000年的巨石台阶和技术精湛的堡垒，在青铜时代（公元前2500年到1200年）安达卢斯这片区域，就出现了先人所说的半岛最初的文明——塔特苏斯文明。这个富裕的王国占据着围绕塞维利亚的瓜达尔基维尔平原、威尔瓦平原以及莫雷纳山脉的矿区。

希罗多德基于腓尼基航海家的描述记载道，公元前1000年塔特苏斯通过离他们最近的据点——建于传奇王国旁边的加地尔（如今的加的斯），与推罗、西顿做贸易。

《圣经》里同样描述过这个地方，它被称作“他施”，就像所罗门王获得珍宝的黄金国。它的财富有瓜达尔基维尔和赫尼尔的黄金，力拓河的银、铜，莫雷纳山脉的铁、铅，还有腓尼基人和塔特苏斯人从加利西亚的凯尔特人那里找到的做金属制品所必要的锡。

塔特苏斯存在有组织的政体、使用古代法律的说法不太可信。关于它的神话中还出现了革律翁，他的牛群被大力神赫拉克勒斯牵走了（后者的十二伟业之一）。

但其统治者的名字是从希腊历史学家那里得知的：占领撒丁岛的诺拉，开创养蜂业的加多里斯，最终统治了80年的阿尔甘托尼欧斯，大约在马赛建立不久的公元前630年，这位国王迎接了第一批从马赛来的希腊军舰，激起了腓尼基人的后继者迦太基人的愤怒。在公元前最后一千年间，似乎是布匿人破坏并摧毁了塔特苏斯王国。那时王国的规模正扩张达到最大，一直延伸到安达卢斯最东边的加塔海角。

尽管哈米尔卡和汉尼拔的先辈几乎没有留下什么塔特苏斯遗迹，不过德国考古学家阿道夫·舒尔滕在努曼西亚遗址被挖掘出之后，于20世纪初开始重新寻找这个神秘王国的位置，发现了一些在火葬时倒塌的遗迹，显现出伊特鲁里亚墓葬建筑的风格。人们稍迟一些时间在塞维利亚附近（卡兰博罗宝藏）发现了“受东方影响”的黄金和青铜制品。这些遗迹至少让我们更了解伊比利亚，以及一个卓越进步的塔特苏斯文明。伊比利亚的文化确实受到来自地中海以东地区的影响，但受伊比利亚半岛最初居民的影响更多。

埃尔切夫人像：伊比利亚时期

公元前500年，伊比利亚半岛被来自不同地方的两个族群共享：在公元前最后一千年的前半段，凯尔特人如潮水般穿过比利牛斯山脉，在半岛的北方和南方安营扎寨；伊比利亚人则占据了所有地中海沿岸以及很多内陆地区，他们的栖居地像一个拱形，从安达卢斯延伸到朗格多克。如果说凯尔特人的起源已广为人知的话，那伊比利亚人的祖先就有争议了。

人们猜想他们的祖先是古老的柏柏尔移民，或是从黑海沿岸迁移而来的人。大部分当代历史学家倾向于回避这个问题，应该说吸引着前人孜孜不倦探索的种族特征研究不再受欢迎。很多人都赞同伊比利亚人是真正的原住民，就像巴斯孔塞人（广义上来说是巴斯克人）。

因为尚未发现类似罗塞塔石碑的双语铭文，所以人们还没搞清楚伊比利亚人使用的字母，只能根据一些石刻碎片上的文字，猜测伊比利亚人和巴斯孔塞人是同一个民族，讲同样的语言，现今的“巴斯克语”可能是残存的古伊比利亚语。这种论点背后无疑带有政治意图，让巴斯克人成为“最西班牙的西班牙人”，不过它从来没有被证实过；唯一的证据就是伊比利亚语和巴斯克语都不属于印欧语系。

对伊比利亚文明源头的逐步认识改变了过去的考古学研究方法——那些用“殖民者”视角的方法——过高估计了腓尼基人和希腊人通过商贸点带来的影响，而且忽略了原住民文化。腓尼基人可能从公元前一千年前，希腊人从公元前5世纪起，就在布拉瓦海岸建立了安普里亚斯和罗萨斯；伊比利亚人则一直沿着海岸直到加利西亚和阿斯图里亚斯。

这些做贸易的航海人通常住在贸易歇脚点附近，在一些被猜测为其聚集地的遗迹中可以看出，他们以很有智慧的方式生活着。他们没有去征服原住民，只是在文化层面上影响当地人，更准确地说，是两种不在同一层次上的文化间的互相渗透。

在那个时代，人们认为所有的启蒙都只来自于希腊。特洛伊的发现者海因里希·施利曼把一切发现归为荷马的作品，挖掘塔特苏斯遗迹的阿道夫·舒尔滕在寻找腓尼基或希腊印记时也有同样的认知上的偏见。我们知道这几个世纪希腊和拉丁历史学家充满了对他们自己文化的优越感。

考古学以科学方法准确地告诉我们这里存在着什么样的文明。皮耶尔在1897年挖掘出埃切尔夫人像时有重大发现，但这确实不是第一次证明伊比利亚文化的存在。人们先是通过阿尔瓦塞特省的墓葬地了解到这个文明，那里出土了很多圣人塑像。稍迟人们又发现了大量生产的、被命名为“法尔卡塔斯”的军刀。1618年在贝扎（哈恩省）附近发现的一只银碗上刻着楔形文字，我们现在知道那是伊比利亚文字，另外还有一些钱币。19世纪，在明智的政治家卡诺瓦斯·德尔·卡斯蒂略的推动下，人们开始认真进行大规模挖掘工作。在之前提到的“中世纪的圣殿”遗址出土了稀奇的人面公牛，人们相信它受到亚述或是拜占庭文化的影响，就像人们把最新出土的一些雕像归为阿利乌教或是西哥特时代天主教的殉道者一样。有些看法称这是原始伊比利亚艺术的复兴，还有观点认为正是从这些前罗马时代的伊比利亚手工艺品中产生出了原创艺术。

埃切尔夫人像是在阿利坎特南部的埃切尔棕榈林中被挖掘出的。这个创作于公元前4世纪、深深根植于地中海艺术传统的杰作被认为是真正的伊比利亚手工艺作品，不过也不可避免地结合了半岛上的其他外来元素。

庞大的圆形发式盘绕在庄严安详的脸庞两侧，丰腴的胸前戴着垂饰。西班牙研究专家观察到首饰的装饰作用超过实际功用，认为傲慢的夫人像具有未来几个世纪在西班牙美学中持续体现的“矫饰主义造型艺术”。

在其他夫人像身上同样也能发现对装饰造型的关注。比如在圣殿、巴扎（格拉纳达的省，1973）发掘的卡贝佐·卢塞罗夫人像（1987）——半身像、手托祭品的全身像，女神像或女祭司像，我们虽想不起来它们属于哪一个教派，但可以凭借想象和传说将它们与极为古老的亚特兰蒂斯神话联系起来。而无论是用石灰石雕琢的戴着头盔、双眼紧闭的武士面具（波尔库纳，1975）或是狼首（塞里洛·布兰科，哈恩，1979），也都证明伊比利亚工艺手法的灵感来源广泛。

由于从推罗到迦太基留下的工艺品相对贫乏，导致人们认为腓尼基人对原住民艺术的影响也许没那么大，而希腊艺术甚至还有更遥远的伊特鲁里亚人的影响则会更明显。然而它们没有遮盖伊比利亚原住民特殊的工艺手法。希腊人让东方和意大利艺术成了原住民文化的重要搭档，就像在伊比利亚半岛其他地区的凯尔特人所做的那样。

凯尔特 - 伊比利亚人：成功的联姻

公元前最后一千年间，凯尔特人来到伊比利亚半岛居住。这些被高卢人驱赶的凯尔特人穿过比利牛斯山脉，和伊比利亚土著融合孕育出凯尔特 – 伊比利亚人，主要生活在梅斯塔，成为西班牙人口的重要组成部分。这个看法没错，但还需调整，因为我们一直关注早先的移民，以及后来的战争侵略者等大规模流入现象，却没有考虑几千年来在这片土地上生活的人。西班牙、葡萄牙和现在的其他国家一样，从洞穴时代甚至更早以前，除了他们自己的族群，没有其他地方的人来居住。也许我们也可以称之为“伊比利亚人”，因为他们是第一批占领这片土地的人。不要忘记“混合”只是为教学用途简单化了的概念，但却让我们忽视了同化实际上是更复杂的过程。

凯尔特人进入伊斯帕尼亚，建立了努曼西亚，可能还雕刻了著名的吉桑多巨人托罗斯，他们的武力优势比文化优势更明显。不过这不能说他们只是通过暴力征服半岛。实际上，我们对在公元前 8 世纪到公元前 6 世纪这些新来者和原住民之间以何种方式融合不是很清楚。在半岛的北部和南部更能表现出凯尔特人的影响力。其中，加利西亚、阿斯图里亚斯和坎塔布里亚受影响最深。凯尔特语词尾的特征也出现在梅斯塔高原上的卡斯蒂利亚语和阿拉贡语中。除此之外，我们还可以在加泰罗尼亚（凯尔特部落入侵南地中海高卢的途经地）看到它的影子。伊比利亚人本身也已经渗入到中央高原的阿基坦（Aquitaine）盆地、高卢的东南部，可能在更久以前就到达了利古里亚人的影响区边界。因此，法国对凯尔特 – 伊比利亚互相融合的兴趣不比其对半岛的兴趣小。

那么，是否应该将今天西班牙某些矛盾的特质上归结于两个互相对立的种族间的混合——“想象中的伊比利亚，暴力而敏捷；凯尔特，强大有序，更慢但更有效率”？小心这样的想法！因为这到形成如今的“西班牙人”还有一段距离。凯尔特 – 伊比利亚人还有两个强大的殖民者对手：其一是迦太基，其二是罗马，特别值得注意的是罗马。罗马化的凯尔特 – 伊比利亚被西哥特人留下印记，最终，后者的广大领土又被阿拉伯 – 柏柏尔人统治了许多个世纪。

迦太基与罗马之间

公元前 574 年，推罗被尼布甲尼撒王统治的巴比伦人占领后，腓尼基人开始衰落，被其过去的殖民地迦太基接替，随着它在西部不断发展，迦太基升级成为地中海地区的中心。不像先辈腓尼基人与半岛原住民和平地进行商贸往来，迦太基人一开始就把他们当作敌人。希腊人和凯尔特－伊比利亚人关系友好，迦太基和罗马却为了控制西地中海而越来越敌对，这将打破过去的关系，让半岛成为当时两大势力争夺的重要筹码。

公元前 241 年，迦太基人丢掉了西西里岛，他们立刻加强了对西班牙的控制，因为那里有充裕的战略金属，从第一次布匿战争起他们就从那里雇佣外国士兵，特别是巴利阿里群岛著名的投石兵。

到了公元前 237 年，迦太基强人哈米尔卡·巴卡在卡德斯（加的斯）下船登陆（同行的还有一支勇猛的军队）开始大规模占领地中海沿海地区。公元前 229 年哈米尔卡死后，他的女婿哈斯德鲁巴继承衣钵继续征服，于公元前 221 年建立了卡塔赫纳（新迦太基），从卢西塔尼西边绕过梅斯塔高原，接着从埃布罗河谷渗入内陆。

罗马担心这群迦太基人占领西班牙（罗马行省）的资源，于是和他们的敌人谈判，规定迦太基人不能跨越埃布罗河；而萨贡托发生的事件导致了第二次布匿战争的爆发。

萨贡托距离现在的瓦伦西亚北面大约 20 公里，是一个富饶的伊比利亚城市，和马赛的弗凯亚人很友好，也因商业往来和罗马结盟。哈米尔卡的儿子汉尼拔接替了被暗杀的哈斯德鲁巴，并从公元前 219 年开始稳稳地掌握大权。他遭遇了萨贡托惨烈的英雄保卫战。萨贡托人在被驱逐前被命令留下财富，于是他们点燃熊熊火焰将金银熔化掉，向敌人发起最后的猛攻前还掐死了自己的孩子。爱国主义的火焰顽强而绝望地燃烧在这片伊斯帕尼亚土地上，面对外族侵略保持独立的坚定意愿开始崛起。一个世纪之后，火焰将燃烧在努曼西亚，人们将对战罗马。

离萨贡托第一次被围攻的两千年之后，两万名苏切特骑兵在这里遭遇到同样的难题——受到 2000 个穆尔维德罗战士的抵抗。结果只有城市的名字暂时改变了，但其居民的毅力和牺牲精神没有改变。虽然拿破仑是军事史的行家，但却没有学到教训。

接下来便是有名的汉尼拔时代。迦太基人在萨贡托被围攻两年后，带着他们的战象和众多从不团结的半岛部落里招募的后备军，跨过了比利牛斯山和阿尔卑斯山。在特雷比亚河、特拉西梅诺湖等一系列胜利之后，征服罗马的希望却破灭，他们撤退到努米底亚。最终在公元前 202 年，罗马将领大西庇阿以扎马战役的辉煌胜利结束了第二次布匿战争。而在公元前 146 年第三次布匿战争中，迦太基被小西庇阿摧毁。

公元前 217 年，当汉尼拔在意大利取得胜利时，迦太基在西班牙的势力则结束了。在埃布罗河口，为了为萨贡托的防御者报仇，罗马船队摧毁了敌方船队。某些作者认为，见证了拿破仑在西班牙遭遇第一次严重失败的拜伦（哈恩省）是结束迦太基对西班牙控制的决定性战役之地[①]。

这次短暂的军事殖民带来了什么？确实不像从前土著和腓尼基人进行文化交流时得到那么多好处，那时的腓尼基人是第一批把古代文明中的东方技术和艺术介绍过来的人。然而，迦太基人通过战争，第一次激起了半岛某种程度的团结，甚至可能让半岛居民产生了归属感。更能肯定的是，迦太基人把罗马人引进了西班牙，罗马化就是后者得到的最大好处。

从维里阿修斯到努曼西亚

不过西班牙的罗马化并没有那么容易。恺撒从公元前 58 年到公元前 52 年用了 7 年时间征服了整个高卢；古罗马军团从公元前 217 年到公元前 19 年用将近两个世纪征服了整个半岛。地理以及部落间的隔绝是摆在罗马殖民者面前最主要的困难之一。

第二次布匿战争前，地中海的西班牙，从加泰罗尼亚到埃斯特雷马杜拉，经由莱万特和贝提卡（安达卢斯）在罗马势力范围内迅速溃败，但不包括卢西塔

① 公元前 209 年末至公元前 208 年初，罗马将领大西庇阿在瓜达基维尔河上游距哈恩 40 千米左右的巴埃库拉（Baecula，今拜伦）成功击败汉尼拔的姐夫哈斯德鲁巴·巴卡，取得第一次对迦太基大型会战的胜利。

尼亚，如今伊比利亚半岛西部的这片区域位于如今的葡萄牙和卡斯蒂利亚西部。

在控制了地中海沿岸后，罗马下一个目标是控制大西洋沿岸。这些罗马军团驻扎在梅里达（埃梅里达－奥古斯塔）和莱昂（莱吉奥·塞普蒂马），以避免反过来被凯尔特－伊比利亚部落攻击。一个世纪之后，卢西塔尼亚人的领袖维里阿修斯成为这片广阔之地抗击罗马的英雄，就像高卢的维钦托利。

这场顽强不屈的游击战争持续了十多年之久，难以缓和。维里阿修斯有充分的理由恨罗马人。远西班牙行省总督加尔巴假称为卢西塔尼亚人提供土地，吸引后者进入罗马军队的包围，进行大屠杀。9000 具尸体、20000 个俘虏被当作奴隶贩卖。维里阿修斯本人成功逃走，他一个村一个村地传播反抗的消息，集结了半岛西部几乎所有的部落。在这场十年战争中，元老院先后派来 6 员大将对抗维里阿修斯，却被他一一击败。每一次激烈战斗后，维里阿修斯都会受到重创，他在行军去加的斯的途中就失去了近 10000 名士兵。后来他利用百人团的优势，把罗马兵团吸引到野河谷深处，歼灭了 4000 人和他们的执政官、远西班牙行省总督维特里乌斯。另一个罗马执政官普劳提乌斯在埃武拉（葡萄牙）战败。他的继任者伊比利亚总督尤马乌斯也败给了卢西塔尼亚勇士。一篇墓志铭把这场战斗的情况告诉了我们。战场遗址不远处，后人发现一个罗马战士留下的墓碑。墓碑上的内容是：一位名叫米努修斯的士兵感谢一位叫作尤布提乌斯的卢西塔尼亚敌人为他治疗伤口，并给予他照顾。战争是无情的，但有时这种骑士精神在西班牙被人津津乐道。

维里阿修斯，就像维钦托利，将越来越多的来自各族的人民团结起来，成为卡斯蒂利亚平原的主人。新的罗马将领小西庇阿决定用诡计除掉维里阿修斯。

罗马的编年史家为我们描述了这位卢西塔尼亚人的领袖：有古铜色脸颊、鹰钩鼻，是一个魅力四射的雄辩家，永远不知疲倦、性格活泼的人，知道如何与强大的对手打交道。他向小西庇阿派出三位谈判使者进行和平谈判，争取最有利的条件。罗马执政官的花言巧语和奢侈让粗鲁的使者印象深刻，他们被收买并杀死了自己的领袖。不久的未来，他们将回到罗马人管理的叛徒集中营。清晨，人们发现维里阿修斯死在帐篷里，那时是公元前 139 年。罗马元老院公开否认是小西庇阿做的，但其底下的人都向他表示祝贺。

维里阿修斯形象高大尊贵，他的死亡与维钦托利相比并不那么屈辱。6 年之后，努曼西亚保卫战开始了，它是西班牙面对外族压迫进行抗争的象征。

努曼西亚是一个距离索里亚很近的城邦，在布尔戈斯的路上，没有阿莱西亚大。它在老卡斯蒂利亚的中心，冬季狂风刺骨，夏季炎热酷暑。早在 80 年之前，围绕着阿利斯圣兰小丘，一场令人惊心动魄的战争沉重打击了 8000 多名决定继续维里阿修斯战争的凯尔特 – 伊比利亚人。

长期掌权的小西庇阿对努曼西亚这座小城实行完全封锁，在杜罗河上张开锁链，凿开沟渠，筑起壁垒和高塔，在城邦周围用石头建立了营地。6000 名罗马兵团的士兵去攻打数量远逊于己并且武器落后的凯尔特 – 伊比利亚人。8 个月后，努曼西亚城的居民受尽饥饿折磨，但他们没有向小西庇阿投降，而是像萨贡托那样，男人、女人把孩子们掐死后，用铁器或者放火自杀了。

根据历史学家波利比乌斯叙述，小西庇阿兵团的士兵进入努曼西亚时，凯尔特 – 伊比利亚人的尸体堆积起来有一米半厚，努曼西亚城的一切被毁、被烧，只留下一地灰烬。城中居民在集体自杀前，最后的抵抗者用他们国家的麦酒把自己灌得酩酊大醉。在遗址发现的一块黏土碎片上，精心绘制着幻想中的动物，证明他们面对征服者没有退缩。

北部坎塔布里亚和阿斯图里亚斯的凯尔特 – 伊比利亚人是抵挡外族入侵的最后一批战力，正如 7 个世纪之后，是他们最先粉碎了阿拉伯 – 柏柏尔人的进攻。

当罗马已经统治了头三个伊比利亚省——塔拉科、贝提卡、卢西塔尼亚时，反抗组织仍然在奥古斯都帝国统治下继续存在。直到公元前 19 年，半岛才被完全平定。不过仍然不能这么说，因为巴斯孔塞人还占据着比利牛斯山西边的领土。就像佛朗哥之后加泰罗尼亚大区第一任长官何塞普・塔拉德利亚斯评论巴斯克祖国与自由党（巴斯克语是“Euskadi ta Askatasuna”）现象持久时戏谑地总结：“巴斯克地区的问题要归结于罗马从来没有真正到达他们那里！”

拉丁印记

凯尔特 – 伊比利亚人有着本能的叛逆，但富有远见，他们很快地适应了罗马对西班牙的管理。公元前 38 年，西班牙成为罗马行省。像塔拉科（塔拉戈纳）、埃梅里达 – 奥古斯塔（梅里达）、塞萨・奥古斯塔（萨拉戈萨）这样的大城市繁荣发展，特别是在梅斯塔周边的城市。它的主要入口在莱万特、塔拉科和卡塔赫纳；南部有卡德斯（加的斯）或者希斯帕利斯（塞维利亚）。大约公元70年，在韦斯巴芗的统治之下，所有城邦接受了罗马法律，这是建立公民权的第一步。公元213年，在卡拉卡拉的统治下，罗马公民权扩展到整个帝国。

恺撒征服整个高卢之后，尽管有很多兵团扎根在半岛上，但意大利人似乎并不太多。西班牙和纳博讷的拉丁化是同时期进行的，比法国其余地区的拉丁化早了一个世纪。因此，当恺撒进入“长毛高卢”的田野时，西班牙城市已经追捧起当地诗人，他们用维吉尔的诗句吟唱着祖国的美丽，比如公元45年生活在比尔比利斯（卡拉塔尤德）的马提雅尔。

西班牙的罗马化很早成熟且深入，但在这片大地上，罗马化的地理分布是不同的。首先在贝提卡，从很早之前就因东方和希腊传来的文化而十分精致，还有埃斯特雷马杜拉的南部以及梅里达，后者是连接阿斯图里亚斯和加利西亚道路的起始处，此外还有围绕着萨拉戈萨的阿拉贡东北处。

“如果人们想理解今天西班牙的源头，应该要考虑罗马化的地理分布。”莫里斯·勒让德在他1938年内战期间发表的著作里这样说道。另外还要注意这个国家尽管这么快拉丁化，却似乎“像一个最不拉丁的拉丁国家”。这位杰出的西班牙研究专家认为，原因是西班牙这个国家是由梅斯塔的人民和坎塔布连山的人民以及巴斯孔塞人组成的，就像人们看见的那样，他们是最迟也是最难罗马化的。

这种观点是有争议的，它仅仅是一种遥远的猜想，以此来解释我们难以理解的问题，比如国家历史为何如此，以及如何在历史上某个时刻在某些方面做出决定的。

天才的罗马人带给未来的西班牙一种被广泛使用的独特语言（比土著的语言丰富得多）还有宽广的大路，宏伟的引水渠（塞戈维亚，塔拉科），梅里达最奢华精美的竞技场和剧场，壮观的桥梁，如塞哥维亚桥，以及埃斯特雷马杜拉和葡萄牙边境处跨越在塔霍河湍急水流上的阿尔坎塔拉桥，在这些伟大的工程中，对矿产的合理开采让半岛在经济方面联合起来，就像语言和法律在精神领域的作用一样。

从公元1世纪开始，西班牙给罗马文化贡献了科尔多瓦的塞涅卡。在19世纪，安赫尔·加尼维特在塞涅卡身上的斯多葛主义美德中，看到了西班牙的先驱典范。他的外甥是历史学家卢坎，以及之前提过的诗人马提雅尔，植物学和农学家科卢梅拉，出生在卡拉奥拉的雄辩家、修辞学教授昆体良[①]，还有那些优秀的帝王：图拉真，生于今天塞维利亚附近的意大利加（Italica），他的继任者以及养子哈德良也是安达卢斯人；马尔库斯·奥列里乌斯在罗马出生，不过是西班牙后裔；宣布基督教为国教的狄奥多西一世（347—395）出生于索里亚附近的古柯，他也是在罗马帝国正式分裂成为东西两个帝国之前的最后一位恺撒……简而言之，西班牙对罗马文明做出的贡献在重要性和质量方面都让高卢黯然失色。

殉道者和异端

西班牙土著对罗马复杂的异教信仰不感兴趣，不过很快就接受了基督徒的传教。有人提出（不过没有可靠证据），圣保罗常常到罗马与塞内卡往来；大约公元 58 年，他在哥林多写给罗马人的书信中提到他也在西班牙进行着这样的传教之旅。不管怎样，这个“在西方尽头”的旅行总比迟来的民间传说更真实，后者塑造了圣雅各。

从 3 世纪开始，第一批西班牙殉道者的名字出现在历史中。这让人们确信基督徒群体已经存在很长时间了，因为如果没有根深蒂固的信仰，是达不到这样的殉道高峰的。

在被罗马帝国镇压的许多受害者中，特别是在萨拉戈萨，《西班牙黄金传奇》中选择了两个感人的例子——一位老人和一个孩子：

第一个殉道者叫弗鲁特克。257 年在瓦勒良（信仰的是罗马多神教）统治下，他是第一个也是最重要的罗马行省塔拉科的主教。那时的官方信仰也就是其他主教所说的“异端”，基本上一直被基督徒团体排斥。在拒绝官方信仰后，他自己走到刽子手面前，尽管年事已高，他还是被判处火刑，同时处死的还有他的两名执事奥古尔和卡洛格。

第二个是十二岁的欧拉利亚，她正处于对神秘充满热情的年纪，和父母一

① 昆体良：又译昆提利安。古代罗马演说家、教育家。生于西班牙北部，先在罗马受教育，然后回到西班牙当教师。

起生活在戴克里先统治下的埃梅里塔－奥古塔（梅里达）。父母试图抑制住她对成为殉道者的渴望。在父母毫不知情的情况下，她开心地推开法庭大门，宣称自己是基督徒。人们觉得她的举动太孩子气，想让她恢复冷静。而她坚持己见，并朝想救她的法官脸上吐唾沫，犯了拜偶像罪以及亵渎圣者罪，法官不得不判她有罪。后来她又激怒行刑者，遭到折磨，死在难以忍受的痛苦中。欧拉利亚年轻的尸体伤痕累累，渐渐被火吞噬，而那些拷打者因为恐惧，在一个结霜的冬夜逃跑了……

狂热崇拜是正在形成中的西班牙的人民特质吗？我们看看那些美丽的传奇。在萨贡托之后，在努曼西亚之后，长诗记录着许多个世纪顽强不屈的人民是如何牺牲的，以及面对压迫绝不放弃的骄傲与荣耀。

过了一些年之后，难以制服的欧拉利亚被遗忘了。实际上，到了“宽容皇帝的时期”（以君士坦丁大帝为界限，以后的阶段称为罗马帝国对基督教的“宽容阶段”），有的皇帝已经改变信仰。公元306年，君士坦丁统治初期，埃拉维尔的主教评议会议授予了新兴教会权力。但他们必须面对另一个威胁，不像异教那么暴力，而是来自他们的同宗——新兴异端。

第一个就是阿利乌，亚历山大港正教会的长老。大约在公元320年，他根据真理，对“肉身耶稣”的神性以及抽象的神圣三位一体奥秘提出质疑。

这场论战中一个重要角色就是西班牙的科尔多瓦主教奥塞思，这位年迈的论战者曾在粗暴的马克西米安皇帝统治下生活。君士坦丁命他调查那些地方的严重异端。奥塞思看到深深希腊化的社会以及在埃及大港口流行的怀疑论，决定说服皇帝在公元325年召开著名的第一次尼西亚公会议，由科尔多瓦主教主持。会议决定禁止阿利乌教义，并把天主教会的信经刻在大理石上，许多世纪之后这些文字还像奥塞思当年写的那样没有改变。

但阿利乌教派没有因此消亡。它更容易被理解，吸引着围攻帝国的蛮族，甚至受到君士坦丁大帝的继任者君士坦丁二世子民的大力支持。

这个时代除了长时期有争议的教义，还有著名的基督徒，如勇敢的修女埃格蕾娅，她用4年时间走遍近东，甚至波斯，留下详细的《圣地旅行记》，人们把它当作“阿维拉的德兰出现的12个世纪以前”、在西班牙语言形成之前最早的西班牙文学作品。

另一位基督徒作家布鲁当斯生在同时代的西班牙。他将温柔的诗意和残酷的现实主义相融合——这是西班牙巴洛克的先驱！——来描写最早的殉道者遭受酷刑或圣徒被杀的悲剧。在西哥特人重新信仰阿利乌教义之前，受到4到5世纪西班牙思想运动的影响，普里西利安事件在整个帝国引起轰动。

普里西利安出身于尊贵且富裕的家族，有着吸引人的灵魂，与很多同时期主教和教士相反，他在严肃的公共场合依然能保持优雅天性和自由论调。

叙尔皮斯是普里西利安教义上的对手，为他画了一幅半身肖像，突出表现普里西利安"极度虚荣，学识让他过分骄傲"，尽管他对这个世界的事物是无私的。教会对其批评更多：他年轻时研究巫术，特别为每个人争取权力，甚至认为人们有责任在圣灵的启示下翻译经文，因为"根据圣约翰所说，所有预言需要通过个人学习解读出来"。

17个世纪之隔，这种在信仰领域里突然出现的自由意志，即使不算预示了新教教义，至少也预示了冉森派教义[①]。普里西利安的追随者们——有为他的悲惨境遇感到心碎沮丧的知识分子，有"在寻求中"的贵族女士，还有被他生活方式吸引的普通民众——招致了某些主教对他的猛烈抨击。普里西利安的门徒把他送上阿维拉主教之位，当时他甚至还不是一名教士。对手们被激怒了，要他的脑袋，尽管当时都尔的圣马丁多次努力去救他。

普里西利安和几个追随者在特里尔被砍头。让·德斯科拉观察到，这是第一次世俗权力插手宗教事务，也是睿智的都尔主教发怒之处。

"非正统"（历史学家梅嫩德斯·佩拉约用了这个词）普里西利安的影响持续了很长时间。特别是在他的故乡加利西亚，他那处死后的尸体被带回那里。有人说，创造出孔波斯特拉的圣雅各，难道不是为了让人们忘记被崇拜者偷偷埋葬的那位异端者吗？

普里西利安和那些戴着尖帽子的门徒的亡灵就像爱搞恶作剧的精灵，徘徊在这片似布列塔尼的圣徒之地，路易斯·布努埃尔在他的电影《银河》中为我们轮番展现了圣雅各之路上诞生的幻象，可以将之视为向原始的西班牙自由精神致

---

① 冉森派：17世纪上半叶在法国流行的基督教派。创始人为尼德兰神学家詹森，信奉的教义与加尔文教派基本一致。

敬，也预示着未来它与令人窒息的正统教义的斗争。

罗马教会的继承

孕育中的西班牙需要一个强大而统一的教会，使罗马文明在蛮族入侵时能延续下去。

来自伊比利亚土地的两个伟大人物向罗马帝国投射出独特的光芒：教皇达马苏斯委托圣杰罗姆把《圣经》翻译成拉丁文，让所有人都能看到拉丁语《圣经》。之前提到的狄奥多西一世最终清算异教，给君士坦丁堡和罗马带来最后的胜利。在为了抵抗外部敌人的徒劳的战争中，正在分裂的帝国很大一部分将属于慢慢渗入的蛮族。

这场无情的威胁由来已久，蛮族从没有停止向伊比利亚半岛施压。早在公元前 102 年，马赛和纳博讷就迎来了盖乌斯·马略，他在埃克斯附近战胜了辛布里人和条顿人。那之后很快上日耳曼－雷蒂安边墙的外族部落从日耳曼尼亚或者中欧出发，在西边和南边的路上互相侵扰，为了在争夺有限席位的“音乐椅游戏”中获胜。

赫尔维蒂人被迫外流时借道塞夸尼人的领地，引起恺撒征服高卢。公元 260 年，在瓦勒良统治时期，哥特人开始从波罗的海下来，建立他们的权力机构；一个世纪以后，他们帮助高卢罗马人摆脱汪达尔人。以同样的方式，西哥特人和法兰克人在高卢立足。他们自己被从亚洲大草原而来的匈人大潮威胁，于是协助埃提乌斯（西罗马帝国末期的主要军事统帅）在卡塔洛尼克战役中（451）战胜了阿提拉（匈人首领）。

在接触罗马文明后，这些蛮族部落变得懂规矩起来，至少他们认识到罗马的组织才能。同化的过程一直都是相同的。从简单辅助罗马兵团开始，日耳曼人最终获得了指挥的位置、勤劳守纪的殖民对象，还有可耕种的土地。在 4 世纪末人们已经看见，不久前在君士坦丁堡被狄奥多西打败的某些哥特人首领，以皇帝的名义管理着西班牙省份。

和一直受到威胁、处在蛮族入侵前线的高卢不同，伊比利亚半岛因为缩在后面，某种程度上享受到优待。和恺撒把高卢人引入了埃布罗河谷相同，另一些蛮族，如哥特人以帝国联邦的名义在那里和平安居。

然而同样的问题还是存在的，这值得深思。罗马帝国不得不接受后来者的侵蚀。它没有被蛮族的攻击打倒，而是毁于消化不良。但在帝国崩塌之后，罗马文明仍然有一个美好的未来，因为基督教接过了文明火炬，还有刚刚接受洗礼的外国侨民的新鲜血液注入。

第二章　托莱多（西哥特）王国

一位哲学家的偏见

有些西班牙历史学家认为，在西班牙统治了三个世纪的西哥特人建立了西班牙[①]，有些则认为这些西哥特人是未来国家不得不忍受的堕落民族。

对第一派观点，也就是学校里教的官方历史中，这个最初时代的君主更替就像一串冗长的老调。

胡安·卡洛斯曾讲述道，他和佛朗哥将军第一次会见学校里的孩子们时，将军想测试一下他们的学习进度，就让他们按顺序默写有着奇怪名字的日耳曼国王名单。他们的雕像和我们卢森堡花园里法国女神的雕像一样，装饰着马德里东方广场周边。

不过翻开著名的何塞·奥特加·伊·加塞特写于 1928 年的文章《没有主心骨的西班牙》，你会很惊讶地发现他如此攻击西哥特人："是某种程度上罗马化的酗酒的日耳曼人，这个衰落的民族步履蹒跚地穿越过时空，进入他们认为欧洲最后一个可以栖息的角落——西班牙。法兰克人正好相反，在高卢被入侵时他们依然无可指摘，将百折不挠的生命激流倾注在那片土地。"

这种说法真是悲哀。从 1898 年和美国惨烈交战后失去最后一批西班牙殖民地到内战前的那些年里，知识分子一心坚持研究国家的悲剧命运，翻遍被遗忘的历史去寻找导致当代不幸的源头。

---

① 西哥特是第一个以西班牙本土为统治中心的独立政权，史学家追溯西班牙的自我认同，认为其首先出现在这个时期，故有"西哥特人建立了西班牙"的说法。

“智者”西哥特人的传奇

不过，与其问流淌在未来欧洲国家人民身上的蛮族血统的各自优点，我们不如先了解一下时代舞台。

4 世纪，在亚拉里克一世（Alaric Ⅰ，395—410 年在位）的统治下，西哥特人是一群伟大的战士，他们逐渐从斯堪的纳维亚下来，在罗马帝国边界的达基亚（今天的罗马尼亚）安营扎寨。公元 410 年，在亚拉里克一世的带领下，他们攻陷并洗劫了罗马。最终西哥特人在只想着离他们远一点的晚期罗马帝国（Bas-Empire）皇帝们的同意之下占领了整个西南高卢，从阿基坦到普瓦提埃，从朗格多克到奥弗涅。他们的国王狄奥多里克帮助埃提乌斯的兵团在公元 451 年的战役中抓住了阿提拉。那时法兰克人还没有离开莱茵边界，在其他君主管辖区之间的图尔奈建立了小王国，即克洛维的王国。

作为罗马帝国的盟友，西哥特人开始征服西班牙，驱逐或者吸收其他更早之前来的北欧人、汪达尔人、苏维汇人和阿兰人。

公元 410 年，西哥特人洗劫了罗马城，随后占领了高卢南部阿基坦地区，公元 418 年以图卢兹作为首都建立了西哥特王国。在洗劫罗马四年之后的公元 414 年，纳博讷见证了一场有纪念意义的婚礼：西哥特的新王阿陶尔夫（Athaulf，410—415 年在位）娶了加拉·普拉西提阿，也就是狄奥多西大帝的女儿、西罗马帝国皇帝霍诺留的妹妹。

虽然新娘是和众多战利品一起被蛮族胜利者掳来的，但并没有减损这段婚姻的光辉和它的象征力量。纳博讷婚礼祭司吟唱着“罗马人、拉丁化日耳曼人和蛮族实现了统一”（更像是强迫的）。有些人，比如历史学家伊迪斯发现但以理（《圣经》里的一位先知）的预言“北方王和中部女儿”的婚礼应验了。

这些蛮族人穿着托加（古罗马人穿的宽外袍），说着拉丁语，他们最终会文明起来吗？如果人们看到之后的历史，就知道情况不容乐观。两年后，阿陶尔夫在巴塞罗那被他的士兵杀死，加拉·普拉西提阿惨遭凌辱，在交了一大笔赎金之后，被送回到她哥哥那里。就像人们看到的那样，西哥特人在完全衰落前还有一段路要走。

在一个世纪的时间里，这些日耳曼国王先以罗马帝国的名义，在公元 476

年之后又为了自己的利益清理了半岛从北到南的敌对势力，不过他们迟迟没有在那里定居。这是因为克洛维克制了他们。公元 507 年，在普瓦提埃附近的武耶战役中，克洛维杀死了亚拉里克二世（Alaric Ⅱ，484—507 年在位）。

这位图尔奈小首领一步步变成巨人，从在如今比利时边境的图尔奈建立政权开始，轮番清除其他法兰克小王，在对抗阿勒曼尼人和勃艮第人的战役中获得胜利，被东罗马帝国皇帝授予亲王头衔，通过与克洛蒂尔德的婚姻以及接受洗礼（498），树立起他作为罗马教会保护者的威信。对这位决心让整个高卢向他臣服的对手，西哥特人又能做什么呢?

在武耶战役之前，亚拉里克二世的父亲尤里克（Euric，466—484 年在位）已经表现出对半岛的兴趣，于是开始统一半岛。在亚拉里克二世死后，他的继任者阿马尔里克（Amalric，526—531 年在位）于公元 531 年在离他们仍维系的高卢省塞普提曼尼亚（今为朗格多克 - 鲁西永）很近的巴塞洛（巴塞罗那）建立政权。

西哥特人称自己的王国为“哥特”，就像高卢的法兰克人称自己的王国为“法兰西”、勃艮第人称自己的王国为“勃艮第”、盎格鲁人称自己的王国为“英格兰”一样。这个古老的伊斯帕尼亚 - 罗马名称，对新时期衰退的政治和文化来说，就像是来自富裕、遥远的过去的轻蔑。

这些哥特人就像法兰克人，建立政权时人数并不多，在伊比利亚半岛罗马化的几百万人里可能只占了 20 万。但他们是离罗马帝国皇权很近的首领，因而构成了西班牙 - 罗马社会阶层里的上层贵族。

大约在公元 554 年，西哥特国王阿塔纳吉尔德（Athanagild，554—567 年在位）选择托莱多作为首都。西班牙后来被公认为一个国家，说不定也源于这个选择。

西哥特人在托莱多

罗马人在公元前 190 年征服了托莱多，同时也占领了它的腹地卡佩坦尼亚的凯尔特 - 伊比利亚小王国。可是，这个城邦发展如此辉煌，为什么蒂托 · 李维却称它为“小城”？

这座“小城”傲然挺立在便于防御的塔霍河窄环，也处在半岛中部深入腹地的罗马道路的十字路口。罗马人把所有的优点都赋予这个小型都会：广场（现在的佐科多佛广场）、神庙、市场、能把采集的水引到城市最高处山上的三层引水渠、容纳三千人的赛马场、剧院，还有城墙外不再受到威胁的平原上广阔的农田。西哥特王就在这片新遗迹上安居，不过也按自己的口味使这些地方基督教化。

如果说罗马托莱图姆（罗马时期的托莱多）在今天几乎没留下什么遗迹，那是因为那些原始的石头不断被新的建筑者使用。它们随处可见，有西哥特式的、阿拉伯式的，也有基督教式的：它们是托莱多不断被重建的历史的坚实见证。

在托莱多，西哥特王阿塔纳吉尔德住在城墙之外配有罗马公共浴池的大型宫殿里，不过没有和他日耳曼表兄的广大世界隔离。他把自己的两个女儿嫁给了法兰克国王克洛维的后代。大女儿，胆小的加尔斯温特和纽斯特利亚（法兰克王国西部）的继承者希尔佩里克结婚。她的丈夫感到厌倦后掐死了她，让情妇芙蕾德贡德取而代之。

妹妹布伦希尔德嫁给了法兰克王国东部奥斯特拉西亚的继承人西吉贝尔特。她带着不幸的复仇之火追赶着杀害姐姐加尔斯温特的凶手和芙蕾德贡德，她仇敌的儿子遭到酷刑—— 棕发被绑在烈马尾巴上（有大量的材料研究墨洛温王朝时期凶残的风俗）。这段可怕的历史被绘制在法国小学课本里，因而自很久以前，法国历史和西班牙历史就已经交织在一起……

不过，托莱多的西哥特国王们的主要对手，也就是让他们与法兰克人走得更近的，是拜占庭帝国。阿塔纳吉尔德受到敌对派系威胁去求援，后者则乘机在半岛的南部海岸和地中海东岸开辟了坚固阵地。

公元 625 年，苏因提拉王（Suintila，621—631 年在位）开始重新收复拜占庭人占领的格拉纳达，也预示着 1492 年天主教双王对此地的再征服运动。西哥特王莱奥维吉尔多德吸收了在卢西塔尼亚的苏维汇人王国的残余势力，并制服了长期受到与拜占庭人结盟诱惑的伊斯帕尼亚 - 罗马人，在军事上完成了半岛统一。

最终，公元 645 年，雷克斯文德（Reccesuinth，649—672 年在位）为王朝统一迈出决定性的一步，废除了西哥特人和伊斯帕尼亚 - 罗马人之间所有不同的法律，颁布了直接受查士丁尼大帝罗马法启发的《判决法典》（*Forum*

Judicum）。这对社会安宁起了决定性作用，因为之前的《尤里克法典》是日耳曼人的法典。在他们的首领改用拉丁文之后，之前几个世纪的胜利者才最终成为真正的赢家。

西哥特人和法兰克人：两个不同的传统

在历史长河中，如果把这个时期和更粗野的墨洛温王朝历史发展相比较，会发现它是文明秩序中一条美丽的路径。

“征服半岛的机会降临到西哥特人身上；他们和法兰克或者撒克逊蛮族不同”，皮埃尔·本纳西写道。虽然西哥特人和其他蛮族一样，谋杀只是王室习俗的一部分，但还是要指出，西哥特人和法兰克人有两个明显差别：

第一点不同也许有利于西哥特人：日耳曼的规矩没有强制他们像法兰克人一样在已故国王的子孙之间分割王国领土，因此能保证西班牙土地统一。不过，在他们中间不是靠世袭获得继承权，而是通过选举。新选出的最高权威常常被对手反对、骚扰，甚至排挤。王朝不稳定的证明就是，冗长名单上君主在位时间越来越短。

第二点是宗教秩序。在这方面，西哥特人一开始没有做出正确的政治选择——未来在罗马天主教会时期，他们遵循着阿利乌教派的教义。在一个除了日耳曼贵族之外，大部分人民都没有同样信仰的王国，这将成为实现精神统一的障碍。

在公元 580 年左右，莱奥维吉尔多德试图将阿利乌派教义强加给他所有的臣民，直至处决他改宗天主教的儿子赫梅内吉尔德，后者从正统罗马教会所在地塞维利亚煽动反叛，不过很快因兵力悬殊失败了。他的二儿子雷卡雷德一世（Reccared Ⅰ，586—601 年）吸取教训，决定将国家统一在信徒最多的天主教下。第三次托莱多主教会议（589 年）采取和解的方式，为之前提到在王国所有侨民中建立法治平等的雷克斯文德《判决法典》的颁布铺平道路。

这个时期有绚烂文明和宗教艺术，其中保存最完好的证明在老卡斯蒂利亚的圣胡安·巴尼奥斯教堂（Templo de San Juan de Banos，在瓦伦西亚）、圣佩德罗教堂（Iglesia de San Pedro de la Nave，在萨莫拉）以及在加利西亚的圣孔瓦教堂（Templo de Santa Comba de Bande，在欧伦塞）。这三处 7 世纪下半叶的遗迹表现出卓越、原创的建筑特色，如受古代穆斯林美学影响以前就有小连拱廊“骑马铁像”，中楣、柱头以几何图案和笼中鸟形象作装饰，还刻有受拜占庭建筑风格影响的植物，甚至还有出自同时期阿斯图里亚斯人手稿的《圣经》人物情节（狮子坑中的但以理，以撒的献身）。

如果想到我们过去的墨洛温王朝没留下这样丰富的世界遗产，正如甫斯特尔·德·库朗日强调，我们还要等待一个多世纪，等到加洛林王朝和修道院留下伟大的历史见证，才能认识到西班牙在文明发展方面的先进性是显而易见的。它的教会中的杰出人士同样令人惊讶。塞维利亚的伊西多尔就是证明。

塞维利亚的伊西多尔：时代的工匠和见证者

伊西多尔大约于公元560年生在卡塔赫纳，他的博学对整个时代都有影响。其文学作品丰富，宗教和政治上的作为也毫不逊色，直到公元 636 年去世。

他哥哥圣莱昂德尔是塞维利亚教会的主教，他追随哥哥的足迹，在公元 600 年进入教会，接替哥哥成为塞维利亚教会的大主教。伊西多尔比查理曼早两个世纪在大教堂里建立学校，除了传授神学，还教授法律、医学和艺术。他在伊本·鲁世德（1126—1198 年）之前就向西班牙介绍了亚里士多德的思想。

罗马正统教派与阿利乌教派的斗争显然是他行动的中心。在他之前的圣莱昂德尔很可能启发了不幸的赫梅内吉尔德对抗阿利乌教派的莱奥维吉尔多德。在雷卡雷德主教会议之后，伊西多尔领导强大的罗马教会赶走了长发披肩的阿利乌主教和教士。他无可比拟的作品在这个西方基督教受阻碍的世纪确实是非凡的。他的 20 卷《词源》是一套百科全书，还写了论述世俗和宗教主题的文章。《哥特人、汪达尔人和苏维汇人的历史》使他成为一名编年史作家。伊西多尔影响了整个欧洲基督教世界，是中世纪读者最多、作品重印次数最多的拉丁文作家。

他取得的成就也受到所处时代的限制。伊西多尔憧憬上帝在地上做王，且没有被过多顾忌所束缚。在他那里，西班牙教会只是远离福音的神权国家使用的特权工具，一点一点地卷入各种政治权力的黑暗阴谋。

从那时起，选举国王的不仅仅是世俗贵族，还有主教。人们可以看到教会成员为了个人利益，或者是在暗自考量后站在其中一位王冠继承人身边为其辩论，甚至罪恶地支持篡权者，之后还要忍受他们亲自送上王位的君主那令人窒息的监督。

托莱多成为众多场主教会议的主办地——其中两场是阿利乌教派主持下的会议，还有十六场是雷卡雷德改宗[①]后的会议——在教会和亵渎神的政治之间维持着隐秘的联系。他们在圣玛丽亚大教堂高墙的遮蔽下举办奢侈的宗教和军事庆典，墙外是圣莱奥卡迪耶教堂或是现在已不复存在的彼得－保罗教堂。

我们可以想象一下这些拥有三座中殿的宏伟厚重的建筑：筒形拱顶下神秘的礼冠让西哥特金匠享誉在外；镶嵌在祭坛上的黄金和五光十色的珍稀宝石闪耀生辉；烟雾缭绕的香炉在祷告的韵律和摩萨拉克礼拜仪式的吟唱中摇晃，微微光影中，蛮族璀璨的珠宝让这一切更添一丝神秘。

王国的灭亡和西班牙的丢失

这个比其他国家更早实现领土统一、没有受到来自北方危险威胁的王国，是如何以及为什么在一小撮来自非洲的入侵者意外推动下急遽覆灭的呢？这是个历史之谜！

是因为这个民族的战士们疲惫不堪、生活腐化、公民意识崩溃？在公元7世纪中叶看不到任何明显的迹象。当同时期的墨洛温王朝王室昏昏欲睡，我们“懒惰的王”在马车慢悠悠的节奏中休憩时，托莱多强悍的君主，如“立法者”雷克斯文德的继任者瓦慕巴（672—680年在位）镇压了巴斯克的暴动，又在比利牛斯山另一边打了场胜仗，进军尼姆，化解了自封为“塞普提曼尼亚国王”的将军叛乱。

西哥特王国灭亡的原因，更好地解释为西哥特王室选举特征造成权力不稳定——没有采取世袭制而是由贵族选举产生，这导致了王位的争夺异常激烈，政权更迭频繁，内战不断。虽然墨洛温王朝的继承机制与西哥特王国不同，但也没能阻止最后的王族们丢掉王冠，让他们的宫相得利。

① 托莱多王朝第二任国王雷卡雷德一世选择皈依天主教，并在西班牙发动了一系列运动，使天主教成为国教，实现了宗教统一。

公元680年，排挤瓦慕巴的事件加速了西哥特王国的分裂。瓦慕巴在酒宴上被灌醉、剃头，被扔在他的敌人埃尔维希（Erwig，680—687年在位）的修道院。后者的继承人埃吉卡（Ergica，687—693年在位）发起了新一轮谋反。他的儿子维提扎（Wittiza，701—710年在位）接任了埃吉卡，他是一个滥施暴行的酒色之徒。主教会议不顾维提扎让儿子阿吉拉继承王位的遗言，同时推选他的敌人贝提卡公爵罗德里戈做国王。阿吉拉企图通过武力获取权力，他可能逃到了摩洛哥。这是一切悲剧的起点。

在休达，朱利安伯爵正掌管着西哥特在摩洛哥领土上的"驻防地"，而他对罗德里戈恨之入骨。这位执政官将维提扎的哥哥欧帕斯主教和所有被放逐、充满仇恨的难民安置在他的宫殿。当阿吉拉与他们会合后，复仇的剧本开始谋划上演。大马士革哈里发的亲信（vâli）穆萨·伊本·诺凯尔负责最近刚征服的北非，正幻想着劫掠西班牙。还有他暴躁的将军塔里克·伊本·齐亚德，在公元711年4月27到28日夜里带领7000人的军队在直布罗陀礁石上登陆，其中绝大多数人为柏柏尔战士。西班牙塔里法港口的名称就来源于他，直布罗陀也因他而命名[①]。

这是一种令人吃惊的能量爆发，鼓舞着穆斯林的武装行动。之后几十年，这些狂热的沙漠之子在他们先知预言的宣扬下，成功占领了曾经被罗马文明浸染的世界，并让它改头换面。西班牙将是他们最后一个也是最棒的征服地，后来他们也成了那个使文明死亡的不可抗法则的受害者。

公元8世纪初是对西哥特人敲响警钟的时刻。围绕着这场突如其来的悲剧，很多无法证实的谣言在组织抵抗的基督徒小镇上代代相传。有人说托莱多存在一座神秘建筑——赫拉克勒斯之屋，基督徒从不打开它的大门，这样就不会被永恒的诅咒降临。但倒霉的是，自大的国王罗德里戈试着用蛮力打开被他前任国王贴了无数封印的门。在这个秘密之地，他惊恐地发现有一本天书预言了穆斯林的入侵。

人们又同样给罗德里戈安了一个强奸的罪名：受害者是一个住在托莱多、在塔霍河一丝不挂沐浴的年轻女孩。传统上把她称作弗洛林达，或者是"卡瓦"

---

① "直布罗陀"是西班牙语，衍生自阿拉伯语"加巴尔·塔里克"，意为"塔里克的山峰"。

（意思为不幸的、堕落的）。唉，她正是朱利安伯爵的女儿。由于受到奇耻大辱，朱利安伯爵从没有停止过报复的念头。

除了这些传说，还有一个因素尽管被后世过分夸大，却在这场突然降临的灾难里扮演着重要角色。

从耶路撒冷的圣殿被摧毁，甚至在这之前，有一个重要的犹太社区在托莱多安居，就像分散在各地的塞法迪犹太人（是犹太人的分支之一，长期生活在伊比利亚半岛上）一样。在信仰阿利乌教派的国王统治下，这些犹太人被宽容对待。当天主教成为国教时，情况就大不一样了。塞维利亚主教伊西多尔已经考虑让他们改宗，他甚至将此想法写在一篇给他姐姐的论著《反对犹太人》（*Contra Judos*）里。他的姐姐是佛罗伦萨修道院院长，她曾收留犹太孩童，以消除“他们父母的恶性影响”。在伊西多尔去世后，接下来托莱多大主教朱利安鼓吹任意虐待犹太人。埃尔维希国王（680—687 年在位）在给主教的指示中强调“消灭犹太瘟疫”。主教会议从此增加了反犹太法。他们并没有顶撞公众言论，而是毁坏犹太教堂，没收“垄断者”的财富，让他们的家庭选择改宗或被奴役。

结果导致这个富裕群体产生了暴力和足够合理的复仇欲望。很多犹太人被流放到摩洛哥，他们只希望一件事：目睹穆斯林征服“安达卢斯”（穆斯林在中世纪对伊比利亚半岛的称呼），就像先知亲自邀请他们做的那样，同时除掉罗德里戈和他的亲信。

无疑，维提扎和他儿子的追随者们并不知道先知的目标，他们只想要一场简单的劫掠，清洗宗派分立的哥特王国，然后带着战利品撤离，就像穆斯林多次袭击安达卢斯海岸时那样。

最后一个导致王国灭亡的因素甚至与西哥特社会组织共存，也加速了其瓦解：这个社会内在的奴隶制传统，与当时许多其他社会一样，圣伊西多尔本人也认为这种制度是合理的。它并没有随着王国所有臣民的共同法律的建立而减少，反而在 7 世纪最后那些年，随着穷人或者被法庭判刑的人数增加而急速发展。我们看到更多的法律惩罚逃离农田的奴隶和那些给予他们庇护的人。这些比无产者还低等的群体不再接受命运，更不能指望他们会捍卫西班牙主人的利益。

这些消极因素结合在一起便可以解释瓜达莱特灾难。

塔里克登陆直布罗陀三个月之后，在这条赫雷斯和加的斯之间的河流流经的平原上爆发了瓜达莱特战役，不幸的是，结果是不平等的。在应被称作“第五纵队”的西哥特王国内部敌人的告知和帮助下，塔里克选择了一个合适的时间和地点派他的骑兵和步兵登陆。罗德里戈刚刚迎击了巴斯孔塞人的暴动，能参加战斗的兵力不足，因此他的士兵最终被歼灭或者溃败四散。这次战役彻底失败，王国任由侵略者肆虐。罗德里戈自己身披罗马皇帝的红色托加（长袍）神秘地消失在混战中，这和八个世纪后阿卡萨奎维尔战役中年轻的葡萄牙国王塞巴斯蒂安如出一辙。当天晚上，先知绿色的军旗飘扬在塞雷特（赫雷斯）上空。陪同入侵者的欧帕斯、朱利安和阿吉拉相信这次胜利是属于自己的，却不知道他们已经消失在历史的陷阱里。

穆斯林大潮很快涌入内地。但人数比一般人认为的要少。塔里克必须得到丹吉尔的5000名士兵增援，才能打败在贝提卡的西哥特抵抗军核心。穆萨将军没和他的下属一起，他自己带兵登陆西班牙，占领了埃梅里达－奥古斯塔（梅里达），在埃尔曼蒂卡（萨拉曼卡）抵达杜罗河，之后才在托莱多城墙下与塔里克会合。

对于首都沦陷，历史学家众说纷纭。有人说抵抗了一阵子；还有人说穆斯林在公元711年的秋天顺利地进入都城，大批基督徒跟在当时的主教辛德雷德后面逃走，是还驻留在城内的犹太人打开了城门。

西班牙的西哥特王国作为罗马帝国的蛮族和基督徒的延续还是生存了下来。几个世纪以来，伊比利亚半岛就像这片有大潮汐的海滩，让两个盛衰起伏的文明在此对峙。

尽管他们可能因为内部纷争、没有真正凝聚力的社会的衰败，以及最后的军事失败而变得软弱，不过退至阿斯图里亚斯的西哥特贵族却带着罗马和基督教的文化宝藏。反过来，他们会从悲痛和试炼中汲取营养，孕育出收复失地运动。

现代历史学家一直思考着，这批残余的宝藏和大量圣人遗物一起被带到北大西洋，是不是已经体现了真正的西班牙爱国主义情怀。

关于这一点，历史学家阿梅里科·卡斯特罗·拉蒙持与梅嫩德斯·皮达尔意见相悖。伟大的中世纪学者克劳迪奥·桑切斯·阿尔博诺兹则称，他只能从公元10世纪收复失地运动时期开始谈西班牙。然而反对他观点的人主张“西班牙智人”的独特特征从最远古的时代开始就具有延续性。

这些西哥特人标志着一个边界。对某些人来说，他们已经是典型的西班牙人了；而另一些人则认为，对真正的西班牙人来说，他们是外人。

我们从塞内加或者图拉真的罗马时代是否存在西班牙身份意识开始，追随着卡斯特罗的脚步，质疑西哥特王国在半岛统一中的作用。

然而这些罗马化蛮族的成功是实实在在的。尽管他们有可怕的缺点，但在王国被穆斯林占领前，他们正在构建一个领土统一的整体，一个基督教的西班牙。

既然我们把克洛维接受洗礼看作法国历史的起点（也许太早了），那么又有什么理由不接受西哥特君主国是西班牙历史的起点呢？

至于塞维利亚的伊西多尔，继拉丁语诗人马提雅尔之后，不是在他的《西班牙颂词》（*Laus Spaniae*）中已经创作了一首在那个时代还很不寻常的祖国赞歌了吗？

结论是中肯的。我们借用法国历史学家皮埃尔·维拉尔的话：在公元711年后（基督教历史文献里）之所以有这么多关于“西班牙丢失”的言论，是因为西班牙应该早已经存在于人们的情感之中。

因此，收复失地运动名副其实，它是西方基督教对外来入侵的自然反攻。但穆斯林占领时期，它成了一个含糊不清的领域，有时很难解读。

第三章　摩尔人和基督徒：中世纪的双面性

从公元711年开始，西班牙历史翻开了新篇章，到公元1212年阿拉伯化的西班牙领土被收复才基本合上。除了摩尔人的格拉纳达王国之外，这个时期提出了更有趣的问题，它们随着历史研究的不断发展总是引起人们的热烈争论。比如，在至少五个世纪的时间里，西班牙大部分领土的伊斯兰化是深刻的，还是应该被认为是一种表面现象，通过一种视觉效果，使我们把实际上是西班牙文化的原始表现的东西当作阿拉伯人的文化？

或者换个说法：

安达卢斯——阿拉伯人曾用它来指代西方——是否随着时间推移创造出西班牙化、西方化的伊斯兰文化，脱离了它的本土文化？

穆斯林社会经常夸耀的，在穆斯林、基督徒和犹太人完美和谐共处的“三个宗教的西班牙”中，宽容究竟是什么意思？

还有更细节的问题：有多少基督徒改信伊斯兰教？多少人在融入穆斯林社会时保留他们的宗教信仰，最后又回到基督教王国？收复失地运动本质上是一场宗教战争还是重新收复领土的政治斗争？

最后，如果基督徒体验到“失去西班牙”的感觉，那么反过来安达卢斯的穆斯林体验到对西班牙领土的归属感了吗？

通过不断地提问，人们就可以对这个不似其他西方国家、经历过漫长分割撕裂的西班牙形成大致概念。

然而从历史观点看来，这些问题的答案似乎不一定朝同一个方向发展（这样就算无法避免受常识支配的判断，也可以避免意识形态的先验影响）。有些答案支持西班牙被阿拉伯-柏柏尔人深刻同化的论点，另一些则支持相反的观点。

补充一点，在这段漫长的历史中，人们不能将 8 世纪初诞生的安达卢斯和它 10 世纪的顶峰比较，更谈不上和 12 世纪结束时相比。也不能将最初的阿斯图里亚斯小王的脆弱境地与 1212 年最终伟大胜利前的夕卡斯蒂利亚和阿拉贡的辉煌征服相比。

微小的基督徒王国在艰难崛起后不停进步，同时西班牙摩尔人的命运开始变得光明，之后又经历多次颠覆，从一个哈里发统一体到分散的“泰法[①]”，接着遭受来自非洲“救世主”一轮又一轮浪潮的侵袭。

因此我们应该按照时间线一步一步往前走，看看西班牙的两张面孔。并且问自己一个被激烈争论的终极问题——是否可以认为西班牙人和那些收复失地运动的基督徒一样，参与了西方文化的演变。

穆斯林定居：基督徒和犹太人的命运

从公元 711 年起，这片被阿拉伯 - 柏柏尔人征服的领土成为附属于大马士革哈里发的埃米尔国[②]。维提扎的儿子和他的盟友意识到自己失败了，于是殷勤宣誓效忠哈里发和他的代理人，以换取长久存留的庞大产业。以一般规矩，阿拉伯的贵族部落间共同分享最肥沃的土地，先是瓜达尔基维尔平原，然后是埃布罗河谷，把最贫瘠的土地给柏柏尔人。不过情况并不是一直都是这样，特别是在莱万特。现在正值安置期，征服者的军队人数不多，命令比较谨慎，不能太虐待顺服的民众。

被西哥特人驱逐的犹太人成为侵略者天然的同盟，他们是新秩序的第一批受益者：他们经常负责看守被穆斯林驻军清洗一空的城市以完成征服工作。这种态度之后经常被提到，导致在收复失地运动之后助长了民众的反犹情绪。新统治者在埃米尔国的官僚机构中给犹太人保留了一些待遇优厚的职位，特别是在税收部门。有些人还成了埃米尔的顾问。在安达卢斯的卢塞纳，犹太人形成了一个很大的社区，阿拉伯的地理学家饶有趣味地说格拉纳达和塔拉科就像是“犹太

① 泰法：11 世纪早期后倭马亚王朝解体后出现于伊比利亚半岛上的一些穆斯林小王国。

② 埃米尔：或译酋长，埃米尔国指穆斯林统治的国家或地区，是一种君主国。

城”。其余遵从一神论传统的异教徒群体，和基督徒一样属于“齐米”[①]，这些少数群体需缴纳一种特别税作为保护他们的报酬。

基督徒和犹太人都享有信仰自由，但条件是他们不得有任何外在表现，比如游行或在教堂敲钟。在早期的日子里，一些礼拜场所经常被几个宗教共享，比如科尔多瓦的圣文森特教堂。穆斯林将其从基督徒那买下来，改建成大清真寺。它在历史上被不停地扩建和装修，天主教和穆斯林都使用过。

不过，几乎构成半岛全部居民的伊斯帕尼亚－罗马人是如何接受穆斯林的占领呢?

关于这个问题，需要理解在两个世纪以奴隶制为特征的西哥特统治之后，基督徒们的反应不可能是相同的。尤其在农村，许多人是深受屈辱的奴隶，当然觉得他们的命运可以通过接受胜利者的信仰而得到改善，他们将获得自由，同时成为“穆瓦拉德人”，也被称为“穆拉迪人”，即新穆斯林。

在上层社会的另一些基督徒为了不失去他们的社会地位或者土地特权而改信伊斯兰教。萨拉戈萨的卡西乌斯伯爵就是这样的例子。尽管如此，至少在最开始的时候，数量庞大的基督徒仍然忠于父辈的信仰。在公元 800 年，基督徒改信伊斯兰教的比例不超过 8%。随着时间流逝，他们一点点失去了自己的语言，即源于拉丁语的罗曼语（romance），而使用阿拉伯语，这部分人很快超过总人数的 25%，公元 900 年左右已经超过 50%，在 10 世纪初甚至已经有 75% 的人讲阿拉伯语了。

这些穆瓦拉德人如果在军事或行政上没有表现出个人才能，不能增强埃米尔国的实力，就会被流放到底层。他们的地位比柏柏尔人低，仅高于在北方王国的基督徒。后者被称为“摩萨拉布人”，在穆斯林奴役下保持基督徒身份一直到收复失地运动。老的西哥特习俗被塞维利亚的圣伊西多尔编成了法典，而独立王国的基督徒从公元 11 世纪起则采用克吕尼和西多会的修道士从法国引进的礼拜仪式。

柏柏尔人和穆瓦拉德人很早就用暴动来表达对阿拉伯贵族势力的不满，特别是在塞维利亚和托莱多，暴乱从土地分配的头几年起一直持续了很长时间。在

① 齐米：伊斯兰教称“被保护民”的术语，指在伊斯兰国家的非穆斯林。

公元716年 到 719年之间的情况很混乱，大马士革的哈里发似乎打算在军事上放弃半岛。但随着从非洲来的援军抵达，在科尔多瓦执政的新总督可以向西班牙北部和法国南部进行圣战。

最初的入侵者分两次登陆，他们是由阿拉伯首领率领的约1.8万名柏柏尔人军队。据估计总共大约10万名战士——3到5万是阿拉伯人，其中很多人是叙利亚雇佣兵——源源不断如潮水般漫至整个8世纪，冲没了西班牙。

征服最初那些年，穆萨和塔里克带领撒拉逊人（广义上则指中古时代的阿拉伯人）的部队夺取埃布罗河谷，拿下萨拉戈萨和巴塞罗那，并经加利西亚渗透到坎塔布连海岸。除了一些北方多山地区的河谷，整个半岛都在他们的控制之下。

这些军事扩张不仅仅是被征服领土的梦想驱动着。对这些信奉《古兰经》的战士来说，消灭或减少异教徒是他们神圣的宗教义务。然而圣战很快遭到抵抗，第一次于公元722年在阿斯图里亚斯山区；第二次更决定性的战役是10年后在普瓦提埃山丘上。

从科瓦东加到普瓦提埃

阿斯图里亚斯的情节，即著名的科瓦东加战役（公元722年5月28日，伊斯兰历103年）有时会被反对过于形象化或者狂热民族主义历史的研究者认为是来自传说，或是没有太大意义的轶事。

即使基督教统治者出于宣传目的而将其放大，不过战役的真实性也毋庸置疑。关于那场战争的描述在公元10世纪初被卡斯蒂利亚阿方索三世的编年史记录了下来，克劳迪奥·桑切斯·阿尔博诺兹通过深入的研究也证实了它。

不幸的国王罗德里戈的贴身护卫队中有一位名叫佩拉约的成员，他是西哥特贵族，逃进阿斯图里亚斯最难进入的河谷后，对着坎塔布连山里的粗野山民宣扬起义，反抗驻扎在海岸、在首领穆纽扎的命令下横征暴敛的柏柏尔士兵。

佩拉约被抓后被送到科尔多瓦监狱，后来又从那儿成功逃跑。他的动机可能既有个人因素，又有被爱国情感驱使的成分；一开始他的目光并没有那么高远，还没看见落到他及其继任者身上的解放者和称王的命运。

但在欧罗巴山脚下、坎加斯德奥尼斯河谷尽头的科瓦东加山洞，抵抗和进攻精神一步步被锻造，五个世纪之后形成了几乎席卷整个半岛的收复失地运动。

佩拉约的游击队战士逃进悬于德瓦野河谷的洞穴里，对跟随他们进入山间的穆纽扎率领的柏柏尔人军队展开埋伏。这场斗争被阿拉伯编年史学家描述为一场小规模武装冲突，阿斯图里亚斯人巧妙地主导了这次交战。游击队战士利用地理优势，设法分散了攻击者的部队，让他们陷入洪流峡谷。冥冥之中似乎有天意，突然风雨大作，激流变得更加狂暴。基督徒编年史家指出，虽然科瓦东加战役的细节可能是杜撰的，但它表现了在屈服于侵略者的时代背景下这场胜利的重要性。

在对峙前，穆斯林已经派出一个谈判官去劝降佩拉约。被埃米尔挑选的密使是塞维利亚主教，即维提扎的哥哥——叛徒唐欧帕斯。佩拉约嗤之以鼻，立刻打发他走。如果佩拉约像其他人一样妥协，事情的进程就会完全不同，因为虽然从纳瓦拉到加泰罗尼亚各郡另一个抵抗中心将很快出现，但收复失地运动基本上是从阿斯图里亚斯开始的。

在这次奇迹般的成功后，那些一直在险峻的山间河谷里反抗外国入侵者的西哥特流亡贵族也加入了佩拉约的部队。穆纽扎的军队受到骚扰，被迫撤退时在山口迷了路，行军到普罗阿萨山谷中（从前的奥拉利斯，Olalies）又遭遇了一场大屠杀。“在这次灾难之后”，桑切斯·阿尔博诺兹写道，“坎塔布连山里已经没有活着的穆斯林了”。

法国人的编年史更是详细记录了十年后查理·马特在普瓦提埃近郊的胜利。当时穆斯林军队不准备与在半岛上遇到的小簇抵抗团体过多交战，特别是在他们认为骑兵无法进入的地方。他们一心想在比利牛斯山另一边继续圣战，向富饶的塞普提曼尼亚和阿基坦平原前进。穆斯林军队刚蹂躏完整个加龙河谷，向卢瓦尔河进军时，遭遇了墨洛温王朝最后一个国王的宫相、赫斯托尔的丕平之子查理亲王火速集结的武装。后者在数量上少于摩尔人军队，但武器更精良，离自己的大本营更近。法兰克人“像一记铁锤”粉碎了撒拉逊人的猛攻，胜利者查理·马特的名字被载入史册。

查理曼和法兰克边境省

接下来，“矮子”丕平（查理·马特之子）追击撒拉逊人的部队直至加泰罗尼亚的阿尔巴拉，但没有成功解除长期威胁法国中部（即从比利牛斯山到普罗旺斯，甚至北上至罗纳大区的河谷）的武装。不过查理曼（“矮子”丕平的儿子）的远征跨越了比利牛斯山，他比出发时更有野心，最后的结果是从纳瓦拉到加泰罗尼亚，查理曼建立起一张基督教缓冲网来保护边界。

巴塞罗那的摩尔人总督苏莱曼·伊本·阿拉以反叛科尔多瓦的埃米尔为借口，向查理曼求助。查理曼的军队随即渗入到潘普洛纳、韦斯卡、赫罗纳，如果他成功地夺取萨拉戈萨并向前推进，那么收复失地运动则可能成为加洛林王朝的功绩，但这样中世纪早期法国文学就会失去一部史诗巨作，这部《罗兰之歌》描述的隆塞斯瓦耶斯隘口战役中，“布列塔尼边境长官”重新吹响象牙号角，成为首次英雄主义灾难的第一幕。

虽然只取得一半成功，但公元 778 年加洛林王朝征讨西班牙的战役并没有失败。在法兰克人的保护下，很快就在赫罗纳、塞尔达涅、乌尔赫尔建成了基督教的郡县。为了守住边界，查理大帝把阿基坦公国提升为分王国。在公元 801 年，阿基坦的国王“虔诚者”路易指挥了一场新的远征，图卢兹伯爵和赫罗纳伯爵占领了不到两千人的巴塞罗那，不过没有征服加泰罗尼亚的南部。两个世纪以来，经常被穆斯林劫掠者跨越的边界被固定在城门口的略夫雷加特。

被加洛林王朝管辖的加泰罗尼亚的比利牛斯山地区产生了一个新词：“法兰克边境马克”（Marca franca）。加泰罗尼亚民族主义在 19 世纪完全复兴时，甚至以此提出一个重要论点来证实乔迪·普约尔所称的相对其他西班牙地区“加泰罗尼亚的不同特征”，以及它作为国家孤儿有合法权利去组建“民族国家”。

尽管在公元 870 年，第一个统一北加泰罗尼亚的伯爵、卡尔卡松的哥特人乔夫尔维卢认为这片区域附属于法兰克王国，但他的君主们似乎一直将比利牛斯山之外的这片领土视为西班牙的一部分，把它的居民视作“在塞普蒂马尼亚或服从我们的西班牙地区逃避异教徒和难民枷锁”的西班牙人。这个在西班牙被称作“法兰克边境区”的地方在比利牛斯山北面更常被称作“西班牙边境区”。外交上承认其存在的科尔多瓦哈里发国就是这么称呼它的。但随着收复失地运动的推进，它失去了存在的理由，也就不这么命名了。

科尔多瓦哈里发国和安达卢斯的鼎盛时期

8世纪的下半叶，大马士革改朝换代使科尔多瓦埃米尔国摆脱了中东的束缚。在公元749年的大马士革，倭马亚王朝统治家族被他们的敌人阿拔斯家族屠杀。只有一个年轻人逃了出来，在马格里布流浪的那些年里谋划着复仇。他带着一些追随者在公元755年登陆马拉加和阿尔梅里亚之间的阿尔穆涅卡尔，重新召集了一帮支持者在其麾下，巧妙利用地区纷争打败了当地最后一位总督的抵抗，成为科尔多瓦的新埃米尔。

这位阿卜杜勒·拉赫曼的成功统治持续到他于公元788年去世，之后又有6位埃米尔继任，他们的光辉顶点是阿卜杜勒·拉赫曼三世。他在独立之路上走得更远，在公元929年，获得哈里发头衔。实际上安达卢斯已经拥有完整主权，因此与已迁都巴格达的阿拔斯王朝彻底决裂。

科尔多瓦的倭马亚王朝统治直至11世纪初（1031年），它的独特之处不在军事野心上，而在于巩固边界和领土管理。在两百多年里，倭马亚王朝满足于将基督教王国的进军遏制在一条稳定的线上——从葡萄牙的科英布拉到杜罗河谷，北上远至萨拉戈萨，从纳瓦拉北部扩展到加泰罗尼亚的“西班牙（或法兰克）边境区”。

这个政权也没能幸免于严重的内乱。这一时期，倭马亚王朝不得不面对柏柏尔人和穆瓦拉德人这些“二等”穆斯林的地方叛乱。从公元741年开始发生的定期叛乱也影响到曾经罗马化、没有被阿拉伯人完全征服的马格里布。

公元807年的一个事件，在历史上流传为“托莱多之夜”或者是“城壕畔大惨案”[①]，说明了其中一些叛乱被凶残变态地镇压，它的目的是为了惩罚骄傲的“王都”图莱图拉（穆斯林托莱多）。这里的人曾起兵反抗暴虐的总督——年轻的优素福，并将其处死。暴乱遍及整个城市：阿拉伯人、柏柏尔人和穆瓦拉德人

① 公元807年，托莱多总督为了平息该地区人们对穆斯林当权者反抗所策划的一起屠杀事件。托莱多地方长官以设宴招待王储阿卜杜勒·拉赫曼到访托莱多为名，宴请托莱多当地名流（许多反抗当局的暴乱都和这些地方名流有关联），结果这些前来赴宴的名流都被托莱多地方长官诛杀，埋在地方长官住宅的壕沟之中。

混合在一起。

科尔多瓦哈里发国的哈克木一世在来势凶猛的攻势中，把受害者的父亲阿穆卢斯派到现场。后者以狡猾的手段赢得了托莱多精英的信任，同时也在准备复仇。他对民众的良好态度为他在城顶建造新的防御工事（一座以壕沟为界的堡垒）争取到了充分的时间，我们可以猜一猜他将如何使用它。

王位继承人阿卜杜勒·拉赫曼二世在前往萨拉戈萨的途中访问了这个堡垒，使得这位被称为"反叛者"的阿穆卢斯有机会在托莱多所有重要人物参加的盛大节日中为这个新建筑揭幕。

信以为真的客人们兴高采烈地跑来，一跨过他们想象中的欢乐场大门，就一个接一个倒在行刑者的斧头下，他们残破的身体逐渐填满了沟渠。编年史中对受害者的人数统计有分歧——在400到5800之间……

历史并没有停在此刻，20年后一个叫哈希姆·达拉布的人，他的亲戚在这场大屠杀中遇难，为了复仇，他炸了阿穆卢斯的堡垒，之后藏到远离城市的丛林里。他的武装力量维持到了公元837年。在英明的阿卜杜勒·拉赫曼三世于公元932年登上王位后，城市才恢复和平，人民得享安宁，一个我们熟悉的托莱多基本建成了。

不过更难镇压的是欧马尔·伊本·哈弗森闹的分裂，在9世纪和10世纪初之间这种分裂持续发生。他来自一个富有的基督教家庭，早年改信伊斯兰。他第一次崭露头角是在一起谋杀案发生后，隐藏在隆达山的丛林里，在伯巴斯特罗要塞前牵制住了埃米尔的军队。不过，穆罕默德一世还是接受了他的投降，给了他军队中重要的职位。但就像同时代其他本土叛乱分子一样，他无法忍受阿拉伯政要对改宗者的轻蔑无礼。于是，他重新回到伯巴斯特罗，很容易便找到一支反抗武装，并逐渐将他的力量扩展到哈恩和穆尔西亚地区，甚至在攻占了瓜达尔基维尔平原的埃西哈之后，还威胁到科尔多瓦。但在达到权力巅峰时，他决定背弃原先的信仰，重新回归天主教。这个失算让他的军营陷入混乱。摩萨拉布人鼓掌欢迎，但有很多穆斯林抛弃了他。他死于公元917年，因为他抵挡不住年轻的阿卜杜勒·拉赫曼三世的进攻。后者在11年之后彻底消灭了他最后一批支持者的抵抗运动。

人们挖出伊本·哈弗森的尸体，钉在面朝科尔多瓦的阿尔卡扎尔宫的木桩上，这似乎让精神敏感的新哈里发非常厌恶。他的前任阿卜杜勒·拉赫曼二世同样易受刺激，据说他在参加了可怕的“托莱多城壕之夜”后，染上了神经性抽搐的毛病，直到去世。

在10世纪，尽管有地方暴乱，科尔多瓦哈里发国的统治还是达到了顶峰。阿卜杜勒·拉赫曼三世是一位奢华的统治者，被称为“太阳王”。在他和继任者哈克木二世的统治下，安达卢斯成为一个受人尊敬的强大国家，与拜占庭和神圣罗马帝国皇帝奥托交换大使，通过港口与东方和西方基督教世界进行贸易。条顿骑士团把从易北河外偷来的斯洛文尼亚奴隶（sakkaliba）卖给它，由犹太商人经罗纳河谷和大海运送到宫廷。

公元936年，哈里发的宫廷搬到了科尔多瓦近郊壮观的阿尔扎哈拉宫，这座宫殿由10000名工人花了25年建成，在那里长期居住的有25000人，其中包括13000名苏丹护卫和各族男仆、6000个女人、3000个年轻侍从和宦官。据让·笛福拉回忆：“同时期加洛林王朝洛泰尔国王的宫殿是一座木质‘别墅’，他所居住的博韦不超过53户人家。”

科尔多瓦有多少人呢？有人说有100万人。那个时代，甚至在穆斯林世界的城市扩张时期，10万到20万居民在都代表非常多的人数。人们估计这个时期托莱多的人口达到37000人，阿尔梅里亚的人口有27000人，瓦伦西亚有15000人。

这些伊斯兰世界的大都市，主要交通干线从撒马尔罕到科尔多瓦，经巴格达、大马士革、开罗、凯鲁万和巴勒莫，也包括靠近西班牙海岸的非斯。当时如此多的经济和文化驿站彼此紧密相连，“一个巨大的共同市场，从中亚延伸到印度洋、从苏丹到比利牛斯山，见证了一种文明的统一，人、商品和思想在此间流通”。

虽然政治独立，拥有西班牙裔臣民，哈里发和埃米尔常常是混血儿①，但安达卢斯在收复失地运动之前完全属于伊斯兰世界——当然它也有一些特殊性。尽管它的人口具有混合的特征，甚至能与基督教邻居保持罕见的和平接触，但它只属于伊斯兰世界。

在哈里发时期，安达卢斯出现了许多穆斯林文化中的伟大名字——科尔多

① 很多人的母亲是嫁给西班牙穆斯林的欧洲俘虏，这对他们的身体外貌有一定影响。

瓦的西班牙裔诗人伊本·哈兹姆（著名抒情诗集《鸽子的项链》的作者）、波斯哲学家及医生阿维森纳（980—1037年）、公元936年出生于科尔多瓦的外科医生阿布尔卡西斯，另外还有杰出的数学家们。这个时期阿拉伯语成为摩萨拉布人和犹太人的语言。东方的习俗和时尚也被强加给每个人，无论他们的出身和宗教信仰如何。

随着迅速的阿拉伯化，附庸风雅的社会高层里有人感到痛心，公元840年左右，科尔多瓦虔诚的基督徒阿尔瓦罗在一封经常被引用的信中表达了他的失望："啊，真可惜！我的同胞们连拉丁语都忘了。年轻人只知道阿拉伯语和阿拉伯文学。今天我们到哪里去找一个能够阅读《圣经》注释的在俗教徒呢？相反，他们热衷于阅读和研究阿拉伯书籍，并且不惜花费巨资建立一个图书馆。和他们说基督教的书，他们会傲慢地反驳你，这些书不值得关注！"

科尔多瓦哈里发国的权力结构完全是东方化的，照搬了伊斯兰世界其他地方，比如叙利亚和埃及的做法。阿拉伯和柏柏尔精英小心翼翼地在一个比想象中更强大的国家的官僚制度中保持他们的部落和氏族结构。

这也是一种男权文化，女性不扮演任何政治角色，这与同一时期继承罗马和哥特文化的基督教王国不同。在谨慎对待少数群体的仁慈期之后，这个专制组织对基督徒和犹太人的压迫更严重了。这个时候征服者再也不像对待"奥里韦拉小国王"图德米尔那样到穆尔西亚的基督徒伯国与西哥特人的首领谈判了。

在倭马亚王朝统治下，"齐米"虽然可以悄悄地进行礼拜，但被限制穿属于自己宗教的衣服。他们被禁止骑马，只能骑骡子或驴，而且必须把自己的位置让给所有提出要求的穆斯林，不能和穆斯林结婚，在法庭上不能享有法律平等，还要缴纳比穆斯林重的税金。

因此，可以理解有越来越多的基督徒——那些不属于西哥特人统治时奴役阶层的人——至今还在抵抗。伊斯兰教在他们国家兴起令其心灰意冷，中间大多数人无法移民到北方，除非他们居住在边境地区。他们看不到穆斯林占领的尽头，只好选择穆瓦拉德的身份，这样就没有太多宗教限制，还有更舒服、更自由的生活诱惑，也包括性方面，一夫多妻制和多妾制是不可忽视的额外吸引力。

在9世纪中叶，为了反抗这些改宗行为（就像在罗马迫害第一批基督徒的时期，出现了一股新的殉道者浪潮），他们用同样激烈的意志表明自己的信仰，甚至挑衅穆斯林。

以科尔多瓦的圣帕图斯为例，他毫不犹豫地公开对抗在街上质问他、与他争辩耶稣和穆罕默德各自功绩的穆斯林。他因大力攻击先知，而被判刑处决。

一些年过去后，大约在公元848年，还有一个科尔多瓦的尤洛格成为圣尤洛格。他来自一个古老的伊斯帕尼亚－罗马的元老家族。皮埃尔·吉夏尔如此描述尤洛格的个人冒险经历：就像一束光芒照向当时摩萨拉布的富裕阶层。

尤洛格的一个兄弟在埃米尔行政部门工作，其他两个兄弟是商人，因经商到了德意志，他本人则希望成为神职人员。由于很长时间没有哥哥们的消息，这个年轻人就开始了漫长的旅行，希望在加洛林王朝和他们重聚。由于“秃头”查理和巴塞罗那伯爵的斗争，他被禁止从现在的加泰罗尼亚地区过境。在纳瓦拉海岸，他也遇到了过境问题。很幸运，有一位到过法兰克王国的商人在美因兹遇见了他的兄弟，并把其境遇告诉他，让他安心。尤洛格利用这个机会在纳瓦拉的修道院学习，特别是在潘普洛纳附近的莱尔修道院，从那里把不为人知的珍贵拉丁文手稿带到科尔多瓦（不亚于维吉尔的《埃涅伊德》、尤维纳利斯的诗歌和圣奥古斯丁的《上帝之城》）——证明古代学问没有完全掌握在阿拉伯人的手里！

他被那些抨击穆罕默德的小册子弄得头脑发热，于是回了到家乡。关于这些流通到莱尔的小册子，人们发现全文在他的《殉道者的卫道词》里，他和一个叫阿尔瓦罗的朋友领导了政治抗议，这也是一场神秘崇高的运动，并让摩萨拉布群体效仿，许多成员挑衅哈里发当局，甚至经过思考后接受殉道。未来的受害者毫不犹豫地假装改信伊斯兰，以使他们随即的弃教行为得到理想的宣传，从而坚定基督徒们动摇的信仰。马利和弗洛拉蔑视法官，因此遭遇了和他们的领袖尤洛格一样的命运，在859年被斩首。

这些极端的态度有时还伴随着暴力对抗清真寺，但在穆斯林的统治下，这些对抗行为似乎并没有为基督教事业服务，也没有真正减缓人们皈依伊斯兰教的速度，更多的时候只是一种浮于表面的抗议。它也没有引起哈里发方面对摩萨拉布人大规模的复仇（如果后者被证实犯有劝人改宗罪，将会被判处死刑）。但他们仍然能秘密信奉自己的宗教信仰。基督教信仰分布在三个教区（托莱多、梅里达、塞维利亚），但这些教区不是都有主教，特别是从10世纪起。尤洛格的情况则是被托莱多的摩萨拉布社区推选为托莱多大主教，却始终没能拥有自己的教区。

摩萨拉布人在安达卢斯的衰落不仅仅表现为主教区和登记的基督教皈依者数量减少。正如我们已经提到的，这也是由于随着安达卢斯边界的退缩，越来越多的人向基督教王国移民。可能在收复失地运动的前夕，摩萨拉布人只代表相当弱小的东方化少数群体，像很多穆瓦拉德人一样说的是混有拉丁语词汇和表达方式的阿拉伯语：这种“西方的阿拉伯语”，穆斯林语言学家称之为“al-garbya”，因为这种语言尤其在阿尔加维（如今葡萄牙的南部）说得多，西班牙语中称它为“algarabia”（喧闹，嘟哝），用法语来说就是“莫名其妙的话”。

如果说人们或多或少能了解到城市里摩萨拉布人的境遇的话，而关于偏远地区摩萨拉布人的资料则是很少的。通过之前提到的伊本·哈弗森造反片段，我们知道，乡村摩萨拉布人在他们的穆瓦拉德弟兄对倭马亚王朝发动叛乱时参与其中，但似乎一直是辅助力量。

从哈里发时代末期地理学家伊本·豪盖勒所说的话来看，这些乡村基督徒的生活状态似乎非常不稳定：“在安达卢斯有不止一个农业垦殖区，集合了成千上万对城市生活一无所知的农民，他们是信仰基督教的欧洲人。他们会反抗、不断增加实力。镇压持续了很长时间，因为他们骄傲、固执。一旦他们甩掉奴役的枷锁，要想抑制就变得极为困难，除非将他们彻底消灭掉，但这是一项长期而艰巨的任务。”

那些仍然会把这个伊斯兰教的安达卢斯想象成与西方基督教世界隔绝的人会看到令他们惊讶的细节：在新穆斯林阿尔吉利奇（加利西亚人）的煽动下，公元 828 年，梅里达爆发了反对哈里发政权的起义，我们看到“虔诚者”路易给这座城市的摩萨拉布人（也加入了这场运动）写了一封鼓励信，许诺以一切手段帮助他们，并将在巴塞罗那边境区进行军事施压。

他无疑和起义发起者一样既虔诚又一厢情愿。但这说明在早期关于对手的细微信息已经流传开来，同时也表现出一位加洛林王朝的统治者能对哈里发国的事件给予多大的关注。

从哈里发国到泰法，从伊本·鲁世德到克吕尼教士

就像许多从王朝急剧扩张中诞生的文明一样，当王朝的人才耗尽时，科尔

多瓦哈里发国开始衰败。它最后的荣耀体现在一位“宫相”曼苏尔身上，他被称作阿尔曼索尔，是第三位无能哈里发希沙姆二世的年轻侍从。他从 979 年任职，直到 1002 年去世。这个厉害的战士同时还是一位优秀的阿拉伯学者，他把军队推进至基督教王国的中心，掠夺了圣地亚哥－德孔波斯特拉，给他们的军队造成惨重的损失，之后他自己在索里亚近郊的卡拉塔尼亚索尔战场上被打败。

在卡拉塔尼亚索尔他丢失鼓的地方，
骄傲的阿尔曼索尔唱着古老的西班牙歌谣……

比这个失败还严重的是哈里发国的灭亡，这可以用领土收复主义运动来解释。在未来的西班牙，无论是穆斯林还是基督徒都会经历这场运动。随着阿尔曼索尔的离世，哈里发国的凝聚力抵挡不住二十多个地方领主的野心。他们把自己的封地建得像独立王国，各管各的，封地里的制度和哈里发国的官僚制中央集权一样。其中一些封地相当大，就像萨拉戈萨、瓦伦西亚、托莱多、巴达霍斯、格拉纳达；其他的封地比较小，如那些在安达卢斯和莱万特中碎片化的地块。

统一的科尔多瓦哈里发国统治持续了两个世纪后，“泰法王国”将在另一个世纪嵌入新的西班牙版图。这张一直被一分为二的版图很快将被基督教王国统一。尽管某些泰法小国的居民主要是阿拉伯人或柏柏尔人。

但如果把泰法时代看成是文化乃至政治迅速衰败的时期，那就大错特错了。科尔多瓦哈里发国（从此已成为首都）文明延续了很长时间，甚至在碎片化的君主国时期再次绽放。例如，阿尔马蒙统治下的托莱多在知识领域的影响力达到了顶峰。 在这个后哈里发时代的框架下，出现了科尔多瓦的穆斯林伊本·卢世德和犹太人迈蒙尼德，他们分别生于 1126 年和 1138 年，两位都是神学家、医生、法学家、亚里士多德哲学思想的阐释者。在阿拉伯征服期间，他们的著作被收藏在过去希腊罗马世界的图书馆中。 不幸的是，这些文本一经翻译很快就被销毁。它们肯定是不完美的，添加了过多注释，相当一部分还歪曲原义，但仍然通过穆斯林统治下的西班牙传到了西方，在那里，自由精神在宗教框架内努力调和着信仰和理性，不过经常会被忽视或否定。

然而我们不要因此而得出结论，认为穆斯林西班牙在知识领域有压倒性的持久优势。实际上，与它的“黄金时代”同一时期（甚至在此之前，我们已经看到了圣尤洛格），基督教西班牙向克吕尼修士和西多会文化敞开了大门。

11世纪末第一次十字军东征时，在西班牙基督徒王子们的召唤下，这些教士在比利牛斯山外建立了众多修道院，为使圣地亚哥－德孔波斯特拉成为中世纪伟大的朝圣之地做出了贡献。

这些教士学者有足够的好奇心和智慧去获取安达卢斯智者们掌握的一切知识。特别是1125年占有托莱多大主教区后，他们立即跟随着一些西班牙先驱（通常是改宗的犹太人）的脚步展开工作——佩德罗·阿方索、休·德·桑塔拉、胡安·德·塞维利亚，还有托莱多大主教雷蒙（1125—1152年）都已经在进行阿拉伯知识清点。克吕尼的修道院院长、尊者彼得在1143年奔赴西班牙，促进这些知识在西方传播。其结果是，托莱多被基督徒重新征服后，建立了一个基督教智者学院，学者们将伟大的东方古典知识文本翻译成拉丁语，继而是罗曼语（romance），这种早期西班牙语在北方王国被广泛使用。伊本·卢世德、迈蒙尼德以及他们同时代的人也都在进行翻译工作。

在漫长的泰法世纪里，基督徒和穆斯林之间有时仍会发生激烈的战斗，不过在不稳定的边界两边也会有近乎礼貌的比武。封建骑士遵守着一种共处和忠诚的原则。在这个“冒险家”时期，一位理想人物——勇士熙德的形象脱颖而出，体现了整个时代风情。

熙德时代

大约1040年，唐·迭戈·迪亚兹的儿子罗德里戈·迪亚兹·德·维瓦尔[①]，在离布尔戈斯不远的维瓦尔或比瓦尔出生。这片没被摩尔人占领的卡斯蒂利亚崎岖地当时还是一个简单的边境郡，先是附属于佩拉约建立的阿斯图里亚斯王国，后来依附纳瓦拉国王桑乔大帝（1000—1035年）。后者被公认为是当时独立的西班牙王子们里个性最强的人。从佩拉约到桑乔大帝，这些基督教王子们艰辛但不

① 罗德里戈·迪亚兹·德·维瓦尔（1043—1099年）：西班牙斗士，人称“熙德”（El Cid）。西班牙英雄史诗《熙德之歌》中的不朽人物，曾为卡斯蒂利亚国王阿方索六世的陪臣，1081年被国王阿方索六世流放。长期为西班牙和摩尔人与敌方作战，因对国王效忠，召回后受宠，成为护国公和瓦伦西亚的统治者。

停地发展实力。

8 世纪初，佩拉约仍然以一种粗野的方式生活在坎塔布连山区，他的继承人法维拉在狩猎中被熊杀死，另一个继任人拉米罗一世在 9 世纪中叶仍住在寒酸的“宫殿”，那里后来成为珍贵的圣玛丽亚·德尔·纳兰科罗马教堂（Santa María del Naranco Church），坐落在同名的纳兰科山坡上。

10 世纪初，在阿方索三世的统治下，这个最初的阿斯图里亚斯王国已经囊括了加利西亚，从朝圣地圣地亚哥 - 德孔波斯特拉到杜罗河谷，从波尔图到萨莫拉。它的首都曾在坎加斯德奥尼斯，接着在奥维耶多，后又迁到坎塔布连山以南的莱昂城，王国更名为阿斯图里亚斯 - 莱昂。

卡斯蒂利亚的郡县，北边有建于 882 年的布尔戈斯，南面是 942 年被重新收复的萨拉曼卡，它们和阿维拉、塞戈维亚一样，被基督教王国当作周期性的战场，在此起彼伏的撒拉逊人武装蹂躏后，这片区域有必要增加移民。

因此，王国大力鼓励任何想展示自己骁勇善战、想向社会上层爬的人定居在那里。这批西班牙西部拓荒者带着刀剑耕地，扔下犁头跳上马背就能奔赴战场，他们得到了封建欧洲还不了解的特权（fueros）作奖励，无论是授予集体还是个人。

卡斯蒂利亚有很多防御堡垒，自诩为自由人的国度，那里的封建农奴制一直不为人知。这样一个国家，用诗人安东尼奥·马查多喜欢引用的谚语来描述就是“nadie es mas que nadie”（没有人比其他人拥有更多，人人平等）。大部分城市和村庄有权力选择自己的领主，如果不合适的话可以把他们撵走。 有一些城邦，比如塞普尔韦达，在 1076 年获得特权，成为一块所有犯了法的人，甚至在杜罗河北部犯罪之人的庇护所！

一个领主制政权最终建成，这个政权没有封建等级制，而封建等级制在别的地方，尤其是比利牛斯山以北的地区则非常盛行。国王对贵族的授权很少，他自己就是人民和贵族之间冲突的仲裁者，就如黄金时代洛佩·德·维加和卡尔德隆的史诗及通俗剧中描绘的那样。

因此，11 世纪的卡斯蒂利亚社会等级制度是以一种非常特殊的方式组织起来的。在顶部是“富人”（ricos hombres），代表着大贵族。接着是小贵族（infanzones），他们后来成为绅士（hijos de algo：“某人”的儿子）。最后是乡下人（villanos），即朴实的平民。他们可以摆脱现状，成为骑兵（caballeros villanos，中世纪伊比利亚半岛骑兵），只要这些淳朴的农民或手艺人会养马、装备武器就行。就像《熙德之歌》描写的片段，他们在战役中成功地夺取了敌人的坐骑。

何塞·奥特加·伊·加塞特在他那篇精彩的文章里对西哥特人的评论非常苛刻，稍后还自称是“共和派”。他在这个民主的社会流动中看到导致国家衰弱的主要原因之一，即西班牙缺乏封建政权的结构性力量，致使精英流失。

在了解了年轻的罗德里戈·迪亚兹·德·维瓦尔所处的时代背景后，我们再花点时间看看在11世纪前半叶基督教王国的发展，这时小国纳瓦拉刚刚摆脱了加洛林王朝的管辖，似乎准备领导收复失地运动了。

尽管它的国王桑乔大帝把边界推至加泰罗尼亚的“西班牙边境区”，在1029年兼并了卡斯蒂利亚，甚至在1034年占领了莱昂，但他忍不住要享受传承的乐趣，把这个强大的新生国家分给了他的三个儿子。

他为长子格雷西保留了纳瓦拉的祖传封地；为了老二拉米罗，他通过东部的征服在纳瓦拉和加泰罗尼亚之间建立了一块新的比利牛斯封地，后成为阿拉贡王国；他把卡斯蒂利亚立为王国，交给三儿子阿方索。这对纳瓦拉来说无异于自取灭亡，注定继续维持为小国，尽管它是半岛未来三大王国其中两个——卡斯蒂利亚和阿拉贡的前身。这种分割导致了骨肉相残的战争，最终阿斯图里亚斯的继承者卡斯蒂利亚－莱昂王国将从争斗中获益。

正如口口相传、两三个世纪之后写下来的史诗中讲述的那样：熙德的故事开始于费尔南多一世在卡斯蒂利亚统治时期。罗德里戈刚刚20岁时已经在许多战役中大放异彩，尤其是俘虏了五位摩尔人的国王。他的声望和荣耀配得上“勇士”（campeador）的头衔，这使他成为卡斯蒂利亚最出众的骑士。在17世纪法国作家高乃依的《熙德》中，罗德里戈有朝一日要面对着两难局面。他在决斗中杀死了爱人希梅娜的父亲戈尔马斯伯爵，因为后者曾有一次严重冒犯了他的父亲。她向国王辩解，与其说他是杀死父亲的凶手，不如说父亲的死是正大光明决斗的结果。熙德来嘲讽她，拳头上的猎鹰破坏了她的鸽舍，白鸽的血溅到天真纯洁的姑娘的裙子上。英明的国王费尔南多还是决定让他们结婚。这位年迈的统治者自己大限将至时重蹈了纳瓦拉国王桑乔的覆辙，也把自己的属地分给自己的儿子。

他把卡斯蒂利亚给了长子唐桑乔；把莱昂给了唐阿方索；把比斯开和加利西亚给了三儿子唐加西亚。他的女儿乌卡获得了最近从撒拉逊人手中夺来的富饶的萨莫拉城。起初桑乔和阿方索联手攻打弟弟的北方封地。接着两兄弟失和。然而桑乔在围攻乌卡的萨莫拉时，乌卡和她的哥哥阿方索结盟，熙德的新君主因而被背信弃义地杀死了。

卡斯蒂利亚的王冠就这样到了莱昂国王阿方索那里。但他必须在卡斯蒂利亚的骑士们面前洗刷自己的嫌疑，澄清他与他们的国王、他哥哥的死亡无关。很多人还在犹豫要不要给阿方索难堪时，罗德里戈坚决要求他发誓。在布尔戈斯圣阿格达教堂的门廊下，卡斯蒂利亚－莱昂的新国王阿方索六世气得嘴唇颤抖，向罗德里戈发誓。

但这位阿方索六世是一位英明神武的君主。事实上，1085 年重新征服托莱多就是他的功劳。

最开始被他哥哥桑乔打败时，阿方索在托莱多泰法的奢侈统治者阿尔马蒙国王那里避了几年难，并在这个精致的宫廷里学到了很多关于敌人的习惯和心理。

这些摩尔小国国王之间的冲突和基督教王子们之间的一样频繁。成为卡斯蒂利亚国王的阿方索利用这一点，帮助阿尔马蒙的继任者、他的孙子阿尔卡迪尔对抗巴达霍斯泰法国王。作为帮助和秘密协议的回报，他从这位缺乏气魄的埃米尔那里获得了一份令人惊讶的礼物：出让西哥特人的前首都，那是一座充满象征意义、拥有 3 万居民的繁华城市。

这样，阿方索就可以在佯装攻城后毫不费力地占有托莱多。当摩尔小王秘密通过阿尔坎塔拉城门悄悄离开这里的时候，阿方索从比斯格拉大门进城。基督教的卡斯蒂利亚不仅赢得了富有历史、文化、商业重要威望的伟大城邦，而且其边境也沿着塔霍河向外极大扩展了。

实际上，阿尔卡迪尔在得到卡斯蒂利亚－莱昂国王军事援助的承诺后，秘密地用他的托莱多王国换取了瓦伦西亚王国。阿方索六世忠于诺言，支持他的盟友对抗闹事的邻居，围攻萨拉戈萨，然后继续向南行军，通过瓜达尔基维尔进入塞维利亚，驱马直到塔里法的海滩，面向非洲，“在海岸边的潮水泡沫中奔驰，就像预言收复失地运动的天使”。

我们从这段插曲中回头再来看罗德里戈的命运，这个国王的英雄臣民，他的忠诚却让自己备受侮辱。

不出所料，阿方索六世没有原谅罗德里戈在布尔戈斯逼自己发誓的事。他被驱逐出王国，在向君主傲然辩驳后，罗德里戈抛弃了自己的财产，把妻子希梅娜和女儿埃尔维拉、索尔留在布尔戈斯附近的圣佩德罗·德·卡德纳修道院后，开始了冒险之旅：

> 只有我的怀抱才能让自己重新振作
> 不需要你们的怀抱
> 从此以后我便更富有
> 因为我流放只为自己的胜利
> 在我为你失去自我的时候

于是他开始了作为雇佣兵的旅程，还得到了很高的报酬。一个摩尔王子欣赏他的高贵，给他起了绰号“熙德”，意指老爷（Sidi）。

这是一个奇怪的时代！罗德里戈和他忠实的部队为了萨拉戈萨的穆斯林君主穆克迪尔作战，对抗他的敌人列伊达国王，并生擒了支持后者的巴塞罗那伯爵雷蒙·贝伦格尔。他还将自己的剑——所向无敌的“提泽纳”借给了塞维利亚国王。

人们会确实惊讶于基督徒骑士如此殷勤地服务于泰法国王。但不为人知的是他们中大部分人成了基督教君主的附庸，他们的报酬成了充实卡斯蒂利亚国库的贡金（primas），那些钱又反过来资助他们对抗穆斯林敌人。在哈里发时代，情况确实完全不一样。基督教王国把贡品进献给科尔多瓦的强大君主。从 11 世纪中期，力量平衡逆转后就再也没有改变。

正如预料的那样，罗德里戈为了他自己而努力，很快便得到了财富，在加泰罗尼亚和莱万特等很多个城市树立威望。它们之中最美、最富有的当数瓦伦西亚，这座城市很快俘获了他的心。被阿方索六世保护的前托莱多国王阿尔卡迪尔刚被自己人、篡权者伊本·哈法德杀死。熙德对这个叛徒毫不留情，仅仅在围城 20 个月之后就夺取了瓦伦西亚，并被伊本·哈法德的抵抗激怒，最终他让后者缓慢痛苦地死去。这就是我们的男子汉，能大度地对待忠诚的对手，也懂得对叛徒狠下心来。

罗德里戈占领了瓦伦西亚，并拥有了大量的财富后，就给阿方索六世送去100匹身披靓甲的马、100个摩尔人奴隶和被攻占城邦的钥匙。这是他对曾经流放他的人在道义上的回报，其实他一直尊敬阿方索，视之为君主。

希梅娜和她的女儿们现在在俯视橘树海的莱万特城和他重聚。他作为绝对主人统治着那里，把大清真寺变成教堂，但尊重臣民的宗教信仰。他在1099年作为基督教君王死在那里，那时阿尔摩拉维德人①的侵略大军突然出现，很快到了瓦伦西亚城下。在断气前，他把保护这座城的使命委托给希梅娜，并立下遗嘱。在一系列关于穷人和他所爱之人的仁慈叮嘱之中（包括他的忠诚战马巴比卡，他要求把它埋葬在圣佩德罗·卡德纳门廊前，他自己也要葬在那里）提到了一件让他愧疚的事，此事一直折磨着他的虔诚之心——他在离开卡斯蒂利亚时，为了买装备，从两个“可敬的布尔戈斯犹太人”那里借了一笔钱，用两个大箱子作抵押，里面装的不是漂亮的贵重物品，而是沙子和废金属。因此，他想以一个大领主的身份补偿自己的诡诈给他们带来的伤害。

在1002年，希梅娜无法抵抗新的马格里布征服者对瓦伦西亚的围攻。她必须让步，但拒绝投降。为了确保她顺利逃跑，同伴们把盔甲穿在用香料保存的罗德里戈的尸体上，把他吊在巴比卡身上，直立在马鞍，夹在马右肩和下巴处两块紧贴的木板中间，右手腕牢牢地绑着宝剑“提泽纳”。他们打开朝向北方的比萨格拉城门，让这个令人震惊的幽灵迎战，敌人被吓得魂飞魄散，慌忙散开让它飞驰而过，在这位熙德领主的旗帜后面是他遗孀的马车！

阿尔摩拉维德人的通道

所有的细节都显示出《熙德》洋溢着天真率直，一个有活力的世界在我们的眼前被创造出来。这些展现当时风俗习惯的珍贵资料见证了基督徒和穆斯林

① 阿尔摩拉维德（Almoravid）是柏柏尔人建立的王朝（1056—1147年），也称穆拉比特王朝。阿尔摩拉维德人来自撒哈拉，占有了整个摩洛哥和阿尔及利亚的部分地区，都城是马拉喀什。他们于1086年击败了卡斯蒂利亚的阿方索六世，从而夺取了西班牙的大部分地区。

之间暧昧的关系。虽然伊斯兰征服者势头已尽，但收复失地的基督徒还在犹豫不决。

在这方面，值得注意的是，宗教在摩尔人和基督徒的冲突中只发挥了次要作用。比如雷蒙·贝伦格尔伯爵在写给囚禁他的熙德的信里责备后者蹂躏摧毁了许多基督教堂和清真寺。

然而这些泰法的小王，就像是纸牌游戏里的王，似乎在甜美闲适的幸福中悠然自得。在基督教君王的持续前进中，他们感到一股弥漫着的、无法克制的恐惧向之袭来。

人们怀疑，他们是不是受到了什么启发，才向马格里布同教派弟兄求救？如果他们最终愿意融入自称为“两个宗教的国王”的卡斯蒂利亚国王阿方索六世提供给他们的方案中，他们的衰落无疑会更缓慢一些。事实上，阿方索六世刚得到供其享乐的托莱多战利品，他喷着东方香水，热情地披上长袍，包上摩尔人的头巾，既是为了个人享乐，同时也是为了符合包括摩萨拉布基督徒在内的新臣民的习俗。

第一个触发新一轮马格里布入侵的是塞维利亚泰法小王蒙达米特，他几乎即刻被那些他所请求援助的人戴上镣铐。因为 1086 年这些在西班牙打仗的阿尔摩拉维德人（穆拉比特王朝的人）“就像一群蝗虫”，绝非善类，我们已经看到他们 5 年之后围攻了熙德的瓦伦西亚。他们用黑色头巾将自己裹起来，兴奋地高呼咒语，在可怖的滚滚非洲鼓点声中，骆驼骑兵杀入愤怒、恐惧的欧洲人队伍中。

这个来自塞内加尔河畔的毛利塔尼亚的柏柏尔部落是马拉喀什的建立者，在征服了摩洛哥和阿尔及利亚部分地区之后打算革新伊斯兰教。安达卢斯的居民是爱喝酒的穆斯林，很少有正统教学者，是这些粗野的道德矫正者的理想目标。他们首要考虑的是在塞维利亚重新建立一个多少有些中央集权的王国，在他们的首领优素福·伊本·塔什芬和他的儿子统治下，让泰法王们臣服。他们把那些来自于马格里布第一批征服者的财宝送给了那些不幸的泰法国王，而这笔财富则是 711 年那些持不同政见的西哥特人送给第一批征服者的。

阿尔摩拉维德人在对阿方索六世的第一场战役中取得了彻底胜利。阿方索六世的军队冲到离巴达霍斯不远的萨拉卡，试图抓住他们，他们砍下西班牙人和前来支援的法兰克骑士的头颅，搭建了恐怖的人头金字塔。

优素福被宣布为埃米尔，继续前进，为自己的利益实现了西班牙穆斯林的统一。在西边，阿尔摩拉维德人将葡萄牙人赶出里斯本；在东边，瓦伦西亚于1102年沦陷。很快，卡斯蒂利亚的阿方索六世的军队在托莱多附近的乌克莱斯（Uclès）再次被击溃，托莱多受到直接威胁。

阿拉贡进入历史舞台

历史学家很难解释阿尔摩拉维德人为什么、怎么会在一系列的成功——将所有的泰法王国置于他们的控制下、从基督徒手中夺回领地——之后，其势力在50年后崩溃了。约瑟夫·佩雷的解释“他们仍是少数群体，是外国人”是有道理的。但不能忽视从1118年起新崛起的阿拉贡国王阿方索一世（1104—1134年在位）的反击，这也是导致他们衰落的因素之一。

阿拉贡这个不久前由纳瓦拉的桑乔大帝分割封地而来的小王国，只是一个以哈卡为中心的微型国家。那里有一个在征服者中第一个当之无愧被称为“武士”的王子，而同时期卡斯蒂利亚的君主阿方索六世却命运未卜。这位阿拉贡的“武士”阿方索也是第一个得到教皇授予“十字军战士”名号的半岛君主，他把西班牙军队对抗摩尔人提升到与重新征服圣地的伟大十字军战役一样崇高的地位。

阿拉贡接过卡斯蒂利亚暂时放弃的火炬，这些十字军（The Crusaders）从穆斯林手中重新夺取了埃布罗河谷的所有城市：韦斯卡、图德拉，最后还有萨拉戈萨。其中，夺取萨拉戈萨产生了重要的精神影响，和35年后夺取托莱多一样。

在锐不可当的士气中，阿拉贡的阿方索一世带着一众被安达卢斯新君主迫害的摩萨拉布人和犹太人继续向瓦伦西亚和边境区进军。他穿过穆尔西亚，放弃进入防守极为严密的格拉纳达，转而向马拉加挺进。当他们发现了海峡之外的非洲海岸时，甚至体会到阿方索六世曾经的狂喜之情，从四个世纪前“西班牙丢失”起，那里一直被荒废着。

1164年，阿方索一世在他唯一一次失败中死去，这时阿拉贡已成为一个数得着的国家。他的哥哥和继承人“虔诚者”拉米罗一世把女儿佩特罗尼耶嫁给巴塞罗那的雷蒙·贝伦格尔四世，由此将加泰罗尼亚统一到他的王权之下，阿拉贡才真正成为一方强大的力量，很快就会征服庞大的地中海地区。

穆瓦希德王朝和安达卢斯的灭亡

就像所有泰法王国那样，阿尔摩拉维德人仓促建立的埃米尔国，却在谢里夫帝国[①]的设计下灭亡了，这再一次体现出摩洛哥和西班牙历史有着古老而紧密的联系。

穆瓦希德王朝的柏柏尔人就像他们的先辈一样，是来自阿特拉斯山脉的马赫迪（救世主）的信徒。他们成功劝服了巴格达的哈里发阿卜杜勒·穆明，说阿尔摩拉维德人丢失了真正的信仰，他们被安达卢斯的有害风俗玷污，神会遗弃他们。

在赶走马拉喀什的阿尔摩拉维德人、全面征服摩洛哥之后，他们从1147年全力跨越海峡，现在轮到他们在塞维利亚建都，并在那里赶紧修建了一座新的清真寺。这个建筑后来被改建成哥特式天主教堂，其主塔是如今著名的吉拉达。

阿尔摩哈德人（穆瓦希德王朝的人）的埃米尔国并没有比阿尔摩拉维德人的国家持续更久：如果我们把它的灭亡最终定于卡斯蒂利亚在1248年攻占塞维利亚的话，他们统治了100年；如果认为他们失败于1212年，基督教徒在拉斯纳瓦斯·德·托洛萨会战中取得了伟大胜利，那么他们的统治只维持了60年。

这些来自非洲的柏柏尔人是否像先辈一样，随着时间流逝被安达卢斯安逸的生活方式传染了？很有可能。不过，他们那些栽植橘树的迷人庭院、留给塞维利亚的大清真寺遗迹并不令人讨厌……

然而，我们还注意到他们长期的宗教不宽容，不仅基督徒或者犹太人感受得到，而且穆斯林自己也能感受到。在他们统治初期，迈蒙尼德家族甚至不得不决心离开科尔多瓦。同时，穆尔西亚的埃米尔伊本·胡德为了逃离他们的专制独裁，直接臣服于巴格达阿拔斯王朝的哈里发。这个让伊斯兰世界震动的事件最重要的结果是，它在西班牙北部王国和所有西方基督教世界激起了决定性的反应。

---

① 谢里夫帝国：也称谢里夫王朝，是在摩洛哥的阿拉伯人建立的政权，因统治者自称“谢里夫”（穆罕默德的后裔）而得名。

当成功夺回瓦伦西亚之后，阿方索六世的第二任继任者阿方索八世于1195年在阿拉科斯，在亚库布埃米尔的阿尔摩哈德士兵手中遭遇了一场严重失败。收复失地运动中分散的基督教君主们真的害怕了，在教会推动下他们决定将自己的力量联合起来。

这个联盟中真正的主导者是精力充沛的托莱多主教，也就是大教堂的建立者、纳瓦拉人罗德里戈·希门尼斯·德拉达，还有他的主要支持者“黑衣修道士”克吕尼。11世纪初他们大量地在加泰罗尼亚安家，随后又定居于卡斯蒂利亚，并率先根据罗马教廷在整个西方基督教世界里制定的拉丁规范对西班牙神职人员进行改革。

勃艮第的明谷修院和加斯科涅的莫里蒙德西多会的“白衣修士”紧随其后，多亏他们，才有了在圣殿骑士团和耶路撒冷圣约翰医院骑士团的模式下建立的军事骑士团。于是相继诞生了卡斯蒂利亚的卡拉特拉瓦骑士团（1164年），他们是最早的一批边境守卫者，睡觉时必须穿戴整齐；还有阿尔坎塔拉骑士团（1177年），接着是圣地亚哥骑士团（1179年），以及阿拉贡的摩特萨骑士团。他们的统帅由政要、将军和骑士选举产生，在收复失地运动中发挥着主导作用。他们的任务是从摩尔人手中夺回领土（从新卡斯蒂利亚到埃斯特雷马杜拉），并在这些分封给他们的领地上重新安置居民，让广大土地产生出更多价值。

许多法兰克骑士涌入西班牙，他们不止来自法兰西，还从意大利甚至德意志或英格兰而来，参加对抗撒拉逊人的战斗，为公元1211年集中在托莱多、准备猛攻安达卢斯的军事部署增加力量和威望。这是基督教世界的另一场十字军战役，就像熙德在瓦伦西亚去世同年（1099年），耶路撒冷落入布永的戈弗雷（第一次十字军东征的将领，耶路撒冷王国的创立者）之手一样充满希望。

三个国王——卡斯蒂利亚的阿方索八世、阿拉贡的彼得二世和纳瓦拉的桑乔五世——带着他们的军队，通过德斯皮纳佩罗的小道进入莫雷纳山脉中心。托莱多首席主教希门尼斯·德拉达和纳博讷大主教随军前行，在林立的军旗中高举着十字架。

1212年7月16日，这支庞大的军队在拜伦附近与亚库布的柏柏尔人相遇。从前汉尼拔和西庇阿在这个战场上对峙过，很久以后在对抗拿破仑的独立战争初期，西班牙将军卡斯塔尼奥斯在此接受了法兰西将军杜邦和维德尔的投降。

拉斯纳瓦斯·德·托洛萨的胜利是决定性的。在基督徒骑士的冲锋下，阿尔摩哈德士兵被砍得七零八落、四处逃窜。然而要再过 30 年，阿方索八世的继任者费尔南多三世，即圣费尔南多才会一个接一个地征服城市，直至占领安达卢斯的心脏——整个瓜达尔基维尔平原。1236 年，科尔多瓦沦陷；1246 年，哈恩沦陷；塞维利亚也在 1248 年被占领。

除了一些阿基坦和朗格多克的骑士外，法兰西骑士最终没有分享他们西班牙兄弟的胜利。实际上从他们到达西班牙那一刻起，就和西班牙人之间存在很严重的误会。他们对这个国家东方化的情况一无所知，特别不能理解西班牙君主承诺保护穆斯林顺民的做法。他们攻击说，讲阿拉伯语和穿穆斯林服饰的人还经常在犹太人或摩萨拉布人经过的路上抢劫。

在西班牙，利欲熏心以及对屠杀的渴望刺激了他们，不幸的是，在法国中部讨伐阿尔比派的十字军时他们又表现了出来。1213 年，西蒙·德·蒙福尔率领法国北部骑士在米雷战役中击溃了图卢兹伯爵雷蒙六世以及阿拉贡国王彼得二世的联合军队，后者梦想建立一个从埃布罗到普罗旺斯的统一大国。由于我们法国同胞的背叛，加上其在西班牙表现出的狂妄，造成比利牛斯山这一边强烈的仇恨心理。这些事和他们在朗格多克的无差别敲诈一样，成了法兰克人的污点。

在塞维利亚投降后，只剩下一个要去征服的埃米尔国，那就是摩尔人刚刚建立的奈斯尔王朝的格拉纳达埃米尔国。不过此时，依附于卡斯蒂利亚的葡萄牙在 1139 年已经成为一个独立国家，其领土一直延伸到圣文森特海角。至于阿拉贡，人们看到米雷战败后，它在比利牛斯山北部的野心随着其君主彼得二世战死而消失了。他的继任者海梅一世（1213—1276 年），人称“征服者”，把从穆斯林手中夺来的马略卡岛并入加泰罗尼亚和瓦伦西亚的属地，以此巩固他对地中海的控制。

在拉斯纳瓦斯·德·托洛萨会战胜利之后，随着半岛上各个王国的领土利益和某些关注问题的凸显，十字军精神（已经被法兰克人的态度所压倒）改变了。有几个最重要的问题：一是被征服区域的秩序问题；二是重新引入人口定居问题；三是给予众多留下来的穆斯林以地位，让摩萨拉布人融入新的基督教社会（事实上他们融入得相当快）。考虑到任务艰巨，收复失地运动需要一个较长的暂停期，这也确保了格拉纳达的摩尔人王国存留至 1492 年。

安达卢斯的记忆：西班牙意识的辩论

当今最有才华的西班牙小说家之一安东尼奥·穆尼奥斯·莫利纳在一本关于科尔多瓦倭马亚王朝的书中，将其描述为“贫瘠土地上的一根孤柱，有着毫不掩饰的优雅”。费德里戈·加西亚·洛尔卡也说“科尔多瓦，遥远而孤独”（Córdoba, lejana y sola）。

“但倭马亚王朝的统治长达 275 年，历经九代人，然而这个统治在今天的我们看起来几乎是稍纵即逝的。”小说家又说。

这种由穆斯林往事唤起的感觉就像从一个旧瓶子里逸出的香水味一样挥之不去。

在五个世纪中影响了大半个西班牙的阿拉伯－柏柏尔人文化会不会这么快就蒸发了？除了保留了浪漫时代的一些东方印象，就没有别的什么了吗？

这样断言是荒谬的。东方不会被忘记，它存在于安达卢斯最美的遗迹中，存在于它的热土和香气里。在我们看来，西班牙的魅力不正是一个缓慢被驯服的“近东”形象，一个既有异域风情，又让我们感到亲切的东方吗？

在卡斯蒂利亚词汇里有很多源自阿拉伯语的词语显示出东方文化对其深刻的影响，甚至有一些延续到了 17 世纪的西班牙社会和政治习惯，比如女人把垫子搬来坐在地上，甚至不与男人同桌吃饭的习俗。或者再比如说，“valido”这个词可能来自阿拉伯语的“vâli”或“wâli”，意指埃米尔信任的、管理领土的人，自然而然地变成了指卡斯蒂利亚和后来西班牙统治者身边管理王国事务的宠臣。

然而不能责备伟大的智者——那些西班牙杰出的中世纪学家，从拉蒙·梅嫩德斯·皮达尔到克劳迪奥·桑切斯·阿尔博诺兹——有着敏感的民族主义思想，倾向于减弱伊斯兰的文化控制。他们有两个论点：减少在西班牙的阿拉伯－柏柏尔居民，以及通过与半岛人民旧时的伊斯帕尼亚－罗马文化接触，同化这些外国元素。

这些论点说明伊比利亚特质里最深刻的也是最被指责的特点存在于所有入侵者身上。没有什么比桑切斯·阿尔博诺兹举的例子更能说明问题，他提及科尔多瓦新穆斯林诗人伊本·哈兹姆，这位作家不是认为鸽子的项链犹如“从塞内加尔到米格尔·德·乌纳穆诺的长链中摩尔人的一环”吗？

另一个中世纪史研究者阿梅里科·卡斯特罗反对这种论点，他强调安达卢斯的居民在这几个世纪经受的文化（包括宗教）浸透的重要性。他的结论是，只有在收复失地运动的背景下，才能真正谈论西班牙人的身份。

这场争论在20世纪五六十年代的历史学家中引起了很大的轰动。它可以被列入皮埃尔·吉夏尔所说的“纠缠不清、没有结果的安达卢斯文明中的西班牙问题”。今天谁能跟我们说清楚伊本·哈兹姆这样的人的想法和感受呢？他觉得自己更接近他的拉丁祖先还是阿拉伯诗歌作者？

总的来说，正如我们看到的，不可否认安达卢斯听话的西班牙人很快接受了东方化，无论他们转向伊斯兰教或者保持基督教信仰。

一方面，在安达卢斯这样一个更文明、且仍受其古老文化熏陶的特殊环境里，伊斯兰教可以展现出自己的特点，并带有中东或非洲的特征；不过另一方面，两种文化差别太大，以至于它更多地呈现为西班牙化而不是阿拉伯化的特征。

从公元8世纪到13世纪，安达卢斯的新穆斯林在很长一段时间里感觉比起基督教王国同胞的思想和生活方式，他们更接近于阿拉伯世界的思想潮流和生活方式。这是两个对抗的世界，一个世界顺从了入侵者，在很大程度上被外来文化同化了；而另一个世界警惕地守护着拉丁和基督教遗产，在西班牙与入侵者斗争，直到13世纪初。

关于西班牙皈依伊斯兰教的人是如何“重新融入”基督教西班牙的，我们知之甚少。应该相信，如果人们很少说起这个，说明它没有构成什么严重问题。这些穆瓦拉德人就像他们成为穆斯林一样，很容易被重新基督教化。随着基督教王国的前进，摩萨拉布人大幅度减少了，与旧的西哥特礼仪有关的摩萨拉布特殊之处也很快消失了。他们没有经历太多文化上的不适，就沉浸在重新找到共同信仰的愉悦之中。

除了对一个新的少数群体“穆迪札尔人”之外，收复失地运动没有带来其他的文明冲击。

“穆迪札尔人”是那些在基督教王国里仍忠诚于自己宗教的穆斯林。这个少数民族的存在对基督教西班牙来说是沉重的负担，直到采取一些激进的驱逐措施，17世纪的摩里斯科人（在基督徒王国的摩尔人）就是这个措施的受害者。

至于犹太人群体，他们在 13 和 14 世纪大量改宗天主教，这从西班牙政治和宗教历史上大名鼎鼎的犹太裔大主教或者神秘主义者可以看出。1492 年，在天主教君主的统治下，忠于自己信仰的犹太人遭到驱逐。

在这些极端措施之前，尽管西班牙中世纪盛行反犹“大屠杀”，但在基督教西班牙，却可以找到一种与穆斯林统治仁慈时期差不多的对少数民族的宽容。犹太人往往具有实实在在的经济实力，而且他们是东方文明的继承人，这种文明在很长一段时间内都优于基督教文明，因此他们特别受到卡斯蒂利亚、阿拉贡和葡萄牙国王的欢迎，这些国王甚至将犹太人召为高级官员。地位较低微的穆迪札尔人也在新社会的农业和手工业领域找到了工作。这些基督徒统治者仍然迷恋于东方的魔力，甚至在他们的新宫殿中——比如 14 世纪中期增建的塞维利亚阿尔卡扎尔宫——效仿着埃米尔留下的建筑和装饰的崇高典范。

古代知识的传承：伊斯兰学者和克吕尼教士

三个宗教的文明状态持续到了 14 世纪。然而它经历了和安达卢斯同样的限制：学者以为不同宗教信仰的人之间在人际交往方面可以和平共处，但主流文化有压倒性的优势：先是穆斯林文化，接着是基督教文化。归根结底，宗教容忍从来不会真正实现，除非迫于形势。

我们注意到，至少在 13 世纪基督教西班牙里，存在某种文化综合的政治意愿。特别是在卡斯蒂利亚国王阿方索十世的统治下。实际上这位英明博学的君王在 1252 年到 1284 年在位期间领导了通史写作行动，他对其指导思想做了如下解释：“我们打算为西班牙写一部通史，记载所有国王和他们的一切行为，不管他们是属于过去还是现在，不管是穆斯林还是基督徒，必要时甚至还要加上犹太人。”

在他遥远的穆斯林前辈身上，确实很难发现同样开放的思想。无疑，他们中的一些人有时会让自己的学者走上偏离伊斯兰教正统的道路。但就总体而言，《古兰经》的文本性质及本质上对行为的关怀是反对任何哲学辩论的。

阿拉伯人传来的希腊或东方学问很难打开其他大门。因此，他们的文化根本上是一种传承的文化。约瑟夫·佩雷指出，虽然西方重新和古代学者、思想家建立联系，从阿拉伯人那里学到了很多东西，但有一个领域无法引起穆斯林的好奇心，那就是宗教间的人文主义对话。

如果基督徒方面不再只关注天主教启示的唯一真理，并且对其他宗教有好奇心的话，其他文明就不会遇到同样不可逾越的障碍。

莫里斯·勒让德用敌对的眼光看待伊斯兰文明，甚至否认其在安达卢斯建筑、农田灌溉、园林艺术等方面的丰硕成果，他只把这些学问归功于本土的建筑师或者罗马文明的经验。至于阿拉伯人为了快速征服而传播的从其他民族借来的知识，他认为这是很表面的："真相是阿拉伯人开始放慢甚至停止了由塞维利亚的伊西多尔及其追随者开始的如此丰富的知识传递。"

换句话说，没有他们，知识同样也能传到西方，甚至会更快。

争议较少的是阿拉伯人的发明以及确实让世界受益的传播工作。胡安·韦尔内在一本书中列举了这些发明或传播，此书旁征博引、客观且有权威性。他列举了阿拉伯人在数学科学尤其是代数、天文、医学、药理学、航海等领域里的辉煌成就，其精湛技术难以超越。还有文学，他们特别醉心于诗歌，毋庸置疑的才华得益于丰富的人性，但这没有削弱他们在西班牙，还有别的地方以纯粹神权主义的世界观表现出的专制独裁。

神话和现实：三个宗教的黄金时代？

西班牙的安达卢斯存在着一个"黄金时代"神话，这个神话已经成为浪漫主义的基础。然而 20 世纪末在"多元文化主义"思潮的启发下，西班牙研究专家、美国历史学家斯坦利·佩恩在他最近的著作中称那是天真的乌托邦。

他解释道，这是关于自治时代安达卢斯主义者所提倡的愿景，他们梦想自己的"民族"有一个独立于半岛其他地区的命运，就像加泰罗尼亚、巴斯克地区或者加利西亚的地方主义者一样。佩恩不是一个反动分子，他谴责这种独特见解和思维方式对西欧特别是北美的文化和教育机构造成破坏。有时人们应该回到古典研究，就算是梅嫩德斯·皮达尔（Menéndez Pidal）和桑切斯·阿尔博诺兹（Sanchez Albornoz）的支持者，也可以在这个领域重新找到理性支持。

最后，如果人们问，在分裂已久的西班牙里，穆斯林和基督徒有什么本质区别，即每个人各自对他们生活的土地的感觉，以及对自我的想法，没有人比皮埃尔·吉夏尔更能回答这个问题：“（西班牙的穆斯林）不认为自己是西班牙人。”他们用“伊斯帕尼亚”一词称半岛的基督教区域。阿拉伯文献中，从征服时代起，总是用“安达卢斯”来称呼它……他们与北方王国基督徒的观念截然不同，这些北方王国从西班牙的概念出发，系统地扩展到穆斯林居住区，甚至超出了宗教考虑，有半岛政治—领土统一的诉求，“收复失地运动”的意识形态正是基于此。相反，对穆斯林来说，伊斯兰箴言中对基督徒的圣战优先于半岛统一。

那些靠着凶狠、顽强精神赢得这一功绩的人因为抹去了“西班牙的丢失”阶段而受到赞扬，却不了解这个阶段也是他们历史的一部分。西方的历史是如此奇特，以至于约瑟夫·佩雷有充分的理由写道，西班牙（就像葡萄牙一样）自收复失地运动以来可以自诩为是“最欧洲的欧洲国家”，因为它和其他国家不同，面对伊斯兰教，它可以选择服从还是拒绝既成事实。“但西班牙没有服从，它选择以基督教国家的身份重新回来。”

为了完整说明，胡安·韦尔内借用意大利的西班牙研究者 E. 塞鲁利在其著作的序言结语里提到的话：“西班牙在收复失地运动的七个世纪里是第一个保卫基督教欧洲的国家。”

第四章　中世纪的光辉与阴暗

西班牙中世纪晚期的历史从13世纪末开始到15世纪中叶天主教双王登基结束，仍然是一个个独立王国以不同方式寻找自己前途的历史——阿拉贡的地中海征服，卡斯蒂利亚的半岛霸权——同时面对彼此紧密交织的王朝野心。两国之间的这种竞争所导致的冲突往往与当时的欧洲局势有关，特别是英法百年战争。

然而，伊比利亚王国——卡斯蒂利亚、阿拉贡、葡萄牙、纳瓦拉——只是正在寻找平衡的西方秩序（*或者无秩序*）中不太重要的伙伴。

就像斯坦利·佩恩指出的，虽然西哥特人统治的西班牙参与了罗马和后罗马文明的核心，把伊比利亚半岛提升到几乎和意大利一样的文化高度，但一个漫长的穆斯林占领阶段某种程度上把半岛上的王国推至欧洲外围，因此在未来很长一段时间内，相对正在形成的欧洲力量，西班牙仍然扮演着边缘角色。

尽管它享有收复失地的荣耀，在好战的基督教世界中占一席之地，但被分割的西班牙受到公元8世纪以来西欧历史后遗症的困扰：大规模人口流动，向因战争而荒芜的区域重新引入居民，以及防御新的穆斯林威胁。

这些障碍“不能让它声称和其他西方国家处于同一个文化、教育和经济水平”，不过这些障碍也让强人应运而生。在经过了漫长的历史发展，包括王国统一，西班牙终于作为伙伴在欧洲树立起了威望。它在欧洲舞台上主导了一个半世纪，直到不那么愉快的转变发生。

重新收复安达卢斯绝大部分土地的这段历史在很多方面是光辉灿烂、充满活力的。三位不同名号的卡斯蒂利亚统治者在13世纪末和14世纪上半叶享有盛誉：塞维利亚的“征服者”圣费尔南多三世（1217—1252年），“智者”阿方索十世（1252—1281年）和“正义者”的阿方索十一世（1311—1350年）。

三种文化的卡斯蒂利亚

正如历史上时有发生的巧合，唯一被罗马封圣的卡斯蒂利亚国王与唯一被教会封圣的法国国王路易九世的统治几乎是同时的。

但可能只存在一半巧合，因为圣费尔南多和圣路易是日耳曼表兄弟，分别是两个德行高尚、性情刚烈的姐妹——卡斯蒂利亚的贝伦加丽亚和布兰卡的儿子，她们都是拉斯纳瓦斯·德·托洛萨战役胜利的主导者阿方索八世的女儿。

在未成年的路易九世登上王位的初期，布兰卡王后出任摄政，她通过与教会势力结盟，挫败了由英王支持的贵族所发动的政变以及劫持国王的计划。

和布兰卡一样，贝伦加丽亚凭借自己的才能和毅力以早逝的弟弟恩里克一世之名摄政。她为自己与莱昂国王联姻所生的儿子费尔南多争取王位，当时两个王国已经分开，父亲与儿子争夺卡斯蒂利亚的王位。通过强有力的外交手段，贝伦加丽亚虽没能让两个君王和解，却也设法让他们为征服安达卢斯南部和埃斯特雷马杜拉而联合在一起。

关于贝伦加丽亚，有个小故事。贝伦加丽亚是在最不稳定的情况下生了费尔南多这个孩子，这让人联想到耶稣诞生的情景。当她在萨莫拉和萨拉曼卡之间的田野骑马时剧痛袭来，她把孩子生在了一个叫瓦尔帕莱索的地方。后来这里立了一块小碑，将这个神奇事件记录了下来，今天还能看见这块碑……

圣费尔南多和圣路易像他们的母亲一样，有着坚强又宽厚的性格。他们都表现出一种不容置疑的正义感和慈悲心，但有时也会对王国的敌人下狠手。费尔南多三世没有和路易九世、“狮心王”理查一起参加在圣地的第三次十字军东征，那是因为他要对付自己国家里的撒拉逊人。

加冕31年之后，费尔南多三世的大军经过15个月的围攻进入了塞维利亚，其中有阿拉贡人、加泰罗尼亚人、纳瓦拉人，甚至还有一支格拉纳达穆斯林部队。其埃米尔已经承认自己的国家是卡斯蒂利亚王国的附庸，据当时的编年史记载，塞维利亚泰法的10万阿拉伯人和柏柏尔人重新出发回到了非洲。但对决定留下来的人，费尔南多三世提供保护，就像对犹太人一样，这与安达卢斯时期对“齐米”轻蔑的宽容性质不同，而是基于真正仁慈、理性的信念，他让乡村的穆斯林耕田，让犹太人尽显才能。

圣费尔南多打算统治一个公正、和平的王国。这样他就可以像阿方索六世曾经做的那样，在没有过多欺骗世人的情况下，宣称自己是“三个宗教的国王”。尽管如此，这并不妨碍他对未被制服的摩尔人恢复敌对行动。夺回赫雷斯和加的斯后，费尔南多三世甚至准备追击撒拉逊人直至马格里布，然而 1252 年他在塞维利亚猝死。

他的儿子“智者”（El Sabio）阿方索十世，从 1252 年 到 1281 年统治了将近 30 年，尽管这位君主比起“智者”称号更应该被称作“学者”，即使在卡斯蒂利亚王国的影响力光辉中也能找到他的位置。

作为诗人和音乐家，他是名作《圣母玛利亚歌曲集》的作者，这些迷人的圣母赞美诗充满着新鲜的灵感，是用邻国葡萄牙的加利西亚语写出来的。

科技方面，他是研究天文学的学者，著有《阿方索星表》，书中犹太、穆斯林和基督教学者将星表和从阿拉伯人那里继承的托勒密知识做比对。他还著有《法典七章》（*Las Siete Partidas*），确立了王国的法律体系，还有作为乡村战斗指南的《军事艺术纲要》。他也是托莱多翻译院高尚工作的继承者，这个学院把《圣经》，还有《古兰经》和《塔木德经》翻译成通俗语言。而且，他决定换掉劣质拉丁文，即仍然在公共文件中被使用的罗曼语，臣民们普遍讲这种中世纪卡斯蒂利亚语。他使西班牙语成为新的文化语言。

可惜的是，如此开放的精神伴随着一些怪癖，这或多或少地破坏了他的政治行动。他浪费了很多时间和金钱去寻求神圣罗马帝国的皇冠。他索要加斯科涅，把他的王权统治徒劳地强加给纳瓦拉，最终还和自己的孩子关系不和。他的儿子“勇者”桑乔四世（“易怒者”）被剥夺继承权，后来自立为王（1284—1295 年），在他那充满了严厉镇压宫廷叛乱的统治结束时，打开了卡斯蒂利亚历史上一个更加动荡时期的大门。

尽管圣费尔南多和阿方索十世试图统治三个宗教——更准确来说是三种文化——很有趣也值得赞扬，但要承认他们以政治失败而告终。并不是因为城市里的基督徒、穆斯林、犹太人在他们的统治下个人之间、各社区之间不能友好相处，而是因为他们的地位不平等；实际上更有可能是因为这两位君王从不相信会有严格的、相对“文化”的措施。

是不是就像某些历史学家指出的“穆斯林文化和基督教文化在各种表现形

式中都会发生冲突”？可能是……不过我们已经看到当时的基督徒精英很适应那些可以让他们愉快的东方生活艺术。因此，我们应该寻找族群间长期共处政策失败的真正原因：外部的穆斯林敌人造成威胁，内部的穆斯林也隐藏着威胁，特别是在乡村。

1264 年，一群马林王朝的柏柏尔人在海峡岸边登陆，造成严重的穆迪札尔人叛乱，迫使阿方索十世大规模驱赶留在西班牙的穆斯林。他们像费尔南多三世时代那样租用船只，不是提供给有意愿回国的人，而是为了把这些没逃到格拉纳达王国的人驱逐到马格里布。

1291 年 9 月，发生了另一场穆迪札尔人叛乱，当时的埃米尔试图从塔里法发动政变，这使得桑乔四世围攻并夺取了该城，以确保他们最脆弱之地的海岸防御。随后又有更多的穆斯林被驱逐。依约瑟夫·佩雷的说法，在 8 世纪末，穆迪札尔人只占瓜达尔基维尔河谷乡村人口的 0.5%。事实上，安达卢斯正是在北方基督徒的帮助下重新被垦殖的。顺便说一下，如今把这个美丽的地区当作是“安达卢斯伟大文明”民族保护地的观点是不可靠的。从收复失地运动起，人们就产生了对使用穆斯林农奴的安达卢斯大庄园的想象，但考察中世纪的现实情况后，会发现这个想象似乎站不住脚，因为用很少的人占领、开发重新征服的土地存在着种种困难。

西班牙不进行土地开发，而是大力发展畜牧业，其中一个原因是农业劳动力稀缺，人力成本高。因此著名的梅斯塔荣誉会诞生了，它是一个由美利奴羊[①]饲养者组成的协会。阿方索十世在 1273 年授予其合法地位，并成立了一个日益强大的理事会。

13 世纪经济的突飞猛进

实际上从 13 世纪起，羊毛出口就成为王国财富的主要来源。尤其是布尔戈斯，其财富主要来自高原的牧群和坎塔布连港口。那里最富有的大商人往往是贵族，能够在国家行政体制内坐到特别高的位置，将网络扩展到整个欧洲。特别是

① 美利奴羊：原产于西班牙的一种细毛绵羊。因其高昂的价值，西班牙曾严禁美利奴羊输出，违者除国王外均处以死刑。

佛兰德斯，它能和塞维利亚相媲美。后者是一个商业和金融中心，这要归功于热那亚银行家家族（如斯宾诺拉家族将在西班牙扎根）为那里引入了先进的行业（信贷、汇票）做法。

13 世纪经济的快速增长引起了西欧其他地区之人对西班牙的兴趣，伴随着西班牙艺术修养及人文精神的提升，西欧各地涌现出哥特式教堂。在卡斯蒂利亚最漂亮的那些教堂中，很多是因法国建筑大师丰富的知识而建造起来的。这些建筑师追随克吕尼和西多会修士的脚步，虽然隐姓埋名，但在布尔戈斯、圣地亚哥－德孔波斯特拉、莱昂、托莱多和西班牙其他城市的建筑工地上都有他们的身影。除了伊斯兰长期的威胁，瓦勒度派和纯洁派的异端势力也增加了，与此同时，卡斯蒂利亚的圣道明、阿拉贡的雷蒙·卢尔正在布道，他们都成为 14 世纪西班牙神秘主义的先驱。

同期，1218 年兴建了以索邦大学为范本的萨拉曼卡大学，同时阿方索十世的编年通史也已面世。13 世纪末，卡斯蒂利亚的《熙德之歌》（*El Cantar de Mio Çid*）完成，而伊塔主神父（1285—1350 年）也写出了《真爱之书》，这本书将苦行者的禁欲主义和对世俗的挂念以极为有趣的方式展现在读者面前。

这个时代的卡斯蒂利亚为我们展开了与阿方索十世的《圣母玛利亚歌曲集》或者创作于 1283 年塞维利亚的《失败之书》有关的缩影，有我们熟悉的人物——从国王到商人，从骑士到犹太人、穆迪札尔人，从贵族妇人到被关在修道院的修女。在这幅宏大的社会画卷中，商业和手工业资产阶级开始占有一席之地。

阿方索十一世的卡斯蒂利亚：中世纪的民主制度？

卡斯蒂利亚的权力结构随着迫切的利益需求开始变化，这使城市里的中产阶级可能出现得比其他欧洲国家更早。在西班牙有去中心化的趋势，每个城市都渴望自治。他们的居民习惯聚在实际独立于封建领主的开放的议会（consejos abiertos）。

在国家的顶端，国王本人除宣誓遵守阿方索十世统治下颁布的《王室法典》（*Fuero Real*）和《七章法典》中确定的共同法律外，还必须考虑按照君主习惯召开的、在13世纪被称作“科特斯”（Cortès）的议会。

直到1169年，卡斯蒂利亚的议会似乎只包括了贵族和神职人员代表。到了13世纪，获得特权的市镇代表进入议会，这些“第三等级”[1]的作用随着会期的推移而增强。

虽然君王没有严格遵照他们的看法，但必须考虑议会的意见，特别是在税收方面。议会必须就平民缴纳的直接税和间接税额度达成一致，包括阿方索十一世提出的占商品价值10%的商品交易税（alcabala）。

城市的力量——市镇代表的崛起，是中世纪卡斯蒂利亚的一个显著特征。但它表现出的寡头政治特点很快就受到指责。贵族和富裕的资产阶级占据了“开放议会”的首要位置，事实上把越来越多的城镇变成他们自己的“领地”。在14世纪上半叶，阿方索十一世开始进行市镇改革，但除了承认这种演变之外，几乎没有更多的措施。城市的权力从此到了国王任命的地方长官（regidores）手上，由他们组成仅限高层人物参加的理事会（Consejo cerrado），为了利益平衡，这些代表往往是从城市里互相竞争的大家族里选出来的。接下来的一个世纪里，这种临时性的职务变成世袭制，他们的权力勉强由来视察的王室行政官员，或者选举出来代表平民的司法官补充。

这种卡斯蒂利亚国家组织有时候被说成“纸上民主”，不太能说明问题。但至少它没有忽略中间团体的功能，加上议会和给地方或个人的自治权（fueros），无疑比同时代其他地方更有公民自由的观念。

此外，国王必须考虑的另一个政治团体就是贵族。贵族没有享受到西欧建立强大的封建制度给他们带来的好处，很不安分，它将利用王权衰弱的时机为自己牟利。

正如奥特加·伊·加塞特遗憾地指出，如果封建制度不能在西班牙（特别是在卡斯蒂利亚）发挥它在法兰西或英格兰等其他国家所起的作用，那么人们就需要从11世纪中叶到13世纪中叶伴随着收复失地运动而从未停止的垦殖运动中寻找原因。由于需要迅速地对被征服的土地进行重新填充和分配，卡斯蒂利亚的

---

① 第一等级指教士（即祈祷者），第二等级指贵族（即征战者），第三等级指市民和农民（即耕作者）。

君主为了灵活控制而不把重要的任务委任给封建领主。后者失去了本可以从权力转移中获得的利益，同时对抗穆斯林的敌对行动减少使他们缺乏从战争中获取战利品的机会，这都令他们感到很沮丧，因此越来越喜欢向君主阿谀谄媚以得到赏赐和报酬。但如果君主实力弱，他们就毫不犹豫地通过讹诈或武力使之让步。

这就是不久后在卡斯蒂利亚王国发生的事。

阿方索十一世（1312—1350 年）是这个光明、充满活力的卡斯蒂利亚时代的最后一位统治者。在更早之前的桑乔四世统治时期已经出现了严重的王朝动荡，预示着由阿方索十一世之后王位继承所带来的内战。

桑乔四世之子费尔南多四世的登基要归功于他顽强的母亲。为了维护她未成年儿子的权利，玛利亚·德·莫利纳不得不与贵族和阿拉贡王国斗争，更不用说与摩尔人作战了。费尔南多四世从马林王朝手中夺取直布罗陀后突然死亡，后者又很快夺取了那块土地，重新登陆。费尔南多四世的儿子——第十一位阿方索获得“复仇者”或“正义者”的绰号，要归功于他对贵族骚乱的镇压，以及 1340 年在萨拉多战役中对抗摩纳哥穆斯林的重要胜利。

这场军事行动几乎可以与拉斯纳瓦斯·德·托洛萨会战相媲美，加上随后其他战役的胜利以及 1344 年夺取阿尔赫西拉斯，使得在阿方索十一世时期的卡斯蒂利亚对海峡的控制画上句号。之后，黑死病[①]肆虐欧洲。1350 年，阿方索十一世在围攻直布罗陀时患上了让他父亲费尔南多四世离奇死亡的病（黑死病）。

阿拉贡王权扩张

面对不停扩大的卡斯蒂利亚统一王国，南至除格拉纳达埃米尔国外的安达卢斯地区，北至最初阿斯图里亚斯 - 莱昂王国以及加利西亚过去所有省份，未来的西班牙还有两个独立王国——纳瓦拉，以及在阿拉贡王权保护下从比利牛斯山中心到地中海沿岸建立的联邦——仍然编织着分离的命运。

11 世纪初桑乔大帝统治的纳瓦拉王国是卡斯蒂利亚和阿拉贡的母国，由于经历了王朝分割，它的领土范围已收缩至最初的边界。

① 黑死病：1347—1353 年席卷整个欧洲的大型鼠疫，夺走了约 2500 万人的性命。

1234 年，纳瓦拉（王国）的王位传给了一个法国男爵蒂波·德·香槟，他的后代——香槟家族、埃夫勒家族和福克斯家族——统治范围跨于比利牛斯山脉两侧，直到 16 世纪初。巴斯克（区）附属于这个自愿分散的纳瓦拉王权。阿拉瓦省的省会维多利亚是今天巴斯克自治区（Euzkadi）的首府，1200 年它是第一个自愿与卡斯蒂利亚联合的城市，接着是吉普斯夸省（首府为圣塞巴斯蒂安），再来是比斯开省（首府为毕尔巴鄂）。1379 年，这个独立的封建领地在卡斯蒂利亚的胡安二世统治下最终进入卡斯蒂利亚的管辖范围。

阿拉贡王国本想把势力范围扩展到从卡尔卡松到尼斯的法国中部地中海地区，1213 年米雷战败后它的野心受挫，退回到广阔的西班牙领土，不过很快就欣然与巴塞罗那伯爵的加泰罗尼亚联合。

瓦伦西亚王国也落入阿拉贡的势力范围，成为其王冠上的第三颗珍珠。对阿拉贡来说，前穆斯林王国穆尔西亚并入卡斯蒂利亚并不重要，因为它现在感到有新的“使命”召唤自己，这个使命就是征服地中海。尽管在收复失地运动中的“勇士”阿方索很英勇，但如果不是拉米罗二世出了个好主意，在 1137 年把他的女儿佩特罗尼耶嫁给大胆的加泰罗尼亚独立伯爵雷蒙·贝伦格尔四世，对比利牛斯山小国阿拉贡来说，大概也没办法顺利地在这片广阔的行动区域大展拳脚。

阿拉贡的王冠传到他们的儿子阿方索二世手里后，直到 14 世纪中叶才形成王国的最终版图。但它从一开始就不同于卡斯蒂利亚。阿拉贡在唯一君主的统治下，以去中心化、共同联邦的方式组织，每个部分都可保留他们自己的制度和自治权。阿拉贡国王们在萨拉戈萨的阿拉贡议会，接着在巴塞罗那的加泰罗尼亚议会，最后在瓦伦西亚的议会轮流宣誓。此外，海外领地代表也加入议会，它们一点点增加着阿拉贡王冠上的珍珠。随着 1287 年夺取梅诺卡岛，阿拉贡对巴利阿里群岛的征服取得了完全胜利，并诞生了昙花一现的马略卡王国（首府：佩皮尼昂，因为它还包括了鲁西永、塞尔达尼和蒙彼利埃）。“征服者”海梅一世决定将马略卡岛从他的王国中分离出来，让他的小儿子继承；1344 年，它重新并入“礼貌的”佩德罗统治下的阿拉贡。

佩德罗大帝（1239—1285 年，即佩德罗三世）于 1282 年在西西里岛站稳了脚跟，在这之前发生了著名的西西里晚祷起事，赶走了安茹家族。在加泰罗尼亚佣兵团开始征服这座大岛屿之前，它相继落入拜占庭人、阿拉伯人、北欧人、霍亨斯陶芬家族、神圣罗马帝国王侯家族手中，在罗马教廷的祝福下，由圣路易的弟弟——安茹的查理一世统治。在这部伟大的史诗中，加泰罗尼亚征服者将在罗杰·德·弗洛尔的领导下帮助拜占庭对抗土耳其人。而他们的首领罗杰被拜占庭人杀死之后，他们通过在希腊占领雅典和尼奥帕特拉斯公爵的领地来报复这次背叛。

在 1325 年，海梅二世统治时期，撒丁岛被归于阿拉贡王国统治之下，这一占领在它的西岸，尤其在阿尔盖罗留下了一些深刻的痕迹。那里的人至今还说加泰罗尼亚语，但这也引发了加泰罗尼亚和热那亚共和国的长期冲突。后者是巴塞罗那控制西地中海贸易的对手。

这个地中海帝国后来又纳入了那不勒斯王国，给西班牙带来了相当丰厚的遗产，更具体地说，是加泰罗尼亚地区带来了财富。从 14 世纪起，加泰罗尼亚就发挥着无可争议的引擎作用。

当时，尽管 14 世纪中叶起黑死病肆虐，但巴塞罗那的繁荣却让其他邦联黯然失色。它是一座拥有四万人的城市，军火库满负荷运转，工匠占了劳动人口的近八成；它也是一个工业中心，专门从事帷幔生产；它还是一座贸易城市，汲取腹地的农业和矿业财富，与意大利、法兰西、佛兰德斯乃至英格兰都有贸易往来。

阿拉贡统治者从此找到了自己的天职。伴随着新大陆的发现，大型贸易重心从地中海转移到了大西洋。

在社会和政治计划方面，阿拉贡整体相对卡斯蒂利亚来说是比较薄弱的。

如果说在哥特街区拥有最漂亮建筑的巴塞罗那，其强大的工业资产阶级有效控制了市政当局，那么加泰罗尼亚和阿拉贡的乡村则受到比卡斯蒂利亚乡村更有力的封建制度控制。不同小国自治以及强大领主特权抑制了王权，它们有时候阻碍了行动自由。

领主的强大是以牺牲农民利益为代价的，阿拉贡农民的命运无疑比卡斯蒂利亚农民更艰难。从某种角度来说，阿拉贡更为“民主”，因为王国有不同的议会。但它们将决定强加给君主，并过分偏袒贵族和教士，特别是瓦伦西亚以及加泰罗尼亚的农村，封建领主强迫实行农奴制（remensa，加泰罗尼亚模式的奴隶制）。穆斯林农业工人数量特别多，尤其是在瓦伦西亚的乡村，不过他们作为穆迪札尔人群体直接依附国王，因此待遇比任领主摆布的基督徒农民要好得多。

阿拉贡王国虽然与加泰罗尼亚合并后以海洋为发展方向，但它并没有放弃在大陆的影响力。由于它在这片土地上缺少与卡斯蒂利亚竞争的实力，就打算利用王朝联盟和政治联盟在伊比利亚舞台上大施拳脚，甚至在卡斯蒂利亚的权力中心建立自己的势力。这个计谋有时成功，有时会反噬自己。在阿方索十一世死后，一场内战撕裂了卡斯蒂利亚，让阿拉贡有机会在西班牙舞台上实现自己的野心。

悲剧时刻

从 1348 年开始，黑死病①破坏了欧洲人口结构，西班牙也不例外，阿拉贡更是第一个被疾病侵袭的王国。多年的坏收成使得它的人民身体衰弱，死亡人数更多。某些区域甚至失去了一半的人口。

这种灾难反复发生，至少每 10 年一次，直到 15 世纪中叶。灾难加剧了卡斯蒂利亚的社会问题，在乡村表现为无政府主义。法国的“自由佣军”在半岛也有了行动。各大城市组织起了自卫兄弟会（Hermandades），拥有自主的民兵，声称要弥补中央权力的不足。因农民惨死而失去收入的贵族也开始躁动不安，每次都向国家索要更多的援助或者补贴。同时，卡斯蒂利亚王权争夺气氛因一场大的继承危机而恶化。

阿方索十一世在直布罗陀死于流行病后，他的大儿子佩德罗一世于 1350 年继位，其权力很快受到挑战，屡次犯罪的他获得了“残忍者”佩德罗这一不光彩的绰号。某些历史学家认为这是不公平的诽谤，但也不是不可能，因为以今天的判断来看，当时的编年史经常被其他政权书写，目的只是控诉一位耻辱的前任统治者。他为一系列谋杀案负责，包括他父亲的情妇埃莉诺·德·古斯曼的死亡，而她为阿方索十一世留下的五个私生子也被他们同父异母的哥哥佩德罗所杀。这些罪行足够阐释他的恶名。

① 20 世纪以来，欧洲学者一向认为 14 世纪的黑死病来源于东方，如巴黎医学院认为其可能是来自印度，英国人则咬定其来自中国。到了现代，经过科学家们的研究，发现“黑死病来自东方”这一结论有很多疑点。这一结论体现出更多的是西方人固有的地域歧视，而不是追溯疫情根源的科学精神。

佩德罗一世还是一位有才能的军事家，也是玛丽亚·德·帕迪利亚的忠诚情人——为了她甚至不顾自己的政治利益——她是西班牙中世纪历史上几位标志性的女强人之一，这些传奇女性包括希梅娜、玛利亚·德·莫利纳、天主教徒伊莎贝拉，还有玛利亚·帕契科。

“残忍者”佩德罗是否也是依靠着资产阶级和人民的力量进行政策煽动，给他招来贵族的憎恨呢？我们可以观察一下王位争夺战的赢家、特拉斯塔马拉的恩里克的政策再来讨论，他和他的继任者们几乎都是朝着同一个方向发展：用同样的手段加强王权。

这位特拉斯塔马拉的恩里克是“残忍者”佩德罗最后一位同父异母的兄弟。我们可以猜到在“残忍者”铲除了他母亲和他兄弟之后，复仇的渴望刺激着恩里克。十五年间，两个对手在此消彼长的战斗中精心积蓄力量，各自逃往外国寻找同盟，一个到了法兰西，一个到了英格兰；阿拉贡则立即与特拉斯塔马拉联合。

1366 年，内战席卷了卡斯蒂利亚，这是英法百年战争的插曲，人们可以在过去法国学生的历史书上看到法国民族英雄贝特朗·杜·盖克兰[①]发挥的作用。

关于这场战争的细节就不多说了。1367 年，特拉斯塔马拉的恩里克被布尔戈斯的议会承认为卡斯蒂利亚的合法君主，他们将佩德罗称为“邪恶的暴君”。恩里克获得了法兰西瓦卢瓦王朝的支持，后者不能接受佩德罗一世的合法妻子——波旁的布兰卡所受的可耻待遇。为了确保特拉斯塔马拉的恩里克获胜，查理五世给西班牙派了以贝特朗·杜·盖克兰为首的“自由佣军”。“残忍者”佩德罗则获得了英格兰“黑太子”爱德华的武装支持，后者以其父亲爱德华三世之名统治着吉耶讷。起初，1367 年英格兰雇佣军在纳赫拉打败了贝特朗·杜·盖克兰的雇佣军。但两年之后，风云突变。佩德罗一世被围困在蒙蒂埃尔要塞。为了引诱他出来，足智多谋的陆军统帅贝特朗·杜·盖克兰假装向他提出会晤，讨论暂时休战的问题。

但 1369 年 3 月 27 日至 28 日夜，“残忍者”佩德罗刚刚钻进后者的帐篷时，就撞见了自己同父异母的兄弟。一场肉搏中两人滚到地上。佩德罗似乎快要胜利

---

① 贝特朗·杜·盖克兰（1320—1380 年）：法国民族英雄，被称为“布列塔尼之鹰”，英法百年战争初期杰出的军事领袖，从 1370 年到他去世一直任法国骑士统帅。

之时突然被踢了一脚，布列塔尼人（Breton）贝特朗·杜·盖克兰逆转了形势，让恩里克把短剑插进了对手的喉咙。

内战结束了，作为勃艮第家族分支的特拉斯塔马拉家族一直统治到查理五世登基，自此哈布斯堡家族登上西班牙的王位。这场斗争对阿拉贡来说有一个幸运的结局，阿拉贡王室很快将继承卡斯蒂利亚王国，同时打算将其势力渗透到邻国。

阿拉贡和卡斯蒂利亚：优势竞赛

特拉斯塔马拉的恩里克——卡斯蒂利亚的恩里克二世——被证明是一个精力充沛的君主，他希望恢复王权以及实现国家和平。然而历史则批评他对亲属和支持者毫无顾忌的慷慨，有一个众所周知的俗语“恩里克的礼物”（mercedes enriqueñas）正是形容他的这一做法，很多历史事件也证实因为他的慷慨使王国变得贫穷。

其实，恩里克打算通过增加荣誉封号和职位的方式在他周围建立一个比之前更顺从、忠诚的新贵族群体。这种手段很冒险，不过他册封的“领主”没有完全占有土地。他慷慨地增加职位，至少在他的意识里，新贵族是在不侵占国家资源的情况下自己创造收入的。实际上这两者都可以世袭，并没有改变旧秩序。这些“领主”大部分直到今天都是西班牙大人物的新贵族，不会比旧贵族更服从于王权。

恩里克二世的继任者——胡安一世和“病弱者”恩里克三世小心翼翼地加强着国王特权：设立阿斯图里亚斯亲王头衔，以保障王位继承人的权利；建立一个国王委员会，成为政府的重要机关（这不利于议会，他们越来越少聚集召开会议，贵族和神职人员也放弃了在此的职务）。

然而，国王这些重组尝试并没有破坏“二十几个大家族寡头们的胃口”，他们想与国王分享权力，最坏的情况是剥夺他所有的实权，把他置于监管之下。

虽然法兰西与瓦卢瓦家族有机会看到长期而连续的统治者一个个登基，决心建立并确保人民服从他们的王权，但上次内战表现出的权力不连续使卡斯蒂利亚处于欧洲协同的边缘，不管这个欧洲是多么不和谐、多么战火纷飞。

随着恩里克三世的儿子胡安二世登基，卡斯蒂利亚的格局又发生了变化。胡安二世的父亲去世时，他只有一岁。他的叔叔费尔南多在1406年被召来摄政。费尔南多是一个讲究排场的亲王，在一次对格拉纳达王国的骑兵作战中，他赢得了英勇战士的美誉。他还存有卡斯蒂利亚最终收复失地的幻想，但没有骑士真的相信。

在1410年的夏季战役中——战争总是在糟糕的季节中断——他英勇地夺取了摩尔人的重镇安特奎拉，从此人们以这一军事成就来称呼他，他变成了费尔南多·德·安特奎拉（Fernando“el de Antequera”），或者更简单地说，安特奎拉的费尔南多。这位卡斯蒂利亚的摄政者一直梦想着戴上王冠。六年后，1412年他获得了阿拉贡的统治权。这顶王冠来自加泰罗尼亚－阿拉贡联姻产生的王朝的最后一位国王、“礼貌的”佩德罗的次子——“仁慈者”马丁一世（两年前他去世时没有后代）。

在莱万特海岸的卡斯佩，一个由多明我会圣文森特·费里尔主导、代表阿拉贡王国三个组成部分的长老委员会同意任命安特奎拉的费尔南多以“礼貌的”佩德罗外孙的身份统治阿拉贡（费尔南多战胜了巴塞罗那资产阶级候选人乌格尔伯爵）。加泰罗尼亚和这个阿拉贡的新卡斯蒂利亚王朝之间已经出现了裂痕。

费尔南多在1416年去世，之前他一直将卡斯蒂利亚的事务视为自己的责任。在他统治期间，有充分的时间将他三个儿子安置在王国的关键职位上：桑乔是阿尔坎塔拉骑士团的大团长，恩里克是圣地亚哥骑士团的大团长，胡安是皮亚菲尔公爵，后来成为阿拉贡国王。这些阿拉贡王子兴风作浪，他们也像其父亲一样铺张浪费。

人们对这些奢侈王子的记忆随着阿拉贡的优势一起消失了，也不值得经常回忆。只有在骑士诗人豪尔赫·曼里克的《纪念父亲的诗》，以及在西班牙和法国都很有名的弗朗索瓦·维隆的《昔日女人们的歌谣》中可以看见：

> Que se fizó el rey don Juan ? / 唐·胡安国王做了什么？
> Los Infantes de Aragon / 阿拉贡的王子们
> Que se fizeron1?……/ 发生了什么事？……

1420 年，在胡安二世与拉瓦纳国王卡洛斯三世之女布兰卡联姻获得拉瓦纳王位的一年后，王国的贵族开始起义反对阿拉贡王子，呼喊着“把卡斯蒂利亚还给卡斯蒂利亚人！”他们找到了忠诚之人阿尔瓦罗·德·卢纳，他是个性强硬的教皇本笃十三世的侄子，在教皇的支持下成为了年轻国王的宠臣。

起初，尽管有阿拉贡的军事干预，阿尔瓦罗还是赶走了这帮从“外国”来的王子，这让他的资助者很满意。十年后，情况完全变了。阿尔瓦罗·德·卢纳疏远了卡斯蒂利亚贵族，试图恢复王室和他自己的权威。1437 年，阿拉贡王子卷土重来，再次占据了卡斯蒂利亚的政治舞台中心。直到 1445 年，阿尔瓦罗·德·卢纳在奥尔梅多起兵击败了贪得无厌的王子们。在他权力的巅峰时期，阿尔瓦罗·德·卢纳寻求与葡萄牙结盟，以对抗阿拉贡的影响势力，并声称要用丰厚的报酬与卡斯蒂利亚贵族和解，不过无济于事。贵族们哄骗王储——未来卡斯蒂利亚的恩里克四世，他们用阴谋诡计使软弱、易受影响的君主利令智昏，不仅让阿尔瓦罗·德·卢纳蒙受耻辱，还卑劣地判处他死刑。1453 年 4 月，这位前宠臣被证实犯有多种渎职和大逆不道之罪，被骡子拖到巴利亚多利德大广场的绞刑台上，只能向行刑者抬起喉咙。但忘恩负义的国王也只比他多活了几个月。

犹太问题的出现

回首这段时期，在天主教双王统一的统治之前，阿拉贡和卡斯蒂利亚保持独立的命运，两个王国各自的结局未定。

乍一看，阿拉贡更有优势。当安特奎拉的费尔南多的长子阿方索五世（阿拉贡的费尔南多一世）于 1452 年将 9 年前征服的那不勒斯王国与西西里岛纳入他的统治之下时，阿拉贡已经在意大利形成海上帝国的雏形。但这些新的王朝属地也会分散王国的力量，使其运作更加烦琐。地中海贸易中产生出企业家精神的加泰罗尼亚伯国在阿拉贡联邦的影响力逐渐减小，而萨拉戈萨和瓦伦西亚实力增强。随着卡斯蒂利亚王朝崛起，曾经作为王国推动力的巴塞罗那的衰落已不可避免。

在征服方面，卡斯蒂利亚可以夸耀其征服了加那利群岛。这座岛是由法国水手发现，被约翰·德·贝当古征服，最终在胡安二世和阿尔瓦罗·德·卢纳时期实现殖民。另一方面，在1385年阿勒祖巴洛特战役失败后，卡斯蒂利亚失去了兼并葡萄牙的机会。因这一胜利，葡萄牙的阿维斯王朝建立了一个长期独立的统治政权，直到被费利佩二世打断。

卡斯蒂利亚像阿拉贡一样，遭受黑死病和由此造成的人口减少，不过程度略轻。中世纪的西班牙与北方邻国一样，在13世纪到14世纪初经历了领土、人口、经济扩张的美好阶段，但此后开始陷入衰退。折磨最贫困人口的灾难——内战、饥荒、流行病——在中世纪强烈的宗教气氛中成了神圣诅咒的征兆，需要寻找替罪羊。一场可怕的暴力运动即将爆发。

教会的反犹主义在前一个世纪的西班牙并没有引起多大的共鸣，现在却成了新的困难时代的典型现象。在此之前，天主教神职人员所施加的处罚纯粹是形式化的，而如今，一些传教士在施加惩罚的时候转向了激进。但后者只不过是跟风一场运动，它来自群众对一个外来的、比异端更甚的群体的愤怒。它本质上是一个大众性的、非理性、自发的国际现象，早在1320年法国“牧羊人十字军”中就表现了出来。1321年至1328年间，他们经纳瓦拉进入西班牙，纳瓦拉的犹太人被追捕和杀害，房屋被洗劫一空，犹太教堂被烧毁。

二十年后，轮到了加泰罗尼亚受到破坏。1391年6月，塞维利亚的反犹暴乱发生了悲剧性的转变，在一个不负责任的神职人员的煽动下，暴动蔓延到整个卡斯蒂利亚。人们摧毁犹太教堂，洗劫了雷阿尔城、托莱多和昆卡的犹太人群体（aljamas）。暴动传到阿拉贡、萨拉戈萨、瓦伦西亚、巴塞罗那、赫罗纳和马略卡。犹太人到处都被指控犯有极恶劣的罪行：他们献祭新皈依的基督徒，亵渎圣物……犹太人获取不义之财的名声助长了仇恨。正如约瑟夫·佩雷所解释的，这实际上是社会民众把对富人的反抗转移到犹太人身上了。

无论是在社会最高阶层负责收税，还是小额贷款给邻里的基督徒，犹太人都不可避免地被误解。当税负重大、经济困难，甚至贫困变得难以忍受时，他们就更被憎恨。

除了特拉斯塔马拉的恩里克在内战期间通过煽动反犹运动来对抗他的敌人——以东方化生活方式和摩尔随从著称的“残忍者”佩德罗，卡斯蒂利亚和阿拉贡的统治者们则试图尽可能地遏制这些反复出现的民众狂潮，甚至有时会惩罚他们。除了其他考虑外，君主们认为他们需要犹太人来管理财政，并提供国库所需的贷款。虽然这些服务只能为他们中的一小部分人提供，但君主的弱点使他们需要保持谨慎态度来对待犹太人群体。因此，我们在西班牙没有看到——至少尚未看到——法国从腓力·奥古斯都到查理六世所采取的激进反犹措施。

1391 年的这些悲剧事件——1412 年还将重演——导致半岛的犹太社区出现了大规模皈依天主教的现象。据估计，超过半数的犹太人在 1391 年至 1415 年间受浸，包括许多拉比和知名人士，这导致低微平民跟随他们走上叛教的道路。

这种因恐惧或谨慎而决定的皈依，将给西班牙社会带来一个新的、持久的问题：人们如何知道他们真正面对的是谁？怎么能确定这些改宗者在弥撒后不会继续在家做犹太教的礼拜?

西班牙用几个世纪的时间才能消除这种荒谬、不必要的猜疑。然而两三代人之后，又会有多少基督教高层人物从这个模棱两可的过去中脱颖而出？！

第五章　伊莎贝拉和费尔南多：西班牙天主教双王

卡斯蒂利亚的胡安二世因他统治时的懦弱被折磨而死，然而，他却以少有的谨慎解决了继承问题。

他有两次婚姻，他与第一任妻子、他的表妹即安特奎拉的费尔南多之女、阿拉贡的玛丽的婚姻里生下了大儿子，也就是后来成为合法继承人的恩里克四世。如果后者没留下男性子嗣就死了，王冠就会传给他与第二任妻子、葡萄牙的伊莎贝拉所生的孩子：首先是他们的儿子阿方索王子和他的子女，其次是阿方索的妹妹伊莎贝拉公主。正是这位“在名单末尾”的公主，凭借长期耐心的蛰伏和高超的政治技巧，成为伟大的卡斯蒂利亚的伊莎贝拉，天主教徒伊莎贝拉。

“无能者”恩里克的迷魂针

恩里克四世【又名 the Impotent（无能者），1425 — 1474 年】在满 30 岁时的登基可以说是西班牙历史之谜。他的“无能者”绰号不仅是因为性无能——我们不知道他所谓的身体虚弱是否真的妨碍了生育—— 还因为他奇怪的个性和奇异的外表。他的脸盘很大，鼻子在年轻时的意外中被压扁，红头发遮住脸庞——在西班牙，这种颜色会让人联想到背叛耶稣的使徒犹大（Judas Iscariot），是一个不好的预兆。他又大又圆的头颅立在高大的骨架上，四肢巨长，身材像猴子一般。

杰出的医生和作家格雷戈里奥·马隆在瓜德鲁普修道院恩里克四世的坟墓被考古挖掘期间检查了他的骸骨，并翻阅了当时所有的编年史，最终在他身上检测到一种退化的形式，可能是源于近亲通婚，包括他的父亲胡安二世也并非完全无恙。然而在恩里克四世身上，“肢端肥大症”（eunucoïde）导致他的长相看起来有点邪恶，让他感到羞愧，足以解释他混合着不可预测的冲动和突然抑郁的矛盾性格。他的邋遢丑陋使他青春期开始就远离了“出身良好”的女士的陪伴，即使他有情妇，也几乎都是来自塞戈维亚贫民窟的女孩，就是她们在教会审判废除他的第一次婚姻时作证说曾经与他同床共枕。

说实话，除了一位他自愿公开的贵族女士多阿·吉奥马尔，他只有男性关系。不过他真如自己的名声那样是性无能吗？当时没有人能这么说，更别说在今天了。

这个问题在他的时代和后来的历史学家眼中之所以如此重要，是因为这位国王是否有生育能力决定了西班牙历史上的绝对象征——他同父异母的妹妹伊莎贝拉是否有王位继承权。

特拉斯塔马拉的恩里克四世在近20年来的两次婚姻中都没有子嗣，后来第二任妻子葡萄牙的胡安娜所生的孩子被承认为合法继承人。这显然是一个巨大的惊喜！

当他还是阿斯图里亚斯亲王时，他与纳瓦拉国王女儿的第一次联姻以彻底的失败而告终。新婚之夜的12年后，医生发现布兰卡王后仍然是处女。在西班牙主教提起的那场著名的废婚诉讼中，妓女们赶来帮助维护国王的男性名誉，但也仍然没能说服大家，教会的医生得出了奇怪的结论，恩里克受“迷魂针”所害，这个巫术只对唯一的妻子有效……

随着公元1460年与葡萄牙的胡安娜开始的第二场婚姻，情况完全不同，但并没有改变国王性无能的名声——国王总是很快地抛弃了妻子的床。这次的王后是一个放荡的女人，有了两个私生子和好几个情人。最后也是最显眼的一位情人是恩里克四世的新宠——贝特朗·奎瓦。 当然，当这个像她母亲一样名叫胡安娜的孩子在公元1462年出生时，没有人想到她是“无能者”恩里克四世的女儿。她可能是贝特朗的女儿。宫廷和城市里所有人在政治上都认定她是一个私生女，只称她为贝尔－特兰尼娅（Bel-traneja）。

然而，恩里克四世一直坚持这个孩子确实是他自己的。这是受伤之心的复仇，还是精心守护的洞房秘事？这位同性恋国王即使纯粹出于政治上的权宜之计，同意取消胡安娜的继承权，也绝不会质疑他们的父女关系。

从历史的角度来看，只有一点是显而易见的：在这场争论中，没有人在意找到一个本来就无法追溯的真相。不过是两个集团发生冲突，一个更有利于国王，因其支持小胡安娜的继承权；另一个则是出于对恩里克四世公开的敌意，为阿方索王子，顺带为他的妹妹伊莎贝拉要求王位。

在第一个阵营中，有最古老贵族的身影，如门多萨家族，其中有桑蒂兰侯爵伊尼哥·罗佩斯·门多萨，他是当时最好的诗人和学者之一；还有贝特朗·奎瓦在受到敌对阵营第一次威胁时迅速召集的城市资产阶级和平民。另一个阵营主要由内战中对抗“残忍者”佩德罗的新贵族成员组成，他们收了特拉斯塔马拉的恩里克二世著名的“恩里克的礼物”。这些不应得的恩惠让新大领地持有者羽翼丰满。特别是强大的帕切科家族，他们的领地从卡斯蒂利亚中心的昆卡到东安达卢斯最南端的阿尔梅里亚。其领导人胡安，即维莱纳侯爵领导了反对恩里克四世的斗争。就这样，领主们在卡斯蒂利亚建立了极其庞大的领地。而此时，随着法国路易十一世的统治，大量法国封地落入王权的控制下。奥特加·伊·加塞特对这些卡斯蒂利亚领主感到惋惜，这个时期本可以产生一个与伟大君主制联合的“最佳政府”，然而较晚成熟的封建制度以及缺乏合法性让他们错失良机。

随着抑郁又难以捉摸的恩里克四世登基，他身边最近的家族对他进行新的攻击，想把国王置于监管之下。过去，他们在胡安二世统治时期就已多次尝试抑制王权，并在王室总管卢纳倒台后终于成功了。

尽管新国王意志薄弱，但他在统治初期一直努力维护自己的权威，试图重组王室会议来支持自己，尤其是努力重建一支高效的军队，并着手进行货币改革，可惜改革不太顺利，不过卡斯蒂利亚正走在回归经济和人口增长的道路上。但由于他不能坚持自己的安排，激怒了贵族，特别是他父亲的最后一任顾问和他本人的亲信胡安·帕切科。当国王把宠臣换成王后的情人——那个叫贝特朗的英俊男子，仅擅长在马德里的帕尔多城堡里组织舞会和比赛——而国王自己带着摩尔卫队的军官在树林里奔跑，或者把自己和乐师关在一起听悲伤的音乐时，帕切科家族及他的盟友们决定采取行动。

阿维拉的闹剧

1460年，也就是恩里克四世登基6年后，在之前的统治下过度富有的贵族渴望权力，他们已经注意到国王的弱点。其主要家族聚集在赫纳雷的阿尔卡莱组建了联盟，秘密决定赶走国王，让他同父异母的兄弟阿方索王子取代他。但这不是一件容易的事，因为“无能者”总是会用新的让步来回应他的敌人。

两年后，胡安娜公主的出生震惊了贵族，也让他们内部分裂，给了这位不幸的君主缓刑的机会。 然而，恩里克四世意识到他的敌人不会心软，于是1464年12月他同意承认阿方索为他的继承人，条件是当时机成熟时，阿方索要娶自己的女儿。这一安排最终没有让不耐烦的帕切科家族满意，6个月后，帕切科家族组织了一场象征性的罢免君主活动。这场怪诞的仪式以“阿维拉的闹剧”为名流传于后世。

1465年6月5日，在卡斯蒂利亚老城的广场上搭起了一个绞刑架，上面竖立着一个假人代表现在的国王。胡安·帕切科从它身上扯掉了帝王权杖，他的叔叔、托莱多的首席主教卡里略大主教，把纸做的王冠扔到荨麻上，而他的兄弟卡拉特拉瓦大团长唐·佩德罗·吉龙则剥去其他君权的象征。贵族联盟的另一位显要人物迭戈·洛佩斯·德祖伊加最后踢了一脚，完成了仪式。恩里克四世的木偶滚到了地上，在这个过程中，阿方索被宣布为国王。

卡斯蒂利亚君王遭受的屈辱很快被伊莎贝拉公主铭记于心。她永远不会忘记无礼、忘恩负义的贵族对王室尊严的践踏。

阿维拉的闹剧闹得很大，人们都聚集在国王周围，他们都害怕这种大逆不道行为带来的后果。民众对贵族野心的反应是毫不含糊的，城市和农村都有暴乱发生，内战正在酝酿。但恩里克四世不想付出太大代价：无论是畏缩还是对暴力真心厌恶，他总是想避免武力对抗。一件意想不到的事帮了他：1468年，阿方索死于卷土重来的瘟疫。现在，伊莎贝拉被推到了第一线。那些“大人物”想立即宣布她为女王，她圆滑又果断地拒绝了。如果她接受，她自己就会被那些最想削弱王权的人挟持。比起一个虚伪的合法性，她更偏好与她同父异母的哥哥签订一份公平协议。这就是她的智慧之处。

9月24日，在吉桑多的托罗斯与国王会晤后，伊莎贝拉被宣布为阿斯图里亚斯公主，恩里克四世去世后的王位继承人，再次超越了他女儿胡安娜的继承权，这是最重要的事。恩里克四世在这项安排中加了一个条款，即伊莎贝拉不能在未经国王同意的情况下结婚，但可以想见，这位未来的女王同意这项规定时一边耸耸肩，一边嘀咕着后来成为天主教君王座右铭的话：Tanto monta！（“都一样！”伊莎贝拉一世和费尔南多二世的共同宣言，意思是权力相等，共同治理），事实上，她决心只按自己的意志行事。

伊莎贝拉和费尔南多

一年后，1469年10月18日，她未经同父异母兄弟的同意，和她的表兄弟费尔南多秘密结婚。费尔南多是阿拉贡国王胡安二世（前阿拉贡四王子之一）的儿子和王位继承人，也是阿拉贡卡斯蒂利亚王朝的建立者安特奎拉的费尔南多的孙子。

首先，他们不是因爱结婚：两个年轻人——她，18岁；他，17岁——不认识对方。这是伊莎贝拉和她未来的公公胡安二世在托莱多有权势的大主教阿隆索·卡里略的庇护下成熟政治计算的结果，阿隆索·卡里略是帕切科家族的支柱之一，也是婚礼的主持人，他写了教皇庇护二世的假通谕。他们的目的是为了巩固卡斯蒂利亚和阿拉贡联盟，以对抗恩里克四世可能支持的另一个联盟，即卡斯蒂利亚与葡萄牙联盟。

当时葡萄牙确实非常活跃，打算利用恩里克四世的弱点，在卡斯蒂利亚发挥主导作用。胡安娜王后和她的女儿小胡安娜自然是这一派的领军人物，这个集团在王国内受到大力支持。在众多向恩里克四世请求和伊莎贝拉结婚的人中，当时36岁的葡萄牙国王阿方索五世最为执着。国王恩里克四世决心强迫他的妹妹接受阿方索五世，为了把她送到大使馆再带她去里斯本，国王甚至试图把她关在马德里的阿尔卡扎尔宫。女孩在卡里略大主教的帮助下才逃出来。

对她来说，与阿拉贡联姻的确是她唯一的机会。面对小胡安娜的支持者和她同父异母兄弟的计划，她必须长久稳坐王位继承人的位子。

阿拉贡的胡安二世让他的儿子娶伊莎贝拉是想重燃他年轻时的梦想，即阿拉贡王子在卡斯蒂利亚发挥主导作用。其王朝的卡斯蒂利亚血统为这种野心提供了理由。除了以获得权力为目的的算计之外，毫无疑问，卡斯蒂利亚和阿拉贡一样，都怀念着被穆斯林入侵和重新征服的事业所打破的统一的西班牙。伊莎贝拉一定已经清楚地感受到了这种民族雄心和责任，以及作为半岛上最强王国未来统治者的责任。由于婚姻只能有一个伴侣，所以与阿拉贡联姻是决定西班牙命运的钥匙。

不过，这两个为了宏伟的民族统一共同夙愿而联姻，但无论是在身体上还是精神上都彼此陌生的合作伙伴有什么相似之处呢？

先说伊莎贝拉。1451 年 4 月，她出生在阿维拉乡村的一座大城堡中，由卡斯蒂利亚的胡安二世和他的第二任妻子葡萄牙的伊莎贝拉所生，后者陷入了精神错乱。从 13 岁起，她在同父异母的哥哥恩里克四世的宫廷中生活，恩里克四世通常如果不在附近的帕尔多城堡，就在塞哥维亚或马德里的阿尔卡扎尔宫。他的指示似乎相当简短，国王、胡安娜王后及其随从都没给她做什么好榜样。她观察着这一切并保持沉默。当她已是一位有成就的女王时，当时的编年史作者赫尔南多·德尔·普尔加提到了她神秘、习惯隐藏的天性。

“她非常会控制自己，能够很好地隐藏情绪，非常清楚自己想要什么，她希望公平正义，自己的命令能被完美地执行。通常来说她信守诺言，但事情的发展有时会让她改变主意。她可能在支付某些服务的报酬时不太慷慨而被批评，但她很擅长处理政府事务，而且在位期间一直在学习拉丁语。出于礼仪，她喜欢虔诚的人围绕在自己身边，但又不过度投入。她穿着非常小心，心甘情愿遵守礼仪，喜欢得到高位者的尊重。她自己决定嫁给阿拉贡的费尔南多。”

我们也知道，虽然伊莎贝拉的美貌并不耀眼，而且总是很谨慎，但她是一个迷人的年轻女孩，个子中等、金发碧眼、扁平鼻。但在这张知道如何讨人喜欢的面庞下，有着不背叛自己思想的钢铁意志和为生存而挣扎的疲惫。因为她经常反对“无能者”恩里克四世想强加给她的婚姻，我们已经看到她从马德里的阿尔卡扎尔宫逃离了葡萄牙国王，但她在其他很多场合需要面对她同父异母的兄弟。她违心地向胡安·帕切科的弟弟唐·佩德罗·吉龙承诺，她不会从怀里掏出匕首，不过她告诉亲信比阿特丽斯·德·博巴迪拉，如果他敢到塞哥维亚，她就准备刺穿求婚者的心脏！和往常一样，恩里克四世不得不让步：这个打了很久交道的妹妹比他强大得多！

伊莎贝拉已经与阿拉贡缔结了秘密联盟，她要赶走恩里克四世提出的联姻新候选人：路易十一的弟弟瓦卢瓦的查理。为了取得成功，这次她让法国的使臣们在卡斯蒂利亚虚度时日。在嫁给费尔南多之前，她必须要一个保证，即签订管理其联姻的契约。关于西班牙国事管理方面由他们共同做出决定，并由配偶双方签字。然而，在法律中，伊莎贝拉是卡斯蒂利亚王冠唯一的持有者，并能够传位给继承人。

毕竟，这将激起费尔南多王子的“大男子气”，实际上他在卡斯蒂利亚只是女王的丈夫。但后者本身也是真正的政治家。利害关系太大，让他顾不得逃避或愤怒。

众所周知，马基雅维利借用了费尔南多的某些特征来书写《王子》[①]。赫尔南多·德尔·普尔加证实了费尔南多王子智慧、节制和有头脑的品质，这些品质使他成为伊莎贝拉的理想伴侣。并不是说他在整个婚姻中都是一个忠实的丈夫——费尔南多是一个英俊、中等身材、皮肤黝黑的男人，一个伟大的猎人和勇敢的战士，年纪轻轻就已经拥有两个亲生子女，之后还有两个。但他对女王表现出真正的尊重和爱戴，为了伊莎贝拉不必因他而感到痛苦，国王的不忠行为足够小心翼翼。实际上她并不把这事看得太重。她也爱她的丈夫，并且小心避免对他的行为喋喋不休。在费尔南多不在时，她日夜与女性们在一起。有一个有趣的巧合：普尔加用从伊莎贝拉身上发现的相同特质来描述费尔南多——富有正义感和同情心，敏锐并且关注别人的建议，但也缺乏一定的坦诚。他行动力强，是一个优秀、狡猾的政治家。简而言之，他们两个为彼此而生，都拥有真正的国家意识。

他们的第一次见面是在1469年10月14日午夜的巴利亚多利德，就在四天后，卡里略大主教悄悄地主持了他们的婚礼。在那之前，费尔南多为了不引人注意地从萨拉戈萨到达那里，不得不把自己伪装成一个马夫，走迂回的小路，经由一个友好贵族的住所后改变方向。费尔南多在官方上只是阿拉贡王储和西西里岛国王，这是他年迈、几乎失明的父亲胡安二世授予他的王冠。

---

① 尼古拉·马基雅维利于16世纪所著《王子》一书中，对统治者怎样管理国家，怎样更好地运用权威，提出了四条原则：一、群众认可，权威来自群众；二、组织要能长期存在，就要有内聚力，而权威必须是在组织内行使的；三、掌权之后要能维持下去，就必须具备领导能力；四、要居安思危。

然而一旦完婚，之后该怎么办呢？这对夫妇等待着的将是恩里克四世的激烈反应。1470 年 10 月，当“无能者”恩里克四世亲自进入巴利亚多利德，把他们逼得去费尔南多的祖父管辖的梅迪纳·德里奥塞科逃难时，夫妇二人似乎就要失去卡斯蒂利亚了。就连阿拉贡的胡安二世也突然害怕起来，似乎也要让他们自生自灭。伊莎贝拉生了一个女儿，也叫伊莎贝拉。这场婚姻的主导者卡里略大主教逼这对夫妇妥协，这也揭开了这位一直为帕切科家族服务的大领主的真面目。伊莎贝拉和费尔南多很快与他决裂了。事实上，这个富有的贵族大主教为谋私利趋炎附势，又再次成为恩里克四世和其党派的支持者。

五年来，这对年轻的“西西里国王夫妇”前途未卜。尽管恩里克四世谴责同父异母的妹妹破坏《吉桑多协议》，因为她未经自己同意就结婚了，但他并没有取消她的王位继承权。伊莎贝拉这边则小心翼翼地不去激怒他，对其保持应有的尊重和爱戴。在阿尔卡扎尔总督、伊莎贝拉的亲信安德烈斯·德·卡布雷拉的斡旋下，伊莎贝拉和恩里克四世在塞哥维亚和解。直到 1474 年 12 月 12 日恩里克四世在马德里去世，这种情况才结束。

伊莎贝拉·卡斯蒂利亚女王：不可避免的内战

当她听到这个消息时，伊莎贝拉正独自一人待在塞哥维亚的阿尔卡扎尔宫里。宫殿坐落在岩石上，轮廓纤细，看起来像童话中的城堡。而她的丈夫在短短几个月内第二次返回阿拉贡，奔赴加泰罗尼亚帮助他的父亲把路易十一的军队从佩皮尼昂赶了出去。在她哥哥去世的第二天，她在大教堂为其举办了葬礼，然后在卡布雷拉的帮助下，开始举行自己的登基仪式。

没有加冕，没有涂抹膏油。伊莎贝拉穿着闪闪发光的盛装，从她的白色小马上下来，走在前面的是阿尔卡扎尔总督，高举着象征王权的宝剑。她在一个花园前面宣誓，这里没有“大人物”，只有热情的市政官员和城里善良的百姓。佩戴武器的传令官如公式般重复喊着：“卡斯蒂利亚！卡斯蒂利亚！卡斯蒂利亚王国的主人伊莎贝拉女王万岁！她的丈夫费尔南多万岁！”她让每个人都大吃一惊，包括她的丈夫，他在这里只是“丈夫”，这个称呼让他不太高兴。

伊莎贝拉想表明王位传承是自动的、无可争议的，还需要新的交易、讨价还价和妥协。这种态度为她赢得那些反对恩里克四世，甚至反对她的人的尊重——他们支持一个强大和受人尊敬的君主的事业。

伊莎贝拉和费尔南多在前几年也和“忠诚者”派走得很近，该派出于同样光荣的原因支持小胡安娜。在这个团体里，强大的门多萨家族成员和他们的首领门多萨主教在新统治时期扮演着非常重要的角色，阿尔巴公爵、海军上将和卡斯蒂利亚陆军统帅、阿尔伯克基公爵、贝纳文特伯爵、控制穆尔西亚的法亚尔多家族都已经认识到，与受葡萄牙和权力欲强的团体影响的 12 岁孩子相比，他们捍卫的价值观更能得到这对年轻王储的支持。

然而，帕切科及其盟友家族的态度一百八十度大转弯，因为他们打算监管新君主，或至少成为君主的政治伙伴。小胡安娜的父亲去世后，她成为理想的猎物。而他们曾经支持的温顺的伊莎贝拉则越来越成为其实施计划的阻碍。

没有葡萄牙的武装支持，这一派的卡斯蒂利亚贵族做不了什么。然而，邻国并不满足于让拥有一半葡萄牙血统的公主获得卡斯蒂利亚王位，他们更支持自胡安二世执政以来从未想过要强大王权的葡萄牙的阿方索五世。更妙的是曾想把妹妹嫁给阿方索的恩里克四世最终把女儿许给了他。因此，至少阿方索五世自认为有资格要求卡斯蒂利亚的王位。战争已不可避免。它既有外部入侵的特点，又是卡斯蒂利亚两派间的内战。

1475 年 5 月 10 日，阿方索五世带着安达卢斯和边境一带的追随者入侵埃斯特雷马杜拉，并上至杜埃罗山谷，希望在布尔戈斯与路易十一世向他承诺的法国军队会师，共同对战阿拉贡。但法国人行动迟缓，费尔南多成功切断了葡萄牙人去萨莫拉的路。不过他所召集的军队参差不齐，许多人是仓促训练的城市民兵和不守规矩的骑士们。还未获“天主教君王”封号的君主缺乏财力支持，这成了战争取胜最大的困难；他们还要典当皇冠上的宝石和教堂里的圣器。伊莎贝拉亲自围攻布尔戈斯。1476 年 1 月，她在暴风雪中占领了布尔戈斯，而费尔南多则奋力压制萨莫拉的抵抗。在中世纪骑兵队的最后一幕中，阿方索五世和费尔南多几乎打得不可开交。3 月 1 日的托罗战役中，两方约有两万名战士，为首的是两位身披铠甲的亲王、托莱多大主教卡里略（*他多次改变阵营，现在在阿方索五世一边*），以及“忠诚者”派阵营中高声呐喊冲入战场的红衣主教门多萨：“叛徒！西班牙红衣主教来了！”“费尔南多已经胜利！”不久后，费尔南多告诉伊莎贝拉："感谢上帝的恩典，卡斯蒂利亚是我们的了。"

安达卢斯的埃斯特雷马杜拉针对法国人的敌对行动又零星持续了两年。后者最终越过亨达耶边境，被赶回了巴约讷。最后一次胜利是在1479年2月的梅里达城门。路易十一要把阿方索五世交出去。后者最终放弃了，并在次年9月与伊莎贝拉签署了和平协议[①]。

这些重要协定提出了许多问题，首先是划分西班牙、葡萄牙在非洲和大西洋群岛（预示着《托德西利亚斯条约》的签署）的势力范围，还有对支持葡萄牙的贵族的赦免问题，尤其是小胡安娜的命运。阿方索已经和他的侄女解除婚约，希望有朝一日能将侄女许配给伊莎贝拉前一年生的王储胡安。但对女王来说，她无意参与这场外交游戏。可怜的17岁的胡安娜进入科伊姆布拉的圣克莱尔修会，从此不能再离开。伊莎贝拉一直坚持预防原则，永远高度警惕她的对手。

双君主制

伊莎贝拉在塞哥维亚发表宣言之后，她的丈夫因成为卡斯蒂利亚女王的配偶而发怒。他们经过密切讨论甚至激烈争执后达成共识，指出1469年结婚前的协议中有太多内容含糊不清之处。费尔南多要求得到卡斯蒂利亚国王头衔，作为特拉斯塔马拉最直接的男性继承人，难道没有这个权利吗？1475年1月的塞哥维亚协议确立伊莎贝拉为卡斯蒂利亚唯一的"所有者和女继承人"。在她死后，她的头衔将传给她的直接继承人。但所有官方文件都将以两位君王的名义起草，费尔南多的名字排在前面，不过规定卡斯蒂利亚的武装先于阿拉贡的武装。伊莎贝拉在法律原则中没有让步：她现在仍然是卡斯蒂利亚王冠的唯一持有者；但实际上，如果伊莎贝拉不在，费尔南多可以获得充分权力，代表妻子做决定。

公元1479年，西班牙与葡萄牙及其盟友的敌对状态结束，同一年也给费尔南多带来了阿拉贡王国的遗产。老国王胡安二世的离世使他成为一个联邦的统治者，对其领土行使合法王权。奇怪的是，他没有料到伊莎贝拉没有在阿拉贡实行

① 该和平协议为《阿尔卡索瓦什和约》，在1479年9月4日由卡斯蒂利亚和阿拉贡的天主教君主与葡萄牙阿方索五世及其儿子若昂王子签订。它结束了西班牙王位继承战争，以天主教双王在陆地上的胜利和葡萄牙在海上的胜利结束。

共同君主制。这可能是因为卡斯蒂利亚及其600万居民占了联盟的三分之二，阿拉贡王国只有100万人口，分为四个自治体——阿拉贡本身、加泰罗尼亚、瓦伦西亚和巴利阿里群岛，其地中海属地并没有多少分量。只有卡斯蒂利亚才能真正让新统治者在意，因为这是他们权力的基础。

伊莎贝拉和费尔南多一起订立的双君主制出于一种本能的冲动，即回归昔日西班牙的统一，但实现真正的国家统一是不合时宜的。中世纪思想、领地和王国世袭的遗产概念使他们有了一个更温和的愿景：简单的王国联盟。当然可以大胆尝试，但不能触及太多过去的习惯。未来很长一段时间内都会如此。

这一建设中真正让人耳目一新、值得我们敬佩的是这两位继承人的远见卓识，他们决心本着相互信任和完全平等的精神团结一致，为实现共同目标、公共利益、国家伟大而奋斗。这在西班牙历史上第一次同样有能力的夫妇称王，光照后世，也是历史上第一次以如此辉煌的姿态宣布男女能力均等。

阿拉贡国王的座右铭（Tanto Monta）——以枷锁和捆绑它的绺作为象征——意思是“不管怎样，（靠忍耐或决断）”。它与卡斯蒂利亚的箭一起成为天主教君王的徽章，甚至有了全新的意义。流行的解释是：“伊莎贝拉和费尔南多完全一样，权力平等”。就像亚历山大的高迪结（Gordian knot，西方神谕说，如果谁能解开这个结，那么他就会成为亚细亚之王），这句格言自动成为两个人统一意志的体现。

有了这些稳固的指挥基础，就可以开始复兴被贵族动乱祸害了几十年的国家。从此有非常明确的“之前”和“之后”的概念，在统治者娴熟的政治宣传下，每个人都能清楚地了解这一点。他们采取的措施都旨在恢复王权。“最缺乏的是国王的权威，”编年史作家普尔加总结道，当然，他指的是胡安二世的统治，尤其是恩里克四世的统治。现在的卡斯蒂利亚，一个非常有活力的经济形势有利于现在的两位君主。

庆祝活动接连在托莱多、巴利亚多利德和巴塞罗那举行，以树立君主的威望。伊莎贝拉非常重视仪式的盛况以及宫廷的辉煌。君主制的权威是无以复加的，悲伤的情绪只会冒犯这些奢侈的花费。

伊莎贝拉原谅她的忏悔神父、严厉的弗莱·埃尔南·德·塔拉韦拉的反对意见，因为她认可他伟大的品格。她重视这些真正指出问题的顾问。埃尔南要求伊莎贝拉在忏悔中跪下，她对此评论道："我需要良心的指导！"但当他责备她奢侈的皇室生活方式时，伊莎贝拉就干脆地反驳：她做的事并不轻浮，这是政治！未来的路易十四也这么想。

与君王亲近的另一个重要人物是门多萨红衣主教，在成为主教前他是一位伟大忠诚的领主。还有诗人豪尔赫·曼里克的叔叔、迭戈·戈麦斯·曼里克，他本人也是一位才华横溢的作家，还是费尔南多的战友。

这些亲信都不会为国王做决定。在君主夫妇的行宫里还出现了一些文官。未来这些谦虚的身影将围绕在费利佩二世身边，负责起草法律、执行法令、跟进政治决策，有时甚至影响君主的政策。他们中极少数人是贵族，只是用平庸的能力为国家服务。

国王夫妇的第一个行动是打击贵族的嚣张气焰。伊莎贝拉没有单独惩罚那些对她拿起武器的领主——这样不会有太多政治意义——而是将城里最有权势、蛮横无理的家族所建的塔楼夷为平地，并禁止他们在未经王室许可的情况下建造新的堡垒。从 1476 年起，议会在马德里加尔重新召开，致力于结束农村的无政府状态和镇压强盗行径。这些长期祸害自 1464 年以来因内战而严重恶化。接着，他们恢复了武装民兵制度，即所谓"神圣兄弟会"，它呈网络状，每个超过 40 户的乡镇都必须招募一个警队，即"cuadrilla"，由两名市政官员负责，与其邻里联络以追捕罪犯，并对现行犯当场执法。这些民兵逐渐得到武装力量的加强，很快在国王的兄弟、阿拉贡的阿方索指挥下覆盖了整个王国。后者也是突飞猛进发展的火炮技术的首批专家之一。

1480 年议会再次召开，这次在托莱多举办，旨在对行政和司法进行深层改革。大城市的地方长官（regidores）失去了大部分自治权，而王权代表——市长在全省都享有决定性的司法权力。最高法院设在巴利亚多利德。王室会议现在包括十几位法学家、三名贵族，以及主持它的一位主教。保留参与权但被剥夺干预权的高级贵族迅速弃权，使这个议事会自然而然转变为一个真正的政府治理机构。从第一位特拉斯塔马拉国王开始实行的、给吵闹贵族的著名的梅塞德斯年金也一去不复返了。严厉的埃尔南·德·塔马韦拉推动了一项深入的金融改革，让那些大部分以年金形式转入少数家族的税收重新归入国库。大人物们不再敢反驳：他们没有破产，只是被从政治领域中剔除了。就像他们同时不得不远离那些可怕的堡垒，那本是贵族们的伟大勋章与巨大领地。从现在起，费尔南多将兼任圣地亚哥、卡拉特拉瓦和阿尔坎塔拉骑士团大团长的职务，做他们的首领。

两位君王赋予议会显赫的地位似乎也是出于同一种考虑。长期以来，这些令贵族不满的议会只代表 17 个最大城市的资产阶级。费尔南多和伊莎贝拉正是利用这些议会协商加强了他们为国家而不是为一个派系服务的愿景。只有当情况需要时，代表们才拥有实权对特别税进行投票。因此，将这些议会视为不合时宜的民主工具也算是夸大其词了，它们只是国家机器中有用和示范性的齿轮之一。但这已经是进步了。

所有这些重大改革都只针对卡斯蒂利亚。那么阿拉贡呢？人们不禁会这么想。

在阿拉贡，特别是在加泰罗尼亚，费尔南多必须采取有力行动消除领主政权泛滥，并加强他的权威。自公元 1462 年以来的十多年，加泰罗尼亚一直处于动荡之中。加泰罗尼亚人仍然对强加给他们的卡斯蒂利亚王朝感到不满，他们反对费尔南多，选择站在维亚纳亲王这边；后者是费尔南多同父异母的兄弟，由胡安二世在第一次婚姻中与纳瓦拉公主所生。维亚纳亲王在对他父亲胡安二世的叛乱中离奇死亡，激起了加泰罗尼亚人的反抗，甚至企图将公国的统治权交给几位外国诸侯，包括普罗旺斯伯爵，路易十一的侄子勒内·德·安茹……

在滥用领主权力和实施农奴制（remensas）的农村，动荡日益加剧。巴塞罗那则因来自英国布料的竞争、造船厂的危机和港口活动的灾难性衰败而遭到破坏。阿拉贡的胡安二世在他去世前试图恢复表面上的和平，但内战，特别是领主和农民之间的内战，重新留下了痕迹，费尔南多想要将之抹去。他从登基起就努力解决这些问题。公元 1481 年的复兴计划（Redrec）采取一系列措施，1486 年废除包括领主虐待权在内的“滥用权”，农奴制的破坏大大减少。根据加泰罗尼亚的宪法，既要保证农民自由和相对舒适，也要避免领主损失太多。“这种平衡给加泰罗尼亚社会带来了近三个世纪的社会和平。”

因此，在统治的头 12 年里，国王夫妇在各个领域的工作量是相当大的。他们能够在周围营造一种真正的热情甚至是狂热的氛围，他们巧妙地维护自己的威望，事实充分证明他们的威望已经超出了国界。然而，卡斯蒂利亚和阿拉贡需要一个共同的冒险来紧密团结在一起。最终他们找到了：征服格拉纳达，这是对西班牙前侵略者尚未完成的伟大战斗的最后一役。

可以从西班牙基督徒的言语和行动中看出他们从未放弃完成收复失地运动。教皇和教会继续推动着这项运动，每个统治者按规定要在摩尔王国最后的边界为荣誉而战。值得纪念的最后一战，即希格拉（菲格雷）之战，没有多少伟大信念——人们批评领导战役的阿尔瓦罗·德·卢纳很久以前就被敌人收买了。的确，这些东方王公经常向卡斯蒂利亚国王进贡，他们的存在让国家和基督教的荣耀蒙尘。

格拉纳达最后的岁月

自公元 1232 年以来，奈斯尔王朝统治下的格拉纳达埃米尔国是圣费尔南多征服安达卢斯之后最后一个幸存下来的泰法王国，占领了约 3 万平方千米的领土，与今天西班牙格拉纳达、马拉加、阿尔梅里亚等省的范围吻合，并稍微扩展到了加的斯和哈恩省。自公元 1350 年（？）丧失阿尔赫西拉岛和直布罗陀以来，这个幅员辽阔的王国被剥夺了对海峡的控制权。它的人口几乎不超过 30 万，其经济在 15 世纪末急剧衰退。它贩运的苏丹黄金大部分转移到了几内亚湾的新葡萄牙商行。作坊生产的干果和丝绸提供了微薄的收入，而它每年不得不为卡斯蒂利亚国王供上奴仆以换取独立，对其财政来说这是一个沉重的负担。

格拉纳达的魅力在于其首都最奇妙的人间仙境——阿尔罕布拉宫（在赫内拉利费宫的花园里）。这些以异国风情装饰的安达卢斯遗迹对基督教领主们有着强烈的吸引力，他们心甘情愿地复制着昔日神秘、纵情欢乐的痕迹。关于它的故事早在查托布里亚德或华盛顿·欧文之前的几个世纪就已流传开来。在描写“边境”的小说中穿插着基督教和穆斯林双方的骑士对决、阴谋诡计、刀光剑影、殷勤爱情，追求无他，只为掠夺或荣誉。双方一直视对方为敌人，或者更像是各有目的的对手，他们的接触比人们想象的更频繁。这个“边境”——许多安达卢斯城镇和村庄的命名延续着历史记忆：边境赫雷斯、边境拱门——仍然吸引着善意的游客。

然而现实中格拉纳达 150 年的生存状况，正如莫里斯·勒代尔所说：“穆斯林仿佛置身于梦里，在颓废的快感中生活。”它的王子们意识到，他们将不再那么容易被马格里布增援部队救出，他们不应该对这些生存机会抱有任何幻想。从公元1482年到1492年，这场战争持续了不少于10年，断断续续的，因为他们总在糟糕的季节停战。但基督教王国不屈不挠，从费尔南多和伊莎贝拉决定不放走猎物的那一天起就奋勇战斗，直到他们的旗帜飘拂在阿尔罕布拉宫上空。

公元1481年圣诞节前后，费尔南多明确承认了他的收复意图，因为穆斯林给了他开启敌对行动的借口。后者很轻率，没有考虑后果就攻占了一个长期被基督徒占领的城镇扎哈拉。国王很高兴，他命令加的斯侯爵、莱昂的唐罗德里戈·庞塞去报复穆斯林，夺取阿尔哈马小镇。后者在艰难的冬季行军后包围了该镇。如此便不再像过去那样交换占领地了。过去埃米尔们前来取水的高雅精致的疗养站成了战时防御场所，在国王最高的指令之下不断增加驻军。公元1482年4月，费尔南多和伊莎贝拉在科尔多瓦和阿尔哈马安营扎寨，成为西班牙了结埃米尔国意志的象征。

因此，在这场由国家用强大手段发动的消耗战中，大量的西班牙军事武器被锻造出来，之后将在意大利及佛兰德斯的战场上声名大噪。西班牙人面对的敌人不是团结的人民，而是敌对的派系，于是君主们决定运用计谋来取胜，因为他们谁都会不向对方投降。来自非洲的阿本卡拉格家族反对依靠西格里斯家族而进行统治的穆利·哈桑。他们支持穆利·哈桑的儿子博阿卜迪尔，后者在废黜了父亲后，又遇到了有篡位野心的叔叔扎加尔，对西班牙人来说，扎加尔是比“小国王”更可怕的敌人。格拉纳达腐烂的速度很快，为什么要急于行动呢？

当博阿卜迪尔远征卢塞纳后不幸落入费尔南多的手中时，国王小心谨慎，并没有把他关进监狱，而是放了他，以在埃米尔国制造不和。事实上，博阿卜迪尔继续与从阿尔梅里亚来的父亲作战，这只是导致格拉纳达走向无政府状态的无数插曲之一。接着，博阿卜迪尔再次被西班牙人抓获并释放，他被家庭仇恨蒙蔽了双眼，只看到在格拉纳达接替老穆利·哈桑的扎加尔这一个对手了。费尔南多帮助他重获王位，作为回报，“雷奇科”在公元1487年承诺将王位交给西班牙人，以换取庞大的个人领地。

然而，双方的行动仍在继续，穆斯林保持着无政府状态，卡斯蒂利亚－阿拉贡军队在春去冬来日复一日的训练中稳步提升战斗力。阿拉伯人仍然活在拉齐亚斯战争和荣誉中，而西班牙人已经生活在近代了。人们可以看到，公元1489

年伊莎贝拉检查围攻巴扎的准备工作时，非洲骑手们在她要求的休战期间为她献上了一场阿拉伯骑术表演！

在基督教方面，整个国家机器以一种前所未有的纪律精神被动员起来。在阿拉贡国王的指挥下，传统贵族在战斗中恢复了本来的地位，而新的骑士则利用战争获得晋升。荣誉和利益（Honra y Provecho）——就是这场最后的收复失地战争对大多数修道院的意义，特别是克里斯托弗·哥伦布将殷勤光顾的方济会修道院——笼罩着弥赛亚式的崇高气氛。

从本质上讲，格拉纳达的攻城战也大大发展了火炮。在公元 1479 年才刚出现的火炮，到 1495 年已有近 180 门，为王国提供了相当大的后勤保障。伟大的将军（le Gran Capitan）贡萨洛·费尔南德斯·德·科尔多巴制造的第一批武器已经在格拉纳达的山区得到了检验，它们也帮助意大利战役取得成功。

公元 1487 年 8 月 18 日，埃米尔国的主要港口马拉加落入基督徒手中，六个月后，1489 年 12 月，穆斯林总督投降，格拉纳达的唐·佩德罗接受了洗礼，并娶了一位宫廷的修女，君王们主持了他们的婚礼。然后是阿尔梅里亚和瓜迪克斯的转折。费尔南多和伊莎贝拉相信他们赢了这场战争。博阿卜迪尔不急于履行自己的承诺，或者说是被格拉纳达人民的抵抗意志所阻止，战争又持续了两年，暗中定下的协议也无用了。从公元 1492 年 6 月起，在格拉纳达脚下的平原上，用不到三个月的时间建成了一座十字架形状的巨大军营“圣达菲”（神圣信仰）。伊莎贝拉和费尔南多的宫廷安扎在此，哥伦布——预言中的新曙光，将前来此地寻求他们的支持。

他们要发动猛攻吗？为了结束大量流血和对遗迹奇观的破坏，君王们接受了谈判代表冈萨雷斯·费尔南德斯·德·科尔多巴传达的博阿卜迪尔提出的条件。协定的条款对穆斯林非常有利，如果他们决定留下来，将继续享有其财产，并将保留对清真寺和宗教物品的自由处置权。埃米尔国里的基督教叛教者也不用担心。

“当你想光荣而有尊严地完成一件事时，”皇家大臣公署（chancellerie royale）的内部评论说，“你所做的一切都是对的。”费尔南多认为，无论如何，在不违反协议的情况下，摩尔人最终会被赶出去。应博阿卜迪尔本人的要求，格拉纳达的投降紧急定于 1 月底，他担心被极端分子推翻甚至谋杀。因此，1 月 1

日午夜，一支先头部队占领了阿尔罕布拉宫。在其中一座塔楼发射三发炮弹后，任务开始了。1月2日上午，费尔南多带领着王室队伍，女王被王子、领主和宫廷的长老们包围着离开了圣达菲，然后骑马爬上蜿蜒的坡路，去往博阿卜迪尔刚刚放弃的仙境般的宫殿。

两支队伍于下午三点左右在半坡上相遇，精心准备的场景与后来所描绘的历史画作以及当代编年史家的叙述非常一致。博阿卜迪尔准备下马，费尔南多用手势挡住他。“小国王”问他现在由谁来管理阿尔罕布拉宫，接着费尔南多任命了滕迪拉伯爵。然后，博阿卜迪尔取下宫殿主人佩戴的绿松石戒指交给费尔南多，并祝愿他比现在更幸福。

就这样结束了。格拉纳达最后一位国王的队伍正在离去，据穆斯林编年史记载，阿尔罕布拉宫金色城墙下的道路转弯处，在被称为“苏斯皮罗·德莫罗”的地方见证了他的叹息和泪水。母亲有时可能很残忍。博阿卜迪尔的母亲、老王后艾莎说：“像女人一样哭泣吧，因为你没有像男人一样保护重要之物！”这句话不完全正确。在格拉纳达走入绝境之前，博阿卜迪尔选择了放弃曾经承诺的协议，他坚持战斗。他只是战败了。

第六章 大国统治的优雅与丑陋

哪个伟大国家的统治没有阴暗面呢？人们热爱奇迹般的1492年，从格拉纳达收复失地运动的最后荣耀，到哥伦布“发现”新大陆，再到《卡斯蒂利亚语语法》[①]出版，使之成为欧洲第一个从贵族语言变成世界各地使用的民族语言，增加了西班牙的文化声望。当然，人们希望这一年没有颁布将犹太人驱逐出西班牙的法令，也没有纪念一个机构成立十二周年，在接下来的五个世纪里，这个机构将成为西班牙的“黑色传说”，也就是不怎么“神圣”的异端裁判所。

事实上，在公元1478年，还不是天主教君主的统治者们——直到公元1494年，他们才从教皇亚历山大四世那里获得这个头衔——从西克斯图斯四世那里获得了教皇谕旨，授予他们在打击异端方面的全部权力。

异端裁判所

在此之前，欧洲一直存在为了镇压严重偏离天主教信仰的行为而设立的异端裁判所，它们受教皇的严格管辖。奇怪的是，在13世纪初点燃了阿尔比吉奥斯火堆（施行火刑的地方）的异端裁判所并没有得到西班牙的青睐。虽然在公元1461年之前，恩里克四世已经有了和他的继任者一样的想法，不过没有得到授权。

为什么伊莎贝拉和费尔南多如此执着地要求这些过分的权力，使世俗国家——甚至通过教会人员——成为宗教正统问题的最高审判者呢？显然，他们认为当时存在一个重大的政治问题。在他们眼中，异端不仅挑战基督教教义，而且颠覆了国家的社会制度。

---

① 《卡斯蒂利亚语语法》：第一部西班牙语的语法书，作者为安东尼奥·德·内布里哈。

这个由信仰审判者建立起来的国家组建了思想警察，追捕和惩罚在信仰领域出现偏差的人，甚至仅仅是有异端倾向的人。君主们意识到他们正走上极权主义的道路了吗？不用考虑这个不合时宜的问题。到了公元 1483 年，阿拉贡多明我会的弗雷·托马斯·德·托尔克马达被任命为第一任审讯长后，这个邪恶的宗教法庭程序才真正完善。他们只需考虑要达到的目标：按公众舆论的要求惩罚有“假改宗”丑闻的犹太人，结束他们造成的混乱，最根本的意图是整顿半岛历史遗留下来的问题，这是“三个宗教的西班牙”在欧洲基督教内部的任务。然而，他们没有想到这个机构会存在超过三个世纪！一旦它的组织及调查方法确立，调查绝对保密，被告人也不知道告发的来源，这个针对个人信仰发动攻击的战争机器就会变成一个几乎坚不可摧的国中之国。

“现代化”的手段

众所周知，通往地狱的路是用善意铺成的。让我们给这些如此认真的君王们找一个借口，即他们想要使一个有着少数族裔和宗教少数群体特殊性的国家“现代化”。

法兰西、英格兰和德意志都不用面对类似的情况。欧洲各地的犹太人——除了在罗马教廷的土地上——在西班牙决定这样做之前早就受到了歧视和驱逐。很明显，两位君主的理想是跟上欧洲社会的步伐。在那个时代，欧洲只有天主教，在路德派分裂之后，欧洲社会在宗教统一的原则下重建，即君王的信仰决定了臣民的信仰。

因此，正如约瑟夫·佩雷所说，人们惊讶的不是长期以来作为宗教自由典范的西班牙突然出现不容忍的现象，而是这种不容忍现象出现得这么晚！

需要指出的是，当时半岛上并不太在意犹太人和基督徒的种族差别，甚至似乎完全排除了种族因素。对和基督徒有很大不同的穆斯林群众的异域风俗、服饰、婚俗都可以置若罔闻，几乎从未提到以色列子孙的犹太血统。对欧洲北部的人来说，西班牙的宗教“拼凑”和君主们的宽容传统无异于丑闻。

在天主教国王采取措施几年后，西班牙未来的摄政王、西斯内罗斯枢机主教邀请鹿特丹伟大的人文主义者伊拉斯谟到埃纳雷斯堡的阿尔卡拉大学任教时，后者对伊斯帕尼亚说了“不”，这充分说明欧洲知识分子对这个仍有那么多不纯洁因素的国家的偏见，它有摩尔人和犹太人！

区分良莠，净化西班牙，这是异端裁判所的任务。它不攻击忠于自己宗教的犹太人——他们直到公元 1492 年仍可以自由礼拜——但攻击那些 14 世纪晚期大屠杀结束之后接受洗礼的犹太人，他们融入了基督教社区，同时继续秘密信奉他们的宗教。这些由恐惧导致的改宗人数庞大，很多人被怀疑。

历史学家根据卡斯蒂利亚和阿拉贡几个主要城市的犹太社区（aljamas）人口普查做出粗略估计，15 世纪的西班牙犹太人数量在 18 万到 25 万之间，可能一半的人口都改宗了，甚至可能最得利、最富有的人也接受了洗礼。

叛教和圣洁之间

最著名的改宗案例之一是在公元 1391 年首席拉比塞缪尔·哈·利维和他的整个家庭改宗，教名为巴勃罗·德·圣马利亚。当时教会没有歧视这些“新基督徒”，只是让他们接受一段“试用期”，因此这位拉比没有理由改变他的职业，很快成为布尔戈斯主教，而且没有任何人感到不快！ 这些新基督徒中品德高尚的人的比例是很大的。

从 15 世纪到 17 世纪，在西班牙政治、文学和宗教历史的每一页都会出现一些杰出人物，他们的传记会隐晦地告诉人们，其祖先中有改宗者。

伊莎贝拉女王的忏悔神父及宗教顾问弗莱·埃尔南·德·塔拉韦拉来自一个犹太家庭，伊莎贝拉一夺取格拉纳达就任命他做这座城市的大主教，任职期间，他一直开明地宽容穆斯林。另一位改宗基督教的犹太人受到托莱多异端裁判所的轻微处罚，他是阿维拉的圣特雷莎的祖父！还有一个犹太人的后裔弗雷·路易斯·德·莱昂成为基督教精神领袖。与其把许多人皈依视为仅仅出于利益考虑而决定的叛教，不如把它看作犹太人信仰在与西班牙社会接触过程中被削弱的迹象。

然而，在目前西班牙神秘主义的强大潮流中，起源于希伯来的弥赛亚传统仍然存在，在其影响下，是否有铲除或限制其宗教发展的副作用？提出这个问题并非不合理，但要回答这个问题似乎会白费功夫。一些作家还希望把改宗者的悲剧——对某些人来说是真实的，对另一些人来说，他们仅仅是旁观者——作为西班牙集体心理的根本动力，成为标志其历史的印记。

这当然想得太远了。或强迫或自愿皈依基督教的几千名犹太人的痛苦经历，尽管在当时的社会中被广泛传播，但其本身也不能影响国家的命运。它不是打开 16 世纪神秘绽放的西班牙诗歌和文学大门的唯一钥匙。许多作者已经表明，西班牙文学辉煌缘于其吸收了其他养分，特别是中世纪的养分。十字架上的圣约翰就不是来自一个改宗家庭[①]。

但如果这么多家庭改宗被证明是真诚的，同样也可以说，不真诚的改宗者可能更多。迈蒙尼德的文章为犹太人群体所熟知，他在自己的家族被阿尔摩哈德人迫害时就宣称，犹太人在被胁迫的情况下很可能改变他们的宗教信仰。然而，他不接受改宗者放弃在家的犹太教实践。大量改宗者都在用这种中庸和诱人的方式，大多数人甚至没有想到如果自己一旦被发现，在教会人士眼中就是犯了叛教的重罪。

然而，平民们怀疑并开始检举这种不诚实的行为，他们看到犹太人摆脱了以前的地位限制，或仅仅是因为接受了几滴圣水就抢占了自己的公职。在广大愤怒的"老基督徒"眼中，这些获得大量利益还无耻地吹嘘的特权人士只不过是 Marrano[②]。

在上流社会和权力领域，人们可能更倾向于睁一只眼闭一只眼——时间会解决问题，一切都会井然有序。但丑闻已经曝光，他们不能再逍遥法外。在托莱多，有一个修道院院长被指控在圣餐仪式上说犹太教祈祷词，并庆祝结茅节。加西亚·萨帕塔神父是第一批被火刑处死的人之一。公元 1480 年，一位萨拉戈萨已过世的富有市政长官的案件被审理，他叫佩德罗·德拉·卡瓦列里亚，在 1414 年改宗，是《基督教申辩书》的作者，但他从未停止在家里做犹太教礼

① 十字架上的圣约翰（1542—1591）：西班牙神秘主义学家、诗人及教义师。1563 年入加尔默罗会，并从事教会改革，其改革激怒了反对派。1577 年被捕入狱，在狱中所作的《圣歌》和《灵魂之歌》被誉为西班牙神秘主义文学的佳作。1578 年越狱，到达安达卢斯。1585—1587 年任安达卢斯教区司铎。1926 年被教皇庇护十一世追认为教义师。

② Marrano：对改宗天主教但秘密保持原宗教信仰的犹太人的蔑称，西班牙语中的 marrano 是指猪。

拜。一位证人讲述了他是如何厚颜无耻地吹嘘：“我继续做犹太人能得到什么好处呢？我永远不会比拉比走得更远，所以啊，幸亏那个被放在十字架上的小男人让我成了这个城市的主人！”

无疑，我们必须考虑到诽谤性的检举，但它们不可能都是诽谤。公元1475年前后，针对埃斯特雷马杜拉和安达卢斯的改宗者行为的调查结果令人震惊，因此君王们决定到当地待上足够长的时间进行考察。费尔南多后来在他妻子去世后说，他们了解到的情况，特别是在塞维利亚的情况使他们无法不采取行动，“即使他们的儿子唐·胡安王子参与了这些事”（一个荒谬的假设）。

一个深思熟虑的决定

事实上，两位君主在公元1478年至1480年间已经考虑了很久，又犹豫了四年，才启动了教皇赋予他们的地狱机器。伊莎贝拉是不情愿的。她极力保护王国的犹太人，给了塞维利亚的那些仍偷行犹太教规的改宗者最后一次机会后，才和她丈夫一样实行严厉措施。在女王的要求下，弗莱·埃尔南·德·塔拉韦拉和温和的门多萨枢机主教开展传教和劝诫宣讲，遗憾的是没有产生预期的结果。很多见证者，其中包括伊莎贝拉本人亲近的编年史家赫尔南多·德尔·普尔加，他本人也是一名改宗者，并且非常敌视宗教法庭，他们看到异端裁判所未来的受害者似乎没有认真对待智慧的劝诫甚至是威胁。

但普尔加和塔拉韦拉并不孤单。在这些“新基督徒”中，还有许多人，他们要么有新教徒的热情，要么急于和嫌疑犯撇清关系，声称自己准备带来柴火烧死犹太教徒。早在公元1459年，弗朗西斯坎·阿隆索·德尔埃斯皮纳写道：“我相信，如果进行认真的调查，会有无数人因为秘密信奉犹太教而被送上火堆！”

于是，这事就定下了。公元1480年11月，由君主任命的米格尔·德奥里略和胡安·德·圣马丁两名审讯官搬到塞维利亚，他们的到来引起了恐慌，这一次，改宗者感受到了巨大威胁。许多人离开城市，逃到他们认为安全的大贵族庄园避难。人们找到他们并将其送去审判。从公元1480年至1488年，有数千人被定罪，其中有几百人被判处死刑。

教皇西克斯图斯四世本人也被这一镇压的规模吓坏了，他试图取消赋予西班牙统治者的权力，将其交还给主教。但他输了，他不得不两次向费尔南多的政治不妥协低头。

异端裁判所的法庭很快在卡斯蒂利亚和阿拉贡收紧了网，有时会遇到来自民众的强烈抵制——在萨拉戈萨甚至有一名审讯官被谋杀——或者来自主教的抵制，他们认为宗教法庭调查员和法官的完全自主权是对他们教权的侵犯，是不可接受的。

那些由当局任命但往往出现在罗马教廷提出的名单上的审讯者更可怕，因为没有任何特权身份能阻止他们：主教和贵族可以像最卑微的小贩落在他们的网里。

事实上，异端裁判所的第一个“老大”是由教皇西克斯图斯四世推荐的多明我会的弗雷·托马斯·德·托尔克马达，并在公元1483年被君主任命为总审讯官，今天在我们看来是中世纪最黑暗的形象。还必须指出，这个冥顽不化的教士在其任职期间，惩戒和镇压造成的死亡人数是异端裁判所漫长历史中最多的。

高层的宗教法庭

正如当初设想的那样，在宗教与政治紧密交织的时代，西班牙异端裁判所在当地发挥了明显的效果，它有熟悉各种诡计的调查人员、虔诚的公职人员、雇来折磨人的打手及“亲信”组成的庞大圈子，在它周围还有阿谀奉承的仆人和告密者，这些人组成的法庭打算让任何政治势力都无法摆脱它。

随着时间的推移，庆祝堕落灵魂与教会和解的宗教仪式和世俗盛宴——火刑（信仰行为）——成为国家根深蒂固的传统之一，甚至再次激发了戈雅复仇的画笔。这些庄严的仪式让人重新找回基督的平安和教会的宽恕，却虚伪地无视那些不幸者的命运，这些人既没有因法官的同情也没有因自己的悔改而被赦免。对旁观者来说，这些点燃的柴堆要再远一点，以免破坏了庆典……

最令人印象深刻的不是酷刑：所有欧洲国家普遍对异端罪都是这样的态度，西班牙比其他地方更罕见的是巫术般的审判过程。如果有外国人在17世纪到访西班牙，便会为此地上演的事而感到震惊。在一位比君主更高的大审讯者的注视下，教士们围在被幽禁的傲慢的受害者周围口出恶言，劝告他们忏悔，要求他们在这些可怖的支架上改过自新，效忠天主教和罗马教会。但没有人会相信，这些被定罪的自由思想者、犹太教徒、新教徒、光明派、寂静派教徒，会被异端裁判所教士们在审判中的狂热表现说服而悔改认罪。

毫无疑问，在大屠杀造成严重破坏的时候，用法律手段镇压异端是一种进步。异端裁判所细致的审判在今天的我们看来似乎令人无法忍受，但至少为被告提供了最低限度的保障，有时还挽救了他们的生命和名誉。另一方面，异端裁判所逐渐向富有崇高精神榜样的西班牙社会灌输了胡乱惩罚的威胁、阴险的恶意和不断怀疑的毒药。异端裁判所的审判没有让西班牙摆脱尴尬的问题，只是转移了社会的焦点。

在追捕改宗者的同时，整个社会产生出一种顽念，即“血统纯正法”（la limpieza de sangre）。做一个无可指责的基督教徒，光经过神圣法庭的洗礼已经不够了，为了获得某些职位或工作，需要证明自己的祖先没有被异端裁判所指控过。不觉间，审判从宗教延伸到了种族。

这种歧视在本质上与古代政权中区分贵族和平民的歧视没有太大区别。不过它将在今后很长一段时间内毒害西班牙社会，为“黑色传说”再添讽刺的一笔，外国人将很快用这个传说来攻击西班牙王权。

不过，人们有时会准备一些技巧来应付生活的束缚。这种诞生于异端裁判所的道德暴政迫使人们不断保持警惕来绕过它，由此催生了西班牙文学天才最原始的表达之一：诗人和小说家通过绝妙的巴洛克技巧来躲避思想警察设置的陷阱。

后者在日常生活中引起的异化，在贡戈拉笔下绽放成罕见的隐喻、双重意义的图像和精致的圈套。同样经过编码的语言暗藏丰富的影射、隐秘的典故和模棱两可的解释，贯穿黄金时代的所有文学作品——从费尔南多·德·罗哈斯（**另一个改宗者！**）的《塞莱斯蒂娜》或《卡里斯托与梅丽贝娅的悲喜剧》到流浪汉小说，从塞万提斯到卡尔德隆再到洛佩·德·维加。

“通过判处许多虚伪的西班牙人，”米歇尔·德尔·卡斯蒂略写道，“异端裁判所把卡斯蒂利亚从尘世的光景、中庸之道中拯救出来。这是神经质附带的好处……”

驱逐未改宗的犹太人：告别塞法拉德

异端裁判所的建立只会导致更激进的措施。如果有这么多改宗者继续秘密信奉犹太教，那么在犹太社区的影响下他们并不会完全舍弃原先的信仰。为了促进王国统一，使其符合当时的欧洲规范，必须清理这种阻碍改宗者被完全同化的不纯洁遗产。1492 年 3 月 31 日，在格拉纳达高涨的宗教狂热气氛下，君王在圣达菲颁布了驱逐犹太人的法令。约十万个没有弃教的犹太人被要求必须在四个月内离开这个国家。他们可以带着自己的财产离开，但不能带走金银或马匹。他们中许多人的房子只能以极低的价格出售，意大利银行家以极低的成本获得了转让汇票。

仍然有些轰动一时的改宗事件，如亚伯拉罕·西恩和他的女婿拉比马耶，在民众的期待下，君主本人和红衣主教门多萨做他们的教父。但总体而言，与伊莎贝拉和费尔南多的预期相反，被驱逐的队伍在通往边境或港口的路上几乎未受损伤。许多人前往葡萄牙，在那里他们获得了为期 6 个月的居留证；或选择纳瓦拉（那里尚不属于卡斯蒂利亚王国）。其他人则去往法国西南部，特别是波尔多，还有意大利、英格兰、佛兰德斯，他们在阿姆斯特丹建成了一个重要的移民地，未来一片光明。大批人定居在马格里布和奥斯曼帝国的城市——萨洛尼卡、安德里诺普尔、君士坦丁堡、希腊岛屿，苏丹巴耶赛特二世给他们提供了许多便利。他们将以非凡的恒心延续对塞法拉德——他们失去的家园的记忆，并忠实于在微薄行李中携带的民族文字；这种古老的卡斯蒂利亚语变成了“犹太－西班牙语”后仍在他们的社区中使用。

后来，在第二次世界大战的纳粹迫害期间，西班牙通过向这些西班牙裔犹太人的后裔发放护照来弥补对他们的不公正待遇。这往往只是外交官的工作，不过受到了佛朗哥将军政府的鼓励或保护。

犹太人的流亡是否如许多人所说，对国家经济产生了持久的伤害？在 1492 年 9 月和 10 月这两个灾难性的月份里，在卡斯蒂利亚和阿拉贡尘土飞扬的道路上的以色列人的后裔不太可能成为王国最富有的人。从事国际贸易的犹太人，尤其是布尔戈斯的犹太人，早已改宗。费尔南德·布劳德尔说：“西班牙失去了有才华的工匠、有进取心的小商贩，但肯定没有失去充满活力的资产阶级。”最近一些作者认为，正是热那亚银行家及其同行所体现的国际资本主义的有害植入，阻碍了西班牙像其他地方那样形成早期活跃的商业资产阶级。然而，在国外，贫穷的犹太人往往取得了辉煌的成功。在土耳其，西班牙裔犹太人家族繁荣发展，如 19 世纪返回西方国家的卡蒙多家族，他们对文艺、科学等各项事业提供了巨大的赞助。

无论如何，在当时问题的实质是一样的：人们假设“在这个人民只有通过宗教归属感才真正感到被联系在一起的时期”，建立一个现代国家需要信仰统一。持久存在的犹太社区在当时是不合时宜的。同样自收复失地运动以来形成的一些穆斯林社区在某些区域人口密集，特别是在瓦伦西亚周围以及埃布罗河谷。自从统一格拉纳达王国以来，原本只是民族凝聚力的问题就变成了一种几乎难以解决的殖民挑战。8 个世纪以来，除了阿拉贡的 8 万和卡斯蒂利亚的 25000 多名穆迪札尔人之外，还有20多万的密集人口习惯于在他们自己的法律之下生活。

摩尔人的融合与民族身份认同

与犹太人融合是可能实现的——而且在很大程度上实现了——而与生活在基督教领地上但普遍处于社会边缘的穆迪札尔人实现融合要困难得多。结果穆斯林在战败后，在格拉纳达和阿尔普哈拉斯建立了他们最强大的庇护所。

然而，博阿卜迪尔和天主教双王之间签署的投降书只谈到了宽容。他们保证尊重打算留在西班牙的新穆斯林臣民的信仰和财产。第一位被任命为格拉纳达大主教的弗莱·埃尔南·德·塔拉韦拉，以及第一任总督滕迪拉伯爵和强大的门多萨家族伟大开明的领主谨慎地实现着对值得尊敬的前对手的承诺。丧失王权的埃米尔家族成员主动转信基督教，获得了格拉纳达亲王的称号，并迅速被同化为卡斯蒂利亚贵族，他们在王室部门中担任要职。

不过，最终目的仍然是用福音教化穆斯林群众。弗莱·埃尔南·德·塔拉韦拉坚信温柔说服的功效，他向神职人员学习阿拉伯语，甚至在礼拜仪式上对慕道者说阿拉伯语。但这需要很多时间和极大的耐心去克服大量的阻力。

渴望结束王国里宗教差异的两位天主教君王无法忍受这个漫长的过程。最重要的是，费尔南多不相信这些穆斯林有被同化的可能，所以并毫不掩饰自己的意图，打算让他们快点从哪儿来回哪儿去，回到非洲，哪怕之后他要在那里追捕他们，由他自己或让大安达卢斯领主西多尼亚公爵的军队占领未来阿尔及利亚的几片区域。

因此，公元1499年，天主教双王在格拉纳达逗留之后，强硬的希门尼斯·德西斯内罗斯大主教，也就是西班牙未来的枢机主教接替了塔拉韦拉。他使用了完全不同的办法对付埃尔切人，即那些皈依了伊斯兰教的前基督徒；而对付穆斯林家族，则不征求父母意见就给其子女施洗。随后在格拉纳达的阿尔拜辛山丘发生了骚乱，而阿尔普哈拉斯在公元1500年经历了第一次暴动。因此，君主们决定解除公元1491年达成的协议，并将摩尔人置于与犹太人同样的选择面前：改宗或离开。大多数人选择第一个方式来实现和平，但并没有改变他们的宗教实践或习俗。

费尔南多无疑希望更大规模的人口外流，即使这会牺牲贵族的利益。后者想保留顺从的农业劳动力，并安慰自己这些穆斯林的子孙从长远来看会成为优秀的基督徒。这也是滕迪拉和封地所有者的论点。因此，对新改宗者摩里斯科人的驱逐期限推迟了。此后期限经常推迟，直到公元1566年，费利佩二世想要结束这种情况时，他的措施激起了阿尔普哈拉斯的全面起义。

在查理五世的私生子、费利佩二世同父异母的兄弟、奥地利的唐·胡安英明稳重的领导下，经过长达数月的征战，才平息了这场在格拉纳达以南沿海平原上发生的起义。然后，摩里斯科人被分散到王国的其他地方形成了社区，顽固地践行着他们的传统，就像已经定居在阿拉贡和卡斯蒂利亚的穆迪札尔人一样。这两个群体被怀疑与土耳其人与柏柏尔人勾结，在西班牙海岸偷袭劫掠，最终在1609年费利佩三世和勒马公爵政府的统治下被驱逐。无论是本着宽容精神还是武力镇压，与摩尔人的融合都以失败告终。

一个不那么天主教的西班牙

这个观察很显然是出于主导了西班牙构建的历史环境，约瑟夫·佩雷由此提出了一个问题，也总结了费尔南多和伊莎贝拉走上不妥协之路的根本原因：“如果我们想象的西班牙形象——天主教正统的捍卫者——是错误的呢？”他想知道，“如果西班牙建立异端裁判所不是因为它比其他国家更天主教化，而是因为正统在那里比其他地方更受到威胁呢？对我们来说这很矛盾，但对16世纪的人则不然，他们对西班牙的看法与我们截然不同！”

有很多证据支持这个观点。我们举过伊拉斯谟的例子，尽管他对当时的西班牙精英产生了巨大的影响，但他还是不愿意访问这个国家。佩雷斯，还有历史学家S. 阿诺德森和I.S. 雷瓦提出，公元1600年左右，大审讯者格瓦拉枢机主教在访问罗马后，为存在于他的国家一个世纪的异端裁判所和“血液纯洁”法规带来的坏名声感到担忧；并指出，其他国家和西班牙一样有很多犹太人和其他异教徒，但这些国家小心翼翼地避免引起别人的注意。他们甚至认为西班牙之所以名誉扫地，是因为它是一个高度犹太化的国家。虚伪、自负，最重要的是“伪基督教”——这确实是许多文艺复兴时期的人文主义者对这个有异端裁判所的国家的评价。

“伪基督教”国家能涌现出阿维拉的特雷莎、十字架上的约翰、洛约拉的伊格纳提乌斯、弗朗西斯泽维尔和其他许多超凡刚毅的圣徒吗？显然这是个悖论。但这种信仰热情掩盖了人们普遍的精神焦虑，这种焦虑可以在基督教的偏离，或是在西班牙灵魂的另一种诱惑，即神圣化的无政府主义中找到回应。

伟大的天主教历史学家马塞利诺·梅嫩德斯·佩拉约致力于研究西班牙异端——从普里西林到米格尔·塞尔维特，后者在火刑柱上为自己的“异端”行为赎罪。但抓捕、扼杀异端又能如何？！这些思想潮流几个世纪以来成为西班牙精神的巨大诱惑，也解释了天主教国王及其继任者不宽容的宗教政策。

“16世纪的西班牙可能不像我们想象的那么天主教化，它想要让自己看起来如此，而事实不是这么一回事。”

疯狂的克里斯托弗·哥伦布

克里斯托弗·哥伦布是一个安静的基督徒吗？五年来他一直围着伊莎贝拉转，直到说服了天主教君王，在西班牙刚刚攻占格拉纳达的欢欣鼓舞中，哥伦布率领三艘船出发了，经过大西洋，他们能到达马可·波罗描述的奇迹之地吗？

我们不知道他到底是从哪里来的。热那亚？这是他自己说的，确实最有可能。不过热那亚人、航海家和银行家在西班牙非常受欢迎，因此一些人认为他在吹牛。他可能从马略卡岛来，那是一座犹太人的岛。他很显眼，不仅因为宏伟计划的神秘光环，还由于他在宫廷里的引荐人，拉比达的方济各会教士和一位尼布拉的隐修教士。安达卢斯海岸被大西洋的浪花拍打，那里的人们梦想着伟大遥远的十字军东征。

他是冒险家吗？毫无疑问。他已经尝试过在葡萄牙国王那里碰碰运气，后者忙着资助船队绕过非洲。哥伦布在马德拉结了婚，但很快就失去了妻子和经济来源。公元 1486 年，他转向西班牙，受到天主教双王的接见，但被送到萨拉曼卡的专家委员会时，专家们都认为他的计划行不通。他派哥哥去法国和英格兰说服各国国王，但他们都不感兴趣。公元 1488 年，他在里斯本宫廷的第二次尝试失败了。

公元 1491 年夏天，这位孤独、负债累累的人回到拉比达，他把小儿子迭戈留在那里，这时他的运气来了。他是否向天主教双王透露过如此坚信自己的星图的原因，我们不得而知。但为什么他不承认自己确实有秘密呢？据说这个秘密是由一个“不知名的领航员”告诉他的：在遥远的大洋那边存在新的海岸。

哥伦布是一个优秀的航海家，但不是个好学者。事实上，他在许多方面都搞错了，从他开始判断吉潘各（Cipango，即日本国）和中国的距离时就错了。因此，从他第四次航行后直到去世前，他仍然相信自己已经到达了亚洲，至少到了它的边缘，但他有点失望，因为他只遇到了半裸的野蛮人，而不是威尼斯人称赞的辉煌的大汗宫廷！

从哥伦布第一次尝试以来，除了拉比达的方济各会外，还有来自圣达菲宫廷的保护者：多明我会的迭戈·德萨、王位继承人唐·胡安的教官。很快一个有影响力的改宗者、费尔南多国王的财务官路易斯·德·桑坦格尔与德萨联合。格拉纳达刚刚沦陷。哥伦布也参与了这场仿若出于天意的事件：“我看到君王的旗帜飘扬在阿尔罕布拉宫上空……”这个世界被弥赛亚的崇高填满了，伊莎贝拉和费尔南多把它转换为更具有政治性的行动：他自己不是说要到耶路撒冷追捕异教徒吗？

这是命运之神眷顾的好时机。德萨说服女王再次接待了这个陌生的访客。哥伦布对自己相信的事如此肯定，也许他和圣女贞德一样，是神派来的使者。这个奇特的家伙竟大胆地提前要求荣誉和特权：除了从发现的财富中拿走十分之一外，他还要海军上将和被发现土地的总督的头衔！起初，女王的顾问们认为他异想天开，要打发他走。但他刚开门，伊莎贝拉就把他叫了回来。格拉纳达战争掏空了国库，他们一分钱也没有了。但桑坦格尔查了一下账目，得出结论：想做的话还怕什么风险？

15天后，即1492年4月30日，双方签署了协定。在文件中，哥伦布得到了他想要的一切，不过君主们以后总有机会压低他的大肆开价。君主们承诺为这次行动提供200万铸币（maravédis），不过实际上他们自己不会花费太多。因为他们提供了难以兑换的债权，以及为了继续十字军行动对抗摩尔人，从巴达霍斯教区居民那里筹集的继续对摩尔人进行十字军东征的捐款，此外还有一些港口（帕洛斯港）违反与葡萄牙签署的非洲海域捕鱼协定的罚款，准确地说是港口的两艘快帆船。其余的由哥伦布自己想办法……

他花了六个月的时间接洽平松兄弟[①]，他们是帕洛斯当地的船东，指挥尼尼亚号和平塔号。他又说服另一个船老大、巴斯克胡安·德·拉科萨把他的圣玛丽亚号加入船队，这艘较重的船将成为旗舰，最终招募了97名船员。在这次发现之旅中没有神父上船。1492年8月3日，船队终于从帕洛斯港启航前往加那利群岛，水手们在那里下船，然后再踏上征服未知世界的旅程。后来，兴奋的气氛变成了焦虑，再后来风停了，动不了的小船队成员认为自己被萨尔加索海的海藻缠住时，船上发生了叛乱。在这个被各种迷信所困扰的时代，我们怎能不佩服哥伦布面对《奥德赛》可怕传说时的坚定意志呢？正如《奥德赛》中所描述的，美人鱼之歌很快响起。这是见习舵手罗德里戈·德·特里阿纳的声音，他是平塔号上的瞭望水手，在10月11日至12日的晚上，他哽咽着喊道：陆地（Tierra）！

确实是陆地，和水手们离开已久的土地一样坚实。憔悴的水手们从船上走下来，发现岛上有着和他们差不多的人，赤身裸体，那是巴哈马人和印第安人（taïnos）。没有人怀疑这里是未知大陆的海岸，这片土地很快就会被探索、征服和开发，但到新世界能说服老世界它已经过时，还有很长的路要走。

伊莎贝拉下赌注支持哥伦布，接受了他心怀的梦想。她早就被哥伦布吸

---

① 平松兄弟：马丁·阿隆索·平松和比森特·亚涅斯·平松。

引，但不太敢说，因为宫廷嘲笑这种宗教的幻象。她对他保持一种女性的感情，源于精神上的默契和共同的追求，在这一点上超越了她的丈夫，费尔南多更平淡，只想着平衡账目。

当哥伦布在第三次航行结束回到西班牙时，女王的尊重再次表现了出来。那时总督博巴迪拉以哥伦布对殖民地糟糕的管理为由，或者可能只是出于嫉妒，下命令要驱逐哥伦布。没有伊莎贝拉，很可能不会有哥伦布的第四次航行，也就是他的最后一次航行。从公元1502年至1504年，即女王去世的那一年，他在中美洲的地峡高处带领船队寻找通往另一片大洋的通道。

伊莎贝拉没有失去理智，她不会忘记自己赞助的事业的精神意义。当哥伦布提出，由于旅行中未能发现其他财富，作为补偿，要把印第安人卖到欧洲当奴隶时，女王出于道德原因拒绝了这项提议。她第一次意识到她的访客如此坚持，坚持到让人难以忍受，不过他仍然是她命运的信使，帮她实现了时代的征服和神秘的冲动。这个时代一切美好的希望似乎触手可及。

“疯女”胡安娜

对天主教双王来说，这些希望中最宝贵的是看到他们唯一的儿子、当时14岁的胡安王子继续他们的事业。五年后，即1497年10月4日，这位以强健身体和高尚品质为人称赞的年轻人在与奥地利公主结婚六个月后突然去世。他的家人认为王子的死因与夜晚和新娘过于火热缠绵有关。伊莎贝拉痛苦地体会到儿子死亡的残酷，她从来没有从打击中真正恢复过来，七年后，她也去世了。

因此，卡斯蒂利亚和阿拉贡最终合并为一个国家的前景似乎已经消退。公元1498年，他们的大女儿伊莎贝拉公主（也是葡萄牙王后）去世。1500年，他们的另一个儿子米格尔去世，他本可以统一伊比利亚半岛的三个国家。特拉斯塔马拉王朝只剩下费尔南多和伊莎贝拉最后的两个女儿。最小的女儿——阿拉贡的凯瑟琳嫁给了英格兰王储亚瑟，1509年丈夫去世后，又与她的小叔子——可怕的亨利八世再婚。1496年，年长的胡安娜[1]与奥地利大公、勃艮第亲王美男子腓力结婚，他是尼德兰的统治者。不幸的是，胡安娜此时已经表现出神经脆弱的迹象。

当伊莎贝拉于公元1504年去世时，费尔南多又成了阿拉贡国王，而他的女儿胡安娜则成为卡斯蒂利亚的合法女王，她的丈夫则成为女王配偶。在这种情况下，王朝的法律对西班牙不太适用，且这对西班牙来说是相当不利的。

为什么伊莎贝拉和费尔南多没有进一步推动两个王国的合并，使之成为一个王国呢？这对我们来说似乎是一个谜，不过当时遗留的制度滞缓、对封建遗产的尊重、每个王室的特殊性、对封臣和子民的承诺等都可以拿来解释这个问题。尽管天主教双王在其他领域实行的改革措施很大胆，却无法跨越世袭领地和国家之间的界限。他们的继承人查理五世更不会创新，他把全部精力都投入到保护甚至收回他的个人遗产上，即使是奇怪拼凑的碎片化土地。而其他更明智的君主们，特别是法国的君主，更愿意思考如何完善他们的“王室领地”，长远看其将发展成为“六边形”（法国本土）。

因此，卡斯蒂利亚的继承特别微妙。伊莎贝拉去世之前从昏迷中清醒过来，写了一份遗嘱，这表现出她的智慧。她不质疑胡安娜的权利，但觉得有必要采取预防措施。女儿让她担心：胡安娜病态地嫉妒她那太有魅力和太善变的丈夫。公元1502年，女儿和女婿在西班牙的逗留让伊莎贝拉感觉到：天资聪颖、有教养的胡安娜已经神志不清了。因此伊莎贝拉表明，如果她的女儿在自己去世时不在卡斯蒂利亚，或者如果胡安娜不能或不想接管治国大业，那么自己的丈夫阿拉贡国王费尔南多将以她女儿的名义统治和管理卡斯蒂利亚，以防止国家出现混乱和纷争。

公元1505年，卡斯蒂利亚议会在托罗召开，尽管代表们注意到胡安娜不能充分履行职责，但还是承认胡安娜为卡斯蒂利亚女王，拒绝宣布她丧失资格。事实是，公众舆论已经开始喧嚣起来。他们看到两个王，一位是丈夫，一位是父亲，已经在女王的背后争夺权力。民众们并不了解女王真实的健康状况，有些人甚至建议幽禁她！

---

① 胡安娜（1479—1555年），费尔南多和伊莎贝拉一世之次女，人称“疯女”。有历史学家认为胡安娜是精神分裂症患者。名义上，直到死去，她都是卡斯蒂利亚王国的女王，这使得她所有的亲人——父亲、丈夫、儿子，都要利用她才能获得合法的统治权。

事实上，美男子腓力并不想做女王的配偶，他为了在妻子的位置上统治，甚至称他的疯妻非常虚弱！他依靠卡斯蒂利亚贵族的支持，后者特别高兴摆脱天主教双王长期联合统治带来的枷锁。不管愿不愿意，费尔南多只能给女婿让位，他在公元 1506 年 6 月离开了卡斯蒂利亚。美男子腓力并没有以妻子的名义掩人耳目地摄政，而是变成了费利佩一世埃尔·赫莫索。

然而，在贵族要求的改革推动下，混乱开始蔓延到全国，以至于编年史家已经将美男子腓力的处境与"无能者"恩里克四世进行比较。腓力于公元 1506 年 9 月去世，死于心脏疾病，那时他只有 28 岁。

胡安娜女王绝望到了极点，她陪同丈夫的送葬队伍前往格拉纳达的王家教堂，她在火把的照亮下好几次打开棺材——因为人们为了躲避白天的炎热而在晚上出行。她的父亲从隐居之地那不勒斯准备回来。掌权的西斯内罗斯枢机主教要求费尔南德尽快返回，理由是只有他才能够恢复秩序。费尔南多知道西斯内罗斯是一个很有政治手腕的人，因此他在意大利逗留了一段时间。但当他在公元 1507 年 6 月抵达卡斯蒂利亚时，就把一切权力掌握在自己手中。那些背叛他的还没来得及逃跑的人被逮捕，并受到了严厉的惩罚。卡斯蒂利亚已经找回了它的主人。他不再只是以女儿父亲的名义摄政，而是作为国王执政。他必须采取一个痛苦但在政治上必要的措施：孤立胡安娜，以防她充当其他势力的旗帜，成为他敌人手中的工具。这位名义上的女王的神经错乱尽管是间歇性、不那么强烈的，但却因丈夫的去世而严重恶化。费尔南多决定在老卡斯蒂利亚的托德西利亚城堡幽禁她，给她以配得上她地位的生活条件，但严加管制。直到公元 1554 年去世，她才离开那座城堡，只比她的儿子查理五世去世早了四年时间。

费尔南多：武力的荣耀

伊莎贝拉死后，历史学家一般不怎么强调费尔南多的统治。她是明星，是有伟大直觉的女人。但真正的政治角色、外交和军事仪式的主人是国王。"既是狐狸又是狮子"（volpe e leone insieme），同时代的尼古拉斯·马基雅维利描述和钦佩的就是他，阿拉贡的费尔南多。

阿拉贡本身就是由不同部分组成的国家，早在卡斯蒂利亚王国开始派遣船队开展伟大的美洲冒险之前就进行着面向地中海的外部征服。在两个王国中，只有阿拉贡的过去和命运由外交政策主宰，所以经常要解决纠纷。阿拉贡最早与法国有冲突，因为加泰罗尼亚边境从来没有长期固定下来。随着“大度者”阿方索一世征服西西里岛和那不勒斯，情况恶化，阿拉贡人赶走了法国人，但安茹家族仍然声称要维护他们的权利。正是在这最后一条战线上，也就是文艺复兴时期著名的意大利战争中，费尔南多取得了他最大的成功。西班牙大方阵（tercios）将成为服务帝国的强大工具，直到公元1643年在罗克鲁瓦战役（Battle of Rocroi）中才被打破，这个事件在法国比在西班牙更出名。

当费尔南多从父亲阿拉贡的胡安二世手中接过比利牛斯山脉东部边境时，局面仍然很混乱。阿拉贡的卡斯蒂利亚王朝继承人曾经想将领地扩展到尼斯以至整个法兰西的野心落空，不得不面对10年的加泰罗尼亚叛乱（1462—1472年），该叛乱为路易十一提供了干预的机会，他表面上是为了帮助被臣民驱逐出巴塞罗那的胡安二世，但实际则借机占领了比利牛斯以北加泰罗尼亚的郡县鲁西永和塞达格内。费尔南多一直要求法国归还这些领地，他们最终达成交换协议。公元1493年，查理八世把它们还回阿拉贡，以换取更大的自由以插手意大利事务。费尔南多虽然能够回到佩皮尼昂，但保卫没有天然防御的边境，对卡斯蒂利亚来说将是非常沉重的负担。他花费巨资面朝阿格德（Agde）建造了一座雄伟的萨尔塞斯堡垒，那是当时最先进的军事艺术杰作。

费尔南多的另一项伟绩是吞并了纳瓦拉王国。它曾经附属于阿拉贡，又再次独立，并在1234年到了法国香槟家族手中。对手又是法国，这次的利害关系非常具有战略意义，纳瓦拉跨于比利牛斯山脉西部，如果它倾向北方，在法西战争时就会非常危险。胡安二世与当时纳瓦拉统治者加斯顿·德·福克斯的女儿埃莱奥诺尔结婚，从而结成了联盟，促进了与法国的第一次和解。费尔南多本人在伊莎贝拉去世一年后，与路易十二最喜欢的侄女杰曼·德·福克斯结婚。但在此期间，纳瓦拉王国的王冠已经传给了另一个法国家族阿尔布雷特。公元1512年，福克斯家族衰落，路易十二和费尔南多在意大利恢复敌对行动，使后者下定决心让阿尔巴·潘普洛纳公爵占领该国大部分地区。法国人派出由劳特雷克元帅、让·德阿尔布雷特和拉帕利塞爵士指挥的三个纵队回击。他们被击退至潘普洛纳前，继续退至圣让－皮德港。纳瓦拉随后并入了卡斯蒂利亚。国王在那里任命了一名总督，保留其传统特权（fueros）和一定的自主权。由路易十二派出的阿尔布雷特只保留了比利牛斯山脉以北的下纳瓦拉。从他们与波旁家族的联合中，很快就会诞生亨利四世——法国伟大的调解人、西班牙霸权激烈的竞争对手。

与此同时，两个敌对国家的争斗在意大利上演。费尔南多再次被证明是笑到最后的赢家。在对意大利的征服中，他的叔叔、著名的“阿拉贡王子”之一阿方索一世麦格纳尼姆把那不勒斯王国保留为他的私人领地，并将统治权交给了他的私生子费兰特，只留下西西里岛和撒丁岛给他的兄弟胡安二世和阿拉贡王国。然而那不勒斯的问题没有得到解决。

在费兰特去世后，被阿方索驱逐的查理八世作为安茹家族的继承人宣称自己的权利。这一年是1494年，费尔南多同样宣称权利。法国国王首先在军事上取得了成功，占领了这个阳光明媚的王国，迫使费兰特的继任者逃往西西里岛避难。天主教国王做出反应，派出了一支强大的军队，由格拉纳达战争的英雄贡萨洛·费尔南德斯·德·科尔多巴率领。敌视法国在意大利南部势力的“神圣联盟”成立，教皇尤利乌斯二世，米兰、威尼斯和神圣罗马帝国皇帝马克西米利安加入了该联盟。公元1495年查理八世首先在塞米纳拉取得胜利，但还是被迫退出占领地。他的继任者路易十二和他兄弟一样受到意大利的诱惑，接管此事。人们曾经想让西班牙和法国共同分割那不勒斯王国。但谁戴上王冠呢？边境争端使这个计划无法进行，战争到了决胜阶段，这次，有利于西班牙的武器发挥了作用。

公元1503年，贡萨洛·费尔南德斯·德·科尔多巴进行了一次闪电战，他赢得了“伟大将军”的称号。所有的辉煌胜利，都是在第二次世界大战期间穿越同一战场的蒙哥马利元帅在他的《战争艺术史》中引用的例子。

路易十二不得不放弃。1505年他接受了失败。那不勒斯回归阿拉贡王室，作为王国的组成部分，像纳瓦拉一样由总督管辖，在卡斯蒂利亚的轨道上保持自己的独特性。

黄金时代的先行者

公元1516年1月23日，费尔南多在埃斯特雷马杜拉猝然离世时，西班牙已经成为一个令人敬畏的大国，不过不能把欧洲的霸权争夺归因于他的外孙。在意大利的敌对行动又开始了，这次路易十二要求米兰成为其领地，因为他的祖母出身自米兰的维斯康蒂家族。费尔南多最后一个间接对手是法国年轻的弗朗索瓦一世，他在米兰战胜瑞士后成功夺取了米兰公国。但8年后的帕维亚灾难之后查理五世把他赶走了。在历史剧场里，人物不可阻挡地变化，但情节基本保持不变。

如果评估他的长期统治，天主教国王可以满意于自己完成的职责，安心离开舞台。在卡斯蒂利亚，在他的妻子去世和美男子腓力的短暂统治之后，他在西斯内罗斯红衣主教的坚定协助下重新获得了权力。他不满足于将摩尔人赶出格拉纳达来完成征服。他进行了几次成功的非洲远征，如远征梅利利亚、奥兰、梅切拉卡发（米尔斯克比尔港），甚至布吉，以排除来自北非的任何新威胁。

费尔南多更倾向于行动，而不是仅限于头脑中的猜测，他可能不如伊莎贝拉那样博学，后者的图书馆很引人注目。但费尔南多也欣喜地看到西班牙在欧洲文化界中占据着一席之地，尤其萨拉曼卡大学和阿尔卡拉大学享有很高的声望。西班牙在思想等各领域都有个性十足的人物，他们往往是宗教人士，也是大领主。如豪尔赫·曼里克或桑蒂兰侯爵这样的诗人，知道如何挥舞笔和剑。阿尔巴公爵在阿尔巴·德·托梅斯管理着一个由音乐家和戏剧家组成的宫廷乐队，其中有著名的诗人、剧作家、音乐家和人文主义者胡安·德尔·恩西纳，他常被人视作西班牙民族戏剧之父，也是文艺复兴时期西班牙最杰出的作曲家之一。而贝纳文特伯爵则自豪地拥有欧洲最美丽的书店之一。

我们可以品味那些从源头流淌出来的诗，简单而清新如歌，众多的诗集被称为“Cancioneros”（西班牙语，意为由不同作者收集的歌曲和诗歌）。尤其是骑士小说，如瓦伦西亚人朱诺亚·马托雷尔著名的《骑士蒂朗》（1460），或1492年创作的同样著名的《高卢的阿马迪斯》（尽管标题如此，不过它确实是一部西班牙作品）。堂吉诃德醉心的这些小说是中世纪浪漫主义史诗的化身，其传统一直延续到了加西亚·洛尔卡。然而在1499年，这条脉络被费尔南多·德·罗哈斯打断了，他的作品充满大胆的现实主义和亵渎色彩，如《卡里斯托与梅丽贝娅的悲喜剧》，也就是《塞莱斯蒂娜》，比一百年后模仿它的悲情小说更辛辣。

公元1468年西班牙引进的印刷术成为知识和好奇心的驱动力量，并被广泛使用。它的出现恰逢经院哲学突然衰落以及胡安·路易斯·比维斯[①]所代表的人文主义思想的蓬勃发展。

安东尼奥·德·内夫里哈在1492年出版的《语法》固定了卡斯蒂利亚语。这部杰出的作品首次在欧洲出版，不仅将促进西班牙前所未有的语言统一，而且将使西班牙语很快成为全世界最广泛使用的语言之一。内夫里哈没错，他在献给伊莎贝拉女王的序言中写道，在他眼中“一个民族的语言总是伴随着它的力量”（La lengua compañera del imperio，帝国的伴奏语言）。这一点毋庸置疑，在它蓬勃发展之前，甚至在它诞生之前，内夫里哈就已经给西班牙帝国提供了一种文化学说！

费尔南多无法猜到，所谓的西班牙“黄金时代”已经开始了。

他最大的遗憾之一是没有看到他最喜欢的外孙费尔南多王子继承他的王位。费尔南多王子是他女儿胡安娜和美男子腓力的第二个孩子，整个童年都在西班牙度过，在自己身边抚养长大。而他不熟悉的大外孙——根特的查理，费尔南多担心他不理解西班牙和西班牙人，这不是一件好事。

但他也无法猜到，小佛兰芒人在度过他的光辉岁月后，会自愿隐居到西班牙深处；而由自己抚养长大的小西班牙人将成为一个十足的哈布斯堡人，继承他哥哥的帝国宝座。

① 胡安·路易斯·比维斯：西班牙人文主义者，生于瓦伦西亚，犹太人，伊拉斯谟的学生。代表作品有《论教育儿童的正确方法》《论纪律二十卷》《论心灵及生活三卷》。

第七章　帝国的至上荣耀

多领地状态

天主教双王留下的西班牙虽然没有完全统一，但却是一个拥有约800万居民、相对繁荣的国家（人口规模是当时法国的一半，英国的两倍）。虽然如此，过去一个世纪，西班牙却没有像意大利和佛兰芒那样经历城市、乡村的经济文化的持续发展。

1507年的瘟疫在埃斯特雷马杜拉和安达卢西亚特别严重，此后，西班牙人口又恢复稳步增长。这让聚集了西班牙80%人口的卡斯蒂利亚可以为意大利的军队补充兵力，而不破坏农村中的农业和美利奴羊养殖业（掌握在强大的梅斯塔荣誉会和同样强大的布尔戈斯生羊毛出口组织手中）的平衡。

在许多城市，纺织业依然蓬勃发展。土地足以养活它的人民。好年景时，谷物、橄榄油和葡萄酒有大量盈余以供出售，销路极广，市场遍布欧洲；此外，还有伊比利亚半岛的特产，如大米、柑橘、香料、干果、染料等，还有珍贵的矿物明矾。卡斯蒂利亚的主要集市——梅迪纳·德尔·坎波（每年两次为期五周的集市）、巴利亚多利德、梅迪纳·德·里奥·塞科，比利亚隆，吸引了来自欧洲各地的商人，他们不再背着大量硬币，因为在那里可以用汇票交换货物。

然而，西班牙有一些弱点让人对未来感到不安。人们已经注意到土地要么是被大地主垄断（特别是在贵族大量从事经济活动的安达卢西亚），要么是被卡斯蒂利亚梅斯塔的畜牧业者垄断，这损害了农民的利益。制造业和高端商品贸易不再是布尔戈斯羊毛商人的特权，而是往往掌握在外国人手中：长期定居在塞维利亚的制呢商、丝绸厂厂主、德国印刷商、银行家、保险人和热那亚船东，还有意大利或佛兰芒的工人和老板。随着与“新世界”交通往来，他们的殖民地规模将翻倍。

蓬勃发展的造船业也主要掌握在股份公司手中，其中热那亚股东占多数。大型造船中心集中在阿拉贡最富有的城市瓦伦西亚，那里有 7 万人。而一个世纪前就已领先的巴塞罗那当时的人口还没超过 25000 人。

两个世纪以来一直是地中海强国之一的加泰罗尼亚为什么会急遽衰落呢?

加泰罗尼亚的衰落，瓦伦西亚的繁荣

加泰罗尼亚民族主义者一直责备 1410 年根据《卡斯佩妥协方案》而继承巴塞罗那伯爵家族阿拉贡王位的卡斯蒂利亚王朝。在他们眼中，这些“外国”国王——安特奎拉的费尔南多一世、胡安二世和他的儿子、天主教徒费尔南多，都没有打算向在妥协中站在乌尔赫尔伯爵这一边的加泰罗尼亚赠送礼物。

现实似乎更加复杂。加泰罗尼亚在 1380 年至 1420 年受到了经济危机的沉重打击，领主和农民之间的长期冲突也要为加泰罗尼亚走向衰落的不幸负主要责任。

新的阿拉贡君主希望促进更公平的社会秩序，支持农民，改革农奴制（remensa），而加泰罗尼亚城市和农村的财阀、甚至巴塞罗那的权力机关在 1462 年发动了一场为期 10 年的反对胡安二世的内战，这迫使费尔南多的父亲到赫罗纳避难，并接受法国国王路易十一的帮助，后者借此侵占鲁西永和塞尔达涅。直到 1472 年，巴塞罗那的顽固抵抗被击败，加上老国王的温和措施，局势才重新恢复了稳定。

大多数现代历史学家认为，这场加泰罗尼亚贵族为了捍卫其特权而引发的内战确实是其没落的原因，两个世纪以来，加泰罗尼亚沦为次要地位。如果我们想到，直到 1477 年，在胡安二世的倡议下，巴塞罗那才在其港口修建了一座石堤，那么就不奇怪这个曾经辉煌的城邦会这么快遇到了一个强大的对手——瓦伦西亚。

一个意料之外的命运

西班牙，这个才开始活跃在国际舞台上的新兴强国准备好接受命运赐予它的下一任统治者——未来的皇帝做它的君主，并在同一年开始征服比其本土面积大20倍的海外领地了吗？

等待它的冒险是如此宏大，以至于人们有时会忘记了代价。卡斯蒂利亚再次以征服者和殖民者的姿态踏上了“新世界”。毫无疑问，从这个神奇的来源提取的巨额财富让这个国家养成了坏习惯（*人们反复说这是西班牙未来衰落的原因*），但这是“它的事业”，可以说是它在海洋上通过大胆无畏的行动所获得的财产，就像上个世纪意大利是无畏的加泰罗尼亚－阿拉贡人在地中海通过征服获得的回报一样。

另一方面，西班牙王位传给哈布斯堡家族后代将被证明是一个沉重的负担，将把西班牙拖入无止境、毁灭性的战争中。西班牙不得不支持这些事业，几乎独自提供征战所需的物资和人员，对它而言，除了其武器发展之外没有其他好处。

帝国遗产如此诱人，但要以昂贵的生命和金钱为代价，从长远来看，它与建设更稳固的国家理念相悖，会让西班牙耗尽人财。这些危险很快被许多有远见卓识的人察觉。然而，1519年至1522年间在“雄心壮志的空间扩张”面前，西班牙人民也体会到了与1492年完成征服时相似的飘飘然。因为在这短短的三年里，最杰出的征服者埃尔南·科尔特斯征服了墨西哥，在阿兹特克帝国的废墟上建立了新西班牙；巴斯克胡安·塞巴斯蒂安·埃尔卡诺指挥着麦哲伦探险队最后一艘幸存船舰，完成了第一次英雄式的环球旅行，并顺利返回塞维利亚港；而卡斯蒂利亚和阿拉贡国王卡洛斯一世仅用了两年时间，就获得了神圣罗马帝国的王冠，成为查理五世，并继承了哈布斯堡家族和勃艮第公爵的共同遗产。为了“日不落”帝国的荣耀，西班牙增加了新领土的负担，从米兰到尼德兰，经过弗朗什－孔泰，构成了“从比利牛斯山到北部平原”著名的钳形地带。无论如何，这都让法国国王们担心。

勃艮第王子

根特的查理[①]只有16岁时，他的外祖父、阿拉贡的费尔南多就去世了。1500年，他由天主教双王的女儿珍妮和美男子费利佩（他本人是勃艮第的玛丽和哈布斯堡王朝皇帝马克西米利安的儿子）所生。因此，查理有一半西班牙血统，四分之一勃艮第血统，另外四分之一奥地利血统。

查理在只说法语的布鲁塞尔宫廷里长大，他认为自己首先是勃艮第王子，是路易十一的伟大敌人的曾孙。因为祖传领地被路易十一剥夺，查理长期梦想着收回勃艮第，追随着他的祖先、法国国王们的对手——西方大公爵。

在考虑他被召唤去统治（只要他母亲仍然活着，就要以他母亲的名义）遥远的西班牙之前，他的目光已经自然而然地投向了帝国。

他的祖父神圣罗马帝国皇帝马克西米利安年事已高，该考虑找接班人时，在所有这些尊贵的皇帝候选人中，包括弗朗西斯一世和英格兰的亨利八世，查理无疑是最合适的人选。

为了让他有更多机会当选神圣罗马帝国皇帝，他的参谋们认为没有必要等待“疯女”珍妮去世或让位，就宣布他为西班牙国王，并在布鲁塞尔举行登基仪式。因此，查理甚至在踏上自己王国的土地之前，在摄政者西斯内罗斯红衣主教和议会没有表明态度的情况下，于1516年3月14日，在异国土地上成为阿拉贡国王和卡斯蒂利亚国王。

在大多数西班牙人眼中，尤其在认为王位并没有真正空缺的卡斯蒂利亚人眼中，这是一场真正的政变，是羞辱和不必要的挑衅：他们国家的命运是在自己国家之外被决定的。正在准备起义的领导人首先关心的是拜见仍然被关在托德西利亚斯的卡斯蒂利亚合法女王，希望看到她带头反对她的儿子。

① 即查理五世（1500—1558年），西班牙哈布斯堡王朝首位国王，也称卡洛斯一世，1516—1556年在位。同时也是神圣罗马帝国哈布斯堡王朝的皇帝（1520—1556年在位）、尼德兰君主（1506—1555年在位）和德意志国王（1519—1556年在位）。统治期间，先后和法兰西王国、奥斯曼帝国爆发战争，最终都以胜利告终，使西班牙盛极一时。作为西班牙国王，在1518年重用在葡萄牙受冷遇的航海家麦哲伦，出资助其进行环球航行。他先后来到南美洲占领智利和秘鲁两国，扩大了西班牙的殖民地，使西班牙成为当时的“海上霸主”，奠定了其在欧洲大陆的地位。

西斯内罗斯红衣主教更聪明。为了国家的最高利益，他向既成事实低头。这位在信仰问题上不宽容、行动上不妥协、践行苦行生活的伟大人物在别人都退休时进入了政界，在这个危险升温的王国里，成为从费尔南多到他外孙之间和平过渡的主导者。更难能可贵的是，当时他的权力有限，很难维护自己的权威。

查理最终决定在 1517 年 10 月到达半岛。年事已高且身怀疾病的西斯内罗斯赶忙到拉雷多的坎塔布里亚港口迎接他。然而 80 多岁的红衣主教在途中去世，这位年轻的君主失去了最好的顾问来指导他在未知领域迈出第一步。

他乘坐的船被暴风雨吹得偏离航向，最终，卡斯蒂利亚和阿拉贡的卡洛斯一世在维拉维西奥萨（阿斯图里亚斯）码头上岸，随行的有他宫廷里的“佛拉芒”大领主们（大部分是讲法语的瓦隆人）、还有像格兰维尔父子这样来自现在弗朗什－孔泰的勃艮第人、萨瓦－皮埃蒙特（前阿尔勒王国的继承人）如加蒂纳拉大法官，另外有一些西班牙人，其中包括许多在费尔南多重新掌权后流亡尼德兰的美男子费利佩的支持者。

这些上流社会的外国人上岸，凶恶的样子立即让查理的新臣民感到寒意。反观查理本人并没有引起多大注意。他被认为是一个借来的王子，刚刚走出青春期，甚至懒得好好了解卡斯蒂利亚。

查理短暂拜访了托德西利亚斯，亲吻他的母亲并接受她的祝福，但这并不能让他在卡斯蒂利亚人眼中拥有更多合法性。西斯内罗斯的工作似乎被否定了：他信任的人被赶走，他排除的腐败官员又被召回。新强人是布鲁塞尔人——傲慢的纪奥姆·得·克罗、奇夫雷斯勋爵，他任命自己 20 岁的侄子为托莱多大主教，也就是伟大的红衣主教留下的重要职位，这个任命引起了人们的愤慨。

14 个月后，1519 年 1 月，马克西米利安皇帝去世。在查理的巡回法庭上，唯一的议程就是选举出下一任神圣罗马帝国皇帝。德意志的爱国情绪，以及银行家福格尔的财富，都支持哈布斯堡家族继承人做皇帝，似乎只差卡斯蒂利亚提供加冕礼的费用了。

议会提出抗议：除了提供特殊的补贴，他们还被要求投票支持新皇帝。他们有一个非常清晰的直觉，这位被赋予帝国尊严的新君主将带领西班牙进入超出自身利益的冒险之中。萨拉曼卡的方济各会教士撰写了一份具有民族主义色彩的宣言，支持议会的强烈抗议，该宣言在全国广泛传播，成为公社的“圣经”。

但这没有什么用。起初，在圣地亚哥·德孔波斯特拉召开的议会拒绝了王室要求的增税计划，然而一个月后在科鲁纳召开的新议会在巨大的压力下接受了这个计划。1520 年 5 月 20 日，查理终于扫平了一切障碍，开始奔赴属于他的帝王之位。他以前的宗教导师乌特勒支的阿德里安红衣主教——未来的教皇阿德里安六世，将在王家委员会的协助下代替他管理伊比利亚半岛。

公社对抗帝国

当西班牙的卡洛斯一世（根特的查理在西班牙即位后为“卡洛斯一世”，1516—1556 年在位）还没有到达即将举行加冕仪式的亚琛，卡斯蒂利亚的主要城市就爆发了第一次起义。托莱多在 4 月份率先赶走了国王委派的市长（corregidor），并建立了一个名为“公社”（comunidad）的城市公社政权。塞戈维亚、萨拉曼卡、托罗和阿维拉很快效仿，8 月，第一个起义军政府成立。

受到一连串暴动影响，这个旧卡斯蒂利亚中心地带的城市为了控制麦地那·德尔·坎波火炮库与摄政者阿德里安的军队发生了第一次冲突，导致城市被烧毁，整个国家几乎被火光照亮。

9 月底，在卡斯蒂利亚议会拥有席位的 18 个城市中，13 个处于战争状态。然而，刚起义不久，起义军就遭受了第一次失败。为了寻求起义的合法性，其军事领导人把军政府移到了托德西利亚斯，强行打开了幽禁珍妮女王的城堡大门，他们恳求女王夺回王权，并加入他们的事业。但查理的母亲没有顺从。起义军不得不独自走在自由的道路上，一个词不断出现在他们的宣言和战争口号中：圣地亚哥自由！

那么，这些公社成员（Comuneros）到底是谁？他们给自己起的这个名字被翻译为“公社”，不可避免地让人联想到法国的巴黎公社，以及 1873 年西班牙第一共和国领导人打开了联邦制闸门后不得不面对受无政府主义影响的“小行政区革命”（révolution cantonaliste）。

16 世纪初的公社运动从某种角度来说出现了现代革命的特征：在城市中发生，以及影响相当广泛。

正如何塞·安东尼奥·马拉瓦尔和约瑟夫·佩雷所指出的那样，“el comin”

一词是“普通”的意思，指的是普通民众，而不是特权精英；正如公社是指由爱国主义情感驱使，反对统治者个人和王朝利益，向城市、地区或国家社群提出建立“第三等级”的思想。

总之，这就是推动这次起义的思想，城市里的中产阶级——工匠、小商人、文人[①](letrados)、世俗和正规神职人员最为活跃。萨拉曼卡方济各会宣言中表达了一种真正的早期民主思想：人民通过城市公社代表更真实地参与王国治理。也许这些公社社员也在向意大利城市共和政体独立的理想看齐，却没有思考这些极端化的城市自由理念与他们宣称要寻求的民族凝聚力不相容。

我们是否应该更进一步，从这场武装起义中看到他们的真正意图是推翻天主教双王建立的稳固秩序，将君主置于议会的监督之下？这是事件的几个直接目击者所表达的观点，并被一些作者引用来谈论“现代革命的流产”。

这场资产阶级和民众的运动中，中小贵族成员担任了军事首领的角色。然而，除了少数大领主，如佩德罗・吉隆或因佛兰芒人利益而被剥夺财产的萨尔瓦蒂埃拉伯爵，其他大贵族态度谨慎，对这场运动持怀疑态度。在查理五世回到西班牙后颁布的赦免令里没有受益的三百多人中，只有 63 名贵族，其中大部分只是绅士或城市寡头势力。

然而，公社最杰出的领袖胡安・德・帕迪拉是托莱多大贵族，他的妻子玛丽亚・德・帕切科是强大的滕迪拉伯爵的女儿。在他身边还有两个英勇的绅士，和他一样成为国家烈士：塞戈维亚的胡安・布拉沃和萨拉曼卡的弗朗西斯科・马尔多纳多。

1521 年 4 月 23 日，在比利亚拉尔平原上，公社的英雄事迹结束了。在取得一定成功后，他们的势头被抑制，乌特勒支的红衣主教阿德里安的保王军在他们面前集结军队，构建起了严密的战线。最后摄政者的“白十字”军战胜了帕迪拉的“红十字”军，后者在溃退中，其手中举起的红色十字架也被扯掉了。战斗的第二天，3 名起义领袖的头滚落在塞戈维亚行刑者的斧下。

在沃尔姆斯宗教会议上，查理刚刚在一场戏剧性的听证会中接见了马

---

① 文人(letrados)：字面意思是"文人"，与律师和法官同义。Letrados 是一个特殊的群体，相当于骑士和贵族，他们占据了政府的大部分司法和许多行政职位。

丁·路德，除了对持不同政见的教士下达禁令外也没有其他的结果。查理皇帝明白了他的前导师给自己的慎重建议：他已经吸取了教训，不再把西班牙视为他政治中的次要问题。

为了给丈夫报仇，玛丽亚·德·帕切科又组织了持续10个月的托莱多抵抗运动，从而登上了西班牙历史上女性反抗英雄的殿堂。1522年7月，查理返回西班牙，又处决了十几名官员，但承诺尊重卡斯蒂利亚各城市的特权（fueros），并于1523年11月颁布了一项相当广泛的大赦令来安抚民众。

鲜为人知的是与卡斯蒂利亚公社运动同时发生的阿拉贡日耳曼人起义，同样轰轰烈烈，也遭受了同样的命运。

与卡斯蒂利亚赫尔曼达人关系密切的日耳曼人的起义是对抗贵族和富人的“兄弟会”：连续的社会动荡支配了加泰罗尼亚，并蔓延到巴利阿里群岛和瓦伦西亚，在那里1519年的瘟疫和野蛮海盗入侵造成了严重破坏。

这场运动的中心是被贵族遗弃的大城市瓦伦西亚，自治组织控制了该市。1521年7月25日，公社在比利亚拉尔战败3个月后，日耳曼军队在甘迪边境起兵击败了王家军队，并赶走了被派来恢复秩序的总督。起义军不满足于破坏贵族的领地，还袭击他们的穆斯林劳动力，称他们是蛮族的间谍，会屠杀或强行施洗平民。

在反领主、反税收的起义中，工匠行会扮演了主要角色，不过他们没有像卡斯蒂利亚的起义者那样表现出明确的政治意图。另一方面，它代表着民众面对人口压力，甚至对劳动力市场上来自摩尔人竞争时的恐惧，有时还带有弥赛亚的色彩，这点体现在《杰蒂瓦》（*Jetiva*）中一个奇怪人物——隐秘的王子（El Encubert）身上。他自称是1479年去世的王子唐·胡安和他的妻子勃艮第的玛格丽特的儿子，他听从上帝的旨意回来重建王国。

瓦伦西亚的战争一直持续到了1521年11月首都投降之后。直到次年9月，在领主和王家军队的打击下叛乱才真正结束。冲突期间和冲突后造成的伤亡人数比公社运动更多。

在阿拉贡的领地上，领主经常施行暴政，地方起义仍然还会爆发。卡斯蒂利亚的公社运动和莱万特的日耳曼人运动，无论多么不同，都可被列入中世纪西班牙最后的挣扎，此后这个国家将进入现代时期。

动乱贵族的驯服者、费尔南多和伊莎贝拉统治时期留下的印记，被证明是帮助他们的继承人巩固统治开端不稳定时期的宝贵优势，军队“为国王效力”将日益成为体现西班牙荣誉的强制规定。

因此，法国在纳瓦拉的进攻为许多公社社员提供了展现他们爱国主义精神、迅速赎罪的机会。入侵者被猛烈地击退到了芬塔拉比。

卡洛斯一世这个阴沉的孩子进入西班牙时失败了，而查理五世则成功回归了。皇帝与西班牙的联合是伴随着1526年他与一位西班牙 - 葡萄牙公主、他的表妹（她是葡萄牙国王曼努埃尔的女儿，也是天主教双王的外孙女）的婚礼一起进行的。

容光焕发、美丽恬静的伊莎贝拉皇后比他小3岁，是温暖的南方能提供给欧洲北部孤儿最珍贵的礼物。查理忠贞不渝地爱着皇后，直到她于1539年去世。他在格拉纳达的蜜月，正如迷恋一位葡萄牙女士的士兵诗人加尔西拉索·德·拉维加所见证的那样，是不可磨灭的记忆，把他的身体永远和一块不太接纳他的国土绑在了一起。

在欧洲各条战线上

皮埃尔·乔努写道：“如果要我用一个词来定义查理五世，我会说他是传承之子，他的血统里虔诚地保留着父辈的记忆。”这解释了皇帝为何执着于紧握王朝的机遇，保持脆弱的“纸牌屋”的平衡。

在这个记忆中，神话般的勃艮第遗产，同样神话般的金羊毛秩序[①]，以及一点点强加给西班牙的奢华的宫廷礼仪（查理本人口味简单，更多的是他的继承人喜欢繁文缛节）可能占了大部分。查理在去世前不久对着完全是西班牙人的儿子费利佩二世交代：“不要忘记勃艮第，我们的祖国！”

对神圣遗产的绝对尊重——哈布斯堡家族拥有的帝王头衔以及基督教根深蒂固的观念，似乎使查理五世与同时代的弗朗西斯一世和亨利八世相比，表现出

① 金羊毛秩序：16世纪，勃艮第公国因“大胆的”查理战死且无嗣，成为神圣罗马帝国的一部分，查理五世接管了勃艮第公国金羊毛骑士团。作为宗教改革的坚决反对者，查理五世规定只有天主教徒才拥有加入金羊毛骑士团的资格。

更加复杂的特点，他既有中世纪欧洲骑士的价值观，又对所有现代之风保持开放态度。

人们还没有看到，有两次他不让士兵冲锋陷阵，而是拿着剑或匕首独自走到军队前线，要和法国国王决斗，解决他们的纷争。我们强壮的“骑士王”的提议就像另一个时代的突发奇想……他是文艺复兴时期的一位理想君王，虔诚地捡起提香掉在地上的笔刷，就像法国国王在列奥纳多·达芬奇的床边一样。面对路德派的反抗，他的态度是宽容的，他懂一点伊拉斯谟主义，千方百计防止基督教的分裂。

他还主张对教会进行深度改革，反对美第奇教皇克莱门特七世，后者顽固地拒绝了召开宗教公会议，担心会议转而审判教皇的道德品质。另一方面，对查理来说，圣彼得宝座已经落入一直与敌人建立联盟的政治家手中：实际上，罗马已不是真的在罗马了。这就是为什么在1527年波旁陆军统帅带来德国雇佣兵（很多人是新教徒）洗劫“永恒之城”时，他没有感到内疚。

如果我们粗略浏览查理的战争事迹，首先要数向弗朗西斯一世开放米兰公国的马里尼亚诺战役10年之后，在帕维亚之战（1525年）的辉煌复仇。它展现了“佛拉芒人”洛诺伊和西班牙-那不勒斯的佩斯卡拉指挥的帝国武器令人眼花缭乱的优越性，现代战略家们和伟大的将军组建的卡斯蒂利亚大方阵（tercios），打败了用老式方法战斗的敌人——年轻热情的统治者身后“像比武一样”的法国重型骑兵。

弗朗西斯一世被迫把他的剑交给了洛诺伊和小他6岁的查理五世，这有多么辉煌的象征意义啊！他长期以来与查理激烈地竞争着。更丢脸的是，当不幸的法国国王发现自己被囚禁在马德里阿尔卡扎尔“可怕的笼子里”时，他需要达成查理所期待的条件：首先归还勃艮第，此外还要交一大笔钱，再交出他的两个儿子做人质，并且为了统治，这位法国国王和葡萄牙国王曼努埃尔的遗孀、查理的妹妹埃莱昂诺尔夫人举行了和解婚礼。

然而，这只是帝国和王国之间荒诞消耗战的第一幕，查理和弗朗西斯的私人恩怨使情况更加恶化，瓦卢瓦王朝的“好人”约翰的两个后代，一个来自法国，另一个来自勃艮第，仍然沉浸在（特别是在皇帝的家族记忆中）一场可追溯到一个多世纪前的双重谋杀的记忆中：勃艮第的约翰在蒙特劳的桥上（1419年）

被杀，是对 12 年之前奥尔良的路易在巴黎被杀的回应！

这段复仇故事就像科西嘉的仇恨一样历久弥新，不过从当时的战略考虑来看，显然只是传闻。

冲突的核心是查理五世需要从意大利北部坚固的军事基地确保他与尼德兰、德国的联系，而从西班牙到安特卫普的海上航线仍然受比斯开湾的变化无常和英格兰仁慈中立态度的影响，因此在杜夫尔的中途停留地实际上是必要的。

至于法国，我们以前在学校学过，长期以来总在思考如何避免南翼被由西班牙控制的帝国延伸土地包围。然而确有此威胁吗？我们可以按照皮埃尔·乔努的建议，先消除我们记忆中的传说。在他眼中，中心位置和周围王国密集给查理五世带来问题，而弗朗西斯一世以及后来的亨利二世决心在洛林切断它与外界的联系。

因此，人们必须在狡猾的借口中寻找他们当时一直有冲突的原因。结构迥异的两个大国在欧洲的中心互相较量、寻找对方的弱点。这可能是几个世纪以来唯一重要的现实。

斗来斗去的结果是双方几乎打成平局。经过无数次的曲折后，在 1547 年弗朗西斯一世去世时，局势实际上回复到了最初状态：查理五世管理米兰人和阿图瓦人，但哀悼着他从未打算进攻的勃艮第。毫无疑问，随着时间的推移，它确实已属于法国了。

令人比较失望的是皇帝与他帝国里进行宗教改革的王公们的斗争。

在耗尽所有的外交资源之后，查理五世决心解决灵魂死亡的问题。当时，路德派势不可挡，他似乎有一个时刻说服了梅兰希顿，以路德教徒的名义避免基督教的分裂。加尔文也参加了其中一场辩论。但皇帝不是神学家！他年轻时在根特甚至没学过拉丁语，对此他深感遗憾。他很可能与他的交谈对象们一起谴责“赎罪券”，但肯定不能取代主教会议来讨论神的恩典、存在的问题，甚至是教士的婚姻！当特伦特主教会议在 1545 年 3 月最终召开时，分裂最终形成：它是反宗教改革的会议。

我们可以观察这个时期皇帝查理五世的特征，在普拉多博物馆提香所绘的骑马肖像里，他挥舞拳头，下巴紧收，眼神看上去比他征服者的形象要显得悲伤。这就是他在 1547 年马尔贝格战役中与信奉路德教但最终引起基督教分裂的臣民作战时的样子。

他取得过辉煌的胜利，但很快又遭遇了残酷的挫折。直到5年后，在因斯布鲁克，查理设法从萨克森公国的莫里斯那里逃脱。后者是路德派诸侯同盟的领袖，得到了法国新国王、信奉天主教的亨利二世的支持。1555年，《奥格斯堡宗教和约》[①]宣告了这次的失败：查理永远不会成为新的查理曼。现在，在帝国中心，每个人各得其所：教随国定。他一直维护的宗教团结从此属于基督教的过去式。

十字架和新月

在西班牙帝国的东部边界，西班牙和意大利南部海岸受到了日益严重的威胁。1453年土耳其人占领君士坦丁堡后，这个自12世纪起成为地中海“基督教湖泊”的地区开始活跃起来。

从1521年至1526年，苏莱曼一世[②]占领了巴尔干半岛和匈牙利。匈牙利的国王，也就是查理五世的妹妹玛丽的丈夫在莫哈茨（今天匈牙利的希克洛什）灾难中丧生。1529年，他在维也纳的门口，而他北非的海盗盟友巴巴罗萨兄弟[③]很快将任为他的海军将领，成为地中海的真正主人。

从此西方国家与奥斯曼帝国的对抗不再是因宗教问题，而是出于紧急的国家安全需求。查理五世在谈判桌上说服西方国家做出反应。从1528年起，他唯一的重要盟友是伟大的热那亚海军上将安德烈亚·多里亚，后者离开了弗朗西斯一世为自己服务。

---

① 《奥格斯堡宗教和约》：全称《奥格斯堡国家及宗教和约》，1555年9月25日，由神圣罗马帝国皇帝查理五世与德意志新教诸侯在奥格斯堡的帝国会议签订。该和约提出“教随国定”（或译“教随君定”）原则，在德意志224个诸侯国里，该诸侯国的君王信仰什么教派，臣民就必须追随君王的信仰。此原则施马尔卡尔登战争暂停。

② 苏莱曼一世（1494—1566年）：也称苏莱曼大帝，16世纪奥斯曼帝国君主，他亲自统率奥斯曼军队征服了基督教重镇贝尔格莱德、罗得岛和匈牙利的大部分，奥斯曼人的扩张态势一直到1529年的维也纳之围时才被暂时遏制。在他的统治下，奥斯曼帝国在政治、经济、军事和文化等诸多方面都进入全盛时期。

③ 这里指著名海盗巴巴罗萨·海雷丁，15世纪的著名海盗，也是阿尔及尔的苏丹，史称巴巴罗萨二世，因脸部长满胡子，与哥哥奥鲁奇雷斯被称为巴巴罗萨（意指红胡子）兄弟。

1534年，查理五世对突尼斯发动了一次大规模行动，他亲自带领军队驱逐了巴巴罗萨安插的苏丹。他胜利地进入拉古莱特，释放了两万名基督教俘虏，但很快就不得不放弃被巴巴罗萨再次侵入的地方。

1541年，他在阿尔及尔遭到失败，其舰队被猛烈的风暴驱散。他又一次亲自指挥远征，由墨西哥著名的征服者埃尔南·科尔特斯[①]陪同。正是查理的这两次尝试使弗朗西斯一世在1536年选择与海盗的保护者和直接雇主苏莱曼一世结成军事同盟，目的是再次切断查理五世的通信，即西班牙港口和热那亚之间的连接。与此同时，弗朗西斯入侵了皮埃蒙特和萨伏伊，这激起了查理五世在普罗旺斯的报复战（包括从马赛陆路和海路发起的攻击）。结果又是一场平局，互相攻击的两个君主在艾格斯·莫尔特斯达成了休战协议，查理甚至穿越法国到达尼德兰，在巴黎歇脚……

但在1543年，由于法国国王支持施马尔卡尔登联盟的新教诸侯之后，两年前的敌对行动又恢复了。由巴巴罗萨指挥的土耳其舰队和112艘双桅战船在马赛受到国王代表阿迪马尔·德·格里尼昂的隆重欢迎。恩希恩伯爵的法国舰队加入奥斯曼帝国舰队，一起轰炸萨瓦的尼斯，科西嘉骑士保罗·西莫尼英勇地保卫这座城市。

继马赛之后，土伦的民众会长久地记得他们被残酷地驱逐出居住地，以安置凶恶的巴巴罗萨的3万名海军和陆军。法国舰队甚至受邀陪同其盟友到达金角……并对它的新盟友在利帕里群岛和卡拉布里亚实施的大逮捕和屠杀视而不见。

许多法国军官都觉得这些不光彩的事件对法国的威望毫无帮助。西班牙人对当时巴巴罗萨的恐怖行径极其敏感，因为与他一起的叛教基督徒——德拉古特、艾登、哈桑·帕沙经常在西班牙领土的海岸作战，特别是在巴利阿里群岛。据一位穆斯林编年史作家说，光在阿尔及尔，也就是塞万提斯未来待过的监狱所在地，就有那么多西班牙人被奴役，“一个俘虏的价值还不如一颗洋葱”！

查理五世的许多顾问和他心爱的妻子伊莎贝拉皇后本人都曾坚持认为，皇

① 埃尔南·科尔特斯（1485—1547年）：以摧毁阿兹特克古文明，并在墨西哥建立西班牙殖民地而闻名。

帝应该为了满足国家的重大需求，而暂时忘记他的帝国目标，甚至在对抗苏莱曼之前就应该与巴巴里海盗作战。“对西班牙来说重要的是非洲。其他一切都是过眼云烟！”托莱多大主教、塔维拉枢机主教向另一位皇帝的亲信倾诉，当时海盗巴巴罗萨尚未成为奥斯曼帝国的上将。

智慧的话语反映了人们对西班牙从事超出自身利益的事业的恐惧，有时甚至是愤怒。随着时间的推移，他们仍然不得不同意查理五世的计划“万事俱备”，而后者到最后总是防守大于进攻。

但征服“印第安人”纯粹是西班牙的事业，或者说是卡斯蒂利亚的事业，查理五世对此无法忽视。有些历史学家可能怀疑，那是因为他们误判了在谨慎的基督教皇帝眼中，他无法真正掌握这些问题。

印第安人史诗

在1519年至1540年间西班牙完成了对新世界的征服。埃尔南·科尔特斯，一位有文化、有胆识的埃斯特雷马杜拉绅士给他的国家带来了一个新西班牙——从危地马拉延伸到北加利福尼亚，后来发展出生机勃勃的一流城市，足以配得上宗主国的辉煌。

在他之前，瓦克斯·努涅斯·德·巴尔波亚在1513年9月就通过达里安丛林穿越巴拿马地峡，到达太平洋，从而结束了哥伦布已经到达亚洲的幻想。此前，胡安·庞塞·德莱昂坦承发现了佛罗里达，这成为后来潘菲洛·德·纳尔瓦埃斯、努涅斯·阿尔瓦·瓦卡·德·卡贝扎和埃尔南多·德·索托探险的一个致命陷阱。

1531年，意大利战争老兵弗朗西斯科·皮萨罗开始征服秘鲁。皮萨罗比科尔特斯更粗鲁、残暴，还利用印加帝国内部的分裂和冲突，在安第斯高原建立了自己的权威，并于1535年在利马海岸建立了“诸王之城”。6年后智利圣地亚哥的建立者迭戈·德·阿尔马格罗命令他的朋友暗杀了皮萨罗……

在南美大陆北部，新格拉纳达（*后来的哥伦比亚*）征服者冈萨罗·希梅内斯·德·奎萨达在1538年建立了波哥大的圣达菲。在南部，巴拉圭的亚松森早在1537年就建成，而布宜诺斯艾利斯直到1776年才成为拉普拉塔河南岸的首都。

这些人往往冒着毫无意义的风险，却不一定会成功。比如弗朗西斯科·德·奥雷利亚纳到达了从未被开发过的亚马逊，洛佩·德·阿吉雷则来到了埃尔多拉多附近，或是卡贝萨·德·瓦卡连续几年在佛罗里达的印第安人部落中迷了路。这一代冒险家发挥着奇迹般的能量，因为他们渴望财富、爱慕虚荣，但现实往往很残酷。

尽管如此，除了美洲的土地外，菲律宾群岛也很快被征服，征服者自豪地献给了祖国一个“日不落帝国”。

当有些人根据当代敏感性问题对这一征服行为做出严厉的评判，将其视为历史上第一次“种族灭绝”时，至少应该回顾几个明显的事实：

首先是西班牙帝国殖民地土著人口骤减。事实证明，在不到一个世纪的时间里，被殖民的印第安人估计减少了 2/3。《新世界史》一书的作者谢尔盖·格鲁尼茨基估计，墨西哥人口在 17 世纪和 18 世纪恢复持续增长之前，仅其一国人口就从大约 2500 万人减少到 75 万，这样的大批死亡是由于他们遭受致命的生物冲击造成的，没有免疫力的当地人无法抵御从欧洲输入的即便是最温和的疾病。这种现象在如今白人和亚马逊原始人部落的第一次接触中仍然普遍存在。征服者和殖民者的横行掠夺以及土著遭受的文化剥夺必然会导致灾害，但尚达不到“灭绝”的程度。新来者并不愿意失去他们在当地找到的劳动力。

亚历西斯·德·托克维尔（法国政治思想家、历史学家）将西班牙人和相隔几个世纪的盎格鲁 - 撒克逊人对土著的态度做比较，他用冷幽默的笔调写出：“西班牙人无法消灭印第安人的种族，甚至没有成功剥夺他们的权利。北美人以罕见的风度成功实现了这一目标：冷静、慈善、守法、不流血、不违背世人眼中伟大的道德原则。”

还应该指出，这位《论美国的民主》的作者在 1845 年左右发表这些文字时，不知道美国西部荒野从卡斯特将军和他的同伴在印第安战争中歼灭苏人（北美印第安人的一个部族）和阿帕切族（美国西南部一个印第安部族）开始的一系列事件。

西班牙对新殖民地的态度和信仰问题

西班牙对新殖民地的态度，最令人惊讶的是信仰问题上的认真，这在欧洲殖民史上没有类似的情况。

早在1511年的圣诞节，在伊斯帕尼奥拉岛（今天的多米尼加共和国）的一座教堂里，在征服了这片封闭大陆之前美洲的第一个西班牙机构，多米尼加的安东尼奥·德·蒙特西诺斯布道时激昂的声音在教堂回荡，人们称之为“争取正义的第一声呐喊”。

这位神父有充分的理由让他的同胞感到羞愧：在哥伦布的主持下对该岛进行殖民统治，这对当地人来说是灾难性的，他们受到了各种虐待，甚至已经濒临灭绝。他在这么远的地方讲道，完全有可能被宗主国忽视。然而，天主教君主费尔南多和摄政者西斯内罗斯与他有所共鸣，并在次年颁布了《布尔戈斯法》，明确谴责对印第安人的奴役。《布尔戈斯法》的条文指出，印第安人是“国王的自由臣民”，同时在新设立的《恩科尼亚》法律框架下构成了为殖民者服务的劳动力，这些土著的雇主和宗教团体有义务向他们传福音。

这一制度不排除强迫其劳动，也无法防止虐待行为。在征服墨西哥后，萨拉曼卡学派始祖、神学家弗朗西斯科·维多利亚对这一制度提出质疑。在1539年，他根据基督教教义提出“殖民权”这一关键问题。在当时，这样的精神是大胆独创的。他面对不公正的征服战争，以及不得不服从非正义命令时人类良知面临的问题进行讨论。我们可以同他一起，来探究这个在当时来说还太过先进的观点。这种思想以伊拉斯谟探索的福音价值为基础。与那些将之视为异端裁判所的盲目打击工具的表象不同，西班牙教士也深受这个观点影响。

关于殖民化，神学家朗西斯科·维多利亚接受我们现在所说的用“介入权”防止危害人类的罪行发生（食人或活人献祭）。这就提出了一个基本问题：一个文明的民族有什么优越的权利来征服另一个民族?

查理五世被如此大胆的言论激怒了，但当萨拉曼卡大学拒绝为平息他的怒火而谴责维多利亚的教导时，查理五世只是优雅地鞠躬，沉思这一课。

然后是巴托洛梅·德拉斯·卡萨斯，在他第一部著作《西印度毁灭述略》中揭露了西班牙殖民者的种种暴行。这位多明我会教士在职业生涯晚期先去殖民伊斯帕尼奥拉，后来又殖民古巴。他很快被任命为玛雅人的国家所在地恰帕斯州的主教。这个脚踏实地的人，为着印第安人的利益不知疲倦地奔波，来回横渡大西洋超过20次，以支持他们在宗主国的利益。

人们以为他会被当作一个难以忍受的讨厌鬼。实际上一点也不！皇帝尊敬他，并任命他为“新世界所有印第安人的代理人和保护者”。这位宫廷宠儿甚至成功地请阿尔卡拉大学和萨拉曼卡大学禁止出版神学家、人文主义者胡安·吉内斯·德·塞普尔维达的作品，因为后者从法律角度为殖民原则辩护。在查理五世的要求下于1550年召开的著名的巴利亚多利德辩论会上，德拉斯·卡萨斯成了没有反对者的红人、公认的既成事实的辩护者！

这个信仰学者会议的关键点很简单：现在不是要去质疑印第安人灵魂的存在，即使他们是食人者……而是为了辩论11年前由神学家朗西斯科·维多利亚提出的德拉斯·卡萨斯支持的观点。毫不奇怪，巴利亚多利德辩论会既无法赞成赛普尔维达的论点，即为亚里士多德正义原则辩护，为自己的利益将下等人民置于监管之下，又无法支持德拉斯·卡萨斯的论点，即一个人总有可能“对某人来说是野蛮人”。在官方的评议会上，没有人能想象人们可以回到过去，停止殖民和撤离西印度群岛[①]……这场辩论只能引导王室朝着海外属地政策的正确方向前进，而很大程度上它成功了。因为尽管君主们很难始终在当地控制其殖民政策的公正适用，但后者纠正了许多虐待行为。当这种保护在19世纪初停止时，人们将会对其看得更清楚。这些贫困的殖民地区居民，在西班牙衰落之后被称为“印第安人”的这个群体，实际上由于落入他们的新支配者——自称是共和党人和进步派的克里奥尔人和梅蒂斯人[②]的直接控制下，几乎什么好处都得不到。

让我们补充一点，这本是为了结束当时事关西班牙名誉的信仰危机，但不幸的是，一个残酷的悖论却让它名声扫地。

德拉斯·卡萨斯的见证在欧洲广泛传播，在费利佩二世这个著名的“黑色传说”统治时期，它确实将西班牙表现成了一个狂热、残酷的恐怖国家。德拉斯·卡萨斯的可怕谴责所投下的阴影也遮蔽住了宗教界其他许多弟兄在新世界的

---

① 西印度群岛（The West Indies）：北美洲的岛群，位于大西洋及其属海墨西哥湾、加勒比海之间，北隔佛罗里达海峡与美国佛罗里达半岛相望，东南邻近委内瑞拉北岸，从西端的古巴岛到委内瑞拉北海岸的阿鲁巴岛，呈自西向东突出的弧形，伸延4700多公里。

② 克里奥尔人：指16—18世纪时，出生于美洲而双亲是西班牙或者葡萄牙人的白种人，以区别于生于西班牙而迁往美洲的移民。梅蒂斯人：法语中Métis这个词的意思是“混合”，这意味着梅蒂斯人是混血人，他们是欧洲探险家在北美和土著妇女结合的产物。

伟大冒险中所做的令人钦佩的工作，他们的献身精神、勇气和智慧在很大程度上弥补了征服者和跟随他们的殖民者的贪婪和残暴。

多明我会，特别是方济各会，在耶稣会于巴拉圭建立“印第安缩减地”之前，最常浸透在12世纪从菲奥雷的约阿基姆（意大利神秘主义者和神学家。神学家伯纳德·麦金认为，费奥雷的约阿希姆是整个中世纪时期最重要的世界末日思想家）继承的千禧年文化中。德拉斯·卡萨斯也像许多多明我会教士一样，追求回归福音书中所祝福的自然秩序。在这个秩序里，印第安人，甚至欧洲人将摆脱扭曲社会的生产约束。这些都是思想上的规定，使宗教倾向于真正同情那些未被污染的灵魂。至少他们中很多人是这样。对一些决心以偶像崇拜的名义摧毁整个文明的狂热分子来说，还有多少人沉浸于他们的文化中，制作20种不同的方言词典，开始进行具有不可估量价值的人种学和人类学研究，同时完成了他们传福音的使命！多少名字在历史上几乎被忽视（安德烈斯·德·奥尔莫斯、马丁·科鲁阿、托里比奥·德·贝纳文特），在这个只关注其黄金或白银价值的时代，他们把生命献给了理解思想并拯救这些前西班牙的文化宝藏！

从布鲁塞尔到尤斯特：放弃的满足

“拥有一切的人唯一能尝到的快乐就是放弃一切。”金匠莫里斯·巴雷斯美丽的雕刻艺术品，很适用于形容查理五世的壮观退位。想到1555年10月22日和25日的仪式，人们不能不引用这句话。那时欧洲或者说世界最伟大的君主，自愿放弃了自己的所有尊位。

他选择在童年生活的布鲁塞尔结束政治生涯，不过他在母亲和他唯一所爱的皇后伊莎贝拉的故乡保留了王位，几个月前，母亲在托尔德西利亚斯的死亡终于使她从双重监禁中解脱了出来。

这个从布鲁塞尔到卡斯蒂利亚深处的尤斯特的最后行程，表现出查理五世深思熟虑的选择。这位伟大的人物有一个总是在追寻意义的灵魂，谨慎、忧虑、健康、热衷骑行、阳刚，并且爱逢场作戏和饕餮美食。

然而，查理五世退位之时只有56岁，这个年龄的人即使在他所在的时代也不算是一位真正的老人。大他24岁的德拉斯·卡萨斯常年在旅途中的生活方式同样自感疲惫。查理五世一直在前面带领许多人，无论他多么英勇、疲惫，最后结果都令人失望，因为他既没有维护基督教的统一，也没有成功地把土耳其人永久地赶回去。

再加上剧烈的关节疼痛，他再也受不了了。骄傲的穆尔贝格骑手骑着一匹短小精悍的骡子首先前往布拉班特公爵的宫殿，在佛兰德斯华丽的挂毯下，低地国家①17 个省的代表聚集一堂。

不太情愿地与玛丽·都铎结婚的、未来的费利佩二世从伦敦来到布鲁塞尔与父亲相聚。查理五世身着黑色服装进入国家大厅，他的手臂搭在年轻的威廉·奥兰治的肩膀上，后者很快就会成为其儿子的劲敌。毫无疑问，这是一个亲切的姿势，同时也是一种政治姿态，也许是出于某种预感的不信任，也可能是为了驱走不详预兆。

威尼斯大使弗雷德里克·巴多尔仔细观察着查理五世，皇帝戴上眼镜，查阅了一些笔记后才开始发表演说。

“陛下身材中等，外表严肃，宽额头，蓝眼睛，显得精力充沛，鹰钩鼻有点歪，下颌长而宽，使得他的牙齿难以紧合，让人们不能好好听完他说话。他没有几颗门牙，短胡须洁白毛躁，气质冷静、忧郁。他几乎一直都患有痔疮，双手因为关节痛而僵硬。”

就像连声祷告一样，皇帝数着他奔波的一生服务过的许多国家：“我去了德国 9 次，去了意大利 7 次，我到过尼德兰 10 次；在和平或战争时期，我 4 次进入法国，2 次到英国；我南下非洲 2 次，总共 40 次旅行，还没算上我去我别的王国的岛屿。我横跨地中海 8 次，西班牙海洋 3 次。现在我要第 4 次越过它，埋葬自己……”

因此，费尔南德·布劳德尔在他身上看到了“一种权力的苦役犯”。当他请求宽恕“无意对其他人所犯的错误”时，受他儿子费利佩邀请的英国大使注意到整个会场充满怜悯的情绪：“此刻他开始哭了起来，看到全场都在流泪，他很感动！”

查理现在放弃了所有：对金羊毛骑士团的掌控、勃艮第公爵和弗朗什－孔

① 低地国家：包括今天的比利时、卢森堡、尼德兰和法国的北部－加来海峡大区，查理五世生于根特，在低地国家被抚养长大。

泰勋爵的头衔、低地国家的统治权。帝位最终移交给他的兄弟费尔南多，比起查理五世，他们的祖父、天主教国王更视费尔南多为西班牙的统治者。

剩下的就是他把卡斯蒂利亚、阿拉贡、西西里岛和西印度群岛的统治权交给他的儿子（费利佩在与玛丽·都铎结婚时已登基为那不勒斯国王）。这将在1556年1月（没有盛大的仪式）完成。

但低地国家的情况就不太一样了，查理皇帝曾想将它们从帝国中分离出来，以便将全部主权交给费利佩二世，这是一个意义深远的决定，需要得到王室会议的同意。

查理为了说服他们，不得不辩解，他儿子与玛丽·都铎的婚姻使他们与英国的关系更加密切，这符合低地国家的最佳政治和经济利益。一些省份（未来将发生一系列重大事件），没有批准这种向西班牙新国王移交主权的做法。

正如他所宣布的，他迈出了微小但痛苦的一步选择在埃斯特雷马杜拉退位。他等了两个半月，哈兰迪拉的临近奥罗佩萨城堡（现为旅游胜地帕拉多酒店）的住所才完工。1557年2月3日，他带着铺盖到尤斯特修道院前。然后，他的哈利巴迪护卫排成两排，将武器扔到地上，以表明他们主人的退隐生活不再需要军队。

他住在希罗尼米特修道院延伸而出的部分，这里既不是宫殿也不是隐居修士苦修的小室，而是一栋惬意的意大利式别墅，几间客房只有中午开放，在美丽的果园里有一个巨大的凉廊。

这个靠近普拉森西亚的地方坐落在冬季温和宜人的山谷，到处是活水，风景如画。他在这里真实而朴素地隐居着，只需一个做教士日课和单调仪式的小庭院，还有从他最忠实的同伴中选出的几位贵族：他的医生玛蒂斯，和他的日常神父胡安雷格拉神父。后者是一个勇敢谦虚的人，这位前皇帝经常喜欢戏弄他，直到看到他脸红。

这个地方距离权力中心约250公里，道路难行，与世隔绝，但这并不妨碍这位顽固的隐士对从前帝国传来的所有消息做出反应。他最后一次勃然大怒来自于对宗教改革派的深恶痛绝，那是1558年春天，正值费利佩二世被扣在英国和尼德兰，胡安娜公主在兄弟缺席的情况下在西班牙摄政。查理五世得知在塞维利亚和瓦利阿多里德发现了路德教派，他一直坚定地叮嘱他儿子，以他自己的经验，认为在德国过于宽容，他敦促他们“在祸害蔓延到西班牙之前，尽可能快速努力地打击”。从1559年至1562年的火刑，用可怕的印记标志他儿子统治的开始……查理五世既宽大又严厉，当他认为有必要时，这位老皇帝仍然知道如何咆哮。

在露台上的空中花园里，他很开心地跟一个12岁的金发男孩玩游戏，男孩还不知道父亲在看着他。他被称为杰罗尼莫，很小时被托付给了皇帝最忠实的同伴之一、比利亚加西亚的领主路易斯·基哈达上校和他的妻子多阿·马格达莱娜。两位都住在他的套房里，在附近的夸科斯镇定居。

查理和德国的芭芭拉·布隆伯格有一个儿子，从孩子一出生就承认了他，并在一封秘密信件里把真实情况里告诉费利佩二世，让他在宫廷里为孩子保留一个王子应有的位子。这个在老皇帝面前惊慌的私生子随着时间流逝将成为奥地利的唐·胡安，勒班托海战的杰出胜利者，那个时代最伟大的船长之一。

1558年8月，查理抵达尤斯特6个月后，身体状况严重恶化。他只能靠仆人搀扶才能行走。然而，让他痛苦的并不是他患的慢性疾病，而是在这个田园诗般的山谷中肆虐的疟疾热。

根据传说，当他感觉大限将至，决定躺在棺材和蒙上罩单主持自己的葬礼。如果说他非常虔诚，可皇帝既没有病人的胃口，也没有苦行者的气质，从他的菜单中就可以证明这一点，鹿肉、肉酱、青鱼，几乎到最后他都有好胃口。事实其实很简单，他只是手拿着一支蜡烛参加了葬礼的彩排。为了家人、朋友做了这么多次弥撒，他怎么会不好奇参加一次为自己准备的弥撒呢?

在西班牙发现新教教徒以来，查理皇帝倍感不安。异端裁判所让皇帝的随行人员，包括雷格拉神父非常满意，并开始进行调查和审判。

在查理五世生命的最后时刻，来到他床边的是伟大的神学家巴托洛梅·卡兰萨神父，也是他亲自任命的托莱多大主教。查理五世在简单而深刻的虔诚中死去，他把亲爱的妻子最后一次弄坏的银色十字架放在胸口。他要求将自己埋在尤斯特的祭坛下，以便祭司在做弥撒时走在他的面容上。费利佩二世将他的棺木移出，将他埋葬在了一个更荣耀的墓地——埃斯科里亚尔修道院。

时代已经变了。一个仍然沐浴在侠义幻象、由基督教的谦卑构成的帝国在荣耀之后，留下的是缺乏精神力量的西班牙君主制霸权的自豪。

第八章　费利佩二世：“可怕的家伙”？

费利佩二世①，这个人物身上背负着严酷而持久的负担，单单是他的名字就仿佛点燃了火堆，加速了埃斯科里亚尔王宫尸体的腐烂，并激起了各地狂热主义受害者的复仇喧嚣，他们会忍不住回忆维克多·雨果的话，那是浪漫主义者喜欢的“宏大而简单”风格的杰作：“费利佩二世，那个可怕的家伙……”

说到这里，还要补充点什么呢？

这个“可怕的家伙”是爱情的结晶，是查理五世3个已经成年的孩子中的长子，是葡萄牙公主伊莎贝拉皇后在独一无二、堪称典范的婚姻中送给她表哥查理五世的礼物，可惜她过早地离世了。

费利佩二世于1527年5月21日出生于巴利亚多利德，除了在他12岁时母亲去世外，这位王位继承人没有缺过什么。他的教育由最好的大师监督②。这位文艺复兴时期以博学著称的王子一生热衷于应用科学、经济学、水文地理、统计学，保护艺术家——鲁本斯接替提香成为其宫廷的贵宾，还修建了埃斯科里亚尔修道院（这是一个伟大的建筑作品，集王家先贤祠、办公场所、公共图书馆于一体，也是一个有着无比丰富研究和文化影响力的中心）。

这位西班牙王国新统治者在性格方面被老专制君主的苍白肖像掩盖，他像网中的蜘蛛一样挤在他的修道院小房间里，他是一个挑剔的官僚和偏执狂……人

---

① 费利佩二世（1527—1598年）：哈布斯堡王朝的西班牙国王，在其治下，西班牙帝国的国力达到颠峰。在1542年，西班牙人以其名将一个位于西太平洋、中国东南沿海以外的群岛命名为“Las Filipinas”，成为“菲律宾”名称的由来。

② 托莱多严厉又学识渊博的大主教“西里西奥”胡安·马丁内斯、塞普尔韦达的人文主义者胡安·吉内斯等负责监督他的教育；贵族胡安·德·祖加负责把他训练成为一名战士和完美的贵族。

们忘记了，在安东尼奥·莫罗或桑切斯·科埃洛的笔刷下，这位“阴郁的人”有着吸引女人的性感魅力，受到威尼斯大使的赞扬。他与外敌谨慎而又热情的联络让他看起来像一个不择手段的人。他甚至还无耻地重婚，当他与第一任妻子曼努埃拉公主结婚时，就已经与他的情妇伊莎贝拉·奥索里奥结了婚。

两场婚礼和两场葬礼

尽管婚姻生活上浪荡，但他的生活乐趣从未减损他的政治责任。他对关心自己却经常缺席的父亲深感钦佩，早在他 16 岁，父亲查理五世就把西班牙的统治权托付给他。从那时起，一切在他眼中都变成了国家事务，这首先从他的婚姻开始。

与他的葡萄牙表妹玛丽亚·曼努埃拉的婚姻让他在 18 岁时成了鳏夫，并有了一个发育不良的孩子。这孩子是著名的卡洛斯[①]，他的出名不仅是因为席勒的音乐剧和威尔第歌剧中的自由主义英雄，而且是因为他的“十字架之路”。费利佩二世的第二任妻子是玛丽·都铎，亨利八世和阿拉贡的凯瑟琳（她本人是天主教双王的小女儿）的女儿。按辈分上来说，玛丽是他的姑姑，并且比他大 11 岁。

这次费利佩二世与英国女王的联姻是查理五世想象的政治运作，他正努力地处理着自己复杂的王朝遗产，以此回应他对欧洲和平的真诚愿望。

这个想法是合理的。因为他无法说服哈布斯堡家族的奥地利分支和德国诸选帝侯将皇位传给他的儿子西班牙国王，所以他的想法是有朝一日将尼德兰和西班牙的继承权分开，同时在两国都保留一位哈布斯堡家族的君王。费利佩二世与英国女王玛丽·都铎的结合可能诞生英国和尼德兰未来的统治者，而费利佩二世的长子唐·卡洛斯王子（此时其缺陷——不稳定的精神状态尚未被人知）将继承西班牙、意大利和西印度群岛的统治权。

皇帝查理五世的心中仍然充满封建法律，遗产要完整地传给流淌着他血液的继任者。而现实是这些遗产在未来会被分割。传统观念已经与时代精神以及对

① 卡洛斯（Carlos de Austria）：阿斯图里亚斯亲王，亦被称作唐·卡洛斯，1545 年— 1568 年，他是西班牙国王费利佩二世的长子和法定继承人。因为不稳定的精神状态被费利佩二世于 1568 年软禁，半年后死于囚禁状态之中。他的命运成为西班牙的“黑色传奇”之一，也激发了剧作家如朱塞佩·威尔第的歌剧等作品的创作。

立的新兴国家力量相悖。不过至少这是保证欧洲持久和平的愿景。

费利佩二世作为这个时代的君主（但也是受环境综合影响）会有不同的看法。他和他的继任者们将会获得很大的好处，因为摆脱了已经处于叛乱边缘的尼德兰。不过查理五世的父权梦并没有机会实现，因为玛丽·都铎没有生育就去世了，只留下英国女王配偶费利佩，他在31岁再次成为鳏夫。

圣昆廷战役：深居简出的王子的厌恶

费利佩二世总是顺着父亲的意愿，1548年10月他开始了漫长的旅行，遍访欧洲，也参与过战争。

他在热那亚与老海军上将安德烈亚·多里亚会面，在米兰与提香会面，并且参加了他姑姑匈牙利的玛丽在埃诺的班什举办的聚会；尽管他对这些会面的印象一般。他很喜欢所见的意大利和佛兰德斯的艺术和建筑作品，特别是那些欧洲北部的小钟楼，于是在马德里和埃斯科里亚尔大量仿制这些作品。他不讨厌蒂罗尔或德国南部，像慕尼黑、海德堡和莱茵河畔，对啤酒和日耳曼人狂饮的记忆尤深。这个佛兰芒人似乎很喜欢开通俗"玩笑"。他听不懂日耳曼语。尽管1559年接管西班牙王国前也曾长期居住在布鲁塞尔，可以听得懂法语，但不太会说法语。因此，在独特的"大巡礼"中，这个年轻人几乎每到一处都给人们留下一个疏远甚至傲慢的印象。

为了逃避英国宫廷无聊的生活和不讨人喜欢的年长妻子的热情，8年后（1557年），已戴上王冠的费利佩主导了圣昆廷战役。圣劳伦斯日（1557年8月10日）当天，萨伏伊的埃马纽埃尔·菲利伯特在佛兰芒伯爵埃因蒙特和霍内斯的协助下，在这座围困法国军人和政治家科利尼的边境城镇战胜了被派来解围的法国军队。

如果没有伴随着劫掠屠杀，这场战争本应该是美好而光荣的。西班牙军队（其中80%是外国雇佣兵）在城里犯下了罪行。护城军经过17天的顽强抵抗，大多数人被剑刺死，妇女被强奸，房屋被洗劫，圣昆廷学院也陷入火海中。

费利佩二世，他当时的第一个也是唯一一个命令就是什么都不阻止：这些都是惯例。但他毫不掩饰自己的厌恶，并承诺"不再领导这些恐怖的行动"。他没有利用父亲的将军们为他带来的巨大优势，只是占领土地而不追捕敌人，而他的父亲在尤斯特退位后，相信他已经在巴黎的大门口了！费利佩明确表示不发动战争。他做了很多，但都是从远处做的，他明智地避免亲自指挥行动。

人们可以看到几年后鲁本斯为费利佩二世画的这幅奇特的骑马肖像。他戴着一顶小圆帽，盔甲隐藏在黑色风帽下，形状像一个“去了毛的小宠物”。他看起来像某个花园王子坐在一匹小马上，与战士形象形成惊人的反差！大胆、坦率的皇帝查理五世的继任者是“谨慎之王”，是一位和他父亲一样复杂的人物，纠结、一丝不苟，不过和父亲完全不同的是费利佩二世的内心充满秘密、算计、压抑和怨恨。

在费利佩二世身上可以看到一个饱受折磨的灵魂。他在1563年至1584年马德里外几十公里处的瓜达拉马山坡上建立了“宏伟的纪念碑”——圣洛伦索·德尔·埃斯科里亚尔修道院。这不仅是为了纪念圣昆廷战役的辉煌胜利（那天也是教会纪念圣劳伦斯殉道的节日），也是在表达悔恨：位于皮卡迪市的合议庭教堂被士兵洗劫和焚毁。在他身上，荣耀和喜悦无不伴随着愧疚感。

仔细研究可以发现，冷漠是费利佩二世表面的性格，后来他与女儿伊莎贝拉·克莱拉和凯瑟琳·米凯拉（法国瓦卢瓦王朝的公主，伊丽莎白所生）的通信揭示了一个温柔细心的父亲形象。在她们面前，费利佩二世毫不犹豫地展现自己最好的一面，他在信中描述了自己在大自然的奇观，夜莺的歌声中所体验的快乐，或者经过26年的分离再一次见到他妹妹玛丽时的感受。这个男子是这样描述的：心爱的妹妹，我不能将她带回西班牙，根据欧洲先例，她作为奥地利皇后，应该和她的丈夫在一起！

然而，当面对国家利益，或者一些在他看来可能会损害其尊严或暴露他身上弱点的问题时，这位固执的君主会立刻恢复他的冷漠，穿上他的盔甲。也许正如萨尔瓦多·德·马达里亚加（《哥伦布传》的作者）所说，人们会发现在费利佩二世僵化的背后是缺乏自信，害怕配不上自己的地位。这些特质会让他做出懦弱甚至不公正的决定，而作为一个普通人，无疑他又会感到良心受到责备。

施火刑的国王——费利佩二世和卡兰萨案

从费利佩二世行使君主职权起，厄运就开始了。在欧洲人的眼中，他是一个凶恶的迫害者。

1558年和1559年对塞维利亚和巴利亚多利德发现的新教徒进行的严厉镇压和数不清的火刑处决，与其说是他的决定，不如说是老皇帝查理的决定。后者在尤斯特做着与德国宗教改革者对峙的噩梦，他敦促他的儿子（当时仍然在尼德兰）和在西班牙摄政的女儿胡安娜尽其所能打击异端，以避免王国被异端思想污染。

从1559年10月起，费利佩一回到他的王国，就亲自主持火刑（不是后来的处决）。其妻子玛丽·都铎已经在伦敦去世一年了，他刚刚将低地国家的管理委托给他的同父异母的妹妹、查理五世的亲生女儿帕尔马的玛格丽特，她是意大利人，但她出生在佛兰德斯，非常了解这个国家。她先是和一个美第奇家族的人结婚，后来又嫁给了一位法尔内塞家族的人。

1557年夏天以来出现了震动西班牙的反新教运动，这位新国王还是用异端裁判所的判决体现他对父亲建议的服从。他甚至牺牲了与巴托洛梅·卡兰萨枢机主教的友谊，这位见证了查理五世在尤斯特最后时刻的主教，已面临异端裁判所审讯的威胁。

卡兰萨主教以前是王子的忏悔神父，曾陪同费利佩前往英国，并获得了王子的充分信任。1557年，他刚刚被任命为托莱多大主教，就遭到了西班牙国王首辅候选人、总审讯官费尔南多·德·瓦尔迪斯的起诉。异端裁判所之所以指控这位著名的神学家和传教士，是因为他在塞维利亚时，没有谴责那些向他倾诉的所谓宗教改革者，他还委托安特卫普的一家印刷商出版了一本教理书《慕道书》，其中一些主张是不可接受的。事实上，瓦尔迪斯作为异端裁判所的领导者在10年来极端严格的管理之后，处于快失宠的状态，这个阴谋家担心卡兰萨的朋友费利佩二世一回到西班牙就会把自己赶下台，于是迅速采取行动，让国王面对既成事实。很巧的是，新教徒事件出现了。他毫不犹豫地把对手卡兰萨卷了进来，并在1559年8月费利佩二世回来的两个月前逮捕了卡兰萨。费利佩二世可以且应该做出反应，但他不敢插手，这就是形势的矛盾之处。

卡兰萨被囚禁在巴利亚多利德，审判官断章取义地判断他的著作：一个不精通神学的信徒来解释它们……几年后又故技重施地将莱昂的弗雷·路易斯赶下讲坛、投到监狱。这位萨拉曼卡杰出的神学家、诗人、托莱多大主教没有遭受火刑处决，但受到了长年的折磨和屈辱。

卡兰萨请求教皇庇护五世将自己调往罗马。随后，西班牙国王在原则问题上（涉及西班牙人的异端事务由西班牙异端裁判所全权负责）和罗马教廷之间爆发了拉锯战。从那时起，国王费利佩二世对他的老朋友卡兰萨就没什么善意了。他呼吁教皇谴责卡兰萨，直到被威胁取消“圣”的头衔时才让步。卡兰萨受到第二次教会审判，直到 1576 年在他去世前几周才被释放，代价是做些轻微的忏悔。国王费利佩二世的这位朋友在监狱里待了 17 年！

从宗教君王的西班牙到“国家天主教”

卡兰萨案这件事对费利佩二世的名誉来说并不十分光彩，它表明西班牙的君主们无论多么“绝对”，都已经在很大程度上成为天主教双王设立的可怕审讯机器的囚徒。然而，他们仍然是最高领袖，因为他们是任命总审判官的人。但在现实中，为了不损害该机构的威望，他们觉得有义务不阻挠异端裁判所的决定，因此，每一次火刑都成为以捍卫天主教信仰的名义对异端裁判所代表的临时权力宣誓效忠的机会。

正如约瑟夫·佩雷所指出的那样，权力的转移将在西班牙历史上造成“政治领域与宗教领域之间的混乱”。让我们补充一点，这种混乱未来几个世纪里将在这个国家激起反教权干预公共事务的运动。

卡兰萨案还揭露了在嫉妒、野心或同行仇恨的驱使下审讯者手中过分有害的权力。如果大多数总审判官都“诚实地”完成工作，那么昨日的托马斯·德·托尔克马达[①]、今日的瓦尔迪斯就足以使得王国司法体系瘫痪。

然而，当人们普遍认为国家的宗教遵循君主的宗教信仰时，这更多的是一个政治问题而不是信仰问题。天主教君王主持建立西班牙异端裁判所不正是出于

① 托马斯·德·托尔克马达：15 世纪西班牙天主教多明我会修道士，西班牙异端裁判所首任大法官。托尔克马达说服天主教双王发布阿兰布拉诏书宣布驱逐犹太人。

民族凝聚力的要求吗？因此，虽然没有任何论点可以支持神学事实（始终存在争议）应该高于王子的正义，但存在三种宗教力量、有着独特历史的西班牙却越来越成为所谓"国家天主教"的捍卫者。

欧洲其他国家没有把他们的司法特权交给自己的异端裁判所，也没有停止焚烧异教徒。但他们这样做时没有那么多华丽的形式，不像西班牙人那样被指责为狂热主义和残忍。

有人会想到用弗朗西斯一世于 1535 年在火刑柱上的烧死的路德派教徒，以及 1546 年被认定宣传日内瓦文学的印刷商艾蒂安·多莱，以他们为例来攻击法国国王的统治吗？（尽管这位法国国王曾公开帮助德意志新教诸侯对抗他的敌人查理五世）。而在加尔文的神权共和国①中，西班牙人米格尔·塞尔韦特②和许多其他宗教改革异议者又会面临怎样可怕的命运呢？

不过费利佩二世的形象已经被抹黑：被"残酷暴君"点燃的西班牙火堆用可怕的火光遮蔽了文艺复兴时期的灿烂天空！

"谨慎国王"的幸福时光

查理五世和费利佩二世的统治有很大区别：费利佩不是皇帝，他只是西班牙、西属美洲、那不勒斯和尼德兰的统治者，拥有勃艮第遗产。他的父亲随着时间的推移成为西班牙裔；而他就是一个西班牙人，尽管他有着苍白的肤色和哈布斯堡家族的相貌特征。这使得未来西班牙共和国总统曼努埃尔·阿萨尼亚在他的肖像前感叹道："他完全像一个德国人！"

因此，一个帝国（其中卡斯蒂利亚以人力和资源储备成为关键）变成了在欧洲土地上扩张的"西班牙君主国"，费利佩二世越来越宣扬半岛中央集权主义，不过只能怪西班牙位置太偏远，导致领土逐渐分离。

弗朗什－孔泰是一个忠于远方统治者并尊重其自治权的省份，从未给马德里找过麻烦，以至于后来它尽力抵制路易十四的吞并。尼德兰的情况则不同，尼

① 神权共和国：16 世纪欧洲宗教改革时期加尔文在日内瓦建立的政教合一的政府，是一个地地道道的神权共和国。

② 米格尔·塞尔韦特：西班牙神学家，他参与了新教改革，后期因为反对三位一体论，被天主教和新教控以异端之名。最后被新教加尔文派的日内瓦理事会以异端的名义火刑烧死。

德兰的民族感情和宗教改革精神都在发展。从长远来看，没有了帝国印记，纯粹以世袭及封建制度作为连接的南北两地最终只能分离。

在这个北部边境上，法国也守护着它的天然防线。然而，与西班牙圣昆廷胜利预示的光辉未来相反，在意大利、洛林和皮卡迪的战争已经让这两个国家疲惫不堪，他们已经做好了停战的准备。1559 年 4 月 3 日，双方在法国的卡托 - 康布雷齐（Cateau-Cambresis，今法国北部诺尔省的勒卡托康布雷西）签署了和平协议《卡托 - 康布雷齐和约》。亨利二世统治的法国放弃了对意大利的要求，但保留了加莱，它是吉斯公爵从费利佩二世的英国盟友那里意外夺取的，还保留了著名的洛林主教区梅兹、图尔和凡尔登。

在这种情况下，婚姻可以巩固和平。本来设想王位继承人唐・卡洛斯和瓦卢瓦的伊丽莎白（亨利二世和凯瑟琳・德・美第奇的小女儿）联姻，但王子已经患有精神障碍，导致宫廷更倾向由他的父亲来完成婚姻使命。于是 35 岁、两次丧偶的费利佩决定迎娶这个 14 岁的迷人公主。

在巴黎圣母院，阿尔巴公爵在威廉・奥兰治和埃格蒙特伯爵的陪同下，作为费利佩二世代理人和伊丽莎白举行了婚礼。1559 年 6 月 30 日，在盛大庆祝活动的骑士比武中，法国国王被蒙哥马利领主的长矛刺中，造成了致命伤。哀悼的时间过去后，伊丽莎白在西班牙成为伊莎贝拉，由未来亨利四世的父亲、纳瓦拉国王安托万一世率领的队伍陪同，经过 5 个月漫长而艰辛的旅程到达了西班牙。

会面于 1 月 3 日在奥雷亚加举行，暴风雪阻止了仪仗队伍前进。据说，在等待年轻王后的队伍中，由因凡塔多公爵带领的蒙面骑兵悄悄溜了进来，其中一人正是国王。还有人说在瓜达拉马，公爵给他们提供了华丽的宫殿，费利佩在 1 月 29 日上午他们正式会面前一直躲在走廊的角落里悄悄地观察着他年轻的妻子。

然后，伊莎贝拉就盯着丈夫，他就像她的父亲一样。“你是在看我有白头发了吗？”他半喜半忧地问她。一年多来他行为尊重且得体，等小王后进入青春期后才和她同床。

历史没有告诉我们瓦卢瓦的伊丽莎白对费利佩二世的第一感觉是什么，但一连串事件证明了她对丈夫的尊敬，她为费利佩生了两个心爱的女儿。毫无疑问，国王也爱她，西班牙人民从一开始就接受了她。

她进入阿尔卡拉和马德里，凯旋门上装饰着描绘国王和王后爱情的彩绘，而标语和横幅则祝福“欢迎带来和平的人”。1568年10月，23岁的她感到死亡将至，她最后一个愿望是召唤法国大使富尔屈埃沃，让他向她在法国的家人转达，她希望看到法国和西班牙保持和平和友谊，在天主教信仰中团结起来。费利佩二世非常信任她，在1565年夏天，他委托她执行一项重要任务：在巴约讷与凯瑟琳·德·美第奇和她的弟弟查理九世举行首脑会晤，目的是让法国对新教徒采取强硬政策。伊丽莎白捍卫丈夫不妥协的宗教政策的激烈态度让她的母亲大吃一惊，凯瑟琳突然发现女儿“有一颗西班牙的心”。

这些只不过是历史逸闻，不过它们至少驳斥了“这个在布洛瓦华丽光明的宫廷长大的法国小女孩”是嫉妒心强又暴虐的丈夫的受害者的传闻。在西班牙的宫廷，查理五世设立的勃艮第仪式（路易十四后来在凡尔赛宫也安排了这些礼仪）似乎并没有改变她向亲戚传达无忧无虑的欢快的事实。自从费利佩二世提出将现在的西班牙首都作为王室行政所在地后，王室青年们都挤进了位于马德里的阿尔卡扎尔宫的内宅里。查理五世的私生子、国王同父异母的兄弟、年轻的奥地利的唐·胡安，以及帕尔马的玛格丽特的儿子、他的朋友亚历山大·法尔内塞，或是费利佩二世的其他侄子（如哈布斯堡的罗多尔费和欧内斯特），都没有表现出伤感忧郁的情绪。

唐·卡洛斯的悲剧

这些年轻人中只有一个人开始出现严重的问题，唉！这位王储卡洛斯，在席勒戏剧和威尔第歌剧里被描绘成一位浪漫的英雄[①]，反对父亲的暴政，宣扬佛兰芒自由。

由于哈布斯堡家族的传统，在那个时代宫廷间的近亲婚姻中，这种基因赌博不可避免地失手了。

巴托洛梅·本纳萨能够证明，尽管皇室婴儿被悉心照顾，但他们的死亡率还是远远高于普通西班牙人，包括最贫贱的群体。患精神疾病的皇室成员也有很多，如天主教徒伊莎贝拉的母亲或者查理五世的母亲。

① 《唐·卡洛斯》是由朱塞佩·威尔第作曲的五幕歌剧，其法语剧本由弗朗索瓦·约瑟夫·梅里和卡米尔·杜·洛克改编自弗里德里希·席勒的戏剧《西班牙王子唐·卡洛斯》。

两位表兄妹（费利佩二世和葡萄牙玛丽·曼努埃尔）的孩子唐·卡洛斯虽然不是怪物，但他的头部与身体不成比例，肩膀半瘫痪。16 岁时，他追着女佣时摔下楼梯，不得不接受穿颅治疗。他本来不稳定的性格更加恶化，经常做出荒唐的事。有一天他下令（幸好没成功）把一座房子连同里面的住户都放火烧了，因为房主不小心把污水溅到了他身上；还有一次他让一个倒霉的鞋匠吞下弄坏的鞋子的皮革！

奥地利的唐·胡安和亚历山大·法尔内塞的关系很好，他们是阿尔卡拉大学的同学。而唐·卡洛斯，虽然王后向他投以深情，但也无法拯救他内心的恶魔。这位精神病患者很气愤自己被排除在国事之外，对自己的父亲费利佩二世耿耿于怀，他出版了一本小册子嘲弄费利佩二世（一本充满白页，吹嘘在马德里、托莱多和塞戈维亚间“国王伟大旅程”的书）。很快事情就变得更加严重了。他声称要指挥被派往反叛地尼德兰的军队，当他得知阿尔巴公爵被委派执行这次任务时，他冲向阿尔巴公爵，试图刺伤对方。之后他改变伎俩，人们怀疑他与佛兰芒领主勾结，让世人承认他们是独立的捍卫者。他向已成为王家舰队指挥的唐·胡安要求派一艘船到尼德兰；又向宫廷总管要求备好用来秘密逃跑的马……费利佩二世得知卡洛斯心血来潮的计划，决定把他从危险中拉出来。1568 年 1 月 18 日，他将卡洛斯锁在阿尔卡扎尔宫殿内宅里，没收了他所有的证件，并钉住了门窗。

当年 7 月 24 日，唐·卡洛斯死了，他强迫自己不规律地饮食，绝食和猛吃交替，用生李子和“雪水”灌满自己的肚子，暑天赤身裸体裹着湿漉漉的冰床单睡在房间地板上。当然，卡洛斯迅速、适时的死亡在舆论中产生了阴谋论的观点，甚至到后来铸就了费利佩二世的“黑色传说”。然而，在现场的法国大使富尔屈埃沃，他没有理由放过费利佩二世，但他的秘密报告从来没有显示唐·卡洛斯可能被毒死，或在逃跑时，以及在被定为叛国罪的秘密审判中被处决。相反，这位外交官赞同王子死于发烧、呕吐和腹泻的官方说法，这个版本也得到了编年史家卡布雷拉·德塞尔多瓦的证实。后者报告说，费利佩二世注意到情况严重，低调地为儿子做临终祝福，混合着“父亲的痛苦和国王的如释重负”（con as dolor y menos cuidado）。

毫无疑问，费利佩二世没有采取任何措施来阻止他当时唯一的男性继承人的死亡。但正如约瑟夫·佩雷指出的，让他死有什么好处呢？把唐·卡洛斯监禁并宣布其丧失能力就能够维护君主制的未来：这两个简单的措施在“疯女”胡安娜的例子中被证明是有效的。费利佩二世的继承权已经在两年前由他的大女儿伊莎贝拉·克莱拉获得，他在这把年纪仍然期待年轻的王后能再给他生一位男性继承人。她不是已经准备第三次生产了吗？

不幸的是瓦卢瓦的伊丽莎白在唐·卡洛斯悲惨死亡几个月后死于难产。也正是因为这样，在连着两场葬礼上，诽谤者发现了一种连贯性：叛逆的儿子被暗杀后，费利佩二世有预谋地毒害了有罪的妻子！

1568年对费利佩二世来说是可怕的一年，悲剧事件层出不穷。如果说他曾相信这个世界上有幸福的可能，那么家族的命运只会让他的心变得更坚硬，加重了他身上的孤独和冷漠，这些特点都与追求和平不相称。此时，西班牙的外部环境亦是四面楚歌，各个战线上爆发了战争。在地中海，土耳其和蛮族的威胁死灰复燃；在王国内部，格拉纳达的摩里斯科人发动了起义；在尼德兰，加尔文主义改革和民族主义诉求越来越明确。

在一个饱受宗教冲突蹂躏的欧洲，处于内战泥潭的法国给了费利佩二世一个契机，让他不适当地干涉法国内政，这和他在卡托－康布雷齐事件后获得的谨慎名声相悖。而稍晚时，佛兰芒的危险情况让他同样鲁莽地挑战英国，使西班牙的舰队和声望受到巨大损害。

第二次格拉纳达战争

虽然彼此是不同国家，政治和文化环境也大不相同，但在格拉纳达和荷兰几乎同时发生的事件至少有一个共同的根源：费利佩二世觉得在他的权威中，其狭隘和专制的观点被叛逆的臣民所蔑视。在这两种情况下，他的处理方式都显示出了他内心的卑贱感和僵化，这也许是被粗暴对待后的不耐烦，以及受到屈辱而故作傲慢的表现。

驱赶安达卢西亚的摩里斯科人[①]的政策是由他建立的官僚政府出台的，能干和勤勉的文官往往被死抠法律条文和吹毛求疵的领导者使唤。

正如人们所料，让15000多个摩里斯科人像其他人一样待在西班牙古老的

① 摩里斯科人：一支改宗基督教的西班牙穆斯林及其后裔。

格拉纳达王国肯定是不容易的。在摄政者西斯内罗斯时期，被迫接受洗礼的摩里斯科人反对同化政策，这是被动但顽固的抵抗，他们集中在城市的某些地区，如阿尔拜辛山丘，特别是首都以南的阿尔普哈拉斯山脉。

1526年在格拉纳达成立的异端裁判所曾对他们比较宽容，因为与犹太人不同，他们生活在基督教社会的边缘，不太可能“污染”它。但他们保留了穆斯林穿着习惯，包括女性的面纱，和习俗、节日等，并且或多或少地继续秘密进行着他们的崇拜，没有为了做出改变而停止参加弥撒。虽然两个宗教信仰是并行的，但他们与基督徒不同之处与其说是宗教的，不如说是文化的。

阿罕布拉军统帅（总督职能被交给了强大的门多萨家族）和这个地区的封建领主保护了这些摩里斯科劳动力，他们认为这个群体对国家经济和他们的利益来说是不可或缺的。但在1567年1月在王家国事机构的鼓励下，当地法院官员打算严格执行已成一纸空文的同化法令，包括禁止说阿拉伯语。从此，表现出穆斯林血统的特征不再被容忍。摩里斯科精英代表试图为他们的同胞辩护，认为在半岛的省与省之间都存在服装或其他传统的多样性，然而这样的辩护毫无结果。

1568年圣诞节，早在1501年已经起义的阿尔普哈拉斯人开始进入分离状态。尽管仅限于农村地区，但这次情况很严重。洗染工本·法拉杰领导的叛乱分子犯下暴行。暴乱已成定局，摩里斯科人给自己选了个国王——格拉纳达的前长老费尔南多·德·库尔多巴。他是乌马亚德哈里发的后代，穆斯林名字是穆莱·穆罕默德·阿本·乌梅亚。甚至有人担心，在非洲同宗教人士和土耳其人的帮助下，他将重建过去的格拉纳达埃米尔国。

由蒙代尔总督带领当地民兵进行了一年没有成果的军事行动之后，特别是受到当地领主间敌对势力的阻挠，费利佩二世最终将一支正规军队的指挥权交给了他同父异母的兄弟——奥地利的唐·胡安，这位才华横溢、充满人性的伟大将军开始了他最初的战役。

唐·胡安于1569年3月接受任命，尽管摩里斯科人内部因阿本·乌梅亚及其继任者阿本·阿布（自称为“安达卢西亚国王”）被暗杀而起内讧，这位未来勒班托战役[1]的胜利者依旧不得不战斗到1570年10月。这是一场激烈的战争，查理五世最忠实的同伴之一、唐·胡安的养父路易斯·德·基哈达上校丧生，皇帝曾委托他把自己的私生子培养成为真正的骑士，而他以慷慨和高贵的品行完成了这一任务。

然而，最顽固的修道士和司法部的文官得到了费利佩二世大力支持，取得了政治上的胜利。尽管当地贵族和唐·胡安本人恳求不应实行镇压，但费利佩二世仍坚持不公正的镇压措施，几乎所有的摩里斯科人，甚至没有参加过起义的人都被迫离开家园，在安达卢西亚的其他农业区或城市定居，要么在拉曼查和托莱多地区，要么仍然留在穆尔西亚地区。

尽管如此（费利佩二世没有批准），他们还是逃过了王室会议于1581年提出的将他们完全驱逐出西班牙的主张。于1492年驱逐犹太人对应的驱逐行动直到28年后费利佩三世统治期间才实施，摩里斯科人将成为受害者。

低地国家已经如此遥远……

格拉纳达战役结束之际，查理五世在布鲁塞尔庄严退位（1556年），他靠在年轻的威廉·奥兰治的肩膀上，查理五世的时代从此一去不复返了。

12年后，低地国家的17个省，北起弗里斯兰和尼德兰，南至阿托亚和卢森堡，皇帝的出生地如今再次成了"孤儿"。它们认为自己现在受制于一位西班牙国王，而这位国王与这些北部地区的感情联系既不自然也不明显，尽管他的世袭统治权是不容置疑的。

查理五世曾预见到，有朝一日将这些家族产业的南部和北部分开才是明智之举。他寄希望于儿子费利佩与玛丽·都铎婚姻的结晶，从而使英国和尼德兰在他们后代的统治之下。然而这个计划被证明和英国女王本人的一样没有结果。

计划失败后，费利佩二世在伦敦和布鲁塞尔度过了4年时间，他本可以在位于欧洲中心地带的布鲁塞尔建立他的王国首都，而不是马德里。由于种种原

---

① 勒班托战役：指在1571年，在奥斯曼土耳其帝国强大海军向欧洲发起进攻时，由西班牙殖民帝国、罗马教廷和威尼斯组成的联合舰队与奥斯曼舰队在勒班托海角发生的一场大战。最终联军大获全胜，极大地增加了天主教国家的士气。

因，除了他强烈的个人喜好之外，改变他的权力重心也会让西班牙和伊比利亚半岛边缘化。因此，费利佩二世似乎根本没有考虑它。

虽然新教仍然是少数派，但其各种形式（路德教、加尔文教、重洗派或其他异端）早在1520—1530年就进入了低地国家。伟大的人文主义者、鹿特丹的伊拉斯谟或布鲁日的瓦伦西亚人路易斯·比维斯[①]在这些省份树立起了一种宽容传统，没有严格执行特伦特主教会议的决定，更没有引入异端裁判所。尽管17个省彼此可能存在差异，却代表着一个由300万居民组成的经济和文化繁荣的集合体在西班牙境外欣欣向荣地发展。尤其与欧洲北部的贸易往来越来越频繁，有利于安特卫普和阿姆斯特丹等地的港口，而不利于西班牙商人群体仍然庞大的佛兰芒地区。

因此，低地国家与西班牙君主国的决裂无法避免，这种决裂将分阶段、缓慢但猛烈地进行着。

第一次（从1565年至1566年）双方都在演习中寻找自己的标记。一方面，佛兰芒贵族的代表——拿骚的威廉奥兰治亲王、埃格蒙特伯爵和霍恩斯伯爵都是查理五世忠实的侍从和英勇的队长，他们声称会像帝国时代那样继续在他们的国家中发挥重要作用。另一方面，费利佩二世在返回西班牙之前，和他同父异母的妹妹帕尔马的玛格丽特建立了一个更加集权和专制的思想控制机构，当然奥兰治、埃格蒙特会参加，但由国王的三个文官所控制，包括红衣主教安托万·佩雷诺·德·格兰维尔，他是弗朗什-孔泰人，佛兰芒代表们称他为“西班牙的红龙”。

佛兰芒代表在打发走格兰维尔时，相信已经说服费利佩二世恢复其1559年之前帝国的状况，而当埃格蒙特伯爵从马德里回来后，更是如此，他去那里向国王恳求支持佛兰芒自由，特别是适应各省的宗教政策。但他们错了，更糟糕的是，他们愤怒地感受到自己被欺骗了。

费利佩二世不愿意当面谈事。像许多胆怯者害怕人与人的冲突一样，他当时下达命令，反驳了请愿之言。毫无疑问，当他稍后决定在极其保密的情况下处

① 胡安·路易斯·比维斯：犹太人，西班牙人文主义者，伊拉斯谟的学生。反对经院主义，强调用归纳法作为研究方法。1523年到英国，任亨利八世王后凯瑟琳（阿拉贡）的老师，反对亨利八世与凯瑟琳离婚。一度被国王软禁，获释后去了尼德兰，死于布鲁日。

决一个关押在西班牙的佛兰芒大使时，他们也不敢反对。

如果说他还没有下定决心在低地国家使用强硬措施的话，那么这些省份的加尔文教徒犯下的暴行为他提供了镇压的借口。而查理五世的“标语”威胁要对异端施以最严厉的惩罚，但却没有采取后续行动，并没有实行真正的镇压。

1566 年 8 月，狂热的破坏圣像者开始抢劫、损毁和焚烧教堂，从南向北直到格罗宁根。面对加尔文主义者的愤怒以及几个月前佛兰芒贵族对女总督的公开叛乱，国王费利佩决定派遣阿尔巴公爵带领从意大利调来的一万人军队，让各省恢复秩序。

1567 年 9 月，第三代阿尔巴公爵、托莱多的费尔南多·阿尔瓦雷斯与他的“除暴委员会”（不久被称为“血腥委员会”）进行的惩罚行动标志着镇压到了第二阶段。不幸的是，它留下了不可磨灭的印记。1568 年 6 月在布鲁塞尔大广场被斩首的两个金羊毛骑士团的骑士——圣昆廷战役中带领军队彻底打垮了法国军队对佛兰德地区的入侵的英雄埃格蒙特伯爵和霍恩斯伯爵，让西班牙在欧洲人眼中变得更加阴森可怖[①]。

阿尔巴公爵被赋予了充分的权力（他一到帕尔马的玛格丽特就撤走了），不顾总督府的反对，毫不犹豫地在财政压榨低地国家诸省。经过部分地区两年的休战，于 1572 年尼德兰和泽兰省战火重新燃起。这次是在英国和法国胡格诺派（加尔文派教徒的贬称）的支持下，奥兰治的威廉发起的军事行动。

这是真正的武装冲突的开始，一直持续到费利佩四世统治时期，并立即采取残暴的战争并包围了哈莱姆，双方互相扔被斩首囚犯的头，迷路的西班牙商船在敌对的水域中被“海盗”骚扰。

从 1572 年开始的第三阶段，费利佩二世意识到阿尔巴公爵的失败，于是用温和的总督来取代他，先是加泰罗尼亚海军上将唐·路易斯·德·雷克森斯，接着是奥地利的唐·胡安。他们像前任一样，对低地国家对西班牙事业造成的破坏无可奈何。事实证明，挽救和平的任务太艰难了。

---

① 埃格蒙特伯爵和霍恩斯伯爵是 16 世纪尼德兰贵族，都曾效忠于费利佩二世。两人因公开反对费利佩二世对尼德兰地区新教徒的迫害，而被阿尔巴公爵处死。值得注意的是，两人身为天主教徒，虽从信仰上与新教徒对立，却为了维护他人的信仰自由而慷慨就义。歌剧作家歌德被这种精神打动，以埃格蒙特伯爵为原型，创作了歌剧《埃格蒙特》来歌颂自由和宽容的理念。

奥兰治的威廉于1568年逃离其国家，1572年回来发起军事行动，并公开宣称自己是加尔文主义者，他联合了低地国家北方各省，特别是已经改革的尼德兰和泽兰省。1576年，通过“根特和解协定”后，整个低地国家联盟“为了重新获得传统自由和赶走西班牙军队”紧密团结在一起。

然而，低地国家的完全分裂被抑制住了。来自南部省份（后来组成比利时）的天主教徒担心加尔文主义的发展，在接替唐·胡安的亚历山大·法尔内塞的巧妙操纵下于1579年1月成立了“阿拉斯联盟”，7个北方省组成的“乌特勒支同盟”立刻在改革后的领土上作出回应。

这次分治宣告了一个新独立国家的诞生，联合省将迎来黄金时代。对费利佩二世来说这无疑是一个严重的政治失败，即使有点安慰：他不必再统治异端了。

葡萄牙和勒班托战役：一半机会

我们能预见到这些挫折远未结束，但不能忽视西班牙君主在40年的漫长统治中所取得的功绩。

它们可以用两个词来概括：勒班托和葡萄牙的王冠。人们可能还会注意到，奥地利的唐·胡安率领的海军打败了阿里·帕沙的土耳其舰队，在希腊水域取得了辉煌胜利。特别是和教皇庇护五世组建神圣同盟，几年后，葡萄牙的遗产落入了费利佩二世手中，不过比起主动征服的意识，更多的是因为他的王朝权利。

尽管勒班托战役没有完全击溃奥斯曼的海上力量，但它也沉重地打击了土耳其，减轻了其对西地中海的威胁，它也是基督教联盟对苏丹占领塞浦路斯、威尼斯以及连续袭击马耳他骑士的反击。威尼斯和罗马教廷是真正推动者，而长期犹豫不决的费利佩二世则更关心追捕蛮族，因为他们一直在侵袭海岸。

不过，西班牙舰队将获得决定性的胜利。奥地利的唐·胡安在教皇的要求下，接管了神圣联盟所有船只的最高指挥权。10月7日，在奥克塔维安和安托万的罗马舰队曾经发生冲突的亚克兴角不远处，26岁的唐·胡安率军进行激烈海战，大约500艘舰艇针锋相对，包括两艘敌对双方海军上将战舰，雷莱号和苏丹号。在对峙的当晚，阿里·帕沙的头悬挂在了雷莱号的桅杆上，50艘土耳其战船船底朝天漂浮在海面上，100艘船被俘，其余船只溃散逃遁。

那天在船上激烈战斗的3万多士兵中，就有米格尔·德·塞万提斯。火枪袭击使他失去了左臂。这场胜利的英雄唐·胡安，荣耀归于其同父异母的兄弟，而他自己却失去了幻想。费利佩二世怕他功高盖主，就把他赶出了舰队。甚至在两年后突尼斯之战胜利后，把掌管低地国家这个几乎毫无希望的任务委派给他，而唐·胡安再也没有回来。

费利佩二世并不是对这位杰出的同父异母的兄弟充满敌意，而甚至可能是用自己的方式爱他。不过，在这位充满魅力的兄弟面前他感到局促，唐·胡安慷慨，像太阳般耀眼，在各方面都与他相反。

几年后，费利佩二世获得葡萄牙的统治权，他并非主动要求，不过也欢迎这个机会，认为这是一份神圣的礼物，值得他去把握，哪怕是使用武力。

他的外甥、24岁的葡萄牙国王塞巴斯蒂安，也就是他妹妹唐·胡安娜的儿子，像唐·卡洛斯一样精神不太健全。他因十字军的构想兴奋不已，不顾费利佩二世的善意提醒，把所有葡萄牙骑士都拖进了征服摩洛哥的疯狂事业中。1578年夏天，他在丹吉尔以南的阿尔卡扎基维尔平原上彻底失败，结束了这场灾难。

战斗结束时，人们说年轻的国王阵亡，但没有找到他的尸体，在这个容易产生救世主降临说的时代催生出了整个"回归神话"，卢西塔尼亚人丰富的想象力不容小觑。

由于塞巴斯蒂安国王没有孩子，费利佩二世是和他血缘关系最近的亲人。因此，费利佩二世主张自己有权继承葡萄牙王位，不过王位暂时落在了死者的叔公、红衣主教－亲王多姆·恩里克身上，虽然他也没有直接继承人。西班牙国王最强劲的对手、至少是最顽强的对手，是红衣主教－亲王的侄子克拉托修道院长多姆·安托尼奥，他本人是阿尔卡扎基维尔战役的幸存者。他在1580年多姆·恩里克去世时，试图通过葡萄牙议会和包括里斯本在内的3个重要城市的议会，率先宣布自己为葡萄牙国王。

当时，费利佩二世决定使用武力。他得到了一些葡萄牙贵族和精英支持，后者被两个王国联盟所带来的海外前景所吸引。他派了阿尔巴公爵和凶神恶煞的佛兰德斯人，在里斯本前粉碎了克拉托修道院长仓促组建的军队。

1581 年 4 月 16 日，费利佩二世被承认为葡萄牙国王，7 月进入葡萄牙首都。他答应尊重新王国的所有制度、法律和习俗，他也遵守了自己的诺言。

在 60 年的时间里，伊比利亚半岛的 3 个王国首次统一在一个王权下。有时费利佩二世甚至考虑让里斯本成为首都，让他的领地越来越向广阔的大西洋扩张。

不可否认，新形势给两国的殖民贸易带来了好处，可以使葡萄牙能够抵挡尼德兰人对巴西东北部的入侵，但不可避免地遭遇到了民族情绪的抵抗，而费利佩二世显然低估了这种情绪的力量。

尽管在两国合并那年去世的卢西塔尼亚伟大诗人路易斯·德·卡蒙斯说："卡斯蒂利亚人也好，葡萄牙人也好，我们最终都是西班牙人！"但葡萄牙人并不打算放弃自收复失地运动以来就与卡斯蒂利亚分离的民族发展。此外，我们将看到几年后阿拉贡人以他们的特权（fueros）来做要挟，提醒费利佩二世天主教双王并没有在真正统一的政权下结婚，葡萄牙人民又怎么会失去独立的意愿呢？

西班牙舰队联盟：没有皇帝的帝国

1580 年后，费利佩二世获得葡萄牙统治权时，个人满足感似乎鼓励他推行越来越多干涉和好战的外交政策。

他派无敌舰队对英国发动的著名行动不完全是他的过错，这个事件也是他失望后的反应。他一直相信英西联盟的可能性，甚至娶了容貌不佳的女王玛丽·都铎，后来计划与伊丽莎白一世结婚，同样不带有个人感情因素。

这一英西联盟的关键是低地国家的安全问题。然而，从 1568 年起，信奉新教的英国女王毫不吝惜地帮助皇家海盗和奥兰治的威廉，鼓励私掠船在来往西印度群岛的海路上攻击西班牙运输白银的船队。

英国港口是佛兰芒叛军的避难所。很快，西班牙的港口继美洲后成为私掠船德雷克号的目标，并在 1585 年和 1586 年先后攻击了维戈号和加的斯号。1585 年，法尔内塞带领的西班牙士兵夺取安特卫普，伊丽莎白一世以此冲突作为理由，让她更加坚定地站在威廉的继任者拿骚的莫里斯一边。

对这场尚未公开宣战的战争，费利佩二世用他最好的水手圣克鲁斯侯爵向他提交的入侵英国的计划作为回应，这是西班牙结束低地国家叛乱的唯一途径。

他原计划派 500 艘舰艇和 10 万人进行远征，却发现只有 130 艘商船，便匆忙地在船上安装了火炮，64 艘商船编为一队。更糟糕的是，圣克鲁斯在出发前几个月就去世了。舰队指挥权转交给了麦地那·西多尼亚公爵，他不得不依靠他的下属，因为他对海战几乎一窍不通。至于大部分入侵部队由亚历山大·法尔内塞在陆地部署，必须在最后时刻从尼德兰的一个港口登船开火。

然而，一切不利因素都汇集在了一起，使这次行动变成了一场惨败：气候条件使得舰队推迟了一个半月启程，而无能的麦地那·西多尼亚不知变通地等待着与法尔内塞部队的会合，他无法抓住机会在普利茅斯港压制英国舰队。他不可能与法尔内塞会合了，因为佛兰德叛军封锁了深水港，使得法尔内塞的军队无法登船。

费利佩二世的舰队到达加莱后，在 1588 年 8 月 20 日在格拉沃利讷附近进行了一场"不对等的战斗"，他们在英国海岸执行着无望的海陆两栖作战，甚至都无法与武装更精良、总是保持一段距离的英国舰队进行接舷战。阿玛达号在苏格兰和爱尔兰海岸被风暴驱散，只有 16 艘船只在 9 月 22 日返回桑坦德港。正如人们所说，这虽不是西班牙海军力量的终结，它仍然能够确保其舰队的安全，但这场战败对王国威望的打击是致命的。

1589 年，亨利四世皈依天主教（他声称："巴黎值得一场弥撒！"）登上法国的王位时，法国边境同样面临激烈的冲突。费利佩二世打着捍卫天主教的幌子过多地参与邻国的事务，然而这又是一个失败的冒险政策。低地国家问题和法国北部边界问题加剧了法西两国间的冲突。

不要忘记，查理九世和亨利三世统治时期的法国，他们通过胡格诺派成员，尤其是科利尼上将，与佛兰芒叛军保持着密切的联系。1584 年奥兰治的威廉被一个弗朗什－孔泰的狂热分子刺杀后，低地国家的联合省首先关心的是将它的统治权交给向法国国王亨利三世，尽管他是天主教徒，而且时间还是在圣巴塞洛缪大屠杀的 12 年之后！这件事证明了宗教往往只是掩盖政治谋划的借口。

这也说明了在那个时代一个新生国家如果不向另一个强大政权求助，是很难使自己反抗"天然领主"的行为变得合法。亨利三世一直小心翼翼地拒绝发表意见，但西班牙在这种情况下有理由怀疑邻国，特别是如果新教在法国占上风的话。

这是费利佩二世如此肆无忌惮地参与法国宗教战争的其中一个原因（另一个原因是法国支持克拉托修道院院长）：他在财政和军事上支持天主教联盟，其领袖吉斯的亨利于 1588 年在布洛伊斯被亨利三世的卫兵暗杀，而一年后，亨利三世死在多明我会修道士雅克·克莱门特的刀下。

危险的是纳瓦拉的亨利（信奉新教）尚未改宗，但亨利三世想指名他成为王位继承人。法国当时正处于被瓜分的边缘，一个强大的天主教联盟在巴黎呼吁西班牙帮助围攻首都，对抗未来的亨利四世。从那时起，佛兰德斯战争在费利佩二世眼中变成了一个次要计划，而投入所有资源干涉法国事务，将是他统治末期的伟大事业。

在被收买的法国省份中，布列塔尼已经表示愿意接受他的统治。在尼德兰的法尔内塞被下令调配一切所需兵力开进巴黎，在天主教联盟的号召下，已有一万二千名西班牙士兵进驻巴黎。三级议会的召开让代表们的爱国意识爆发，特别是 1593 年亨利四世改信国家主流信仰，法国才免于灾难，不过未能挽救两国之间的持久和平。

正如亚历山大·法尔内塞曾恭敬地向费利佩二世指出，他抵抗不住疯狂的诱惑，冒着损害他对低地国家的统治的危险，将他的王朝控制范围扩大到了邻国，而黎塞留和马萨林管理下的法国会记住这一点。

与亨利四世缔结的《韦尔万和平协议》（*Peace of Vervins*，1598 年 5 月 2 日）带来的和平实际上是在持久敌对气氛中的一个停顿。越来越不“谨慎”的浮躁国王也逐渐缺乏远见卓识和帝王应有的气质和灵活性。

国家丑闻和“黑色传说”的诞生

费利佩二世统治的最后几年和患有痛风定居在埃斯科里亚尔、在文书工作和祈祷之间等待死亡的老君主查理五世一样悲伤。

一切似乎都在加速毁灭。首先是王国的财政，西印度群岛不断流出黄金白银无止尽地填补外部战争花费的巨坑，导致灾难性的后果。对向卡斯蒂利亚缴纳更重的税收，阿拉贡从 1590 年起开始了另一个时代的反抗，凸显了西班牙作为一个国家的脆弱性。

这场叛乱的首要原因是国家丑闻。1590 年，文官之一的安东尼奥·佩雷斯在权力的庇荫下发了财（先是作为费利佩二世的儿时伙伴和长期亲密顾问埃博利王子鲁伊·古梅斯·德席尔瓦的秘书，在埃博利王子去世后，又做了国王本人的秘书）并被怀疑于 1578 年在马德里暗杀了唐·胡安的亲信胡安·德·埃斯科贝多。

佩雷斯被指控与埃博利迷人的公主（据称是他的情人）合谋，隐瞒其活动中非法买卖、贪污和背叛行为，埃斯科贝多发现了他们的同流合污，并准备向国王举报。

佩雷斯被囚禁，他散播谣言说自己是按照国王的命令行事，不过这对他的案件毫无帮助。然而，他还是设法逃脱，并逃到萨拉戈萨，成为阿拉贡的臣民，将自己置于特权领主及保障特权的最高法官（Justicia）的保护之下。

由于费利佩二世总是担心合法性，无法将他"引渡"，于是启动了没有司法管辖范围边界的异端裁判所，这在萨拉戈萨引起了严重的骚乱。1591 年 11 月，一支 12000 人的大军被派去恢复阿拉贡的秩序！另一方面，安东尼奥·佩雷斯已经远在国外了。

其他专制君主借此机会结束了这些中世纪的特权（尽管外表看起来并不那么民主），阻碍了王国的统一和现代化。虽然费利佩二世处决了阿拉贡的大法官——年轻的胡安·德拉努扎，但第二年在塔拉佐纳举行的阿拉贡议会上，这个王国的"自由机构"几乎没有受到影响。

因此，伴随费利佩二世统治结束的是一种恶劣的氛围，由于他不善于掩盖这一系列残酷的证据，被其他国家怀疑有宏大的霸权主义目的。

正如 1596 年的一份文件所描述的那样，卡斯蒂利亚的乡村揭示了一种比年轻的费利佩二世（当时为王储）为说服他的父亲而描绘的画面还要黑暗的情形——唉，多么讽刺！费利佩二世应该多照顾点西班牙，对世界其他地方少管点！

阿拉贡的乡村萧条，人民倍受领主压迫，路上抢劫的案件频发，就像意大利南部一样。而西班牙的外交政策也是失败的。尽管费利佩二世的统治扩张到了葡萄牙和美洲，也取得了一些辉煌的胜利，但在各条战线的情况都令人沮丧。费利佩二世在法国事务上的笨拙处理，会很长一段时间都让人记得，他打着捍卫天主教的幌子，试图获得统治权。他更无力解决低地国家的问题，无法阻止其分裂，甚至在他去世前夕，为了他的女儿伊莎贝拉·克莱拉和她的丈夫奥地利大公阿尔伯特的利益，最终给予了忠于他的南方很大的自治权。他的帝国统治在被压制的情况下，做出一连串放弃权力的行为，就像他父亲在权力鼎盛时期光荣退位的反面。

然而，费利佩二世像其父查理五世一样，在仔细思考后实行了相似的欧洲政策，不过失败多于成功。但费利佩二世没有荣耀和光彩，他摆脱了民众，以紧握公函的专制君主之姿，越来越对他臣民的怨言和世人传播的谣言充耳不闻。

正是在他统治末期，外部敌人攻击他的“黑色传说”在欧洲和西班牙本土形成，他甚至没有在有生之年揭露那些明显错误的谣言，而历史让诽谤者哑口无言。

这场无法抑制的运动，如预料的那样，由分离出去的联合省民间发起。无论周围的君主国怎样同情佛兰芒，王子反抗其君主统治的叛乱行为仍然令人不快，奥兰治的威廉不得不援引非常严肃的事实来证明他的行动是正当的。1580年12月13日，他向低地国家所有省份发表了题为《威廉王子对废黜西班牙国王的道歉和辩护》的演说，并在欧洲广泛传播。

他不只谴责异端裁判所的骇人性质（他指出，大多数西班牙人不是天主教徒，他们几乎全部来自摩尔人和犹太人的种族），或“他们灭绝了新世界的2000万印第安人”，塔西特利还非常明确地谴责费利佩二世，描述他为“邪恶的暴君”和“正午的恶魔”，谋杀了自己的儿子唐·卡洛斯，毒死了他年轻的妻子瓦卢瓦的伊丽莎白，甚至和他的妹妹摄政者珍妮有乱伦关系。

他们对异端裁判所的谴责主要基于在欧洲流传的西班牙新教徒的控诉，例如弗朗西斯科·德·恩西纳斯，特别是冈萨雷斯·蒙塔诺（塞维利亚著名的圣杰罗姆修会教士），他的著作自1567年以来被翻译成法语和英语。

那些关于屠杀印第安人的内容是根据1552年在塞维利亚出版的《西印度群岛毁灭略述》所编写的，当时这本书在西班牙境外还不出名。得益于“奥兰治的威廉的道歉”，1579年在安特卫普出版的德拉斯·卡萨斯的这本书在法国、尼德兰、英国大获成功，改革缔造者特奥多雷·德·布里用插图和醒目的标题提醒人们：西班牙人的暴政和残忍……作为低地国家17个省的例子和警告。

像这种宣传程度的历史上首场心理战已经打响。极其神奇的是安东尼奥·佩雷斯在阿拉贡播下混乱的种子之后从中脱身，现在又成了这场战役的第二个指挥。

这位相继在波城、伦敦和巴黎流亡的国王前任秘书加入反对费利佩二世的队伍，说"他的残暴像对着婴儿笑那样自然"，他还称卡斯蒂利亚人是"恶毒、居心叵测和傲慢的人"，他得意地翻译这些讽刺文字，在所有欧洲国家出版。他主要的言论集回忆录（Relaciones）在巴黎首次出版后，从1592年至1598年又出了6个不同版本！

这种媒体上的虚张声势对王国内部的影响是什么？异端裁判所的警察密切监视着那些已经被判定的禁书或是在西班牙境外出版的作品，早在1559年，就对西班牙年轻人在外国大学的研究提出了非常严格的限制。但谁能真正封闭边境呢？特别是走私者的国家。

另一方面，虽然王国不需要外来的精神食粮，来刺激人们担心其经济和社会状况，但西班牙人越来越想知道费利佩二世的帝国主义政策会把他们推向何方。在费利佩二世统治的最后几年里，千禧年的恐惧和灾难性的预言再次出现。这些预言是由能优先与神对话的"真福者"（beatas）传达的。年轻的卢克雷西娅·德·莱昂预言，由于不称职的国王的罪过，她的国家将像711年穆斯林入侵时那样被毁灭。西班牙国王下令异端裁判所以异端和煽动的罪名逮捕她，她被审判和监禁了两年。

而另一个骗子米格尔·皮德罗拉，被卡斯蒂利亚议会严肃对待，他们正考虑官方承认他是一个先知。已经变得宽大的异端裁判所只判处了他两年监禁。

同时，在被吞并的葡萄牙，一个"圣母访亲"效仿者，出现了圣伤痕和进入心神迷醉的状态，将自己表现为她国家不幸的化身；人们认为她是骗子，把她流放到了巴西。

费利佩二世在他的晚年似乎已经失去了对手的控制，同样他也将失去对身体其他部分的控制。他因痛风而行动困难，又患上水肿，被伤口的疼痛折磨，他生命的最后几周在埃斯科里亚尔普德里多，身体出现腐烂，健康状况非常糟糕。1598年9月13日，他带着虔诚的信仰去世了，但"散发出地狱的味道"。他的敌人能想到比这样的终结更符合他们恐惧和怨恨的阴险形象吗？

可能人们对这个国王的负面印象太深刻，所以没有产生坦率的同情。但他绝不是“可怕的家伙”，这位狂热的君主有很多轶事，甚至之前还有浪漫传说。现代历史学家给他正名，他不是天才，甚至没有与他的权力所匹配的才能，只是一个完全被他的义务和责任重压的君主。

他的继任者们情况各不相同。然而，正是他们，费利佩三世和费利佩四世，将收获黄金时代的文学和艺术荣耀。不过就像庄严尊贵的拖裙随时间流逝渐渐移开，伟大的力量也会开始减弱。

第九章　黄金时代的崛起和幻灭

“西班牙的黄金时代”这个术语有些模棱两可。它在其文学和艺术的意义上是最广泛流传的，涵盖了费利佩二世的最后20年（1582年，阿维拉的圣特雷莎之死，托莱多的古希腊艺术高潮），在费利佩三世统治下蓬勃发展，出版了塞万提斯的《堂吉诃德》（1605年），并在费利佩四世在位时伴随着贡戈拉和奎韦多的诗作大规模发展，出现了洛佩·德·维加、蒂尔索·德·莫利纳、卡尔德隆的戏剧，里贝拉、穆里略、祖尔巴龙，特别是委拉斯开兹的绘画杰作。

当时是西班牙艺术和文学的黄金时代，在此之前或者与之同时还有丰富的宗教文学、哀歌或流浪汉小说，其影响力在费利佩四世统治结束时（1665年）仍在欧洲回响，当时西班牙军事威望已经崩溃，从而结束了西班牙的霸权野心。

因此，查理五世和费利佩二世治下全盛政治权力时代与其文明的顶点之间存在着相当明显的时间差距。在17世纪的前60年，当这个国家的衰落已经逐渐显现时，它对其他国家的影响只有在他们最平淡的继承者统治下才能产生全面效果。

但用一系列已知事件给我们的历史视角来捕捉时代精神实在是太过轻率了。我们今天所判断的很少与那个时代的人的感受相吻合。然而，除了一些头脑特别有远见的人，如奎韦多，大部分人看到西印度群岛的财富大量涌入，肯定没有想到这个天降金库有一天会枯竭，更不要说会对经济或国家长期威望造成不良影响。

费利佩三世和费利佩四世的统治，西班牙学者将之称为“年轻的奥地利人”（Austrias Menores）——换句话说是“小哈布斯堡”。这与西班牙的荣耀和威望相对应（只有我们知道，这将是西班牙炫耀其威望的最后时刻了）。

这个“西班牙时代”，即所谓的西班牙黄金世纪，巴托洛梅·本纳萨未能用更简洁的方式勾勒它，他将其定义为“我们对一个时代的选择性记忆，那时西班牙发挥了主导作用，无论是在政治、军事、外交、货币、宗教、艺术或文学方面，都是如此。”当然在我们看来似乎有些自相矛盾，因为从费利佩二世统治结束起，王国形势便已严峻。此外，我们还需要观察，通过什么样的机制导致货币流入，以及对外部环境戏剧性变化的过度野心，究竟如何使情况恶化到如此地步？同时，以好奇的眼光看看这个西班牙赞美者笔下最后的哈布斯堡家族，它仍然是其邻国的灯塔。

伏尔泰在《道德》一书中承认，“西班牙人（当时）明显优于其他民族”，“他们的语言在巴黎、维也纳、米兰和都灵都能说；他们的习俗、思维方式和写作方式迷住了意大利人，从查理五世到费利佩三世统治期间，西班牙具备其他民族都没有的考量。”

历史的车轮将滚滚向前。有一半西班牙血统（母亲）的路易十四统治的法国的伟大世纪，浮现在这个黄金世纪的投影中，闪耀光辉，尽管它预示着哈布斯堡王朝的垮台。

“亲信”的时代：费利佩三世和勒玛公爵

费利佩二世和他的继任者之间风格变化的一个典型现象，就是随着天主教双王统治而消失的“亲信”回归了。西班牙统治者靠自己统治的时代从此结束，他们依靠的不是查理五世和费利佩二世推荐的贵族家族，而是来自小贵族或资产阶级的文官（letrados）、热心的仆人、称职的专家，他们往往是好顾问，但总是紧密顺从他们君主的意愿。

费利佩三世在父亲去世时已经 20 岁了，尽管他尽了最大的努力，却未对公共事务真正产生兴趣。在费利佩二世的 5 个孩子中，他是唯一一个成年的、由费利佩二世的第四个也是最后一个妻子，奥地利女大公安妮所生。

他是一个金发大男孩，他的容貌不像他的祖父查理五世或儿子费利佩四世那样有哈布斯堡家族的特征，而是显现出平常人家的神态，他爱幻想又优柔寡断，但留着征服者的胡子。此外，他是一个仁慈的统治者，天启论的信徒，喜爱狩猎和演奏，既不缺乏艺术品味，也没有天然的威严，喜欢美化马德里。他从 1617 年开始建立马约尔广场，这里建有未来举办大型活动的剧院，即使是在 400 多年后的今天，在其中心仍然还能看到他骑着青铜马的雕像矗立在广场中央。

他还喜欢向他的亲信勒马公爵弗朗西斯科·德·桑多瓦尔请教，这位公爵是一位比他大 25 岁的大领主，甚至是他“最喜欢的宠臣”。此外，还有另一位慷慨的贵族——罗德列戈·卡尔德隆，他将用他的性命来偿付在下一任统治初期，勒马管理时普遍的贪污和肆无忌惮收买人心的乱象。

自 1598 年签订《韦尔万和平条约》以来，西班牙与亨利四世统治的法国之间实现和平，直至 1604 年西班牙与英国间仍维持着和平，西班牙君主也很快与低地国家联合省的新教徒间实现和平，这归功于伊莎贝拉·克莱拉和她的丈夫阿尔伯特大公于 1609 年签署了 12 年停火协议，后者被赋予西属尼德兰的准统治权。这一休战证实了西班牙尽管取得了一些重大军事成就，但为了维持 7 万人的军队对抗加尔文主义叛军时遇到了财政困难，而这次休战使得尼德兰人加强了他们已蓬勃发展的海军和商业地位。

费利佩三世和平统治的重大事件中，有一个内部事件：在天主教双王驱逐犹太人 107 年之后，驱逐西班牙的穆斯林人数将令人吃惊，这是王国宗教正常化的最后一幕。

驱逐摩里斯科人

这里可以使用“种族”一词（*尽管当时没有任何文字提到这种驱逐措施的种族影响*），因为这些来自西班牙的摩里斯科人被认为全部改信天主教。即使没有人真正认为他们是基督徒，但他们毕竟接受了洗礼，根据教规，驱除他们就等于抛弃基督徒！

因此，罗马教廷甚至异端裁判所的神学家对这些法令提出了强烈反对，这一反对使费利佩三世在阿尔普哈拉斯战役后犹豫不决，让他更偏好在阿拉贡和卡斯蒂利亚的不同地区散布这些法令。

这些从格拉纳达驱逐出来的摩里斯科人大概有 15 万人，被认为是熟练的工匠、不挑剔的优秀农业工人，受地方权力机构欢迎，但不受普通民众欢迎，因为本地穷人在面对外国穷人时感受到的是超越道德和宗教差异的永恒的敌意！

然而，在瓦伦西亚王国，还有另外 15 万摩里斯科人一直集中住在那里，在阿拉贡大约有 6 万人，他们与基督徒的关系最为紧张。瓦伦西亚大主教胡安·德·里贝拉反对总审讯官尼奥·德·格瓦拉为其宽容和耐心地辩护，他挑拨离间："不要说摩里斯科人，他们不断侵扰我们，他们是准备在同一宗教的兄弟的帮助下站起来的真正穆斯林人，是蹂躏我们手足的野蛮人！"

人们为了证明驱逐摩里斯科人的正当性，甚至提到阿拉贡的穆斯林和贝恩的新教徒之间的可疑接触，污蔑这是法国对纳瓦拉和比利牛斯山脉阿拉贡边境的威胁。

国务委员会在经过内部激烈冲突后，最终于1609年4月4日至8日以王国的安全为名做出总驱逐决定。勒马公爵宣布，在意大利的西班牙大方阵（tercios）已经前往西班牙进行军事监督行动，最终平息了任何争论。4月9日，一项简洁的王家法令规定："我已经决定，驱逐我的王国内所有的摩里斯科人，将之运到柏柏尔人的聚集区。"这已经是一个进步了：一些顾问提议把他们送到新大陆！

由于与尼德兰停战协议提供的船只，大约有30万人被从西班牙港口运往马格里布。许多定居在摩洛哥的人，由于与驱逐出境相反的缘由导致他们不受当地人欢迎。于是他们建立了自治城市，如拉巴特－萨莱，有时甚至试图将他们重新置于西班牙的保护之下。在阿尔及利亚，特别是在突尼斯，他们尽可能融入奥斯曼帝国的社会结构之中。一些团体到达了土耳其统治下的巴尔干半岛。我们甚至看到一小批摩里斯科人回到西班牙，近8个世纪以来，西班牙是他们唯一天然的立足点，这一点也反映在著名的《堂吉诃德》的情节中。

> 桑乔·潘沙在道路拐弯处，跌倒在一小群身着长袍（djellaba）的人身上，他急忙移开，一位老熟人说："我的朋友桑乔，你认不出你的邻居里科特了吗？在你村子里开杂货铺的那个里科特！"

驱逐令的墨水刚刚干，塞万提斯谨慎而坚定地让一个摩里斯科人的嘴里说出官方宣传试图掩盖的悲剧，从离开的残酷到"重新发现家园的甜蜜感觉"，再揭示出流亡的辛酸……

人们质疑勒马公爵让费利佩三世通过一项触及良心的措施的原因时，不能否认了摩里斯科少数族群（约占西班牙人口的5%）所造成的问题：他们不愿意被同化，很容易被当作通过海岸劫掠来威胁西班牙的外部敌人的"第五纵队"

（即间谍，混在内部的敌人）。作为瓦伦西亚王国的大地主，这位宠臣违背了他和阿拉贡贵族的利益，他们因劳动力的离开而立刻陷入贫困。尽管历史学家普遍拒绝谈论经济灾难，但瓦伦西亚的富裕地区需要一百多年的时间才能恢复1609年的人口规模和繁荣水平。但除了农业收入之外，勒马公爵通过掠夺和政策，积累了巨额财富！最有可能的是，他为了大众的偏见牺牲了摩里斯科人，因为他认为这种蛊惑人心的言论，可以让人们的注意力从西班牙经济与社会动荡上转移开。

50年后，驱逐是否正当的问题仍然使西班牙人苦恼，法国人安托万·德布鲁内尔和弗朗索瓦·贝塔乌的报告里证明了这一点。驱逐穷人的做法比基督徒背负的过去驱逐犹太人的历史更让公众舆论震惊，即使他们觉得有义务在费利佩三世的法令中添加一项“谨慎和英勇”的决议。同样的同情启发了卡尔德隆在1633年创作的戏剧《阿尔普哈拉的图扎尼》，他将1568年格拉纳达摩尔人起义的主要责任归咎于基督徒的报复行动。

“地球之王“和伯-公爵

在金银相继从西印度群岛涌入时（而西班牙面临着极其严峻的经济和财政形，这似乎是自相矛盾的）只有在长期的和平中才能找到弥补的办法。

但在1621年，16岁的费利佩四世继承他的父亲费利佩三世的王位时，各条战线上的战争都恢复了。在尼德兰，与联合省签署的12年停火协议即将结束；在中欧，与维也纳哈布斯堡家族团结一致的西班牙王朝也卷入了30年的战争，很快在这场由“德国争议”引起的冲突中西班牙再次面对法国，但这场冲突被一场无法阻止的连锁反应扩大至几乎整个世界。

不得不面对这些新危险的国家首脑人物无疑比他们的前任更有趣。特别是这个年轻国王的亲信奥利瓦雷斯伯-公爵①，他将面对法国可怕的“红衣人”黎塞留红衣主教。

加斯帕·德·古兹曼（Gaspar de Guzmán）——奥利瓦雷斯伯-公爵，很快

① 奥利瓦雷斯伯-公爵：即加斯帕尔·德·古兹曼（Conde-duque de Olivares），通称“奥利瓦雷斯伯-公爵”，西班牙17世纪著名的政治家，是国王费利佩四世的首相，和黎塞留同时代。他权倾朝野，力主改革，但同时也招致民怨沸腾。他深深卷入欧洲三十年战争，导致西班牙财政几乎崩溃，而且他的征税政策还引发了国内的叛乱。

成为桑吕卡尔公爵了，他是西班牙最古老的贵族家庭（梅迪纳·西多尼亚的家族）中年龄较小的一位，他的政治财富归功于他作为王储的贵族地位和坚定不移的野心。但与倾向边境和平与丰富自己特权的勒马不同，伯－公爵的雄心壮志彰显的不仅是个人荣耀，还有更崇高的品质。

他打算保持西班牙的伟大，正如当时他们所说，西班牙的声誉与它在世界上的影响力是分不开的。但意识到该国除了军事力量外，几乎在所有领域（民族团结、行政、制造业和商业活动税收）都落后，作为严厉且必要改革的推手，他行使了22年权力。他雄心勃勃的计划中，唯一缺少的就是和平，为了国家威望他无法维护和平，毕竟柔软的手很难伤害铁手套。

费利佩四世对他的这位肱股之臣的信任（奥利瓦雷斯轻蔑地拒绝“亲信”一词）是毫无疑问的。这位费利佩三世的长子还未成年时被奥利瓦雷斯伯－公爵安排娶了伊莎贝拉·德·波旁，即亨利四世和玛丽·德·美第奇的女儿，而他的妹妹奥地利的安妮与路易十三结了婚。这种信任没有丝毫阴影。伯－公爵很了解他的君主，总是把他放在最高级别来考虑，就算不是出于偶像崇拜，他认为西班牙国王应该享受国家最多的好处。被带到马德里宫廷的外国游客，难道没有看到这个标志性的统治者僵硬的雕像上，他的嘴唇似乎要动吗？

然而，这个被奥利瓦雷斯伯－公爵置于所有人之上的毫无生气的人，却带着给人一丝好感的脆弱。费利佩四世的御用画家及朋友委拉斯开兹所绘的大量肖像画中，他苍白的脸庞，稀疏的金发，无活力凸颌，忧虑仁慈的目光让人物熠熠生辉。在无动于衷的面具下（“地球之王”，就像后来人们称他的侄子和女婿为“太阳王”）富有同情心的智慧，充满了善意，但犹豫不决，仿佛被矛盾撕裂了。

费利佩四世的性格是双重的：感性到放纵，但每一次行为脱轨后都会被悔恨吞噬；意识到自己的国家职责，但无法长期遵守。费利佩四世是一个悲伤的享受者，一个艺术家国王，即使在王国遭遇财政危机的至暗时刻，他仍不停丰富他神话般的艺术画廊，他还是一个优秀的游行骑手以及戏剧和节日的爱好者[①]。而奥

① 任人唯亲、高昂的宫廷开支、奢华的围猎与宫廷娱乐是费利佩四世统治时期国王日常生活的鲜明特征。此时的西班牙流光溢彩，文化之繁盛在这一文学与艺术的“黄金时代”达到巅峰，但经济和社会危机却不断蔓延。作为国王，他性格软弱，对执政的兴趣甚少，将大权交付宠臣。毫无疑问，他对哈布斯堡王朝在西班牙统治的结束和西班牙丧失欧洲主要强国的地位负有一定责任。

利瓦雷斯伯－公爵给他的所有关心从精美绝伦但昙花一现的布恩雷蒂罗宫殿开始，这座宫殿于1632年匆忙建成，作为皇室游乐的梦幻之地，却没能成功打碎他心中忧郁的坚冰。

即将到来的时代，亲信的失宠和1644年失去伊莎贝拉·德·波旁——这位不忠诚的君主非常欣赏的伴侣，使他越来越喜欢向一个受神灵启示的修女玛丽亚·德·阿格雷达寻求安慰，并与她保持大量通信，内容涉及各种主题，特别是关于一个困扰他的执念：他既不是一个好基督徒，也不是一个能胜任其职的国王。

在“闲话传播地[①]”流传着关于他的各种谣言。洛佩·德·维加、蒂尔索·德·莫利纳、卡尔德隆·德拉·巴尔卡和其他剧作家也不能满足马德里剧院里观众们的好奇心，马德里的宫廷与别墅既坚不可摧，又变化无常，但若想去听一个想成为王国伟大革新者的告诫，它不是首都最好的地方。伯－公爵有热情也有能力，决心完成他为自己设置的任务。

奥利瓦雷斯：西班牙的某种观念

西班牙历史学家约塞·恩里克·鲁伊斯·多梅内克最近写道：“没有奥利瓦雷斯，西班牙的历史是无法解释的。”事实上，奥利瓦雷斯的政治计划总结了这个漫长的历史中的几个罕见时刻之一：一个将标志着波旁的卡洛斯三世统治的时刻。国家的命运本可以走向可维持的、可协调的选择。

这个有权势的大臣打算在所有领域振奋精神。最高层的腐败很普遍，在公开处决罗德里戈·卡尔德隆，以及没收勒马公爵的资产后，他责成所有官员在就职和离开时清点其资产。限定奢侈法旨在攻击大贵族的生活方式，遏制进口商品的消费狂潮，并让仆役回归有生产力的生活（社会寄生虫的数量一直都让外国旅行者大吃一惊）方面都显有成效。

这个国家无论是在行政部门还是武装部队，都严重缺乏训练有素的领导人。因此，他委托耶稣会管理的皇家学院培养新的精英。在收取租金似乎是最安全的致富方式的时代，他努力引导他的同胞向贸易、工业和农业发展。伯－公

① 闲话传播地：指在教堂庭院、剧院附近的广场、宫殿画廊这些地方，马德里人根据他们的亲近关系或职业，聚在一起收集、传播城市里的最新谣言。

爵坚决进行“现代化”改革，他一直嘲笑费利佩二世时代将“血统纯正法”的要求引入无数兄弟会、武装团队、教士会议或协会之中，以排除过去有改宗者的家庭，这些要求让当时最悲惨的绅士（hidalgo）陷入了无所作为的境地。

最终他意识到卡斯蒂利亚实际上是战争中唯一的财政和人力贡献者，他打算通过削减君主国其他组成部分的特权书，迫使他们分担国家的开支，从阿拉贡王国开始，到巴斯克省，以及那不勒斯管辖区和葡萄牙。

1626年，在战胜葡萄牙和意大利之前，奥利瓦雷斯的最后一项措施被称为“武装联盟”，特别是在加泰罗尼亚，还有比斯开，能感受到这是对传统西班牙公民特权不可容忍的伤害。加上整个王国的税收压力增加，以及卡斯蒂利亚本身对城市寡头的顽强抵抗（他们是议会中的唯一代表，惯于让最卑微的阶级承受税收负担），几年后，这些因素导致了伯－公爵的倒台。

哲学家奥特加·伊·加塞特说过：“我就是我，以及我周围的环境”。在这种情况下，环境阻碍了奥利瓦雷斯的行动，对一个因帝国战争而精疲力竭的国家来说，重新恢复针对“伟大西班牙”的敌对行动将不可避免地让环境更加恶化。

当战争恢复的时候……

西班牙与联合省新教徒达成的停火协议于1621年到期后不再延长，这也许不能归咎于奥利瓦雷斯，因为就在他获得权力之前，至少他支持停战。重燃的战火也不是因为尼德兰人拒绝保证北部省份天主教少数派的宗教自由，更多的是因为他们在海上已表现出的商业侵略，这令西班牙感到担忧。

1619年，这些国际舞台上充满活力的新来者，已经是为了阿姆斯特丹的利益而遏制安特卫普的斯卡尔特河口的主人。尼德兰人在香料之路上，特别是在巴塔维亚创建了他们的东印度公司，其船只和银行威胁着这项贸易中葡萄牙昔日的霸主地位。很明显，尼德兰人计划去往巴西，他们的舰队开始骚扰天主教陛下在美洲的船队。

西班牙君主国要求他们从东印度和西印度群岛撤军，使得公开战争不可避免地爆发。1625年，热那亚人安布罗西奥·斯皮诺拉在攻陷布雷达时脱颖而出，这场战役因委拉斯开兹的著名画作《长矛》①被人永远记住。停战期间，尼德兰人全力发展其愈来愈强大的海军，终在1624年占领葡属巴西，消灭了西班牙90%的海上贸易，切断了西班牙那条在本土经济崩溃后所全盘依赖的最后生命线。1624—1629年，尼德兰人占领了巴西的巴伊亚和雷西腓，尼德兰海军为了财富而在海上兴风作浪，使西班牙与北欧的贸易陷入瘫痪。

三十年战争正是这种好战背景的一部分，并将其放大。已经派了斯皮诺拉去布雷达的西班牙在1634年更是果断地参与其中。那一年，费利佩四世的弟弟费尔南多红衣主教在巴伐利亚小镇诺德林根前粉碎了古斯塔夫·阿道夫率领的瑞典军队和德意志新教军队，然后进入尼德兰。正是在那时，黎塞留管理的法国担心西班牙帝国的这些胜利，也加入了战争。

法国对奥地利哈布斯堡家族的敌意并没有抵挡路易十三与奥地利的安妮，以及费利佩四世与伊莎贝拉·德·波旁的婚姻，因此法国与西班牙开始和解；这种敌意也没能抵抗西班牙黄金时代文化对法国风尚和文学领域的强大吸引力。黎塞留总是谴责西班牙的虚伪态度，“所谓的捍卫天主教实则是为了伪装其帝国主义的本来目的”，他追随着与奥斯曼帝国苏莱曼一世结盟的弗朗西斯一世的脚步，并毫不犹豫地驰援那些他在法国打击的新教徒们。

这次冲突如之前其他许多冲突一样，西班牙捍卫哈布斯堡王朝的利益远超过它自己的利益。另一方面，根据英国历史学家亨利·卡门的观点，人们可以看出，西班牙的这种态度本质上是防御性的，而法国继续削弱哈布斯堡、维也纳和马德里，是为了征服领土（在阿托伊、佛兰德斯、弗朗什-孔泰、洛林、鲁西永和塞尔达格），它认为有必要完善其自然边界。

毫无疑问，延续的历史使法国建立六边形领土的意图合法化，形成了我们现在所见到的法国。但这种意图对17世纪的人来说显而易见吗？在三十年战争中被与黎塞留结盟的瑞典人残酷蹂躏后，弗朗什-孔泰的人民抵抗路易十四的例子，给出了一个模棱两可的答案。

黄金时代的知识分子以炽热的爱国情怀回应黎塞留枢机主教对西班牙帝

① 《长矛》（*The Lances*）：又名《布雷达的投降》，是委拉斯开兹在1634年至1635年期间以费利佩四世一生中唯一的一次军事胜利为题材创作的历史画。此画描绘了1625年7月25日西班牙军队攻占由尼德兰长期坚守的军事要塞布列达时的一个场景。

国主义的控诉，为自己的侵略和非正统联盟辩护。特别是戈维多（弗朗西斯科·德·戈维多），这个爱管闲事的天才曾挖苦伏尔泰，他会用合适的语言，用对方国家的帝国主义来驳斥蔑视他祖国的人。

与法国斗争的形势开始转向有利于西班牙人。1636 年，红衣主教费尔南多亲王在科比的胜利似乎打开了通往巴黎的道路，就像圣昆廷胜利之后一样。在马德里，他们策划着由费利佩四世和奥利瓦雷斯主导，通过从南部发动进攻入侵法国，将皮卡迪的进攻扩大一倍的计划。

然而，在 1640 年，两个影响深远的事件挫败了这些雄心勃勃的计划，削弱了已经遭受财政困难的西班牙君主制：葡萄牙的分裂，以及加泰罗尼亚的叛乱。3 年后，人们将看到西班牙军事和政治野心的终结。这将以罗克鲁瓦战役中法国的胜利告终。

加泰罗尼亚分离：民族分裂

1640 年 6 月 7 日，在巴塞罗那，来自周边地区的愤怒的农民在圣体瞻礼节当天参加传统的丰收游行时，重演了两周前曾发动的政变，将奥利瓦雷斯的反对者塔马里特议员从监狱中释放出来。他们带着伪造品和一些步枪，杀死了科罗纳总督，成为这座城市的主人。这是加泰罗尼亚与费利佩四世君主国破裂的信号。国家的一部分地区处于武装中，大区的议事司铎保·克拉里斯请求法国帮助对抗前来干预的王家军队。1641 年 1 月，路易十三甚至被宣布为巴塞罗那伯爵，成为加泰罗尼亚共和国雏形的保护者。几个月后，巴塞罗那市政官员支持的这场群众起义把加泰罗尼亚从一个主权国家转交给了另一个主权国家。加泰罗尼亚的人们怎么会这么极端呢？

奥利瓦雷斯要求“武装联盟”的政策迫使阿拉贡王国在战争中向卡斯蒂利亚提供财政和军事支持，并且随着西班牙与法国恢复战争状态，在加泰罗尼亚边界调动军队，这无疑是起义的导火索，但加泰罗尼亚的身份危机由来已久[①]。

---

① 加泰罗尼亚的文化语言和整个西班牙的文化语言并不相同，加之其因垄断西地中海贸易后经济发展远超西班牙其他地区，加泰罗尼亚人普遍对因联姻而被合并入的阿拉贡王国没有归属感，这种思想开始催生了加泰罗尼亚人的独立意识。

正如约瑟夫·佩雷曾中肯地指出的，西班牙的统一本可以在天主教国王的统治下实现，如果他们真的想要强力实施的话。但中世纪的环境并没有促使他们跨出这一步，他们的继任者更不会。西班牙的君主们没有试图将王国的所有组成部分置于同一个法律之下，因此阿拉贡王国从未感受到自己是卡斯蒂利亚政策的一部分。他们很少参与君主国的财政，但同样也很少分得卡斯蒂利亚的好处。因此，对西印度群岛的征服和殖民化仅由卡斯蒂利亚地区和政府进行，除了少数例外，只是卡斯蒂利亚政府的特权。西班牙中的这些王国的荣耀来自古代，以及神圣不可侵犯的特权——实际上掩盖了一种王国的沮丧。特别是在重大、必要的情况下，君主国会毫不客气绕过它们。

在卡斯蒂利亚开始匮乏的时候，奥利瓦雷斯以为能够唤起所有人的民族感情，但加泰罗尼亚人这个民族真的排斥了卡斯蒂利亚。加泰罗尼亚开始建立独立的身份认同，既基于对伟大过去的怀念（这也是阿拉贡王国的驱动力），又基于西班牙的衰落，它将衰落原因归结到继承了巴塞罗那伯爵家族和马略卡国王血统的卡斯蒂利亚王朝。

现在，加泰罗尼亚人抛弃了卡斯蒂利亚，繁荣的未来似乎再次向它招手。它的人口正在增长，特别是法国移民涌入，奥利瓦雷斯伯－公爵向它的议会要求的 16000 名士兵和适度的援款，被视为是对加泰罗尼亚人的自由的侮辱。

然而，黎塞留的军队威胁鲁西永。但加泰罗尼亚人只看到 1635 年以来一直居住在这个国家的卡斯蒂利亚军队在等待与法国人对抗时所犯下的暴行。曾经与不公正的贵族政权做斗争的“老加泰罗尼亚”的农民，特别是边境省份赫罗纳的农民，在与士兵发生严重冲突后带头发动了起义。在古老的歌谣（《土地颂歌》*Visca la terra*）和新歌声（《收割者》*Els Segadors*）中：

> Grans cops de façc, defensors de la terra（“用镰刀来抗争吧，土地的捍卫者”）

农民们在著名的天主教“圣体瞻礼节”（Corpus de sangre）成为巴塞罗纳的新主人。在今天，这个日子就像庆祝加泰罗尼亚作为一个国家诞生的节日，与纪念 1714 年巴塞罗那围困悲惨结束的加泰罗尼亚民族日（Diada）类似。

加泰罗尼亚地方主义的起源可以追溯到很久以前，古老的中央国家内部结构中出现混乱，地方长期向往独立发展。

虽然寻求了西班牙世代的敌人来帮助，但1640年起义的加泰罗尼亚人似乎并不担心在可预见的未来，他们的一部分领土会因法国的利益被截去。这确实是这次加泰罗尼亚分离后会发生的事。在发动武装起义12年后的1652年，法国占领了比利牛斯山脉北部的加泰罗尼亚，并获得了佩皮尼昂（在《比利牛斯条约》中，西班牙正式放弃佩皮尼昂）。

皮埃尔·德·维拉尔（法国国王路易十四的主要将领之一）强调了这次事件和之前是不一样的。他指出，《比利牛斯条约》从西班牙那夺取的不只是加泰罗尼亚，还有占其人口和领土1/5的鲁西永和塞达涅，“巴塞罗那没有对西班牙外交有过多指责或绝望，而是喜迎和平。维持伯国（Principat）的特权，赦免分离主义分子，安抚被分割领土上的人民。统治者（加泰罗尼亚）为法律特权和荣耀而战，农民们与国家的暴行进行斗争。”他补充道，激励了他们的动力“是对西班牙士兵的仇恨”。

军队在战场上的行为总是如此，加泰罗尼亚人不会记得他们所求助的法国士兵和他们的临时统治者、路易十三派来的总督（也是一个法国人）在他们的土地上对卡斯蒂利亚人发动的战争。

三十年战争结束后，签订了《威斯特伐利亚条约》（1648年），但加泰罗尼亚土地上的冲突仍在继续。虽然这些条约迫使西班牙承认联合省独立，但也使西班牙可以重新自由地控制加泰罗尼亚。最终，西班牙在1652年完全重新夺回了加泰罗尼亚……至少在比利牛斯山脉划定了一条新的边界，7年后，又以同名的条约（《比利牛斯条约》）确定了下来。

从西班牙的分离到面临的崩溃威胁

加泰罗尼亚起义后不到一年，葡萄牙又公开叛变了马德里。1640年12月1日，西班牙驻葡萄牙总督的所在地里斯本宫被布拉甘斯公爵的支持者包围，后者被称为“胡安四世”。虽然，3年前在埃沃拉由于奥利瓦雷斯的征税引起了农民骚乱（尤其是征收盐税），和其他地方一样，在葡萄牙农村也充斥着民众不满的声音——但这次的叛乱是源于贵族，是耶稣会士煽动了政变。

葡萄牙贵族急于恢复其影响力，选择了恰当的时机发动叛变。收复加泰罗尼亚是奥利瓦雷斯的首要任务，这位大臣无力开辟第二条内部战线。60 年来，卡斯蒂利亚和葡萄牙的王冠都戴在三位费利佩王头上，而这段历史却在一场喧嚣中鲜有耳闻的宫廷革命中结束。

西班牙与法国签订《比利牛斯山条约》（1659 年）之后，立马试图重新获得对葡萄牙的控制权。从 1663 年至 1665 年，西班牙派遣几支军队对抗葡萄牙。他们无法违背葡萄牙保持完全独立的强烈愿望，这种愿望在其与英格兰长期联盟后得到保证，1668 年西班牙正式承认葡萄牙独立。

然而，并非所有葡萄牙人对西班牙君主国的控诉都令人信服。西班牙和葡萄牙的联合可以更有效地捍卫它们在西印度群岛和东印度群岛的地位，也多亏了这个联盟以及托莱多唐·法德里克舰队的果断行动，定居在雷西腓和巴伊亚的萨尔瓦多的尼德兰军队才能从巴西被赶走。获得葡萄牙合法统治权的费利佩二世（尽管有些被迫继承），和他的继任者都没有侵害葡萄牙真正的自治权。人们不能用吞并来形容二者关系，两个王国在法律上是仍然分开的，葡萄牙的公职在很大程度上保留给葡萄牙人。

但同样，西班牙内各王国为民族团结统一进行的合并来得太迟了。葡萄牙的独立不是在再征服运动的最初几年形成，并使它成为第一个在其境内建立的欧洲国家的吗？因此，奥利瓦雷斯的集权思想被葡萄牙当作一种威胁。而且这个大邻国有衰落迹象，不能再为里斯本的海外贸易提供安全和繁荣的保证。

在十七世纪“四十年代”即将到来时，西班牙君主国内部以惊人的速度崩溃。“武装联盟”对国家结构是否坚实、是否团结一致是一项重要考验，然而它不仅导致了加泰罗尼亚的暂时分离，以及葡萄牙的永久独立出去，还造成了从比斯开到安达卢西亚的严重动乱。1641 年葡萄牙起义后，安达卢西亚最强大的领主、葡萄牙新女王的公公梅迪纳·西多尼亚公爵和阿亚蒙特侯爵也发起了暴动。只有在后者被处决后，局势才控制住。幸亏梅迪纳·西多尼亚和奥利瓦雷斯有亲缘关系，才得以逃脱同样的命运。但不久以后，在格拉纳达山脉和瓜达尔基维尔平原之间酝酿的战火复燃了，那里的人民已经被战争和与歉收导致的财政负担压垮，1648 年，一场严重的鼠疫肆虐，导致塞维利亚失去一半的居民。

与此同时，在萨拉戈萨，希哈尔公爵策划了另一个贵族阴谋，他打算自封为独立的阿拉贡国王，但由于民众的忠诚和常识，他失败了。从那时起，阿拉贡人和瓦伦西亚人都不会被加泰罗尼亚人的分离主义言论所蛊惑。

意大利南部的管辖区也受到葡萄牙独立的影响。巴勒莫、那不勒斯和其他地方一样，在1647年和1648年经历了由高昂生活费用和税收增加引发的骚乱。马萨林治理的法国试图利用这种不满情绪，派遣海军远征队来支援暴动。最后这些解体迹象不仅仅是由于加泰罗尼亚和葡萄牙分离的连锁反应，更是西班牙在1643年“三十年战争”最后阶段军力衰弱的结果。

罗克鲁伊转折

1643年，一个重大事件发生。年轻的昂基安公爵、法国国王的表弟、未来的孔代亲王[①]在罗克鲁伊战胜了“西班牙军队的可怕步兵”。这确实是两国在军事、政治力量平衡的转折点。但1648年孔代亲王在朗斯（Lens）的第二次胜利更有象征意义，不在于灾难本身，而是更多地预示着西班牙已筋疲力尽。

不过西班牙仍然有卓越的战士。还是同一位“大孔代”，在投石党运动期间、1652年之后为费利佩四世服务，在瓦伦蒂安斯和康布雷两次打败了他的同胞。

在罗克鲁伊战役的前夕，黎塞留刚刚去世，路易十三病得很重，很快跟着去世了。在马德里和布鲁塞尔，人们相信法国北部发动新攻势的时刻已经到了。这场决定性的战斗于1643年5月19日在阿登内斯开始。

西班牙参战兵力在人数上有轻微优势：由效忠于费利佩四世的尼德兰总督弗朗西斯科·德·梅洛率领28000人，对抗由孔代指挥的23000名法国人。这位22岁野心勃勃的首领，博苏埃特在他的葬礼悼词中告诉我们，“他眼中闪耀着胜利之光”。

罗克鲁伊战役确实是无畏的热血青年孔代面对英勇但不如从前的西班牙

---

① 路易二世·德·波旁（1621—1686年）：17世纪法国军事家和政治家，外号为“大孔代”（le Grand Condé）。当时年仅23岁的他指挥法军在罗克鲁伊战争中取得胜利，终结了西班牙在历史上的陆上优势，标志着法国陆地霸权的到来。

军队取得的伟大胜利。西班牙曾经最杰出的将领都去世了。萨伏伊的埃马努埃莱·菲利贝托和阿尔巴公爵，很久以前就不在了。最近的杰出将领是奥地利的唐·胡安，接着是亚历山大·法尔内塞，再之后是安布罗西奥·斯皮诺拉，然后还有红衣主教费尔南多亲王……青年和人才流失改变了西班牙军队的士气。

西班牙著名的步兵大方阵，由贡扎尔夫·德·科尔多瓦在 16 世纪初在意大利战争中建立，主要由卡斯蒂利亚士兵组成，他们仍然是西班牙军事力量的先锋，但自世纪之交以来，士兵的数量不停缩减，既因为军队遭受了非常沉重的损失，也因为 1620 年后随着卡斯蒂利亚人口下降征兵工作日益困难。

这些精锐战士定期在伦巴第大区训练，不超 1 万人分为 4 个步兵方阵。在由老富恩特斯伯爵指挥的罗克鲁伊战役中，只有其中的 5000 人参战，而军队 80% 由各国雇佣兵组成，纪律性不强。由于越来越迟支付报酬，军队内部的不配合在尼德兰上演了好几次，特别是 1576 年在安特卫普的劫掠事件，以及在查理五世统治时期在罗马犯下的恐怖暴行。

在罗克鲁伊战役中，西班牙 7000 人死亡、1 万多人受伤，一个刻板印象被打破，彰显出西班牙步兵的优越性及其高超的战斗技巧。法国军队的火炮威力和机动性强的轻型骑兵使得西班牙步兵方阵不得不激烈抵抗。1648 年 8 月 20 日，朗斯战役中也上演了同样的场景，使得西班牙不得不签订《威斯特伐利亚条约》。正如我们所看到的那样，这些条约让西班牙失去了对北方联合省的统治权。

毫无疑问，这是一个较小的牺牲，因为它保住了天主教低地国家，现在的比利时。但它让西班牙近一个半世纪以来为在欧洲发挥主导作用而做出的努力化为乌有。“查理五世的战略和王朝梦想正在最终瓦解。”准确地说，它使西班牙走向衰落……可以回想，1520 年在科梅内罗斯起义期间，西班牙全国大部分地区对预示的帝国政治的缄默是有原因的。

幻想的终结

1643 年 1 月，在尼德兰人于加莱外海海军溃败后、于罗克鲁伊战败前的几个月的时间内，奥利瓦雷斯失宠。他想要制定政策，开展国内改革和战争，但结果却失败了。

奥利瓦雷斯伯－公爵来得太晚了，他的国家已经疲惫不堪，很快分裂，在17世纪中叶只有六七百万人口，却要对抗一个拥有2000万居民、全面扩张的法国。他输掉了与黎塞留的斗争，也没有从壮志未酬的打击中恢复过来。他被流放到自己的土地上（旧卡斯蒂利亚），精神濒临崩溃，两年后去世。他的侄子哈罗公爵，接替他成为费利佩四世的宠臣。这是一个不错的选择，新大臣实行内部平息政策，并专注于夺回加泰罗尼亚。

不幸而平庸的"地球之王"费利佩四世需要这种喘息的机会。1644年，他失去了贤明的伴侣伊莎贝拉·德·波旁。1646年，他唯一的儿子，14岁的王子巴尔塔萨尔·卡洛斯，成了他王朝的希望。他必须重新开始，以确保传位顺利。两年后，他与14岁的侄女奥地利的玛丽亚娜再婚，和前任一样都不顾近亲结婚的危险。他将有近20年的时间来品尝苦果。因此，修女玛丽亚·德·阿格雷达的精神支持对他来说是必要的。

费利佩四世统治时期的国家并没有变得更好，虽然没能用武力收复葡萄牙，但至少他的私生子奥地利的胡安·何塞平定了给王权带来很多麻烦的加泰罗尼亚。然而，战争仍在法国北部继续进行着，西班牙取得了一些胜利，正如我们所看到的，部分原因是大孔代背叛了法国。1658年，杜伦尼元帅、图伦恩元帅在沙丘战役[①]中复仇成功，并通过法英联盟占领敦刻尔克，最终为比利牛斯山脉的和平铺平了道路，《比利牛斯条约》最终承认了法国在欧洲政治和军事上的霸权地位。

《比利牛斯山条约》和割让领地

1659年11月7日，马萨林和唐·路易斯·德·哈罗在比达索亚签署的这项著名的条约不仅承认了加泰罗尼亚的军事局势——法国宣称放弃对全省的控制，但最终吞并了鲁西永和塞尔达涅吞，还重新拿回了阿图瓦和东北部佛兰德斯和洛林之间的几个地方。与此同时，经过谈判，被削弱的西班牙以公主玛丽亚·特蕾莎（费利佩四世和伊莎贝拉·德·波旁的女儿）和年轻的路易十四的婚姻以及

① 沙丘战役：欧洲三十年战争之后，以法国和克伦威尔的英国为一方，同以西班牙、法国孔代亲王的投石党军队以及英国保王党军队为另一方，在敦刻尔克进行的一次战役。

付不起的巨额嫁妆作为和解的保证。在这个纪念性会面几个月之后，1660 年 6 月，未来的“太阳王”和“地球之王”的王室家族相会于同一个边境小岛上，冉冉升起的新星向垂垂老矣的国王致以敬意，就像年轻人有时喜欢为过去褪色的荣耀致敬。

5 年后，费利佩四世去世，他不用再体验领地被割让的痛苦。其第二任王后奥地利的玛丽亚娜摄政，在未成年的儿子卡洛斯二世统治下，西班牙将进一步遭受屈辱。它不仅在 1668 年官方承认葡萄牙独立，而且在前一年失去了路易十四和佛兰德斯征服的所有地方，包括里尔和杜艾。之后在 1674 年，弗朗什－孔泰第二次被入侵，尽管民众拼命抵抗，西班牙仍然无法做出反应。

《比利牛斯山条约》之后的冲突，蚕食了北部的法国属地和东部的西班牙属地，让庄严缔结的条约变成一纸空文，即使有婚姻联盟做保障。路易十四以玛丽亚·特蕾莎权利的名义，即没有付清嫁妆为由，使放弃费利佩四世遗产的声明无效，重新要求西属低地国家的的领土。结果，联盟逆转：我们将看到西班牙与其宿敌尼德兰有了共同利益，这让在它与“太阳王”的渴望之间保持一个缓冲状态。什么也做不了。很快，路易十四在最后一位西班牙哈布斯堡家族的国王（卡洛斯二世）去世时被要求获得继承西班牙的统治权。

卡洛斯二世傀儡统治时期的冲突显示了西班牙是多么疲惫。战争的主导权不再属于它。如果尼德兰没有迫使西班牙坚守，它还准备放弃对比利时的主权，徒劳期望着以此换取鲁西永。

可怜的傀儡卡洛斯二世仍在统治时，欧洲列强已经计划分享他的帝国遗产。他在遗嘱中支持波旁，这个决定对哈布斯堡来说是不寻常的，之后他坚持着这个决定——在弥留之际的痛苦中醒来，最终示意把他最挂虑的整个国家遗产，委托给唯一能够保护它的王朝，即使不算持久。

变化的世界和美丽的遗产

西班牙最后一位哈布斯堡家族的国王卡洛斯二世的遗产真的是应有尽有！它从意大利（米兰、那不勒斯、西西里岛和撒丁岛）延伸到广阔的经济蓬勃发展的美洲领土，占据着整个欧洲都渴望的财富。君主国衰落，但帝国尚存。

1650年左右，世界变了，民族国家——法国、英国、尼德兰……新兴国家迅速显示出实力，旧帝国逐渐衰落：奥地利很快在维也纳的城墙下受到奥斯曼帝国军队的威胁，西班牙正在缓慢解体。这些旧帝国的国家结构太分散，不能很好地适应新时代。虽然西班牙的威望被军事失败和经济疲软所破坏，但在其文化影响力的支持下仍然存在。西班牙的精英们可能已经感受到衰落将在未来的历史进程中挥之不去，他们根据西班牙伟大的程度来衡量这种衰落，并归因于“过去两个世纪里经过巨大努力之后的精疲力竭”。与其对将来的灾难感到惊讶，不如更诚实地指出过去长期辛苦努力的价值。

一个治理不善的世纪，接替了一个有着强大却有着过分野心的世纪。花岗岩的埃斯科里亚尔被布恩雷蒂罗宫的视觉陷阱派[①]建筑所取代，该建筑是献给继承人的庆典和西班牙文学的荣耀。艰难的经济现实跨越这两个看似相反的世纪。事实上，西班牙真正的困难始于费利佩二世统治结束之前，尽管有西印度群岛的宝藏，但也许是因为它才导致经济困难。

这么多看似矛盾的谜团，其原因和影响仍然让历史学家乐此不疲地争论着。在连接最后的哈布斯堡痛苦终结和波旁家族影响下诞生的新西班牙之间的历史线索前，这些谜团都值得我们注意。

① 视觉陷阱派（Trompe l'œil）：一种作画技巧，使二维的画给人以极度真实的三维空间的感觉。这个名词起源于巴洛克时期，但此技法在文艺复兴时期即广泛地被画家应用。

第十章　哈布斯堡王朝的衰落

前一章中提到，在西班牙国力的顶点和它通过文学艺术以及时尚在欧洲所产生的文化影响力之间，存在着一个时间上的落差，这个落差同样可以从西班牙人对自己本国真实状况的认知中看出来。

挥之不去的衰落感一直伴随着西班牙的黄金时代：它就像葬礼的宴席，滋养着这个时代最伟大的作家，如洛佩·德·维加和卡尔德隆，都展现了对荣耀伟大西班牙的怀念。

虽然17世纪初，路易十三时期的巴黎热衷于看堂吉诃德的冒险，也为高乃依（1636年）受吉勒姆·德·卡斯特罗和朗布依埃启发而作的《熙德》喝彩，虽然有芬芳的西班牙香水，有贡戈拉的巴洛克繁复装饰，有马德里的耀眼华丽，但弗朗西斯科·德·奎韦多甚至在罗克鲁伊战败和《威斯特伐利亚》条约之前就为他祖国失去的伟大流下了眼泪：

> 我看到家园的城墙，
> 曾经无比坚固，如今断壁残垣，
> 屈服时代的脚步，
> 从此英勇不再……

知识分子和失望的士兵反复思考奎韦多与奥利瓦雷斯的争论。这话说得太快了。1618年，托莱多大学向未来的费利佩四世呈现了卡斯蒂利亚各城市以及旧帝国城邦令人沮丧的图景：

“生活在这里的人有2/3没有工作可做，由于缺乏实业，他们忘记了西班牙各行各业经历过的巅峰状态。贸易和工业曾在世界上名列前茅，制造的商品销往整个欧洲和西印度群岛。而今天外国人在西班牙销售他们的商品，尤其是用布料换走大量金银。他们带来的所有产品如果像以前一样都在王国内生产的话，会为王室国库带来可观的收入。今天我们意识到，在人数比过去少一半的情况下，宗教、神职人员和学生人数是之前的两倍，因为人们再也找不到其他生存方式。”

我们已经看到，这些抱怨并不是什么新鲜事，而且主要是关于农村的衰败。甚至在登基之前，年轻的费利佩二世给他父亲查理皇帝的一份报告中就表达了对农村情况没有好转而感到惊慌。而在他自己的统治末期，困难不止如此。17 世纪上半叶，城市也受到影响。城市人口，特别是卡斯蒂利亚的人口减少了 1/3，有时甚至是一半；各项经济活动减少，许多地方产业消失了。

在奢华的宫廷、广泛的军事部署和来自西印度群岛的辉煌舰队等欺骗性的面纱下，我们能把西班牙丧失活力归咎于什么因素呢？一部分是本世纪的时代宿命；另一部分则是因为帝国政策，以及没有选择靠人民努力获得财富，而是通过非生产性的财富去制造海市蜃楼。

西班牙人口减少

气候恶劣、反复出现的流行病和自相残杀的战争造成了灾难性的后果：从 16 世纪末起，这些恶劣因素似乎就在同时发生着，考验着欧洲的承受能力。

在查理五世统治时期，西班牙的出生率仍然很高，费利佩二世时期亦然，随着鼠疫肆虐，人口骤减，1596 年至 1600 年间，卡斯蒂利亚六七百万居民少了近一百万人；1647 年至 1654 年间，加泰罗尼亚、阿拉贡和瓦伦西亚受到影响；1678 年、1682 年至 1685 年间，卡斯蒂利亚的人口再次骤降。

里卡多·德·拉西尔瓦在他的《西班牙通史》中指出：“人口减少在很大程度上解释了西班牙的衰落。居民人数超过 10 万的大城市塞维利亚、托莱多和巴利亚多利德的街区变得空旷，这导致街道上杂草丛生。塞戈维亚的居民从 1591 年的 22000 人减少到 1693 年的 9000 人！只有宫廷和政府所在地的马德里居民人数才有明显增加：哈布斯堡家族的最后一位西班牙国王统治期间大约有 25 万居民，而很大部分是无业游民。卡斯蒂利亚的制造业和手工业已经崩溃。梅迪纳·德尔·坎波举办的博览会曾经吸引了来自欧洲各地的贸易商，如今它成了一个荒芜的小镇。布尔戈斯的羊毛市场也已成为世纪末的回忆，著名的梅斯塔荣誉会（美利奴羊饲养者协会）在1530年左右达到顶峰，曾拥有350万只羊（这往往损害了农民的利益），而随着国内纺织业的衰落，甚至连原毛出口都减少了。”

征兵不是导致人口减少最重要的原因，前往美洲殖民地的移民也不是。西班牙的美洲总督区有一千多万居民，包括西班牙人、印第安人、混血者和非洲奴隶，正趋向于恢复殖民前的大陆人口密度。

税收压力和寄生社会

更为严重的是，财政压力对最贫困的人群来说越来越沉重。在查理五世的统治下，帝国的政治需要远远超过了它几乎唯一的贡献者卡斯蒂利亚的收入，主要通过对普通百姓征收直接税（servicios），或者收缴更多的间接税（alcalabas）。费利佩二世时期对包括生活必需品在内的食品销售征收新税。勒马公爵管理腐败，任人唯亲，为上层贵族谋取利益，使得17世纪初弱势群体的生存状况恶化。奥利瓦雷斯伯－公爵为向“武装联盟”提供资金而采取征收新税的措施，最终导致了民众不满情绪的爆发。

受压榨的乡村和城市一样，由于外国竞争，一间间作坊关闭。人们因为养不活孩子而不再结婚。也是出于这个原因，神职人员数量增加——在俗神父，特别是教士和修女的数量一同增加。在16世纪末至17世纪之间，很多人加入了托钵修会。

同时激增的还有最富有家族的仆人数量，这是另一个让所有外国来访者吃惊的现象。出于仁慈（他们从不会辞退仆人），更是为了炫耀，这些显赫家族雇佣大量佣仆，后者欣喜地发现在主人的宫殿里能丰衣足食。宫廷也出现了这种现象：在费利佩三世统治期间，宫廷里的仆人是费利佩二世时期的3倍，当然，他们都被过去的职业抛弃。宫廷里的规矩变得越来越愚蠢僵化，1621年巴松皮尔驻马德里大使通过最可靠的消息来源打听这位君主去世前的情形时，他简直不敢相信自己的耳朵。炙热的火盆让身患重病陷入昏迷的国王极不舒服，他房间里的一位贵族想把它搬出门。但这是属于膳食总管乌塞达公爵的特权，他只好放弃移动火盆，只因为他没有找到乌塞达公爵！

配餐室和修道院都挤满了人，而田地和作坊空空如也。与此同时，失业导致更多的流氓在街上游荡，扒手、无所事事的好斗者、妓女（《塞莱斯蒂娜》）成为流浪汉文学的丰富素材。例如从佚名作家《小癞子》（*La Vida de Lazarillo de Tormes*）到奎韦多的《骗子》（*Buscón*），再到马泰奥·阿勒曼的《古斯曼·德·阿尔法拉切》，当然还有塞万提斯《训诫小说集》的主角们。

社会演变似乎在各个层面上注定产生懒散的寄生群体，但它不能仅仅用一个国家突然失去往昔创造力后的疲惫状态来解释。来自西印度群岛的金银也要为这种恶劣情况负责。这是一个令人痛心的历史悖论，但它并不是这段让人苦恼的历史最基本矛盾。

西印度群岛的钱到哪里去了？

第一个答案包含在萨伏伊的埃马纽埃尔·菲利伯特在1565年访问费利佩二世宫廷时向布兰特梅爵士透露的思考中。后者刚从塞维利亚回来，在那里目睹了两年一次、从西印度群岛运送黄金的船队的到来："圣昆廷战役的胜利者和《风流女子的生活》的友善作者（皮埃尔·德·布尔戴尔）说，不要如此赞美这些壮观的舰队，因为它们给西班牙国王带来的负担比回报还要多！"

被称为"铁头"的萨伏伊大人可能有些夸张。但也许他已经猜到了这种周期性的贵金属流入西班牙带来的反常后果，其有害影响远远大于它为国库提供的财富。

实际上，美洲运来的财富通过"五一税①"只有一部分充实到了国库中。在查理五世统治期间，这笔钱（每年大约30万杜卡）从没超过间接税带来的收入。它只是国家预算的补充，勉强满足帝国军队的需要。从繁荣时代开始，查理皇帝在位40年间，从银行家、富格尔家族、韦尔瑟家族那里借了2800万杜卡（还了3800万），是从美洲运来财富的两倍多。

费利佩二世统治期间，从秘鲁和墨西哥矿山获得的收益仍在增加，而且是

① 五一税（quinto real）：即"国王的五分之一"，是1504年西班牙对贵金属开采征收的20%的税。该税是西班牙君主国的主要收入来源。1723年，该税降至10%。政府不是根据生产的金银数量来征税，而是跟据汞的使用量。汞对在天井工艺中提炼银和金是必不可少的。

“五一税”，但比起王国的需要，数量还是严重不足。不断增加的财政压力使得他统治末期接连发生了两起严重的破产。

在这个时代，政府只能通过借款来偿还之前的欠款，而国库里的债务是其收入的 7 倍。长期住在塞维利亚的热那亚银行家被请求重新持有债券（les juros）。

17 世纪，在费利佩四世统治时期，由于佛兰德斯、德国、法国重新燃起战火，西班牙军费开支增加到占国家预算的 65%。众所周知，西印度群岛运来的贵金属（长期以来白银多于黄金）减少了。究其缘由，不是因为印第安人劳役轮替（mitas）导致了矿产减少，更多的是因为资源转运到了西班牙以外的目的地，或是因为船队在塞维利亚卸货期间做假账目，或因为海盗抢劫，或是因为与英国、之后与尼德兰之间的海战造成了财富损失。

除了上述原因，还要加上西班牙美洲殖民地经济繁荣的自然结果。运到西班牙的贵金属很大程度上是购买宗主国商品的等价物。然而，这些交换随着海外领地越来越自给自足而明显减少。

食利者经济

相对西印度群岛的金银对王国资源的影响，它们对经济活动的影响又如何呢？当然，这种贵金属流入转化为货币，大部分落在私人手中，使少数人受益。

不幸的是，“少数人”基本上是外国银行家，首先是德国人，然后是意大利人，后来是葡萄牙人，一个花费巨大且资源紧张的国家必须不断求助于他们。

如果说起初殖民地的利润使得西班牙商人富裕起来，鼓励他们再投资到贸易中，那么第二代商人已倾向转变为富有的地主，以获得同胞羡慕的贵族地位。同样，为了树立威望，征服者和第一批殖民者开采的白银也转化为宫殿、艺术品、虔诚的捐助、银器和珠宝。

西班牙政府却没有采取任何措施鼓励这些人进行刺激经济活动的投资。国家为确保对西印度群岛的贸易垄断和控制其财富，早在 1503 年，就将这项任务委托给了塞维利亚的交易所，但这间具有多种职能的著名商行却完全没有将从殖民地运来的财富用于合理的生产性投资。

可以想象，在天主教双王时代，建立国家银行的想法还不成熟。但在 17 世纪，资本主义的发展已不可同日而语。尼德兰人于1609年创立了国家银行，西班牙却不得不等到18世纪末才有一间类似的机构。

因此，正是这些银行家，特别是热那亚的那些银行家，从为数不多的几家西班牙公司手中，将大部分从西印度群岛攫取来的财富反过来借给需求最大的一方——国家。很多时候，他们会收回在国库中的债权，而这些债务是国家用未来的税收或来自美洲的预期税款做担保的。

当然，这些做法能够使王室在国外以当地货币获得维持军队所需的直接补贴，并将以西班牙货币偿还利息。但它们也是一个重要的逃税来源：来自西印度群岛的白银，或多或少缓慢地，通常只经过西班牙。

但这样做会让西班牙人变富裕吗？是的，至少其中一些人会，但这是以把他们变成食利者、牺牲实体经济活动为代价的。[①]

为了资助战争和西班牙末代哈布斯堡家族统治下日益奢侈的生活方式，国家不只求助于银行家，它还向公众发行（有时甚至通过收走属于他们的西印度群岛财富份额来强迫个人认购）债券（juros），其利息为7%至10%，比工业或商业证券更有利可图，对有闲置资金的食利者来说诱惑很大。至于银行家，他们自费利佩二世统治结束以来一直没能幸免于国家定期使用的停止付款和“浮动债务合并”，但他们的风险是可以衡量的，因为他们接受与私人客户交换债权，这种现象进一步增加了国库里这些有利可图的债权数量。

在滥发债券破坏经济活动之前，这些金融机制未能阻碍西班牙的发展。虽然果子里有蛀虫，但正如最近的历史研究表明，国家贫困化是直到费利佩二世统治时期最后15或20年才开始的，其标志是西班牙经历的两次破产，以及和西印度群岛之间的贸易平衡逆转。这种变化不仅由于美洲殖民地的经济摆脱了宗主国束缚，还因为西班牙本土物价大幅上涨。

从这个时代开始，令人恐慌的物价上涨既是西班牙国内生产量下降、外国进口商品增加的结果，又是其原因。这些商品中有些是不必要和过度生产的产品，但很多也是必需品，比如小麦，由于卡斯蒂利亚乡村人口减少或加泰罗尼亚

---

① 西班牙由于西印度群岛的巨量财富注入和近代化金融方式的兴起，越来越走向金融经济。可失去了实体经济金融的西班牙，只能是冒险和投机，最终掏空社会的财富，导致其走向衰落。

农村被毁坏，不再能够提供足够数量的粮食。

西班牙人沉浸在与现实相反的幻想中太久了，终于走向幻灭。西班牙人一直认为“取之不尽的金银潮能解决国内军需和财政问题”，却没有意识到他们将财富都浪费在非生产性的活动以及国际竞争的经济战役中了。

“别国的西印度群岛”

皮埃尔·维拉尔的这句话概括了许多外国人可能有的一种看法：西班牙坐在金山上，但致力于让邻国富裕。

金银铸造的货币（杜卡托、埃居、叠板轧制的真金）是自天主教双王统治以来欧洲最强的货币，西班牙成了邻国眼中的黄金国。因此，许多外国人，如意大利人、爱尔兰人、德国人，特别是贫穷的法国人被远远高于奥弗涅山区或西南高原的薪水所吸引。面包师、锅炉制造师、搬运工、农业工人或仆人纷纷涌到西班牙，就像20世纪中叶许多西班牙移民被吸引到法国一样。

1626年，法国大使馆的一份报告估计法国移民到西班牙的人数至少在20万左右，都是来自底层和被奴役的人民。他们在这里被称为“gabachos[①]”，是一个相当嘲讽的绰号，无论我们的法国同胞来自何方，都会保留这个绰号，是他们给自己起的名字。少数人在西班牙扎了根，但大多数人赚了不少钱后回到了自己的国家，至少西班牙货币在市场上依旧是最重要的。直到费利佩四世统治伊始，大量的铜币开始发行，用于内部流通，由于人为地高估了铜币的价值，逐渐赶走了良币的市场流通。

随之而来的是通货膨胀以及生活费用飞涨，但工资也伴随着价格上涨而提高，这两种变量之间的差距也在欧洲其他地方扩大，从而产生收益，为贸易和工业投资带来资本。对外国劳动力来说影响不那么大，但对西班牙本国的经济发展却没有好处！

继经济学家E.J.汉密尔顿之后，一些历史学家想从“西班牙的特殊性”、从

① Gabachos：奥克语“gavache”的西语翻译，西班牙语中贬低法国人的蔑称，是“法语”的贬义同义词。词源存有争议，有学者认为这个词起源于西班牙16世纪，意思是“粗鲁的山民”“他说的当地语言很糟糕”。

这个国家的巨大失败中看到阻碍它进入资本主义时代的原因。但并不是说当时的西班牙人自发开始这样的冒险。唯一可以再次得出的结论是，从天而降终难守——更准确地说是从西印度群岛轻易得到的财富无法促进国家的持久繁荣。

停滞的社会

17 世纪，食利者心态成为西班牙的社会特点，至少有办法致富的心态并没有刻在民族基因中。正如约瑟夫·佩雷指出："人不是天生的食利者，而是变成食利者；如果说许多卡斯蒂利亚人更喜欢安全而不是风险（多亏从国债中获利），那是因为他们发现了这对他们有利。"

至于其他社会阶层，从 16 世纪末，流行病、外部冲突夺去了很多人的生命，滥收税费，以及因精英放弃生产经营而造成的高失业率导致他们走投无路。不过还要考虑其他带来精神压力的消极因素。

费利佩三世于 17 世纪登基，大贵族回归王国事务。天知道为了报复查理五世和费利佩二世的文官，勒玛公爵的政府有多么贪婪！贩卖公职、领主、贵族头衔，致命懒散不工作的人数成倍增加（士绅过度增加），其恶果已经从充满偏见的土壤中生长出来。

犹太人是靠着他们经商的才能富裕起来的吗？他们和所有联系划清界限，甚至远离自己的社区和信仰，不仅是出于对严酷的异端裁判所进行明智的预防，更是受"血统纯正法"（limpieza de sangre）的制约。自费利佩二世统治以来，越来越需要靠血统纯洁来获得令人尊敬的职位，或仅仅为得到社会的认可。奥利瓦雷斯本人虽然向改宗的葡萄牙犹太人征税，却未能有效对抗这些宗教或世俗的约束。

1609 年驱逐摩里斯科人是一项反经济措施，也是对同一种妄想的回应。社会理想——与对年金的狂热投机相矛盾，满足于为军队和教会服务的闲逸状态。当然，在那个时代这不是西班牙独有的特点，但国家"不洁"的过去强化了贵族对劳动的排斥，这种想法蔓延到了资产最少的士绅，他们宁愿放弃一切，也不愿不体面地去工作。

众多西班牙知识分子已经通过许多流浪汉小说和清晰的分析来谴责其恶果

了，那么是否有必要坚持这些被外国人所讽刺的特质呢？

衰退意识

“西班牙是唯一一个衰退思想成为真正困扰的西方国家”，斯坦利·佩恩评论道。事实上，很多在西班牙境外鲜为人知的作家把黄金时代大文豪的愤怒和失望转化为经济和社会批评。

一位经验丰富的外交官、多产的政治作家迭戈·萨韦德拉·法亚尔多在1640年左右看到他的国家站在其他欧洲国家的对立面时，提出了一个两难的问题：“或上升或衰落”，以呼应他朋友奎韦多的诗句：

有些东西来自远方，召唤我们，然后消失
一切又重归静默，永恒存在。

与不太相信宿命论的奎韦多的反抗相反，在历史宿命面前，还有许多像这样安静、不显露感情、逆来顺受的诗句：“当最勇敢的人与懦夫都在炮弹中死去，国家的声誉有什么价值呢？”人们不禁发出这样的疑问。

在宗教精神秩序中也有同样的危机。阿维拉的特蕾莎、十字架上的约翰、洛约拉的伊格纳提乌斯的刚强已不再受欢迎，取而代之的是伟大世纪的“奥秘派”和“寂静派”、芬乃伦的西班牙启示者米格尔·德·莫里诺斯顺从天意的温顺和放弃……

在西班牙思想危机（从哈布斯堡王朝的末日到《乌特勒支条约》）带来的批评和哀叹中［与保罗·阿尔1935年的《欧洲思想的危机（1680—1715）》不谋而合］，《批评家》的作者巴尔塔沙·葛拉西安（Baltasar Gracián, 1601—1658年）微弱的声音又一次响起。作为马基雅维利式的基督徒，葛拉西安这个与政治人物交往的耶稣会士懂得如何拥抱未来的时代。他用相对主义道德观来呼吁人们用精妙的沟通艺术打破对西班牙昔日荣誉的执着。他打算与“国家道德败坏”做斗争，努力提醒同胞“真相明了，而很少人倾听”，请人们对旧有价值观进行必要的更新，他在国外的影响力甚至比在西班牙更大。

同样对灵活高效的现代性的向往也体现在议会改革者、即所谓的“规划人”（arbitristas）身上，他们自称为政治经济计划顾问，虽然有的计划很古怪。他们经常像塞万提斯在《狗的对话录》中所写的那样被人嘲笑，但往往是有远见卓识的。因此，塞略里戈的马丁·冈萨雷斯（Martin Gonzalez）将美洲的钱视为“比瘟疫更糟糕的祸害”。他在1600年左右写道：“使我们的人民远离对公共利益如此重要的合法活动的，是赋予人们不用工作的权利和荣誉！”

有很多政治散文家如佩德罗·费尔南德斯·德·纳瓦雷特、桑乔·德·蒙卡达、胡安·德·桑塔马里亚谴责贵族社会似乎期待获得一切财富和荣誉，从皇室到教会只想着带领无数仆人或排场豪华的随从队伍。他们不一定把它们解释得很清楚,就从附加值在生产活动中扮演的决定性角色出发，发展出货币定量理论。

这些散文家的作品可以在某些精英的图书馆找到，尤其是奥利瓦雷斯伯-公爵的图书馆，那是欧洲最好的图书馆之一。人们重视这些知识分子，有时听他们的话，但听得不多。不过一切都已经太迟了：年金严重破坏了企业家精神，荒废了工农业活动，资产阶级向往奢侈的生活，让国家陷入贫困，迫使西班牙向其他地方购买越来越多它不再生产的制成品。

桑乔·德·蒙卡达看得很清楚：奢侈本身不是一种罪恶，只要能促进国内生产，它甚至是可取的；反之，当它不再依赖商品加工而只会让外国人富裕时，就应受到谴责。不幸的是，已经太晚了：工具已经坏掉，唯有恶习仍在（l’ outil est cassé, ne restent que les mauvaises habitudes）。

从费利佩四世到卡洛斯二世

然而，在费利佩四世和卡洛斯二世统治期间，西班牙宫廷和贵族奢侈的生活方式得到了遏制。令外国访客好奇的是，法律中增加了条文来管理大家族的仆人（甚至王家文书也评论“从手工业和田间偷来这么多劳动力”），法律规定了在马德里行驶的马车数量或者每个贵族女士有权要求作随从的乡绅不超过4人……

宫廷本身往往被不得已的需求所困。“地球之王”费利佩四世以及他最后一位妻子奥地利玛丽亚娜的编年史作家巴里奥努埃沃抱怨在桌子上找不到蛋糕时被告知，糕点师因为没拿到薪水已经离开了……在1660年，即费利佩四世去世的前几年，伟大的宫廷画家，也是身为宫廷总管（aposentador de palacio）的迭戈·德·委拉斯开兹就恭敬地向费利佩四世表示自己被拖欠了将近两年的工资。但这并没有妨碍他的主人送他到意大利游历，进一步丰富王家收藏。

在这种情况下，“限制奢侈法”只是一纸空文，困于繁文缛节和失去经济动力的僵化社会。1678 年，路易十四的间谍奥诺伊伯爵夫人与她的母亲——另一位间谍古丹纳侯爵夫人在马德里重聚。这次，奥诺伊和之前的外国观察者一样惊讶[①]。

侯爵母亲的府邸一般有 4 间房，每个季节换一间住，房间悬有 20 个拱顶，4 个年轻侍从屈膝向她献上巧克力。大家族的仆人包括众多侏儒、黑人或摩尔人奴隶。还有矫揉造作的宫廷礼仪，在晚宴上异性分开坐（*男士坐在桌旁，女士坐在“方砖”地板上*）。而回应此繁复礼节的自由纵欲实则更热烈，因为它必须是秘密的，至少是非常谨慎的。在旅途中，在简陋的客栈和萧条的乡间，人们有着意想不到的信息，乐此不疲地谈论宫廷逸事。

对写故事和回忆录的作家来说，西班牙占据着一个突出位置，他们惊叹于路上的普通农民会问凡尔赛宫的消息，以及如何看待路易十四和他侄女的婚姻。

卡洛斯二世刚刚奇迹般地进入了他人生的第 17 年。在费利佩四世 1665 年去世时，这个年仅 4 岁的孩子参加了盛大的登基仪式，王朝最后的希望就寄托在他的身上。那时似乎什么都没有变，连装饰都是完好无损的。但在帷幕后面，其他欧洲国家已经准备瓜分西班牙。

缓慢的末日

哈布斯堡家族经历了一场漫长的垂危过程：35 年来，人们不断威胁要废除可怜的卡洛斯二世，欧洲的统治者们在为继承西班牙王权而斗争；与此同时，一个经验不足的摄政者用尽一个比一个更不得人心的亲信。

奥地利的玛丽亚娜是费利佩四世的最后一任妻子，也是卡洛斯二世这位皇

---

① 1691 年，奥诺伊伯爵夫人的《西班牙宫廷回忆录》出版，取得了巨大成功。有人怀疑它们的真实性，并声称它只是从当时法国大使维拉斯侯爵的回忆录中汲取灵感。但毫无疑问的是，1678 年到 1680 年间，她在马德里过得很好，是路易十四在西班牙宫廷的代理人。在一次能够把她送进监狱的谋杀案中，她妥协了，选择了一种奢侈的间谍生活，在这种状态下，培养了她奢侈的品位。

室早产儿的母亲。卡洛斯二世的身体虚弱，无法长时间站立，他先后将政府的领导权委托给他的告解神父和同胞——奥地利耶稣会的尼塔德。他是一个和蔼可亲的人，但对西班牙很不熟悉。于是卡洛斯二世让出生在那不勒斯的富裕贵族费尔南多·德·巴伦苏埃拉来管理政府。他是一位沉默寡言的野心家，但缺乏政治才能，甚至比他的前任还让人难以忍受，很快在1677年被王国的贵族赶了出去。

第三个亲信是嫉妒巴伦苏埃拉的奥地利的唐·胡安·何塞，他是费利佩四世与女演员玛丽亚·卡德龙的私生子，即卡洛斯二世同父异母的兄弟。但他并不服摄政王后。另一方面，他在那不勒斯王国武装镇压暴乱（1648年）以及1652年在加泰罗尼亚设法赶走法国人的功绩让他颇受欢迎，赢得了贵族的支持。除了这些早先的功绩外，他还从巴塞罗那出发进行军事恐吓，迫使玛丽亚娜解除了尼塔德的职务。几年后，当摄政王后任命他为阿拉贡总督，自信已经摆脱他的威胁时，他却在玛丽亚娜和她第二个宠臣行至马德里时，从萨拉戈萨带领了15000人的军队对他们重新展开了同样的恐吓行动。

这是西班牙近代史上第一个真正的“军事政变”（Pronunciamiento），接下来的历史中不乏这类政治军事计谋。巴伦苏埃拉被流放到了菲律宾，王后母亲被软禁到了托莱多的阿尔卡扎尔宫。于同年（1677年）成年的卡洛斯二世并没有对此说什么，他心甘情愿地接受了唐·胡安·何塞的管理：西班牙已习惯了没有这个瘦弱苍白的矮小儿的统治，桑切斯·科埃洛或卡雷诺·德·米兰达创作的肖像画反映了他对周围的世界来说只是一个可悲的缺失。

这第二个奥地利的唐·胡安（他的名字和王家私生子的身份让人们回想起第一个唐·胡安的荣耀），本是奥地利哈布斯堡家族的希望。然而他的性格使其缺乏真正的政治意愿。两年后，即签订《奈梅亨条约》那年，他突然去世，历史学家们也没多解释当时的情况。

10年前的1668年1月19日，在路易十四的倡议下，希望除掉当时7岁的卡洛斯二世的欧洲列强们已经秘密分享了西班牙的蛋糕。奥地利皇帝接收了西班牙、西印度群岛和米兰。法国则分走了纳瓦拉、西西里岛、那不勒斯、低地国家和弗朗什－孔泰，加上菲律宾和西班牙在北非的领地。在“太阳王”的眼中这不太公平，但他至少得到了皇帝利奥波德一世对玛丽亚·特蕾莎王后继承权的认可。

1679年，路易十四将一枚新棋子放到棋盘上，他让卡洛斯二世娶了他漂亮的侄女奥尔良的玛丽－路易丝。面对要牺牲青春年华、与西班牙最后的哈布斯堡家族的国王一起度过绝望的一生，她苦苦哀求。她将在那里抵抗玛丽亚娜对奥地利的影响。然而，她无法为丈夫生下孩子。（这个假设当然是有可能的，有足够的证据可以证明）

玛丽－路易丝在 16 岁时成为西班牙王后，马德里举行了隆重的庆祝活动，但她丈夫的精神和身体都有缺陷。这位公爵之女于 1689 年去世，享年 25 岁。随后谣言四起，说她被奥地利的玛丽亚娜毒害，玛丽亚娜王后已经重新找回在唐·胡安·何塞时代所失去的对她儿子的影响力。事实是，两个不幸的年轻人遭受痛苦——卡洛斯二世爱上了王后，而她也被丈夫笨拙的体贴感动。法国大使比利亚尔侯爵却称他可怕地着了魔。与其承认国王卡洛斯二世无能，不如先宣布他“中邪”了。后来，“中邪者”（hechizado）的绰号一直跟随他进入埃斯科里亚尔的坟墓，那里也埋葬着他荣耀的祖先。

卡洛斯二世的磨难并没有结束。他母亲在 1690 年为他选择了第二任妻子，一个名叫玛丽亚娜的德国女人，她的家族——诺伊堡家族（Neubourg），因女性生育能力强而出名。事实证明，她像婆婆一样专横，但政治才能平庸，也没能带来王朝期望的继承人。

自从奥地利的唐·胡安·何塞去世后，新的大臣（第一国务大臣）——梅迪纳公爵，特别是奥罗佩萨伯爵，试图利用更好的人口和经济形势来重振国内局势（就算不在卡斯蒂利亚，至少在西班牙外围的加泰罗尼亚、莱万特和安达卢西亚）。加的斯接替了塞维利亚与美洲贸易往来，坎塔布里亚和加利西亚海岸的主要港口也发展了起来。

这些努力值得称赞，有些是成功的，但在两个玛丽亚娜的诡计下也没有起到多大影响。她们摈弃任何有损教会或宫廷利益的经济改革。而死尸般的君主给西班牙人带来令人沮丧的场面，他神经质地迷信阿利坎特的神秘主义，产生了病态的幻觉，被悲惨的画面和不可抑制的恐惧感折磨，让他变得更加可悲。

捕食者轮番登场

然而，最严峻的问题当数西班牙周围的邻国暗潮涌动。1668 年，奥地利和法国缔结了第一份秘密条约，旨在未来瓜分西班牙遗产。20 年后的 1688 年，“光荣革命”后，英国由新教徒奥兰治的威廉三世统治，他非常敌视路易十四的主张。在尼德兰，尤其在英国的压力下，第一份条约被第二次瓜分协定取代了。

1698 年，刚刚签署了《雷斯威克和约》结束了奥格斯堡同盟战争的“太阳王”显得格外谨慎。法国和奥地利在海牙达成一致，认为拥有海外属地的西班牙王位应该属于一位中立的统治者——巴伐利亚年轻的选帝侯约瑟夫·费迪南，也就是委拉斯开兹的画作《宫女》（*Las Meninas*）中玛格丽特（Margarita）的外孙。人们可以在委拉斯开兹的画作《宫女》中看到他。奥地利将继续割走米兰公国，法国则分走吉普斯夸（首府为圣塞巴斯蒂安）、那不勒斯、西西里岛和托斯卡纳。

路易十四当然（早在那一天之前，可能就在卡洛斯二世与奥尔良的玛丽－路易丝结婚时）就有了把他母亲和妻子后代中的一个王子安置在马德里的想法。然而，他谨慎地估量着撇开整个欧洲、建立新的海洋大国要承受的风险。直到最后一刻，他采取的行动都是回应着对放在棋盘上卒子的担忧，而不是不惜一切代价推动事情进展。

当年年初，这位巴伐利亚小王子突然去世，从根本上改变了竞争胜负的关键。经过妥协而决定的候选人消失了，奥地利和法国再次带着两位候选人面对面，其继承权旗鼓相当：“太阳王”的次孙安茹公爵和神圣罗马帝国皇帝利奥波德一世的小儿子查理大公。

因此，第三份秘密条约于 1699 年在英国和联合省的注视下起草：它计划将西班牙王位留给查理大公，其他属地瓜分则对路易十四更有利。但利奥波德一世希望将整个西班牙遗产归入囊中，因此拒绝签署协定。

在西班牙，这些围绕着一具“尸体”的秘密谈判泄露了。它们让国家最高层中真诚的爱国者不寒而栗。外国人继承西班牙王位已不可避免，但不是以分割领土为代价！那么问题来了：欧洲哪个家族最有能力维持西班牙君主国统一和领土完整？

“中邪的国王”最终放弃

围绕西班牙王位继承问题，双方发生了冲突。其中一派有玛丽亚娜王后

（1696 年去世）、奥地利大使、哈拉赫伯爵、当时统治加泰罗尼亚的黑森－达姆施塔特亲王（在奥格斯堡同盟战争期间为再次追击法国人而被召到那里）以及国务委员会的几名成员，如奥罗佩萨伯爵和阿吉拉尔伯爵，卡斯蒂利亚的海军上将勒加内斯侯爵。这个哈布斯堡派主张家族利益，也为了简单方便，因为卡洛斯二世已经任命查理大公作为他的继任者，如果年轻的巴伐利亚王子去世，国王不用改变他原来的遗嘱。

支持路易十四计划的一派由其大使哈科特公爵领导，后由继任者布莱库尔侯爵领导。他们巧妙利用人们普遍的倦怠，在经历糟糕治理后对王后党派产生的反感以及渴望变革的心情。这一派围绕托莱多大主教路易斯·曼努埃尔·费尔南德斯·德·波托卡雷罗主教、西西里前总督与梅迪纳·西多尼亚公爵、维莱纳公爵和马德里市长维拉加科亚公爵组成了一个强大的团体，很快在理事会中形成多数席位。教皇诺森十二世谨慎考虑后也宣布了安茹公爵的候选资格。

也许正如伊夫·博蒂诺所指出的，国务委员会的显要们有自私的计算：他们认为自己的特权受到法国贵族的威胁比受奥地利－德国人的威胁要小。但他们无疑更加敏感地感受到了将会导致的激变的民族情绪。尽管奥地利摆脱了 1683 年维也纳差点被土耳其占领的危险，但这个遥远而弱小的国家似乎无法保护西班牙免受它所担心的领土分割。只有多次受到法国蹂躏的加泰罗尼亚担心在法国人统治下中央集权会加强，因此仍然非常敌视波旁王朝的解决方案。

尽管抵触，沉浸在悲伤中的卡洛斯二世还是在去世前一个月（1700 年 10 月 2 日）的时候选择了退位，并改变他的遗嘱，转而支持安茹公爵。

在这份文件的第十三条中，卡洛斯二世国王回顾说，他的姑姑法国王后奥地利的安妮和他的妹妹玛丽·特雷莎放弃继承王国（西班牙），是为了避免她们与法国王室联合。“如果没有这种因素，继承权仍归近亲所有。如今法国王储的次子也是如此，我宣布他为我的继承人。”如果安茹公爵不能继位，将由贝瑞公爵（王储的第三个儿子）继承，如果后者也不能继位，那么继承权交给查理大公，最后是萨伏伊公爵。

所有关于君主维护哈布斯堡王朝全部遗产的必要性的论述都改了——这是不言自明的，它是王室行为的根基。另一方面，遗嘱里提出一个新要求（至少是重申），即西班牙和法国不能合并。很显然，成为王后的公主们就是为了这个原因而放弃继承权的，不过这已经没有意义了，因为国家分离的问题已经得以解决。

1700 年 11 月 1 日，39 岁的西班牙最后一位哈布斯堡家族的国王在老马德里阿尔卡扎尔宫中结束了他悲剧的一生。那里比生气勃勃的布恩雷蒂罗宫殿更适合他最后黑暗的遐想。

一个多月前他签字的遗嘱是否被夺走？它是伪造的吗？今天没有一个严肃历史学家怀疑文件的真实性或忍气吞声的立遗嘱人的可靠性。也没有任何司法部门质疑其法律效力。欧洲列强的反应稍迟了一些，也许是路易十四的鲁莽或失误造成的。

告别黄金时代

18 世纪初，哈布斯堡家族两百年的统治落下帷幕——前一个世纪充满霸权主义和帝国野心的辉煌，后一个世纪则缓慢走向衰落。西班牙的“黄金时代”已经结束。随着 1660 年委拉斯开兹去世，1681 年最后一位大师卡尔德隆去世，黄金时代的文学艺术辉煌也逐渐消失。

仿佛为了伴随末代奥地利家族统治者葬礼的结束，1690年去世（于塞维利亚的慈善医院）的画家胡安·德·瓦尔德斯·莱亚尔[①]在塞维利亚卡里达医院绘制的死亡寓言，戏剧性地哀悼着西班牙黄金时代即将熄灭的令人眼花缭乱的艺术之光……不过丘里盖拉风格建筑（巴洛克晚期风格，常被称为洛可可艺术风格，在西班牙和美洲的西班牙殖民地则成为丘里盖拉风格）的优雅很快给伟大的巴洛克世纪带来盛极的辉煌。

太多幻想破灭的西班牙在新的王朝统治下重新开始了民族命运常见的发展进程。直到不可避免的十二年战争为止，它的文明一直具有创造力，在美洲大陆上延续着它的辉煌，而在欧洲也不会消失。伟大的自豪感、价值感、从未抛弃的自尊仍然存在于每个人的精神和身体里。孟特斯鸠在思考西班牙的衰落时，把它与罗马的颓势相提并论，还有比这更糟糕的比较吗。

---

① 胡安·德·瓦尔德斯·莱亚尔（1622—1690 年）：巴洛克时代的西班牙画家和蚀刻师。他的画作多以短暂的生命和永恒的死亡为主题，以至于被称为“死者的画家”。其中最具代表性的是两幅在塞维利亚卡里达医院绘制的，被视为“死亡寓言”的画作《眨眼之间》及《尘世荣光的终结》，这是两幅涉及虚无主义的寓言作品。

第十一章　西班牙王位继承

法国学生曾经在历史教科书中了解到，路易十四接受西班牙卡洛斯二世的遗嘱时，更多考虑的是王朝威望，而不是国家利益，即遵守欧洲瓜分西班牙的秘密条约。如果遵守条约，法国可以收获新的领地，同时省去一场战争，而这场战争后来被证明是路易十四在位时持续时间最长、最引人注目的战争。可是，历史不总是接受敌人之间的这些小安排，有时它更喜欢伟大的冒险。

1700 年 11 月 9 日，当“太阳王”在枫丹白露得知马德里的西班牙最后一位哈布斯堡家族的国王去世，并确认了他的遗嘱后，他克制住得意的情绪，并深思将孙子安茹公爵扶到西班牙王位上的风险。同一天，在夫人的府邸举行的理事会会议上，每个成员们就接受遗嘱的好处和坏处进行了辩论。

从枫丹白露到凡尔赛：决定性选择的一周

有些人，如未来费利佩五世[①]的总督博维利耶公爵，他倾向于谨慎拒绝（西班牙的提议），维持与英国、尼德兰的最后协议。他们认为，通过分割西班牙各属地的协议，法国的领地可以扩大到洛林（以米兰作交换）、西属低地国家和巴斯克地区的吉普斯夸，同时会扩大至那不勒斯和西西里岛。但不要忘记，神圣罗马帝国的利奥波德皇帝没有同意这所谓的第三次秘密条约，他打算让儿子查理大公继承整个西班牙遗产。

因此，法国与奥地利的冲突不可避免。也许只有那些在这件事上对欧洲没

① 费利佩五世（1683—1746 年）：18 世纪的西班牙国王，1700 年至 1746 年在位，其中 1726 年曾短暂退位。他是西班牙波旁王朝的第一位国王。费利佩五世是法国路易王储之子，法国国王路易十四之孙，因此他还有安茹公爵的头衔。

有领土野心，但在海外贸易及殖民地贸易方面表现出相当大的野心——特别是英国，这样的海洋强国才会垂涎于西班牙的海外市场。不过它忽视了法国政策的一个历史特点：允许维也纳的一位哈布斯堡家族的统治者再次定居马德里，或者恢复法国自弗朗西斯一世以来放松的钳制。

这无视了西班牙人明确表达的意愿，即不接受分割他们的王国。这个基本原则使国务委员会和卡斯蒂利亚委员会向卡洛斯二世施压，说服他把遗产委托给最有能力以军事实力和威望维护西班牙完整性的王朝。

人们经常批评“太阳王”路易十四的战争热情、霸权野心和阴谋诡计，这些特点使路易十四无法用恰当的方式处理西班牙王位继承的事宜。

正如让－克里斯蒂安·佩蒂特菲尔斯所言，在接受卡洛斯二世最后安排的事宜上，路易十四的诚意毋庸置疑。无论法国游说团体（lobby）如何向马德里宫廷施压，都是西班牙的爱国精神决定了垂死的国王的遗愿。直到最后一刻，国王卡洛斯二世在马德里的代理人布莱古不是一直担心看到遗嘱指定奥地利大公（继承王位）吗？当幸福的惊喜过后，路易十四只是在风险程度差不多的选择中挑了不那么糟糕的一个。

圣西蒙在他的《回忆录》中，着重叙述了法国王储以他母亲玛丽亚·特蕾莎王后遗产的名义（令人惊讶的是，王太子平日极为冷漠）要求接受遗嘱。因为要继承法国王权，他和其长子勃艮第公爵都不能要求西班牙的王位，但他不会让小儿子失去这个机会！

在法国国王路易十四看来，如果逃避他的王朝责任，以及忽视西班牙人的民族感情，他将失去他的“名誉”和法国的声誉。这一切都是为了幻想的和平以及奥地利哈布斯堡王朝的皇帝利奥波德曾拒绝给他的领土补偿。在这种情况下，“和西班牙一起发动战争比对抗西班牙好，而且可以继承整个西班牙，而不是它的一部分”。

在最终犹豫之后（在此期间路易十四打算迫使利奥波德加入与英国缔结的分割领地的协定，这样可能使后者保持中立），路易十四决定服从上天的安排。因此，1700年11月10日，经过两场会议后，法国国王决定为他的孙子接受西班牙全部遗产的继承权。

接下来的发展，至少仪式广为人知。11月15日，法国国王路易十四离开枫丹白露前往凡尔赛宫。16日，他首先带来了安茹公爵和大使卡斯特尔·多斯·里奥斯（加泰罗尼亚语为“卡斯特尔多斯”）。“你可以迎接你的国王了”，他指着这位17岁的王子对外交官说。当大使亲吻已经成为君主的费利佩五世的手后，用一长串西班牙语赞美祝贺他，路易微笑着打断他：“来吧，先生，他还听不懂你的语言。由我来回答……”

接着，房间两扇大门敞开，朝臣鱼贯而入：“诸位”，路易十四宣布，“这是西班牙国王！他的出生呼召他继承这个王冠，这也是已故国王的遗愿。西班牙人民希望并请求我同意，我很乐于履行，这是上天的旨意！”

然后转向他的孙子：“你要做一个优秀的西班牙人，这是你目前的首要职责。还要记住，你生来就是法国人，要维护我们两国之间的联盟，让两国人民感到幸福。并且你还要维护欧洲的和平。”

这一幕既亲切又光辉的高潮似乎留给了卡斯特尔·多斯·里奥斯，他对这个害羞的金发年轻人热情到了极点。后者被召来领导一个濒临深渊的“日不落”王国。就像在路易十四的婚礼时那样，卡斯特尔大声喊道：“多么让人高兴啊！没有比利牛斯山了，它倒塌了，我们是一体的！”

世纪之初还未知道……

法西两国的历史当然否认这种地理上的混乱，甚至比人们想象的还要快，国家利益的逻辑可以迅速使最得到肯定的家庭团结变得一文不值。但对峙了两百年的两个国家第一次发现他们开始了同样的征程。18世纪，西班牙无论好坏都是进入了属于波旁家族的时代，“家族契约”起起伏伏，然而必须指出，这些契约还不如查理五世在维也纳和马德里之间缔结的联盟稳固。

最糟糕的情况将开始。十二年的欧洲战争中，新的盟国取得了胜利，但代价是法国险些经历灾难，而西班牙的再一次放弃已经使其失去的一流强国的地位。

人们认为西班牙人经由卡洛斯二世做出了错误的选择，但他们忘记了这位末代哈布斯堡家族的国王留给西班牙一个多么虚弱无力的状况。西班牙期望与法国结盟，是因为法国是欧洲第一大国，人口密集，资源丰富，军事实力雄厚，国内改革振兴经济，可以保护其海外帝国免受新兴海洋大国的威胁。这种选择在当时合乎逻辑，也是明智的。然而，它没有考虑到欧洲形势即将逆转。

在 1700 年，当路易十四的统治仍然处于巅峰时，巴黎和马德里的人民怎么会想到刚刚开始的世纪将是未来的大不列颠联合王国的世纪，也是它通过制造业、贸易、金融和舰队所带来的第一次全球化的世纪？它宏伟的计划由来已久。也许从 1651 年克伦威尔独裁统治下的“航海法案”，英国就赋予自己“闻所未闻的控制海上所有航线的权利，藐视最古老、最基本和最无可争议的权利”。

虽然古老的欧洲仍然从领土征服的角度思考历史，但 1688 年英国的“光荣革命”刚刚赶走了斯图亚特家族，将奥兰治的威廉三世及其继任者送上王位，为其极度膨胀的野心开辟了道路——强加“欧洲平衡”，这样最符合其在全球的利益。英国与法国、西班牙的持久对抗，就像葡萄牙作为英国势力范围内的卫星国一样不可避免。

结束西班牙王位继承战争的《乌特勒支条约》最终留给法西两国波旁人胜利的幻觉。作为直布罗陀和梅诺卡下一个世纪的永久主人，英国海军很快就支配了地中海。整个欧洲的面貌将发生改变。当然，这些考虑属于对未来的预测。然而，它们显示了大不列颠在这场将整个大陆卷入的战争前夕就已经发挥着主要作用。

正是英国在“巴达维亚号”之后掌握着战争与和平的钥匙，也让决心对抗帝国[①]的路易十四仍然在等待，即使不是为了中立，至少也是为了不交战。“太阳王”当然不会低估奥兰治威廉三世内心的敌意，但他寄希望于后者与托利党控制的下议院遇到困难，以及共和党的尼德兰资产阶级的和平主义倾向。

其实一开始，只有奥地利哈布斯堡王朝的皇帝把“太阳王”接受遗嘱当作冲突的借口。威廉三世仍在等待路易的反对者大肆抨击讽刺，出版反法宣传册。正如他在 11 月 16 日给盟友尼德兰大议长海因斯的信中所吐露的那样：“整个争夺都在谨慎进行着，让我的人民在不知不觉中卷入战争。”他自身顽强地抵抗着法国，然而 1701 年 4 月他的保守派大臣逼他必须承认费利佩五世。

① 这里的帝国是指德意志民族神圣罗马帝国。奥地利大公是神圣罗马帝国的皇帝，而奥地利当时处于哈布斯堡王朝的统治之下。

马德里的波旁："太阳王"的鲁莽

12月4日上午，安茹公爵由他的两个兄弟勃艮第公爵和贝瑞公爵护送到边境，走上通往马德里的道路。由于外交原因，他们在法国的行程很慢，在进入西班牙之前需要等待两个月，好让利奥波德皇帝在收到卡洛斯二世的遗嘱正式通知后做出最终决定（最后期限是1701年1月18日）。22日，在圣-让-德吕兹，大使哈科特和西班牙政府委员会的重要代表一起等待年轻的君主，三兄弟就此作别，再次上演与在凡尔赛、索城和路易十四告别时一样"令人心碎"的场景，费利佩五世不得不和他的兄弟，特别是最喜欢的勃艮第公爵分离。博维利耶抓着一个，而哈科特拉着另一个……这些芬乃伦的学生已经习惯了卢梭和格列兹的感伤世界："决堤的泪水"并没有吓到他们。

安茹公爵在成长过程中一直顺从他的哥哥——唯一一个被要求在王太子后统治法国的继承人。安茹公爵接受了严肃的教育，远离自由放纵的宫廷，但仍然保持整洁和相对自由。虔诚使他后来的耽于声色严格限制在夫妻关系中，这与其说归功于忒勒玛科斯的作者、他那受流行的静谧主义影响的温和的老师，不如说是王子在面对脾气比他硬的人时会显得更加温顺和胆怯。幸运的是，他先后两位妻子，年轻的巾帼英雄、萨伏伊的玛丽-路易丝·加布里埃拉和专横的埃丽莎贝塔·法尔内塞弥补了他天性中缺少的力量。他的软弱和犹豫不决并不是从坚强正直的博维利耶那里学到的，相反，他的两位老师因为各种考虑，不停向他灌输王室和个人道德。他天生仁慈、充满善意、缺乏毅力，这些特点被他青年时期病态的忧郁所掩盖，并且这个心理疾病后来始终折磨着他。除了王太子父亲的法国-西班牙血统，费利佩五世还有他母亲巴伐利亚的玛丽·克里斯蒂娜的维特尔斯巴赫家族血统。他的母亲，这位患有神经衰弱和忧郁症公主从小就成为孤儿，这使得她在婚姻里一直寻找着被人呵护的感觉。

1701年2月18日，费利佩五世在热情的人群簇拥中抵达马德里，在布恩雷蒂罗宫的门前受到这次王位继承的主导者波托卡雷罗红衣大主教的欢迎。新国王年轻、谦恭、充满威严，在臣民面前脱帽，这与他们以前的君主们遥远如偶像般的外表形成鲜明对比。费利佩五世充满自信地发现卡斯蒂利亚人民欢天喜地、生机勃勃，却没有想到他愉快的心情无法与整个西班牙分享。

4 月 14 日，当费利佩五世庄严地进入首都，通过凯旋门到达政府所在地阿尔卡扎尔宫时，他还不知道在他的土地上将面临一场内战，并且欧洲王位继承战争的第一轮战役很快就要爆发。

考虑周全的路易十四沉浸在成功的喜悦中，他变得十分鲁莽。他的孙子安茹公爵前往西班牙时带着保障自己及其后代获得法国王位继承权的文件。如果西班牙波旁王朝国王费利佩五世心中并不存在卡洛斯二世遗嘱中禁止让两个王国合并给一位君主的问题，而只是在家族长子去世的情况下（事实也是如此），允许王位从原来的继承人传到另一个人手中。那么这些由议会在 1701 年 2 月 1 日根据路易的要求所记录的文件在欧洲产生了挑衅的效果，这让他们严重怀疑“太阳王”的真实意图。

更严重的是，几天后，他仓促决定以西班牙新国王的名义在北部屏障（阿纳穆尔、查勒罗伊、蒙斯、考特赖）派驻了法国军队，那些是 1698 年尼德兰人从西班牙夺取的地方，他们在此保有军事力量。他在没有花时间废止协议的情况下，就在此派军队驻扎，即使没有交战，也显示了路易十四对他与马德里关系的看法：“法国自视西班牙及其国王为可爱听话的孙子，自视为还没站稳脚跟的费利佩五世的监护者！”

1701 年 9 月海牙、英国、尼德兰和奥地利缔结的大联盟于 1702 年 5 月 14 日向法国和西班牙宣战。

两个月前，奥兰治的威廉三世去世了。继承他王位的新女王安妮来自斯图亚特家族，她皈依了新教。她对路易十四同样怀有敌意，詹姆斯二世在圣日耳曼莱昂流亡时去世后，路易十四承认他的天主教儿子以詹姆斯三世之名（伪）成为英国国王。

一个最佳论点赢得了英国议会的支持：他们担心法国控制英国和西印度群岛的贸易，即使是地下的，也会损害乌木商人和贩运者的利益。这种恐惧并非毫无道理。在几年后，路易十四向驻马德里大使阿梅洛发出的指示中，不是也向他指出“这场战争的主要目的就是西印度群岛的贸易及其产生的财富”吗？尽管法国国王遵循“上天的旨意”，却没有更脚踏实地的考虑！

统治之初的混乱

费利佩五世统治初期历经坎坷，不过幸运的是没有失去卡斯蒂利亚对他的信任，这才是最重要的。这位年轻的国王缺乏自信，宫廷礼仪和习俗包括饮食习惯的改变，特别是随行法国官员对行政部门的直接控制打乱了西班牙以往根深蒂固的习惯，冒犯到了贵族的某些特权。

此时的西班牙人发现自己或多或少正经历与1519年根特的查理和他傲慢的佛兰芒斯顾问到来时类似的状况。不过查理五世继承了一个健康的王国，而由欧洲最强大君主“太阳王”路易十四支持的费利佩五世代表了一个悲惨衰落国家的最后希望。在这种情况下，他不应过多抱怨旧宫殿里的繁复事务，也不应过分在意某些法国官员像在被征服国家里表现出的过分的傲慢。

在路易十四对他孙子的指示中预见了这种心理不适：“不要对你看到的不常见的人、事、物感到震惊，也不要取笑他们，”路易十四写信给费利佩五世说道，“每个国家都有自己独特的行为方式，你很快就会对最初让你惊讶的事感到习惯。”

同时，路易十四让费利佩赶快和随从们保持距离。本着同样的精神，他告诉哈科特公爵自己无意干涉西班牙的内政：“如果波托卡雷罗红衣主教和整个国家（对我）有任何不信任的话，一定要相信，我只会按照西班牙人自己的意愿，为了人民的福祉，以及我的王国和西班牙之间的关系永远融洽而参与西班牙事务……我的臣民不会去西班牙的机构做什么事！”

虽然路易十四的意图崇高且明智，并配有具体指示（如削弱神职人员和异端裁判所的权力），但这无法掩盖他的冒失鲁莽。不过如果路易十四表现得不那么傲慢，那就不是他自己了。总之是他的天性使然。至少他并没有掺杂着西班牙人难以忍受的法国人的民族优越感。

他的孙子费利佩五世缺乏经验，在他的治下西班牙王国内到处都存在管理不善的问题，战争有可能蔓延到西班牙，这也迫使路易十四不得不（比他所希望的）插手更多。错误和摩擦在所难免。管理国王法国事务的卢维尔侯爵对安茹公爵很有好感，但他长期不遗余力地讽刺着西班牙人。国王费利佩五世的告解神父、耶稣会士道本顿也是这样。官员让·奥里是伟大的科尔伯特的门徒，他于6月被派往马德里整理王国和西印度群岛的财务状况，给人留下了称职、能干但极傲慢的印象。

路易十四为帮助年轻的国王费利佩五世做出的其他选择基本上是明智的。在做出所有重要决策的王家内阁（Despacho）中，他安排了他的大使哈科特公爵，还有温和的波托卡雷罗红衣主教，以及另外两名西班牙人安东尼奥·德·乌比拉和卡斯蒂利亚第一国务大臣曼努埃尔·阿里亚斯。虽然，后两人不太突出。后来哈科特病得很重，马辛伯爵代替了他；再后来另一位伟大的领主、埃斯特雷斯枢机主教代替了马辛伯爵。在法国的保护下，消沉但迷人的西班牙苏醒了。

两位女性和受其影响的国王

“太阳王”最令人高兴的安排则是选择女性来辅佐他脆弱的孙子：他为费利佩五世选择妻子，并为她配了一个顾问，作为卡马雷拉市长（camarera mayor）。

萨伏伊的玛丽－路易丝·加布里埃拉当时只有 13 岁，有着她这个年龄的清新纯真和魅力。她在都灵与费利佩五世的代理人举办婚礼。她金发披肩、身材娇小，有一张从小就贪吃的微肿嘴唇，是“易变卦的狐狸”萨伏伊公爵维托里奥·阿梅迪奥的次女（他梦想得到一个真正的王位，但路易十四只想着联姻）。

玛丽－安妮·特雷莫莱－诺尔穆蒂埃两次丧偶，先是是塔列朗－查莱亲王，后来又是奥尔西尼亲王的遗孀。到西班牙时，她已经将近 60 岁了，作为年轻王后的随从，在这之前她一直是联盟里能干的主导者。她一直往返于罗马和巴黎之间，自第二次婚姻以来她一直在意大利为法国的利益服务，担任路易十四的高级间谍。她的年龄并没有减少深蓝色眼睛和棕色头发散发的迷人魅力，更没有改变她与生俱来对人和对政治的敏锐直觉。圣西蒙用他独一无二的风格写道：“她是世界上心思最细腻的人，也是最有智慧的人，她了解自己的世界，知道从哪里获得她想要的，也知道走向哪里。高傲的她不需要太在意手段就会达到自己的目的。”

玛丽－安妮·特雷莫莱－诺尔穆蒂埃在双重角色中——在不干扰夫妻和谐的情况下，巧妙地管理这对年轻的国王夫妇。她还同时悄悄替“太阳王”在西班牙事务上发声，并向其传递消息可以说她长期专注且高效地完成着她的使命。不过，她最大的成就是得到了年轻王后的信任和友谊。尽管王后强烈的个性和她的性格有些冲撞，但玛丽－路易丝足够聪明，能感受到这个长辈的存在就像一个守护者。按照圣西蒙的说法，三人密切的关系中，这位爱着妻子的国王“故意让自已被关起来，由较公平的异性来管理”，而在等待着新波旁君主的考验中，这是一个有力的武器。

小王后途经法国抵达皮埃蒙特。费利佩五世和玛丽－路易丝第一次见面是在加泰罗尼亚的小城菲格拉斯，他们的婚礼于 1701 年 11 月 3 日在此地举行。王后难过地离开了她的萨瓦护卫队，之后还有一个滑稽的小插曲：他们本想举办“法国－西班牙”风格的宴会，但并不适合每个人的口味，于是两人关于食物争吵了起来。这让刚和女孩接触不久不耐烦的小伙子有点恼火，以至于夫妻俩在头两三个晚上互相怄气。

乌尔辛亲王妃玛丽－安妮·特雷莫莱－诺尔穆蒂埃从尼斯起已陪在国王夫妇身边，此时能够充分发挥她的才能：安慰一个人，并和另一个人讲道理。很快，当费利佩五世远在凡尔赛的祖父路易十四在一场重要战役之余得知这些闺中之事时，夫妇两个人已经相处得很融洽了。路易给费利佩五世写了一封信，信中建议孙子尊重妻子，但也需要坚定，不过他白费功夫，在这个家里总是玛丽－路易丝做主。她很快就要开始第一次摄政了。

“热情的费利佩”的战火洗礼

1701 年，新国王终在阿拉贡王国度过，他在阿拉贡、加泰罗尼亚和瓦伦西亚的议会上相继宣誓。1702 年 4 月初，这对夫妇不得不分居。战争在意大利北部开始，为奥地利哈布斯堡王朝皇帝效力的萨伏伊的欧根亲王刚刚打败了法国人，甚至俘获了维勒鲁瓦元帅。旺多姆公爵才开始重新建立局面，路易十四决定让孙子加入，作为初次战斗体验一下。他不仅统治着那不勒斯这个他还没有进入的王国，还统治着激烈斗争的米兰人。

费利佩五世从巴塞罗那出发到那不勒斯时并不是不害怕。他抵达伦巴第与法国将领们并肩作战，在远方妻子玛丽－路易丝的鼓励下表现得很英勇，因为他不是懦夫，甚至在 8 月的卢扎拉战役中受了伤，并在西班牙赢得了“热情的费利佩”（Felipe el Animoso）的绰号。比起面对公众时的胆怯，他更善于在激烈的战斗中表现出勇气和胆量。在与路易十四的通信中，他非常谦虚地把自己的缺点归因于“缺乏自信和政治事务经验”。

当西班牙国王费利佩五世在意大利摘取他的第一个桂冠时，他的王国周围危机四伏。在乔治·鲁克爵士的指挥下，一支由50艘舰艇组成的英荷舰队攻击了防守完善的加的斯。这激起了小摄政王后的强烈反应，她已经准备走上前线，参与法国舰队的联合行动。但1702年10月，同一支前往加利西亚的敌军舰队在维戈湾意外遇到并击沉了由法军战舰沙托雷诺号护送的从西印度群岛运来金银的船只。也许比满载财富的几艘船被俘或被击沉更严重的是卡斯蒂利亚海军上将意外叛逃。他是第34个，也是最后一个投敌的人。他逃往里斯本，表明了自己的背叛立场。这是一个令人不安的迹象，体现了西班牙大贵族正在波旁国王和敌人之间做选择。这些大领主在宫廷中大部分影响力被剥夺，被法国人取代，他们中的一些人很快加入了奥地利大公的阵营。

1703年1月，费利佩五世轻松地回到了他的首都马德里，只因在意大利的功绩受到百姓热烈欢迎。但这只是落入政治－协议阴谋巢穴的开始，每个人都要负责：埃斯特雷斯枢机主教和他的侄子、野心勃勃但背信弃义的埃斯特雷斯修道院长波托卡雷罗红衣主教，他因为法国君王的到来害怕得脸色苍白，卢维尔和道本顿成了敌人……凡尔赛的牵连太多，往往自相矛盾，更增加了混乱。

乌尔辛亲王妃是这种情况的第一个受害者。1704年6月，她被召回凡尔赛宫，这让玛丽－路易丝非常生气，从而使这对王室夫妇更加抗拒“太阳王”的指示。王后大喊不公平，发誓她会迅速纠正它，并且“不惜代价”，她嘲讽地向格拉蒙特公爵保证，这位法国国王派遣的新大使打算牺牲两位女士的利益来建立自己对费利佩的影响力。

一年之后，路易十四终于放弃了。他把亲爱的乌尔辛亲王妃玛丽－安妮还给了王室夫妇。1705年8月，和她一起抵达马德里的还有一位法国大使，他的视野不像前任局限于获得最高爵位和金羊毛。无私而精力充沛的让－米歇尔·阿梅洛特·德·古尔奈迅速成为费利佩五世的优秀的国务大臣，与王后和乌尔辛亲王妃相处得都很好。虽然他起初也忍不住批评西班牙人，但被路易十四训斥了之后，阿梅洛特很快克服了偏见，受到西班牙同僚的重视。让·奥里在短暂离开后又回来掌管财务，他进行了紧急的行政和军事重组——西班牙受到的威胁越来越逼近了。

对费利佩五世发动全面战争

一年多来，萨伏伊公爵女儿玛丽－路易丝的爱国精神始终没有改变，而萨伏伊公爵维托里奥·阿梅迪奥自己却反水了。他追随着神圣罗马帝国皇帝利奥波德一世，就像已经加入战争、梦想成为普鲁士国王的勃兰登堡选帝侯一样打算获得国王的头衔。两个新的王国——维托里奥·阿梅迪奥建立的撒丁岛－皮埃蒙特王国和勃兰登堡－普鲁士，出现在欧洲版图上。佩德罗二世的葡萄牙也刚刚通过所谓的《梅尔特胡恩条约》与英国结成了紧密的商业军事联盟。

1703 年 9 月 20 日，维拉尔元帅在德国南部霍斯塔特的胜利解救了路易十四的盟友马克西米利安二世伊曼纽尔的巴伐利亚。但为时已晚，现已无法通过武力的方式获得和平：他本应趁匈牙利人对抗皇帝时进军维也纳。然而，巴伐利亚的选帝侯宁愿入侵蒂罗尔，也不愿遵循路易十四和维拉尔元帅的计划。这次错失的机会代价高昂。这使盟国的立场更加强硬，他们承认查理大公是西班牙唯一的国王，并决定把战争带到西班牙的中心，驱逐国王费利佩五世。伊比利亚半岛正在开辟一条新的战线，除了欧洲战争，还有爆发内战的风险。

1704 年 5 月，当盟军在巴塞罗那的第一次登陆尝试失败时，英国舰队带着前加泰罗尼亚总督黑森－达姆施塔特（伯国）亲王转向直布罗陀，攻破了只有 100 名驻军的脆弱防线，并于 8 月初占领了此地。在贝莱斯－马拉加战役之前，路易十四的私生子图卢兹伯爵指挥的土伦舰队和鲁克的舰队作战中，没有让比利亚达里亚斯侯爵带领的西班牙人夺回这块战略要地。路易十四派遣的泰瑟元帅，在用尽了整整一年的兵力后，解除了对直布罗陀的包围。

1705 年夏末，一支新的盟军舰队到达巴塞罗那，奥地利的查理大公带领着 8000 人下船。他以卡洛斯三世之名给自己加冕，受到加泰罗尼亚人民的热烈欢迎。12 月，在瓦伦西亚发生了下层神职人员领导的农民起义。在阿拉贡的一些城市和村庄也发起暴动，民众封锁了西班牙王家军队收复巴塞罗那的必经之路，并切断了他们撤退到卡斯蒂利亚的通道。费利佩五世经由法国和忠诚于其的纳瓦拉返回马德里，把泰瑟留在了埃布罗，后者非常窘迫，他写信给路易十四的外交部长托尔基侯爵：“在我面前是崇敬自立君主的加泰罗尼亚，在我右边的瓦伦西亚王国完全处于暴乱中，而在两者中间的阿拉贡只想要独立。”

阿拉贡的统治权交给大公

阿拉贡王国叛乱的原因有很多，并非总是一致的。在瓦伦西亚和阿拉贡又一次出现的反领主农民暴动中，大多数贵族和高级神职人员普遍忠于合法国王。他们担心以中央集权闻名的波旁政权会取缔以前的制度，这些制度使其领土上的人民免于兵役，提高了增税的难度，在阿拉贡的联邦制上发挥着重要作用。然而在加泰罗尼亚，出现了决定性的转折。

加泰罗尼亚这个伯国十分珍惜它在中世纪所扮演的领导角色，它还没有从奥利瓦雷斯伯－公爵时代卡斯蒂利亚中央政权对其施加的恶劣待遇中恢复过来，并且对最近的叛乱和“收获者之歌”[①]记忆犹新。此外，加泰罗尼亚人长期以来对法国人都没有好的印象，法国人曾经一再蹂躏、分割他们的领土，现在又在马德里统治。不管是不是费利佩四世的统治让他们失望，加泰罗尼亚人觉得他们的特殊性会得到像奥地利这样的“多民族”国家更好的尊重，这不是没有道理的。查理大公在登陆巴塞罗那之前给了加泰罗尼亚人民非常有诱惑力的保证，他们的市政官员们才决定向他敞开大门。

上个世纪末出现的新经济形势也加强了这些政治考量。尽管西班牙在哈布斯堡国王的统治下日益黯淡，又遭受几场瘟疫和军事流血事件的蹂躏，然而灾难结束后，西班牙重新焕发光彩。甚至在费利佩五世到来之前，它成功地以严重的通货紧缩为代价稳定了货币。不过在人口重新增长的支持下，经济活动的复苏在西班牙周边地区比在卡斯蒂利亚的中心地区更为明显。地中海地区，特别是加泰罗尼亚正得益于这种新的活力。它就像“另一个西班牙”，或多或少地处于权力的边缘，越来越公开要求其在商业活动中分得一杯羹。它反对人口和财富缺乏的卡斯蒂利亚，反对表现出和他祖父“太阳王”同样专制主义的波旁国王。然而，费利佩五世也没有吝惜给巴塞罗那恩惠，他参加了加泰罗尼亚的议会，开放了其港口与西印度群岛之间的部分交通往来，并更新了君主的传统誓言，尊重伯国的特权，就像他赋予阿拉贡其他伯国的权利一样。然而，现在还没有预兆他对反叛省份采取统一的惩罚措施。但毫无疑问，尽管加泰罗尼亚站在对立面，有卡斯蒂利亚给予费利佩五世热情支持就足够了！

---

① 收获者之歌：指代 1640 年 6 月 7 日爆发的加泰罗尼亚大起义，又称“收割者起义”。

因此，不断涌出的民族分裂的毒液持续渗透到了西班牙身体里，天主教双王和哈布斯堡家族没能完美地实现统一，他们没有选择其他的解决办法，这确实不符合当时的时代精神，更不符合高度结构化的民族国家的形成。

卡斯蒂利亚：经得起考验的忠诚

刚刚回到马德里的费利佩五世又前往西部，加入了由年轻的摄政王后匆匆组织的民兵大军，并委任贝里克领导——他是英国国王詹姆斯二世的儿子，入籍法国，是路易十四最好的将军之一。

现在最严重的威胁来自葡萄牙，查理大公在强大的盟军陪同下奔赴此地，重新举办了他在巴塞罗那举办过的加冕典礼。那个时代经常发生的讽刺现象是，一个天主教英国人为西班牙和法国服务，而法国胡格诺派教徒成了英国的新臣民——鲁维尼侯爵、现在的戈尔韦勋爵指挥盟军轻松向卡斯蒂利亚推进，夺取了萨拉曼卡，并在 1706 年 6 月 25 日与葡萄牙将领达斯米纳斯侯爵和奥地利人施塔伦贝格伯爵一起进入了马德里。面对明显的实力差距，费利佩和贝里克已经撤退，留下首都向敌人敞开。王后玛丽－路易丝在乌尔辛亲王妃和阿梅洛特的协助下，以她惯用的镇定选择同政府撤到了布尔戈斯，尽可能接近前线。

新的卡洛斯三世再次宣布即位，这次是在王国的首都。但他几乎没有时间在那里建立营地。民众似乎不理睬他，用恶言恶语骚扰他的葡萄牙随从。法国－西班牙的反攻迫使入侵者撤离，8 月 5 日，费利佩五世回来了。

卡洛斯二世的遗孀、王后诺伊堡的玛丽亚娜仍住在托莱多，她因很快承认了查理大公为统治者而被武力驱逐，流亡巴约讷。波托卡雷罗红衣主教也表现出同样的软弱，考虑到他过去的尽忠职守，国王费利佩五世很快原谅了他。最终，宫廷叛逃行为便不怎么发生了。但最重要的是由于卡斯蒂利亚人民的支持及其妻子获得的民心，费利佩五世得以保住了他的王冠。

像他遥远的后代胡安·卡洛斯国王在 1981 年未遂的佛朗哥主义军事政变后受到了整个国家的尊敬，费利佩五世从此可以在他的王朝合法性上增加一个真正的民众合法性，即使这不是我们今天所理解的民主合法性。

从毗邻北大西洋的省份到安达卢西亚，费利佩五世在可怕的境遇中彻底获得了国家绝大部分地区的支持。“卡斯蒂利亚人让我看到了赤胆忠心，我无需再证实他们的善意，只需全心全意相信他们，投入他们的怀里”，他历经磨难前在写给祖父的信中如是说。而接下来发生的事没有让他失望。

一位在很早以前研究西班牙王位继承战争的杰出历史学家阿尔弗雷德·鲍德里亚特总结道：“有一天安达卢西亚、塞维利亚、格拉纳达、科尔多瓦和哈恩等主要城市约定成立一支 15000 人的队伍守城到最后一刻；还有一次，阿尔哈拉的居民在逃亡中抓住了莱莫斯伯爵和他的妻子，威胁要用石头砸他们，来惩罚他们的背叛；科尔梅纳尔人打算烧毁富恩萨利达伯爵的房子，卡洛斯二世统治结束时，伯爵的父亲曾拒绝宣布支持安茹公爵的继承权；在萨拉曼卡，妇女和儿童反抗大公的士兵；在马德里，一些高喊“卡洛斯三世万岁”的瓦伦西亚人和加泰罗尼亚人被普通民众打倒；在农村，农民在教士的带领下袭击了军队，让入侵者几乎无法生活。”

1707 年 4 月 25 日，贝里克在瓦伦西亚腹地阿尔曼萨战胜反法同盟[①]，取得了重要胜利。8 月，一位王位继承人在圣路易日诞生（这也是他在不冒犯西班牙传统的情况下被命名为路易斯的原因），进一步鼓舞了卡斯蒂利亚人的士气。他们在面对外国人支持仅在加泰罗尼亚受欢迎的王位争夺者时，自然产生了保护国家、抵御侵略的爱国感情，他们认为至少英国人是异端。而且，对手的阵营中鲜有西班牙人。

继阿尔曼萨战役之后，法国那些最伟大的名将在西班牙收获了属于他们的军事荣耀。第一位是路易十四的侄子奥尔良公爵，他也有自己的政治考量，在贝里克获胜 24 小时后，法国未来的摄政王至少能够利用此大捷轻而易举进入瓦伦西亚，并通过致命围攻夺取了萨拉戈萨和加泰罗尼亚的莱里达。

1709 年：最危险的一年

但在其他地区，意大利、莱茵河和法国北部，优势并没有转向路易十四。

---

① 反法同盟：18 世纪初，英国不能容忍法国独霸欧洲，因而与尼德兰结成反法联盟支持奥地利的查理大公继承西班牙王位。先后加盟的还有普鲁士王国和大部分邦国，以及葡萄牙和意大利地区的萨伏依等。

后者似乎准备让步，以获得光荣的和平。实际上费利佩五世被命令接受分割他的部分领地。首先是米兰，法国军队不得不从中撤出。1707 年 7 月，奥地利人进入那不勒斯，撒丁岛和梅诺卡于 1708 年底落入反法同盟手中。

当然，费利佩五世一直顽强地领导着西班牙，他写信给祖父时表明他“将捍卫西班牙，直到流尽最后一滴血”。

1709 年，连续的战败、可怕的冬天、严重的饥荒，接连的不幸进入了法国人的记忆，成为法国历史上最悲惨的年份之一。马德里也深陷危险之中。路易十四是否会如曼特农夫人向他建议的那样放弃计划、牺牲他孙子的王权，尽管这让他的朋友乌尔辛亲王妃非常不满。

幸运的是，在尼德兰开始的和平谈判期间反法同盟要求太多，法国不仅被要求退到《威斯特伐利亚和约》定下的边界以东和以北，割让斯特拉斯堡和里尔（已经失去），而且要迫使费利佩五世在两个月内离开西班牙，后者将整个遗产让给了查理大公……于是，路易十四选择停止谈判。

“太阳王”随后写信给他的人民，信的内容在王国的所有城镇宣读，他呼吁“以法兰西之名的荣耀”，尽管继续敌对行动意味着痛苦。这位赫赫有名的老国王不惜自我毁灭：“宁愿与敌人战斗，也不愿与子孙战斗。”回响立即显现出来：1709年9月，马尔普拉凯战役让敌人损失惨重，这证实了国家的强劲势头。

然而在西班牙，路易十四不得不在与反法同盟的谈判中丢卒保车，确定将法西两个国家分开，并结束被认为是“杰出和有效”工具的阿梅洛特政府。更为严重是，尽管半岛的军事局势发生逆转，他还是同意从西班牙撤出大部分军队，使马德里再次成为敌人的囊中之物。

王室、宫廷和政府没有恐慌，他们再次撤退到巴利亚多利德，让查理大公占领了一个冷清甚至敌对的首府。从 9 月底到 11 月底，他只在那里待了两个月，只因担心自己在敌人的领土上会被切断与加泰罗尼亚大本营的联系。旺多姆公爵刚刚带着新的部队与费利佩五世会合，便开始重新组织进攻。

12 月 3 日，费利佩五世在喜悦中返回了马德里，国王和旺多姆公爵在布里胡埃击败了英国人，接着迫使斯坦厄普投降，后又在卡斯蒂利亚和阿拉贡的边界击败了从施塔伦贝格到比利亚维西奥萨的奥地利人。1710 年 12 月 10 日的最后一次胜利是为终局。大约 12000 名敌军士兵中，3000 人阵亡，6000 人投降。

在这次对抗中，西班牙军队，包括瓦尔德卡纳的无畏骑兵首次发挥了决定性作用。1711 年 1 月，诺艾勒斯元帅占领了巴塞罗那以北的赫罗纳。不过，还要再过 3 年 8 个月，加泰罗尼亚的首府才会沦陷。

和平的苦果

西班牙已经获胜，战争拖至其他战场，从此形势有利于法国。维拉尔元帅在 1712 年 7 月战胜了欧根亲王指挥的神圣罗马帝国军队，德纳因战役的胜利使法国解除了北方敌人入侵的危机。而另外两个事件将巩固费利佩五世在西班牙的王权。

第一个事件是 1711 年 4 月奥地利的约瑟夫一世意外去世，6 年前他继承了其父利奥波德的皇位。约瑟夫一世去世时没有继承人，皇冠必然回到查理大公头上。后者没有放弃西班牙王位，他在热那亚登上了一艘英国船，从那里出发前往维也纳，并让他的妻子在巴塞罗那摄政。自我加冕为“卡洛斯三世”的查理大公在 10 月 12 日当选为神圣罗马帝国的查理六世，获得了一个更稳当的皇冠。第二个事件，也是由是第一个事件引起的，即英国退出反法联盟。随着西班牙王位竞争者成为皇帝，欧洲的天平重心改变了：英国不想看到查理五世的帝国在欧洲重建。安妮女王已经疏远了马尔伯勒夫妇，在议会新的多数派托利党的推动下实现了和平。在夏季，她加快与法国已经开始进行的谈判：除了直布罗陀和梅诺卡，费利佩五世可以保留西班牙和西印度群岛的统治权，但要放弃法国王位的继承权。

这个要求并非无意义。此时，路易十四的后代中发生了前所未有的大批死亡的事件。1711 年 4 月至 1714 年 5 月，作为王位继承人的王太子一个接一个地去世，接着是费利佩五世的两个兄弟，首先是最年长的勃艮第公爵，其次很快便轮到了最年轻的贝瑞公爵。尽管西班牙国王费利佩五世很伤心，但从此以后，法国王位对他而言就近在咫尺了。不过王位很快会被一个非常年轻、身体不太健康的孩子占有，他就是未来的路易十五。如果费利佩五世颁布法令，申明放弃西班牙的王冠，并以此为名，继续要求法国王位的继承权，他就有可能实现长期怀抱的梦想：接替他的祖父成为法国国王。而如果不行，他就在他祖父去世后摄政[①]。

---

① 1707 年至 1716 年，西班牙国王费利佩五世颁布了一系列加强西班牙中央集权的法令，这些法令被称为“新基本法令”，他的祖父路易十四以高度集权法国为模板，教导费利佩五世如何实现中央集权。费利佩五世对路易十四言听计从，其目的之一就是继承法国的王位。

1713 年，在次年导致贝瑞公爵丧生的坠马事故之前，鉴于英国的和平协议条件，这样的选择意味着费利佩五世将放弃他的西班牙王冠回到凡尔赛，争取一个不太可靠的继承权。如果他这么做，既背弃荣誉，背叛了西班牙人民对他展现的忠诚，又让自开战以来为确保西班牙王位继承所做的努力付诸东流。尽管路易十四本人急于结束敌对状态，有时差点抛弃了他的孙子，但他能心甘情愿同意这样的放弃吗？

在凡尔赛宫的支持和和平谈判的极端混乱中，反法同盟于 1712 年 5 月（在维拉维西奥萨胜利之后，德纳因胜利之前两年）向费利佩五世提出用萨伏依公爵维托里奥·阿梅迪奥的统治权交换西班牙和西印度群岛的统治权，如果有一日费利佩五世统治法国，萨伏伊公国就留给他。他得知反法同盟的条件后，以高尚的态度拒绝了，在给路易十四的信里解释了他的坚定立场，然后向他的人民宣布道："这一切只会加强我的计划，并使我能够推动和完成这件事，以便没有什么能阻止我和我亲爱、忠诚的西班牙人民同生共死。"

两个波旁君主之间已经出现了不可避免的利益和观点分歧。虽然马德里政府仍然依赖法国的外交，但有时会在凡尔赛不知情的情况下与反法同盟进行会谈。

1713 年 4 月 11 日，法国、英国、尼德兰联合省、普鲁士、葡萄牙和萨伏伊之间缔结了和平协议，但西班牙在几个月之后才签署了条约，这显示出西班牙对已达成的条款明显不满。仅仅一年后的 1714 年 3 月 6 日，通过《拉什塔特和约》，西班牙结束了与奥地利的战争。

在后一个条约里，费利佩五世明确被承认为西班牙和海外领地的国王，但仍不能要求继承法国王位，还要被迫放弃所有的意大利领地：萨伏伊公爵赢得了西西里岛的王位；西属尼德兰、那不勒斯王国、米兰和撒丁岛归奥地利皇帝。根据《乌特勒支条约》的规定，英格兰仍然控制着直布罗陀和梅诺卡，并在西属美洲获得了黑奴贸易（l'asiento）的垄断权，以及每年向那里派遣一艘 500 吨级商业"特许船"的权利。

面对损害西班牙利益的和平协议，费利佩五世只能妥协，但他的良心因为土地被分割而饱受折磨，他本来承诺要保护卡洛斯二世遗产的完整性，并使他在西班牙的权力合法化。同时，费利佩五世也失去了他忠实勇敢的妻子。2 月 14 日，萨伏伊的玛丽－路易丝·加布里埃拉突然病倒了，她掉了头发，优雅的面庞因痛苦而扭曲，最终在25岁时去世了。她的丈夫在她生命垂危时没有离开她，直到最后一刻都与她同床共枕。西班牙人像哀悼真正的女英雄一样哀悼她。在如此珍惜独立性的西班牙百姓中间，新的波旁君主会受欢迎有时让人难以理解。而这在很大程度上可以归功于王后的光环，她在人民心中点燃的火焰会持续燃烧很长时间。

1714年9月11日：巴塞罗那之夜①

在这场让国王费利佩五世苦恼抑郁的继承战争结束之后，一个严重的国家问题仍有待解决：加泰罗尼亚，特别是巴塞罗那的抵抗。

1713年3月，奥地利“摄政者”离开。6月22日，法西两军首脑与奥地利将军施塔伦贝格在巴塞罗那附近的洛布雷加签署了停战协定。在加泰罗尼亚首府召开的所谓“三臂（Tres Brazos②）”大会，是为了确定他们面对新形势的立场。加泰罗尼亚里不是没有犹豫的声音，但在资产阶级和普通民众的推动下，大部分人要求继续抵抗。7月9日，在紧张的气氛中，加泰罗尼亚宣布拒绝承认费利佩五世，而继续选择效忠查理大公（而这位大公已戴上皇冠，早在《拉什塔特条约》之前就决定不要求西班牙王位了）。

同一天，最后一批奥地利军队乘坐载有数名阿拉贡和加泰罗尼亚士兵的英国船只离开了巴塞罗那，未来的神圣罗马帝国皇帝（查理六世皇帝）曾承诺将这些士兵永久纳入他的军队。剩下只有1500名士兵留在岸上，其中350名是外国人。

在签署停战协定和“三臂”会议提出激进决议之间至少有两个星期的时间，军政府不知道做什么，只是用微不足道的军事手段进行英勇却徒劳的抵抗。

它仍然希望前盟友对路易十四施加足够大的压力，以保证伯国的特权。但他们不知道路易十四的孙子有他自己的权力。

① 巴塞罗那之夜：1714年9月11日，在西班牙王位继承战的巴塞罗那包围战中，经过14个月的围困，巴塞罗那落入波旁王朝的贝里克公爵所率领的军队之手。加泰罗尼亚自此遭到西班牙的清算，大部分行政机构和法律体系被废除，加泰罗尼亚语的官方语言地位亦被取消。这一天可说是加泰罗尼亚的国难日。

② Tres Brazos：类似于法国的三级会议，由代表加泰罗尼亚贵族的Brazo Militar，代表神职人员的Brazo Eclesial，以及代表资产阶级和工人阶级的Brazo Real组成。

1707 年，阿尔曼萨战役胜利后，费利佩五世毫不犹豫地废除了保证瓦伦西亚和阿拉贡王国特权的法律。他打算惩罚反叛省份，而不是在行政上统一他的国家。但他并没有触及忠诚的纳瓦拉和巴斯克地区的特权。阿梅洛特和奥里不断向他说明杂乱的法规、过时的边界、内部的海关权利以及选择性税收对他的王国复兴多么有害。由于采取正面反对态度，加泰罗尼亚人失去了对他们传统上的“自由”的谈判权利。

因此，在激昂的氛围中，最坚决的人影响了最冷淡或者最理性的人，顽强的小集团控制了普通民众。他们应该是选择了绝望的抵抗。这个选择是以对自己未来的清晰愿景为指导的吗？他们是为了加泰罗尼亚的独立？确实，有些人已经开始谈论在英国和神圣罗马帝国皇帝的保护下建立加泰罗尼亚共和国的可能性。但他们中肯定很少有人明确希望与西班牙分离。

约瑟夫·佩雷指出，在几年前支持奥地利查理大公的阿拉贡王国派别内部，“从没有一刻希望利用形势与卡斯蒂利亚分离。他们为整个西班牙未来的政权而战，而不是为各自的命运而战”。

1713 年和 1714 年抵抗到最后的加泰罗尼亚可能不是这样的。波旁君主给瓦伦西亚和阿拉贡自治的前途使得他们的立场变得强硬。在纳西斯·费利·德拉佩尼亚等理论家和一批领袖——萨尔瓦多·费利·德拉佩尼亚、马丁·皮莱、格拉斯·伊·格拉，这些有革新精神的商人的推动下，加泰罗尼亚的雄心已经觉醒了。然而，即使在巴塞罗那受到围困最艰难的时候，也没有出现分离主义宣言。相反，直到最后一刻他们还是“为了拯救伯国和全西班牙的自由，不接受在法国统治下的加泰罗尼亚人和其他西班牙人的奴隶地位”。不属于极端主义者的起义军领导人安东尼奥·德·比利亚罗尔坚称：“为了我们和整个西班牙战斗。”如果这样的宣言不是虚伪的，也许能让研究加泰罗尼亚的历史学家匆忙得出结论：“继承战争的性质既不是民族主义也不是分裂主义，它只是继承和反法性质。”

然而在圣乔治和圣厄拉利的旗帜下，一个加泰罗尼亚抗争组织形成了。它的领导者是一些贵族军官，如比利亚罗尔，还有大学教授，以及起义顾问（Consellers de la Diputació）和首席行政官拉斐尔·卡萨诺瓦。资产阶级、学生、工匠和工人组成科罗内拉（Coronela）民兵，以飞蛾扑火的勇气战斗着。

1713 年 7 月至 1714 年 7 月，在费利佩五世的那不勒斯将军波普利公爵颇为懒散的围困后，贝里克元帅率领的 4 万士兵（大部分是西班牙人）的增援部队到达，事情变得严重起来。巴塞罗那叛军最多只能抵抗 5000 人，而且弹药不足。他们在城墙的废墟下奋力拼搏，拒绝贝里克提出的所有投降条件，然而贝里克和起义发动者一样难对付。

9 月 2 日，巴塞罗那这座城市被占领。整个街区在数周的炮击中被摧毁，饥荒和流行病甚至比战争更让人口减少到极致。几天后，法国元帅接受了巴塞罗那以及加泰罗尼亚其他地区由地方官员和贵族组织的游击队的投降。在整个围困过程中近 9000 名抵抗者被杀害，这还不包括平民死亡。2 万枚炸弹落在了这座城市。进攻者也伤亡惨重，估计有 14000 人丧生。

贝里克曾承诺不会让巴塞罗那遭受劫掠。镇压的力度还算温和，叛乱的主要领导人获罪，其中一些本可以逃到国外的领导人如维拉罗埃尔被监禁十多年。只有一名将领何塞·莫拉加斯被处决，他曾试图仍在盟军控制之下的马略卡岛继续斗争。起义顾问拉斐尔·卡萨诺瓦曾下令动员所有 14 岁以上的年轻人，5 年后的 1719 年，他得以不受干扰地回到了巴塞罗那从事律师职业。

在一位非常了解当地实际情况的文官、未来的大臣何塞·帕蒂尼奥的管理下，加泰罗尼亚即将拥有新法规，即所谓的“新计划”（Nueva Planta，也译作“新基本法令”）。与 1707 年对瓦伦西亚和阿拉贡采取的政策不同，该法规更为宽松。它废除了加泰罗尼亚以前的机构——议会、维持秩序的军事组织（Somaten）和加泰罗尼亚总督府（Generalitat），但没有废除加泰罗尼亚法律的某些惯例和习俗，也没有废除管理其海上贸易的领馆（Consulat del mar）。它并没有像以前那样明文表达“根据卡斯蒂利亚法律统一西班牙所有王国”的王室意志。

这次抵抗运动中，加泰罗尼亚也失去了 17 世纪最后一些年经济复苏带来的希望。受灾的首府重建为一座“小城”，并建造了宏伟的堡垒，以防止新的叛乱。许多城镇和乡村遭到破坏。这个伯国要等到 18 世纪中叶才能重新获得工商业的飞跃，而那一次飞跃是决定性的。正如皮埃尔·维拉尔所说：“它的爱国主义不仅是属于加泰罗尼亚人的，而且是属于西班牙人的，只是对西班牙的结构和利益有不同的、更广泛的、更去中心化的看法”，因此混乱是显而易见的。

第十二章　波旁王朝

王位继承战争让西班牙伤痕累累，但在新王朝的领导下，准备继续进行国家的重建，总体经济形势也良好。我们很快就会看到地中海的这些省份，特别是加泰罗尼亚重新获得他们在冲突期间因错误选择所损害的活力。卡斯蒂利亚虽然发展速度缓慢，但也恢复了光彩。王国的人口经历了上个世纪的骤降之后，18世纪末从700万人增长到了大约1200万人。社会平衡向着有生产力的阶层倾斜。

这些进步很大程度上是在“保护国”法国的帮助下由奥里和阿梅洛特开始的行政和金融改革的成果，是在训练有素、才华横溢的西班牙新政治阶层共同努力下实现的。

西班牙在1714年领土被割让后，野心有所减弱。虽然它继续以外交和军事手段参与欧洲舞台上风云变幻的利益角逐，但不再担任领导角色，而且常常被迫签署在不知情时谈判好的条约。但行动能力的局限使它能更好地评估自己的实际兵力，更有效地实现目标，修复《乌特勒支条约》和《拉什塔特条约》造成的损害。

18世纪中叶，西属美洲在积极和闯劲十足的总督的领导下崛起，并在宗主国重建了一支可以执行帝国任务的舰队，这些无疑都是整个世纪复兴时期的明确标志。同时它还重启了自费利佩二世以来废弃的发展农业现代化、垦殖荒地的“大工程”：通过建立大型航运公司来刺激港口活动和海上贸易，如与可可贸易有关的加拉加斯航运业。并振兴制造业，巴塞罗那从18世纪中叶起成为向现代资本主义开放的第一个受益者。

这一新势头使西班牙在启蒙运动时期的欧洲占有一席之地，在卡洛斯三世卓有成效的统治下到达了顶峰。在这个时代，启蒙精英推动下的理性进步和画家戈雅[①]的光辉画作中优雅地展示着的大众传统间达到了堪称典范的平衡。

而后由于法国大革命的动荡，这个发展势头不幸被阻断了。尽管后来拿破仑的帝国野心被粉碎了，但改革时代的辉煌还是深深地刻在西班牙人的记忆中，即使经历了这些残酷的现实，西班牙人依然保留了对卡洛斯三世黄金时期的幻想，比如哲学家和历史学家朱利安·玛丽亚斯在佛朗哥将军独裁统治末期充满不确定的时刻写的一部著作，其标题《卡洛斯三世统治下无限可能的西班牙》展现了本来可以出现的辉煌。

我们再回到波旁世纪。尽管在1789年至1808年间卡洛斯四世以糟糕的方式结束统治，尽管第一批君主（从费利佩五世到费尔南多六世）不是总能实现他们提出的设想，满足那些为他们服务的杰出人物的期望，但这个漫长的时期反映了一个积极的现实，即西班牙人民自己逐渐重新占有了他们自己的国家。西班牙摆脱了前朝（哈布斯堡王朝）使社会僵化的命运，从异端裁判所、滥用权力的神职人员，以及过时的管理系统和行政制度中解放了出来。

从哈布斯堡家族末代继承下来的低效率的主教会议、自费利佩二世死后被废弃的多个王室会议以及有法定权力的贵族政治逐渐被法国模式取代，即由国务秘书、总督（intendances）和都督（capitaineries）组成的网络，这不是将西班牙置于中央集权的束缚之下，相反，它将“获取各省的活力”，使王国适应当代世界的挑战。

然而，在制度进步的同时，费利佩五世统治的西班牙开启了一段优柔寡断的冒险时期，它混合了国王的梦想——他无法真正哀悼在他看来触手可及的法国王位，也不愿西班牙的丢失意大利这颗西班牙王冠上的明珠，他的新妻子帕梅桑·埃丽莎贝塔·法尔内塞的家族野心让他更纠结。1715年9月1日，“太阳王”路易十四的离世将导致一场巨大的外交混乱和联盟逆转。

埃丽莎贝塔·法尔内塞：对意大利的执着

由人类激情所支配的小历史与大历史之间有那么大分别吗？费利佩五世已

① 弗朗西斯科·何塞·德·戈雅－卢西恩特斯（1746—1828年）：西班牙浪漫主义画派画家，代表作有《裸体的玛哈》《着衣的玛哈》《阳伞》《巨人》等。

经拥有男性继承人阿斯图里亚斯亲王唐·路易斯，还有唐·费尔南多，即未来的费尔南多六世，他们都来自于他与萨沃伊的玛丽－路易丝的婚姻。但他无法在没有合法妻子的陪伴下生活。王后去世 7 个月之后，他就让一个老练的知己、温顺的性伴侣取代了一直支持他的小王后。

他选择的是一位母亲为德国人的意大利人埃丽莎贝塔·法尔内塞，她是帕尔马摄政公爵的美丽女儿，也是诺伊堡玛丽亚娜的侄女（这位末代哈布斯堡王朝的国王卡洛斯二世的遗孀，被流放到了巴约讷）。这是帕尔马驻马德里大使阿尔贝罗尼神父向他推荐的王后人选，老路易十四对此无异议。有影响力和善意的乌尔辛亲王妃看不到这个选择背后的恶意，然而，她已经是阴谋的指定受害者，诡计多端的神父儒勒·马萨林和专横的 22 岁公主在总督府的顶楼密谋出一个残酷的计划。同样还有让·奥里，一旦他被赶下台，阿尔贝罗尼将取代他的位置受到国王的青睐，他们很清楚国王无法拒绝妻子的要求。

对乌尔辛亲王妃的处决就是他们的“杰作”。那是在 1714 年圣诞节前夕的黄昏，在离瓜达拉马不远的哈德拉克城堡，费利佩五世第一次见到他的新妻子。像前王后那样，她通过代理人结婚，再经法国抵达西班牙。

忠实的亲王妃玛丽－安妮在那里迎接新的主人，她还不知道等待她的命运是什么。以她的年龄来说，她没有表现出相应的谨慎或尊重。两个女人之间私下短暂的谈话激起了埃丽莎贝塔佯装的愤怒。根据与阿尔贝罗尼设计的剧本，她公开宣称不幸的玛丽－安妮是多么的傲慢，并命令西班牙军官让一个护卫立即把她扔进车里，将她带回了边境。有必要征求国王的同意吗？没有必要，埃丽莎贝塔坚称：唯一的命令就是在各方面服从王后……

因此，乌尔辛亲王妃没有任何行李，在阿拉贡和纳瓦拉被雪覆盖的道路上被冻得半死，径直走向流亡的命运。费利佩五世不能或不愿干预。因而玛丽－安妮先到了她不曾忘却的凡尔赛，但并没能成功引起路易十四和曼特农夫人对她可耻遭遇的关注。然后又去了罗马，8 年后她逝于斯。她梦想通过乌特勒支的谈判在尼德兰建立一个公国。费利佩五世为了安抚自己的悔恨，打算授予她加泰罗尼亚海岸的领地，不过之后又放弃了，他害怕激怒埃丽莎贝塔。

虽然新王后的脸被天花严重损坏，不过外表仍然讨人喜欢。她知道如何向丈夫展现他在乎的既温柔又优雅的性格：她从一开始就找到了控制国王的正确方法。他们成为一对关系牢不可破的夫妇，像国王以前的婚姻一样……

随着埃丽莎贝塔·法尔内塞登上西班牙的舞台，阿尔贝罗尼掌权，晋升为首席大臣，并很快成为枢机主教。在法国人的时代之后，意大利人时代的政策都旨在重获它丢失在其他岛屿上的西班牙领土。

在她为费利佩五世生的6个孩子中，两个年长的孩子，唐·卡洛斯生于1716年，唐·费利佩生于1720年。他们“要得到位置”。因为不能宣称继承父亲的西班牙遗产（虽然未来出乎意料，唐·卡洛斯将成为波旁的卡洛斯三世）。若想在意大利找到最有可能配得上他们出身的基业，他们的母亲会投入所有精力和坚韧来做成这件事。

尽管费利佩五世的复仇意愿占一定比重，但阿尔贝罗尼领导的冒险行动，以及王位继承战争中西班牙与法国组成的“神圣联盟”3年之后失和而引发两国之间的严重冲突，归根结底还是由于上述情况。的确，现在是奥尔良的菲利普领导法国，他在西班牙的行动虽然辉煌，但充满了阴谋，并没有给费利佩五世留下美好回忆。路易十四侄子的摄政不是已故国王的孙子宣称法国王位的主要障碍吗？

法国摄政王对西班牙发动战争

尽管不谨慎、不注重实际，但阿尔贝罗尼不缺乏坚韧和胆识。最初他的好战政策是灾难性的，不过应该承认，经过艰苦的努力，最终取得了成果，并让西班牙的波旁人在意大利重新站稳了脚跟。刚刚从10年战争走出来的国家，在短暂的时间里，通过两支舰队和船上4万人于1717年8月夺回了撒丁岛，次年6月又夺回了西西里岛。这是值得骄傲的战斗。但它也损害了在《乌特勒支条约》中付出高昂代价所换来的欧洲和平。摄政王与英国的乔治一世有共同的利益，两人在一些公众眼中都缺乏合法性[①]。1717年1月，摄政王与英国及尼德兰结盟，

① 这里摄政王指的是奥尔良公爵菲利普二世。乔治一世是英国国王詹姆斯一世的外孙女索菲的儿子，1698年他继承了自己父亲德国汉诺威选帝侯的头衔。1714年，英国的安妮女王驾崩无嗣，而索菲则是英国斯图亚特王朝的直系后裔，因而乔治便根据英国的王位继承法（1701年颁布），成为英国国王。乔治一世是德国人，他不会说英语，也不愿意去学习，但他执政时期是英国历史上的重要时期，他开启了英国从汉诺威王朝到维多利亚王朝的黄金时代。

在意大利受到威胁的奥地利的查理六世也加入了联盟。英国舰队没花很大力气就在西西里海岸驱散歼灭了西班牙人。

与此同时，为了使西班牙和法国不和，“切拉马雷秘密协议”（以由费利佩五世派往凡尔赛的意大利裔大使的名字命名）被曝光。这只不过是一个秘密行动，来检验前安茹公爵在他祖国的受欢迎程度，希望可以挫败奥尔良的菲利普。这个普通的阴谋可能牵涉到路易十四使其合法化、摄政者使其“失去合法性”的子女——特别是曼恩公爵（路易－奥古斯特·德·波旁，路易十四和蒙特斯庞侯爵夫人的私生子）和他的妻子，而变成一项国家事务。它被巧妙利用，并使针对法国的舆论转向反对西班牙，接受奥尔良的菲利普和他的大臣杜布瓦主教与英国、奥地利结成新联盟。1719 年 1 月 8 日，不可思议的事情发生了：路易十四的侄子向路易十四的孙子宣战。

随之而来的事件鲜为人知：阿尔贝罗尼组织了斯图亚特的詹姆斯三世[①]的支持者登陆英格兰，并支持了由庞卡莱克领导的布雷顿贵族的独立阴谋。这些冒险都以巨大的失败告终。但最糟糕的是阿尔曼萨战役的胜利者贝里克元帅带着军队返回西班牙，占领了圣塞巴斯蒂安，并有计划地摧毁了巴斯克地区的军火库，而那里正以高昂花费试图重建西班牙海军。从荣誉的角度来看，这个为英格兰利益服务的举动实在是难以理解！

费利佩五世只有立刻解雇阿尔贝罗尼，才能实现和平。后者被指控为两面派，被打发做了仆人，他报复性地形容他的前君主“只会从祷告台到婚床”，这并非完全不符合事实。

---

① 詹姆斯三世：即詹姆斯·弗朗西斯·爱德华·斯图亚特，英国国王詹姆斯二世之子。1688年“光荣革命”之后，詹姆斯二世被废黜，他那信奉新教的长女玛丽二世及其夫奥兰治的威廉三世成为共治君主。1689 年的《权利法案》和 1701 年的《继承法案》颁布，将天主教徒排除出英格兰及不列颠的王位候选。詹姆斯·弗朗西斯·爱德华在欧洲大陆被抚养长大，在父王于 1701 年去世后在詹姆斯党追随者和表叔法国国王路易十四的支持下要求英格兰、苏格兰、爱尔兰王位，称英格兰和爱尔兰国王詹姆斯三世、苏格兰国王詹姆斯八世。14 年后，他在 1715 年詹姆斯党起事中试图夺取不列颠王位，但并没有获得成功。

圣西蒙描绘的费利佩五世

事实上，当费利佩五世没有被周期性的病痛扰乱他的统治，他被个性难辨的神经衰弱侵袭时，他可以通过定期工作，体面地完成为其职责和为了王室尊严所做的构想。即使在这段筋疲力尽的时期，“如果任何应该决定和行动的要事出现，他的病就会停止，他将再次成为国王。”

圣西蒙在1721年至1722年的冬天被他的朋友法国摄政王派到了西班牙，为了通过阿斯图里亚斯亲王唐·路易斯与奥尔良的菲利普的女儿蒙彭西耶小姐的婚姻来巩固和平，以及为给年轻的路易十五和只有4岁的玛丽－安妮·维克托瓦尔公主定下婚约，圣西蒙给我们留下了对君主及其随从的生动描写。

自1701年费利佩五世离开凡尔赛宫，圣西蒙就一直没见过他。20年后，他记下了君主允许的第一次私人会面中自己对费利佩五世不知所措的感觉：“我看不到任何安茹公爵的痕迹。他背弯了，身形变短了，脸拉长了，下巴向前，走路时双脚会交叉。”费利佩五世刚40岁就已尽显老态！穿着也不讲究，“讲话拖沓，我很惊讶他的举止会如此笨拙。”接着，他再次提及这个令人遗憾的印象时描述道，在庄严的会面时，发现国王的话“如此公正、明智、有分寸”，仿佛他祖父的声音在回荡：“我想我听到了已故国王的声音，因为西班牙人的君主从未停止表达他的法国之心。”

“法国之心”是凡尔赛宫廷对西班牙波旁君主的期望。唉！这种保护国心态的自发表达，常常会扰乱两国之间心理上的关系。但我们承认，圣西蒙带给西班牙的是真正的尊重和友谊，说这话并非显出法国一贯的轻率，而是带着新鲜感的天真和激动……

那时，与法国的战争让费利佩五世的疾病发作。在这段黑暗时期，这个被恐慌和焦虑折磨的虔诚的国王于1720年7月20日宣誓退位。这让他的灵魂得到救赎，尽管王后不情愿，但最终还是同意了。

他为自己安排的疗养地当然不是查理五世结束光辉岁月的尤斯特修道院那种简朴偏僻的地方，而是住在塞戈维亚附近格兰尼亚迷人的圣伊尔德丰索城堡，虽然国王夫妇来访时它还在建设中。马利和维赛尔的水很快在山侧的法式花园涌出，卡斯蒂利亚山脉生机勃勃的粗犷线条衬托出洛可可建筑的典雅高贵，意大利的优雅与西班牙庄严的布局在此完美融合。这只是国王建造的第一座宏伟宫殿，之后，他对通往托莱多路上的阿兰胡埃斯国王行宫进行了彻底翻修，在 1734 年圣诞夜里的火灾烧毁首都老阿尔卡扎尔皇宫后，在马德里又兴建了华丽的皇宫。

不安的国王的退位及回归

自从圣西蒙返回凡尔赛宫两年后，1724 年 1 月 14 日，费利佩五世公开宣布让位给他的长子唐·路易斯，这位 16 岁的王子与奥尔良公主了结婚。这位新王后表现出了让人无法忍受的任性和对一切约束的不屑。

在此期间，编年史家称杜布瓦红衣主教很久之前就被英国收买了，几个月后，法国摄政王奥尔良公爵在 1723 年去世。因此，人们会猜测摆脱王位的西班牙国王准备返回法国。但以什么身份呢？路易十五虽然还没有继承人，但年龄已经达到了法定成年，死于中风的奥尔良的菲利普只是他的国务大臣。

像费利佩五世这样焦虑痛苦的人，他让贤的意愿是否真诚令人疑惑。总之，禅位之后在格兰尼亚度过的几个月里，那些花园让他想起在凡尔赛的青春年华。费利佩五世一直关心国家事务，继阿尔贝罗尼之后，他的国务长官是贤明的格里马尔多侯爵。后者是奥里和阿梅洛特所办学校中受训的优秀行政官员之一，是一位出身贫贱的比斯开人，圣西蒙很欣赏他镇定明理、观点中肯。

费利佩五世的退位时间不长。8 月刚刚登基的年轻国王路易一世便被天花带走了。法国画家米歇尔－安热·胡塞留给我们的优雅的、泛着银光的肖像中，他纤弱的身影仿佛已经被抹去。他的弟弟——未来的费尔南多六世，萨沃伊的玛丽－路易丝的二儿子还太年轻，无法接替他。让埃丽莎贝塔·法尔内塞欣慰的是，费利佩五世不得不重新戴上王冠。这一次，他一直坚持了 22 年直到去世，成为西班牙历史上统治时间最长的君王。

不幸的是，在他回归王位后，与法国新一轮的争斗立刻开始了。王后急于在意大利为她的两个儿子寻求基业，这对国王夫妇被一个成为西班牙天主教徒的尼德兰阴谋家里珀达男爵愚弄，他说服没有儿子的查理皇帝把他两个女儿（其中有未来伟大的奥地利的玛丽亚·特蕾莎）分别嫁给唐·卡洛斯和唐·费利佩，从而保证他们梦寐以求的王位。这对曾要求西班牙王位不得因此怀恨在心的前大公来说简直太好了，他对波旁家族在他授封的意大利领地上的任何介入都怀有敌意。

1725 年，马德里和维也纳之间缔结的没有任何具体婚姻契约的联盟被证明是一场骗局。里珀达被开除后变成了一个穆斯林，跟随摩洛哥的苏丹继续着他古怪的冒险……

西班牙与哈布斯堡家族的蜜月只会惹恼法国。事实上，此前发生了一起意外事件激怒了西班牙，促成了它与奥地利的联合。1724 年 10 月，在圣西蒙使团完成交换公主的任务的两年后，许配给路易十五的幼小的玛丽－安妮·维克托瓦公主被退回到她父母身边。这并不是说幼小的她有过错，而是出于高度的政治原因：法国有必要尽快获得法国王位继承人。年轻的国王正值 15 岁，他的健康状况引起了人们的极大关注，无法让他等待这个小女孩长大再结婚。时任法国国务大臣的波旁公爵没有注意方式，便把公主送回了她的祖国，随后路易十五与波兰国王的女儿玛丽·莱什琴斯卡订婚，这被马德里的宫廷视为侮辱。两国之间再次出现裂痕，导致大使们被召回，路易一世的年轻遗孀被驱逐回法国，她被下令在西班牙以外的地方继续她那吵闹的任意妄为。

夺回意大利诸国

法国波旁王朝与西班牙波旁王朝之间的不和没有持续太久。1729 年 9 月，一位王太子在法国诞生，彻底消除了费利佩五世对凡尔赛的念想。明智谨慎的弗勒里枢机主教的法国外交政策促成了 1733 年第一个“波旁家族契约”。波旁两个分支重新结盟，法国承诺帮助西班牙收复直布罗陀和梅诺卡，并支持法尔内塞的孩子追回《乌特勒支条约》之前西班牙在意大利的领地。

1731 年，西班牙军队在利沃诺登陆，年轻的唐·卡洛斯被当地参议院承认为帕尔马公爵。同时他也在争取托斯卡纳大公国的产业，埃丽莎贝塔·法尔内塞声称他们作为美第奇家族的后代有权继承它。但西班牙最终重返意大利的关键仍然取决于法国外交手段或军事实力。

波兰王位继承战争（1733—1738 年）和奥地利王位继承战争（1741—1748 年）中，西班牙军队将神圣罗马帝国的士兵赶出了那不勒斯和西西里岛。1734

年 4 月，唐·卡洛斯在比顿托战役中获胜。1736 年西班牙军队第二次登陆后，他得以长久地在那不勒斯建权。在接下来短暂的和平时期，法国和西班牙之间达成了第二个“波旁家族契约”。之后，双重婚姻进一步加强了两国联系。年轻的王太子于 1739 年娶了西班牙统治者的第二个女儿玛丽亚·特雷莎公主，而未获得意大利王位的唐·费利佩则娶了她的姐姐，被称为“公主夫人”的路易十五的大女儿。

1748 年，在因 8 年前查理六世皇帝去世及有争议的王位继承而爆发的第二次国际战争结束之际，英国和法国缔结了《亚琛和约》①。对法国来说，结果是苦涩的。

普鲁士国王腓特烈二世是法国在欧洲大陆的盟友，但当他实现了从奥地利手中夺取西里西亚的目标后，就背叛了法国。在海洋和殖民地的地位被英国削弱后，法国醒悟了过来，意识到自己错误地与奥地利为敌，只是“为了普鲁士国王工作”②。

只有西班牙才真正受益于这个“愚蠢的和平条约”。在全身心地投入到保卫和巩固它在意大利的地位后，西班牙又为波旁－帕尔马王朝的建立者唐·费利佩赢得了帕尔马公国和帕滕提亚公国，并明确承认唐·卡洛斯是两个西西里岛的统治者。

除了米兰和托斯卡纳留给奥地利管理以外，和约中还有一项条款规定，即交给埃丽莎贝塔·法尔内塞孩子统治的国家不能并入西班牙，不过费利佩五世和他的妻子仍然可以认为他们的家族目标已达成。《亚琛和约》洗刷掉了《乌特勒支条约》所带来的耻辱。不过如果西班牙无法从英国手中夺回直布罗陀和梅诺卡，它就要抵抗英国对其海岸的攻击，特别是在西印度群岛的卡塔赫纳和圣地亚哥（圣地亚哥－德古巴）。

---

① 历史上有《1668 年亚琛和约》与《1748 年亚琛和约》，此处的《亚琛和约》是 1748 年的，也称《第二亚琛和约》，是奥地利王位继承战争的终结，使哈布斯堡王朝得以延续，直至 1918 年奥匈帝国的覆亡。

② 在法国，"为普鲁士国王工作"是一句谚语，即为另一个人的利益而战。

西班牙新一代政治家

这些成功不仅是因为在和约缔结 4 年前去世的费利佩五世的毅力，以及 22 年之后随他离去的埃丽莎贝塔·法尔内塞作为母亲的顽念。它们更要归功于西班牙最有价值的大臣推行的连贯且有效的政策。

在西班牙王位继承战争期间由法国人建立的政府中，西班牙人占据着低调但不可忽视的位置，梅尔乔·德·马卡纳兹就是其中一位杰出代表。他是费利佩五世“王权至上主义”（regalist）政策的倡导者，不顾自己利益反对异端裁判所和高级神职人员干预世俗国家事务。

在阿尔贝罗尼和里珀达任期之间的何塞·加林多，也展现了在奥里和阿梅洛特的学校受训的新一代官员值得期待的素质。他们普遍来自外省，身份低微，王国统一的政策让所有人才可以不论出身，在马德里大展宏图。

从 1730 年起担任第一国务大臣的何塞·帕蒂尼奥已经在加泰罗尼亚负责执行“新计划”（Nueva Planta，也译作“新基本法令”），然后到了海军和西印度群岛做国务秘书。他是加利西亚人，出生于米兰，其父精通军需管理，他自己在建造新造船厂和重组舰队时展现出了非凡的管理者天赋。他将财务管理加入到首次分配中，并通过良好的管理以及更公平的分配税收负担使国家资源增加了 3 倍。他为国鞠躬尽瘁，一生未婚，也没留下财产，甚至 1736 年他的葬礼费用都是由国家承担的。

何塞·德尔·卡姆皮洛是一名阿里斯图亚小贵族，和帕蒂尼奥在同一个学校接受培训，并于 1741 年接替后者成为第一国务大臣。他是一个行动派，也是西班牙长期衰退的敏锐分析师，以及西属美洲经济文化发展的热情理论家。

在西班牙波旁王朝第一任统治者费利佩五世的统治结束时，拉里奥哈的一个贫穷士绅泽农·索莫杰维拉·伊·本戈切亚获得晋升，被授予更广为人知的恩塞纳达侯爵之名。这个那不勒斯封号是为了褒奖他两次成功的行动：攻克奥兰，标志着西班牙对巴巴里海盗的回击。特别是 1736 年海军远征，代表唐·卡洛斯夺回了两个西西里岛。这位费利佩五世和费尔南多六世的第一国务大臣，像帕蒂尼奥一样没有结婚，完全献身于国家，堪称西班牙波旁王朝君主时期最杰出的国家事务管理者。除了有发迹者爱花费的嗜好，他还有今天人们所说的闪闪发光的一面——幽默感，他把自己的贵族头衔说成“恩－塞－纳达”（En-si-nada，意思为“他，没什么”），充满自嘲。

这位由量才录用体制培养出的耀眼政治家，让人联想到与其个性截然不同的何塞·德·卡瓦哈尔。从1748年到他去世的1754年，卡瓦哈尔与超级大臣恩塞纳达侯爵配合，一起领导着西班牙的外交事务。

卡瓦哈尔来自埃斯特雷马杜拉一个富有的贵族家庭，和恩塞纳达侯爵形成了鲜明对比。他们虽然政见不同，有时意见分歧，但不会影响两人共同致力于维护和平，以巩固国家发展的决心。

“因为他们，西班牙复兴的宏伟蓝图得以连贯，不像费利佩五世统治之初那样碎片化。”其他热忱的国家公仆和所有西班牙人为这个已经明显预示着启蒙运动即将到来的时期感到骄傲。同样还有两个在统治者之间经历了过渡的官员卡洛斯·德·阿里扎加，以及卡瓦哈尔的前任——比利亚里亚斯侯爵，他负责外交事务，还是王家行政事务的文件总管。

正是在这些人的有效领导下，西班牙国家实现了复兴。军队逐渐按法国军团模式进行重组，取代了西班牙步兵大方阵（tercios），从军再次成为社会阶层流动的工具，特别是在骑兵中。新的征兵方式“五一制”（quintos，即五分之一的人入伍）仍然遭到民众抵抗。军队还以外国士兵（瑞士、瓦隆、佛兰芒、意大利）作为补充，其中一些人和西班牙精英士兵一起服务于王家卫队。

西班牙舰队在百年内不断扩张，最终在卡洛斯三世统治结束时拥有200艘战舰，这与恩塞纳达侯爵任第一国务大臣时期的70艘战舰形成鲜明对照。海军军官是贵族们非常重视的职业，从1730年的300人，增长至1790年间的1600人，军官配备大大超过了同时期的法国海军。

在国家组织方面，从前朝继承的某些机构——特别是曾作为哈布斯堡王朝时期政府基石的卡斯蒂利亚委员会，仍然保留，以保证国家统治的连续性。费利佩五世和他的继任者都没有打算将其抹去，但它的政治作用被削弱，比如在其内部大贵族势力被弱化，有利于中小贵族。随之，决策中心也转移到了国务秘书处。

以上就是1746年7月9日费利佩五世去世，他的二儿子费尔南多六世登基时的大致情况。

精神病王子与开明君主

西班牙波旁王朝统治初期的两任君主的疾病极为相似。费利佩五世在生命快走到尽头时，时常有精神错乱的症状。他周期性发作的神经衰弱表现为意识上的不安，甚至转变成了一种固执的念头：他想象是自己篡夺了王位，并再次执着于退位的想法。王后无法在最后时刻追回传递到国务大臣府的放弃王位的声明，只好把他的墨水锁起来，以防他再次做出类似的行为。最后，费利佩五世日夜混淆，陷入衰老糊涂的状态。

这确实是一种遗传性疾病，比起波旁或萨伏伊家族，更可能是由维特尔斯巴赫家族传下来的——因为费尔南多六世从1746到1759年（紧跟着他妻子芭芭拉·德·布拉甘斯之后离世）13年统治期间，也有几次狂暴的精神错乱发作。他两次试图自杀，在人生的最后几个月里，他把自己关在比利亚维西奥萨-德奥东城堡里，从没有离开沾满血脓的床。法国大使证实，他威胁着要拿自己的粪便砸偶尔冒着危险打扰他的来访的客人。

这两位君主天性懒散，但都有正义感、明事理，有高尚的追求，对艺术有自己的品位，但也都被一种莫名其妙的抑郁搅扰，随着年龄增长并加重为精神错乱。然而，他们都没有让自己的缺陷影响到国家政治，而且在大多数情况下，他们慧眼识珠，让最有能力的人领导国家。

费利佩五世统治下，伴随着西班牙国家复兴，文化领域创造出了一系列最重要的作品。他的私人图书馆藏书量巨大，许多作品来自凡尔赛，他利用这些著作建立了皇家图书馆，并仿照法国模式建立了语言、医学和历史学院，吸引了当时最开明的头脑聚集于此，如历史评论家格雷戈里奥·玛雅，本笃会的萨尔门托和费约，后者是巨著《戏剧批评》和《文学》的作者，其影响力对启蒙运动精神在西班牙传播有决定性作用。

一个世纪以来，音乐一直被忽视了。直到宗教旋律与托马斯·路易斯·德·维多利亚的非凡作曲相结合，才给西班牙波旁王朝初期的两任君主的宫廷带来愉悦的享受。费利佩五世离开法国时还带来一位优秀的音乐家亨利·德斯马雷斯特。

当芭芭拉·德·布拉甘斯还是阿斯图里亚斯公主的时候，也是一位优秀的竖琴家。她从里斯本宫廷抢来了那不勒斯的多梅尼科·斯卡拉蒂，后者在马德里展现了作曲家和演奏家的天赋，直到1757年去世。他的同行、著名的法里内利在1736年被埃丽莎贝塔·法尔内塞召进宫。据说，他唱的圣歌是费利佩五世狂躁抑郁症的最好的解药，并也成了国王的专属乐师。他还扮演王宫总管，有时甚至是政治顾问的角色。但他的最重要的"职业"是作为费尔南多六世和芭芭拉的亲密朋友。他们将他安顿在布恩雷蒂罗宫一座豪华剧院，甚至授予他卡拉特拉瓦骑士徽章。

古老的马德里所热衷的戏剧也随着黄金时代伟大剧作家的离世而相对被遗忘。但这不妨碍由过去露天戏剧院改建的现代化剧院成倍增长。最著名的是洛斯卡诺斯·德尔·佩拉尔歌剧院（Coliseo de los Caños del Perral），1738年由意大利人巴托利尼开设，靠近今天皇家剧院的位置。巴洛克歌剧与新颖的剧种交替，后者顺应了时下流行的趋势，已成为典型的西班牙歌剧：小品（滑稽歌剧）或哥尔多尼流派的场景剧，很快通过拉蒙·德·拉克鲁兹为人熟知的作品表现出来。轻快小歌剧（tonadillas），它之于喜剧歌剧（opéra-buffa）就像小品（sainetes）之于古典戏剧（comedia）。这些穿插歌曲是18世纪末期的典型剧种，预示着说唱剧（zarzuela）的诞生，它与从奥芬巴赫到梅萨格的法国轻歌剧类似，接下来的一个世纪将在西班牙大众戏剧中占据重要地位。

"纯粹主义"的幻想

这些文化领域的变革是突然打破了从奥地利哈布斯堡家族继承的品位和习俗，还是仅仅对当时其他欧洲社会风尚的适应？在这方面，人们提出了许多观点，描绘了所谓不可调和的两个西班牙神话，一个根植于"纯粹主义[①]"（Casticisme），另一个则指责民族传统元素阻碍进步。

西班牙某些被新王朝动摇了利益的社会群体抵制变革［被剥夺了在宫廷的世袭职权的人，或在王国理事会有影响力的西班牙权贵；查理大公过去的支持

① Casticismo：来自于形容词castizo，被认为是castizo的东西与纯粹的西班牙传统有关，例如斗牛，舞蹈，自豪感。在某种程度上，它是人们最熟悉的精神方面的事物，与最真实的西班牙有关。米格尔·德·乌纳穆诺在他的文章《*En torno al casticismo*》中很好地探讨了"Casticismo"，声称它反映了西班牙的本质。

者；反对“王权至上论”（régalisme royal）的神职人员；仅仅是怀念帝国的伟大，以及和国家深层精神相融的天主教的人］，而且这些抵抗不可小觑。但王位继承战争期间西班牙的中心卡斯蒂利亚对费利佩五世不可动摇的忠诚表明，这些反对是微不足道的。恰恰是被认为最不“纯粹”的西班牙会尽一切力量延续奥地利哈布斯堡家族的事业，而同时最“纯粹”的西班牙也会从地理和历史上证明它会真诚、快速地归顺新王朝。

除了一些粗暴措施会让传统捍卫者感到震惊（例如解雇了侏儒、弄臣和其他给哈布斯堡宫廷活跃气氛的“国王的傻瓜”；或者解散德意志卫队的弓箭手团，“以便完全删除德意志名字，使其在西班牙不受欢迎”），路易十四的孙子还是会相当谨慎地保持对这个国家风俗习惯的尊重。

费利佩五世在出发去往他的新王国之前，在海辛特·列戈面前穿着一身黑色的西班牙服装，披着圣灵骑士团织有金色羊毛的天蓝色绶带。当然，法国服饰很快取代了马德里宫廷里奥地利哈布斯堡家族朴素的男士紧身短上衣；在萨伏伊王后（拖曳裙摆扬起灰尘让她不舒服）和乌尔辛亲王妃（一直是巴黎“高级定制”的宣传者）的影响下，妇女们逐渐放弃了她们厚重的裙撑（tontillos），让装束不再死板。但这些改变是受潮流影响的，而不是强制规定的。当欧洲所有的宫廷都像凡尔赛一样系饰带时，谁会相信西班牙宫廷的人会一直在脖子上戴着费利佩二世时代僵硬的大翻领（golillas）呢？

马德里宫廷真正的变化是通过其他迹象表现出来的：君主们不再贴着严肃的标签，举止谈吐更加亲切，这也符合他们简单甚至深居简出的偏好。他们以开放的心态迎接国外的新风尚，尤其是来自法国和意大利的。

波旁家族的西班牙化是愉快和进步的综合结果，当费尔南多六世接替他父亲统治时，已经前进了很多。他对为庆祝他登基而举行的斗牛表演没有好印象，但在 1737 年，小公主玛丽·安娜·维多利亚回来时，在马约尔广场举行了一系列斗牛比赛庆祝她的回归。6 年后，他批准在阿尔卡拉城门附近建造可拆卸的竞技场，不过是在首都的城墙外。费利佩五世能猜到，接下来的几个世纪这个措施将转变青年贵族血腥的骑士决斗习俗，斗牛会更民主化，规则也会被一点点调整吗？正是在这些新的竞技场上，斗牛将成为专业人士从事的活动，获得真正的艺术声望，并被提升为国家庆典级别的定期表演。

费尔南多六世统治下的西班牙中立主义

如果说法国出生的费利佩五世仍然能引起西班牙公众的不信任感，在马德里出生的费尔南多六世，在所有人眼中是真正的西班牙君主。事实上，他自己也这么认为：除了和波旁王朝的血缘关系，他对法国没有别的依恋，甚至会被凡尔赛的傲慢和路易十五某些大臣的放肆态度惹怒，如弗里的继任者达根森。

虽然他把国事交给大臣恩塞纳达侯爵和何塞·德·卡瓦哈尔打理，但他的对外政策明确表达了他想脱离法国影响的意愿，哪怕要立即和另一个联盟的英国、奥地利和撒丁岛签署《亚琛和约》。

新国王性格脆弱，不是太突出，但他是个“正直的人”，和他的父亲一样，非常了解他王权的神圣。当凡尔赛宫廷提出将他的小女儿玛丽亚·安东妮亚嫁给王太子，也是他同父异母的妹妹玛丽亚·特雷莎的鳏夫时，他感觉受到侮辱。1748 年两个实力不平等的伙伴之间举行了和平谈判，又引发常见的动怒，但这并没有让法西关系更加不稳定。然而，当法国声称将西班牙拖入与英国新的冲突时，它断然拒绝了。费尔南多六世曾发誓不签订“家族契约”。他不想再谈论战争了。

这是一种符合他的大臣和王后意愿的理性态度。现在是时候翻过以前君主打开的意大利篇章，寻求和平，努力发展王国和美洲帝国的时候了。芭芭拉·德·布拉甘斯来自于与英国结盟的葡萄牙，且是奥地利的玛丽亚·特蕾莎的表妹，她支持这些外交变革。这位王后因其体形粗壮、无法生育而不受西班牙人民喜爱，但她是一个善良聪明的人，她对丈夫的影响被卡瓦哈尔利用。在其与恩塞纳达侯爵组成的管理二人组中，卡瓦哈尔是倾向于与英国结盟的人。

当然，英国想让西班牙与法国疏远，但不想以直布罗陀和梅诺卡为代价。为了长期渗入西属美洲市场，它继续通过各种手段不断向西班牙施加压力。正如萨尔瓦多·德·马达里亚加（《哥伦布传》作者）所说明的，英国人追求的目标绝不是他们宣称的著名的“贸易自由”，而是用他们自己的垄断取代西班牙的垄断。

恩塞纳达侯爵清楚地看到了这一中立政策的局限和危险。西班牙和法国应该重新认识到它们在面对英国殖民侵略时有共同利益。如果法国有一天被击败，西班牙将会孤立无援，无法抵抗英国这一贸易大国的贪欲。卡瓦哈尔去世后，恩塞纳达侯爵被亲英派指责想破坏与伦敦的和约。1754 年 7 月，他突然失宠，取而代之的是里卡多·沃尔，他是爱尔兰移民后裔。相反的，他对英国政府倍加殷勤。

1755 年 6 月，在完全和平的时期，英国海军对往加拿大运送部队的法国船只进行了海上攻击，并在其港口和公海扣押了 300 艘商船，这触发了法国和英国之间的敌对行动，但没有引起西班牙的反应。在这次的“七年战争”中出现了惊人的联盟逆转——伦敦和柏林将并肩对抗与奥地利、俄国结盟的法国。

因此，1756 年 4 月，路易十五派黎塞留公爵代表自己从英国人手中抢走了梅诺卡的基地。威廉·皮特威胁西班牙要么保持中立要么加入到自己的阵营来，西班牙对此感到不安。这次西班牙的缺席是政治局势的显著特征。1759 年 8 月 10 日，费尔南多六世的妻子去世一年后，他变得完全不认识这个世界，最终在隐藏他发疯事实的阴森城堡里离世。

从那不勒斯的查理七世到西班牙的卡洛斯三世

费尔南多六世去世时没有继承人，他在遗嘱里将王冠传给了同父异母的兄弟查理七世——那时他已在两个西西里岛当了 25 年的国王。埃丽莎贝塔·法尔内塞从费尔南多六世登基后被打发到了拉格兰哈宫殿，如今重新搬到布恩雷蒂罗宫，享受着复仇的愉悦。她有一只眼睛已经失明了，但总是精力充沛地摄政，准备迎接她的儿子回归。唐·卡洛斯早就知道自己会继承已故国王的王位，他已做好掌控西班牙事务的准备。然而，他自己在那不勒斯的接班人还是出现一些问题。不是说他缺少孩子，他的妻子玛丽 - 阿梅利亚给他生了 6 个儿子和 2 个女儿！但长子天生残疾，无法治理国家。他的兄弟唐·费利佩和“公主夫人”想用他们的帕尔马小公国来换取两西西里岛的王位。正如 1748 年的《亚琛和约》预料的那样，国际外交反对这个计划。此外，唐·卡洛斯也想把他的一个孩子放在他被迫放弃的王位上。他选择了三儿子费尔南多，把他托付给忠臣贝尔纳多·塔努奇来监管；二儿子，这位给西班牙留下糟糕回忆的未来的卡洛斯四世跟随他到西班牙做了阿斯图里亚斯亲王。

因此，1759年10月6日，两西西里岛的查理七世、现为西班牙的卡洛斯三世带着家人登上了母亲派来的舰队中的一艘军舰，船上扬着帆，桅杆挂着旗帜驶向西班牙。而那不勒斯人民悲伤地看着统治了整个世纪四分之一的杰出君主离他们远去。

这是第一次，长期由西班牙总督或奥地利官员管理的那不勒斯成为一个王国，在两西西里岛查理七世父亲般的统治下，甚至成为意大利启蒙运动精神的典范。他的家庭生活是庄重而简朴的，他的政府诚信并促进了开明的改革。他懂得刺激国家的经济生活，积极建立制造业体系，如卡波迪蒙特致力于瓷器生产，又如增加大型建设工程（从波尔奇和卡塞塔的王家遗址到阿尔巴戈·迪·波威或圣卡洛剧院），同时鼓励对庞贝和赫库兰尼姆古城的挖掘。他不炫耀，近乎谦卑，是那个时代理想、完美的典范：“开明的专制君主”。

卡洛斯三世尚未在一个更难治理的国家——他在出生地西班牙证明自己，但他没有忘记它不顺从的芒刺。事实上，他经常后悔从一个岛到另一个半岛，在前者实行的有效政策不一定适用于后者。

第十三章　卡洛斯三世与启蒙时代

虽然卡洛斯三世没有患折磨他父亲和同父异母兄弟的精神疾病，但他也经历了家庭不幸。他的前两个女儿在出生后不久就夭折了，他的长子从小就患有癫痫；他的妻子萨克森的玛丽－阿梅利亚因13次怀孕而精疲力竭，在抵达马德里几个月后就死了。他自己出生时不太健康，但他一生都喜欢在户外，这让他身体变得更加强健。

他是一名勇敢的战士，从18岁起就和一位优秀的西班牙将军蒙特马尔伯爵在意大利战场上战斗。他日常热爱打猎，这项活动一直进行到了他生命尽头。他自己承认，身体和精神的洁净远比激情更重要。他似乎害怕自己会患上家族遗传病，一生都孜孜不倦地追求健康的生活方式和为国家服务的身心自律。

他45岁丧偶时有足够多的后代，因而远离父亲那样的性瘾：他不仅决定不再婚，而且严格忠于亡妻。人们不知他有任何情妇。他的生活里没有心血来潮，只有有节奏的日常仪式。他对时间严格管理：早上勤奋工作，下午到黄昏狩猎。他钟爱的打猎方式和他法国表兄带着猎犬队的大排场完全不同。卡洛斯三世的形象在戈雅的画笔下被永久保持下来，这个孤独温厚的猎人，带着他的火枪和狗，身着加厚的军装，脸上布满卡斯蒂利亚阳光晒裂的纹路，虽不是很好看，但讨人喜欢。人们可以在普拉多博物馆欣赏到这幅全身肖像：粗犷简朴的形象勉强像个乡村贵族。不过这样的描绘没有恶意，国王自己也很满意。

有德行的“开明专制君主”

作为与普鲁士的腓特烈二世、俄罗斯的凯瑟琳和奥地利的玛丽亚·特蕾莎同时代的人，他是那个时代“开明专制君主”的典型，但也没有摆出“哲学家国王”的姿态。

他的“光辉”没有超过“公正者”的范围。他关注理性改革，喜欢精工细作、庄严的建筑、通风的城市规划以及“社会卫生”。他为了国家的声誉保护艺术和文学，但自己没有培养出艺术天分，甚至没有他父母的音乐品位，他把宫廷中著名的阉伶法里内利赶走，理由是“他看起来就像盘子里的阉鸡”。事实上，他只对服务于其统治威望的艺术品感兴趣。离开帕尔马去往那不勒斯的路上时，他并没有忘记把法尔内塞收集的珍贵藏品放在行李里（这对他以前的臣民和几年后接替他担任公国统治者的兄弟来说都不是什么难事）。当他成为西班牙国王时，身边的人要花很多心思才能阻止他毁掉王家画廊里某些冒犯他审慎态度的绘画和雕塑。

卡洛斯三世没有政治阴谋，如果不算权谋的话。他言出必行，厌恶迂腐，不像同时代其他许多开明统治者那样扮演知识分子的角色，又迅速把他们炫耀的高尚情操踩在现实政治的靴子下。人们所知他唯一的通信是写给留在那不勒斯指导他的三儿子和继承人的优秀大臣塔努奇侯爵的。有趣的是，信里的内容反映了他的好奇心和广阔视野。尽管他像先代君主们一样高度重视君主尊严，但它在卡洛斯三世心里所占的地位不会高于人人被要求的共同美德：“首先是卡洛斯，然后才是国王（Primero Carlos que rey）”，这是他最喜欢的句子之一。

卡洛斯三世不局限于某一套明确的学说体系。他需要的只是一些由他的常识、进步的理性观念、为臣民服务的家长式的关心所决定的政府原则。简而言之，这是一位出色的实用主义者的形象。他很清楚自己想要什么，又知道在必要的时候如何让步而不感到愤怒。他有足够的信心将事务细节委托给大臣们，只要他们值得信任，同时他也不愿与已经习惯的人分开。

如果人们把一些民族主义历史学家的偏见去掉，那么西班牙第三位波旁君主的肖像就不完整了。在19世纪，梅嫩德斯·伊·佩拉约差不多把他视为半个没有信仰、在外国成长的君主，他依附于法国政治以及“百科全书”思想，应为与最真实的民族价值观发生致命决裂而负责。这一描述得到了佛朗哥独裁政权的认可，后者只有在奥地利的帝国之鹰和国家－天主教十字军下才能看到西班牙的伟大。

相反，奥特加·伊·加塞特的悲观情绪会忽视掉卡洛斯三世统治期间为使国家“达到高水平”而做的努力，并会将西班牙启蒙时代的美丽冒险简化为一个不连续的梦想。

但无论从哪个方面来看，这种在西班牙反复出现的诋毁倾向是建立在不公正的论点上的。它们否认了西班牙启蒙运动的世纪，即卡洛斯三世统治的世纪最富有成效、最引人注目的变化：西班牙对现代世界更开放，社会理性世俗化，而不违背国家宗教传统。

西班牙的启蒙时代（远距离能看得更清楚），今天从我们和现代历史学家的角度看来是欧洲伟大启蒙运动潮流的低版本，但它更充满希望，因为它尊重过去，方式也更温和。如果不是被下一任统治者错误残酷地剥夺了其合法性，最终被边境外的法国大革命的过激行动冲走，西班牙本可以像在英国一样和平地发展壮大。即将到来的灾难也不会让我们认为，那些怀有理性主义理想的人，要么是将西班牙带入混乱的人，要么是与这个国家其他人分离的脆弱精英和胆怯的梦想家。

卡洛斯三世是一位虔诚的天主教徒，他早年（当费利佩五世的宫廷还在塞维利亚时）就特别崇拜一位方济各会的修道士塞巴斯蒂安。后者在街上传道，为穷人乞讨。这种谦卑善良的形象接近于朴实信仰，与玩弄阴谋、洋洋得意的耶稣会士相反，他尤其反对神职人员干涉国家事务。

因此，与欧洲同时期的君主一样，卡洛斯三世的“王权至上主义”是毫不妥协的，就像他对大贵族的态度一样。他们在宫廷受到尊重，但被剥夺了政治影响力。这种行动方针与他前任波旁君王一致，但卡洛斯三世强势的个性赋予了其新的基调。

果敢前进的愿望也使他打破了费尔南多六世的中立政策。后者有其优点，用明智和节俭的管理来补充国库。但它也使西班牙被孤立，无法参加世界竞争，并有可能加剧其边缘化趋势。卡洛斯三世统治时更积极参与当时的冲突，与法国建立了更紧密的联盟以遏制英国的殖民野心。从一开始，他的统治还表现在一系列内部改革的热潮中，但西班牙人不会像国王的前那不勒斯臣民那样顺从这种改革。

埃斯奎拉奇暴乱：统治之初的动荡

卡洛斯三世冷静且坚定地在所有领域强加了他的印记。首先是外交层面，

1759 年 9 月他在马德里掌权时，法国已在“七年战争”中与英国交战了 5 年，这对法国自己的殖民地来说是很糟糕的，尤其是在加拿大。同月，蒙卡尔姆侯爵刚刚在魁北克城保卫战中倒下。

英国人的侵略让卡洛斯三世担心自己的帝国。两西西里岛的前统治者没有忘记英国舰队在 1742 年让他遭受的屈辱。当时英国威胁那不勒斯，如果它在奥地利王位继承战争中没有立即宣布中立的话，英国就会按惯例炮轰它。

他提出在法国和英国之间斡旋的建议被伦敦拒绝了。1761 年 8 月 15 日，卡洛斯与路易十五缔结了第三份“家族契约”。路易十五的大臣乔西尔公爵和卡洛斯三世派驻在凡尔赛的大使、热那亚裔资深外交官格里马尔迪侯爵签署了这份契约。

因此，西班牙在这场战争的最后两年被卷了进来，它短暂地失去了被英国人占领的哈瓦那和马尼拉，同时对英国盟友葡萄牙的战役也没有取得成功。1763 年 2 月缔结的《巴黎条约》对西班牙造成的损失比对法国的小，因为法国不得不放弃在加拿大和在东印度群岛杜普勒瓦所征服的领地。英国人撤出了古巴和菲律宾，作为出让佛罗里达的补偿，西班牙从法国那里接收了路易斯安那。

这一失败并没有影响卡洛斯三世的外交政策，虽然部分导致了其统治初期不满声四起，但远不及国王及大臣们在不利经济形势下采取的措施所引起的反感来得强烈。

从 1765 年开始，由于长期干旱，一场严重的生存危机在王国中播下了焦虑和愤怒的种子。小麦歉收导致面包短缺，物价飞涨。在西班牙主要城市，特别是马德里，受到粮食匮乏影响的贫弱人群涌入收容所或贫民窟。人们责怪投机者，但更怨政府。后者刚刚打破了粮食市场的传统保护政策，取消了稳定价格的措施，并在国内建立了粮食自由贸易制度。这个想法是好的：消除受省、市、县受税收干预的市场阻隔，以创造广大的内部市场，用需求刺激生产，同时保护消费者。但这项深思熟虑的措施在最糟糕的时候出台，效果和他们想要实现的相反，反而偏袒了投机者。

该项制度的推动者是管理财政的国务大臣斯奎利亚斯侯爵（后称埃斯奎拉奇）。他是西西里人，是前查理七世（卡洛斯三世）在那不勒斯统治时期积极的合作者。国王委任他承担政府里最重要的职务，这个有能力的侯爵虽然敬业、诚实，却不受青睐，最主要的缺点即他是外国人。他没有什么好办法，其妻也有贪婪的恶名。在得知首都有动乱分子时，他采取了自认为有用的措施，结果点燃了火药。

从表面上看，这些措施是禁止戴长披风和宽边帽（chambergo）——它们被许多西班牙人，特别是在民众阶层中广泛使用，既是民间习俗，又没有危害。但此措施远不是像欧洲其他国家专制政权那样强行改变习俗，而是为了防止匿名人士隐藏警察怀疑的东西。

马德里的民众认为这是对传统的冒犯。此外，他们似乎没有赞扬市政当局最近为照明以及改善首都街道卫生条件所作的努力，那些散发着每日倾倒的垃圾恶臭的地方也是城中的危险之处。不是说他们对肮脏或有利于袭击的黑暗有奇怪的爱好，而是这些专制措施让人吃惊，尤其是当王家卫队在征募的裁缝的协助下开始裁剪违规者的披风和帽子，强行把它们改成短衣、把宽边帽变成三角帽时，他们极为恼火。

1766 年 3 月 23 日棕榈枝节，骚乱在马德里街头蔓延，这就是著名的埃斯奎拉奇暴乱（Motín）。仇外的语气与面包稀缺和高价引起的愤怒交织在一起，形成了一场暴力的民众运动。与 1789 年 10 月法国人的经历相似，当时暴徒冲入凡尔赛宫，要将“面包师和伙计”带回巴黎。不过马德里的这场暴动中，人们高喊“国王万岁，埃斯奎拉奇去死！”并没有过分到威胁国王。

一位来自王宫旁圣吉尔修道院的教士戴着荆冠，脸上涂抹着灰，脖子上缠着绳子，试图安抚人群。人们要求这位圣人带领抗议代表向君主发出最后通牒，其中有若干要求：将斯奎利亚斯侯爵及其家人驱逐出西班牙，只任命西班牙人做政府里的大臣，废除在很多场合施暴的瓦隆卫队，降低食品价格，军队撤出他们的街区，保留宽边帽和大披肩，让陛下的臣民可以再次有尊严地披上它……否则就烧毁宫殿!

卡洛斯三世被迫在公共场合露面，但拒绝到达马约尔广场，在那儿他有被关起来的危险。他出现在阳台上，引起了示威者的情绪高涨，面对上述要求，他像“父亲般”地让步。但与路易十六在类似情况下的反应不同，卡洛斯三世只是回避问题，以重新获得控制权。当晚，他秘密离开马德里前往阿兰胡埃斯，而他的国务大臣，其住所已被洗劫，应君主要求通过卡塔赫纳港踏上了回西西里岛的路。

国王等待了几个月才回到首都，放出风声说他打算将宫廷和政府搬到塞维利亚或瓦伦西亚，这令马德里人民感到沮丧。7 月，当埃丽莎贝塔·法尔内塞去世时，他仍然躲在维拉·伊·科特，直接去埃斯科里亚尔埋葬了他的母亲。当他最终回到曼萨纳雷斯河畔时，民众抗议的热情减退，这个事件似乎被遗忘了。

驱逐耶稣会士

1766 年 3 月 23 日和 24 日这两天真的很危险。伤亡和骚乱扩展到了其他城市。特别是萨拉戈萨，几名头目因抢劫而被处决。在吉普斯夸，对峙的局面持续到了 4 月中旬。

在马德里，在国王不在的情况下，一位权威、坚定又灵活的统帅恢复了平静，他立刻被提拔到政府最高职位，即卡斯蒂利亚委员会主席，从此阿兰达伯爵进入了西班牙历史舞台。作为一位伟大的阿拉贡领主、一个训练有素的军人，他与欧洲各个宫廷和学术团体打过交道，从普鲁士到法国，与百科全书派的阿伦伯特和狄德罗交好。

然而，必须从这些混乱中吸取教训。西班牙启蒙时代的另一位人物，律师佩德罗·罗德里格斯·德坎波曼斯作为该委员会检察官（税收领域）负责调查报告。其结论证实了已经通过警方众多线索猜测到的事：埃斯奎拉奇暴乱相当大程度上是被挑衅者操纵和资助的。贵族和神职人员都插手其中。特别是在马德里市中心那些点火、公然拒绝服从警察命令、在酒馆纠集无关人士、引起交通堵塞的人，是最常用宽大披肩遮掩的人。

事实上，特权阶层也有不满。埃斯奎拉奇对土地登记的修订是想重估贵族的财产和收入。而同时，他们失去了某些税的征收权，这些权利已经重新回到了国王那里。

在暴乱发生的前一年，坎波曼斯用自己的名字命名了一份“条约”，打算呈给“爱国的国王”（卡洛斯三世），以加强国王对教会的“王权至上主义”。在条约里，他坚持国王的权利，称“国家的繁荣需要它”，并限制教会过度扩张的永久财产。由此可见，民众遭受的生存危机显然不是骚乱的全部原因。

无论对错，恩塞纳达侯爵都涉嫌煽动贵族密谋重新掌权。他再次被软禁在远离马德里的地方。在教会这边，耶稣会士为触犯王家法律付出了代价。

有些人无疑受到了牵连，不过耶稣会不是这种情况。他们不被开明群体待见，后者给君主提供了一些计策。对君主而言，尽管他是一位天主教徒，却无法忍受耶稣会士只效忠罗马教廷。

1759 年，耶稣会士因和大贵族串通被庞巴尔驱逐出葡萄牙。1764 年，法国的耶稣会被解散，只因议会攻击其章程不符合王国法律。根据一个特别委员会的调查，以及 1767 年 4 月 2 日颁布的处决令，耶稣会被逐出西班牙，其财产被没收。

与法国的规定不同，西班牙的耶稣会士甚至不允许以个人名义留在国内。因此，6000 名耶稣会士（其中一半居住在美洲）不得不流亡到帕斯卡尔·保利的科西嘉岛，他们一直待在那里，直到第二年该岛落入法国手中。教皇本人也不急着欢迎他们来罗马。那不勒斯王国的塔努奇也做出了同样的决定。在西班牙驻罗马大使、未来的第一国务大臣佛罗里布兰卡伯爵的坚持下，罗马教廷最终于 1773 解散了圣依纳爵·罗耀拉[①] 建立的耶稣会。

耶稣会士如影随形的神秘势力显然妨碍了决心让神职人员服从最高权威的君主们的“王权至上主义”。他们在美洲的传道中支持印第安人的模范行为并没有使他们免受怀疑。恰恰相反，他们的所有事业似乎都致力于自给自足式的独立，因而更加被怀疑。在帕蒂尼奥和坎皮略掌权时，他们寻求和平分享在拉普拉塔河广大地区的影响力，这令西班牙和葡萄牙政府感到不舒服。甚至术语“缩减地”（Réductions）就是指是他们在巴西、巴拉圭和今天阿根廷之间建立的制度，即无国界的神权主义理念。这是国家法律无法复制的，也证明耶稣会士对这个世界的强大力量感兴趣。这项制度对西班牙和葡萄牙领地边境处的瓜拉尼人来说是有益的。

与舆论不同，耶稣会士驱逐行动的煽动者不是阿兰达伯爵，他本人是这些耶稣会士以前的学生。在耶稣会积极开办的马约尔学院（colegios mayores）中，往往有许多贵族子弟在那里接受教育。虽然阿兰达伯爵是异端裁判所的坚定反对者，也是法国哲学家们的朋友，但这位政府里冉冉升起的新星既不反宗教，也不

① 圣依纳爵·罗耀拉：西班牙人，罗马公教圣人之一，耶稣会创始人。

是法国共济会成员，所谓的“阿拉贡派”的身份也是父母给他的。相对坎波曼斯和弗罗里达布兰卡这样从简陋大学出来的学生精英，阿兰达被认为代表了贵族和军人阶级的利益。

另一方面，有三个人在迫害耶稣会士中发挥了积极作用：确切地说，卡莫纳兹，在捍卫“王权至上主义”方面是玛卡纳兹热心的接班人；曼努埃尔·德罗达，另一位阿拉贡人，他是司法部部长，同样参与了加强王权的政策，并且是马约尔学院的改革者；最后一位是国王的告解神父埃莱塔，一位改革派教士，他和耶稣会交恶，至少从其对耶稣会的坚定证词中可以看出。很少有措施像这次一样引起正规和在俗神职人员的谴责……

卡洛斯三世则很容易被说服，他认为耶稣会的阴谋继续威胁着他的权威。为了使他的决定不被罗马教廷质疑，他甚至拒绝说明理由。这样做，使他表现得和法国及葡萄牙的表兄弟一样放肆。除了耶稣会之外，君主独立于里斯本、凡尔赛、马德里和那不勒斯——政府都在追求君主独立于教皇权力。这也是对整个西班牙教会经济秩序的警告：几个世纪以来积累的年金不再有保障，它们要证明自己的社会效用。

西班牙地中海沿岸的繁荣和莫雷纳山脉的垦殖

导致 1766 年暴乱的危机也揭开了西班牙农业形势和农民状况的面纱。虽然西班牙与其他欧洲国家没有根本区别，但它为人诟病的弱点是启蒙时代改革不能忽视的。

西班牙的乡村人口像城市人口一样蓬勃发展，但地区不同，增长速度也大不相同。卡斯蒂利亚高原的人口增长缓慢，坎塔布里亚海岸地区增长强劲，而地中海沿岸省份几乎呈爆炸式增长。人口普查（在这方面，西班牙当时是欧洲的先驱）显示整个 18 世纪加泰罗尼亚人口翻了一番，这与波旁家族统治下长期“惩罚”伯国的观点相矛盾。瓦伦西亚的“王国”也从王位继承战争之后的 25 万人上升到了本世纪末的 80 万人。同样，人口扩张也发生在穆尔西亚和加那利群岛，那里和加利西亚一样有长期持续不断迁往美洲的移民。

过去国家主要发展中心在卡斯蒂利亚中部产粮大平原上。而这个时期，贸易、工业甚至农业最活跃的中心越来越多地建在国家东部和北部的外围区域，但这种结构无法解决1790年将达到1100多万西班牙人的整体生存问题。

因此，阿兰达政府在1766年暴乱后优先进行土地改革是有必要的。这个措施能鼓励受到有地贵族和教会产业阻碍的农民发挥自己的能动性，提高粮食出产量，从而远离生存危机。虽然欧洲的趋势是农业生产资料集体化，但启蒙运动的理论家在不忽视这种方式的同时，也把赌注押在了最发达的农民阶层身上，即劳动者、耕作者、有地者或大农场主。

一系列措施都是为了做到这点。公有土地被解放出来，交给熟练的农夫耕种。坎波曼斯领导了反对梅斯塔势力（美利奴羊饲养者协会）的斗争——这个有数百年历史、拥有羊群的富裕组织阻碍了可耕地的开发。1767年的一项土地法令针对土地租约的不稳定和在安达卢西亚、埃斯特雷马杜拉及新卡斯蒂利亚地区占重要地位的大农田负担进行改革。在卡洛斯三世统治期间，尽管土地拥有者以及他们在卡斯蒂利亚理事会的接班人都强烈反对，但伟大的土地改革仍被提上了日程。

启蒙时代最伟大的人物之一用他的名字命名了这项改革：阿斯图里亚斯的梅尔乔·加斯帕尔·德·霍维利亚诺斯（Melchor Gaspar de Jovellanos）确定了“必须打破将土地所有权排除在商业交易之外的法律，因为这些法律将土地永久纳入某些机构或家族（如民间或教会的永久管业），永远排除了其他个人对土地的要求权”。遗憾的是这份报告发布得太迟，1795年改革者的伟大宏望被其他紧急事件冲走了。

农业领域最壮观的事业一定会触碰大地主的利益：对莫尔纳山脉荒地的垦殖。

在阿兰达和坎波曼斯的支持下和卡洛斯三世的默默关注下，垦殖方案基本是秘鲁的克里奥尔人巴勃罗·德·奥拉维德的杰作。他在自己的国家经历了一些司法上的挫折后，定居在宗主国，并到法国和瑞士旅行，成了伏尔泰的宾客，在一位普鲁士男爵的帮助下，他设想在瑞士、天主教德国、佛兰德斯，甚至西班牙北部地区招募几千名垦荒者，然后把他们安置在拉曼查和安达卢西亚之间人口稀少地区的中心地带，沿着连接马德里和塞维利亚的新公路建成新的生产中心。

这个“理想城市”是当时的梦想。卡洛斯三世想建立他自己的建筑，委托提耶波洛（1696—1770年，Tiepolo）举荐了意大利工程师来设计圣卡洛斯·德·拉皮塔最初的基座（这是一个位于埃布罗河口的新港口，遵循了风行一时的法国建筑师克劳德·尼古拉斯·勒杜纯功能思维的标准）。但圣卡洛斯·德·拉皮塔从未完工。相反，在巴兰附近的拉卡罗莱纳和瓜达尔上游河谷拉卡洛塔的定居点没有提出任何“乌托邦”城市美学，虽然遇到许多困难，却在日耳曼裔垦荒者的驯化下繁荣了起来。

奥拉维德尽管有些狂妄自大，不过他把所有的精力和执着倾注在了他的事业中。他被指控不虔诚和放荡，受到他介绍到新教区的德国嘉布遣会修士的骚扰，不幸于1778年被异端裁判所审判，在逃往法国之前被关进了监狱，继而被软禁。如此，卡洛斯三世的改革最终到了极限。

各方面的改革

巴勃罗·德·奥拉维德在被任命为塞维利亚总督，并组织农业殖民之前，因热心于另一个同样珍视启蒙运动精神的领域而闻名：社会卫生。它被视为传统基督教慈善事业的世俗替代品。穷人和无业游民阶层的危险性在1766年的暴乱中得到了很好的印证，为了补救，要建立国家收容所来照顾乞丐和流浪汉，教他们职业技能，哪怕把最顽固的人送去陆军或海军军队，或者给他们分配公共事业的工作。因此，奥拉维德受命在马德里的一家旧工厂里建立了第一批此类机构，并在3个月内成功地将数百名贫困者、失业的男人和女人、儿童转变为对社会有用的工人。

这些世俗措施很快因为取得成功而蔓延到外省，托莱多大主教洛伦扎纳亲自把查理五世的旧阿尔卡扎尔宫变成了一个繁忙的工厂，在那里纺织机发出噼噼啪啪的声音。英国旅行家约瑟夫·汤森表示，巴塞罗那的济贫作坊可以与他国家里的工场（workhouses）媲美。

新的市民医院也正在建立，首先是巨大的马德里医院（现在是索非亚雷纳艺术中心的所在地）。与此同时，公典制度[1]以及接收孤儿和“贫困女孩”的学

① 公典制度（Monts de Piété）：一种对因重大事项需要资金而个人收入低下的工人、商人及一般平民，通过共同集资贷给低利资金以对抗高利贷的制度。

校正在首都各个地区开放，经过努力整顿清洁后，马德里最大限度上实现了合理化规划，在首都每个区（共有64个区）和其他主要城市的片区都有区长，从富有和热情的居民中产生，并配有警察部队和社会工作者。

这个如此个人主义、如此叛逆的国家可以转变成趋于理性的福利社会吗？说得太远了。但这至少是一群开明之人的梦想，而且由一位英明且精力充沛的君主领导，没有人想挑战他的权威。

卡洛斯三世在改革中混合了他的个人品味，特别是在马德里，这体现在一个不算太出彩但秩序井然的新古典主义建筑上，那是胡安·德·维拉纽瓦的作品，他打破了丘里盖拉兄弟的巴洛克风格。这座自然科学博物馆后来成为了普拉多博物馆，同名的散步小径上连接着费尔南多六世建造的珍稀植物园和圣费尔南多美术学院，而戈雅是该学院最杰出的院长之一。

清澈的水流入多个壮观的喷泉，西贝勒喷泉和海神喷泉被花径环绕。布恩雷蒂罗花园的入口处矗立着庄严的阿尔卡拉大门，卡萨·德·科雷奥斯（大型邮局）在太阳门广场上崛起，它神奇的时钟为首都报时。作为建筑者的国王最终把马德里改建成了清洁的都市，让人民享受到了这些所有的好处。

一个星状的新公路网络从太阳门广场延伸出来，多条运河被开凿，为了促进工商业发展，大型王家工厂诞生了。在宫廷画家拉斐尔·孟斯的指导下，圣塔芭芭拉工厂织造了一些戈雅擅长的且是流行题材的挂毯。刚从那不勒斯回来的卡洛斯三世建立了一家瓷器厂，和他在卡波迪蒙特创立的工厂相似。位于布恩雷蒂罗花园的瓷器厂很快被称为“*la China*”，然而不幸于1812年独立战争期间在威灵顿指挥的英国军队撤离首都前被摧毁了。另一个新颖之物——一座大型水晶厂，现在仍然存在，并作为塞戈维亚附近格兰尼亚的圣伊尔德丰索宫殿附属建筑开放。

比喜忧参半的商业成功更重要的是它们带来的干劲和国家发展的信心。在这个慈善世纪，君主的政府前赴后继热情地努力着。社会改革、科学发明和技术创新的观念在“国家之友经济协会”中发展起来。

第一个协会建立于1766年动乱前几年在吉普斯夸的一个叫阿斯科伊蒂亚的市镇上。在皮纳，协会在弗洛里达布兰卡伯爵培养的年轻贵族的倡议下成立。伯爵是一个特别有进取心的人，他在启蒙运动的法国旅行并没有使他远离具体的现实和对“小人物”最有用的应用，就像伏尔泰在建设费尼（Ferney）镇所使用的方式。

这种模式既具有教学意义，又能积极改变具体的现实（图书馆、农业、工商业的专业技能培训，外国人的奖学金，创建实验农场）。我们看到第一个巴斯克协会（sociedad vascongada）发起的运动在西班牙各地蔓延，30 年内协会登记申请数量达到 100 个。每个“协会”都力求改善其区域特色的技术：如瓦伦西亚的丝绸，马略卡岛的优质食用油。自费尔南多六世统治结束以来，一个非常活跃的贸易委员会在巴塞罗那扮演了类似的角色，棉织品工厂也在城市和郊区蓬勃发展。这些协会往往还会提供西班牙大学忽视的经济教育。

卡洛斯三世在推行他的改革的同时，还努力打击破坏国家经济生活的特权和垄断。1771 年，他创立了以他名字命名的骑士团（Ordre），不要求骑士的父母双方有贵族头衔。前一年，他告知贵族不能与资产阶级从事相同的商业活动。1778 年，他正式废除了加的斯与西印度群岛交通的垄断权，并将这一贸易开放给半岛上其他 11 个港口（包括巴塞罗那、阿利坎特、卡塔赫纳和圣坦德）。从而彻底结束了前朝留下的让西属美洲领地成为卡斯蒂利亚和卡斯蒂利亚人独有物的特权。

西属美洲的巅峰和脆弱

继承西班牙哈布斯堡王朝君主的王位后，波旁王朝君主一直关注着从克里斯托弗·哥伦布和 16 世纪征服者那继承的巨大帝国的防御和管理系统。“防御”实际意味着采取措施，在和平时期防止英国海盗对美洲港口进行骚扰，在战时抵抗英国皇家海军的进攻，同时不断加强港口防御工事。而卡洛斯三世统治时在西属美洲的驻军数量是过去的三倍。此外，还要保证财富从美洲自由流动到宗主国及其商业交易中，并需要打击将货物贩卖到其他目的地的陆地或海洋走私行为。英国除了让移民定居在伯利兹海岸的洪都拉斯开采坎佩切木材外，比起领土征服，更想从商业上渗透到美洲帝国里。他们的商人发挥聪明才智，利用各种资源，在伦敦的帮助下参与到了利益角逐中。

管理如此广阔的领土是另一个挑战。在 18 世纪，他们不断扩展到北美，将加州或得克萨斯州广阔的无人区作为前沿，以保护新西班牙的总督区[①]墨西哥免受印第安人入侵。在1769年，旧金山湾被发现，并在那里建立了防御工事，马略尔卡岛朱比诺·塞拉神父带领上加利福尼亚省的方济各会教士团在那里定居。1788年前后几次向阿拉斯加海岸的海上远征使西班牙人埃斯特邦·马丁内斯和冈萨雷斯·卢佩斯·德哈罗与这一北方地区的俄国当局建立了联系。

16世纪建立的两个总督区，新西班牙总督区极大扩展到北方处女地，秘鲁总督区最初控制了整个南美洲，而后被迫分开，以满足新的战略和行政需要。在费利佩五世统治下设立了新格拉纳达总督区（哥伦比亚），卡洛斯三世统治下设立了拉普拉塔总督区（首府布宜诺斯艾利斯），以满足该地区的特殊需要——该地区与葡萄牙竞争萨克拉门托殖民地（今乌拉圭），或是巴拉圭耶稣会教士团开展传道，以及控制秘鲁与英国人经常光顾的大陆南部锥形区域的走私活动。

同时，西班牙在古巴和委内瑞拉分别建立了都督区，在新西班牙总督、后任西印度群岛国务秘书何塞·德·加尔韦斯的推动下，于1776年以宗主国模式建立了一个由44个辖区组成的网络，以刺激经济活动，同时减少对印第安人的虐待行为。

在新世界，精神生活并没有被忽视。它的大学通常非常古老，可以与宗主国的大学媲美。异端裁判所就像波旁时代的西班牙一样，由国王任命的神职人员管理，他们温顺宽容，既不会干涉异端或印第安人中盛行的偶像崇拜，也不会阻碍自然科学发展。宗教审查制度是存在的，但很宽松，所接纳的书籍可以免于征税。各地也在按照宗主国的模式组织国家之友经济协会，各种各样的新报纸发行量也越来越大。

浪漫文学给我们留下了像曼努埃尔·阿马特这样迷人生动的总督形象，还有伶俐的佩里科莱和他华丽的马车。但更加光辉灿烂的是18世纪首都如利马和墨西哥城，如基多、库斯科、南美洲的波托西、库雷塔罗、瓜纳华托、卡奇科、普埃布拉、墨西哥的瓦哈卡等中型城市，以及其他众多拥有如欧洲地中海那般迷

① 新西班牙总督辖区：也称新西班牙（Nueva España），是西班牙管理北美洲和菲律宾的一个殖民地总督辖地，首府位于墨西哥城。新西班牙总督的管辖范围包含今墨西哥、中美洲（除巴拿马）、美国加利福尼亚州、内华达州、犹他州、科罗拉多州、亚利桑那州、新墨西哥州、得克萨斯州以及亚洲的菲律宾，是西班牙帝国最主要的组成部分。

人的建筑和巴洛克式优雅的城市。

令人惊讶的是，尽管这么多美学证据一直都摆在我们眼前，可当代历史抹去了多少如此生动和丰富的殖民时代记忆！是无知、缺乏好奇心，还是对一切涉及西班牙人在他们帝国的出色行动进行本能诋毁？

似乎对一些人来说，混杂着征服者黑色传说和解放者（libertadors）壮举的漫长文明没有什么值得保留的东西。仿佛拉丁美洲一开始独立就是以牺牲土著居民的利益为代价，仅仅是为了克里奥尔人的利益！

同样，西班牙对18世纪海洋探险和科学考察的贡献虽不引人注目但却真实可靠，只是很多细节常常被人们忽视。例如，将测量地球子午线只归功于法国人拉·孔达明，却很少提及两位著名的西班牙水手和学者豪尔赫·胡安与安东尼奥·德·乌略亚，他们是珍贵的《南美洲旅行记》的作者，从1735到1740年积极参加了在基多的子午线测量工作。

在新大陆这片由西班牙统治的最富饶、最广阔的土地，并不是一切都是美好的。然而，只要读一读睿智而公正的德国学者亚历山大·冯·洪堡在旅行结束时对它的评价，就可以知道西班牙的管理是合理的，特别将其与同时代其他殖民国家作比较。

关于新西班牙，洪堡赞扬了其“就像是在巴黎、柏林或圣彼得堡最美丽的街道上的壮观建筑”，并指出“新大陆上没有一座城市，甚至包括美国的城市，都没有墨西哥首都那样庞大、坚实的科学机构”。随后，洪堡谈到了印第安人和非洲奴隶的状况。他打破关于西班牙殖民凶狠残暴的顽固偏见：“印第安农民贫穷，却是自由的”，他观察新西班牙的农民，“他们的情况甚至比欧洲北部大部分地区的农民要好得多。至少在这里，印第安人不用做苦役。事实上，如果将那些耕地的印第安人的命运与库尔兰、俄国和德国北方大部分地区的农奴相比较，我们会不会发现他们的人生更幸福？！”

无论他认为奴隶贸易的原则本身多么不值一提，这位严谨的普鲁士观察家强调，在西班牙统治下的美洲，奴隶受到的非人道待遇是最少的。根据他的说法，对黑奴最残酷的要数英国和法国殖民的西印度群岛。“不可否认，”他继续说，“与其他大多数国家的《黑人法典》相比，西班牙法律明显更宽容。”然后他指出，这项王家法律保障了奴隶在其他地方都享受不到的四项权利：寻求更好的主人，按照自己的意愿结婚，以最低的市场价格赎回自己的自由，拥有财产并买回妻子和孩子的解放权。他总结道："即使这些权利并不总能得到应用，但与西班牙最古老法律的人性和《黑人法典》每一页上都能找到的野蛮迹象形成了鲜明对比！"

然而，这种诚恳的抗辩不能掩盖一个客观上仍然具有压迫性的制度在两个不同层面的局限性和缺陷。

最引人注目的是该世纪最后几年秘鲁－玻利维亚高山上的印第安人社区。在海拔 4 000 米的波托西银矿（现在位于玻利维亚）中，确实存在苦役制度，即米塔（mita）；在印加帝国的旧首都库斯科周围的乡村，官员的腐败和勒索司空见惯。不过暴政不是源于西班牙法律，而是地方行政官员滥用职权的结果，受害者没有任何机会提出申诉。

1780 年 11 月 4 日，一个自称是最后一位印加帝王后裔的印第安人名流何塞·加布里埃拉·孔多尔（José Gabriel Condor）绞死了其中一名官员，并将从库斯科到拉巴斯的整个高地地区都煽起暴动。"以西班牙国王的保护法令的名义，违反了不法当局。" 6 个月后，他被抓获，与家人一起被判处死刑，在库斯科的阿姆斯广场被处决。他的兄弟和其他酋长在接下来的几年里接替了他，并和他们的追随者遭受了同样的命运。

尽管这些印第安人的起义受到了骇人听闻的惩罚，但他们对未来历史的影响相对而言是微不足道的：西裔美洲未来的解放不是当地人的事，而是渴望取代西班牙权力的克里奥尔精英的事。真正的当地人不会从中得到任何好处！

事实上，正是克里奥尔白人精英开始形成对宗主国的怨恨和欲望。克里奥尔人指责所受的歧视，不管是真实的还是被认为的歧视，他们觉得自己是受害者，而宗主国官员坐享所有好处，因为最高的文职和军职是留给他们的。一场旧时代的争吵在殖民冒险结束后重新开始，并随着国家发展而演变，社会联系不可避免地被拉长，与最初的团结相去甚远……

美利坚合众国的独立（这是对英战争中的关键问题，1778 年西班牙在这个问题上谨慎地与法国联手）但还是引起了连锁反应，最终有一天西班牙帝国将失去在美洲的殖民地。然而，直到近 30 年后，从 1783 年《巴黎条约》签订之日到 1810 年拿破仑入侵并在西班牙造成混乱，才引发了西属美洲第一次解放运动，这证明了它与宗主国的联系仍然是牢固的。阿兰达意识到，只有对这些关系进行深刻的政治变革，才有可能阻止未来的分离。因此，在《巴黎条约》签署，确认美国独立后，阿兰达就向卡洛斯三世提交了一个大胆的计划（虽然很可能难以得到批准），该计划将把西属美洲的总督区变成自治的君主国，西班牙国王将成为西属美洲所有君主国的皇帝，其家族的王子将在那里统治。这个制度后来在葡萄牙和巴西之间取得了成功，但并没有避免后者在几年后的独立……

两个互补的对手：阿兰达和弗罗里达布兰卡

从1766年埃斯奎拉奇暴乱到1773年的7年间，阿兰达伯爵一直是卡洛斯三世政府的强人。他的性格有时让国王厌烦，比起他，国王更偏好另一位官员领导国内政治，即在驱逐耶稣会期间的驻罗马大使、后又晋升为弗罗里达布兰卡伯爵的何塞·莫尼诺。

这位更温和、更有韧性的改革者接替了阿兰达伯爵，后者的大领主脾气让他在驻凡尔赛大使领导外交事务上表现得更好，而他的前任、格里马尔迪因对阿尔及尔蛮族远征失败负责而失宠。

阿兰达和弗罗里达布兰卡无法和睦相处。不过疏远这位急躁的阿拉贡人至少会让他在与英国的新冲突中发挥重要作用。为了争夺马岛（西班牙人称之为马尔维纳斯群岛，英国称为福克兰群岛），英、西两国险些爆发战争。两百年来，即在1982年的行动使阿根廷维德拉将军的独裁政府和玛格丽特·撒切尔政府发生冲突之前，这座荒凉的群岛几乎没有引起法国的兴趣，它将其作为拉普拉塔河的天然附属弃置给了西班牙。但英国殖民者已经定居在那里。布宜诺斯艾利斯的总督布卡雷利打算以引发与英国的公开冲突为代价把他们赶出去，而阿兰达正在推动这个计划。最终，马德里和凡尔赛赞成平息此事的派别最终占了上风。然而，这只是把冲突延期。与此同时，事实上，北美洲的英国殖民地已经开始反抗。1776年7月4日，费城的《独立宣言》为10年前受《巴黎条约》羞辱的两个国家提供了新的复仇机会。

然而，卡洛斯三世犹豫是否公开支持和法国同一边的美洲起义者，因为法国在马尔维纳斯群岛事件中并没有帮助自己。阿兰达自己也承认，“法国的野心根本上是想占有英国在美洲的商业地位，这不一定符合西班牙的利益。”因此，西班牙参与这场冲突相对较少：它基本上就为华盛顿政府提供了100万英镑的物资援助。在1783年签署的《凡尔赛和约》中，西班牙没有收复在法国帮助下围攻的直布罗陀，但夺回了佛罗里达，特别是两年前在服务卡洛斯三世的法国人克里隆公爵指挥下通过激烈战斗收复了梅诺卡岛。

与此同时，对阿兰达的敌意不敏感的弗罗里达布兰卡在国王的大力支持下确立了权威。1787年，随着“国家最高政务会”的建立，西班牙首次确立了一个围绕着国务大臣的集权政府。3年前，在巴约讷金融家弗朗索瓦·卡巴鲁斯的倡议下还建立了国家银行——圣卡洛斯银行。为现代国家服务的机构正逐渐被建立起来。

1788年，阿兰达从凡尔赛被召回到马德里。虽然他对他的对手和其“无名律师”团队不吝批评，但事实上，他已无法重新获得卡洛斯三世的青睐，不得不等到下一任君主统治时期。在充满危险的1792年，在已成为西班牙王后的帕尔马的玛丽-路易丝（唐·费利佩和“公主夫人”的女儿）的提携下，他才短暂取代对手的领导地位。但很快地，比起这位显赫、易怒的老人，王后更喜欢年轻的宠臣曼努埃尔·戈多伊那张更讨人喜欢的脸。在卡洛斯四世的宫廷里，有经验和能力的人没什么发言权。

西班牙启蒙时代：启蒙运动的“灰姑娘”

人们可能期待外国，特别是法国舆论更明确地承认西班牙在整个18世纪，特别是在卡洛斯三世积极统治下取得的进步。西班牙不也是仅次于英、法的欧洲第三大国以及欧洲第一殖民大国吗？其货币在当时世界经济中不也是占据着与当今美元相当的地位吗？

必须相信，两国之间由于长期而古老的竞争所遗留的偏见并没有那么容易消散，尽管它们在每一次“家族契约”中重新结盟。在参与比利牛斯山脉以北启蒙运动的人眼中，尽管西班牙为世俗化做出了种种努力，但在很大程度上仍是一个“落后”的国家，受到异端裁判所的教权专制。这种看法很不公平，因为法国当时宗教不宽容和残忍镇压的例子也比比皆是。我们回顾一下，宗教法庭对“不信教者”巴勃罗·德·奥拉维德的监禁判决在欧洲成为丑闻的10年前，一名拉巴雷骑士不也是因为在仪式行列前醉醺醺地唱反宗教的歌，而被阿尔贝维尔议会判处割掉他的手和舌头后活活烧死了吗？经上诉，这个不幸的年轻人被允许先斩首，再被送上火堆……我们可以看到，为了摆脱最不公正的审判和最痛苦的折磨，仅仅避开在法国不为人知、被强烈谴责的异端裁判所的管辖是不够的。

在波旁王朝的统治下，异端裁判所逐渐失去了大部分的控制力。有人可能会责怪卡洛斯三世和他的前辈们不能完全废除它——毫无疑问，这会提高西班牙的声誉。但实际原因是，国王任命宽容、顺服于国王的人做总审讯官，就不再害怕它的过激行为。如戈雅和启蒙思想家的朋友胡安·安东尼奥·洛伦特，他自己是历史学家，也是管理异端裁判所的秘书长（他会夸大过去受害者人数），这足以证明当时异端裁判所的衰落。确实，在卡洛斯四世的软弱统治下，异端裁判所重新掌握了一些权力，甚至在1833年最终被消灭之前，在费尔南多七世时期获得了更多权力。然而，在卡洛斯三世统治下，它可以被视为“王权至上主义”的有效工具，成为世俗权力更好地控制教会的手段，比起真正具有伤害能力的专制暴政要好得多。

西班牙社会发生普遍的演变，自由之风开始扭转旧贵族阶层和新兴资产阶级的价值观，将戈雅画作里美丽的公爵夫人转变为温柔的受普通民众喜爱的形象，不过并没有给我们的当代道德教授留下深刻的印象。孟德斯鸠本人就对伊比利亚半岛有偏见。从《论法的精神》到《波斯人信札》，在他的笔下，对西班牙特质的误解比比皆是：“没有被烧死的西班牙人似乎如此迷恋他们的异端裁判所，以至于将其夺走的话，他们会非常恼怒……你可以在他们身上发现智慧和常识，但在他们的书里却找不到。都说他们国家的太阳不会落山，但也不得不说，走过之路只能遇见被毁坏的乡村和荒芜的土地！”他在一封从里卡寄往乌兹别克的信里如是写道。孟德斯鸠的西班牙的仿作者之一、《谦逊学者和摩洛哥文学》的作者何塞·德·卡达西以同样带有偏见的诙谐语气回应他，以洗刷祖国的坏名声，就像奎韦多在他的《保卫西班牙》里回应对黎塞留红衣主教的严厉批评一样。

在他《一位父亲给准备出国的儿子的建议》中，可以读到这段对法国知识分子既尖刻又滑稽的批评：“忘掉你对你的祖国（西班牙）所了解的一切………

买4本法国人写的书，这些书对我们的评价比对安哥拉黑人的评价还要糟糕，并真心实意地同情我们的作家，因为他们不幸出生在塞内卡、昆体良和马蒂亚尔的故乡……最重要的是，你一定要声明你反复读过自己所引用的所有作品！”

基调已经定下来了。但最严重、也是最愚蠢的挑衅再次自法国而来，那是由一本针对西班牙的出版物所传达的——狄德罗和阿莱姆伯特编的《百科全书》因其反教会的论调被宗教法庭列入黑名单。

书商潘库克1783年出版的这本有条不紊的《百科全书》中有一个章节专门介绍了西班牙，其写作被轻率地委托给了一个叫马森·德·莫维利耶的人，结果满是荒唐和侮辱性的描述。对于“几个世纪以来，西班牙对文明的贡献是什么？”这个问题，这个默默无闻的作者轻描淡写地回答说，“什么也没有”。“西班牙是所有欧洲国家中最无知的国家，所有的东西在它那里都绝迹了：艺术、文学和科学，西班牙人只不过是‘侏儒的民族’。”

驻凡尔赛大使阿兰达伯爵立即向法国政府提出愤怒的抗议。在西班牙当局扣押了潘库克的书后，法国政府有些措手不及，同意暂停出版这些诽谤文字。但损害已经造成。马德里的丑闻远远超出了外交界，甚至在欧洲各地流传。弗罗里达布兰卡指示西班牙植物学家卡瓦尼莱斯神父用讽刺性的辩护词一条一条抨击着这篇《百科全书》里的文章。不久之后，一位皮埃蒙特出身的神职人员德尼纳神父也向柏林学院提交了一份同样报复性的文章，足以说明这个不幸事件影响之大！直到1876年，西班牙人仍然难以消化这个事件，一位民族价值观的伟大捍卫者、对抗反教人士的年轻天主教历史学家梅嫩德斯·佩拉约开启了他辉煌的职业生涯，他在《欧洲评论》（*Revista Europea*）发表了两篇文章，即《重塑马森先生》（*Monsieur Masson réinventé*）和《重新被埋葬的马森先生》（*Monsieur Masson réenterré*）。

尽管看起来有些像传闻，但《百科全书》引起的事件反映了一种法国知识分子对西班牙可悲的不理解和傲慢的蔑视。它加深了应该更亲近的两国人民之间的隔阂。不幸的是，法国知识分子似乎从未关注他们的傲慢对邻国造成的伤害。稍后，我们将看到悲剧的后果，更有远见的拿破仑也因为同样的偏见付出了代价。他忽视了西班牙人的激烈反应，认为他们只是在为一个腐朽的民族做口舌之争。

应该补充的是，这种怪异的无礼对西班牙启蒙运动者本身是一种危险。他们传播来自法国的“新思想”，即使远未采纳所有观点，却把全国大部分人民出于爱国主义的愤恨指向了自己，这些国民也许是最不“开明”的，但也是最骄傲和最容易受影响的！ 19 世纪和 20 世纪的一些思潮指责启蒙思想家从国外引进的概念和思想与“西班牙特质”及其传统背道而驰。特别是佛朗哥政权在思想上依赖这种思潮，从而长久立足。

然而，当时最好的分析家让·萨拉雷（《18 世纪下半叶启蒙时期的西班牙》的作者）、朱利安·玛丽亚斯（《卡洛斯三世统治下无限可能的西班牙》的作者）和约瑟夫·佩雷都表示，这些启蒙思想家并不是轻率地反对传统。他们热爱祖国的历史，一直生活在祖国永恒的遗产中，并渴望让人们记住黄金时代伟大的作家。他们的行为准则介于进步和传统之间，受到费约神父批判性思想的启发。费约神父一生都在与迷信和偏见作斗争，将现代科学的最新发展带到西班牙，同时不忘宣称自己虔诚信奉天主教。

坎波曼、霍维利亚诺斯、卡达西，费尔南德斯·得·莫拉顿都受惠于这位明智的改革派思想家，他们在法国大革命的动荡面前采取了非常现实而温和的态度。弗罗里达布兰卡则被法国大革命的激进吓倒，在拿破仑入侵后，很快加入了加的斯议会，该议会坚决走在自由之路上，为争取独立而斗争。霍维利亚诺斯同样也是“反抗者”，但他认为这场雅各宾派革命是自由和社会进步思想的反面教材，在他看来，它们应该是有序和渐进的：“自由、平等、共和、无政府……从中能得出什么？对我们来说没有什么有价值的！”他在 1794 年写道。

其他的西班牙启蒙思想家，如剧作家莫拉顿对 1789 年的法国大革命抱有好感，而后因恐怖手段感到沮丧，他认为支持“入侵者国王”约瑟夫·波拿巴的事业能更好地服务自己的国家，西班牙会从新的和平秩序中获益。戈雅本人强烈意识到不堪重负的西班牙在戏剧性的矛盾中痛苦挣扎——在面对不可能的选择时，戈雅表现出理性上的无能为力。

当启蒙运动的法国释放出可怕的革命火焰时，西班牙启蒙运动之火也将被扑灭。作为受外部环境影响的受害者，西班牙在走完平静、谨慎的道路之前，它的势头就被打破了。

它也有盲目的地方。从某些方面来说，启蒙思想家也是道德教化者，是知识精英的代表，他们抨击诸如斗牛等普通民众的娱乐活动，霍维利亚诺斯甚至希望禁止人们到剧院，他认为戏剧是“没有社会效用的娱乐”，对不成熟的头脑来说是有危险的。他们同样抨击当时流行的优雅、绚丽多彩的服装，督促贵族穿着群众的民族服饰，要求用“西班牙主义”表现民族意识。

他们更多是詹森主义[①]者而不是反教权者，他们不理解普通民众的宗教情感表达。如圣周游行，非信徒和信徒融合在超然之美中的狂热喜乐的朝圣。本着同样的精神，1765年的法令禁止那些曾经给卡尔德隆创作灵感的自主圣事[②]仪式。

人们看到一些东西慢慢衰落。尽管如此，这些和罗伯斯庇尔（1758—1794，法国大革命时期雅各宾派领袖）同时期的道德改革者也是想让人民幸福的。

在它的多样性中，善意的精英也会被诱惑，从而离开这个以维护国家传统价值观之名站在进步对立面的反叛民族，就像在埃斯奎拉奇骚乱时那样，有一天保守势力会猛烈反击。当法国军队如洪水般涌入后，它真的发生了！

卡达西提出的“中间方式[③]”的理想并不总像看上去那样受到尊重。然而，在卡洛斯三世的领导下，西班牙经历了一段长时间充满希望的蓬勃发展时期。“从来没有一个时代像那时一样，西班牙如此团结、摆脱孤立状态、与欧洲的文明和文化价值观一致。”《卡洛斯三世统治下无限可能的西班牙》的作者朱利安·玛丽亚斯写道。

这位杰出的思想史学家认为，之所以取得这一成功，是因为西班牙改革的推动者性格非常务实：“西班牙的启蒙运动在思想和文学上可能不如法国的启蒙运动那么闪耀，也没有类似的社会支持和精心协调的政治宣传。但由于它更谨慎，不乌托邦，当然也不那么极端，就显得更理智、也更有效率。”

1788年12月，卡洛斯三世去世，享年72岁。他对儿子卡洛斯四世不是没

① 詹森主义：罗马天主教在17世纪的运动，是由康内留斯·奥图·詹森（1585—1638年）创立，他是尼德兰乌特勒支省人。其理论强调原罪、人类的全然败坏、恩典的必要和宿命论，认为教会最高权力属于公议会而不属于教皇，反对天主教教皇的荒淫。

② 圣事：基督教认为借助一定可见的形式可以赋予领受者不可见的基督的恩宠和保佑，具体而言，天主教的圣事有圣洗、坚振、告解、圣体、终傅、神品、婚配等七件；新教一般只承认洗礼（圣洗）与圣餐（圣体）为圣事。

③ 中间方式（juste milieu）：被用来描述试图在极端之间找到平衡的中间派政治哲学。

有担心，但毫无疑问，弗罗里达布兰卡和他的改革团队将继续领导政府，这让他感到欣慰。与当时其他许多人一样，他们完全意识到西班牙不仅是他们的祖国（patrie），而且是一个国家（nation）。这不是一个全新的概念，但现在意味着西班牙国民意识觉醒的这个观念在西班牙诸多旧王国里变得成熟，西班牙人对卡洛斯三世“爱国国王”的称呼就证实了这一点。

“爱国国王”被奉为首都的“最佳市长”后，马德里政府进入了一个“国家象征不再仅仅由王权”代表的时代。正是在他统治期间，更显眼的血红和金色的旗帜替换了波旁家族的白色旗帜，高高悬挂在西班牙海军的舰艇上，后来在伊莎贝拉二世统治下成为国家象征。他在位期间，君主国也拥有了一首国歌，这首缺少歌词（经常因此受争议）的《王家进行曲》将王国的统一谱成了曲。这个高度集权、运行良好、领导着繁荣发展的殖民地的国家，可能认为自己已经准备好面对其边境上隐约可见的风暴。然而，只是几年时间，它的美好前景就消失了。

第十四章　世纪之交的灾难

从1788年12月到1808年5月，从卡洛斯三世去世到拿破仑入侵，中间相隔将近20年。在这段时间，西班牙受到法国发生的重大事件的影响：其一，法国大革命及其引发的冲突；其二，拿破仑帝国政策的霸权野心。

卡洛斯四世[①]放弃了前代君王坚定明智的做法，他的统治很快被证明是灾难性的。其一，西班牙在边界上动荡时他解除了武装；其二，在外交政策上，也无法维持一条真正独立的路线；其三，内部受到不负责任的家族冲突的破坏，加速了西班牙波旁君主制的垮台，导致西班牙成为附属于（法兰西）帝国的君主国和独立战争的爆发（中间还夹杂着长达6年的内战时间）。

虽然这些悲剧将要冲没西班牙，但在重大灾害前夕似乎没有明显的信号预警。耀眼的贵族社会，在戈雅的画笔下被描绘成最幸福的样子，仍然生活在受卢梭影响的前浪漫主义的无忧无虑中。阿拉贡大师在他的挂毯上呈现出贵族效仿普通民众、老实人或下等人的游戏，这些快乐源于贵族们从旧规则的束缚中解脱出来，有时甚至是从社会上层的端庄礼仪中解脱出来。几年前在法国被废除的旧政权的甜蜜生活，如今在西班牙又延续了一段时间。

虚幻的延缓和现实的差距是这个时期西班牙的特征。从1795年至1808年，西班牙成为法国的盟友，虽然它曾与国民公会掌权时期的法国交过手。它认为自己可以免受震动欧洲的灾难，而这个幻想只会让等待它的命运更加残酷。

---

① 卡洛斯四世：1788—1808年在位，西班牙国王卡洛斯三世与他的妻子萨克森的玛丽亚·阿玛莉亚的儿子，其父王去世后继承王位。在他统治时期，西班牙的政权实际上落到了其妻帕尔马公主玛丽亚·路易莎和她的情夫曼努埃尔·德·戈多伊手里。他一系列的错误决策，使西班牙遭到巨大危机。

法国大革命的冲击

在卡洛斯四世登基6个月后，网球场宣言和攻占巴士底狱还没有从根本上让弗罗里达布兰卡伯爵领导的西班牙政府不安，直到马德里得知路易十六和玛丽·安托瓦内特成为国民公会的人质，并于10月6日被一群“爱国者”强制从凡尔赛带到了巴黎。

从那一刻起，这位严厉的第一国务大臣全面衡量了法国发生的事件，决定在边境建立“防疫线”，以保护西班牙免受大革命宣称的影响。无论好坏，任何关于邻国的评论都被禁止。因此，为保险起见，连埃德蒙·伯克的早期著作和其他反对革命的小册子都受到了审查。基调已经明确：提高警惕，防止任何意识形态蔓延的企图，同时不损害西班牙与法国保持的和平关系。

大量法国移民涌入，特别是在加泰罗尼亚，有可能打破这种不稳定的平衡。尽管弗罗里达布兰卡对法国革命者怀有敌意，但他意识到法西实力差距，因而试图避免与强大邻国发生任何冲突：1790年7月，在阿兰胡埃斯，弗罗里达布兰卡差点被一个名叫佩雷特的法国人刺杀（他可能是雅各宾派的间谍），却没有受到外交制裁。这清楚地显示了西班牙受到的约束，以及在威胁下的回旋余地。

矛盾的是，弗罗里达布兰卡对比利牛斯山以北事件快速进程的坚定态度导致了他的垮台。1791年6月，路易十六逃到瓦伦讷后，不得不于9月14日对宪法宣誓，巴黎通过其新任大使让-弗朗索瓦·布尔格通知马德里宫廷，称法国发生巨变之后，一位过于重视旧政权原则的国务大臣可能会严重损害两国关系。

1792年3月，心生畏惧的卡洛斯四世不仅撤销了他父亲的权臣的职务，还将其关押在潘普洛纳一段时间，后又将其软禁在穆尔西亚。这种懦弱是不可原谅的，因为新君主已充分意识到路易十六处在受人支配的情境中。后者早在1789年10月就向他表明，并提前抗议“一切用武力夺取王权的违背行为”。

为了不惜代价与法国保持良好关系，长期驻凡尔赛大使、法国哲学家的朋友老阿兰达伯爵接替了他的对手弗罗里达布兰卡。法国国民公会把这一任命视为一次胜利。但在不稳定的环境中，人的表现没什么差别：阿拉贡大领主阿兰达对法国雅各宾派并不比前任弗罗里达布兰卡友好。

4月20日，法国因移民的骚扰和欧洲列强的威胁而向奥地利宣战。8月，杜伊勒里宫被占领，王室成员被关在圣殿塔监狱里，9月的巴黎大屠杀形成一个全新的局面。瓦尔密战役中法国的胜利阻止了西班牙与欧洲联合军的配合。阿兰达选择宣布中立，同时拒绝承认刚宣布成立的法兰西共和国。

1792年11月阿兰达下台（虽然他在一段时间里继续担任国务委员会主席）。与他的前任弗罗里达布兰卡相反，宫廷让阿兰达为他偏袒法国革命者付出了代价。但那不是他失宠的真正原因：排斥阿兰达只是为了提拔王后的宠臣曼努埃尔·德·戈多伊。11月15日，一位25岁的无名小子占据了阿兰达的位置，他没有任何处理国内事务的经验，更不用说处理国际关系。他的名字叫曼努埃尔·戈多伊，唯一的功绩是在过去3年里成为玛丽－路易丝王后的情人。

玛丽-路易丝、戈多伊和背后的戈雅……

卡洛斯四世，1748年出生于那不勒斯，1819年去世。父亲卡洛斯三世去世时，他已经40岁了。1765年，17岁的卡洛斯娶了帕尔马的表妹玛丽－路易丝，当时她14岁，是费利佩五世和埃丽莎贝塔·法尔内塞的次子唐·费利佩的女儿，母亲是路易十五的孙女。23年来，这对不相配却格外团结的夫妇一直生活在卡洛斯三世的阴影下，过着无所事事的无聊生活。他们远离政治，但流言蜚语并不少，特别是关于玛丽－路易丝一些不光彩的谣言。

年轻时，在戈雅画的人物群像中，站在孩子们和亲戚们中间的阿斯图里亚斯亲王夫妇还不是悲剧的形象，他们甚至是一对很不错的夫妇。卡洛斯四世身材高大健壮，像他的表弟路易十六一样，天生仁慈，爱好手工劳动，甚至渴望治理好国家。不幸的是，卡洛斯四世不具备对知识的好奇心和天然的自尊，而不幸的法国国王也认同这一点。拉拉小提琴是他对艺术的唯一贡献。

他缺乏智慧和执政能力，不止一次地让卡洛斯三世绝望：*que tonto eres, hijo mio*！（“你真是愚蠢啊，我的儿子！”）经常如此念叨的老国王太过相信弗罗里达布兰卡的才能和权威能弥补继承人的缺点，却忽略了他儿媳的野心和无休止的诡计。玛丽－路易丝之所以很快除掉这个忠实的国家公仆，是因为后者毫无隐瞒地向君主报告其儿媳臭名昭著的越轨行为。

这位帕尔马人实际上很长一段时间都被人议论，她活泼、机灵，甚至暴露最隐秘的激情，而她的丈夫则表现出近乎愚蠢的沉重。成为西班牙王后之后，她更无所顾忌，在发掘充满野心的护卫曼努埃尔·戈多伊之前，她迷恋上了他的哥哥，也是同一个荣誉团体的军官。在卡洛斯四世整个统治期间，她不停向曼努埃尔表达爱慕，也会向纵容她的丈夫表达爱意。她不会错过任何放荡的机会，与许多其他强权官员或路过的客人保持时不时的联系，并容忍她的情人有同样的不忠行为，至少她没有感觉到被取代。她的报复是可怕的，神秘中毒的阿尔巴公爵夫人可能也是因此付出了代价。曼努埃尔·戈多伊暂时失宠，被迫离开政治舞台一段时间，同样是由于王后的嫉妒。另外，还有督政府[①]的法国间谍的阴谋。法国大使阿尔奎尔的行李里装着带给她的来自巴黎最新的时装，他描述玛丽－路易丝时语气已经有所克制了："放荡、丑陋，有最令人反感的丑闻。不文雅，毫无分寸，没有羞耻心……王后什么都不爱，连她的情人也不爱。她被戈多伊羞辱，被别人欺骗，从来没有女人受得了比这更多的侮辱！"

尽管这对奸夫淫妇的放荡行为如狂风骤雨般激烈，但人们更多地认为他们之间有着某种利益关系，而没有真正的激情。就算有激情，那也是对权力的热情。玛丽－路易丝的支配本能在这里得到了满足。众所周知，她不顾公众舆论，企图支配两个男性。一个是拥有合法继承权的国王，另一个是经她授权同意的情人。然而，她擅长控制彼此的情绪，用 3 个人之间的爱做修饰。她不怕人笑话，称他们 3 人是"地上的三位一体"。普通民众将此解读得更直白："戴绿帽的丈夫和靠妓女养活的男人"（la p…el cabrón y el alcahuete）！

不幸的卡洛斯四世愚蠢又胆怯，他轻易地融入了这个组合，甚至容忍他的宠臣，赐其荣誉，并将自己的侄女、柔弱的钦琼伯爵夫人嫁给他（在戈雅笔下，钦琼伯爵夫人留给我们一个难以言说的忧郁形象）。这真是让人大跌眼镜。卡洛斯四世被骗了吗？很难想象。他妻子那么多淫乱事迹被弗罗里达布兰卡谴责，早已被传得沸沸扬扬了。

好奇这一谜团的西班牙研究人员发现，在玛丽－路易丝去世不久后卡洛斯

---

① 督政府（Directoire exécutif）：法国大革命中于 1795 年 11 月 2 日至 1799 年 10 月 25 日期间掌握法国最高政权的政府，前承国民议会，后启执政府。

四世也跟着离世，临终前，他的儿子费尔南多七世告诉他，自己的母亲一直在欺骗他。他回答说，他很早之前就知道……卡洛斯利用妻子的死将戈多伊赶出了他们共同居住的罗马住所，取消了玛丽－路易丝对宠臣的遗嘱，闹剧终于结束。落魄的“和平亲王”戈多伊后来在巴黎如幽灵般隐姓埋名地生活着，在此期间专注写回忆录。他在首都的公共花园里散步，他的上衣口袋里塞满了面包屑，扔给小鸟，逗孩子们开心。戈多伊于 1851 年在米切里埃的路上死去，被所有人遗忘，像其他西班牙流亡者一样被埋葬在拉雪兹神父公墓。他著名的回忆录《辩护词》（*pro domo*）并没有揭露多少事实，只是坚称他那令人信任和亲切的性格让他与国王夫妇团结在一起。这让最近的一些作者，如塞萨尔·维达尔，否认他和玛丽－路易丝之间的任何肉体关系。这种看法美好而天真，然而有无数证据表明王后和宠臣的品行放荡！

不过，曼努埃尔·戈多伊的性格肯定或多或少被抹黑了：在那个大量死伤的时代，要求有人充当国家不幸的替罪羊，单独指控他比谴责他的保护者要容易得多。

戈多伊是来自埃斯特雷马杜拉的小贵族，那里是西班牙的养猪业中心，民众比贵族更势利，称他为“屠夫”。神父没有原谅他和情妇佩皮塔·图多在一起的丑闻，以及他和许多其他年轻人一样娶妻纳妾行径。社会上层鄙视他，却容忍他，因为他知道如何表现成一个好青年。西班牙的启蒙思想家最终得感谢他做出的一些现代主义改革，以及捍卫艺术和文学的姿态（这种姿态也满足了这个暴发户的虚荣心）。他们中最清醒的人——霍维利亚诺斯、萨韦德拉、乌尔基霍、梅伦德斯·瓦尔德斯、卡巴鲁斯，从来就不是他的朋友，不过，有人会因戈多伊是戈雅的保护者而对他抱有幻想。戈雅为他画了几幅官方肖像，包括描绘他在荒谬的“橘子战争”[①]中沉溺于战利品的样子。这位宠臣对阿尔巴公爵夫人怀有真正的爱慕之情，但只能被迫默默哀悼她的死亡。也不会忘记他在卡耶塔娜的尸体刚刚才冷却，就和玛丽－路易丝无耻地盗窃她的珠宝和绘画。可能在这个时候，戈多伊得到了那两幅著名的少女像。它们本来是在阿尔巴宫的一个秘密房间里，从

① 橘子战争：1801 年 4 月爆发，战争一方为法国与西班牙（侵略方），另一方为葡萄牙（被侵略方）。由于此战中被攻克的葡边境重镇奥利文萨为欧洲著名的蜜橘产地，因此以”橘子战争“来命名此战。战后葡被迫与法国、西班牙签订了《巴达霍斯和约》，割让奥利文萨给西班牙，让出美洲的一块殖民地给法国，还给予了法国商业特权。

1802 年起出现在“和平亲王”的财产清单上，其中还包括其他杰作，如阿尔巴宫收藏的珍宝、委拉斯兹开兹的《镜中维纳斯》……

戈多伊这个逍遥法外的窃贼，不知悔改的无耻的享乐者，穷困潦倒的晚年给了他一种尊严。他荒谬的幸运甚至无法用他装饰自己的魅力来解释。霍兰夫人在她的《西班牙日志》（伦敦，1810 年）中这样描述掌权时的戈多伊：“他是一个身材粗壮、面色红润的男人。目光沉重、无精打采且好色。”这样的描述俨然是一个庸俗、有钱有势的形象，恶毒、蠢笨也无法让他摆脱平庸。

曼努埃尔·戈多伊是唯一一个没有出现在戈雅留下来的完整的卡洛斯四世家族肖像画里的人。在这幅群像中，腐坏的社会内部君主制的衰落初见端倪。傀儡的画廊就像“打木偶游戏”，展示他们的丑陋茫然，而这些相关者却看不出其中的恶意，他们不知道自己是在给后人照镜子。戈雅是一位坚韧不屈的艺术家，也是一位谨慎的要臣，他充分了解自己的世界，允许自己“大胆”，他把自己的剪影画在一个阴暗的角落，像一个杂耍艺人准备提起看不见的线来操纵他的木偶。1801 年，可悲的日子，这个国家从顶层开始腐烂。而此时，1792 年的西班牙还有几年虚幻的喘息时间。

和国民公会的战争

可怜勇敢的卡洛斯四世使用外交资源和手段帮助他法国的表兄免受厄运。大量的西班牙资金被用来购买选票，试图挽救路易十六和玛丽·安托瓦内特的性命，而其本家“奥地利哈布斯堡家族”的亲戚却抛弃了他们。卡洛斯四世还从刽子手手中解救出了王太子路易十七，而 1795 年 6 月，这个孩子的死亡标志着他的努力最终以失败告终。

一些西班牙人，如年轻的马尔切纳神父，为了在巴黎支持法国大革命事业，从 1792 年起就开始流亡。在边境省，一些人与雅各宾派委员会合作，将革命宣传带到了西班牙。孔多塞写了一份《告西班牙人书》，敦促他们“撼动暴政的枷锁”，罗伯斯庇尔的演讲也被翻译成加泰罗尼亚语。加泰罗尼亚人以被波旁家族废除的该省特权为由，试图发动分裂主义行动。不过，如果当人们了解雅各宾党的集权思想和加泰罗尼亚人的独立精神，便会觉得这场行动是相当可笑的。

在吉普斯夸，一个短暂的军政府会模糊设想建立一个与法国联合的共和国。不过总的说来，西班牙的激烈反应是反革命、反法国的。仇外的民众甚至没有放过逃往民间和教会的难民。在这么多无辜的鲜血流淌后，路易十六被处决，在弑君后的葬礼上大批群众中激起一种真挚的情感。正如约瑟夫·佩雷所总结，西班牙很难像法国那样发生革命：西班牙王权依然强大。“一些运动，如议会和贵族的投石党运动，或神职人员在税收方面迟疑是不可想象的……从社会角度来看，西班牙资产阶级太软弱、太分散，没有决心带头改变现有的社会关系。”

这个紧张局势的高潮，便是法国国民公会主动向西班牙宣战。当时的演讲为法国革命者入侵做好了准备。“我坚信，”吉隆丁·布里索特宣称，“只要王座上还有一个波旁人，我们的自由就永远不会安稳。”蒙塔纳德·巴雷接着说：“让我们以自己的胜利为西班牙带来自由和平等，我们将以真理证明，不再有比利牛斯山！”

1793 年 3 月 7 日，法国向西班牙宣战，西班牙与昨天的敌人英国结盟。它们的两支舰队将共同支持土伦起义军对抗国民公会，年轻的波拿巴将军在此次对土伦的围攻中声名大振。

在比利牛斯山脉东、西部的两块边境土地上，西班牙军队起初取得节节胜利。里卡多斯将军设法占领了鲁西永和塞尔达尼亚，但没能将法国人从佩皮尼昂和萨尔塞斯堡垒中赶出来，这些堡垒是过去由天主教双王的军事工程师建造的。

里卡多斯死后，局势发生了逆转，轮到国民公会的军队入侵加泰罗尼亚和巴斯克各省，在西班牙激起了与国民公会预料相反的爱国运动。大批志愿者应征支持正规军。加泰罗尼亚的步兵（Miquelets）、比斯开和吉普斯夸的卡扎多尔骑兵（Cazadores）开始游击行动，这预示着对抗拿破仑军队的独立战争。不幸的是，法兰西帝国没有吸取教训。国民公会还想依靠加泰罗尼亚人传达其革命理念，而加泰罗尼亚人则称这场抵抗战争为他们的“伟大战争”（Guerra Gran）。

蒙西将军率领的法国军队势不可挡，他们于 1794 年抵达卡斯蒂尔亚的城门、埃布罗河畔米兰达。之后，曼努埃尔·戈多伊与较为温和的督政府进行和平谈判。而法国就像“家族协议”时那样，经常牺牲西班牙的利益，甚至不会去询问英国盟友的意见。

《巴塞尔和约》及其后果

1795年7月22日签署的《巴塞尔和约》[①] 主题是“没有战胜者，没有战败者”（至少西班牙是这样宣称的），开启与在欧洲各战线上取得胜利的法兰西共和国和解的新时代。督政府在土伦事件中明白，它可以利用西班牙舰队来弥补本国海军对英作战时的不足。

西班牙以割让伊斯帕尼奥拉岛（又称海地岛、西属印度群岛）2/3东部领土给法国为代价，从而继续保有吉普斯夸省。戈多伊把《巴塞尔和约》当成他的胜利。在被任命为阿尔库迪亚公爵后，他被王室授予“和平亲王”的称号，并位于贵族顶阶的格伦代。这个头衔刺痛了王国中唯一公认的亲王，也就是王位继承人、未来的费尔南多七世。

然而对西班牙来说，《巴塞尔和约》只不过是曼努埃尔·戈多伊因虚荣心而掉入的陷阱。后续与法国签署的条约——从1796年《圣伊尔德丰索条约》开始，西班牙被法国拖进反英战争中，这种类似效忠的行为对其国家利益并没有好处。

1797年2月，西班牙舰队在葡萄牙海岸外的圣文森特角遭到英国海军重创。英国人夺取了向南美洲走私的重要战略基地——特立尼达岛。自1792年以来，由于收成不佳，西班牙王国的财务状况恶化，并因发行类似指券的纸币引发严重的通货膨胀，导致了灾难性的后果。

唉，宫廷似乎只看到短视政策中与法国交好所带来的微不足道的好处——玛丽-路易丝王后又可以在巴黎订购她的服装了！

伴随着不负责任的鲁莽行为，西班牙上层社会人士品尝着18世纪最后的欢愉。人民群众虽然被粗暴对待，却没有被国外思想诱惑，而是依附于更加确定的民族身份认同中。

法国大革命风暴过去，督政府和执政府[②] 统治的法国社会又恢复了，而且胃口何其之大！平静的生活让塔列朗想起旧政权，但他意识到新旧破裂是不可逆转

① 1795年的巴塞尔和约包含了三个与法国在大革命期间有关的和约：第一个于4月5日与普鲁士签订；第二个于7月22日与西班牙签订，结束了比利牛斯战役；第三个于8月28日与黑森-卡塞尔伯国签订，结束了法国大革命战争的第一次反法同盟。

② 执政府：法国拿破仑统治前期的共和制政府（1799年11月9日—1804年5月18日）。

的。另一方面，关于戈多伊的丑闻暴露在光天化日之下，西班牙大贵族的放荡加速了国家腐朽，没有任何力量能阻止。与弑君的法国政权往来对统治西班牙的亲王来说不是什么问题。在1793年至1795年，西班牙与法国革命军作战，起因很大程度上是对波旁王朝的忠诚，而那时路易十六的兄弟们仍然宣称他们有权继承法国王位。在那之后，"马德里的三位一体"和督政府联盟，给人一种卑怯的感觉。

这种懦弱让许多忠诚之士感到慌乱，他们虽然不是最反动的，但西班牙却离卡洛斯四世所代表的君主制更加遥远了。他的儿子费尔南多利用这点与戈多伊公开冲突，但当时机成熟时，他并没有比父母更有勇气和尊严。

很快，波拿巴家族的新星要对这出剧中可怜的主角们催眠，最终让他们失去自己的国家。

特拉法加战役：一个不平等联盟的代价

1798年3月，随着曼努埃尔·戈多伊的辞职，人们相信宫廷的道德风气会有所好转。戈多伊的行为已经超出玛丽－路易丝给予他的容忍限度。不久前，国王夫妇将唐·路易斯亲王的女儿钦琼伯爵夫人嫁给了他，但"和平亲王"并没有停止与他的情妇佩皮塔·图多生活在一起。更严重的是，他公然抛弃王后。于是异端裁判所开始跟踪他，找他的麻烦。

在另一位启蒙时代经济学家弗朗西斯科·德·萨维德拉领导的部门里，像霍维利亚诺斯这样有功之人重返政治舞台最前沿。但他们很快就和恶毒的玛丽－路易丝王后发生了冲突。年轻的新第一国务大臣（阿兰达的前任护卫）马里亚诺·路易斯·德·乌尔基霍骑士没有成功地让西班牙摆脱外交困境。英国不再谨慎地对待西班牙，因为它比以往更渴望西班牙在美洲的殖民地，并通过不断增加海盗掠夺以打击西班牙舰队，再次占领了梅诺卡。因此，西班牙加强与法国执政府的关系似乎就很有必要了。

除此之外，还有玛丽－路易丝的意大利野心，她的政治视野像埃丽莎贝塔·法尔内塞一样，仅限于自己的家族——她要确保她的女儿，另一个玛丽－路易丝对半岛国家的统治权。她的女婿路易斯被驱逐出帕尔马公国后，这位西班牙王后为女儿索要一个被拿破仑改称为“伊特鲁里亚王国”的托斯卡纳的王位作为补偿……但她的幻想很快就破灭了。在西班牙政治存亡的关键时期，盲目的矮子们只会盯着挂毯上编织的旧时代的王朝。

1800 年 10 月，受骗的人签署了第三次《圣伊尔德丰索条约》：西班牙向法国提供宝贵的舰队支持，同时让后者放弃路易斯安那州，而拿破仑很快就不顾与马德里达成的协议，向美国出售了这片土地。

曼努埃尔·戈多伊掌权时一直对国王夫妇施加影响，加强与法国的同盟关系的同时，也重视王后虚伪的家族抱负。1801 年 3 月，戈多伊和临时驻马德里大使吕西安·波拿巴在阿兰胡埃斯签署了一项新条约，确定了第一执政关于意大利的承诺，也使西班牙进一步参与法国对英国的战争。现在的问题是迫使葡萄牙严格实施对其英国保护者的全面封锁。戈多伊本人指挥此次军事行动，以迫使里斯本跟随法国的政治脚步。

西班牙人从没认真对待这场“橘子战争”，“和平亲王”只是占领了葡西两国间仍然有争议的奥利文萨（Olivenza），没有试图危及西班牙国王的女婿约翰王子以他神经错乱的母亲玛丽女王的名义统治的邻国。戈多伊似乎明白，西班牙作为波拿巴期望的温顺的辅助角色也是有底线的。

巴黎和伦敦之间的《亚眠条约》（1802 年 3 月），抚平了拿破仑对戈多伊的愤怒，但没有消除对他的蔑视，这份条约让西班牙得以收复梅诺卡，但这也只是推迟了战争罢了[①]。

与法国结盟的唯一真正好处是可以腾出空间来应对英国对西属美洲帝国的野心，威廉·皮特政府的海盗行为也使英西关系更加紧张。西班牙或多或少都有些被迫，并于 1804 年 12 月 14 日向英国宣战：西班牙再次派出舰队供法国新皇帝调用，以入侵大不列颠。

当法国的地面部队集中在布洛涅营地，而法国 - 西班牙联合舰队正在实施无用的计划，以转移在加莱海峡的英国舰队，特拉法加灾难正在酝酿之中。

①　《亚眠条约》于 1802 年 3 月由时任法兰西第一共和国第一执政拿破仑·波拿巴的兄长约瑟夫·波拿巴及英国的康沃尔侯爵代表法英双方所缔结的休战条约。拿破仑的目的是使法国在历经十多年连绵的战争后有个喘息之机。但翌年和平条约就被撕毁，法国与英国及其同盟国之间发生了一系列长期的战争。

法国海军上将皮埃尔－夏尔·德·维尔纳夫曾是在大革命中被瓦解的皇家海军的军官，他在加利西亚近海被英国海军上将卡尔德拦截并被打败，实感无法按命令到达英吉利海峡。绝望中，他逃向指示的相反方向避难——逃往加的斯湾。在得知皇帝拿破仑将派遣另一位总司令来接替他时（除非他服从拿破仑的正式命令），他决定赌上一切冲出加的斯湾，试图迫使在特拉法加海角前封锁盟军通道的纳尔逊舰艇跟随着他们的航迹。

西班牙舰队在比维尔纳夫更有才华和更有经验的格拉维纳上将的带领下，从加利西亚的菲尼斯特雷角顺利摆脱出来。尽管法国和西班牙在战舰数量上相对优越（33 艘对 27 艘），但他似乎想劝阻维尔纳夫主动出击。然而，他们没有考虑到英国海军的最大优势，即纳尔逊的热情和运筹帷幄的才华。

1805 年 10 月 21 日晚，灾难结束。西班牙人和法国人在靠船战和近身战中以最大的勇气与英国人作战，就像在勒班托战役中一样。纳尔逊在胜利中受了致命伤，格拉维纳几天后也死于在阿斯图里亚斯王国受的伤。维尔纳夫被囚禁在布森陶尔号上，受不了失败带来的耻辱，刚被释放就自杀了。事实证明，法国和西班牙的损失要比英国大。在西班牙的阵营里，还有许多其他英勇的水手在战斗中牺牲，如被人们称为英雄的丘鲁卡舰的船长。唉！英雄们对祖国的事业并无用处！

法国在其军事力量鼎盛时期，有各种方法从海上失败中恢复过来。拿破仑已经失去了登陆英国的希望，他改变了战略，领导他的军队快速进军奥地利，在不到一个半月之后，他在奥斯特利茨战场上庆祝加冕一周年（1805 年 12 月 2 日）。相反，西班牙刚刚失去了维持其跨越大西洋的大国地位的唯一优势。它的海军遭受严重打击，以至于与美洲的关系几乎中断，商贸船队因缺乏足够的军事保护而衰败，任凭英国海盗摆布，让宗主国失去了从墨西哥和秘鲁开采的银矿资源。大西洋两岸正常联系崩溃后，最严重的后果很快将随着西班牙总督区的解放显现出来：特拉法加战役最终为大英帝国称霸世界的雄心壮志铺平了道路，也让西班牙在欧洲力量中扮演起了次要角色。

灾难前的最后手段

由于缺少进攻力量，通过国际封锁从而抑制英国的想法显然不合理。在特拉法加战役之后，情况就更糟了。现在西班牙要承受所有欧洲国家与大不列颠贸易往来给其带来的损失。

同年，那不勒斯的波旁家族国王因约瑟夫·波拿巴而被废黜王权，他们成了拿破仑皇帝的第一批受害者。随着戈多伊和马德里宫廷以其马首是瞻，这里的腐败实在太多了。拿破仑皇帝的目标仍然是在南欧对葡萄牙的军事控制。为了实现这一目标，他诱惑马德里，以牺牲邻国葡萄牙的利益为代价，让它提供无法从意大利要来的给玛丽－路易丝家族的补偿，因为他已经决定将这个短暂的伊特鲁里亚王国并入法兰西帝国……

戈多伊的代表曼努埃尔·伊斯基耶多和塔列朗在巴黎缔结了卑鄙的协议分割葡萄牙。这个国家的北部将分给玛丽－路易丝的女儿、被拿破仑皇帝废黜的前伊特鲁里亚王国摄政女王玛丽－路易丝；葡萄牙南部从阿连特霍到阿尔加维将创立为一个公国，归戈多伊所有；中部地区，包括里斯本，由拿破仑处置。当然，西班牙必须开放边境，给法国军队提供便利。这项秘密条款甚至承诺西班牙提供28000名士兵支持，这次，真的要入侵卢西坦尼亚王国了。

直到1807年10月，《枫丹白露条约》才真正达成这项协议。11月30日，朱诺元帅带着一支2万人的军队穿越西班牙后抵达里斯本。前一天，葡萄牙王室家族带着宫廷成员在最后时刻登上了前往巴西的船。

等待着西班牙王室的不是同样的命运吗？除了占领葡萄牙的朱诺军队外，在西班牙，杜邦·德·莱唐的3万人大军驻扎在巴利亚多利德，蒙塞的军队在坎塔布里亚海岸前进，达马尼亚克占领了纳瓦拉，而杜赫斯梅则牢牢驻在巴塞罗那的城堡。显然，法国将军们不会止步于此：他们的使命是直捣半岛尽头，以封锁、防止英国攻击加的斯为由，控制从地中海到大西洋的所有西班牙港口。

尽管糊涂，西班牙国王费尔南多七世夫妇和戈多伊不得不怀疑拿破仑的真实意图：西班牙完全和其结盟的话，它便会像葡萄牙一样被法国占领吗？但如何才能抵御这种压力呢？“和平亲王”没有愚蠢到相信拿破仑的承诺，他曾试图打破联盟，亲近普鲁士和俄国。拿破仑皇帝的威胁刚刚显露，其在耶拿会战中的胜利迫使戈多伊回归西法联盟。由于他在葡萄牙的野心未能如愿，只能盘算着出去避一避。更重要的是，西班牙内部的另一个威胁正逐渐壮大。

阿斯图里亚斯亲王叛乱

戈多伊最大的敌人是卡洛斯四世的王储——阿斯图里亚斯亲王费尔南多。他担心父母纵容随心所欲的宠臣会导致他的继承权被剥夺。几年来，费尔南多对戈多伊的怨恨、嫉妒和厌恶日益积重。面对让国家陷入泥潭的附庸政治，这位王子本可以当民族振兴的首领、高尚的爱国英雄。不幸的是，他只是针对“和平亲王”及他父母的自私算计。他的小圈子已经成为阴谋家的巢穴，主要由狭隘的反动派组成，他们唯一的目标是除掉戈多伊，让费尔南多七世取代卡洛斯四世。为了达到这个目的，他们依靠因玛丽－路易斯王后不检点、国王趋炎附势和宠臣嚣张跋扈而愤怒的普通民众的支持。

1807 年 10 月，法国大规模军事占领已经迫在眉睫，人们认为，费利佩二世与他儿子、不幸的唐·卡洛斯之间在 1568 年发生的悲剧，在埃斯科里亚尔又重新上演了。卡洛斯四世对儿子策划的阴谋起了警觉，王后和当日管家搜查了他们的住所，发现一些危害到王权的文件。特别是阿斯图里亚斯亲王写给拿破仑的一封信，诉说他的命运受敌人威胁。24 岁时已是鳏夫的他恳求娶波拿巴王室的一位公主。

一般这种幼稚卑鄙的伎俩被发现的话，费尔南多的信誉肯定会受到动摇。然而，接受审判的是亲王的同伙而不是亲王本人。后者已经道歉，承认了一切，并乞求父母的原谅。拿破仑皇帝要求卡洛斯四世不要再提及此事，尤其别把他的名字掺和进这个可悲事件中。

更糟糕的是，国王又急忙让拿破仑见证他作为父亲的不幸，直接向他透露了刚刚在西班牙宫廷里爆发的家族冲突。可想而知，皇帝在思量些什么，以及他能从此局势中获得什么。

很大一部分西班牙人激烈反对戈多伊，人们只看到费尔南多是宠臣阴谋的受害者。这位王储在信里向他的父母赔礼道歉：“爸爸！妈妈！我有罪，我辜负了作为君主和父母的陛下，但我反省，谦卑地向你们顺服！”（Señor, Papa mio ! Señora, mama mia !），虽然信被公之于众，但大多数人将其视作被强迫写的供词，从而又一次证明了臭名昭著的“平庸人”（choricero，指戈多伊）将费尔南多从继承人中除名的罪恶行径。

几个月后，1808 年 3 月，阿兰胡埃斯宫中发生了第二次卑鄙的行动。王宫各个角落春意盎然，塔古河岸的花园和喷泉生机勃勃，但人们无法享受到这番田园魅力！虽然王室成员极优柔寡断，但也不得不决定从阿兰胡埃斯宫逃走，就像去年秋天葡萄牙王室成员为躲避朱诺军队而出逃。

拿破仑皇帝立刻调度半岛上的军队，缪拉带着一支帝国卫队向马德里推进，戈多伊建议统治者放弃西班牙。布拉甘斯号在里斯本靠岸然后前往巴西。波旁家族无疑有更多的困难，但应该能在法国人到达并占领之前，从大西洋边的安达卢西亚港口出发去他们的海外属地避难。不行的话，就撤退到巴利阿里群岛。

从阿兰胡埃斯暴动到巴约讷的“圈套”

一连串的悲剧事件加速了西班牙的衰落。所有可怜的悲剧角色都聚集在阿兰胡埃斯的熔炉里，引发了一场大规模恐慌。

关于王室逃亡的传言被王储最活跃的支持者巧妙利用，以实施报复行动。其中包括费尔南多的主要同谋，在埃斯科里亚尔事件中因“缺乏证据”被无罪释放的议事司铎卡农·胡安·埃斯科伊奇，他的老师和教唆者圣卡洛斯公爵，伪装成名为“农民佩德罗大叔”的尤金·德·蒙蒂霍伯爵，他们召集各地的运动。当国王下令将宫殿的银器包装好时，宫廷的数千名仆人已被抛弃，陷入苦难。一支由迷茫的奴才、愤怒的农民和叛变的士兵组成的军队将决定王国的命运。

1808 年 3 月 17 日晚，王室所在城市的街道上骚乱蔓延。戈多伊躲进阁楼里，用旧地毯包裹自己，才摆脱了冲进他住所的暴民。当一个瓦隆卫兵认出他时，奄奄一息的戈多伊试图逃离藏身之处，差点被一群愤怒的暴徒砍伤。他的死敌阿斯图里亚斯亲王命令在审讯前把他转移到马德里监狱。

“和平亲王”身上伤痕累累，被锁在一辆小车上，他向一位年轻的法国军官马博特上尉打了招呼，后者在几天后追上押送戈多伊前往首都的车马，将他救了下来。与此同时，被皇家卫队军官抛弃的卡洛斯四世迅速退位，玛丽－路易丝因情人戈多伊的命运心烦意乱，派遣一名信使向缪拉解释情况，并请求他的帮助。

由于这些意外事件，缪拉没有等待拿破仑的命令便于 3 月 23 日进军马德里。拿破仑为此强烈责备了他。

法国军队开进马德里，缪拉在马穆鲁克骑兵中间，马德里人既没有表现出他期待的欢迎，也没有他担心的敌意，显露最多的是担忧和不信任。在法国人进入首都马德里的第二天，阿斯图里亚斯亲王费尔南多也在卫兵和从阿兰胡埃斯跟随他的亲信簇拥下进入了首都。激动的民众对着他们知之甚少的自封的新国王高声欢呼：“众望所归的费尔南多！”

等待拿破仑皇帝新指示的伯格大公不知道如何面对这样没有预料到的局面。谨慎的他不参加任何游行，因为一旦有任何行动会被理解为承认既成事实。他与参谋一起被安顿在蒙克洛亚宫，等待新大使佛瑞斯特的到来，避免向费尔南多做出任何承诺。国王夫妇在埃斯科里亚尔避难，卡洛斯四世被迫退位，并期望尽快让拿破仑再次做他的仲裁者。

法国皇帝犹豫要不要清除西班牙的波旁家族，这个想法加速了事态的发展。陷阱正在张开，卡洛斯四世夫妇天真愚蠢地寻求着仲裁。但拿破仑把西班牙人真正的心理状态与亲王们的懦弱混为一谈，尽管他知道西班牙过去的历史，却仍被蒙蔽了，没想到他将会亲手关上自己打开的大门。

4 月 14 日，拿破仑皇帝带着皇后约瑟芬和他的宫廷成员住在巴约讷的马拉克城堡里。他不打算浪费太多时间，也不打算放弃他在西班牙的君主之位，这比他在意大利或德国的王位重要得多。

吸引被废黜的统治者落入巴约讷的圈套很简单。卡洛斯四世和玛丽－路易丝，他们一再惊慌失措地写给缪拉和拿破仑皇帝本人的信件就证明了这一点，他们已没有保住王位的幻想，只考虑自己的安全，以及他们唯一的好朋友“和平亲王”能受到伟大的欧洲主人的保护。

曼努埃尔·戈多伊到马拉克就容易多了，让他离开阴郁的地牢对法国占领者来说不成问题。因此，4 月 26 日，戈多伊在良好的护送下比他的君主提前 4 天到达巴约讷，而国王夫妇乘坐马车从埃斯科里亚尔出发，缓慢又小心地驶来。

不过说服费尔南多在法国与拿破仑会面可能更加困难。费尔南多也向皇帝提出请求，希望皇帝能承认他做西班牙国王，但拒绝在西班牙境外接受会晤。据说是拿破仑皇帝未来的警务大臣萨瓦里将军一步步哄骗他，使他相信拿破仑会在布尔戈斯，接着在维多利亚接待他。然而，在 4 月 10 日离开西班牙首都后，费尔南多于 4 月 19 日第一个抵达巴约讷。也就是说他没有进行过多祷告！

拿破仑接待他的方式使他很快冷静下来，他真的相信拿破仑会立刻把他当作君主吗？拿破仑皇帝在 4 月 16 日给他的一封信中真诚地警告他："我不是阿兰胡埃斯所发生之事的审判者……但作为邻国的君王，在承认之前我想知道……如果卡洛斯国王的退位不是被迫的话，我可以承认……但殿下犯了很多错。我只需要用他写给我的信就可以证明，我想忘记这些信。轮到他做国王时，他就会知道王权是多么神圣。世袭王子对外国君主的任何接近都是犯罪。"

费尔南多可能被其他人提醒过，他也许可以避开拿破仑皇帝，并和自己的支持者联合起来。他对拿破仑皇帝知之甚少，他以为可以通过宣扬他对法国的爱，以及他身后点燃的火光可以说服皇帝：国家是服从他的。他的叔叔唐·安东尼奥·帕斯夸尔亲王在马德里摄政，他在一封信里写道："管好一切，并注意这些该死的法国人对你不利。"

不幸的是，这封信件被截获，并引起了拿破仑的第一次愤怒：这个可鄙的儿子"像后退的驴一样坦率"。皇帝的第二次愤怒爆发，则是在 5 月 5 日，他从缪拉匆忙派来的联络官那得知 5 月 2 日在马德里发生的事情：一场大规模的民众起义。

这个不幸家族的所有主角聚集到了马拉克。卡洛斯四世对费尔南多只有喷发的怒火，他冲向他的儿子，抬起手杖指责费尔南多策划的一切给了西班牙一个"血腥的未来"。而玛丽 - 路易丝已经打算向拿破仑妥协，承诺平静退位，她辱骂无耻的儿子混蛋，发誓要将这个有着"恶毒之心"的家伙送上断头台！

看到这些让人厌恶的场景之后，拿破仑只能果断解决：如果在午夜之前不承认他的父亲是合法国王，费尔南多将被视为造反。叛逆的儿子担心自己的生命安危，或仅仅是担心被流放，只能遵守。

第二天，轮到卡洛斯四世把他的王冠交给拿破仑了。他应该是为了更大的国家利益而这么做的，正如这位老君王郑重宣布："我不想把内战、民众集会、革命留给我的臣民。一切都必须为了人民，这样他们就什么都不会做了。"

从 4 月底到 5 月中旬，拿破仑皇帝只用了短短三周的时间就夺取了一个比他曾经占领的意大利或莱茵联邦[①]更重要的国家。

---

① 莱茵联邦：1806 年至 1813 年间于德意志地区的政治实体，俄罗斯帝国沙皇亚历山大一世和奥地利帝国皇帝弗朗茨二世于奥斯特里茨战役战败后由拿破仑所建立，最初成员为 16 个前神圣罗马帝国的国家。

5月10日，细节已经谈妥。国王夫妇每年领取配得上他们地位的养老金，他们得到的住所不是自称已心满意足的“平静农场”，而是尚博尔德城堡，以及贡比涅城堡，并能让戈多伊同住。阿斯图里亚斯亲王也能得到可观的年金（并提高到帝国亲王的尊位）。他将住进塔列朗在瓦朗赛的城堡，他的叔叔安东尼奥·帕斯夸尔亲王也会在那陪伴他，陪同他的还有他的兄弟卡洛斯·马利纳·伊西德罗（未来的“唐·卡洛斯”，他是第一次卡洛斯战争的发动者）以及一些亲信，如萨卡洛斯公爵（后成为塔列朗夫人的情人），还有非常自由的贝内文托王子，他永远不想责备费尔南多，甚至认为他是一个“荣耀的强人”。

与其失去这些好处，费尔南多和他的父母不如选择一言不发地接受失去权力。

最后一步：王位分配。拿破仑首先想到他妹妹卡罗琳的丈夫、西班牙的摄政官缪拉。这位身着奢华制服和淡绿色裤子的人被马德里人戏称为“大卷心菜根”，他明显渴望这个王位。5月2日的起义，以及他此前、此期间和之后愚蠢的过失最终让拿破仑确信，对这个艰难的国家来说，缪拉不是一个正确的选择，因为他刚刚因残暴镇压被民众憎恨……拿破仑在3月29日，即“五月二日起义”（Dos de Mayo）之前他给妹夫的信中已经表达了他的担忧。这是一封重要的信，说明皇帝在巴约讷商讨完背信弃义的诡计后，对西班牙的情况开始清醒，想尽力摆脱它。拿破仑可能没有预见到愚蠢懦弱的西班牙波旁家族会如此迅速地打开这个国家的大门，让他开启了有些担心的冒险，这本来可以通过一个简单的附庸协议来避免。毫无疑问，费尔南多为了被承认为国王已准备好了一切。他的卑躬屈膝给皇帝留下了极糟的印象，他的表里不一让他声名狼藉。拿破仑在给伯格大公的信里写道：“我担心，你对西班牙局势的看法是错误的。3月19日（阿兰胡埃斯）的情况让事情变得异常复杂，我自己仍然非常困惑。别以为你在攻击一个手无寸铁的国家。西班牙人有能量。我有一些支持者，但如果我以征服者的身份出现，不会再有人支持我……阿斯图里亚斯亲王没有一个国家领导人所必需的品质，但这不会阻止西班牙人为了反对我们，把他当作英雄。我不希望他们对这个家族的人使用暴力，憎恶和煽动仇恨是毫无益处的。”

在强调了“十万西班牙人支持内战”的危险后，他判断英国不会错过插手的机会，拿破仑皇帝坚持他的妹夫必须放过西班牙人民：“对人民表现最大的尊重，尤其要尊重教堂和修道院。军队避免和任何西班牙军队或分队对峙，因为与任何一边都会成为导火索……如果战争爆发，一切都会失去……”

这一和平计划是考虑到西班牙过去作为法国的殷勤盟友，但5月2日和3日马德里的事件打破了皇帝的印象，必须重新审视当时的环境。然而，在这些事件之后的几天里，拿破仑衡量了风险的严重程度：马德里起义尚未席卷整个西班牙。同年5月10日，当王室命运已定时，皇帝向西班牙人民发表了一份公告让人不寒而栗：“经过漫长的痛苦，你们的国家灭亡了。我看到你们的疾病，会为你们医治。你们伟大的国家是属于我的……”

酒已斟好，无论后果如何，最好毫不迟疑地饮用。

5月19日，约瑟夫·波拿巴在他愉快统治的那不勒斯收到被任命的消息以及次日前往巴约讷的命令。之后，伯格大公取代他在那不勒斯登上王位。

正如帝国宣言所宣布的，省市代表大会在阿德尔河岸上匆忙召开。马德里仍然对刚刚发生的戏剧性的事件感到震惊。这些临时三级议会聚集了150名代表，贵族、神职人员、第三等级人数相等。6月15日，只有60名代表出席开幕会议；7月7日最终有91人参加，以批准西班牙的新宪法。实际上，新宪法受到没有机会实施的温和改革措施的启发，在仓促起草、几乎没有经过讨论的情况下，由西班牙国王何塞一世（即约瑟夫·波拿巴）确立。

约瑟夫·波拿巴：宣布失败的工具

1808年7月20日，拿破仑皇帝的哥哥约瑟夫·波拿巴进入他的新首都。和奥地利的查理大公在西班牙王位继承战争期间的经历一样，他发现首都是空的。但西班牙这次的敌人是过去的盟友法国。

在从边境出发的旅途中，这个不太强硬但聪明敏锐、充满善意的人已经谨慎思量过他担心的事。也许他刚刚读了图尔农–西米亚伯爵发来的警告，后者是拿破仑前不久派到西班牙的聪明的外交官，并担任约瑟夫国王的翻译，他在1808年初向他的君主说：“西班牙不像其他国家，人们只能从内部来评判它。西班牙人有高贵慷慨的性格，但很凶猛，不愿被当作一个被征服的民族。在绝境时，他们会采取最伟大、最勇敢的行动，也是最暴力、最过激的行为。”

约瑟夫感受到在市政官员殷勤表忠心、格伦代（顶级贵族）怀有私心的保证和朝臣战战兢兢地奉承背后预示着的灾难要发生。战争已经在国内酝酿，在萨拉戈萨，一支英西军队威胁要切断他去往马德里的路。

从他一踏上维多利亚的土地（5年后他短暂的王权在此灭亡），他就寄了一封心灰意冷的信给他的兄弟："士气不振。来自瓦伦西亚、加利西亚、阿斯图里亚斯和安达卢西亚的消息都无法让我的支持者振作。到目前为止，没有人告诉陛下真相。但现实是，除了少数在集会（巴约讷）以及和我同行的人之外，没有一个西班牙人宣誓效忠我。"

但拿破仑一旦做了决定，就什么也听不进去："放松心情"他回复兄长，"高兴起来，展示你的力量！"

可怕的机器一旦启动，怎么可能停止？民众的反抗并不只有5月2日马德里悲惨的一天，从一个多月前开始，叛乱军政府煽动的斗争火焰燎原到整个国家，夺取了半岛各处的地方权力。

当然，这种大规模的反抗可以解释为发自西班牙人内心的拒绝：任何面临外国占领和强加政权的国家都会有这种情绪。但还要考虑到，在急速发生的事件和对亲王们的背叛几乎无知的情况下，各种因素导致了现在这个局面。人们想象他们年轻的国王是可耻圈套的受害者，在欧洲暴君反基督的监狱里苦苦挣扎。那些知道更多实情的人所说的话也不被同胞们重视。

因此，光荣的民族起义源于误会造成的不安，导致西班牙人之间残酷且持久的分裂。独立战争就像一个世纪前的西班牙王位继承战争一样，也是一场内战，其恶果将持续到19世纪，甚至更久以后。在盲目的英雄主义中，作家佩雷斯·加尔兹所说的"西班牙的混乱"即将揭幕。

第十五章　史无前例的战争

著名的“五月二日起义”（Dos de Mayo，1808年5月2日）是西班牙独立战争的导火索，也是在民众激情影响下书写的西班牙新历史。然而它源于一个严重的误解，民众不知道亲王的背叛，被费尔南多收买的挑衅者所利用。但这并未减损马德里起义的高度爱国意义。

马德里起义：从被操纵到自发的起义

仅仅住了两周，费尔南多便离开马德里前往巴约讷，留下一个军政府负责管理这个被“友好”、庞大的军队占领的首都。

编年史告诉我们，首都马德里的生活基本正常，咖啡馆里充满了热闹的交谈，剧院里上演着剧作家莱安德罗·费尔南德兹·德·莫拉廷、何塞·曼努埃尔·金塔纳或拉蒙·德拉·克鲁兹的作品，而伊西多罗·迈克斯的《西班牙塔玛》中和他的搭档女演员安东尼娅·普拉多的舞台表演则获得了极大的成功。

在工人阶级中，人们普遍焦虑起来，甚至极度紧张，因为他们得到了费尔南多国王（自封）离去的消息。5月2日，星期一的前一天，伯格大公像每个星期天一样在普拉多广场主持了阅兵式，懒洋洋地吹着哨子。人群中的异样骚动没有引起人们的关注，只有最警惕的人才会注意到，在这个拥有20万人的城市里正在举行反法示威。“神秘间谍散布危言耸听的消息刺激着被带进首都看热闹的人以及农民团体。”煽动者采取的策略与3月19日在阿兰胡埃斯成功实施的策略如出一辙。

然而，官方历史似乎忽视了这个细节。据说，周一早上7点，一小群好奇的民众聚集在皇宫前的武器广场（它由约瑟夫·波拿巴设计，比现在的东方广场小得多）目睹了王宫院内不寻常的骚动。已经满载行李的马车正准备在法国卫队的护送下带走最后一批留在马德里的王室成员。

伊特鲁里亚王国的前女王玛丽－路易丝和她的孩子们顺利离开。当轮到11岁的王子弗朗索瓦·德·保罗时，情况就不同了。从宫殿前拥挤的人群里爆发出叫喊："叛徒！王子被带走了！"人们看到或者认为看到卡洛斯四世的小儿子（不确定是不是他亲生的）在阳台上流泪，而王宫仆人正在煽动人群。坚定的抗议者卸下马套具，并差点斩伤负责出发前准备工作的缪拉的副官奥古斯特·拉格朗日上尉。所幸的是，在法国人的哨所前，一名瓦隆卫队的军官艰难地挤进密集的人群，将他拉出来，救了他的命。

在宫殿附近的驻军基地里，缪拉见到半死不活的拉格朗日，在战场上冷静的他显然失去了理智，忘记拿破仑皇帝的命令，派出了不下于一个营的精锐部队——一个中队的波兰战士和两门火炮。他大概想起了过去1795年，波拿巴命他带着大炮到圣罗奇教堂前院镇压"葡月十三政变"的保王党人。

不能确定他们是否从一开始就开炮了，但确实发出了巨大的响声。聚集在广场的人群是第一批受害者，骑兵冲进来清理广场，在这个过去三周里一直处于紧张战争状态的城市引起恐慌和愤怒。

民众对王子的离开肯定有误解，但更有可能是被煽动的。因为这绝不是拿破仑皇帝下令绑架，而是卡洛斯四世希望他的家人们都聚在巴约讷。缪拉应该让他们在3月29日离开马德里，但政府政务会使得他们推迟了离开的时间。因此可以认为，费尔南多的手下以及煽动阿兰胡埃斯起义的人知道这个延期，他们可借此机会准备马德里的暴动。

这次起义完全由马德里民众自发进行的论点有另一个逻辑漏洞：为什么人们会因为一个王子离开而如此激动？况且几乎所有人一致认为他是戈多伊和玛丽－路易丝女王的私生子，因为他与这位宠臣长得很像。

卡洛斯四世在马拉克谴责他的儿子"策划了整件事"，这当然是对的，不过事实是，马德里的火药桶只需要一点火星就会爆炸。"五月二日起义"就是改变一切的导火索，由于缪拉的鲁莽和他的残酷镇压，西班牙各地民众起义反对外国占领者，法国士兵在潮水般武装力量的无情打击下倒下，而骑兵队从首都四面八方冲向太阳门广场，同样无情挥斩着一切阻碍他们前进的人。

这一系列事件被 1814 年戈雅绘制的杰出画作记录下来，以纪念年轻的同胞们绝望的斗争，他们的眼睛炯炯有神，将刀插入马穆鲁克骑兵的马肚上。大街小巷都有肉搏战和交火，混乱一直持续到下午，士兵和起义者随着双方损失增加而不分青红皂白地互相报复。

中午时分，冲突的中心转移到蒙特隆军火库，也就是今天“五月二日广场”的所在地。两名西班牙军官路易斯·达伊兹和佩德罗·韦德向人群敞开了军火库的大门，之后和许多其他马德里平民同时遭到法国人的反击。阿图罗·佩雷斯·雷泽在回忆录中用令人窒息、严谨的文笔记录下这一事件。文字中留下了血腥之日里两位女英雄的名字：年轻的绣工曼努埃拉·马拉萨和五个孩子的母亲克拉拉·德尔·雷伊。

除了已经提到的两名光荣的军官和他们的炮手，以及在另一次交战中受致命伤的哈辛托·鲁伊斯中尉之外，马德里总队长弗朗西斯科·哈维尔·内格雷特兵营里大约 4000 名西班牙将士按兵不动。政府政务会的军事部部长冈萨雷斯·奥法里尔将军仅仅作为调解者，下午从缪拉那得到禁用武器的命令，然而并没有削弱伯格大公的报复心。士兵巡逻队很快搜查了整个城市，寻找任何携带武器的人，甚至一些拿着剃须刀的理发师在店门前被当场抓住。由格鲁奇将军担任主席（拿破仑在滑铁卢拼命等待的那位将军）的军事委员会授命行刑队处决抓获的起义者。

在太子山上，一整夜都在枪决起义失败的俘虏，这个马德里悲剧传奇的下半段被戈雅的画作《1808 年 5 月 3 日夜枪杀起义者》刻画出来，以此永远缅怀他的同胞。

随着时间的推移，对马德里起义受害者人数的估计变得越来越不可靠。根据可靠资料，法国伤亡士兵有 154 人，每个兵团都有损伤。在战斗中丧生的西班牙人应该达到大约 300 人，伤者则超过 800 人。另外，据首都教区登记簿的记载，镇压的受害者至少有 125 人，全部为男性。

从五月二日起义到全面反抗

1808 年 5 月，事态有了快速的发展。我们看到拿破仑皇帝的政策虽然迅速，但浪费了宝贵的时间来构建西班牙新君主制的基础，而反法起义——如拿破仑预料——立即得到英国人的支持，在整个半岛上席卷开来。

在五月二日起义之后的几周里，彼此间的心理战打响了。约瑟夫国王于5月19日抵达巴约讷，20日抵达他的新首都，直到7月初才离开。由波旁父子竞争的西班牙王权自3月无人继承到被人重新占有之前，西班牙没有自己的国家权力机构，没有引路者。人民被征服国土的外国军队激怒，尽管它表现出盟友的姿态。许多西班牙人甚至曾经认为缪拉和他的军队是来支持费尔南多反对戈多伊政府的。一种因背叛感加上合法王权的空缺而造成的舆论氛围在整个春天蔓延，谴责拿破仑发动的猛烈军事行动。

除了这些情况外，还有一个负面因素，即在那个时代尚未发明快速传播信息的手段。如果西班牙人了解费尔南多的卑鄙，了解到他们热切渴望的英雄屈服于皇帝，那么他们就会离开这个配不上其所得荣誉的人，转而更容易接受“欧洲主人”承诺的国家复兴。在哈布斯堡和波旁家族之间，西班牙不是习惯被外国血统的王朝统治了吗？

约瑟夫·波拿巴尚未向巴约讷宪法宣誓（1808年7月7日），而费尔南多一到瓦朗赛定居，就在6月22日给拿破仑皇帝寄了一封信，足以证明他的奴性：

“陛下，我代表我的兄弟（唐·卡洛斯）和我的叔叔（唐·安东尼奥·帕斯夸尔）向陛下致以诚挚敬意，祝贺陛下满意地让您亲爱的兄弟登上西班牙王位。这个广阔国家的幸福是我等所愿，看到如此尊贵有德行的君主引领它，我倍感欣慰。获其友谊实乃荣幸之至，冒昧给陛下写信，祈求陛下阅后，俯允呈天主教陛下。”

这位亲王不仅篡夺他父亲的王位，还为新的“天主教陛下”祈祷。在他稍后给约瑟夫写的一封信中，他自称是其“亲爱的兄弟”，接受他宣誓称王以及后续一切所为。拿破仑皇帝向聚集在巴约讷的西班牙代表传达了这封信的内容，这些耻辱的信件显然说服了一些与会人士，即西班牙的格伦代，他们从边境的另一边赶来，在拿破仑皇帝哥哥的新宫廷中争取荣耀的职位；或是知识分子、启蒙思想家的追随者，他们获得了邻国传播的新思想。然而，西班牙的多数人认为这些屈服的证词是伪造的，敌方阵营毫不犹豫地编造虚假言论，归咎于受虐待的年轻国王，无异于要挑起战争。

在塔列朗的流亡期间，拿破仑每一次胜利之后，甚至对手是自己的同胞，费尔南多都要殷勤祝贺。他坚持请求拿破仑将侄女嫁给他，但总是白费功夫……

在上一章的结尾，我们看到约瑟夫·波拿巴在前往他的新首都的路上充满忧虑，他在这个国家微不足道的优势也已经消失。在五月二日起义三周后，整个西班牙都效仿马德里旁伟大又滑稽的莫斯托莱斯镇，镇长宣布其村庄与法国之间进入战争状态。

从5月23日开始，以及5月30日圣费尔南多日，西班牙全国宣布起义，各地起义的地方“洪达”[①]夺取了权力，而且往往使用了极其暴力的手段。在他们迟迟没团结起来，或试图阻挡过激的暴徒来维持秩序的时候，负责军区的上尉、省长或市政官员就被残暴地杀害了。弗朗西斯科·哈维尔·卡斯塔尼奥斯将军、未来拜伦战役的胜利者在直布罗陀前指挥西班牙军队。此前他与法国参谋部关系密切，如今他的态度一百八十度大转弯。

同样起决定性的作用是速度快、组织较好的北方军政府——特别是加利西亚和阿斯图里亚斯军政府，他们派使节前往伦敦寻求老对手的帮助。后者张开双臂欢迎他们。在相当大的英国谍报网络的帮助下，英国的资金和武器持续流入伊比利亚半岛。由数万名英国士兵组成的第一批队伍在查理·斯图尔特爵士和布莱克将军的带领下，在6月底抵达加利西亚，与奎斯塔将军在老卡斯蒂利亚训练的西班牙步兵和骑兵会合。这支部队组织得并不好，于7月12日在梅迪纳·奥塞科被贝西埃雷斯击败。

“入侵者国王”（西班牙人给约瑟夫起的绰号）刚进入他的新王国，就有了更多需要担忧的理由，法国军队在安达卢西亚和葡萄牙遭受严重挫败。

---

① 洪达：西班牙语“执政委员会”或“议会”的音译。1808年法国皇帝拿破仑一世派军进入西班牙，企图吞并西班牙，受到西班牙人民的强烈反对。5月2日马德里人民起义揭开了革命的序幕。拿破仑迫使西班牙国王费尔南多七世和其父卡洛斯四世退位，另立自己的兄长约瑟夫·波拿巴为西王后，阿斯图里亚斯首先成立地方洪达，以费尔南多七世的名义执政，并建立武装，对法宣战。各地纷纷效法，数月后西班牙成立的地方洪达达数百个。在英国军队援助下，西班牙军民打败法军，9月25日在阿兰胡埃斯成立由各省洪达代表组成的中央洪达，弗洛里达布兰卡伯爵当选为第一任主席。在拿破仑率大军进入西班牙后，11月中央洪达迁至塞维利亚，并于1809年10月宣布召集制宪议会。1810年1月，中央洪达迁往加的斯，在建立五人摄政委员会后自行解散（2月）。

拜伦和辛特拉：两次灾难

“灾难”——用这个词来形容一点不为过，因为在经历拜伦[①]和辛特拉[②]的两次战役后，法军的主要部队不得不向敌人投降。7月19日，在卡斯蒂利亚高原与安达卢西亚之间的莫雷纳山脚下，拜伦战败将产生非常严重的军事和心理后果。法兰西帝国的雄鹰第一次在开阔的战场上遭受屈辱的失败，拿破仑无法想象匆忙组建的西班牙军队可以击败他的军队。

国王约瑟夫进入马德里的前一天，半岛另一端的拜伦到底发生了什么？

曾在乌尔姆和弗里德兰获得荣誉的将军皮埃尔－安托万·杜邦·德·莱唐带领着陆军部队，从3月初就驻扎在马德里南边的托莱多，那时缪拉在西班牙部署了55000名士兵——其中大多数是年轻的新兵，皇帝称之为“他的大孩子”——分布在北部和东部。这个部署也让拿破仑感到担忧，他指责姐夫让杜邦行军过快，而阿兰胡埃斯（3月19日）事件则要求他们更加谨慎。

两个月后，当马德里起义已经蔓延到西班牙所有省份时，这支驻扎在新卡斯蒂利亚的军队被取代伯格大公的萨瓦里接收，他下令军队通过《堂吉诃德》中的传奇土地以及莫尔纳山脉的狭道夺取安达卢西亚，在加的斯救出被英国舰队围堵的罗西克斯海军上将的法国舰队。为了完成任务，杜邦必须与驻扎在直布罗陀前的圣罗克营地、由卡斯塔尼奥斯将军指挥的西班牙军队会合。

没有什么比这一特点更能说明1808年5月的最后几周，在群众的压力下西班牙发生了天翻地覆的变化。编年史起到重要作用，为接下来一连串悲剧赋予意义。

6月6日抵达科尔多瓦之前，杜邦将部分后备军和伤病士兵留给在拉曼查高原的圣克鲁斯·德·穆德拉。而在瓜达尔基维尔的阿尔科利亚桥上，杜邦意想不到地遭遇了一支由刚在塞维利亚掌权的“中央洪达”（“中央执政委员会”）派出的约4000人的军队，西班牙将领弗朗西斯科·哈维尔·卡斯塔尼奥斯部署的两

---

① 拜伦（Bailén）：西班牙哈恩省的一座城镇，1808年在伊比利亚半岛战争中，这里成为西班牙人抗击拿破仑入侵的战场。弗朗西斯科·哈维尔·卡斯塔尼奥斯将军在著名的拜伦战役中打败了皮埃尔－安托万·杜邦·德·莱唐将军率领的法国军队。

② 辛特拉（Sintra）：西班牙里斯本北郊的一座小镇。这一带山峦起伏，宫殿、城堡和别墅坐落其中，被拜伦喻为“伊甸园”。

万名士兵也聚集在此，这让杜邦感到不安。在科尔多瓦的战斗相当激烈，由于当地人民的抵抗，使得他们被无耻地劫掠，并开启了西班牙起义军和法国军队长达7年的战争。

杜邦的人听说了留在圣克鲁斯·德·穆德拉的远征军后卫被农村居民支持的游击队屠杀的消息。拿破仑两个月前给缪拉下达指令时表达的所有担忧都得到了证实。整个安达卢西亚奋起抗争，杜邦现在无法完成他的任务，决定带着在科尔多瓦和哈永（Jaón）掳掠的沉重战利品，撤退到塞拉山脚下的安哈尔。他在那浪费了宝贵的几周时间，而且没有听从萨瓦里发出的紧急撤退命令，同时增补了大约一万人掩护他的军队通过德斯佩纳佩罗斯和卡斯蒂利亚高原后撤。领导增援部队的杜邦迟钝固执，不仅会失去自己的军队，而且会失去前来营救他的维德尔和戈伯特的部队。

卡斯塔尼奥斯将军——尽管出生在巴斯克地区，但因其晒黑的肤色而被称为“吉普赛人”。他并不是一个特别大胆的战略家，但有保卫故土的坚强意志，而且在战场上有杰出的军官指挥，包括西班牙人和外国人，如瑞士人雷丁或法国移民库皮尼。他那被志愿民兵壮大的骑兵队伍——著名的安达卢西亚骑兵，握着他们的战戟（garrochas），骑在敏捷顺从的战马上——十分英勇善战。距离拜伦几英里外的拉斯纳瓦斯·德·托洛萨古战场上，1212年，对抗摩尔人的第一次收复失地运动在此上演，而此时拜伦的名字将被写入新的传奇。

每当拿破仑谈到这次失败时，他都要仰望天空，仿佛面前是“一次最离奇、荒谬、愚蠢的行动”。在法国阵营中，每个将军都不顾对方在哪里。7月16日，戈伯特在试图解救被安达瓦卢西亚牧民团团围住的重骑兵时意外被雷丁杀死。接替他的杜福尔与杜邦和维德尔都失去了联系，而维德尔离开拜伦，迎战他认为更北边、在拉卡罗莱纳的敌人。

7月19日上午，无法调动军队的杜邦和不到8000名士兵被包围了，其中许多人被分配去保护满载战利品的货物车。他领导的两个瑞士雇佣兵团变节，加入到同胞雷丁的敌方阵营，最终破坏了自己步兵团的士气。酷热的一天结束之际，经不起煎熬的法国军队在人数和战斗力上都被压倒，投降是不可避免的。更严重的是，杜邦将军在拜伦召回维德尔和杜福尔的军队，他们本可以逃脱敌人，现在也成了俘虏！

卡斯塔尼奥斯将军、塞维利亚“洪达”代表蒂利在战斗结束后光荣地到了拜伦，并和杜邦将军签署了协定：法国士兵在解除武装后经海路被遣返回国。但几天后，塞维利亚“最高”当局和安达卢西亚的投机官员托马斯·德·莫拉（几个月后他毫不犹豫地为约瑟夫国王服务）拒绝尊重代表们的签字。他们找各种借口，如这些军队抢劫是有罪的、没有船只确保遣返等，从而对被俘士兵，包括没有参加科尔多瓦和哈永劫掠的士兵施以最痛苦的折磨。疲惫的被俘法军在8月酷暑中被迫向南部港口前进，途中受到被煽动的群众粗暴虐待，比如在勒布里加（Lebrija），带头的往往是修道士。在其他地方，被俘法军被武装帮派屠杀。只有约7000名幸存者被监禁在加的斯港码头，或挤在马略卡岛以南卡布雷拉的沙漠小岛。

而将军们和高级参谋官免受俘虏。这场灾难真正的罪魁祸首杜邦·德·莱唐在返回法国后被捕，直到1812年3月才被带到由坎巴切雷斯主持的高等法院，被判降级，并被关押在弗朗什－孔泰14个月。拿破仑本可以把他枪决，但考虑到他过去的功绩，认为“他真正的罪是相信敌人的话和签字，他只是为了撤出安达卢西亚才这么做，就像朱诺撤出葡萄牙那样”。

在拜伦战役一个月后，又发生了相同的军事投降，这一次是面对英国军队，这确实玷污了法兰西帝国军队的荣耀。8月30日，在里斯本附近的辛特拉，朱诺元帅几天前在维梅罗被登陆加利西亚的威灵顿击败，结束了于1807年11月开始的对葡萄牙的占领。他和凶恶的洛伊森将军领导的法国军队横行掠夺，可能比那些所谓与西班牙结盟的法国军队还要严重得多。但英国人没有进行报复，他们唯一关心的是尽快摆脱法国人，不战而进入里斯本。因此，朱诺能够避免杜邦军队被俘的命运，他们带着武器和行李（包括战利品）返回法国。葡萄牙人在这件事上没有发言权。

拿破仑在伊比利亚半岛发动的封锁战争前半段以两次投降而告终。

受到从安达卢西亚崛起的拜伦战胜者的威胁，马德里的法军也是防不胜防。在英勇抵抗的城市里到处是溃败的法军。埃布罗建起一道防御线，约瑟夫和他的大臣退到布尔戈斯以北的维多利亚。在7月的最后几天，当卡斯塔尼奥斯的前锋部队通过托莱多的城门进入首都马德里时，“入侵者之王”约瑟夫·波拿巴的最后一批车队借北边的路离开首都，随行的有宫廷成员以及约12000名合作的西班牙人，他们要么出于信任，要么由于他们的行政职务，希望逃脱“中央洪达”（“中央执政委员会”）以及在西班牙全面起义中应运而生的游击队，以避免他们及其家人被算账。

拿破仑到马德里：约瑟夫国王的喘息

然而，对尚处于权力巅峰的拿破仑来说，相信他不会甘心放弃西班牙和葡萄牙，从而让英国人得利。他的威望和战略野心迫使他要尽快抹去拜伦和辛特拉的污点。

“虽死犹荣！”在约瑟夫逃往维多利亚前，拿破仑向他的兄弟预言“他的荣耀将会落入自己在这个国家的坟墓里”：“我将到达西班牙的赫拉克勒斯大力神柱，而不是力量的极限！”

这次他御驾亲征领导反攻，招募了最好的士兵和精英元帅到伊比利亚半岛。1808 年 10 月，他刚在埃尔富特与沙皇亚历山大和德国统治者达成的协议，让他得以向英国提出和平谈判。但伦敦拒绝谈判，并立即加强在半岛的军事部署。不管怎样，从 1808 年 11 月初开始，拿破仑皇帝与在维多利亚的约瑟夫会合，打乱了卡斯塔尼奥斯不协调的军队，越过布尔戈斯、杜埃罗的阿兰达，强行通过山道，前往马德里。而“中央洪达”自 9 月以来由卡洛斯三世的前启蒙运动大臣佛罗里布兰卡伯爵主持，决心不惜代价保卫马德里。

接下来是属于拿破仑皇帝军事辉煌的经典史诗。在组织了首都防御力量的瓜达拉马山脉的索莫拉利亚山口，势不可挡的波兰枪骑兵在很短时间内战胜了西班牙的炮兵连。拿破仑以炮轰威胁在马德里的高地查马丁，要求“中央洪达”的代表彻底投降。接着在 12 月 2 日，奥斯特利茨战役一周年以及他在巴黎圣母院加冕的纪念日，拿破仑给他兄弟统治的王国颁布了一系列法令。

随后拿破仑快速返回巴黎，在那里传出塔列朗和福切谋反的谣言，而且他也急于惩罚奥地利。拿破仑在马德里只逗留了一天，在王宫费利佩二世的肖像前短暂冥想了一会儿，并快速参观了首都。约瑟夫·波拿巴的侍从长米奥特·德·梅利托伯爵在他的回忆录中写道：“卡斯蒂利亚人的性格从未像如今在骄傲和尊严中表现得如此不屈不挠”，皇帝本人为西班牙人没有对他本人以及庄严阅兵式产生好奇心而感到失望：占领马德里并没有产生他所期望的效果。

然而，从 1809 年 1 月到 1811 年 12 月三年时间，法国的军事成就让约瑟夫国王幻想着巩固他的权力。西班牙精英们的帮助是极为重要的。他们注意到西班牙波旁王朝的失权，在约瑟夫的政权中看到了启蒙运动理想的延续，也看到了在他们国家蔓延的混乱局面的唯一补救办法。

在加泰罗尼亚、阿拉贡和卡斯蒂利亚，西班牙人在各条战线上的抵抗都同样激烈。但在 1809 年 2 月 20 日，萨拉戈萨第二次被围困，饥荒、瘟疫和地道战直捣城市中心，护城的帕拉福克斯将军不得不缴械投降，但获得了战争荣誉。在加泰罗尼亚地区，阿尔瓦兹将军和全体居民英勇捍卫着另一个“新努曼西亚”。然而在 6 个月的徒劳攻击后，他们在 1809 年 12 月 12 日屈服于雷耶和圣西尔的继任者奥热罗。

与此同时，苏莱特、莫蒂埃和塞巴斯蒂安尼在 11 月 13 日在拉曼查的入口奥卡亚击溃了“中央洪达”的正规军。这使得安达卢西亚的大门向拿破仑的兄弟敞开了一段时间。

从 1810 年 1 月至 4 月，约瑟夫国王由于西班牙人归顺于他的统治而能够进入科尔多瓦和被“中央洪达”放弃的塞维利亚（2 月 1 日）。“中央洪达”正规军撤退到加的斯，应拿破仑皇帝之意，法国军队起初对加的斯围困过于松懈。两万名西班牙步兵在英国军队的支持下使这个抵抗军大本营坚不可摧。1812 年，维克多元帅将加的斯攻下。虽然短暂、不稳定，但重新征服安达卢西亚还是满足了“入侵者之王”的虚荣心，并确保了索尔特元帅的财富。众所周知，他掠夺了很多艺术品。

回到马德里后，约瑟夫·波拿巴从此不会离开，除非有英西军队的逼迫。他努力保证王国行政的一致性，颁布政治或社会改革法案，进一步与旧政权的决裂，推动城市规划，在保证首都安全的同时展现他的统治威望。

随着1809年10月的《维也纳和约》[①]的签订，约瑟夫·波拿巴被众多欧洲统

---

① 维也纳条约（Treaty of Vienna）：是法国与奥地利签订的停战条约。条约在 1809 年 10 月 14 日于维也纳的美泉宫（Schloss Schönbrunn，音译为申布伦宫）签订，终结了第五次反法同盟战争。奥地利亦承认拿破仑一世对以往征服的地区的拥有权，同时承认拿破仑的兄长——约瑟夫·波拿巴为西班牙国王。

治者承认为西班牙国王，这不是给他带来国际合法性了吗？从塞维利亚回来后，首都马德里的人民甚至热烈欢迎他。许多被称为“亲法者”（afrancesados）的西班牙人注意到拿破仑皇帝的成功和他兄弟的慷慨，也加入知识分子的行列——他们是第一批决定通过法国大革命传播新思想、在皇帝统治下翻开祖国新篇章的人。

长期的亲法者和应时的约瑟夫主义者

亲法者（afrancesado）这个群体对反对法国占领的大多数西班牙人来说带有贬义、甚至侮辱的色彩。但这不是新出现的：在卡洛斯三世统治下，它伴随着受启蒙思潮影响的西班牙启蒙运动而生。

像弗罗里达布兰卡这样的改革者早在 1789 年就被过于激烈的法国大革命吓坏了，他仍然依附于旧政权。而更进步的霍维利亚诺斯是他们时代的亲法者。然而，两人都选择了人民抗争阵营。前者在 1808 年 9 月担任“中央洪达”领导人，后者在 1808 年 12 月弗罗里达布兰卡于塞维利亚去世时加入“中央洪达”，那时约瑟夫国王刚进入马德里不久。

当约瑟夫在 1809 年初希望霍维利亚诺斯归顺时，后者写信给传达圣旨的塞巴斯蒂安尼将军，这封信将作为崇高的典范：“将军先生，我没有参与任何党派，除了我祖国支持的神圣而正义的事业。不像你们所声称的那样，我们不是为异端裁判所，也不是为一些大贵族的利益而战，而是为我们的国王、宗教信仰和国家独立而斗争。我们热切的使命是复兴西班牙，有朝一日重建辉煌。”

这个骄傲的立场之所以为人称道，更是由于这位前西班牙波旁王朝的大臣是戈多伊专制主义和阴谋的受害者，他刚刚在马略卡岛的贝尔弗城堡被拘禁了很长时间。在 1811 年 11 月离世前他参加了加的斯议会，这个议会次年颁布的《加的斯宪法》回应了宣扬自由主义思想但同时归顺“入侵者之王”的自由主义者的愿望。

比起亲法者，后者可能更适合被称作“约瑟夫主义者”。使西班牙精英们产生分歧的并不是新思想所引起的进步意识形态选择，而是一些人意识到外国占领与国家复兴之间绝对不相容，另一些人担心反动势力或无政府主义会压垮他们的祖国，而约瑟夫国王的政权会给他们提供一种可能性，能立即终结徘徊在落后西班牙里的邪恶影响。

格雷戈里奥·马隆（《自由派试验》的作者）并不反对他们的观点，他在这两个对立的群体中看到两方都是进步主义的追随者，如敌人般的兄弟以相反的方式追求同一个目标。

“加的斯制宪议会成员几乎都对真正的自由主义有最可悲的歪曲。”他说得过于严厉，但未来的混乱可以证实他的判断有一定道理。

对这段让西班牙精英分裂的痛苦历史，西班牙共和国前总统曼努埃尔·阿萨尼亚更平静地看待：“我们不怀疑约瑟夫国王的政权比费尔南多七世的政权更人道、更宽容、更开明。然而，国家拒绝了约瑟夫·波拿巴，因为他的政府所能带来的好处无法与西班牙的尊严和独立这一最高利益相提并论。”

不过在那些年里，有些历史没有被写出来。在巴约讷目睹了其合法君主退位的西班牙人从一开始就选择合作或考虑与新统治者合作。他们包括大多数西班牙格伦代（顶级贵族）、一部分高级神职人员和启蒙运动的政治精英，都没想到1808年5月的群众反应。

大部分格伦代以及教会高层在拜伦战败后最先反水，逃到新统治者所在的维多利亚。约瑟夫·波拿巴政府长期依靠的是有巨大价值、忠心服务国家的人，即使曾服务于卡洛斯三世政府也没什么关系。

曾经接替戈多伊的马里亚诺·路易斯·德·乌尔基霍成为国务卿。圣卡洛斯银行创始人、塔利恩夫人的父亲卡巴鲁斯伯爵被任命为财政部长，墨西哥前总督佩德罗·德·阿扎接管了西印度群岛的事务，费尔南多七世短暂统治期间的3位大臣佩德罗·德·塞瓦洛斯、塞巴斯蒂安·皮亚埃拉和冈萨雷斯·奥法里尔将军分别被安排在外交、司法和战争事务部门。这意味着新国王没有与前政权切割的意思，也没有对来自西班牙前政权的人士有什么偏见。

1809年，让法国军方大为光火的是约瑟夫·波拿巴将塞维利亚“中央洪达”的叛逃者带入国务委员会。这个人就是托马内斯·德·莫拉，他应该为拜伦战俘的悲惨命运负责，1808年11月他受洪达委托负责保卫马德里。这个可悲之人被所有人鄙视，拿破仑怀疑他是一个英国间谍，但他的兄弟视之为与加的斯叛军和解的工具。

除了真诚的政客或机会主义者加入国王约瑟夫的阵营，还有被西班牙复兴的想法折磨的知识分子……几乎所有人都是戈雅的朋友，是启蒙运动的孤儿，他们都曾对异端裁判所有异议（但他们不是唯一的）。当时最好的剧作家、著名学者费尔南德斯·德·莫拉顿，前浪漫主义诗人胡安·梅嫩德斯·巴尔德斯，圣费尔南多学院的保护者贝尔纳多·德·伊里亚特，马德里市长曼努埃尔·西尔维拉，或异端裁判所的秘书长兼历史学家胡安·安东尼奥·洛伦特、阿拉贡大师留给我们的肖像画作毫不掩饰地展示了“入侵者国王”所创建的西班牙王家骑士团的绶带。

这些约瑟夫·波拿巴杰出的合作者在1813年他们支持的政权垮台时流亡国外。大多数人逃往法国，在巴黎或波尔多避难。1824年，其他西班牙自由派也来法国与他们会合。这些人没有与法国合作，甚至与之斗争，但遭到费尔南多七世专制政权的无情打击。这一次，戈雅也自愿流亡，他厌倦了在祖国看到的“理性沉睡孕育出的怪物”。

这些约瑟夫主义者或亲法者是否比他们在加的斯的对手更不爱国？毫无疑问，他们错误地忽视了由抵抗外国占领引起的民众运动。但他们中许多人焦虑地看到了伴随起义洪达而出现的血腥的无政府状态。有些人亲身经历了这一切，如梅嫩德斯·巴尔德斯在最后一刻从奥维耶多狂热的行刑队中逃脱出来。事实证明这些启蒙运动者是保守派，立足于约瑟夫·波拿巴政权所承诺的公共秩序，而该政权本身是以拿破仑所代表的欧洲新秩序为基础的。他们还意识到加的斯叛军与英国的联盟威胁到了西班牙美洲属地的完整性。

随着时间的推移，当拿破仑在1811年计划破坏西班牙的领土统一，从半岛的南部和中部撤军，将埃布罗以北区域、加泰罗尼亚和巴斯克地区彻底并入法兰西帝国时，他们最终看到约瑟夫·波拿巴愤怒反对其兄弟的计划，约瑟夫·波拿巴成了维护他们家园完整的唯一堡垒。

约瑟夫主义者可能经历过良心的折磨，没有什么比梅林伯爵夫人在她的回忆录所写的更能体现出这种纠结。她是战争事务大臣奥法里尔将军的侄女，嫁给了约瑟夫国王阵营的一位法国将军，她讲述了这个复杂家族里，兄弟或表兄弟出于各自选择在战场上互相斗争的故事。她自己虽然受限于家族捍卫的事业，却不禁为西班牙人每一个军事成就而激动或为他们的失败而哭泣。她描述了在洪达武装于阿尔蒙西德（1809年8月11日）惨败次日她的叔叔奥法里尔的反应：“当时我们正在餐桌旁，我叔叔听到这个消息后脸色苍白，一动不动，不再吃饭。他认为西班牙人永远不会成功摆脱拿破仑的权力，每一次伤亡惨重后的成功让他们暂时重燃希望，却延长了灾难的时间。同胞遭受的不幸、失败、耻辱都让他辗转不安。一场可怕的风暴在他内心深处隆隆作响，而他极度苍白的平静面庞和几乎不可察的眼泪泄露了他内心的混乱。”

这些法国合作者精英在超过 1100 万的西班牙人民中代表什么？历史学家米格尔·阿托拉对 19 世纪的第一部悲剧（还包括许多其他悲剧）进行了权威性的研究，他只能观察到，在拿破仑反攻和 1809 年至 1811 年约瑟夫·波拿巴的王位相对巩固之后，这些亲法者的数量有了相当大的增长，当时拿破仑的帝国军队即使没能控制农村，也控制了几乎所有的西班牙城市。

当时的官方消息以及 1814 年编年史作者弗朗西斯科·阿莫罗斯证实，有 200 万西班牙人，包括公务员、法官、议员、商人、户主甚至世俗教士都同意向约瑟夫国王宣誓，这不是一个小数目，在劳动人口中占了很大比例。阿托拉指出：“宣誓者比亲法者多，机会主义者或恐惧的人比真正相信的人多。”但约瑟夫主义精英的数量和质量与那些投身于加的斯反抗组织及英国军事联盟的人差不多。当代西班牙历史学家大多没有对这个充满了不确定性时代中的“合作者”进行武断的谴责。1951 年，保罗·莫兰在他的小说《塞维利亚的旗手》里以潜台词试图描写这个时代。他们很清楚，一旦费尔南多恢复王位，加入加的斯抵抗运动的启蒙思想家会品尝到怎样的失望！

战争发生以及它是如何失败的

这些新亲法者的幻想是徒劳的。约瑟夫·波拿巴的王国只是昙花一现，他对安达卢西亚的远征也只是提供短暂的喘息机会。这个情形很像在 18 世纪初费利佩五世被迫征服他的王国——但这次要面对的是整个国家的敌意。从 1810 年到 1813 年，农村的武装斗争此起彼伏，而法国这边的元帅们互相嫉妒，行为像独立的雇佣军队一样没有任何协调。国王约瑟夫靠着兄弟给的军事威望几乎无法控制他们。索尔特继续掠夺安达卢西亚，却没有真正控制它。雷耶理论上管辖纳瓦拉，麦克唐纳管辖加泰罗尼亚，苏切特管辖莱万特和阿拉贡的部分地区，内伊管辖萨拉曼卡地区。这些元帅们都直接接受来自巴黎的指令，但各行其道。约瑟夫为此向兄弟抱怨，但无法说服拿破仑给他任何超出首都狭窄范围的权力。此外，他还不断受到游击队入侵的威胁，在没有强大军事保护的情况下冒险出城当然会不断遭到拒绝。补给车队遭到袭击和抢劫，无法为首都供应物资，导致1811年冬天发生了可怕的饥荒，夺去了2万多人的生命。

一种新的全面战争形式正在西班牙全国范围内展开。普鲁士腓特烈二世在罗斯巴赫战役中结束了苏毕兹元帅的花边战争①；拿破仑的军队现在遭遇的是更残酷的非传统战斗：武装民兵不断骚扰正规军，并快速从他们的重型设备前逃脱。

这种战争形式当然不是新的，它自古以来就存在，法兰西帝国军队在俄国战败前已在卡拉布里亚或奥地利经历过这种战争。但正是西班牙将给它命名：游击战（guerrilla），成为在国际上沿用至今的术语，就像“军事政变”（pronunciamiento）、“奸党”（camarilla），甚至是代表先进政治意义的“自由派”。

伴随游击战的恐怖是不可避免的。戈雅无情的凿子将《战争的灾难》铭刻在我们的记忆中：士兵被钉在谷仓门上，游击队员被砍成碎片，他们的四肢挂在树枝上，妇女与孩子一起被开膛破肚。肮脏的复仇无休止地回应着另一些泯灭人性的报复。法国士兵死伤近25万人，参与这场无休止战争的士兵大量的回忆录证实了这一点，他们只有一个词来形容这个充满暴行的地方：“悲哀之地”。许多人将会失去他们的士兵灵魂，成为未来所提倡的“暴行—镇压”循环的奴隶。

整个地区都被自封为“军事首领”（caudillos）的集团控制，如教士梅里诺和塔皮亚，方济各会修士卢卡斯·拉斐尔，在老卡斯蒂利亚被称为“顽固的家伙”（El Empecinado）的鞋匠胡安·马丁·迪兹，及其学生泽维尔·米纳，还有他的叔叔、贵族埃斯波兹·伊·米纳（他在1813年晋升为将军，在纳瓦拉拥有9个步兵团和两个骑兵团！）从1808年12月起，“中央洪达”在竭力监督的同

① 花边战争：即1757年至1763年的“七年战争”。战争的一方是普鲁士，另一方则是法国、奥地利和沙皇俄国。由于奥地利、俄国的执政者都是女性，分别为特蕾西亚和伊丽莎白，而法国国王路易十五则非常听信其女友蓬皮杜夫人的话，蓬皮杜夫人和伊丽莎白都是特蕾西亚拉拢过来结成同盟的，因此这个同盟就被称为是“花边同盟”。因为当时欧洲贵族妇女穿的衬裙下摆都是花边的。

时，实际上也承认了这些群体的合法存在，他们拥有类似于公海上私掠船的特权，这种地位是对手不能不尊重的。

毫无疑问，游击队的行动是使法国军队最终失败的决定性因素。纪律严明的英军在威灵顿独一无二的领导下增加了它的制胜砝码。1812 年春天，拿破仑潜入俄国大草原时，威灵顿从葡萄牙进攻。在卡斯蒂利亚，法军被分成 5 个军团分散在西班牙各地，统一战线被突破；7 月 22 日，法军在萨拉曼卡附近的洛斯阿拉皮尔斯战役中被击垮。通往马德里的道路再次被打通，引发了比 1808 年更艰苦的第二次逃亡。这一次，约瑟夫国王撤退到瓦伦西亚，在那里索尔特和维克多解除了对加的斯的围攻，还与他一起加入了安达卢西亚的军队。1813 年 1 月，他们返回首都，威灵顿在 8 月 11 日进入马德里，他谨慎地判断不要在此耽搁太久。然而这已经是终曲的开始了。法国军队不得不放弃西班牙，转战其他战线。5 个月后的 1813 年 5 月，英国以卷土重来的攻势，再次迫使约瑟夫和他的家人撤离首都马德里。

这是第三次撤离，也是最后一次。6 月 21 日，约瑟夫·波拿巴和朱诺元帅的军队在维多利亚被击败，败得很彻底：大部分王家运货车甚至落入去年秋天被提拔为西班牙军队总司令的威灵顿手中。在这个月的最后几天，法军的残余部队又越过比利牛斯山，被入侵法国领土的英西联军紧追不放，在11月到达图卢兹。

12 月，在俄国的撤退和法国的拼命作战之间，皇帝本人在莱比锡遭遇了的严重失败，他签署了《瓦朗赛条约》，释放了费尔南多，恢复了他的权利，从而结束了西班牙的噩梦。对他来说，通知哥哥似乎是多余的。后者可能是最后一个为此惊讶的人。

约瑟夫国王到奥伊塞的莫特枫丹庄园避难，在那里等着他的妻子朱莉·克拉里从未踏足过西班牙。约瑟夫国王很快将成为美国新泽西州富有的种植者苏维利耶伯爵，1844 年他在佛罗伦萨离世。

这个和蔼可亲的人虽然不太突出，但头脑清醒，心地善良，他曾在险恶的环境下向自己保证做一个公正廉洁、受臣民赞赏的国王，如果可能的话，再多点独立于他的弟弟就好了。唉，他在溃退的时候也不太诚实。就像他经常谴责的那些掠夺的元帅一样。在他那些没有落入威灵顿手中的行李里，带走了一批精美的家具和名画，包括两幅提香、三幅鲁本斯、八幅穆里略斯、一幅维罗内斯、一幅委拉斯开兹的画作。除此之外，还有几颗皇冠上的珠宝，包括著名的“拉佩雷格里纳”珍珠和“池塘”（El Estanque）钻石。他作为一名绅士的荣誉因这场残酷而肮脏的战争而受辱。

乱世的总结

拿破仑承认，他的“荣誉”受到了严重影响。

“我的所有灾难都与这个致命的结有关，”他在圣赫勒拿岛上承认，“整件事被我搞砸了。明目张胆的道德败坏、不公正的行为让人愤怒，一切都非常肮脏，因为我屈服了……这场不幸的西班牙战争是真正的祸害，是法国不幸的根源。”他坚持说，“它（西班牙战争）破坏了我在欧洲的声誉，给我带来很多麻烦。如果我能够想象这场战争会带来如此严重的灾难，我决不发动它。但在迈出这一步以后，再后退便不可能了。”

在拿破仑击败波旁王朝的同时，巴约讷的陷阱已经逼近了他。他考虑西班牙的情况了吗？怎么会没有呢！他看到了当时亲王们的荒凉景象，却没有衡量人民的抵抗力量，用奥特加・伊・加塞特的话来说，民众在精英缺席的情况下“完成了历史上所有的事”。历史学家们仍然经常批评拿破仑对西班牙的偏见——就像百科全书派的那些刻板成见。

早在 1808 年 3 月，拿破仑就警告缪拉要尊重西班牙人民，并担心他的军队稍有不慎就会让这个国家奋起抵抗，这证明了拿破仑对西班牙人心理有清醒的认识。如果没有 1808 年 5 月的事件，他有可能成功。拜伦战败的屈辱让这个和平缔造者变成了一个无情的征服者，尽管他一直担心马塞纳、伯西尔或他的兄弟汇报的其元帅和将领在战斗中的行为（虽然他兄弟的意见分量较轻）。除非皇帝本人在战场，否则他的军队已经不再如原来骁勇善战了。

拿破仑对清除西班牙波旁家族成员毫无内疚，如果不是费尔南多奴颜婢膝的让步，拿破仑本打算逼他屈服。费尔南多的懦弱会让他很容易服从法国的政策：因此拿破仑本可以避免为了合法国王而战的全面起义。然而对这位不忠亲王的蔑视决定了他的行为，尽管他的初衷与其说是征服半岛，不如说是封锁半岛与英国的商业往来。

当时，被流放到圣赫勒拿岛的拿破仑皇帝承认西班牙战争毁了他的荣誉时，他在想什么？就是这种残暴的新型战斗导致士兵采用与狂热民众相同的方式厮杀，而他的将军们却放纵地劫掠。并非所有人都失去了荣誉，但对于苏切特、拉纳、莫塔尔、古维翁·圣西尔、蒙西，有多少人遭受掠夺和盲目报复？费利佩·德·塞古尔在他的回忆录中很好地总结了这种“崇高的军人职业”的堕落，这场战争违背了传统规范，从根本上不正义：“西班牙的战争是新型斗争的第一个标志，在这种斗争中，角色将发生变化，真理不再在我们的旗帜下，所有的道德力量、正义、公众信仰、人民权利、民族自豪感都在对抗我们。在一个民族争取独立的战争中，类似于在我们的大革命中拯救了我们的势头现在在对手那边。”

西班牙人与敌人一样都付出了人性堕落的代价。武装团体通常由不择手段的投机者领导，其中包括走私者、逃兵、惯犯，大部分是不识字的爱国农民。在教会信徒、还俗修道士和狂热的乡村教士的鼓励下，他们学会了折磨和残害敌人。教士们还教导仇恨的教义，称任何杀害法国异教徒的行为在上帝眼中都是善行。

英国人在被征服的领土上焚烧庄稼、摧毁西班牙海军的军火库、炸毁可以与自己竞争的工业设施（特别是马德里的瓷器厂），还经常把自己的恶行归咎于法国军队。

除了从 1810 年起在墨西哥和委内瑞拉积极准备分割西属美洲帝国的英国人外，在这次不人道的战争结束时，任何进步力量都没有获得好处，无论是长期被谴责为背信弃义、压迫其他民族的法国，还是西班牙的自由派、约瑟夫主义者或加的斯议会的抵抗者。这是一个精疲力竭的被毁坏的国家，它与美洲领土和资源的联系被切断，大部分精英离开，导致专制君主费尔南多回归后最糟糕的国家倒退。费尔南多七世这个暴君已经被神圣化，人们却对他一无所知，包括不久前他要求篡位者授予他西班牙王家骑士勋章！佩雷斯·加尔达斯揭示，未来无政府主义的种子都在这个致命的熔炉中成熟，在这场混乱的磨炼中，最杰出的人失去了幻想，许多人则失去了生命。

第十六章　“渴望者”的统治：两个西班牙

在所有的时代中，失望往往都源于无知。如今我们随时都会接收到海量信息，即使需要花费很多力气，也要好好去了解、思考。而在不久之前的那个时代，一堵由盲目天真形成的墙向沉醉在爱国情绪中的西班牙人掩盖了专制君主的欺骗性。

这种沉默的帷幕或不实的消息恰好掩饰了费尔南多七世在瓦朗赛流亡的耻辱。许多以渴望君主回归之名的流血牺牲只能滋生出灾难性的幻想，接着是最危险的失望，造成不堪设想的后果。

要了解这个国家的混乱以及它的根本对立立场——自由派对抗专制者——让西班牙很长一段时间成为一个双面的雅努斯（罗马神话中的门神），戈雅在他乡间“聋人屋”（Quinta del Sordo）绘制的壁画中的绝望象征很好地说明了这一点：在泥潭里盲目斗争的两个人。它对比了走在理想进步道路上加的斯的大多数抵抗者所采取的大胆但没有立足于普通民众的变革，和 1813 年 12 月被拿破仑释放的费尔南多七世重获控制权后让这个国家陷入的白色恐怖。

加的斯宪法：自由宪章

加的斯成为避难所，庇护“中央洪达”、接替它的摄政理事会，以及由其召集的代表或被占领国家和海外领土代表（每 5 万公民选一名代表）组成的议会。在这个长期受到国际贸易和世界潮流影响的城市中，抵抗运动仍然在坚定的自由主义基础上继续进行。

毫无疑问，在半岛的其他城市中，被进步潮流主导的议会都无法轻易发展起来，也不可能宣布以国家主权原则对抗合法国王原则。此外，一场争执还致使摄政理事会第一任主席奥伦塞主教辞职（他被托莱多大主教路易斯·德·波旁枢机主教－亲王取代），并使议会分裂为属于旧政权的少数派和属于自由主义的多数派，后者被接受了法国大革命最初理想的代表们的口才所感染。

这个制宪议会从1810年10月24日起在圣费利佩·内里的盖迪坦教堂召开，虽然参加会议的代表中三分之一以上由宗教人士组成，但在进步的道路上已经走得相当远了。并且它对摄政委员会进行了大刀阔斧的改革，废除领主特权和异端裁判所，同时宣布天主教的唯一权威。他们还选择了单一议会制度，与君主共享立法权，君主的作用从此在主权国家中消失。

这部宪法是那个时代欧洲最先进的一部宪法，甚至有一些宪章补充法律的神圣性——被通俗地称为“佩帕”（Pepa），因为它在1812年3月19日圣约瑟日颁布（“佩帕”是西班牙人对圣约瑟的昵称）[①]。“佩帕”不只是重复了《巴约讷宪法》的许多规定，它还与产生于维也纳会议的神圣联盟的反动精神剥离，成为进步主义者幻想的手册，拿破仑的倒台却让一切变得矛盾又过时。

这就解释了格雷戈里奥·马拉隆所说的“错位”，他把议会的自由派代表称为脱离现实的“雅各宾派”，他们渴望革新，但陶醉于自己的浮夸言论，与现实割裂。

代表中有许多是诗人或剧作家，如曼努埃尔·金塔纳、弗朗西斯科·马丁内斯·德拉罗萨或里瓦斯公爵，律师如阿古斯丁·阿盖尔斯或何塞·玛丽亚·奎波·德·拉诺，还有代表阿斯图里亚斯洪达谈判英国援助事宜的托雷诺伯爵。所有人在一个矛盾的运动中，庆祝新时代的曙光和合法国王的回归。

有些人没有被骗。霍维利亚诺斯回到阿斯图里亚斯，警告他们不要过度幻想。在加的斯的议会，那些仍然支持绝对君主制、被称作奴才的人保持沉默，而与1789年温和革命者关系密切的自由派占据上风。

这两派在1813年9月法国军队彻底失败后分开，并于次年1月15日在解放的马德里举行会议。有多少人可以想象到费尔南多七世将让他们多么痛苦失

---

① 1812年3月19日，西班牙独立战争（1808—1814年）期间，加的斯议会颁布了《西班牙君主立宪制宪法》，该宪法分为10章，共有384条，带有明显的自由主义特征。这是西班牙历史上第一部规定了国家主权和君主权力分立的宪法。该宪法的主要特点是公开宣布根据自由主义原则彻底重建国家政体。

望？除了厚颜无耻、纯粹维护自身利益的手段，这个国王什么都没有学会。

费尔南多七世的政变

1813年12月，费尔南多七世签署了《瓦朗赛条约》，恢复了他在西班牙的王权，尽管他父亲卡洛斯四世在1808年退位后一直不承认费尔南多的统治权。费尔南多七世承诺保证他前任的臣民之自由、职务和财产。摄政理事会和议会在马德里的设立也意味着他承认《加的斯宪法》。不过，1814年1月至5月，费尔南多七世缓慢地前往首都，就是为了给他的亲信足够的时间准备政变。

摄政委员会免除了他被监禁时做出的承诺。在他眼中，拿破仑的退位（1814年4月6日）能让他摆脱所有的承诺。路易十八于5月3日进入巴黎，在法国血腥报复拿破仑皇帝的追随者：这给了费尔南多最好的示范。

当天真的议会准备为费尔南多七世凯旋归来举行的庄严仪式，让他承认他们的宪法时，费尔南多七世却在准备复仇。他通过加泰罗尼亚边境进入西班牙，但绕过了拥有自由主义思想的巴塞罗那，途经赫罗纳和萨拉戈萨这两个在独立战争中激烈抵抗的殉难者城市，最终直抵他的亲信埃利奥将军牢牢控制的瓦伦西亚。5月4日，他确定拿破仑皇帝流亡国外后，颁布了一系列法令，但在他到达马德里之前一直保密。他废除了宪政制度，并宣布摄政理事会三名成员中的两人以及大约三十名最妥协的议员有亵渎君主罪。由狂热的专制主义者起草的所谓《波斯人宣言》支持这些措施，宣言回顾在大流士统治时期，当国王去世时，通常会让混乱持续一段时间，唯一目的是让人民相信恢复控制、摆脱无政府状态的好处……

5月10日至11日，马德里发生了一场名副其实的王室政变：议会被暴徒驱散、洗劫并关闭，议员们被捕，而有组织的群众涌上街头，庆祝光荣的"烈士国王"（roi martyr）庄严回归。受摄政理事会的委托，凯旋门和其他装饰物——其中包括戈雅创作的两幅歌颂"五月二日起义""五月三日殉难"的巨幅油画，欢迎一位尊重过去制度的君主回归。游行的马德里人高声呼喊："议会下台！国王万岁！"甚至高喊"我们的锁链万岁！"这种带着阴郁幽默、用于回应法国占领下的革命话语。

首都百姓在一时的亢奋中，他们是否拿捏好了看喜剧的尺度？这不太可能。一切都发生得太快了！1814 年 5 月 11 日之后，费尔南多的固执和报复给西班牙社会带来的破坏将逐渐显现出来。

在 1814 年至 1820 年的 6 年里，西班牙进行的猛烈镇压不仅针对留在西班牙的亲法者，更针对加的斯的自由派，国王认为他们更为危险，这导致精英阶层不断逃往国外。超过一万五千名的自由派人士因想用国家主权原则取代君权神授原则而获罪，加入已经被驱逐到法国的两万名约瑟夫主义者的行列。其余的人就算没被残忍处决，也会被幽禁在偏远的省份，大多数被投到监狱，或者被送到摩洛哥当苦役犯。

反抗运动依然进行着。在维多利亚战败后，图卢兹已经被盟军占领，威灵顿看到许多西班牙军官的遭遇，对费尔南多的行为感到愤怒。1814 年 9 月，信奉自由主义的强大游击队领导人埃斯波兹・伊・米纳试图夺取潘普洛纳的要塞，后来他逃到法国，路易十八因他“过去为波旁家族事业服务”给他年金。一年后，特拉法加战役和独立战争中立下赫赫战功的迪亚兹・波利尔将军打算在加利西亚发动起义，最后被处以绞刑。1816 年，其他官员策划“三角阴谋”，准备暗杀新“暴君”，计划在费尔南多前去寻找他最喜欢的妓女、马德里贫民窟的“佩帕拉马拉盖亚”时下手。1817 年，另一位武装抵抗者路易斯・德・莱西将军在马略卡岛被处决，他想发动加泰罗尼亚起义，但被同僚出卖。最后，1819 年在莱万特的首都，维达尔上校煽动军队起义失败，并引发了一场血腥镇压，埃利奥将军因此获得了“瓦伦西亚屠夫”的绰号。

这么多夭折的尝试显示了一个失去控制的国家的深层动荡。它没有一个真正的政府，任由国王的奸党管理，随着国王的心血来潮特别是在他的恐惧下，官员们很快就被提拔或被赶下台。军队在兵变中的作用反映了一定程度的沮丧：他们并不是为了回到旧秩序而战，在这种秩序中，军官需要有贵族血统。许多人加入了在西班牙迅速发展的共济会，费尔南多本人在瓦朗赛流亡时似乎也加入了共济会，这完全是出于机会主义，不过现在他在追捕那些挑战他权威的共济会弟兄。

在这种政治、经济和财政衰败的氛围中，只有一位在流亡中被召回但很快被解职并被逮捕的财政部长马丁・德・加雷曾试图挽救这个局面。在这种情况下，西班牙极端自由派的冒险开始了，但从根本上来说，它还没有做好准备，维也纳会议和神圣联盟的构建欧洲新秩序也不准备容忍它。

列戈起义及后续

1820年1月1日，在安达卢西亚的卡贝萨斯·德·圣胡安，阿斯图里亚斯上校拉斐尔·列戈在他前辈失败的地方取得了成功。他指挥的军队本来要与其他军队一起出发，去平定美洲殖民地接连不断的起义。受他们的母港加的斯自由主义风气的影响，他以宪法被藐视为由，煽动他的军团起义。这次运动很顺利，来自北方的重要军队跟随他，从法国流亡归来的埃斯波兹·米纳再次在萨拉戈萨、巴塞罗那、潘普洛纳发动起义。在马德里，抗议者入侵王宫，胁迫费尔南多恢复1812年制定的加的斯宪法。

此时的费尔南多两次丧妻，没有继承人，刚刚娶了第三任妻子——他的表妹，萨克森选帝侯的女儿。他又恬不知耻地立刻屈服，宣布：“在我的领导下，让我们坚定地走在宪政的道路上！”在咖啡馆、俱乐部和街道上，人们激动地朗诵这句话，相信法国大革命的伟大岁月会再来。

由前摄政官路易斯·德·波旁枢机主教领导的咨询委员会恢复了议会和新闻自由，允许亲法派和自由派人士回国，并于7月将权力让给一个由阿古斯丁·阿戈斯领导的政府，他本人从休达驻防地归来。阿古斯丁建立了国家民兵组织，即宪法护卫队，因此再次废除了异端裁判所，关闭了成员超过24人的修道院。

1821年，温和自由派政府执政，新领导人是托雷诺伯爵和前浪漫主义作家马丁内斯·德·拉罗萨，他们感到无法应付左翼，于是向费尔南多提出王家卫队的起义计划。这也说明君主的恐惧是无法克服的[①]。

两支保王党军队接近首都，准备解除国家民兵组织的武装，但在温和自由派的调解下避免了冲突。他们进行谈判，人们假装相信费尔南多的善意抗议，因为他再次毫不犹豫地谴责他的支持者。

狂热者和共济会里最极端的新成员，不再愿意被温和自由派出尔反尔地愚

① 事实上，费尔南多有些焦头烂额。此前不久，即1821年11月，在被迫签署了解散修士团和没收教会财产的法令后，他曾试图重新控制局势，从埃斯科里亚尔解雇了指挥马德里守卫部队的中将。然后，民兵们把王室成员带回了东方宫，就像1789年底层民众涌到凡尔赛宫找"面包师、面包师的妻子和小伙计"一样。

弄。他们公开要求逮捕和罢免国王。拉斐尔·列戈被任命为萨拉戈萨上将，这个任命唯一的目的就是列戈远离首都，他成了极端分子们的偶像。即使“共和”这个词没有被说出来，但每个人都知道“1820 年的英雄”心之所向何方。

新的列戈公社成员将被指控犯有专制主义阴谋罪的国王的神父维努埃萨神父从地牢中带出来，并把他交给将要杀了他的群众，这体现了他们的极端主义：他们认为对维努埃萨判处 10 年监禁显然过于宽大。一年后，在一位著名的自由派军官兰达布鲁被暗杀后，王家卫队和国家民兵组织之间发生了一场激烈的战斗，导致马约尔广场上数百人死亡。

在城镇和乡村，由狂热的专制主义者引发的动乱同样严重，我们看到老游击队（时而自由派，时而保王派）重新出现，转变为大匪帮。领取半饷的修道士又回到游击队，比如神父梅里诺或一个被称为特拉普派苦修会士的人在加泰罗尼亚横行。他骑在骡子上，一手挥舞着十字架，一手拿着血淋淋的鞭子。法国逃兵乔治·贝西埃雷斯加入了他们的使徒抵抗组织，而乌格尔主教在“圣三一”的召唤下也把他的教区变成一个极端保守分子的领地，煽动加泰罗尼亚的保王党起义，骚扰宪法护卫军队，后来他们逃到比利牛斯山边境另一边避难。

埃姆佩西纳多也在公社（Comuneros）的旗帜下恢复了职务。不管右派或左派，秘密团体都有着可怕的名字。“灭绝天使”进行反动报复，1819 年“瓦伦西亚屠夫”埃利奥将军——这个费尔南多的忠实追随者，做出了回应：镇压维达尔上校的起义，将其抓走并处决。

1822 年 7 月，温和的内阁不得不放弃竞争。极端主义者在选举中获得胜利，使列戈成为议会主席。在过去两年半的时间里，自称革命者的西班牙人比以往任何时候都感到振奋，他们歌唱赞颂列戈，后来这首歌一度成为未来共和国的官方国歌。而在王宫的窗户下，西班牙卡马尼奥拉的复仇之歌回荡：“狗，来吞下它！”（Traga-la, perro !）请费尔南多彻底消化宪法这块骨头。他在 1814 年撕毁宪法，在 1820 年又被迫恢复它。温和自由派政府曾试图将议会的上议院代表的人数增加一倍来缓和其过于激进的特点。但又有谁考虑过让这个根本法被所有西班牙人接受呢？

由于担心西班牙事态转折，神圣联盟随时准备做出反应。路易十八担心革命蔓延到法国边境，以加泰罗尼亚霍乱流行为借口，向边境部署了军队，以建立

“防疫线”。费尔南多七世自1821年12月以来一直向外国宫廷求助，同时支持国内的极端保守分子，挑起自由派阵营的纷争。他被迫在对手面前屈服了三年，采取了和瓦朗赛流亡时一样的假装顺从策略。如果说虚伪、懦弱和复仇精神是他的特质，那么固执、耍诡计推行他的计划则证明他不是那么愚蠢。

圣路易十万之子：对西班牙的另一次入侵

维也纳会议注意到西班牙的无政府主义气氛，以及合法国王认为自己被议会胁迫、要被罢免，于是准备插手西班牙事务。维莱尔政府的新任法国外交部长、杰出的弗朗索瓦－勒内·德·夏多布里昂在其中扮演了重要角色。他在《墓畔回忆录》中写道：“对西班牙的干涉是我一生中经历过的重大政治事件。”

当然，令人惊讶的是，一个既重视自由又坚持君主合法性原则的人，竟然会成为西班牙新一轮战争的工具，而这场战争的公开目的是重建路易十八本人鄙视的暴君的权威。夏多布里昂对西班牙的了解是来自1807年的印象，与浪漫的娜塔莉·德·诺艾勒斯一起，从巴黎到耶路撒冷，延伸到格拉纳达的东方梦境，这位魅力四射的人既没有忽视矛盾，也没有低估这样的军事行动对开明的温和君主制造成的道德风险。但历史并没有事先写就，无政府的气氛让人对刚刚上台的极端分子无法抱有信心。另一方面，新的欧洲平衡不能容忍这种反常情况。从夏多布里昂的角度来看：“君王正统性将在白色旗帜下点燃火药，继响彻后世的帝国炮击之后，发射第一炮！”

这一美丽奔放的言词说明：除了迷失在政治中的大作家的自我满足之外，这个伟大事业是展现荣耀的独特机会，让复辟的波旁君主制重新获得以前伟大统治的军事威望，成为欧洲新秩序的武装力量，让法国重新在欧洲舞台上占有一席之地，让怀念皇帝的军队忘记领半饷士兵的沮丧。

1823年1月27日，路易十八庄严地在议会前宣布，由他的侄子昂古莱姆公爵（他的妻子是圣殿塔监狱唯一幸存者路易十六的女儿）率军参战：“十万法国人，在我的家族王子、我心欢喜称他为儿子的人的指挥下，准备出征，祈求圣路易之神保佑，将他的王位留给恩里克四世的子孙，使这个美丽的王国免受毁灭，让它与欧洲和解！”

于是历史出现惊人的转向，我们将看到同一批元帅率领同样的士兵，在法兰西帝国雄鹰最后一次战斗的十年后返回西班牙。老兵的鬓角刚刚花白，1808年的年轻新兵也获得晋升，中尉成了上校。至于他们的领导人，是那些不知道“百日王朝”之后没有遭受内伊那般命运的人，他们在不同颜色的旗帜下，怀着明显对立的观念为国效力，见证这个军事国家的“奴性和伟大”。无论是三色旗还是白色百合花旗，不都是法国的旗帜吗?

贝伦公爵维克多从1810年至1813年用3年时间轰炸加的斯，后来成为路易十八的战争部长，如今正是他在巴黎主持召开会议，参会的有费尔南多七世秘密委派的西班牙将军，包括男爵埃罗斯和查理·德·埃斯帕尼。正直的科内利亚诺公爵蒙塞拒绝主持处决他战友内伊的战争委员会，他从哈姆堡垒被释放后，把在加泰罗尼亚和萨拉戈萨的长期作战经验用在带领“圣路易十万之子”出征中。乌迪诺和莫利托还与福伊将军、豪特普尔将军、布尔蒙特、劳里斯顿、卡斯特兰一起参加了这次远征，他们都曾是拿破仑的追随者。还有杜埃雷上将，他带军再次围攻西班牙反叛者的避难堡垒加的斯，以防对法国远征军怀有敌意的英国人向西班牙叛军提供补给。

1823年4月7日，昂古莱姆公爵路易斯·安托万·德·波旁和他的元帅们及其训练有素的军队越过比达索亚之后，再没有遇到任何激烈的抵抗，这并不令人感到非常惊讶。绝大多数的西班牙人民对所谓的“自由派”革命已感到厌倦，混乱、嘈杂和无效的革命没有解决任何重要问题，甚至在土地集中在少数人手中的贫苦农村，本可以吸引农民的土地改革也无法成功实行。尤其是半岛北部的农民，仍然坚定不移地忠于传统的君主制和宗教信仰，但他们的信仰一直被高高在上的反教主义者所威胁。

西班牙被分成两个不可调和的阵营，一直到1936—1939年内战。双方的驱逐行动已经提上日程，比如可怕的绞刑架宗教游行或反教狂热分子挖修女的墓。然而，在1823年，双方力量对比是不平衡的。曾迅速起来反对拿破仑军队的修道士和教士这次把法国军队当作救星来欢迎，而忠于列戈的军团和埃斯波兹·伊·米纳宣称动员的两万名自由派游击队员则在新入侵者面前溃散。

与此同时，在马德里，议会决定将政府撤回到塞维利亚，并将王室带入恐怖的境地。在没有武装的首都，比起法国正规军队，人们更害怕突然涌现的团伙，如“信仰游击队”“使徒”，以及可怕的“公社”。佩雷斯·加尔多斯在《国家轶事》中描绘了这样的场景：在托莱多的路上，他们看到一群穷人高喊“宗教万岁”，再喊“我们的锁链万岁”。马德里上流社会的两个人物概括了当下的矛盾——一位是拥护君主的伯爵夫人，但她爱上了一个年轻的自由派革命者；另一位是共济会高层。在责备革命团体嘈杂冒失导致混乱后，伯爵夫人听到她的情人、“伟大东方”（共济会）的成员回答：

“让我们看看这群民众敢怎样对付那些试图遏制民主和煽动的‘体面人’！”

“好吧，”她反驳道，“我不会在乎你的命！”

“我也不会！”他笑着说，“我明天就打包好行李去塞维利亚。”

这位贵族女士、故事的叙述者说：“第二天，我看到太阳门广场上有军队，有人告诉我，阴谋家贝西埃雷斯的团伙，也就是那些我称之为‘信仰杀人犯’的人就在马德里的城门口。整个城市的人都受到了惊吓。大家能听到远处的大炮声，随时都能看到大街上肆无忌惮的人群，到处是鲜血和劫掠。刚刚与法国人签署投降书的扎亚斯将军设法用武力驱散他们。当马德里的居民都明白了所面临的巨大危险时，我们只希望一件事：十万圣路易之子最终到来，他们才能建立一个正规的政府，并控制这些被愤怒的保王派所激起的恶棍。”

还好昂古莱姆公爵的力量阻止了形势蔓延，而费尔南多七世很快就要进行残酷的镇压。

5 月 23 日，法国军队进入马德里，尽他们所能阻止“使徒”的暴行。6 月 24 日，他们未遇到任何强烈抵抗，他们来到加的斯前扎营，那里的政府和议会最后带着他们的人质——国王及其家人——逃走了。

费尔南多虽然曾尽量避免离开马德里，他希望在那里等待法国人救援，但他还是到了塞维利亚，宪政主义者把他拖到加的斯，要宣布把他废黜，指控他叛国，甚至可能杀掉他。在 1812 年一位伟大的演说家和未来编年史作家阿尔卡尔·加利亚诺发表有说服力的演讲后，议会选择了一个折中方案，即称国王有精神问题，不得不用摄政理事会来代替他。列戈把费尔南多推到车里，把他当怪人对待。乔瑟菲·阿梅利王后数着念珠喃喃祷告。在闷热的天气和充满敌意的人群中，费尔南多开始了从塞维利亚到加的斯的旅程，就像从瓦朗塞返回时一样……

与十年前的情况相反，位于连接大陆的地峡尽头、以攻不破的城墙出名的加的斯于9月23日投降。一个月前的8月31日，法国人占领了特罗卡德罗要塞。他们在1810年未能成功攻下这座城市：这证明抵抗精神已不可同日而语。这场温和的战役几乎是“神圣国王之子”唯一的战斗情节。至少它值得巴黎最美丽的广场之一以它的名字命名。但今天有多少法国人有好奇心去探寻这个被遗忘的、光荣的远征历史呢？

在释放费尔南多之前，被击败的政党幻想从他那里至少获得大赦的承诺。然而国王一回到马德里，就展开对自由派的残酷追捕，无论他们的政治立场如何。昂古莱姆是一个正直的人，他很愤怒。当他得知波旁表弟背信弃义后，严厉地说：“从陛下重新获得王权之后十四天里，就一直逮捕反抗者和下达专横敕令。焦虑、恐惧和不满开始蔓延到各地。我曾向陛下要求大赦，安抚民心，但他没有！”

随后，昂古莱姆公爵下令禁止西班牙当局未经法国许可逮捕任何人。在马德里，这只会引起被狂热修道士煽动的群氓愤怒，而负责首都秩序的乌迪诺却很难控制他们。不管夏多布里昂喜不喜欢，绝对君主制有它的逻辑。对费尔南多来说，唯一的逻辑就是复仇。

感到厌恶的昂古莱姆返回法国，不想参加为他举行的庆祝活动，并拒绝了向他授予的名号和宫殿。他们把他当成谁了？庸俗的威灵顿？ 他给维莱尔的信中写道：“法国的儿子是高于一切的！”

“不光彩的十年”

在西班牙的历史上，1823年到1833年费尔南多七世去世后的十年，后人一致称它为：“不光彩的十年”（década ominosa）。

议会任命的摄政理事会三名成员之一的加布里埃拉·西斯卡尔被判死刑，多亏了布尔蒙特德将军的干预，将他秘密带去直布罗陀，才保住性命。而拉斐尔·列戈就没这么幸运了。11月7日，他在哈恩被法国人抓获，至少避免了被暴徒私刑处死。当日，一头骡子拉着黄麻袋把他拖到刑场，费尔南多将他吊在塞巴达的马德里广场上一个高高的绞刑架上，他的四肢被砍，在那些赞誉加的斯宪法的城市里展出。独立战争时期，著名游击队员埃姆佩西纳多像埃斯波兹·米纳一样支持自由主义事业，他被关在笼子里十个月，被带到革命政府曾让他担任上将的萨莫拉省的各个村庄里游行，最后于 1825 年 8 月被在他建功立业时崇拜他的群众杀害。

6 年后的 1831 年，在格拉纳达，一名 27 岁的女孩被指控与在直布罗陀流亡的自由派保持联系，并在国旗上绣上宪法条文而被公开绞死。她的名字叫玛丽亚娜·皮内达，费德里科·加西亚·洛尔卡为她写了一部戏剧。

当《在费尔南多七世统治的西班牙旅行略述》的作者阿斯托尔普·德·库斯汀来到马德里时，他见证了另一个中世纪的场景：在盛大的宗教仪式中，犯传播有害书籍罪的书商马亚德被执行绞刑。他是一个家庭中最年轻的孩子，但为此付出了沉重的代价。库斯汀发现，在圣路易十万之子远征七年后，恐怖的镇压还未结束：“这是一种保王主义的恐怖。法庭及其官员在三天内逮捕、审判和处决罪犯，或者说是嫌疑人！西班牙国王因恐惧而成为暴君，革命者也一样。当感觉到自己的弱点时，专制主义是更令人害怕的。”

在费尔南多回到马德里之前，自由派甚至是温和派离开了他们的国家。阿盖莱斯、阿尔卡拉·加利亚诺、马丁内斯·德拉罗萨、托雷诺伯爵不得不流亡或重新回到他身边。其他人，如诗人金塔纳和埃斯普拉塞达受到严密监视。戈雅本人也感到了巨大的威胁（还有他的同伴莱奥卡迪亚·韦斯），为了投奔他在波尔多的自由派朋友，戈雅放弃了聋人屋（Quinta del Sordo）壁画的创作，这是他黑色绘画的证明。从 1813 年到费尔南多七世统治末期，据统计有 86000 名西班牙难民或流亡者离开西班牙，很多人被法国接收，另一些人选择了英国。

费尔南多的奸党让人充分感受到了他的低劣品行和这些年的愤怒。奸党和他们的主人差不多：塔德奥·卡洛马莱德，被称为“灭绝天使”的秘密组织的领导者，不久将成为第一国务大臣；还有检察官－警察弗朗西斯科·查珀龙，其罪行将众所周知，他的副手佩德罗卡拉多，被称为“查莫罗”；最后还有恶毒的阿拉贡公爵查理·德·埃斯帕尼，他是被国王封为贵族的暴发户，负责安排放荡的活动。费尔南多用表现良好和模范丈夫的外表来装饰自己，却从未停止与流氓恶棍来往，寻欢作乐。他是性无能吗？很多人这么认为。他的前三任妻子没有一个对他有美好的回忆……

第一位是两西西里岛的玛丽亚·安东尼娅，在费尔南多十八岁还只是阿斯图里亚斯亲王的时候嫁给了他。她大声抱怨，而她的母亲玛丽·卡罗琳、不幸的玛丽·安托瓦内特王后的妹妹写信给那不勒斯宫廷驻马德里的大使：“我的女儿对丈夫绝望了，他愚蠢、自大、虚伪、懒惰，在妻子的凹室里消磨时间，表现得不像个男人。”不过，这位公主在卡洛斯四世宫廷的蛇窝里过得还算舒服。费尔南多在瓦朗赛流亡前，她刚好去世了，对讨厌她的玛丽－路易丝女王来说也感到快慰。

由于拿破仑没有意愿让费尔南多与波拿巴家族成员结婚，他的第二任妻子是布拉甘斯的玛丽亚·伊莎贝拉。她和妹妹玛丽亚·弗朗西斯卡从巴西来，后者在同一天与费尔南多的弟弟唐·卡洛斯·伊西德罗结婚。据说年轻的王后厌倦了丈夫与马德里贫民窟的妓女“佩帕拉·马拉盖亚”的关系，有一天晚上她在卧室里等他，打扮得像个街头女郎，这除了引发费尔南多的轻笑和低级的侮辱外没有其他效果。她也死于流产，年仅 21 岁。

第三个是乔瑟菲·阿梅利，萨克森选帝侯的女儿，我们在 1820 年看到她和丈夫共度在塞维利亚和加的斯的悲惨时光。这个温柔的女孩用她创作的圣歌韵律逃避现实，倔强地拒绝她丈夫残忍蠢笨的攻击。宫廷和教皇本人不得不插手，说服她履行婚姻义务。1829 年，这个可怜的王后也死了，没有给西班牙留下王位继承人。

这些历史逸闻在坊间流传，被有才华的编年史家记录下来：阿尔卡尔·加利亚诺、索内罗·罗马、马里亚诺·何塞·德拉哈，还有小说家佩雷斯·加尔兹，后世称他们为风俗派作家。他们丰富多彩的作品当然无助于记录君主国的衰落，只能帮人们忘记真正的不幸：七年战争和长期土匪肆虐破坏了城市和村庄，政府疏于管理，国家濒临破产，不得不放弃无力维持的殖民地。

法国在大革命末期、拿破仑发动雾月政变后使其繁荣之前也经历了这些创伤和类似的不安全感。至少它被看作一个胜利的、征服了境外领土的国家。拿破仑失败了，但在欧洲列国的协调中能一直听到法国的声音。相反，人们感到困惑的是，在 1815 年西班牙人民的英雄气概为盟国的胜利做出巨大贡献，但西班牙的外交却无法让自己树立真正的强国威望。费尔南多七世似乎没有考虑让西班牙在维也纳会议或其他欧洲团体中发挥作用，而是沉迷于报复自己的人民。库斯汀用他简明的风格写道：“他不是我们这个时代的人，甚至也不是他那个思想时代的人；他眼里什么都没有，除了他自己的利益。”

在帮助费尔南多重返王位的远征后，路易十八亲自写信警告他：“盲目的专制主义远远不能增加君王的力量，而是削弱力量。因为如果他们的权力没有规矩约束，不尊重任何法律，他们很快就会被自己的任性压垮。”可是费尔南多为什么这么偏执呢？他蔑视各样常识和文化，他关闭了大学，随着他的措施实施，思想在堕落，博学而怯懦的教授这样辩护：“远离让我们反思的危险创新！”

戈雅的伟大画作《菲律宾公司会议》是卡斯特雷斯博物馆的重要收藏，画作用象征手法表现了费尔南多统治时期的另一场灾难：美洲殖民地的丧失。

半明半暗、漂浮着灰尘的巨大房间里，费尔南多坐在正中间主持会议，无精打采的高官和富商列席大会。在衰败的帝国暮色中，所有人都显得呆滞和懒散。未来几十年中，在被皮萨罗、巴尔博、索托、门多萨或瓦尔迪维亚征服的前总督区和都督区中，菲律宾、古巴是仅剩的两个殖民地。美洲怎么能不抓住机会，从如此可怜的宗主国中分离出来呢？解放者为曾经的征服者挖掘了坟墓，我们从这幅画作的构图和气氛中所看到的，不过是一日之终的幽光里舞动的尘埃。

告别美洲

公平地说：费尔南多七世不是唯一为埋葬殖民地负责的人，勉强算是掘墓者，更公平地说只是盛大葬礼的组织者。1808 年至 1813 年，法国入侵西班牙，无疑触发了这些和宗主国切断联系的辽阔领土的解放。在大西洋另一边的美洲，对被占领和分裂的西班牙，要承认其什么合法权力呢？它们又怎能抵挡为其商业企业开辟广阔市场的英国的笼络和压力呢？为了西班牙港口（尤其是加的斯）利益而小心翼翼维护的贸易垄断已经失效，而成了海上霸主的英国却暗中支持克里奥尔精英的叛乱。

的确，克里奥尔精英有充分的理由抱怨，他们受到已经过时的殖民制度的限制，成了二等公民。行政和军队的最高职位是留给从伊比利亚半岛派来的公务员和军人的，这些人往往只为发财而留下来。曾经受人尊敬的正规和在俗神职人员道德败坏，费利佩五世时期的探险家安东尼奥·德·乌洛亚和旅行者豪尔赫·胡安已经在一份令人震惊的机密报告中对这种堕落进行了谴责。少数来自美洲的代表参加了加的斯议会，他们试图向宗主国的同胞解释这种情况是无法维持的，宗主国必须要做出妥协。他们这个港口城市遭遇了不理解，因为加的斯的繁荣靠的是跨大西洋贸易特权，它必须不断对王室表示忠诚。事实上，美洲殖民地还没有到叛乱的地步，只是希望事情有所改变，而这一点是议会和约瑟夫·波拿巴政府就算承认也无法做到的。

这个群体依然很忠诚。他们以合法国王费尔南多七世的名义，用宗主国模式在海外殖民地建立洪达，而非宣扬启蒙运动的解放理念。

许多美洲的洪达甚至公开宣称自己是保守派。如约瑟夫·佩雷所说，克里奥尔精英对宗主国中突然出现的政治真空时期也有同样的反应："他们在当地掌权是为了保障社会秩序，但很少认为自己独立于西班牙。"

然而，渐渐地，美洲殖民地开始出现了分离的想法。在国王缺席的情况下，洪达不愿意承认摄政理事会和加的斯议会的权威。他们可以在解放后获得经济利益，而伦敦清楚地指出了这一点。尽管如此，1806—1807 年，拉普拉塔河的克里奥尔人还是在布宜诺斯艾利斯和蒙得维德奥英勇击退英国的两次入侵。另一方面，克里奥尔寡头政治集团担心印第安人、混血者、黑人占压倒性优势的地方（特别是在秘鲁、墨西哥，甚至哥伦比亚和委内瑞拉）分裂的呼声使白人精英更加不受信任：对人数众多的保王派来说，这是一次喘息的机会。

在委内瑞拉，第一个玻利瓦尔共和国，实际上仅限在加拉加斯，暴乱民众长期对抗傲慢的统治阶级，富有地主玻利瓦尔就是一个很好的例子。在新西班牙（墨西哥），情况正好相反：教士伊达尔戈在 1810 年发出独立第一声，接替他的教士莫洛斯在瓜达卢佩圣母的旗帜下，带头开展了一场弱势群体运动，克里奥尔人和宗主国的军队毫不费力地遏制住了这场运动，并将两人送至行刑队。这些保守派，无论是墨西哥人、秘鲁人还是哥伦比亚人，最害怕的是印第安无产阶级的全面起义。比如 1780 年利马总督区的起义，还有图帕克·阿马鲁的起义，以及 1791 年在圣多明各大岛杜桑 - 卢弗图尔特的起义。

然而，人口更加同质化（至少在城市）的地方，如拉普拉塔总督区，包括阿根廷、乌拉圭、巴拉圭，直到玻利维亚高原，在 1815 年成为西班牙永久失去的领土。1816 年 7 月 9 日宣布独立后，布宜诺斯艾利斯总司令何塞 - 弗朗西斯科·德·圣马丁领导的军队在安第斯山脉的查卡布科和迈帕打败了保王派军队。

他们占领了智利，并在1820年进入西属美洲帝国的心脏——利马。

但话又说回来，圣马丁并没有打算与宗主国彻底决裂，甚至设想让秘鲁成为君主制国家，并委托给西班牙王室成员统治，这就像巴西在布拉甘斯的里斯本之前组建了一个与葡萄牙联系的王国。但这个计划没有在秘鲁议会中通过，玻利瓦尔也在拒绝之后，才决定在1821年7月宣布国家独立，并获得“护国公”的头衔。

前一年，在西班牙拉斐尔·列戈的领导下爆发的自由派革命进一步加速了解放运动，增援了西班牙驻美洲军队的兵变。这些兵变被认为是对宗主国的背叛，鼓励了仍在犹豫的克里奥尔寡头们将命运掌握在自己手中，使其摆脱陷入无政府状态的西班牙，从而维护自己的利益和社会特权。

也是在1821年，一个极端保守的克里奥尔军人，曾与反叛教士伊达尔戈和莫洛斯作战的阿古斯丁·德·伊图尔比德宣布墨西哥独立，并自己加冕为皇帝。然而，他在第二年被另一位将军安东尼奥·洛佩斯·德·圣达安纳推翻并枪杀，后者自立为共和国独裁者，并在1824年向西班牙宣战。

在委内瑞拉，西蒙·玻利瓦尔也趁机重整旗鼓，结果与西班牙将军莫里略达成了临时停战协议。1821年和1822年，他打破了协议，并将西班牙军队从委内瑞拉大部分地区和新格拉纳达（哥伦比亚）赶出去，这些部队因其首领突然被召回马德里而士气低迷。然后，他打着大哥伦比亚共和国（1819年）的旗号继续征服了从波哥大到今天厄瓜多尔的领土。

另一位解放者，西蒙·玻利瓦尔的同胞——安东尼奥·德·苏克雷，帮助西蒙占领了基多和瓜亚基尔。科克伦上将的舰队从秘鲁带来的圣马丁部队刚刚在那里登陆。两位伟大领袖，一个来自加勒比海岸，另一个比他先通过安第斯山脉南部沿秘鲁的拉普拉塔而上，他们惺惺相惜，但无法达成一致。两位都“怀有同样的帝国梦想（西属美洲帝国的王权），并小心不让它表现出来”，但他们相反的气质总是让他们远离对方。玻利瓦尔是一个狡猾、卓越的政治征服者，圣马丁是一个蔑视荣誉和妥协的孤傲战士。后者回到利马，在返回智利和欧洲之前辞去了所有职务，甚至放弃未来在阿根廷发挥作用。他于1850年在布洛涅-苏尔-梅尔去世，被很多人遗忘。

委内瑞拉解放者现在在秘鲁可以放手做事了。但“护国公”的撤离导致国家陷入无政府状态和饥荒之中。在西班牙，费尔南多七世恢复王权，在总督拉塞纳的有力领导，以及阿尔瓦拉多将军和坎特拉克将军的支持下，被驱逐出利马的秘鲁保王党军队收复了首都在内的几乎整个国家。

当时，委内瑞拉本身也受到收复失地的莫拉莱斯将军率领的西班牙军队的威胁。由于哥伦比亚的增援，决心不惜代价完成事业的玻利瓦尔和苏克雷在秘鲁高原的胡宁（1824 年 8 月）赢得了胜利，再次打开了利马的大门。那里的局势非常不稳定，玻利瓦尔只能维持不动，让苏克雷指挥他装备不足但热情且熟悉地形的登山者（montoneros）军队。1824 年 12 月 9 日，他们在阿亚库乔战役中取得决定性胜利，苏克雷击败了保王军，俘虏了总督、将军和几乎所有的军官。西班牙在南美洲的残余势力崩溃了。在费尔南多七世统治下，西班牙失去了天主教双王和查理五世的帝国。

在宗主国内部疯狂镇压的环境中，这场发生在美洲的大灾难几乎没有占据人们的心思，远不如 1898 年失去古巴和菲律宾那样引起强烈反响。英国人已经达到目的：垂涎已久的南美市场对他们敞开了。而那著名的“门罗宣言”（1823 年）：“美洲人的美洲”已经让美国成为他们唯一真正的竞争对手。

西属美洲帝国的解放运动是不可避免的，但它是在最恶劣的条件下发生的，这让宗主国与附属国双方产生了痛苦和怨恨，分离造成各共和国混乱及彼此间的长期冲突就证明了这一点。玻利瓦尔自己也承认“我在风浪中挣扎”，拉丁美洲没有为独立做好准备，经过战争以及随后的流血动乱，最终保住了独立战争的成果。

与北美洲的英国殖民地不同，西属美洲殖民地的人口按不同的社会阶层和种族分为不平等的社会群体，只有在西班牙国王的权威以及征服后颁布的古老法律才能遏制殖民者的虐待行为，保持一定的凝聚力。这些民族有共同的语言和宗教信仰，但阶级利益阻碍了真正的民族团结。尽管殖民制度极不公平，印第安人、最穷困的梅蒂斯人（混血）等能感受到君主国法律的保护。然而，除了少数例外，克里奥尔寡头政治集团会让人们忘记这些保护。他们因白种人的肤色，认为自己与土著同胞的距离比从宗主国移民来的西班牙人（gachupines）离他们的距离更远。

长期以来，秘鲁、玻利维亚甚至墨西哥的印第安人会令人困惑地怀念西班牙王室的统治，仿佛相信他们共和国的总统只是出于一位神秘的西班牙君主的意志才在那里。胡安·卡洛斯国王在今天西班牙语世界享有民众威望，就是这段记忆鲜活的证明。

统治末期的闹剧

费尔南多七世临终前的一幅肖像画，是由戈雅的追随者维森特·洛佩斯所绘，向我们展示了一位身患足痛风、堆积着厚重脂肪的统治者瘫在他的宝座上。当他近 50 岁时，统治之初虚伪、恐惧和怨恨的形象逐渐淡化，取而代之的是柔和的脸上带着愚笨和恶意的微笑。

这位暴君的爪子并没有真正松开，但伴随着他的第四次婚姻，一股清新之风进入了宫廷。第三任妻子尸骨未寒，费尔南多便把目光投向了另一个侄女，他姐姐玛丽亚·伊莎贝拉公主的女儿。两西西里公主玛丽亚·克里斯汀·德·波旁那年 23 岁，而他则是 47 岁，并且身体保养得很差。没有人知道是什么奇迹，或许是圣灵进入，这个年轻美丽的小妻子给他生了两个女儿，一个是 1830 年出生的未来的伊莎贝拉二世，另一个是后来的蒙彭西耶公爵夫人——路易莎·费尔南达。从此，西班牙的历史再次转向宫廷阴谋斗争和闹剧般的转折，不能免除未来的悲剧。

在即将到来的死亡前，这位可悲的君主被日益严重的痛风折磨。王位争夺在两个派系之间上演：一派由年轻的王后领导，保护她大女儿的权利；另一派围绕着费尔南多的弟弟唐·卡洛斯，在伊莎贝拉出生之前他自认为是王位继承人。

共同经历过瓦朗塞流放的两兄弟长期以来形影不离，弟弟在伪善、反动、不宽容方面比哥哥有过之而无不及。费尔南多固执地准备让女儿继承王位，这使得兄弟二人的关系发生改变。唐·卡洛斯脾气火暴的妻子玛丽亚·法兰西丝卡在国王再婚生子后也参与到王朝冲突中。

根据西班牙传统中被称为“Parties”的法律，在没有男性继承人的情况下，女性不会被排除在王位之外，而天主教徒伊莎贝拉的光荣统治证明了这一点。相反，波旁家族则使用只有男性继承王位的萨利克法典。费利佩五世在西班牙也遵循了这部法典。卡洛斯四世在 1789 年撤销了它，以恢复“Parties”法律，但官方没有记录他的决定。1830 年，在女儿出生后，费尔南多七世赶紧宣布并授予伊莎贝拉阿斯图里亚斯公主称号，使她成为王位继承人，这立即激起了唐·卡洛斯和他妻子带领的“使徒”组织的愤怒。

1832 年 9 月，后者认为他们不用再沮丧了。在拉格兰哈城堡，中风的费尔南多陷入昏迷状态，即将死亡。“使徒”组织要挟他：如果国王不撤销他颁布的诏书，就要发动内战。从加泰罗尼亚到纳瓦拉和巴斯克地区，北方省份已经准备拿起武器支持唐·卡洛斯和宗教的权利……王后被身边的教士说动，拒绝承担这样的责任。和王位觊觎者一样有绝对主义观念的第一国务大臣塔迪奥·卡洛马莱德来到费尔南多的床边，把垂死的国王叫醒，让他追加遗嘱，在恢复萨利克法典并剥夺其女继承权的法令上签字。

王后玛丽·克里斯汀的姐姐挽救了局面。路易丝·夏洛特是波旁 - 西西里两位公主中较大的一位，她在西班牙结婚，嫁给费尔南多最小的弟弟弗朗索瓦·德·保勒亲王（就是他被绑架引发了马德里五月二日起义）。她也是一个强势的人物，关心妹妹的利益，很久以前就看穿唐·卡洛斯和他妻子的野心。唐·卡洛斯夫妇恨她，是因为她牵线了国王最后一次婚姻。

夏洛特从安达卢西亚赶到马德里，突然闯入汹涌的阴谋现场，在这座山间的“凡尔赛”，宫廷成员殷勤围绕在唐·卡洛斯和玛丽亚·法兰西丝卡周围。

但费尔南多没有这么快死去。他甚至逐渐从麻木中清醒过来。一直照看他的王后重获希望，而卡洛马莱德开始感到地面塌陷。路易丝·夏洛特的一记耳光让他回到现实，滑稽的奴才反应被写在西班牙历史上著名的戏剧选集《白嫩的手不伤人》（*blancas manos no ofenden*）中。路易丝·夏洛特拿回国王的遗嘱，愤怒地撕碎扔在地板上，让宫廷的傀儡们害怕得颤抖。现在可以肯定，国王还不会死。

费尔南多刚恢复精神，就发表了一份宣言，谴责“阴险可怕的叛乱”。卡洛马莱德被驱逐，唐·卡洛斯和他的妻子被禁止留在宫廷，不得不流亡到葡萄牙。虽然王后的姐姐夏洛特看到她在敌人面前退缩很生气，不过玛丽·克里斯汀从此将在政府中担任领导角色。1833 年 6 月 20 日，虚弱的费尔南多在杰里莫斯王家教堂里召开一次特别议会，唯一目的是让议会庄严宣誓效忠由玛丽·克里斯汀牵着的 3 岁的未来女王。

王后没有任何经验，但至少她知道她和女儿的未来取决于自由派的支持。

在她提拔的总理弗朗西斯科·塞亚·贝莫德兹的帮助下，她启动了一系列改革方案，巩固了立宪派的支持。大学重新开放，大赦允许1814年和1823年的流亡者回国，且不是感到羞辱的“被原谅”，而是自豪地被召唤来支持伊莎贝拉二世复兴国家。

事实上，在费尔南多统治的最后几年，人们可以察觉到这样的变化。从1826年起，费尔南多开始担心极端分子的活动以及他兄弟唐·卡洛斯的野心。只把宪法支持者当作敌人会不会弄错目标？那一年，在较为温和的大臣（已经是国务大臣的塞亚·贝穆德斯和财政部长巴列斯特）的影响下，王室和政府之间达成和解，因为他们必须处理日益沉重的国家债务，这些债务只能通过向外国，或向刚收回投往美洲资金的工业资产阶级（特别是在巴塞罗那）借款来解决。

这个阶层从费尔南多那里获得了一些温和且开放的政策保障，足以让极端团体在“纯粹保王派的宣言”中谴责其政权的现代主义过激行为，这是名副其实的“对君主暴政和恶习”的控诉！纯粹保王党人提出建立王权专制，打算恢复王国古老的机构：旧政权的议会，旧省份丧失的特权，保卫宗教，反对共济会、烧炭党和亲法者。这已是“卡洛斯派”计划的雏形，费尔南多把它看成是他兄弟操控的。1827年8月，“使徒”组织采取行动，在加泰罗尼亚发起一场了所谓“不满”的起义，也预示着未来玛丽·克里斯汀王后摄政和伊莎贝拉二世统治时期的内战。

1832年在拉格兰哈发生的悲剧性事件让唐·卡洛斯及其支持者的野心暴露无遗，两派从而无法和解。于是，在一个奇异的悖论下，“两个西班牙”因更换伙伴而出现了新的转机。这位从来没有停止过分裂臣民、拒绝自由派阵营的国王，在环境变化下改变了初衷。

1833年9月29日，费尔南多七世死于中风，最终离开了历史舞台，而西班牙准备进入另一场自相残杀的长期战争。西班牙君主曾顽固坚持的事业在他之后将呈现出完全不同的面貌，就算称不上典范，至少更加和蔼可亲，与19世纪的浪漫主义精神和谐共融。

第十七章　自由主义与浪漫主义：女王和将军的时代

自王朝出现危机以来，从1808年拿破仑入侵到费尔南多七世统治结束，西班牙遭受的灾难使这个国家付出了整整一代人的牺牲。1830年，在经历了本土6年的战争和15年暴政带来的内部动荡之后，王国正在努力恢复接近本世纪初的活动水平。卡洛斯三世统治时期的急剧上升态势早已被打破，现在西班牙不可能恢复其舰队被摧毁和殖民地丧失之前在欧洲的地位。

不过，随着玛丽·克里斯汀王后的摄政，人们开始感受到一股更健康的风气、政治稳定和经济复苏的希望。1833年颁布宪章，接着1837年又出台了真正的宪法文本，该文本可以看作一年前以武力恢复1812年宪法的进步派与打算为君王保留更多权力的温和派之间的妥协[①]。

工业发展和社会动荡

西班牙当局希望与其邻国，特别是路易·菲利普的法国保持协调一致，这为玛丽·克里斯汀赢得了“菲利波娜”（Felipona）的绰号。英法资本通过伦敦和巴黎的罗斯柴尔德家族，开始对西班牙的工业潜力产生兴趣。濒临崩溃的西班牙财政也因银行贷款和对矿产、工厂或铁路的投资而获得拯救。反对者质疑各行各业发展受到外国资本控制，而后者几乎在国家不知情的情况下，更多地参与投机而非生产性投资。1855年之前，在半岛投资的主要受益者是武力更强的英国

---

① 1837年的宪法抹去了费尔南多七世恢复的旧政权的最后痕迹，恢复了国家主权和尊重基本自由的原则。但选民人数仅限于约60万受过教育和富有的公民，仍有90%以上的人口被排除在外。

人，而法国人因其过去的态度吃了苦头。

西班牙这次发展的另一个特点是外围地区受惠：特别是巴斯克地区以及阿斯图里亚斯，那里的铁矿和煤矿投资主要为英国工业服务。加泰罗尼亚地区受到从英国引入的新技术刺激，巴塞罗那周围的纺织业，尤其是棉花工业繁荣发展。但这很大程度上还要归功于当地资本主义的兴起，正如我们所见，他们将投资在失去的美洲领土上的资本转移了回来。

一个属于工厂和无产阶级的新世界在西班牙中部的卡斯蒂利亚、安达卢西亚——这个仍然深深扎根于农业传统的地区边缘诞生了。毕尔巴鄂和巴塞罗那以及马德里更缓慢地向一个新的社会阶层，即企业家、商人或投机者开放，旧贵族逐渐退居次要地位。大城市和农村之间的差距不断扩大。前者是国家新自由主义的获利者，后者依旧依附于反动的教会和旧的王权形式。他们将其视为躲避现代性冲击的避难所，这种现代性威胁着他们的信仰和“温和而诚实”的生活方式，甚至威胁着他们“祖传的自由”。

令人惊讶的是，正是在巴斯克地区、纳瓦拉和加泰罗尼亚，“卡洛斯派”运动将选定它的据点。或许在这些北方省份加速工业化的过程中，城乡差距才最为明显，人们对已被限制的古老特权有一种发自肺腑的依恋，特别是在奥利瓦雷斯和波旁家族控制的加泰罗尼亚。西班牙浪漫主义的第一抹色彩，唉，又将是为失落的事业而洒下的血色。

马德里动乱和宫廷革命

从葡萄牙退位后，唐·卡洛斯一直表达对哥哥的忠诚和热爱，只要费尔南多没有男性继承人，他的王位继承权就不会被取消。

就在国王去世两天后，他在里斯本的阿布兰提斯宫以“西班牙卡洛斯五世”的名义向他的追随者发表了一系列声明。其中一项给军队的声明中承诺凡是愿意加入他军队的人，都可以自动提升军衔。这有点为时过早，因为这支部队还不存在……但随着一名高级军官托马斯·祖马拉卡雷吉的到来，这支军队很快就在纳瓦拉的舞台上形成了。

这个大胆杰出的组织者是唐·卡洛斯手下在潘普洛纳组织的一次不成熟起

义的幸存者，在 1834 年夏初，他在潘普洛纳以南的埃斯特拉建立基地，并控制直到法国边境的广大土地来迎接王位觊觎者。

而唐·卡洛斯，说实话，磨磨蹭蹭的，懦弱、优柔寡断的性格与他对王权的顽固追求形成了鲜明对比。他从葡萄牙启程去英国，然后用假名穿越法国，接着通过山路进入西班牙。7 月 12 日，在他的军队和纳瓦拉平民的欢呼声中，“卡洛斯五世”开始组建政府，并在埃斯特拉这个小镇拟定宫廷礼仪，这里因其风景和地理位置而被称作“北方的托莱多”。

从那时起，与保王党的战斗开始了，由于掌握易守难攻的领地，形势几乎完全利于绝对主义反叛分子。从一开始，他们就具有意识形态战争所特有的空前凶猛的特点。因为这确实是一场宗教战争，类似对拿破仑军队、所谓异端法国人进行的，而卡洛斯派以同样的方式对抗他们的自由派同胞。一个村庄被怀疑通敌，祖马拉卡雷吉毫不犹豫地让整个村的人都挤进教堂，之后放火烧毁了它。而在阿拉贡和加泰罗尼亚的边界，另一位卡洛斯派领袖拉蒙·卡布雷拉证明了他“梅斯特拉斯戈之虎”的称号，为报复枪杀他 70 岁母亲的克里斯蒂诺人（玛丽·克里斯蒂娜王后的支持者），有计划地屠杀他的所有俘虏。

与此同时，在马德里，摄政王后刚刚在 1833 年 12 月秘密地嫁给了与她相爱的男人费尔南多·穆尼奥斯——他是一个英俊的保镖，是拉曼查省一个村庄塔兰康烟草店主的儿子。而此时她的迷人笑容在严重的事态面前逐渐消失了。除了蹂躏国家北部的内战中相互之间的暴行层出不穷之外，还出现了新的混乱，在她自己的阵营里“温和派”和“进步派”为争取影响力而进行斗争。

她的首相马丁内斯·德拉·罗萨更关心他的浪漫主义戏剧能否成功，而不是维持秩序。他无力镇压 1834 年 1 月仅由一名中尉在太阳门广场中央邮局发动的军事起义，起义要求撤回王家法令，并恢复 1812 年宪法。然而，驱逐这些叛乱者却让数人付出了生命代价，包括试图与他们谈判的坎特拉克将军！

7 月，当唐·卡洛斯抵达埃斯特拉，激励祖马拉卡雷吉的红色贝雷帽士兵时，霍乱正肆虐首都，造成数百人死亡。一个愚蠢的谣言加剧了无知民众的恐慌：传言“全心奉献给王位觊觎者”的神父和修道士在喷泉的水里下毒。7 月 17 日和 18 日，来自郊区的一小撮愤怒群众在进步派领袖的煽动下冲进教堂和修道院，屠杀了 80 多名教士，甚至杀到了回廊和祭坛脚下。国家民兵队有时加入抗议者的行列，直到点燃的大火烧尽后，军队才介入，这让当局与共济会共谋的言论变得可信。

1835年，摄政王后没有任何喘息的机会，她怀着费尔南多·穆尼奥斯的孩子（8个孩子中的老大），在骚乱发生后的一周内勇敢地赶到马德里，冒着霍乱和纵火的危险主持了议会的开幕。人们为她的胆量欢呼，群众是善变的。

在北部，唐·卡洛斯的军事成功增加了。他们的一位将军、“战地元帅”戈麦斯甚至推进到安达卢西亚，在沿途播下恐怖的种子，使首都恐慌，而卡布雷拉则蹂躏了阿拉贡南部和瓦伦西亚地区。祖马拉卡雷吉想借机进攻马德里，唐·卡洛斯阻止了他，并命令他围剿保王党军队控制的毕尔巴鄂。他的国际债权人要求他至少攻占一个主要城市。不情愿的将军服从了命令，但在进攻前受了致命伤，卡洛斯失去了他最好的战略家。接替他的军事领袖再也无法成功占领比斯开的首府，反而被自由派将军巴尔多梅罗·埃斯帕特罗反攻，后者将有一个伟大的政治前途。

双方朝着用谈判解决问题的方向迈进。摄政者玛丽·克里斯汀厌倦了进步派政客对她施压，甚至敲诈勒索。她不得不与马丁内斯·德拉·罗萨和托雷诺伯爵分道扬镳，1835年9月把权力交给她讨厌的胡安·门迪兹巴尔。门迪兹巴尔以前在伦敦流亡，很懂得国家事务，也是共济会会员，并且拥有高于普通人的身材和禁得起任何考验的精力，很是粗鲁傲慢地进入了政治舞台。登台后，门迪兹巴尔用一些不太讲究的手段迫使她批准一系列法令，废除宗教修会（除了少数例外，特别是收容机构），并没收他们的产业，作为国家财产出售。1836年夏初被解职后，门迪兹巴尔酝酿着他的报复计划。8月12日，在邻近的塞戈维亚的拉格兰哈城堡发生了一场宫廷革命。

当天，王家卫队的军官们都应邀参加了马德里的一场戏剧演出。只有中士和有些醉醺醺的士兵留在圣伊尔德丰索，他们被前首相收买并发动了军事政变。这些入侵玛丽·克里斯汀住所的低等军官威胁道，如果她不听从他们的要求，就要砍掉她的手，或射杀她的“烟草商丈夫”。摄政王后不得不签署他们交给她的法案：废除王家法令，重新确立1812年宪法。

进步派对温和派发动的这场内战以“拉格兰哈”兵变（Sargentada de la Granja）之名被载入史册，它蔓延到首都，立即引发了严重的骚乱。首都总司令奎萨达将军靠着当时士兵的残忍风气努力镇压暴乱者，但还是应付不过来，除了逃跑，看不到任何希望，最终，他被愤怒的暴徒抓住，被砍成碎块。编年史家甚至确认他一只断手在马德里一家咖啡馆被狂热暴徒当勺子用……

唐·卡洛斯在马德里门口

可以想象，在这种情况下，尽管在危险面前表现出了镇定，但只梦想在费尔南多·穆尼奥斯的陪伴下享受甜蜜爱情的摄政王后还是试图与唐·卡洛斯和解。在她自己的弟弟、那不勒斯的弗朗西斯二世的斡旋下，并在教皇的祝福下，她准备秘密签订和解协议。唐·卡洛斯将统治国家，但他的儿子会娶年轻的伊莎贝拉，从而结束王朝战争。财力耗尽的卡洛斯只看到了其中的好处。

因此，他以为可以不费吹灰之力就能进入马德里。1837 年 5 月，他带着他的主教、他的“大臣”以及支持他事业的外国大使共 15000 人向首都进发：在这支所谓的“信仰军队”中，受难的圣母是他们最高的精神统帅，他们在受难圣母的感召下，整个宫廷队伍缓慢前行。因为速度慢，以及与自由派军队发生冲突，直到 9 月中旬才到达马德里东南部的阿甘达。这段时间足够让埃斯帕特罗在首都的另一边集结他从比斯开带回来的部队，数以万计的应征士兵和大炮壮大了军队实力。当然，这足以让摄政王后放弃她以婚姻为承诺的和解计划。

唐·卡洛斯徒劳地等待玛丽·克里斯汀的使者向他敞开王宫的大门。双方都远远观察对方，衡量实力。让马德里人松了一口气但让卡布雷拉大为光火的是，卡洛斯畏惧了，并决定折回。

消耗战在北部重新开始，但对卡洛斯派而言不再有什么好处。“卡洛斯五世”错过了他的机会，他的国际支持者也注意到了这一点。1839 年，卡洛斯派领袖对卡洛斯的犹豫不决和缺乏魅力极为失望，于是他们站在其中一位拉斐尔·马罗托将军一边，决定签署对手埃斯帕特罗阵营提供给他们的和平协议，条件是由王室国库提供大量捐款。

韦尔加拉和平协议：玛丽·克里斯汀的离开

会议于 8 月 31 日在巴斯克地区的韦尔加拉举行，按照精心策划的安排进行：两军排成排，面对面，两军将领庄严拥抱之后，双方开始友善往来。“韦尔加拉的拥抱”（L’abrazo de Vergara）以一个轻快的方式结束了难以调和的内战。

不幸的是，这不是最后一次。接下来的事也是可以预见的。埃斯帕特罗声名大噪，加官进爵，摄政者玛丽·克里斯汀授予他金羊毛骑士、西班牙格兰代、维多利亚公爵和韦拉加拉王子称号。而埃斯帕特罗却想把这位只考虑摆脱进步党和共济会监管的摄政王后推出门外。

温和派和进步派的意识形态分歧是在西班牙历史上经常反复出现的特征，特别是在1931年，在市政选举之后阿方索十三世倒台那一年。而早在1839年，主导议会的温和派与掌握主要城市的进步派之间的意识形态分歧已经存在。议会通过的一项法律承认君主有任命市长的特权，成了摄政者和埃斯帕特罗的进步派支持者之间拉锯战的借口。

比起自己的权力，玛丽·克里斯汀更关心女儿伊莎贝拉的未来。1840年夏天，她前往萨拉戈萨、巴塞罗那和瓦伦西亚（这是一个真正的陷阱），她和她的两个女儿不得不面对进步党组织的敌对示威，接着马德里发生了一场小型革命，迫使她任命埃斯帕特罗为首相。摄政者认为，在公众眼中，让反对党在公众眼中对她的退位负责，这符合王国的利益。1840年10月，她深信国家很快就会厌倦围绕着埃斯帕特罗的“煽动家”的力量，于是从瓦伦西亚启程到马赛，准备到路易·菲利普国王那里一起等待更好的日子。

但为了确保王位的延续，她只能把小女王和她的妹妹留在西班牙，交给把她赶下台的将军照看，但她不想质疑他为国家照顾“神圣寄存物”的荣誉感和责任感。在这两点上，她的打算将被证明是正确的。孩子们将委托给阿古斯顿·阿盖尔斯保护，他是1812年的老兵，但效忠这个还没有人想过挑战的机构。埃斯帕特罗成为王国的摄政者，不过还是注重找更接近自己党派的人作新政府官员。

埃斯帕特罗的摄政与军事政变之风

在这段时期，玛丽·克里斯汀的主要弱点是她作为一个秘密再婚的摄政者身份很不明确：她的对手威胁要把她的秘密公之于众，这确实有可能剥夺她的权利。门迪萨瓦尔和埃斯帕特罗继续要挟她，使她屈从于他们的要求。在平民失败的地方，将军成功了。内战刚刚敲响了西班牙军人政权的钟声：连续的军事政变在很长一段时间支配着国家的政治生活。

军事政变不一定要宣布政变。当一个将军“表态”时，在大多数情况下不会以个人身份夺取政权，也不会以军队的名义建立军事独裁政权。长时间以来，这些军事领袖会以他们所代表的或打算体现的政治派别的名义行事，以迫使文官力量改变倾向。

47 岁时夺取摄政权的巴尔多梅罗·埃斯帕特罗是一个特殊的例子。他尊重合法形式，得到议会承认，并保留君主制的权威，因为人民仍然对君主制很有感情。

他是一个粗鲁冷酷的人，拉曼查车匠的儿子，在独立战争期间迈出了第一步，接着与秘鲁的叛乱分子作战。但他也是一个后起之秀，意识到自己的缺点是在遇到障碍时很快就退缩。作为自由派最突出的武装势力，他最终在政治世界中感到不舒服。他的暴脾气和肆无忌惮导致他把一个战友，击败过卡洛斯派戈麦斯的拉蒙·马利亚·德·纳尔瓦埃斯送上军事法庭，而拉蒙除了支持温和派的做法给他蒙上阴影，其他没有什么可责备的。因此，毫不奇怪，当一位将军在合法性脆弱的机构中有缺口时，其他将军们很快便冲了进来。

那些用阴谋对付他的人是狂热的保王党，无疑是与被流放的摄政者共谋。他们计划夺走两个小公主，因为他们认为那是埃斯巴特罗的人质。4 名将军参与了阴谋：迭戈·德·莱昂在宫里行动，把玛丽·克里斯汀的女儿带离马德里，蒙特斯·德奥卡在维多利亚等待她们，奥唐奈尔将带她们从潘普洛纳带到边境，纳尔瓦埃斯最终在安达卢西亚起义。前两人立即被武力制服，投入监狱。后两人将很快在西班牙政治中发挥主导作用。

1842 年 10 月 7 日发生的这个事件从一开始就失败了，因为迭戈·德·莱昂和他的步兵分队意外遭到警卫队的抵抗，而且他们也没有找到女管家埃斯波兹·米纳伯爵夫人（著名游击队将领的遗孀）藏匿伊莎贝拉和她妹妹的地方。尽管如此，埃斯帕特罗强硬狠辣的作风影响了他的威望。迭戈·德·莱昂穿着宽大的轻骑兵制服，在托莱多城门口向行刑队亲自下令处决自己。这种潇洒的态度非常符合当时的浪漫主义情怀，也对摄政者的声望造成了致命的打击。他也没有抵挡住加泰罗尼亚工业家和纺纱厂失业工人公开的敌意，他们反对英国人强加的自由贸易政策。埃斯帕特罗轰炸巴塞罗那进行报复，最终名誉扫地。他被过去的支持者抛弃，又被叛军追捕，最终逃往南部，不免想起安达卢西亚，又向塞维利亚投下了几枚炸弹！1843年7月30日，他终于从加的斯港登船前往伦敦，而从国外短暂流亡归来的新星纳尔瓦埃斯在另外两位前途光明的年轻将领普里姆和塞拉诺的陪同下胜利进入马德里。

大约10年后，人们再也看不到埃斯帕特罗了。另一方面，玛丽·克里斯汀可以回到马德里和她的女儿一起。虽然她被剥夺了摄政权，但这次正式嫁给了晋升为里亚萨雷公爵的费尔南多·穆尼奥斯。她受到西班牙人的热烈欢迎，他们厌倦了那些手握重权却不知如何表现得像贵族一样的人。

西班牙自由主义的变形

到现在这个阶段，我们需要问几个问题：西班牙的政治力量关心的是什么？它对国家日常生活的影响是什么？自由派胜利所产生的进步派和温和派之间的对立点是什么？

有着古老的专制主义和教权主义背景的卡洛斯运动处于沉寂状态，在未来很长一段时间内都不会发出声音。政治生活本质上是城市的，实际仅限于那些派系，无论他们多么动荡，甚至有时很血腥，但对大多数公民来说只有表面的影响。

1835年，法国－瑞士旅行者查理·迪埃尔见证了受卡布雷拉势力威胁在瓦伦西亚爆发的骚乱。激昂高涨的情绪驱使国家民兵队对被他们俘虏的卡洛斯派叛乱者进行报复。但查理·迪埃尔也注意到城市居民对政治的冷漠，他们更关注周边地区的农民突然闯入城市偷盗劫掠。他们反抗城市当局的原因与政治无关。由于长期存在的威胁，国家民兵在决定公开枪毙绝对专制叛乱者时，瓦伦西亚人对看到的场面无动于衷：

“人们同意以牙还牙，那些支持光荣的1808年十字军的人民并没有参与行动。”查理·迪埃尔继续说，“此外，正值海水浴的季节，一架架马车不断穿越城市到达港口，美丽的沐浴者裹着长帆布袋浸泡在海里，出水时才能显出她们的轮廓。”

有太多悲剧的西班牙，它永恒的日常生活生机勃勃、无忧无虑，但随时可以被点燃，之后又以和平愉快的精神恢复节日或日常活动，这往往打破了外国人的认识，米歇尔·德尔·卡斯蒂略确切地表达这一点："西班牙拥抱了许多个世纪，因为它轻视时间。"

对西班牙长期政治不稳定、突然的狂热情绪和暴乱，我们需要正确认识这些特点。这种不稳定与同时期的法国（或意大利）不同吗？两国之间存在明显的差异。与其说它们都一样在反复试验着不同的国家政体，不如说是由于西班牙的中央权力薄弱，以及有活力的群体在政治上被边缘化。在没有其他方式让他们的意见被听到且被接纳的情况下，自觉没有前途的人们只能在暴力中找出路。

不久前的极端紧张局势和最近的卡洛斯战争也扭曲了"政治自由主义"（Liberalismo político）的实质，这个词诞生于1812年西班牙的起义，但缺乏理性的概念。面对这个国家的社会现实，我们看到"自由派"猛烈地反对教权，甚至反对宗教。"进步派"把最初和他们属于同一阵营的温和派推向了保守的方向，从而远离了《加的斯宪法》的初衷，这样做无疑是很不成熟的。

"由于与旧的传统精英以及普通民众隔绝，西班牙自由主义的基础不可避免地非常薄弱，分歧成为持续不稳定的根源。"朱利安·马里亚斯总结道。然而，正是这种偏保守的自由主义在很长一段时间内（实际上一直到1923年）主宰了西班牙的命运，因此不能否认它的长期性，以及它有着作为政治稳定最起码要素的真正受众。

1843年，纳尔瓦埃斯将军开启了自由－保守主义稳定化的局面，他比埃斯帕特罗更具政治家风范，这为他赢得了近1/4世纪的政治财富。他致力于君主制事业，通过议会让13岁的伊莎贝拉成为摄政女王。她成了1845年新宪法的守护者，这部宪法比前一部更保守，不幸的是，新宪法赋予了她更多的权力，这不是她这个年龄的女孩所能承担的，因为她的教育一直被忽视。

梳妆台上的伊莎贝拉二世肖像

如果少赋予她特权，伊莎贝拉二世会成为一个可以接受的女王。政府的主要举措会绕过她，因为它们是由不断变化的政治力量关系所决定的。然而，制度非但没有监督她，反而还给她太多机会，让她自由释放任性的冲动。

这很可惜，因为她的性格从根本上来说是可爱的。她对周围的人充满好感，不记仇，过于慷慨、真诚，憨直到不计后果，她表现出的许多品质对感性的人来说很有吸引力。除此之外，她辩思敏捷、妙趣横生，对流行事物有品味，这接地气的一面迎合了笨拙效仿18世纪末贵族的新兴资产阶级。

虽然女王不算很漂亮，但年轻优雅，这些魅力增加了她的受欢迎程度。但随着时间的磨损，她的过度随意变得让人难以忍受，当君主的行为不再与她享有的特权和被要求的职责相匹配时，民众态度也转变了。其中也有夸张和诽谤的抨击文章。这就是她24年统治的全部历史。1868年的一场革命把她赶下台。随着她的年龄增长，我们只能看到一个肥胖的女人，放纵的奴隶，并受到旧时代伪神秘的影响。

可以为她性格辩护的理由是，这个孩子的母亲常年不在身边，她的青少年时期也没有喘息的机会。玛丽·克里斯汀在遥远的地方为女儿们策划婚姻，而当权政客只把她当作国家工具。她被剥夺了任何情感自主权，最后一个娃娃被抢走，被要求立刻加冕，并在16岁违背意愿与不喜欢的表哥弗朗西斯·阿西斯结婚。在她眼中，悲惨的命运需要得到补偿！

这个弗朗西斯·阿西斯（弗朗西斯科·德·阿西斯）是费尔南多七世最小的弟弟弗朗索瓦·德·保勒和玛丽·克里斯汀的姐姐玛丽·夏洛特的儿子。在巴黎流亡期间，前摄政者和法国国王曾计划，不征求伊莎贝拉的意见，将她嫁给路易·菲利普的第五个儿子，年轻的蒙彭西耶公爵。但伦敦内阁反对巴黎对西班牙施加影响。与其他的王朝结合也被排除了，包括与卡洛斯派、葡萄牙和德国。如此，不得已之下，在同一天举行了两场婚礼：伊莎贝拉嫁给了波旁家族的表哥，他对年轻热情的女王而言太过阴柔了；而她的妹妹路易莎·费尔南达嫁给玛丽·克里斯汀偏爱的蒙彭西耶公爵。

1846年10月10日，他们在阿托查大教堂举行了隆重的婚礼，庆祝活动持续了两周多。亚历山大·仲马参加了活动，他对“似乎从路易十四的马厩”牵出的华丽马车感到惊奇，又对马约尔广场的壮观景象目瞪口呆，在那里破例举行了3场极为精彩的斗牛表演，还有普拉多广场令人眼花缭乱的演出：“任何人看到晚上的游行，都不会怀疑什么叫灿若星河；任何人看到光影中若隐若现的20名迷人女子，都会觉得她们是仙女！”

这是一个美好旅程的开始，它将继续吸引众多杰出的法国和其他外国作家到西班牙。更加亲民的是，所有人都被邀请品尝葡萄酒或牛奶喷泉。马德里的小市民们以一贯的幽默，表达了对这项市政措施的喜爱：“伊莎贝拉的酒，帕吉托的牛奶！”（帕吉托是弗朗西斯科的缩略语）

婚后不久，女王和配偶就不再住在一起了，她住在东边的帕尔多殿内，和她形影不离的秘书梅内塞斯一起。这个有教养的美学家是个相当虚伪的人物，有些老男人的不良习惯，他曾妄想分享女王的政治权力，但徒劳无功。伊莎贝拉既不想在权力上，也不想在床上给他机会。然而，弗朗西斯·阿西斯仍然得到了一位影子人物的无条件支持，也就是著名的修女索尔·帕特罗奇尼奥。女王的姑姑玛丽·夏洛特将宗教教育托付给她，而她在获得伊莎贝拉的友谊之前，就已经对女王的妹妹和摄政王后施加影响了。

由于其浪漫的性格，这个“圣女”的故事非常符合时代潮流，不能被简单归为逸事。玛丽亚·德拉斯·多洛雷斯·伊·特罗奇尼奥（索尔·帕特罗奇尼奥）是玛丽亚·何塞法·德·奎罗加的教名。在1834年她24岁时，西班牙发生了霍乱和弗里尔屠杀。异象以及她身体上出现的基督圣伤痕让这个美丽温柔的修女变成焦点。她远离俗世财富，决心向重要人物施加精神控制。以这个身份，索尔·帕特罗奇尼奥在说服伊莎贝拉接受与自己门徒的这次联姻中发挥了重要作用。就算不能让他们成为真正的夫妻，她也会时不时拉近他们的距离，改变他们的看法。

由于圣伤痕带来的“超自然光环”，索尔·帕特罗奇尼奥顺利摆脱了在埃斯帕特罗时期的法官和医生对她的诉讼。而她前追求者、家族的朋友、反教的进步派人士萨尔士蒂安诺·奥尔扎加作为马德里的民政官员参加了审判。奥尔扎加对这个女人很着迷，但遭到修女的蔑视。

索尔·帕特罗奇尼奥对于一些人来说是骗子，对于另一些人来说是奇迹，她成为富裕社区的女修道院长，长期出入宫廷，参与大臣们的任命和罢免，给平淡、事务性的公共生活注入了笼罩在世纪初的神秘主义气息。

这种时代的色彩受到奥西安传奇故事和沃尔特·斯科特小说的滋养，他们在西班牙的浪漫主义潮流中被佐里拉、埃斯普雷塞达，以及1837年自杀的马里亚诺·何塞·德拉·拉哈效仿。

但对女王的指责更多的是她将作为女人的反复无常与政治生活混为一谈。她给了塞拉诺光明前途，但这位早年她迷恋的好看的将军后来背叛了她。据说，她会让大臣“随着里戈顿（一种交谊舞）的节奏”跳华尔兹，有时找纳尔瓦埃斯，有时找奥唐奈尔。她的私情更是公开的秘密。这是让她这个“麦瑟琳娜[①]”渴望露水情人的原因吗？可以肯定的是，她在年轻时因国家原因而情感受挫，她的情绪通过不断把爱情变成友情来表达出来。

麻烦的是，伊莎贝拉众所周知的不检点行为让已经因她父亲的放荡和玛丽·克里斯汀的秘密生活而受到考验的君主制声誉雪上加霜。伊莎贝拉著名的情人除了塞拉诺之外，都是相当谨慎的人物，他们对她的忠诚是毋庸置疑的。但他们的存在让女王孩子的合法性令人质疑。女王配偶在官方上可以承担所有的亲子关系，不过公众谣言更希望未来的阿方索十二世是女王与当时的宠臣恩里克·普伊格托上尉的爱情结晶。说实话，西班牙已经不再那么看重未来统治者的蓝血（高贵的血统）！

纳尔瓦埃斯和奥唐奈尔：伊莎贝拉统治时期的主要人物

两位主导伊莎贝拉二世统治的政治家是军人，如前所述，他们体现了西班牙政治的特点，即从一开始就转变为政党领袖。二人都或多或少代表了自由主义运动的温和潮流。

拉蒙·马利亚·纳尔瓦埃斯（1800—1868 年）是一位具有保守思想的将军，在卡洛斯战争期间表现突出，主导了埃斯帕特罗的倒台，随后加快了伊莎贝拉二世的多数派的形成。他是一个清醒、高效、专制的安达卢西亚人（绰号 El Espadon de Loja，“洛哈的剑”）。他认同自由派的右翼，有时直接掌权（1846 年，1847—1851 年，1856—1857 年，1862 年，1866 年到其死亡），有时在议会的选票，更在王党暗中施压下被迫让位给他的对手奥唐奈尔将军，或平民技术官僚——布拉沃·穆里略、何塞·萨托里乌斯、冈萨雷斯·布拉沃。

① 麦瑟琳娜：古代罗马皇帝克劳狄的皇后，据说她曾经向罗马的妓女们发起挑战并取得了胜利，因此她成为“放荡”的代名词。

王党围绕在伊莎贝拉、弗朗索瓦·阿西斯或王太后玛丽·克里斯汀的周围。而王太后玛丽·克里斯汀继续在各种阴谋中发挥她的能量，以得到丰厚回报给予她为费尔南多·穆尼奥斯生的众多后代。尽管纳尔瓦埃斯对那个时代有不可否认的影响力，但他并不是一个执着于权力的独裁者形象，相反，他开创了一个议会交替的制度。

第二位是利奥波多·奥唐奈尔（1809—1867年）。他是两个世纪前移居西班牙的爱尔兰古老军人家庭的后代。他在古巴发了财，还与卡洛斯派作战。他在1843年打败摄政的埃斯巴特罗将军后，于1854年6月带领部分温和派反对纳尔瓦埃斯那些被认为反动的政策。这次议会、民众和军队的反叛获得了马德里附近维克瓦罗的驻军军事政变的支持（这个悲剧情节被称为“Vicalvarada”），却矛盾地导致埃斯帕特罗回归和进步派组成政府，这吓坏了温和派。两年后的1856年7月，作为战争事务大臣的奥唐奈尔与塞拉诺共谋又发动了一次政变，结束了埃斯帕特罗短暂的执政。

同年10月，女王让纳尔瓦埃斯重新掌权。奥唐奈尔再次成为中间派，领导自由联盟，旨在将进步派和保守派结成一个中间立场的联盟，同时保持对女王不容置疑的忠诚。他在1865年再次代替纳尔瓦埃斯，但他的时代已经过去了。很快，更年轻、更有野心和冒险精神的将领——塞拉诺和普里姆到来，他们将毫不犹豫地结束了伊莎贝拉二世的统治。

寻求国家平衡的温和派

然而，这种通过两位主要人物对这一时期的动荡进行的简短而又难免混乱的概述，并没有考虑到当时西班牙社会发生的影响深远的变化。尽管表面动荡，但西班牙的政治局势正逐渐变得稳定，自由派的各派系之间只有细微差别。

1846年至1849年间，在卡布雷拉的倡议以及与伊莎贝尔二世联姻失败的唐·卡洛斯的儿子、继承人蒙特莫隆伯爵的旗帜下，第二次卡洛斯战争打响了（特别是在加泰罗尼亚）。但这次战争没有像第一次卡洛斯战争那样获得大规模支持。从1854年至1856年，埃斯帕特罗和之前的进步派重新掌权，也采取了一系列激进的措施，如新出售永久管制业，主要是市政财产；同时起草了1856

年宪法，把主权交给国家，并通过普选选举市长：这和因奥唐奈尔倒台而流产的改革措施一样。因此，伊莎贝拉二世统治的总基调是保守的平衡，这也有利于经济复苏，让西班牙在经历了这么多年残酷斗争和连续动荡之后可以稍稍喘息。

西班牙恢复秩序的最初标志之一是1833年在玛丽·克里斯汀和塞亚·贝穆德斯政府领导下进行的行政改组。它的主导者是一位务实的人文主义者哈维尔·德·布尔戈斯，他成功地将西班牙历史传统与法国省模式结合，将西班牙分成49个省，每个省都以省内最重要的城市命名（除了纳瓦拉和巴斯克区三省保留原有名称）。这种重新划分一直保持到1978年建立区域自治。虽然设计的目的是建立一个王权更加集中的王国，但它将促进新的行政中心发展和城市人口的增长，这些人正是被建筑、工业和贸易领域的新就业机会所吸引到城市里的。举一个最显著的例子，巴塞罗那从1818年8万居民增加到了1860年近20万居民。从1859年起陆续实施的城市扩张和城市化计划（巴塞罗那、马德里的扩展区），由与奥斯曼男爵同时代的人设计，他大胆的现代主义风格不输拿破仑三世时期的巴黎市长。

伊莎贝拉二世统治时一些重大工程相继开工，包括以她的名字命名的运河，将为首都近30万居民提供清洁流动的水源。1845年的重大财政改革废除了国内海关边界。1849年，在西班牙所有领土上采用十进制公制和统一的刑法和民事法（1851年），加速了中央集权。1844年成立的国民警卫队加强了公共秩序和农村的安全，尽管在有大量无地农民的中部和南部地区，它往往被视为土地寡头集团的工具。

政治上，1851年西班牙与梵蒂冈签署了协约，暂时结束了进步派政府与罗马教廷之间持续紧张的关系。西班牙试图通过参加军事行动重新获得在国际舞台上失去的位置。这些行动有的是与法国联合进行的，例如交趾支那远征（1858—1863年）或墨西哥远征（1861—1862年），有的则是单独将舰队开到秘鲁和智利海岸，或派兵到摩洛哥。奥唐奈尔将军和普里姆将军于1860年夺取得土安，这次武装行动没有下文，因为普里姆迅速结束了这场形势逆转的战斗，并签下协议，把两位将军占领的区域还给了摩洛哥。西班牙对摩洛哥的第一次入侵，旨在恢复其军事地位，但未来会造成不幸的后果，让军队陷入长期灾难性战争，破坏阿方索十三世的君主制。从眼前来看，对一个军事领袖来说，这是一个增加光辉的机会，胡安·普里姆已经准备摆出国家救世主的姿态出场。

西班牙这个时期的图景是相对有希望的，它拥抱了伊莎贝拉二世的统治，两位忠实的将军纳尔瓦埃斯和奥唐奈尔守护着王权，仅仅这样描述还不算完整。还要加上外国人眼中突然重新发现的西班牙，以及西班牙人自己利用这次喘息之机，从过去的历史中解读自己的命运，建立自己的“民族小说”，如同时期的米切莱为法国做出的努力。

浪漫主义的新面貌

除了零星的文章外，自耶稣会胡安·德·马里亚纳（1536—1624年）以来，没有一个西班牙人为自己的国家编写通史，而是让外国作者来说明他们的过去，其客观性往往值得怀疑（我们已经看到某些十八世纪法国百科全书作者的论调）。当时自由派的优点之一是想唤醒同胞们的民族国家意识，让他们团结起来，以祖国为荣。从1843年起《西班牙作家作品集》各卷陆续出版，旨在弥补文学领域长期存在的教育缺失。1850年，摩德斯托·拉富恩特《西班牙通史》30卷的第一卷出版，接续了西班牙人书写历史的传统。

它的科学严谨性远比不上未来历史学家的作品，如梅嫩德斯·佩拉约、梅嫩德斯·皮达尔、桑切斯·阿尔博诺斯和阿梅里科·卡斯特罗。拉富恩特首先是一个与奥唐奈尔自由联盟关系密切的政治作家，以自己的历史观建立了一些符号形象，由此塑造了一批英雄典范，并用一些主导思想来凝聚人心：国家独立、领土统一、天主教信仰，同时也崇尚公共自由，另有对狂热主义和专制主义的谴责。它是“阐释历史”，服务于传统与进步之间的政治愿景，这是开明自由派的做法。法国的拉维塞也用这种方式，至少共和派是这么做的。但在西班牙，由于缺乏足够数量的公民，它无法产生同样的教育性和民众影响力。

如果说在几乎所有的事情上——时尚，艺术品味（包括伟大的历史画作）、想法和生活方式（除了细微的差别），比利牛斯山两边的精英是很相似的，并遵循着相同的发展进程，普通民众层面就不同了。1841年，西班牙的文盲率超过90%，1860年这一比例仍为75%。根据埃斯帕特罗第二次被赶下台后恢复的1845年宪法，一个拥有150万人口的国家在1865年能参加投票、可能被选的人数不超过41.8万人！ 4年后，由于实行了普选制，超过700万的法国人投票支持自由的帝国。

正是两国之间社会学意义上的差距，在夏多布里昂之后，库斯汀侯爵、维克多·雨果、亚历山大·仲马、泰奥菲尔·高蒂埃和其他浪漫主义旅行者一越过边境，就遇到了半岛的恶劣道路和粗野村舍。

毫无疑问，在第一次接触中，他们会发现普罗斯佩·梅里美在一封信中对马德里的判断具有煽动性："它是仅次于维也纳的欧洲最文明的首都！"的确，《卡门》的作者长期是西班牙首都最好沙龙的常客，比如蒙蒂霍伯爵夫人的沙龙，她是著名的蒂奥·佩德罗的嫂子，还有她的两个漂亮女儿，从她们年幼时普罗斯佩就认识她们。

大仲马就不那么热情了，他在清晨到达还在睡梦中的首都，看到"昏暗中的人们衣衫褴褛，严肃而沉默"时，在笔记里写道："另一个民族，活在另一个世纪！"他的判断也有点草率，正如我们所看到的那样，几个小时后，穿着五彩缤纷服饰的人群赶赴伊莎贝拉二世婚礼庆典的景象，让他发出"赏心悦目的彩虹"的赞叹。

在这些矛盾中，蕴含着著名旅行者们对西班牙的暧昧看法。他们很想居高临下地评判它，但毫不掩饰他们的好感，或对西班牙人一些崇高特质和性格的钦佩。特别是泰奥菲尔·戈蒂耶，客观而审慎的记者知道如何扫除此前流行的刻板成见。至少在他那里，不再有缪塞希望在巴塞罗那住满的"胸脯光洁的安达卢西亚人"：他在普拉多遇到的马德里人"几乎都是漂亮迷人的，和其他国家人印象中的西班牙人完全不一样。他们个子很小，身材匀称，挺着胸，肌肤白净，五官精致，衣着品味好。他们中的很多人都有一头浅栗色头发，在这条路上兜一圈就能遇到七八个金发碧眼的女郎。"然而，他认为，不存在统一的西班牙，它是由那些讲着不同方言、相互容忍的人组成的。

这些外国游客肯定会产生新的成见，有些"西班牙人"（如走私者、雪茄客、斗牛士和路上的匪徒）永远不会停止刺激着半岛上的开明人士。这些关于时代和生存的人物群像是否比费德里科·加西亚·洛尔卡戏剧中描绘的形象更夸张？不过它们证明了这个国家的强烈个性，以及在浪漫主义时期[①]，人们对西班牙的态度发生了重大转变。

自从对欧洲，特别是对法国的文学和时尚产生巨大影响的黄金时代结束后，西班牙还没有恢复真正的威望。它想努力达到启蒙运动时期欧洲的水平，但没有被认可。幸存的法国士兵将经历了世纪初政治挫折和恐怖独立战争的西班牙描述为一片被诅咒的土地。浪漫主义回溯过去，为中世纪英雄和伟大时代重新赋予色彩，还塑造了其他人物——赫尔纳尼，鲁伊布拉斯，并且通过路易·维亚多特的翻译、道米尔的绘画和古斯塔夫·多雷的插图，让堂吉诃德在法国流行起来。

这些旅行者在西班牙追求的无疑是刺激的冒险，一个“落后”的多姿多彩的国家，保存着在其他地方逐渐衰落的传统和习俗，同时也纪念被路易·菲利普的资产阶级打压的骑士时代，追求着伟人和个性强烈之人，他们的热情没有因逐渐主导西方社会的统一的现代性而改变。“东方”依然很流行，西班牙，特别是安达卢西亚对他们来说是“近东”，阿本塞拉赫时代仍然充满了宫廷阴谋和再征服运动的伟大事迹。当它出现在带有偶像崇拜色彩的宗教美丽面纱下，这个被重新塑造的“东方”显得更迷人。

这些观念相当理想化和天真。但在两个世纪的冷漠或蔑视之后，这也是一种喜爱这个国家的方式。伴随着这场带着好奇心和移情的运动，西班牙人自己同时也在努力恢复他们的历史记忆。这种新的关注最终没有中断，在法国以及盎格鲁－撒克逊世界的文学领域出现了许多热诚的西班牙爱好者，如巴雷斯、蒙泰朗和海明威。

动荡统治的结束

浪漫主义的旅行者从“永恒的西班牙”获取灵感，而西班牙新的统治阶层

① 欧洲的浪漫主义在发展历程中出现过三次高潮。第一次是在 1805 年左右。第二次高潮则从英国诗人拜伦开始，他的作品在 1815 年至 1825 年间风靡欧洲，雪莱和济慈紧随其后。浪漫主义文学的第三个高潮发生在法国，约从 1827 年至 1848 年，以浪漫主义文学的集大成者维克多·雨果为代表。这一时期，浪漫主义思潮也波及俄国、东欧和美国，在美国产生了梅尔维尔、惠特曼等浪漫主义大师。

更想像同时期的英国和法国那样，法国的模式，七月王朝、基佐、蒂埃尔的模式对他们破碎的经济和社会结构来说很有借鉴意义。

在西班牙的背景下，国家资本主义尚未成形，几乎完全依靠外国投资和模式，比如像基佐这样的模式。“通过工作、储蓄致富”更容易被翻译成“以最快的方式致富”。换句话说：投机。由少数大地主、稀缺的制造业主以及众多投机者组成的西班牙新政治阶层，与受到选举审查制度和女王身边王党制约的政治阶层混合在一起，在投机活动中发现了共同利益。西班牙的投机活动和其他国家一样，但在一个更狭窄的框架内，表现得更明显。

财富上成功和社会阶层上升最杰出的例子当数何塞·德萨拉曼卡·伊·马约尔，未来的萨拉曼卡侯爵，今天马德里最优雅的地区以他的名字命名，他也是该地区的推动者。他 1811 年出生于马拉加，是一名律师，后来是家乡的自由进步派代表，在对西班牙铁路网感兴趣的罗斯柴尔德家族和佩雷尔家族的法国分支之后，他开始了自己的商业生涯。

1841 年，和他关系密切的埃斯帕特罗授予他国家盐业垄断权，并创造了巨大利润。1844 年，股市走势使他的财富翻了一倍。两年后，他获得了西班牙最初两条铁路线之一：从马德里至阿兰朱兹铁路的特许权。1847 年，他担任财政部长，但纳尔瓦埃斯没有原谅他与进步党的联系，指控他渎职，迫使他在非常情况下逃亡国外。由于宫廷的干预，他悄悄返回马德里，恢复了他在“空闲时间”已经承担的演出活动，并将他与伊莎贝拉二世一起参加开幕典礼的亏损铁路卖给了国家，还在他建造的未来马德里扩展区进行房地产投机生意。他建造了一座特别的豪宅，至今仍屹立在卡斯蒂利亚大道上。然而，1883 年随着他的去世，工程半途而废，但他留下了 1871 年投入使用的马德里第一条马车轨道，并在三年前伊莎贝拉二世被迫流亡时侠义相助。

当时的风气对推动国家进步的工业“骑士”是非常宽容的，而对当谋私利者就没那么容易饶恕。在这点上，纳尔瓦埃斯政府以及时间短得多的萨托里乌斯（因为被错误地认为来自波兰，所以被称为“波兰人”）政府和宫廷往往是一致的。

1854 年，当奥唐奈尔将军站出来反对纳尔瓦埃斯时，奥唐奈尔向女王谴责了保守派大臣的腐败，以及他们“可耻地卷入国家丑闻”，即涉及采矿特许权和铁路线的丑闻。年轻的议员安东尼奥·塞诺瓦斯·德尔·卡斯蒂略不是革命者，甚至成为了波旁家族复辟的保守派主导者，他重新采纳进步派的众多要求，谴责选举法的不公正，要求在公共生活中提高道德品行。他说："保留王位，但不要玷污王位的王党。"

温和派政府回归后，特别是1865年后，分歧扩大，事态急速发展。新一代的政治家加入争论，比如了不起的演说家埃米利奥·卡斯特尔，他们毫不掩饰对共和制的赞同，并正面攻击君主。当伊莎贝拉决心向财政困难的国库提供一部分王室遗产时，卡斯特尔在他的报纸《民主报》(*La Démocracia*)中宣称，"她只是把属于人民的东西归还给他们"。卡斯特尔因此被马德里中央大学开除，接着学生暴动出现数名受害者。曾逃离西班牙的普里姆将军在等待他的进步主义事业时机，1867年6月他在马德里煽动一场士官起义，得到了民众支持。但这场起义受到同僚塞拉诺的猛烈镇压：圣吉尔炮兵兵营的66名中士在叛乱结束时立即遭到枪决。

奥唐奈尔于同年9月去世，1868年4月纳尔瓦埃斯去世，伊莎贝拉失去了两位最忠实的王权支持者。文官冈萨雷斯·布拉沃主持大局，女王统治末期陷入了众多阴谋中。

女王丈夫、甚至蒙彭西耶公爵各自都在梦想行使摄政权。但最严重的事件发生在比利时的奥斯坦德，胡安·普里姆和议会的进步派领袖鲁伊斯·佐里拉及萨加斯塔达成一致，迫使伊莎贝拉离开。他们也不知道让谁来代替女王，但没关系：必须要摆脱她！普里姆将军支持君主制，但绝不会让波旁家族的人做君王。蒙彭西耶公爵（拿破仑三世不信他会成为君主）的亲信托佩特上将带来海军支援。塞拉诺手上依然沾有圣吉尔叛乱者的鲜血，他只想着主宰未来的政府。共和制尚且不是一个选项，但民主制度将体现在1868年通过的宪法上。

阴谋者一直等到9月份才采取行动。宫廷成员在巴斯克海岸度假，被废黜的女王离法国只有几步之遥。胡安·普里姆从他住的伦敦到达直布罗陀。托佩特在加的斯煽动舰队暴动，塞拉诺则带领安达卢西亚军队与忠于君王的将军诺瓦利切斯侯爵的军队作战。当月28日，两军在西班牙军事史上反复提及的瓜达尔基维尔河上游的科尔多瓦阿尔科利亚大桥上相会，这勉强算一场真正的对抗。

在马德里，有人唱着列戈的赞歌，有人高喊着"波旁灭亡！"几天后，女王在她脸色苍白的丈夫和她最后的情人卡洛斯·马福里的陪同下，在比亚里茨受到法国君主的欢迎，他们被安排在亨利四世城堡临时居住，然后搬到了巴黎的一座升为“卡斯蒂利亚宫”的豪宅里。这栋建筑后来成为豪华酒店，再后来成为国际会议中心。

这场被称为“光荣”的革命，可能没那么光荣，它明显缺乏社会基础，用权力阴谋结束了一个君主制，也结束了西班牙近代历史上相对稳定、措施丰富的时期。而它又开启了另一个6年时期，这只会积累体制上的失败，进一步延后解决国家真正遇到的重要问题。

第十八章　从革命到复辟

西班牙人从任性的女王手中解脱出来。自此，西班牙人干劲十足地翻开军事篇章，但他们并没有衡量“光荣革命”将使国家置于长期紊乱的风险。

从 1869 年至 1875 年，西班牙经历不少于 4 个政权，一个临时摄政，一个外来王朝的君主立宪制，一个在不到两年的时间里连续换了 4 位总统的第一共和国，更不用说第二次卡洛斯战争、无政府主义革命和古巴独立运动的开始。与此同时，它无意中扰乱了欧洲的平衡，挑起了 1870 年法国和普鲁士之间的战争，而普法战争又导致拿破仑三世垮台、德意志帝国诞生、巴黎公社诞生，由此产生了真正坚定的革命者，必将对西班牙产生深远的影响。

从伊莎贝拉二世到巴枯宁：风云突变……

虽然只是巧合，但新时代的轮廓已显现出来，人们在 1868 年初秋见证了一场奇特的轮替。当伊莎贝拉二世带着过时的世界经亨达耶离开她的祖国时，俄罗斯革命家米哈伊尔·巴枯宁[①]的门徒，很快成为无政府主义理论家的意大利人朱塞佩·法内利越过比利牛斯山脉，在当地排版车间工人先锋的帮助下，在西班牙建立了工人国际第一批支部。这场运动从马德里和巴塞罗那开始，经过瓦伦西亚和莱万特，逐渐蔓延到安达卢西亚，得到了愤怒的无地农民的支持，早于卡尔·马克思的女婿保罗·拉法格开展共产主义运动。后者直到 1871 年才到达马德里，传播《共产党宣言》，并播下种子，后来这些萌芽发展成西班牙工人社会

① 米哈伊尔·亚历山大罗维奇·巴枯宁（1814—1876 年）：俄罗斯早期无产阶级革命者，著名无政府主义者。他主张个人和社会的绝对“自治”。他的信条是“自由即至善”。巴枯宁的主张 19 世纪在瑞士、意大利、西班牙等国广泛传播。

党（PSOE）和西班牙劳动者总工会（UGT）。

无政府主义者以蒲鲁东[①]和巴枯宁理想的名义废除国家、反对无产阶级专政。无政府主义者反对未来的社会主义和共产主义者，而自由主义者反对马克思主义者：在这个历史转折点，一个红色和黑色的西班牙已经出现，而资产阶级正在寻找一个立宪君主，同时武装对抗旧政权的最后支持者。

这种矛盾并不是西班牙特有的。在尚博尔伯爵的努力下，巴黎公社之后的法国不是也给自己准备好一个合法君主了吗？无论这种共存多么引人注目，都只能为整个欧洲大陆勾勒出一幅图景：一个随着有组织的工人运动诞生而迅速变化的社会，让缓慢的旧时政策过时。何塞·奥特加·伊·加塞特在下个世纪对开始进入历史舞台的“群众起义”进行了很好的分析。

在这场来自于工业世界的剧烈变革中，西班牙凸显出自身结构的落后，特别是在没有经过任何真正改革的农业领域，仅仅为了传统大地主或受到很大限制的新资产阶级的利益而出售宗教或公有财产，在大多数情况下甚至使农民的状况更加恶化。“光荣革命”的主导者不会改变任何事情。他们仅满足于在宪法中引入普选来掩盖这些失败和不公正的结构。当然，它本身是一个进步，但就目前情况而言，只不过是虚幻的、对现实过早的美化！

寻找一位外国国王

托雷公爵弗朗西斯科·塞拉诺将军曾经是女王伊莎贝拉二世的宠臣，然而是他推翻了君主，主持临时政府，之后成为王国的摄政者，直到找到一位新君主。塞拉诺出生在加的斯，自1858年以来，他已不是第一次改变政治立场。他在帮助埃斯巴特罗和进步派回归掌权后，又离开了他们。随后他被任命为古巴将军，在那里他娶了一位富有的妻子。直到最近，他果断而血腥地镇压了圣吉尔的军士叛乱，这使得他与同僚胡安·普里姆一起掌权，并一起策划政治阴谋。简而言之，他是一个勇猛的军人和熟谙权术计谋的政客。今天，马德里最别致的街道

---

① 蒲鲁东（1809—1865年）：法国政论家，经济学家，小资产阶级社会主义者，无政府主义之父，首先使用安那其（Anarchy）一词表述社会的无政府状态。蒲鲁东的学说和政治活动对巴黎公社前的法国工人运动颇有影响。

也是以他的名字命名。

胡安·普里姆·伊·普拉茨比他小4岁，出生在鲁斯，他对波旁家族的仇恨可能源于他的加泰罗尼亚血统。他在墨西哥就已经预见到拿破仑三世将陷入绝境，这说明其有过人的政治天赋。他在摩洛哥战役的功绩为他赢得了卡斯蒂莱霍斯侯爵的称号，在军队和全国各地都广受欢迎。

在颁布1869年新宪法后，塞拉诺就晋升为摄政者，主持政府。两个任务摆在他面前：恢复在他革命后诞生的革命军政府破坏的公共秩序，并寻找一位由主权国家代表选出的新国王。

1869年1月，第一次通过普选和小选区制选出了（或声称选出了）制宪议会。在大城市的选票支持下，69名共和党代表（占1/5的席位）进入议会。议会多数仍然赞成实行两院制的议会君主制。

宪法于6月1日以214票对55票获得通过。这无疑是西班牙1936年宪法之前最先进的宪法。它重申国家主权原则，规定满25岁可正式参加普选，将公民身份和婚姻世俗化，保障信仰自由，但没有走到政教分离的地步。这个宗教问题是议会辩论中被讨论最多的议题。

然而，在宪法颁布后的几个月里，阿拉贡、莱万特甚至安达卢西亚都出现了严重的政治和社会紧张局势，这些地方对改革寄予厚望，但改革未实施，也没有列入议程。激进的共和党人和被称为“坚定自由者”的民兵煽动暴乱，导致普里姆暂停了宪法保障。另外，寻找新的王冠持有人让他忙得不可开交，这项工作更加紧迫，因为面对着空置的王位，卡洛斯派已经准备重新开始战斗。但在哪个王朝找到这种稀有的人选呢？

伊莎贝拉二世的儿子、未来的阿方索十二世被自动排除在外，蒙彭西耶公爵的候选资格也因一些缘由被取消。几轮筛选下来，还剩下一位可靠的候选人：34岁的霍亨佐伦亲王利奥波德，普鲁士国王的表兄弟，也是一位布拉甘斯公主的丈夫。秘密程序正在进行中，他们审查得很快。在法国，谈判很难进行。法国外交部长格拉蒙特公爵在立法机构前表示，“法国政府从来不打算打破欧洲目前的势力平衡，这对自己不利”。人们看到古老的幻想又出现了，从比利牛斯到莱茵河，一个被哈布斯堡雄鹰钳制的法国，就像查理五世的时代一样！被狂热民族主义报纸引导的公众舆论，对侮辱国家荣耀的行径表示愤慨。面对法兰西第二帝国的共和主义反对者和甘贝塔的一致意见，普鲁士的威廉一世敦促他的亲戚霍亨佐伦亲王撤销自己的候选资格。但为了安抚法国不妥协的爱国主义情绪，还需要做更多的工作：巴黎现在需要保证。格拉蒙特要求西班牙的保证，他还要求普鲁士的保证。

唉！这就是俾斯麦等待的借口，他已经战胜奥地利，为了背着法国完成德国的统一，他需要一个借口。清醒的梯也尔警告过这位鲁莽的大臣："你刚刚是把手套扔在一个人脸上，逼他决斗！"普鲁士首相懂得拾起手套送回法国，答应决斗。著名的"埃姆斯密电"是引发这场灾难性冲突的陷阱。普鲁士国王打算向拿破仑三世写200来字的客套话来回应他的要求，结果只剩下20字的粗暴信息，这是俾斯麦紧急篡改后的版本。由于错误的动机，法国向普鲁士宣战！最令人惊讶的是，一个月前，在就霍亨佐伦亲王候选人资格进行辩论的议会投票前夕，法兰西皇帝接见了西班牙大使，对他说："你能想象长期组织这一切来挑衅我们的俾斯麦伯爵会放过这样的机会吗？"如果拿破仑三世在这件事上像阿道夫·梯也尔那样清醒，嗅到了陷阱的味道，那么人们会惊讶他如此轻易地被公众舆论和身边的文武官员牵着走，不负责任地去打仗。他对自己的武装力量过于自信，又因疾病侵蚀使他体力衰退，致使他为了一个奇怪的动机走向失败。这是历史上继费利佩五世和拿破仑一世之后，西班牙王位继承第三次使法国陷入不幸的战争！

与之前的事件不同，西班牙至少不必遭受苦难：由于少了霍亨佐伦，普里姆将军突然选择了意大利国王维托里奥·埃马努埃莱二世的次子奥斯塔公爵阿玛迪奥。这当然不是合教会和教皇绝对权力主义者口味的候选人，因为这位王子就像整个萨伏伊家族那样，与教皇争夺世俗权力而被开除教籍。相继发生的事件（1870年9月20日，罗马在色当之后成为意大利王国的首都；11月16日，西班牙议会选出一位萨伏伊家族成员做国王）甚至挑衅了西班牙天主教徒。但这对普里姆和他的进步派多数派来说并不是障碍。恰恰相反，1870年秋季的一天，议会以191票支持对73票反对，使阿玛迪奥一世成为西班牙第一位选举出的国王，蒙彭西耶、埃斯巴特罗和未来阿方索十二世各有30来票。这位26岁文雅王子、真诚的民主人士，来到一个他一无所知，甚至连基本语言都不会的国家，更多的是忍气吞声，而不是相信自己能做一些有用的事情。因为他已经知道自己“在众多党派里左右为难，不可避免地要冒着被叫他来的人挟持的危险”，也许首先就从普里姆将军开始，他给了自己王冠，并承诺成为新王国的主要支持力量。

然而，12 月 26 日晚，在阿玛迪奥到达卡塔赫纳的 3 天前，胡安·普里姆在马德里被暗杀了。在首都一条狭窄多雪的街道上，马车因交通堵塞而停下，透过车窗开枪的杀手已经逃之夭夭，幕后指使者的身份一直没有查清，警方调查记录随后也神秘地消失了。不过，当代西班牙历史学家同意当年流传的一则谣言，强烈怀疑是蒙彭西耶家族和塞拉诺将军合谋除掉了普里姆。

阿玛迪奥国王短暂而痛苦的统治

1871 年 1 月 2 日，阿玛迪奥在严寒中抵达马德里，在那个使他成为西班牙国王的人——胡安·普里姆的灵柩前沉思，他独自一人在西班牙的危险中心，决心尽自己最大的努力担任立宪君主的角色。他的妻子玛丽亚·维多利亚，一个美丽、有活力、慷慨的女人，精通卡斯蒂利亚语，文化功底扎实（她一听到丈夫与已故作家马里亚诺·何塞·德拉的女儿有私情的传闻就来和他团聚）。国王夫妇展现出的简单生活方式遭到怀念波旁王朝的贵族蔑视，人民对他们也很冷漠，加上他们在没有随从或护卫的情况下到处走动，最终他们不再受普通民众关注。

更严重的是，统治者惊险地躲过一次无政府主义者的攻击，那时他们正郁闷地从雷蒂洛公园一场礼拜唱诗会回来，他们低调地混在人群中，没有看到他们所期待的热情和尊重的迹象。1873 年 1 月，他们第三个孩子在马德里出生，还发生了礼仪上的荒谬意外，加剧了国王和塞拉诺将军之间的紧张关系。

1872 年 6 月，当后者想再次中止宪法保障时，阿玛迪奥非常在意自己的职责，断然拒绝。国王与本想依靠的两党领袖之间的关系不再变化无常，促进他们协调轮替：由普拉克斯德斯·马特奥·萨加斯塔领导的“立宪派”和曼努埃尔·鲁伊斯·佐里拉领导的“激进派”轮替。很快，这位君主因无法让这场虚假的西班牙变革的政治生活文明化而筋疲力尽，这场变革和他自己的统治一样不自然，他最终找了一个借口——政府与被威胁解散的炮兵军队之间的冲突，来退位。面对指责阿玛迪奥“背叛了忠于民主的萨伏伊家族”的激进派政治家，在两人之间担任翻译的玛丽亚·维多利亚王后直言不讳地反驳道："先生，请不要混淆：这里没有民主，只有滑稽的模仿！"

在两年的君主生涯中，阿玛迪奥在各省长期动荡的情况下不得不6次主持组建政府，两次解散议会。从莱万特到安达卢西亚，与"光荣革命"一起诞生的民兵队并没有解除武装，北部省份的卡洛斯战争战火重燃。唐·卡洛斯的继承人怎么可能不利用伊莎贝拉二世倒台和这位外国来的国王周围薄弱的民族凝聚力而从中获益呢？

1872年5月，第三个王位觊觎者，蒙特莫隆伯爵的侄子自称"查理七世"，从日内瓦号召起义，然后在纳瓦拉和他的支持者队伍会合，后者一直活跃在巴斯克地区到加泰罗尼亚。起初他们没有成功，为了不被莫罗内斯将军的部队抓住，他不得不逃跑。但不到一年，阿玛迪奥国王的退位将使他有机会卷土重来，他重新组建了一支由职业士兵组成的军队，有着比前辈们更少的思想背景。西班牙建立的新政权还要付出很多努力，才能遏制这种死灰复燃的现象。

第一共和国的诞生和结束

国王阿玛迪奥意识到他"无法为西班牙人民创造福祉"，决定于1873年2月11日返回意大利。同一天，议会以258票对32票宣布建立共和制。代表们可能大多是君主主义者，但这是唯一剩下让他们实验的政体！"君主制死了，除了天意之外，没有人能做什么"，真诚的共和党人埃米利奥·卡斯特拉尔承认。法国也是如此，从第二帝国垮台到1875年1月30日，共和制一直处于搁置状态，直到以一票之高的微弱优势通过著名的瓦隆修正案。

在西班牙，对内心仍支持君主主义的多数派来说，决定赞成波旁王朝和伊莎贝拉的儿子一同回归还为时过早，他们在等待一个更有利的时机。卡洛斯派也用战斗搅乱局势。不能像法国一样，在尚博尔伯爵的主持下，两个王朝分支（奥尔良派和正统派）之间重新和解。新的王位觊觎者——"查理七世"一直打算单枪匹马行事，用武器来强行夺权，他从来不掩饰狭隘的绝对主义和前任们狂热的天主教观念。卡洛斯派现在的重点是保卫贫贱的群体，反对贪婪的自由派投机者，强调为农民和工人服务的国家保护主义，反对"灾难性的贸易自由"，注重公共财政的合理和社会管理，强调西班牙的统一，但尊重其多样性及古老王国的传统和特权。约瑟夫·佩雷认为，这个“查理七世”至少在精神上与贝里公爵夫妇的儿子“亨利五世”（他只是因为国旗的颜色而无法登上法国王位）所计划的纲领没有太大不同。王位觊觎者再次发动内战，但这并不是让西班牙人与卡洛斯派和解的最好方式[①]。

1849 年的战争遭到失败，从 1873 年至 1875 年，唐·卡洛斯遥远的继承人又旧事重演：在埃斯特拉建立一个小宫廷，在附近的奥特市建立一个国家的雏形，设立它的政府、法院、大学，最重要的是一支职业军队，使毕尔巴鄂遭受了新的围攻，米格尔·德·乌纳穆诺将是其中最年轻的见证人。

但对共和国最大的打击将来自无政府主义左派和巴黎公社的奇怪模仿者、小行政区主义革命的“绝对混乱”。

在第一共和国的四位历任总统中，第一位是埃斯塔尼斯劳·菲格拉斯，他是一位有教养的加泰罗尼亚知识分子，然而他却不具备他的法国好友甘贝塔的品质。他甚至谦虚地承认自己连家庭都指挥不了。他组建的第一个政府，由于军营不守纪律，只持续了 13 天，第二个政府也没有持续更长的时间。当他的妻子去世时，他请假后便不再回来。接替他的临时总统弗朗切斯克·佩伊·马古尔也是一位加泰罗尼亚人，他翻译了蒲鲁东的作品，是联邦主义国家概念的理论家，在无政府主义酝酿时期，他支持由巴枯宁的效仿者发展的分解理念。在他的总统任期内，一部共和国宪法草案规定，承认不同地区的主权，并让它们按照自己的意愿在伊比利亚联邦内联合起来。

这些含糊的梦的结果很快就出现了：一个从未经议会投票的联邦制共和国在不受控制的压力下成立了。不仅如人们所想的那样，而且加泰罗尼亚刚刚在前任总统任期内树立了榜样，建立了加泰罗尼亚国（l’ Estat catalá），还有大批城

---

① 卡洛斯七世是费尔南多七世的弟弟卡洛斯·马里亚·伊西德罗（即唐·卡洛斯）的孙子，唐·卡洛斯是那些反对伊莎贝拉二世担任西班牙国王的“卡洛斯派”所拥戴的西班牙国王，被称为卡洛斯五世。1845 年，唐·卡洛斯“退位”，其子唐·卡洛斯·路易斯成为卡洛斯派首领。1860 年，卡洛斯派发动叛乱，试图夺取王位，但未获成功。1868 年，唐·卡洛斯之孙唐·卡洛斯·马里亚成为该派首领，称“卡洛斯七世”。在西班牙女王伊莎贝拉二世被废黜后，卡洛斯派两次起事（1869 年和 1872 年）均告失败。1873—1876 年，卡洛斯派又发动第二次卡洛斯战争，再次遭到失败。

市、城镇或村庄都宣称自己拥有主权，甚至连拉曼查的小村卡穆亚斯都效仿马拉加、加的斯、塞维利亚和瓦伦西亚宣布独立。当格拉纳达市宣布与哈恩市开战时，由无政府主义乌托邦所产生的狂热小行政区主义运动达到了顶峰。在卡塔赫纳事态更严重，当地领袖安托内特·戈尔韦兹劫持了一艘军舰努曼斯号，并威胁要攻击舰队其他成员。之后，他带头向马德里进行志愿军行军，不过这次行军没有超过阿尔巴塞特。

军事领袖没有合法授权就进行干预，他们造成的混乱让许多官员厌恶，而此时“查理七世”的军队正在经过。马丁内斯·坎波斯将军寻思着，究竟是什么奇迹让卡洛斯派没有利用机会发动总攻，这有可能把他们带到首都去呢！

佩伊·马古尔被压得喘不过气来，但仍坚持他的人文主义理想，提出通过向“卡塔赫纳或其他地区起义的同宗教团体”让步来解决市镇暴乱的问题。1873 年 6 月，佩伊·马古尔辞职了，更现实的安达卢西亚人——尼古拉斯·萨尔梅龙教授接替了他。萨尔梅龙决定派遣军队镇压安达卢西亚和莱万特的市镇暴乱。不过，他拒绝在军队给他的一些死刑判决书上签字。他将权力移交给了埃米利奥·卡斯特拉尔，后者是狂热的共和主义者，对这样的事无所顾忌。当卡斯特拉尔上一年 9 月担任“有行政权力的总统”时，唯一要做的就是打击卡塔赫纳军事港口顽强的叛乱，他们刚刚轰炸了邻市阿利坎特。在洛佩斯·多明格斯将军的围攻下，卡塔赫纳直到 1874 年 1 月 12 日卡斯特拉尔下台后才投降。当地叛乱领袖乘坐努曼斯号逃往阿尔及利亚……

共和国的第一年是灾难性的，不出所料，最后以军队恢复武装力量而告终，并得到被革命鼓动的广大公众舆论的赞同，因为他们对当权知识分子的无用言辞感到厌倦。联邦民主派为了寻找“另一种方式思考西班牙”，却打开了潘多拉的盒子，释放出不受控制的力量。卡洛斯派曾一度夺取新卡斯蒂利亚的昆卡，而小行政区主义自由派则与他们联合进攻，却没能把一个强烈自我怀疑的中央国家打垮，这确实是一个奇迹。

然而，共和国的结束是很突然的。1874 年 1 月 3 日，在安达卢西亚领导行动的曼努埃尔·帕维亚将军突然闯入了议会，不像传说中那样骑着马，而是带领一支民兵分队，驱散了议会代表，他们中大多数人准备罢免卡斯特拉尔。107 年后，1981 年的一个戏剧性夜晚，同样在这个半圆会场，特耶罗上校企图领导后佛朗哥时代的军事政变。事实上，尽管两次政变在形式上相似，但把二者联系起来是错误的。卡斯特拉尔的共和精神使他“宁愿死去，也不愿向刺刀屈服”。他不必这样过激，因为他的议会军队已经溃散，有的人从临街窗户跳出去。

然而值得注意的是，这是第一次由一个将军而不再是政党领袖在军队的默许下介入。在经历了6年的无序动荡和混乱之后，这几乎是政治困局的必然结果。这也是军队第一次表现出集体意识，也为今后的干预打开了一扇大门，不再像以前个人军事政变的方式，而是像1924年普里莫·德·里维拉和1936年对抗人民阵线的将军那样，在军队内部很好地协调一致。

1873年的乌托邦共和国就这样被军事监督下的共和国所取代，第五任总统是已经衰老的塞拉诺将军。它被称为单一制共和国，而不是联邦制共和国。它只是向君主制复辟的过渡，1868年失望的革命者最终团结起来。

卡诺瓦斯·德尔·卡斯蒂略和阿方索十二世的复辟

1870年，伊莎贝拉女王在巴黎决定退位，她支持她的儿子阿方索王子。后者在斯坦尼斯拉斯学院学习后，又在维也纳的特蕾莎纽姆学院学习，并前往欧洲其他地方进行各种启蒙旅行，刚刚加入桑德赫斯特英国军事学院。她将复辟的希望和政治阶层的利益寄托在最优秀的宣传者安东尼奥·卡诺瓦斯·德尔·卡斯蒂略身上，他是当时唯一一位真正具有政治家气质的人。

卡斯蒂略1828年出生于马拉加，是一位历史学家、有手腕的议员，也是一位有成就的“诚实的人”，他比他阵营中其他著名成员都更明白，他所在的自由派右派分子如果不遵守明确的民主规则和开放政策，就永远找不到稳固持久的立足点。这种精神曾使他支持奥唐奈尔和自由联盟的事业，反对纳尔瓦埃斯独裁保守主义。他深信，传统的自由君主制是唯一能够恢复国家迫切需要的稳定的政体，只要一位受人尊敬的君主知道如何统治，他准备用议会和自己的说服才能，从新的角度恢复与传统的联系。

由于卡诺瓦斯的精心安排，年轻的王子于12月从桑赫斯特发出的宣言在阿方索派圈子里广泛流传，这份宣言也朝着同样的方向走去，即自由主义和宪政，作为对国内所有政治潮流的善意呼吁。理想的情况是，军方暂时不要走在议会代表们的前面，以使运动得以顺利进行。可惜，这不是他们一贯的做法。

塞拉诺将军在经历了这么多政治动荡之后，被人们视为起到了麦克马洪元帅在法国所起到的梦寐以求的作用：一个恢复了王位的共和国总统[①]。另一位更年轻、不太妥协的将军阿塞尼奥·马丁内斯·坎波斯刚刚压制了莱万特的小行政区主义者，他抢先于塞拉诺，效仿英国将军蒙克（促成1660年斯图亚特王朝复辟的主要人物），拥立阿方索十二世，恢复波旁王朝统治。

1874年12月29日，他选择了西班牙古代历史中的神秘城市萨贡特，在两个营前面宣布拥立阿方索十二世。而卡诺瓦斯则对这场军事政变感到震惊，他赶紧组建一个摄政政府，尽快为君主制提供法律保障。当塞拉诺离开他的总统职位去流亡时，共和党人只是在言辞上有一些保留意见。

1875年1月14日，阿方索十二世乘坐一艘来马赛接他的西班牙护卫舰，抵达瓦伦西亚，并进入马德里。这位友善、自然的18岁青年骑着白马走在阿尔卡拉大街上的景象，与4位轮替总统严厉的形象形成鲜明对比。

首都对他的欢迎程度正如卡诺瓦斯所预料的那样：灰暗的共和时期过后，这座城市又恢复了生机。然而，编年史作者注意到了有意思的小趣闻——一个在首都的皮条客（chulo）靠在灯柱上，聒噪地表达他的热情，年轻的国王提醒他小心嗓子，当事人回答说："这不算什么，陛下，您的母亲被赶走时，您可能听过这种声音！"

无论真实与否，民众开朗是这个国家的特质。自18世纪末以来，这个喧嚣、被背叛国家没有失去对领导者的尊重。但正是由于漫长的历史中断，卡诺瓦斯声称要在新的、更健康的基础上重建君主制，而议会制度围绕两个主要政党交替执政，国王则有尊严地履行象征性的职能。这位历史学家曾经写过精彩的文章论述西班牙哈布斯堡王朝末期衰落的统治，他梦想着恢复1788年因波旁王朝的卡洛斯三世去世、启蒙运动消失而中断的历史脉络："现在我们将复兴西班牙的历史！"

复辟后建立的新秩序至少有两个优点：第一个是恢复体制稳定，第二个更

---

① 麦克马洪在1873年梯也尔辞去总统之后被选为法兰西第三共和国的第二任总统，但他在任内颁布通过了1875年宪法，让拥护君主政体者占据政府的大部分部长席位，并直接干预议会。

紧急，是恢复各省的和平。在南方，战争将死灰复燃，而从未解决的农业不公正问题将助长气焰。但在北方的卡洛斯派喘不过气来，最终解除武装。

把他们赶出曾经占领的国家中部的最后阵地后，1875 年 7 月至 1876 年 2 月期间，由马丁内斯·坎波斯领导、后来由国王亲自领导发动总攻，说服卡洛斯派军事领袖卡布雷拉，他是第一个响应阿方索十二世在次月向他们呼吁的联盟。第三个“唐·卡洛斯”没有等到这些效忠行为，就带着他的合法性原则到法国避难了，这些原则只有在 1936 年 7 月“民族主义者”起义中，才会以军事形式出现—— 但这次是由莫拉和佛朗哥精心操控，以一种简单的辅助部队的方式出现。

伊莎贝拉二世的儿子的统治由此迎来了一段政治复兴时期，议会保守主义伴随着波旁君主重新受欢迎而恢复生机。这位年轻的统治者，有着王国和平缔造者的形象，特别是两年后他的个人悲剧更让民众关心。1878 年 1 月，他刚和蒙彭西耶公爵的女儿、表妹玛丽－梅塞德斯·德·奥尔良因爱结合。5 个月后，他就成了鳏夫。一个优雅动人、充满爱心的年轻皇后，在她人生的第十九个春天被肺结核带走，国王陷入难以平复的痛苦：没有浪漫主义哀伤的西班牙，在这场不公正的不幸中，以古老民谣锻造了统治者的感伤传奇：阿方索去哪儿，哪儿就有悲伤！（Donde vas Alfonso trece, donde vas triste de ti！）

摄政王后和伊莎贝拉二世时期的旧时宫廷诡计似乎已经属于遥远的世界。老卡诺瓦斯明智地确保前女王远离王国事务，如果可能的话，尽可能在西班牙以外的地方呆上一段时间。至于玛丽·克里斯汀·德·波旁，费尔南多七世灾难性统治的最后见证人，也是动荡摄政时期的主角，她于 1878 年孙子结婚后不久，在她隐居的勒阿弗尔附近圣－阿德雷塞的蒙迪西尔别墅去世。卡诺瓦斯复兴不仅要与过去一刀两断，而且坚决文官化，从政治家将军的掌控中解脱出来，就在不久前，他们还想将复辟带到军队的洗礼池中。

1876 年 7 月 2 日，由普选的议会快速起草和批准的新宪法，是卡诺瓦斯所期望的英国式议会的基础。尽管创纪录的弃票率反映了国家在政治上的疲倦，但必须承认它有一定的优点，直到 1931 年第二共和国宣布成立之前它一直被使用。

这是一部保守的宪法，因为它根据陈旧模糊的用语“Las Cortés con el rey”（议会与国王）将行政权和立法权赋予了一个主权国家和国王，并且只说明议院的议员是被选举出来的，但在宪法文本中没有确定具体的投票制度。它还将参议院一半的席位给了应得的成员或由王室任命的终身议员，另一半席位只保留给通过限制性和间接选举产生的议员。然而，它并没有宣称与1869年宪法中更先进的理念决裂，它在序言中重新采用了大多数有关个人权利和自由的原则。在当时的教皇庇护九世在通谕中加了《谬误举要》(*Syllabus*)，谴责自由主义和整个“现代主义”为“罪”的时候，这部宪法重申了信仰自由，但天主教仍然是国家的官方宗教。事实上，这是一部相当灵活的基本法，接近于法兰西第三共和国宪法和英国的议会制度，给国王留下一定的行动自由，条件是不滥用它。阿方索十二世和他的遗孀在漫长的摄政期间就是这样，阿方索十三世的自由则少得多。卡诺瓦斯还打算让君主成为武装力量的最高领袖，授予国王军队最高指挥权，以防止未来的军事政变。

但真正确保系统稳定的因素是来自于西班牙自由主义两派之间的协调轮替：温和派和进步派轮替，它们从此都遵守有组织的政党内部纪律，类似于伦敦议会的托利党(tories)和辉格党(whigs)。卡诺瓦斯，作为他创立的保守党第一势力范围的领袖，毫不费力地说服他的老对手、共济会的普拉克斯德·马特奥·萨加斯塔组成立宪-自由党(从1880年起也被称为“合并主义者”)，体现了“左派”和“右派”仅在一些细微处上有所不同：自“狂热者”时期以来被削弱的反教权传统，以及在社会问题上略微先进，但条件是他们不质疑贵族之间持续拥有霸权的基本原则。最初是非正式的，随着阿方索十二世离世，双方订立所谓“帕尔多协议”，交替协议具有了准宪法的性质，从而更好地巩固了摄政地位。不复存在的共和国的孤儿们只能在激进和阴谋者的立场之间做出选择，比如鲁伊斯·佐里利亚，他的军事共和行动试图招募年轻官员，以及卡斯特拉尔非常个人化的姿态，他和卡诺瓦斯一样喜欢友好的竞争。

卡诺瓦斯制度的优缺点

聪明、现实的政治家安东尼奥·卡诺瓦斯·德尔·卡斯蒂略建立的这个制度，在他于1897年被意大利无政府主义者暗杀后，其良好效果依然持续了很长一段时间。它的首要优点是为国家提供了近一个世纪以来不曾有过的稳定和政治和平。由于避免了将军们突然发动的流血事件和破坏性极强的民众示威，西班牙呈现出一个可敬的民主政体的面貌，即两党中一方权力耗尽后，可以和平移交给竞争对手，直到后者反过来显示出力不从心的迹象。

这种系统性交替的弊端之一，就是在各级公务员制度中引入盎格鲁-撒克逊的政党分肥制（the Spoil's System，亦译政党分赃制），每次政府换届时都会有一批公务员下岗。这种“轮流坐庄”的做法并不新鲜，但往往将收买人心制度化，而不与腐败做斗争。更为严重的是，这种高度文明的议会民主制不可避免地与国家的社会经济现实之间脱节，这个落后的国家还远远未赶上来，也没有解决其根本问题，特别是它的土地结构问题。

在西班牙，特别是南部——安达卢西亚、埃斯特雷马杜拉，那里的大庄园政权猖獗，大量农场短期工（braceros）、无地农民的雇佣取决于土地所有者的善意，所有的实权都掌握在当地“酋长”手中，这个词借用了殖民地语言，不仅包括了大地主，甚至包括他们的代管人和许多省的贵族，他们或厚颜无耻或仁慈地统治着广大文盲和贫困群众。这些农村群众的生存不仅要靠封建老板给他们提供的不稳定的工作；在大多数日常生活中的意外里，他们还要依赖这些大小领导的善意，后者能让法律变得更好，因为他们是农民与遥不可及的政治权力之间唯一的中间人。与“酋长”网络相比，一些前工会领袖没有多少分量。然而在1907年普选时，正是由卡诺瓦斯不太信任的“酋长们”参加选举。选民们被严峻的生活状态麻痹，在很长一段时间内，对不考虑他们处境的少数人的政治游戏漠不关心。

确实，在法国或英国被贵族支配的“腐烂村庄”或“死水塘”与同时代对民主的否定有关。但西班牙在教育、农村生活水平，特别是农业结构方面的落后扩大了差异：适合迅速、和谐的社会变革的土壤在很大程度上仍然是荒芜的。

从加利西亚到加泰罗尼亚等北部地区，这种威胁没有那么严重，因为那里的小地主占主导地位。另一方面，这个群体很可能由于过于分散、经济实力薄弱，无法促进公民意识，在民主进程中表达自己。或多或少经历工业化的大城市也不太容易管理，对复辟时期经历它们黄金时代的新闻界所传递的舆论运动更敏感。但同样，在此实行的制度往往会控制选举，并在必要时伪造名单，塞进投票箱。

从这个角度看，美丽的卡诺瓦斯制度就像在不合适的身体外包裹着民主制度的虚假外衣。人们还指责它未能利用政治稳定期进行必要的实质性改革。

后代——首先是经历 1898 年殖民危机的几代人，会毫不犹豫地对它提起这一诉讼，这意味着复辟派不得不承担起远高于自身的责任。在这种质疑的氛围中，西班牙社会的主题充满了焦虑和幻灭，奇怪地恢复了那些在黄金时代的暮色下悬而未决的问题，当时的颓废感已经入侵了西班牙的灵魂。

第十九章　1898 年：民族意识危机

从 1876 年到 20 世纪初，西班牙在君主立宪制的议会政权的框架内，格雷戈里奥·马拉翁在 1946 年的文中赞扬："西班牙这个庞然大物，几乎生活在仁慈的边缘，在孤立贫寒的外省里，没什么特别伟大的事物，但人民的心脏在跳动，他们希望完全实现他们渴望的事情。"

阿方索十二世和他的第一任妻子一样，在 1885 年，也就是他 28 岁生日前两个月，死于肺结核。他给人们留下了英年早逝的国王形象，但作为立宪君主的角色却无可挑剔。在他生命的最后几个月里，他的慷慨和勇气感动了整个国家。当他来到格拉纳达援助地震灾民后，不顾医生劝阻，毫不犹豫地冒着严重的霍乱勇敢地到了阿兰胡埃斯。他的遗孀哈布斯堡－洛林的玛丽·克里斯汀也是 27 岁，除了王国的摄政权，他还留下两个女儿，公主玛丽亚·德拉斯·梅塞德斯和玛丽亚·特雷莎，以及将在他死后 6 个月出生的遗腹子、未来的阿方索十三世。

玛丽·克里斯汀是一位伟大的女性，优雅但有点倔强，她受过完整的教育，能够胜任她的角色，她渴望赢得人民的心，就像曾经取悦她善变的丈夫一样，但除了尊重和有些疏远的仰慕之外，未能激发对彼此的感觉。在摄政的 17 年中，尤其是 1898 年西班牙失去最后一些殖民地时，她表现出了强烈的责任感，既坚定又谨慎，从未偏离卡诺瓦斯建立的议会制度赋予她的纯粹仲裁角色，她与卡诺瓦斯的关系并不融洽，显然更喜欢萨加斯塔自由灵活的性格。

民主进步与"反制度"势力的反抗：社会主义者和自由主义者

从 1885 年开始，在萨加斯塔 5 年首相任期里，他利用保守派内部危机取得了重大的民主成就。在此之前，政府还采取了一些有意义的措施，例如内政部长塞吉斯蒙多·莫尔特于 1883 年成立了社会改革委员会，试图（在与一些社会主义者正式合作下）改善工人的生活条件。1887 年，出台关于新闻自由和结社权的法律，改革军队，实行普遍义务兵役制，明确放弃通过抽签征兵和通过赎买免役的做法，这些做法给最贫困的家庭带来了不公平的负担。普选最终被采用了。渐渐地，西班牙至少在形式上——在上一章中提到的种种限制下，与邻国比肩，甚至寻求加入欧洲正在形成的联盟，以打破其孤立状态。在这种情况下，它曾一度选择德国、奥匈帝国和意大利的 3 国联盟，但不久后又回到严格的中立状态。

1890 年至 1897 年，卡诺瓦斯和保守派重新掌权，但并不影响这种改革主义的方向，因为它得到了教会新社会学说，即教皇利奥十三世学说以及教皇通谕（Rerum novarum）的支持。不过西班牙主教团在其内部深处仍停滞不前，大多与最狭隘的保守主义联系，完全无视梵蒂冈的转向。

然而，卡诺瓦斯民主制度的反叛阵营中，“反制度”势力开始组织起来。他们一部分是以马克思主义社会主义者为核心的极左派代表，另一部分是从巴枯宁继承下来的最强大的西语牙自由主义潮流代表。1888 年西班牙的无政府主义组织早在其强大的工会——全国劳工联盟（CNT），于 1910 年成立之前就已经聚集在一起了。

因此，从一开始，西班牙工人运动就表现出在两种传统之间分化的独特性，它们没有公开对立，甚至密切合作。但在 1936 年至 1939 年的内战期间，会无情地互相斗争。

1879 年，在塔坦区（Tétúan）的一家马德里小酒馆里，在加利西亚印刷工人巴勃罗·伊格莱西亚斯的指导下，西班牙工人社会党（PSOE）秘密诞生了，它深受儒勒·盖德（法国工人党创始人之一）马克思工运中心主义理论的影响。7 年后，《社会主义周报》发布了其学说。1889 年，结社法允许成立工会中心，即劳动者总同盟（UGT），该工会最初只有两千名活跃者，但 1912 年迅速发展到近 13 万名会员。西班牙工人社会党的理论学说在 1977 年费利佩·冈萨雷斯对它强行“去马克思化”之后，与社会倾向大相径庭，清晰又激进。它通过社会革命夺取政治权力，消除议会制的所有体制，实行无产阶级专政，集中一切生产资料为无产阶级服务。但这并不会妨碍从 1909 年开始西班牙工人社会党向或多或少处于体制边缘的资产阶级政党共和党提出战术性选举联盟。

比起仍在组织过程中的社会主义马克思主义，政府更担心自由运动激烈的恐怖活动，它正在扩大从阿玛迪奥统治时期就开始的大量袭击。1891年至1892年，在巴塞罗那发生的一系列致命爆炸事件和1897年卡诺瓦斯被意大利人安吉利略在巴斯克海滨度假胜地圣阿盖达暗杀。在西班牙比其他地方更频繁地拉开了对世界强国进行千禧年报复的序幕：阿方索十三世在访问巴黎时以及1906年5月31日在他的婚礼上成为袭击目标；1912年，首相兼自由派领袖何塞·卡纳莱哈斯在太阳门广场被枪杀，保守派领袖爱德华多·达托也于1921年在马德里遇刺……

无政府主义其所施加的无国界的恐怖，以及对任何国家制度发动的正面战争，特别是在社会冲突最普遍、自发的地方：受农业问题困扰的安达卢西亚和埃斯特雷马杜拉，还有加泰罗尼亚，那里有大批来自南方的移民劳工，分散的纺织车间有利于社会诉求的个人化特征，半岛的其他地方则不同（巴斯克地区、阿斯图里亚斯，甚至在程度较轻的马德里中部地区），那里更集中的采矿或冶金活动有利于西班牙工人社会党“威权”（autoritaire）社会主义的发展。

1909年夏天，在巴塞罗那被称为“悲剧周”的血腥日子里，60多所教堂、修道院和教会学校被烧毁，教士坟墓被掘，他们的腐尸陈列在路上，在加泰罗尼亚预备役士兵出发前往摩洛哥引发的革命大罢工中，大量公共服务设施被摧毁。3天的暴乱被炮轰镇压，有100多人死亡，200多人受伤。伊比利亚无政府主义积极分子弗朗西思科·费雷尔在蒙朱希城堡的沟渠被审判和处决，他是一位自学成才、富有的教育家，是一所现代学校的创始人。人们猜想这所学校培养未来的革命军官，3年前袭击年轻的阿方索国王的始作俑者马特奥·莫拉尔在该校任教。费雷尔作为“无害的人文主义者”的名声（至少在国外）引起了对当时西班牙的安东尼奥·毛拉政府的愤怒浪潮，不过这个名声可能和他被指控的罪行一样是窃取的。在没有被证实的罪魁祸首的情况下，战争委员会和政府不得不采取坚定立场，谴责费雷尔是“意识形态领袖”。在他们眼中，他应该为“悲剧周”和之前的袭击事件受到严厉惩罚，以杀一儆百。

西班牙的“自由运动”是国际性的，但使用炸弹和匕首的“黑天使行动”也具有强烈的个人化特征。由于南方土地分配不公平，随着“小行政区主义革命”，农民暴动的火势持续蔓延。1892年，4000名农民拿着长柄叉闯进了赫雷斯镇，大喊着“无政府万岁”，而后被镇压，其领导人被处决。镇压安达卢西亚起义甚至在很大程度上为遥远的巴塞罗那爆炸袭击提供了借口，他们把军事指挥官、利塞剧院或圣体瞻礼游行当作目标。直到 1909 年“悲剧周”的爆炸，无休止的报复和暴力联系起无政府主义者破坏的主要两极：安达卢西亚农村和加泰罗尼亚城市。

这所谓的第三种“反制度”势力将最终加速卡诺瓦斯议会制度的崩溃。随着 1897 年制度设计者被杀，以及在 1903 年萨加斯塔的去世，领土收复主义运动、甚至分离主义运动在加泰罗尼亚和巴斯克地区重新活跃起来——这一点可以详细讨论。除了议会制度已经被证明无法驾驭紧张局势之外，还有一个经济上可以预见但政治上出乎意料的国家分裂的幽灵出现。

加泰罗尼亚地方主义重新出现

由于纺织业在当时西班牙工业中占有非常重要的地位，加上资本的集中，加泰罗尼亚成为西班牙最繁荣的省份。毫无疑问，当地知识精英和商业精英主导了强大的加泰罗尼亚的身份更新，人们相信这种身份已经融入了国家多样性。

这些精英的动机无疑源于加泰罗尼亚已成为国家经济引擎的信念，感性、傲慢又自利，但随着时间的推移，它们也融合了强烈的矛盾和模糊性。旧的加泰罗尼亚地方主义曾经在西班牙王位继承战争结束时被哈布斯堡和波旁王朝破坏，如今它又重新出现，不再是过去失败的受害者形象，而是意识到加泰罗尼亚是西班牙新的经济力量之一。从 18 世纪末，尤其是工业时代，西班牙的财富越来越向周边地区转移。

然而，这个迟来的觉醒具有一定的人为性。因为从 1714 年结束叛乱的加泰罗尼亚最后自治特权的“新计划”（Nueva Planta，也译作“新基本法令”），到最近加泰罗尼亚的复兴，经过 1833 年各省的领土划分，统一的中央集权主义在独立战争期间展现的民族团结中得到了加强，加泰罗尼亚像其他地方一样很少有抵抗，除了卡洛斯主义过时的主张。

之前，加泰罗尼亚人佩伊·马加尔在他短暂的共和国总统任期内革新了联邦制，为加泰罗尼亚省提供了某种形式的主权，但仍在西班牙各个区域重新团结的和平框架内。这种共和联邦制仍然是“西班牙”或至少是“伊比利亚”的，没有为加泰罗尼亚安排特殊命运。

同样在不久前，历史研究的复兴和对中世纪的浪漫品味，在唤醒旧的传统和新的地域文化要求方面发挥了重要作用。巴塞罗那伯爵征服地中海，以及阿拉贡联邦王权与卡斯蒂利亚争夺威望的光荣记忆再次浮现，让人感受到不同于西班牙共同体的特殊归属感。为了挣脱出来，人们毫不犹豫地回溯到查理曼统治时期，加泰罗尼亚曾迈着自由的步伐。这一切都导致了加泰罗尼亚人自豪感的高涨。在19世纪末，巴塞罗那不是成为西班牙的灯塔城市了吗？它不仅最热闹、人口最多，也是最国际化的城市，是1888年世界博览会的举办地，向各种欧洲现代主义潮流开放，其创新的城市规划，艺术家、建筑师和画家的声誉（从安托诺·高迪、卢伊斯·多梅内克到圣地亚哥·鲁辛约尔和拉蒙·卡萨斯），还有富裕的文化艺术赞助人，让马德里地位下降。后者仍然是行政、学术和文学之都，努力不失去古代被梅斯塔羊群穿过的大王城的地位。

这种强烈的认同感，诞生于复兴加泰罗尼亚语的小圈子——从1833年卡莱斯·阿里鲍与他的《祖国赞歌》（加泰罗尼亚语）到琼·马拉加尔或神父哈辛托·韦尔达格尔的伟大诗歌《拉阿坦达》（*La Atlantida*）在1877年巴塞罗那花卉会上被褒扬，也许不会超越同时代的弗雷德里克·米斯特拉尔以及法国南方奥克语作家为复兴奥克语所做的努力。如果西班牙国家变得更加脆弱，以及经济不平衡，会让加泰罗尼亚把本来可以成为西班牙共同文化的“附加值”变成加泰罗尼亚自己的民族主义主张。

这种知识分子运动也为加泰罗尼亚语服务。自18世纪末以来，加泰罗尼亚语似乎（至少在文化上）正在走向边缘化，不过很快就找到了政治上的回应。

最早体现这一点的是瓦伦蒂·阿尔米拉尔，他是联邦民主共和党的成员，在他创办的加泰罗尼亚报纸以及在1886年出版的《加泰罗尼亚主义》一书中介绍了加泰罗尼亚特殊性的新概念。阿尔米拉尔打算“只为具有特殊性的地区”保留佩伊·马加尔方案规定的自治权，因为在他看来，加泰罗尼亚就是这样。从此，联邦制不再涉及整个国家，而是在西班牙历史上占优势的地方组成国家。阿尔米拉尔还指出：“分离主义和完全独立与这一概念不相悖，虽然出于时机原因，不可触犯的独立权利将继续搁置。”

这个计划比起独立主义更具有联邦主义精神，受到加泰罗尼亚知识分子支持。埃里克·普拉特、建筑师卢伊斯·多梅内克和地方主义利加党（Lliga regionalista）的创始人、年轻的弗朗切斯·坎波在 1892 年建立了一个共同政治方案。这些“曼雷萨基础”（Bases de Manresa）宣称为建立联邦制国家而清除了近两个世纪的中央集权制，恢复了 1714 年之前的加泰罗尼亚议会，并给予加泰罗尼亚立法和行政自主权，确认官方语言是加泰罗尼亚语，甚至有自己的货币。因此，未来加泰罗尼亚主义政治理论基础甚至在民间社会形成之前就已经确立了。

独立主义运动一开始确实很艰难。弗朗切斯·坎波于 1893 年在加泰罗尼亚内部发起了第一次激励运动，他在回忆录里毫不掩饰地记录了他在空荡的教堂或学校草坪上的讲道却吸引不了人们的关注。加泰罗尼亚的作家何塞普·普拉承认，加泰罗尼亚主义被认为是“有点奇怪的教派，只有四只孤单的猫在他们的教区”。这种新生的民族主义在加泰罗尼亚工业精英的带领下走过一些弯路，这些弯路不仅是在感性方面的。

皮埃尔·维拉尔在他的《加泰罗尼亚历史》中提出的论点可能很难反驳。这些加泰罗尼亚精英们逐渐感到沮丧，他们期望从中央国家获得一席之地（*甚至更多一点*），以配得上他们的经济分量。约瑟夫·佩雷指出：“加泰罗尼亚人在西班牙的霸权仍将是 1910 年左右坎波的梦想”。坎波回忆起自己当选议会代表后，曾希望成为马德里的政府首脑：“从 1820 年至 1885 年，加泰罗尼亚工业领袖占领了西班牙国内市场。他们渴望的不是领导加泰罗尼亚国家，而是西班牙民族，虽然没有成功。”

他们诉求失败的原因是什么？可能是由于复辟时期的保守派政府的愚笨。还有人说，是由于西班牙天主教等级制度的要求，想对加泰罗尼亚教区和修道院进行过度监管，激起了宗教民族主义的反抗，其中蒙特塞拉特修道院成为精神堡垒。但毫无疑问，巴塞罗那在 1892 年至 1909 年间爆发革命，引起了马德里的不信任。

另一个重要因素，即加泰罗尼亚的工业优势和与马德里经济利益冲突加剧了首都和巴塞罗那之间的矛盾。加泰罗尼亚雇主的权力基于他们对西班牙国内市场的垄断，因此要求采取保护主义措施，而西班牙其他地区的利益和在马德里取得胜利的自由主义哲学则向自由贸易倾斜。1885 年，卡诺瓦斯在加泰罗尼亚工业家的压力下，被迫放弃了与英国达成的重要贸易协定。加泰罗尼亚在锻造其自治武器的同时，渴望主宰整个国家，因此出现了很多矛盾。

由于误会，结果是可预见的：“从1885年至1916年，加泰罗尼亚统治阶级相信，如果它的商业精神取得了成功，不能归功于西班牙市场，而是因为它不顾中央政府经济政策的荒谬规定。因此，加泰罗尼亚的资产阶级用重新成为国家的梦想来激励这个地区。”

我们已经记住，民族主义愿望和对地方权力的渴求紧密交织在一起（就是没有革命运动严重）破坏了复辟时期脆弱的两党结构。在不久的将来，直到今天，随着民族主义政党（加泰罗尼亚、巴斯克甚至加利西亚）进入国家代表机构，造成新的分化，使议会竞争变得越来越复杂。

巴斯克民族主义的觉醒

巴斯克地区渴望单独发展的情况则完全不同。因为地方资产阶级通过银行网络和仍处于初级阶段的工业资本主义与卡斯蒂利亚及马德里的权力紧密联系在一起，他们高度依赖外国，特别是英国。长期以来，他们对粗鲁的民族主义运动就算没有敌对，也表现出了抵触情绪。

巴斯克民族主义的设计师萨比诺·阿拉纳是前卡洛斯派，他猛烈地反对西班牙，甚至是种族主义者。他的教义最初只在他的家乡比斯开传播，要求巴斯克人的血统纯正，并排除所有西班牙侨民或住在尤兹卡迪神圣中心只有一半西班牙血统的人。在基本愿景中，他们的命运将由以格尔尼卡为首都的未来国家的总军政府来决定，它将抹去旧政治和文化统治的所有痕迹，阿兰纳本人则负责将巴斯克语从口语阶段（它从未摆脱）转变为庄重的书面文字。

在他的全集（Œuvres complètes）中，有一些格言令人痛心：“比斯开人高贵聪明；西班牙人呆板严肃。巴斯克人勤劳，西班牙人懒惰；一个天生是老爷，另一个天生是仆人。”

在巴塞罗那的几年时间里，他密切关注着加泰罗尼亚主义的发展，这个耀眼的、固执的人在38岁还没有来得及成熟（思想）前就去世了，没有掌握民族主义思想的精妙之处，比如加泰罗尼亚人努力对半岛其他地区的移民人口实行明智的同化政策，使他们融入自己的地区文化。很久以后，何塞普·塔拉德拉斯在1977 年恢复大区主席职务后，谈到埃塔（ETA）[①] 可怕的狂热问题时，对误入歧途的巴斯克民族主义之子说出残忍的话："毫无疑问，罗马文明从来没有到达过他们那里！"

他们在浸透着父权和教权的卡洛斯主义的农村，或是受快速工业化打击的小资产阶级中寻找第一批拥护者。巴斯克民族主义政党（PNV）诞生于 1894 年，在 1903 年阿兰纳去世后，由比其创始人更成熟的人领导，其领袖有时是杰出的知识分子，但却是民族主义学说的囚徒。这种学说是保守的，以激进的自卫手段为基础，倾向于无休止地加强自治。他们从来没有隐藏其最终使命，即独立和收回其 7 个省，包括纳瓦拉和大西洋比利牛斯山脉的法国领土。阿兰纳对一向尊重巴斯克地区特权的西班牙有着抽象和非理性的仇恨，甚至在西班牙失去最后殖民地的 1898 年灾难后祝贺美国总统获得胜利！

即将到来的灾难：失去古巴和菲律宾

美国一走出南北战争，就在它认为能影响到的地区推行类似于欧洲列强在非洲、中东或亚洲推行的帝国主义政策。他们以门罗学说的名义——"美洲人的美洲"，在 1848 年占领了一半的墨西哥，迫使日本打开贸易大门，并向西班牙提出购买古巴和波多黎各以及作为北太平洋战略基地的菲律宾，然而徒劳无功。

古巴有近 150 万居民，克里奥尔精英不可避免地陷入了解放的困境，半个世纪之前，这个加勒比大岛屿在 1868 年利用西班牙"光荣革命"时的混乱局面开始摆脱宗主国的枷锁。虽然早在 1818 年它就获得了贸易自由，但 1837 年以来它被剥夺了在议会的代表权。在第一批分离主义先驱弗朗西斯科－哈维尔·德·塞斯佩德斯、托穆斯·埃斯特拉达·帕尔马、维森特·加西亚的鼓动下，古巴共和独立游击队（Mambise）宣布"拿起武器"，对西班牙人民发动了长达 10 年的战争。然而，1876 年，随着阿方索十二世登基，以及他对卡洛斯派

① 埃塔（ETA）：巴斯克语"巴斯克祖国与自由"（Euskadi Ta Askatasuna）的缩写，成立于 1959 年，原为佛朗哥时代巴斯克地区的地下组织，佛朗哥独裁统治结束后，逐渐发展成为危害整个西班牙社会的主张暴力的分裂主义恐怖组织。该组织主张在西班牙北部巴斯克地区和法国南部巴斯克地区成立一个独立的国家。

的胜利，腾出了足够的军事增援力量，马丁内斯·坎波斯得与起义军签订和平协议，即所谓的《桑洪和约》(*Treaty of Zanjon*，1878 年)，并采取安抚措施，废除了奴隶制。

然而，岛上从未被完全平定。1881 年，独立的火炬被一位才华横溢的新人接过——他就是革命党的创始人、作家和诗人何塞·马蒂。然而，直到 1895 年，敌对行动发生了巨大转折，起义军态度激进：把西班牙殖民者从其最后一块美洲殖民地上驱逐出去。这一年以及之后直到 1898 年，西班牙向古巴派遣近 20 万人，其中近一半人没有回来。这些士兵装备简陋，准备不足，面临一场士气低落的骚扰战争，对手就像他们的父辈在自己的土地上对拿破仑的军队打得那么好。然而比起战斗，更多的人被热带疾病打倒。这些士兵常常表现出英雄气概，虽然值得嘉奖，但也是徒劳无功的。最先意识到这一点的是他们的第一任领袖、老将马丁内斯·坎波斯。不幸的是，接替马丁内斯的维莱尔将军奉行无差别镇压政策，强行整顿民众，以实行清剿，迫使萨加斯塔用另一位总司令拉蒙·布兰科代替他，布兰科负责执行已经因事态发展而过时的自治法规。

在这种危急局势下，分离主义分子何塞·里扎尔和博尼法西奥领导的菲律宾全面叛乱，情况更加复杂。1896 年，美国向西班牙政府提出了斡旋。面对西班牙的傲慢拒绝，他们以 1898 年初袭击古巴分裂分子报纸为借口，派一艘军舰“缅因 号”巡洋舰到哈瓦那港，2 月 15 日意外或计划引爆该舰，导致无法弥补的后果。

美国的麦金莱总统决心彻底利用这一事件。4 月 20 日，要求西班牙修复所造成的损害，并遣返军队，换句话说，就是放弃对该岛的主权。面对这种让人无法接受的最后通牒，摄政者尽力争取教皇和其他欧洲势力的调解。但西班牙王国在外交上孤立，被欧洲联盟排挤，无法获得这种支持。4 月 25 日，由华盛顿发起，两国进入一场力量不对等的战争，两国都出动海军，美国通过在美洲和太平洋的海军部署，拥有战略优势。西班牙将军和海军上可怜的咆哮掩盖不了即将到来的灾难。

5 月 1 日，邓普希海军上将率领的美国舰队从香港出发，毫不费力地在马尼拉湾摧毁了西班牙舰队的老式军舰，几天后攻入首都，几百名西班牙士兵被困在巴勒要塞，一年多来他们无视指挥官的投降，进行荣耀而徒劳的抵抗。

在古巴，一支美国远征军在圣地亚哥附近登陆。但 7 月 1 日，在圣胡安山上遭到西班牙人的强烈抵抗，尽管他们在人数上有十对一的绝对优势，但还是准备重新上船。3 天后，塞尔维拉上将的舰队被美国舰队围困在这个圣地亚哥海湾，他奉命不惜任何代价强行通过。人们目睹了一场真正的屠杀，在对手强大的炮火下，装备不足的西班牙战舰一艘接一艘地沉没，士兵伤亡殆尽。最终，7 月 26 日，美军在波多黎各附近的岛屿登陆。那里不仅没有发生反对宗主国的起义，这些入侵部队还意外遭遇民众抵抗，直到 10 月 18 日才占领首都圣胡安。

1898 年 12 月 10 日签署《巴黎条约》之后，根据灾难的严重程度，西班牙直接将菲律宾（费利佩二世时期征服）和马里亚纳群岛的关岛以及西印度群岛的波多黎各割让给美国，以换取 2000 万美元的赔偿。它还承认古巴独立，后者现已进入北美的势力范围。虽然西班牙在太平洋上还剩下一些小殖民地，包括卡罗莱纳群岛和马里亚纳群岛的其他岛屿，但它宁愿在第二年以几百万马克脱手给早就对此很感兴趣的德国。这个“日不落帝国”已经没有留下任何遗迹了，遭受这么多屈辱使得国家士气低落。

很快，最终的失败导致自由派政府（萨加斯塔）垮台，使保守党（西尔维拉）受益。但它的冲击再次反映在辉煌的一代知识分子身上，他们渴望再一次寻找国家不断衰落的根源，正如之前黄金时代幻灭时，启蒙运动的改革者们所寻求的那样。他们不可避免地以伟大的过去为标尺来衡量接连不断的失败，现在又试图在这个很难找到位置的现代世界里，为祖国的精神复兴开辟道路。

不拘一格的“1898 年的一代”

“1898 年的一代”，这个词通常用来形容一批杰出的作家——米格尔·德·乌纳穆诺、皮奥·巴罗亚、阿佐隆、拉蒙·德尔·瓦莱·因克罗、安东尼奥·马查多，他们都出生于 1864 年至 1875 年之间，生活和作品不可避免打上了在他们生命黄金时期发生的国家悲剧的烙印。这一分类中融合了不同的作者，并在哲学、小说、戏剧或诗歌等不同领域以多样的笔调进行表达。通常情况下，这些集体的创伤感受有利于文学的百花齐放。然而，他们寻找着独特但武断的参考点。

瓦莱·因克罗是一个狂热的个人主义者，其晦涩的讽刺往往体现在舞台或虚构小说人物身上，他把这些人描述为类似于在集市里的打靶场射击的“丑陋可笑的人”（esperpentos）。皮奥·巴罗亚是一个伟大的现实主义小说家，更接近之前伟大的自然主义作家，如佩雷斯·加尔兹或克拉伦。阿佐隆，是一位关注世纪问题的美学家、文笔优美的作家，对卡斯蒂利亚的形而上学感到着迷，它的粗犷之美和傲慢之苦就像安东尼奥·马查多在诗歌《卡斯蒂利的假期》中表现的那样。

这一代人面对西班牙新的失落以及在地方主义觉醒的时刻所体验到的感情，也许是将他们连接最紧的一条线。无论是巴斯克人乌纳穆诺和巴罗亚，还是瓦伦西亚的阿佐隆，甚至加利西亚的瓦莱·因克罗，都没有想过要脱离共同家园这个机体，不管它好或是坏。但对社会、政治和哲学思想的展现，对西班牙的具体设想，则必须从其他地方汲取养分。这一代先导者以这样或那样的方式——日记、新闻、书信，分享和表达对衰落时期的国家的强烈担忧。

事实上，对国家现实的批判者并没有等到 1898 年的失败才发出自己的声音。其中第一个，也是最毒辣的便是华金·科斯塔。他是一个激进的思想家，为了使国家与欧洲接轨，他发誓要为“西班牙的伟人”举行葬礼。为了复兴西班牙，现在必须“再次封闭熙德的坟墓，使他再也不会骑马回来游行”。对过去那些助长国家惰性的神话，必须用坚定的教育政策、充满活力的现代化和大型基础设施工程（任何人都不会质疑其效用）来替代。科斯塔后来在其著作《寡头和卡西克主义》（*Oligarchie et caciquisme*，1901 年）中以同样强烈的态度坚持土地改革这一关键（但政治上更敏感的）问题。他相信，这意味着要寻求一位像俾斯麦那样的“铁血外科医生”，或鼓励农民群众起义来实现这些改革。

教育优先、摆脱学究气、世俗化、向现代科学思想开放，也是刚刚被大学排挤出去的著名教授弗朗西斯科·吉纳·德洛斯·里奥斯于 1876 年在马德里建立“自由教育学院”时为自己设定的使命。复辟时期的政府再次要求大学宣布遵守天主教会的教条，吉纳和其他来自理性主义哲学学派的教师一样，推崇 15 年前由另一位教授朱兰·桑兹·德尔里奥介绍进来的克劳泽主义。在法国，私立的自由学校与天主教传统相联系，而西班牙民间自发的自由教育学校由于与法国相反的原因，摆脱了国立大学的教派限制，具有坚决的世俗性。

然而，它是反宗教的吗？克劳泽主义者为自己辩护道，他们主张尊重所有哲学和宗教信仰，只是将科学实验从教义优先中解放出来。在一个天主教被广泛认为与民族传统不可分离的国家，这些理念被许多人视为对抗西班牙精神的外国倡议，有可能助长恶毒的反教权主义。

因此，1875 年至 1880 年，在真正或所谓的科学与宗教思想之争中，一位杰出的年轻历史学家马塞利诺·梅嫩德斯·伊·佩拉约在他的第一部著作《西班牙科学》，接着在《西班牙异端》中坚定捍卫天主教传统。他试图证明，第一，教会从未反对科学发展；第二，自由思想潮流的追随者（文艺复兴时期西班牙的伊拉斯谟主义者、新教徒、不可知论者）出于无知、狭隘的理性主义或没有远见的实证主义等因素而反对他们的祖国，把自己排除在民族共同体之外。

随着科斯塔推动的“再生主义”（régénérationisme）浪潮，多个自由教育学院的成功创建，如发展研究委员会（1907 年）、国家科学研究所，以及历史研究中心，到在“克劳泽运动”（krausiste）中于 1910 年建立的著名的（马德里）学生公寓，体现了当时的西班牙思想。事实上，如果认为它只影响了传统主义者和保守派，那就错了。它还影响了“1898 年的一代”的另一位代表——虔诚但思想开放的天主教徒拉米罗·德·马兹图，还让最重要的代表米格尔·德·乌纳穆诺感到不安。

乌纳穆诺，安吉尔·加尼维特的学友（作品充满对祖国痛苦的爱，为此他在根源与进步之间寻求救赎之路）在年轻时加入社会党，后来脱离了它，按照形而上学的冥想，转向社会基督教理念，使他上升到西班牙哲学思想的最高境界。但这位思想家，《生命的悲剧意识》的作者经常被矛盾和混乱的感觉扰动，他发自内心地热爱西班牙特有的价值观，在《堂吉诃德和桑乔·潘沙的生活》以及在《围绕着卡斯特罗主义》中发展了这种价值观。正是这个巴斯克人对黄金时代伟大神秘的古卡斯蒂利亚和委拉斯开兹《耶稣受难》的无形忠诚，使他尽管相信西班牙社会深刻改革的紧迫性，但与从华金·科斯塔或克劳泽主义者思想中觉察到冷酷的机制和唯物主义保持距离。他同意梅嫩德斯·佩拉约的思想，但在帕斯卡信仰和尼采或陀思妥耶夫斯基的悲观哲学争论的异端路线中，他为熙德回归辩护，面对再生主义狂热信徒不可避免的失望，他甚至说出了符合（或不符合）他矛盾精神的话：欧洲人看不起我们，因为我们的科学技术落后，“嗯，让他们去发明！”（把塞万提斯，圣特雷莎和十字架的圣约翰留给我们……）。从所谓优越性的高度，他们像索尔兹伯里侯爵[①]一样，分配好天生统治国家和被殖民的百姓的角色了吗？或者是：我们是非洲人！（既然他们这样看……）

在与阿佐隆的通信中，他减少了一些反思，表达了他的愤慨（当国际舆论猛烈抨击西班牙，尤其是当“悲剧周”结束时谴责费雷尔），动人心弦地描绘出西班牙在充满了风暴的20世纪交接点经历的混乱。

这确实是一种混乱但深刻的民族意识危机，在底层混杂了屈辱的失败，令人担忧的“群众反叛”的开端，国家解体的潜在威胁，以及国家适应不了当代世界迅速变革的衰弱感。

这个时代西班牙人疯狂的想象力和伤痕累累的骄傲感无疑夸大了这一现象，直到提出在今天看起来荒谬的问题，即西班牙的价值观可能与欧洲其他国家价值观不相容。辩论总是由一个反复出现的衰落的消极主题引起，并且会通过历史学家和其他著名思想家的争论持续下去。但对国家来说没有什么好处，20世纪初，带着很久之前被遗忘的光芒，西班牙在欧洲文学、哲学甚至科学的天空重新开始闪耀。1906年，诺贝尔生理学或医学奖授予了西班牙神经学家拉蒙·卡哈尔。

西班牙之后的30年仍将是精神上沸腾的时期，西班牙在国际社会从未像这30年受到如此多的赞扬。这种复兴伴随着清醒的智慧来奋发，但对国家的社会和政治现实没有起到真正的作用。这个注定要在30年代出现巨大的意识形态剧变的世界，是一场无情内战的前奏，以及“铁血外科医生”突然闯入，就像华金·科斯塔的愿望所呼吁的那样。

---

① 1898年，在西班牙媒体广泛报道的一次演讲中，这位英国首相提出了一个论点，将世界划分为活着的或正在死去的国家，其中一些国家有支配其他国家的天然使命。

第二十章　阿方索十三世与普里莫·里维拉的独裁

1902年5月17日，阿方索十三世年满16岁，达到了宪法规定的成年年龄。他承诺成为一位令人尊敬的君主，在诸多充满陷阱的诱惑中登上了西班牙王位。这位年轻的国王是独生子，从出生起就被许诺带上王冠，并急切想展现他的同情心、智慧和爱国精神。

他那从素未谋面的父亲的统治以及母亲的长期摄政，给西班牙人留下了王室谨慎行使职权的印象，这几乎被卡瓦诺斯·德尔·卡斯蒂略制定的政府轮替制度所掩盖。这并不是说新的君主会如此明智地留在历史的阴影里。

时代转折中的阿方索十三世

20世纪初的西班牙已不再是复辟时期的样子：卡瓦诺斯体制走向衰落，它所勾勒出的民主愿景不管有什么优点，都已经不再适应这个国家。群众运动和地区民族主义者的诉求已经溢出了其狭窄过时的框架。不管依赖贵族机制，还是试图通过个人措施来打破旧体制，阿方索十三世只能让自己和王权置于危险之中。西班牙进入了一个动荡的时代——巴塞罗那“悲剧周”的自由恐怖主义、比斯开和阿斯图里亚斯新工业中心多次罢工、农村暴动、边缘化且秘密的社会和政治力量出现，这些日益激烈的冲突恰逢阿方索十三世执政之初，给仍然赋予君主的特权几乎没有留下什么空间。

在这些情况下，事情的发展难预料。阿方索十三世婚礼当天（1906年5月16日）在马约尔街（calle Mayor）上发生的刺杀事件造成23人死亡，106人受伤。这似乎预示着这位半哈布斯堡半波旁的君主命运多舛，随着时间的推移，他的善意和为国效力的真诚意愿被糟蹋，这让他倍感沮丧。他和维多利亚女王的孙女，以美丽闻名的英国公主的婚姻，是悲惨命运的标志，让这对夫妻苦不堪言。虽然维多利亚·尤金妮亚给了西班牙国王生了 6 个孩子，但她从父亲的家族（黑森－达姆斯塔特家族，尼古拉斯二世的妻子亚历山德拉也来自这个家族）遗传的血友病，将影响他们的长子阿斯图里亚斯王子阿方索和最小的孩子冈萨雷斯。他们的二儿子杰米在年轻时因双乳腺炎失去听力和说话能力。健康长大的只有这对夫妇的第三个儿子，未来的巴塞罗那伯爵唐·胡安，他也是现任西班牙国王的父亲，以及比阿特丽斯和玛丽亚·克里斯蒂娜公主。在西班牙正在经历的政治和社会变革中，这些与王朝有关的考量更加突显体制过时。

从毛拉到卡纳莱哈斯：失去的机会

安东尼奥·毛拉，这位西班牙政治家、复辟时期的继承人个性十分强烈。他是一位自由主义者，1902 年曾加入保守派政党，也是一位谨慎但有决心的改革者。他推行“自上而下的改革”，试图通过地方行政法律来纠正农村“酋长制”以及工业雇主滥用权力（引入周末休息、工作视察，承认工会和罢工的权利），虽然是最低限度的措施，但如果他的政府可以持续存在的话，会出台其他保障措施。

巴塞罗那的“悲剧周”及镇压行动，这两件事在国外受到不好的评价，更甚的是这位有能力和远见的政治家似乎损害了权力交替的神圣原则（在萨加斯塔之后的岁月，他主宰了政治舞台）。这种长期经历在 1909 年告终，随之结束的还有国家最迫切需要的政府稳定。阿方索十三世太渴望在政治博弈中发挥作用，他加入了抗议者的呐喊：“毛拉，不！”虽然轻浮，却很明确。

作为首相的继任者，自由进步派领袖、加利西亚的何塞·卡纳莱哈斯同样面临他前任没有时间也没有办法解决的深层问题。原则上，有产者特别是大地主的敌意是必然的，社会主义者也是。卡纳莱哈斯准备向他们伸出橄榄枝，试图将他们纳入议会制度，加强一系列社会改革，而他面临阶级斗争的无形阻力，因此没能成功引诱他们。从 1911 年起他取缔了无政府主义对手全国劳工联盟

（CNT），即一年前成立的“红黑工会”。

最后，在外围民族主义者的要求面前，卡纳莱哈斯决定采用在莫拉方案中已被仔细考虑的安抚措施，并在 1912 年 10 月得到众议院的认可：承认区域共同体（Mancomunidades），它是对自治制度的一种怯懦的预设。1978 年，后佛朗哥主义宪法广泛采用该制度。加泰罗尼亚是这一进步的第一个受益者，但它显然认为这是迈向解放的一个步骤。

极端保守派和天主教高层指责他的反教主义（虽然他本人是一个虔诚的天主教徒），不原谅他针对宗教团体的措施，这些教会受到刚刚武装铁路员工进行罢工的劳动者总同盟（UGT）的侮辱。一个月后，1912 年 11 月 12 日，卡纳莱哈斯在无政府主义者曼努埃尔·帕迪亚斯的袭击下，倒在了太阳门广场的一家书店窗口前。在议会框架和改革中，政府稳定的第二次机会伴随着一些措施垮台了。

摩洛哥和军队成为新问题：世界大战，虚假的良机

自从与美国发生灾难性冲突，失去最后一批海外领地以来，西班牙又遇到了新的问题：军队分成两个阵营，两种心态，各自透露出自己的不安和挫败感。

最具活力的一派，即自世纪初以来就在摩洛哥作战的非洲军队急于进行殖民报复，在摩洛哥遭受的失败比成功多。而迄今为止人数最多的宗主国军队，特别是高级军官，打着爱国甚至进步的幌子维护他们的职业利益。双方都决心影响国家的政治生活，但宗主国这边更懒撒。复辟政府想要远离回到 19 世纪军事政变的危险。此外，还有一种危险，即在征兵入伍的工人阶级中兴起强烈的反战主义，它成了 1909 年巴塞罗那“悲剧周”的导火索。

这场争端并没有因为来自里夫和耶巴拉的消息（通常是坏消息）而平息。1912 年 11 月，根据与法国的最终协议，西班牙获得了谢里夫帝国北部的保护领地，但无法在全境建立起自己的权威，一切都表明，要平定这个传统上不顺从的多山地区将特别困难。

参加军事行动的军官，如年轻的弗朗西斯科·佛朗哥，在休达高地受了重伤后，于 1916 年 24 岁时被任命为指挥官，率领摩洛哥军队（Morocco Regulares，贝伦格尔将军最近创建的摩洛哥辅助军队）英勇战斗。其他一些人，

在宗主国驻军中组建了社团主义工会，动机主要是出于嫉妒在非洲的同僚晋升得更快，追求的目标则是保持按资历晋升的规则以及与之相伴的经济利益。

1916 年，一位名叫贝尼托·马奎斯的上校在巴塞罗那创立了第一个工会“防务洪达”，他认为自己注定要有一个伟大的政治前途，这些委员会不断在陆军的所有军团中扩散，从步兵到炮兵，这些精良部队长期依附于其特权，经常与当局发生冲突。而士官们则开始组建自己的组织，更明显地倾向左派，而且不一定受到上级的重视。

各个派别从 1917 年起协调行动，并聚集了至少一半的宗主国军官，这些防务洪达开始被解散，但仍然具有威胁性，最终在同年得到了曼努埃尔·加西亚·普列托的自由派政府和阿方索十三世的承认，他们相信如此一来可以抑制军队的影响力，防止他们成为现在已有的样子：一种非法的压力手段和颠覆因素。

自从毛拉失败和卡纳莱哈斯被暗杀以来，议会制度衰落得更严重了，这引发保守派和自由派政党内部不断分裂。新的人物接班了：自由派的罗曼诺内斯伯爵或加西亚·普列托，以及与毛拉持不同政见的保守派的爱德华多·达托，而摩洛哥的和平协议被践踏，社会冲突不断升级。

第一次世界大战的爆发使西班牙从中立地位中获得经济利益，为其社会问题提供了短暂的喘息机会。遗憾的是，它无法将这一优越状况带来的巨额利润用于更公平地分配新的国家财富和进行对社会有益的投资。西班牙银行正在积累铸锭和外币，但国家不公正和不合适的结构阻碍了这样的转移，就像美洲的黄金曾经被证明无力使其经济繁荣一样。西班牙的矿产、工业和农业生产能力从经济形势中获益甚微，因为世界物价的普遍上涨只能保证虚假、暂时的繁荣。相反，制造商、实业家和土地所有者增加的现金流导致通货膨胀，工人或雇员的工资赶不上生活成本的提高。当时政府采取的善意干预措施可能助长了粮食产品的投机、粮食短缺和黑市的出现，使情况更加恶化。1917 年底，尽管西班牙理论上变得更加富有，但矛盾的是，所有因素似乎聚集在一起，产生了新的社会暴动。

1917年：一场失败但有威胁性的革命

在前一年，两个工会中心，即当时拥有约10万名成员的社会主义劳动者总同盟（UGT）和更强大的无政府主义组织全国劳工联盟（仅在加泰罗尼亚就有两倍的成员）联合发起新的铁路大罢工。

1917年，政界或军界都弥漫着躁动的气氛，抱孩子的妇女带领着抗议者走到街头，抗议高昂的生活费用，这使工人组织相信，效仿最近的“无产阶级家园”的时机已经到来。劳动者总同盟（UGT）的新领导人弗朗西斯科·拉戈·卡瓦列罗逐渐超越了老将巴勃罗·伊格莱西亚斯的风头，他在对待国家现实的问题上更加谨慎。虽然，他尚未获得“西班牙列宁”的称号，但他以一种群众领袖的气质开始走上这条路。而全国劳工联盟的领袖安赫尔·佩斯塔和萨尔瓦多·塞古似乎正在从恐怖行动转向与社会主义者协同革命。

在大城市的舞台上举行联合、动荡的集会之前，社会主义者和无政府主义者召集了1917年8月13日新一轮大罢工，具有试图进行政治革命的特点。

然而，从第一次暴力事件起，它就以惨痛的失败而告终。爱德华多·达托的保守派政府宣布戒严，并召集军队，毫不犹豫地向示威者开枪。在持续一周的动乱中，巴塞罗那有17人被杀，马德里有十几人死亡，毕尔巴鄂和巴斯克地区的其他工业中心至少有同样多的人被杀。在奥维耶多矿区，暴动持续了3周，造成约200名矿工、100名警察和国民警卫队成员死亡。当时驻扎在他即将结婚的城市的佛朗哥指挥官，第一次在本土参加这个恢复秩序的艰难行动。

工人、工会错误地认为可以指望防务洪达和弗朗西斯科·坎波领导的加泰罗尼亚民族主义者的仁慈中立，当年6月，他们试图在巴塞罗那聚集西班牙全体国会议员，迫使政府召开新的制宪会议。属于委员会的军人（至少两个军官中就有一个）只考虑自己的小集体利益，如指挥奥维耶多驻军的机会主义者布尔盖特将军，毫无顾忌地“像猎杀野兽一样杀反叛的矿工”。

至于利加党的加泰罗尼亚主义者，如果说他们寻求对整个西班牙有效的新体制，那首先是为了实现他们的民族主义诉求，而对这样的诉求，地区雇主比无产阶级更感兴趣。这并不妨碍大资产阶级出身的坎波与巴勃罗·伊格莱西亚斯、亚历杭德罗·勒鲁在大规模示威中共同合作。勒鲁过去是一个有煽动性的共和党人，巴塞罗那下层地区的暴力反教会分子。

然而，这些事件留下了深刻的痕迹，主要是在阿斯图里亚斯，对 1917 年镇压的记忆将点燃 1934 年的大起义之火。有组织的群众干扰不可挽回地打乱了狭小的政治棋盘，这一切或多或少与 1876 年有些相同。自 1910 年以来，众议院的代表中包括了共和党和社会主义者少数派，但在很大程度上仍处于体制的边缘，因为它们拒绝参与。

共和情绪也开始在中产阶级中增长。然而，君主制虽然受到这个反对派的挑战，但如果西班牙能够借鉴其他君主制国家的经验，无论是英国、尼德兰或斯堪的纳维亚的国家，都能经受与社会主义者的政治交替，那么君主制政体的性质可能就不会成为障碍。

不幸的是，顽固的意识形态力量，如古老的怀旧情绪和有产阶级的盲目自私，无助于西班牙政治的演变。这个世纪的残酷冲突只会加剧彼此的怨恨和恐惧。至于加泰罗尼亚的民族主义则越来越多地被中央政治权力的退化所助长，为彻底替换掉君主 – 共和制的方案铺平了道路，坎波最终在 1919 年的一次著名演讲中否定了这一方案："既不是君主制也不是共和国，是加泰罗尼亚！"（"Monarquia? Republica? Catalunya !"）

然而，在加泰罗尼亚，社会动荡和恐怖活动延长了 1917 年夏天的革命企图。作为全国劳工联盟工人运动基地的巴塞罗那从 1918 年至 1923 年成为雇佣杀手的牺牲品，有的为无政府主义工会服务，有的为雇主联合会和由企业家资助的"黄色工会"服务。在第一次世界大战的最后一年，这些枪战也有挑衅的德国特工加入，他们有意对为同盟国工作的制造业进行破坏。

市里发生的恐怖行动促使爱德华多·达托领导的新政府采取特殊措施，通过一项关于逃逸的法案（ley de fugas），授权警察向试图逃避逮捕的工会活动分子开枪。被授予充分权力的新总督马丁内斯·阿奥将军负责严格执行这一法律，以除掉全国劳工联盟。他取得了一些成果，但安赫尔·佩斯塔阿和无政府主义工会中不那么狂热的领导人被逮捕，向他们中最暴力的阿斯卡索、杜鲁蒂、加西亚·奥利弗敞开了道路。1921 年 3 月，爱德华多·达托为这一法案付出了生命的代价。两年后，全国劳工联盟另一位相对温和的领导人萨尔瓦多·塞古被暗杀，立刻由少数开明教士之一、萨拉戈萨大主教、基督教工会主义领袖索尔德维拉枢机主教报了仇。加泰罗尼亚由社会冲突的中心，转变成有计划的革命和恐怖活动中心，它不仅给西班牙提出了一个民族主义精英所渴望的特别主权问题，它的动荡甚至使它成为西班牙政治问题的核心。

然而，国家最富有的地区并不是唯一受到这种混乱影响的地区。与此同时，全国劳工联盟同样鼓励农民在安达卢西亚区发动大规模示威游行。1919年，军队被派往科尔多瓦省。在那里，对布尔什维克革命的热切好奇也激发了人们的思想，将两国无产阶级的情况做类比。无政府主义工会代表，如未来马克思主义统一工人党（POUM）的创始人安德鲁·宁从莫斯科回来后热情高涨地推动全国劳工联盟加入第三国际，而安赫尔·佩斯塔亚则重新控制了工会，在喀琅施塔得起义被镇压后，与苏维埃决裂。

在社会主义阵营中，也提出了同样的理论问题：西班牙工人社会党（PSOE）的温和派，巴勃罗·伊格莱西亚斯、朱利安·贝斯特罗、费尔南多·德洛斯·里奥斯，拒绝列宁为这次加入而提出的条件，他们想让政党向多元化民主转变（这是因达莱西奥·普列托的理念），而一批极少数的不同政见者创立了西班牙共产党。几年后，急剧增长的工人运动——无政府－工会主义有超过60万成员，开始行动起来，在一个在逐渐崩溃的社会中，将把为精英而设的政治权力搅得一团糟。

“无脊梁的西班牙“

受到不同政见挑战的政治权力，在民族团结的政府中得到一个积极的结果（人们偏好用“集中”这个词）。从1918年起在阿方索十三世的领导下开始。当年，后者曾威胁说，如果各政党不能达成一致，他将退位。国王的提议虽然不彻底，却很有勇气：它将国王推到了前线。

第一届政府①在安东尼奥·毛拉的领导下，包括了议会中的所有主要派别，从爱德华多·达托到罗曼诺内斯，从自由进步派的圣地亚哥·阿尔巴到弗朗西斯科·坎波，后者回归到更加温和的状态后，把加泰罗尼亚的利加党带来支持民族

① 这里应当指的是一战之后的第一届政府。安东尼奥·毛拉此前曾2次出任西班牙的首相。之后又2次出任首相 。

团结。这个“伟大的内阁”只存活了几个月，成为制度快速瓦解的标志。那些一直追随它到 1923 年的人，在 5 年里被 13 次重大政府危机冲垮，一个无法向共和党和社会主义反对派的新议会开放的政权被逼到了绝境。

在加泰罗尼亚，坎波是他参加毛拉政府爱国主义运动的牺牲品，尽管他在后者失败后加入了反对派，但他输给了弗朗西斯科·马西奥和路易斯·孔帕尼斯代表的更激进、更受欢迎的左派民族主义者。1923 年 9 月 11 日，为了庆祝加泰罗尼亚国庆日（Diada），人们听到“打倒卡斯蒂利亚！打倒西班牙！打倒国王！”的呼声此起彼伏。加泰罗尼亚的社会主义者搁置了他们的国际主义原则，同年创立了加泰罗尼亚社会主义联盟。

然而，在这重要的几年里，西班牙政治阶层破产，甚至几乎自杀，仍然是一个难解之谜。究其原因，可能是实行了近半个世纪的议会制度已经筋疲力尽，而现代社会对新的挑战没有找到解决办法，历史学家们仍在努力弄清这一点。事实上，有一大堆矛盾的因素，似乎合谋推翻了这个尚未完善但可改进的民主制度。虽然单独来看，它们不是难以逾越的障碍，而社会问题和加泰罗尼亚问题是两个主要问题。

在我们已经引用的一篇著名的文章《无脊梁的西班牙》(*España invertebrada*）中，何塞·奥特加·伊·加塞特立即提出加泰罗尼亚分离主义问题是民族问题的第一个症状。但他却只回答了另一个问题：为什么通过大型国际公司和卡斯蒂利亚的政治视野来统一的西班牙，作为一个国家会被批评为如此失败？答案似乎是他们的精英们太弱——“精英的缺失”，在漫长的历史中，他毫不迟疑地追溯到西哥特人（太早罗马化，已经衰落了！）以及在中世纪独立于君主的封建社会缺失。由于西班牙太过突然地把自己建成一个强大的王国，而没有经历其他国家在酝酿中焕发活力的中间阶段，国家就会失去这些能引导人民群众的积极少数派，让人民像俄国人一样，成为国家命运的唯一主宰者。而且它也没有一个连贯的计划，也无法克服国家接二连三的危机。

与以往蔑视“衰落”的人不同，奥特嘉甚至拒绝用这个词。他指出，出于同样的原因，即使在 16 世纪的鼎盛时期，除了它的殖民成就，西班牙从来没有持久、繁荣的伟大，“所有的事情都是由人民完成的”。因此，他的结论是：“为了摆脱精英少数派的匮乏，今后唯有一个必要条件来支配思想和指导意志，那就是选择（精英）。用这样的凿子创造一个新西班牙人”，摆脱乡土和短视的西班牙平民……

1928年出版的这本贵族视角、颇有争议的国家历史，说明了知识分子阶层的混乱。这已经远不是华金·科斯塔所提倡的激进但非常具体的方法，或者乌纳穆诺的崇高精神方案。奥特嘉被更深刻的哲学而非政治启发，反映出知识分子面对这些突然闯入的工人和农民成为西班牙社会－政治现实的先导者时，除了恐惧和不耐烦之外没有别的方向。这个曾在德国受教育的理性主义者洞察入微，他在另一篇文章《群众起义》表达了对民主的失望，这种态度也解释了当时的思想大师经常反复无常的行为。奥特嘉很快就对正在酝酿的军事政变表示欢迎，接着像乌纳穆诺一样否定了孕育它的专制政权，后来又为推翻君主制而鼓掌，但总是暗自希望成为某个政权下的“亲王的顾问”。西班牙往往和其他地方一样，那些有着最美好愿望的知识分子，往往都会以在政治上受挫而告终。

从军事灾难到军队回归

这时只是缺少一股冲击动摇议会制度，并进一步撼动阿方索十三世的君主制。1921年7月17日至8月9日，西班牙驻非洲的军队在里夫的一个前沿阵地遭受了军事灾难，叛军领导人阿布德·克里姆在那里初露锋芒。

由费尔南德斯·西尔维斯特领导的为征服阿克斯迪尔和阿尔胡塞马斯（如今的胡塞马）的鲁莽战役之后，近15000名西班牙士兵在行动中丧生。他们孤立的堡垒在柏柏尔战士的现代武器打击下一个接一个地倒塌，直到这个坚固的埃努埃尔（Annual）营地最后沦陷，西尔维斯特除了被杀或自杀外（根据可靠的史实），别无他法。100多门炮和300挺机枪落入里夫人手中，这还不算他们用铁链锁住的4000名俘虏。

面对这种前所未有的羞辱和由此引发的情绪，对它的责任归属进行调查是不可避免的。毛拉将此任务委托给由毕加索将军（只是和著名画家同名）主持的委员会。从他的工作中泄露的信息或谣言，令阿方索十三世本人都很尴尬，所以它一直被束之高阁。据说，国王一直敦促西尔维斯特加速在摩洛哥的行动，以便在7月25日圣地亚哥节[1]，在布尔戈斯隆重庆祝夺取阿尔胡塞马斯。

毕加索将军的报告，这一未公开的谜团毒害了动荡衰败年代的政治氛围。对该报告发表的恐惧肯定是导致普里莫·德·里维拉将军发动政变的决定性因素之一，这更能解释阿方索十三世为什么会立刻同意。

“开明”的独裁者：普里莫·德·里维拉

1923年9月19日，一年前晋升为加泰罗尼亚总司令的米格尔·普里莫·德·里维拉将军，在巴塞罗那处于恐怖动乱的状态时，向全国和军队发布一份宣言，这份宣言引起了共鸣，他呼吁“国家的健康家园”，要求西班牙整顿秩序。他抨击了“政治专业人士”，他们一边享受俸禄和宫殿，一边让他们的接班人加入到自己的行列。他还抨击了轻视工作、不知道奖励雇员的雇主们，以及加泰罗尼亚的分离主义宣传。他补充说，卑鄙的阴谋家以摩洛哥的悲剧和所谓的责任为借口，丝毫不关心解决严重的民族问题。

传统的军事政变往往限于向政府施加压力，以迫使其改变政治方向，这次的政变是以宣布一个例外政权而告终。一个军事委员会维持秩序，确保公共权力的运作，直到“有正直、明智和良知的人能够在我们的监管下组成一个内阁”。在这种情况下，以其他将军、海军首领和国民警卫队队长为代表的军队支持似乎得到了保证。几个月来，人们等待这些军事团体采取强有力的举措，与此同时，阴谋也在进行着：普里莫·德·里维拉利用议会的夏季休假和他们对摩洛哥军事灾难责任的调查委托，率先摆出运动领导者和全军发言人的样子。

阿方索十三世知道接下来会发生什么吗？种种迹象表明，他是知道的。他最想阻止议会在复会时重新处理责任问题，而普里莫·德·里维拉很可能会寻求他的支持。

在毛拉的建议下，阿方索十三世让军队承担了政变的全部责任。9月15日，国王注意到这一既成事实，任命普里莫·德·里维拉为管理政府的军事领导

① 圣地亚哥节：圣地亚哥即圣雅各，为耶稣十二门徒之一。他的传教工作在西班牙的加利西亚进行，死后葬在今天的圣地亚哥·德·孔普斯特拉市，尊为西班牙的守护神，其逝世日定为守护神节。

委员会主席。自此，1876 年宪法被立即中止，两院解散，所有地区和市政机构由军方接管。

毫无疑问，这是个独裁政权，但表现得有些例外，它在有限时间里建立一个明确的新秩序（就像墨索里尼一年前在他的法西斯民兵进军罗马后所做的那样），将支持其西班牙先导的形象。安达卢西亚大领主唐·米格尔和他父亲一样是一位传统军人，他在菲律宾、摩洛哥和古巴表现突出，后又与巴塞罗那和加泰罗尼亚精英建立了信任关系。此外，作为未来长枪党创始人何塞·安东尼奥的父亲，他的教育和思想使他更多与上个世纪的政治军事考迪罗[①]联系在一起，而与新时代开始产生的独裁者不同。然而，他借鉴了墨索里尼适应时代的方法，首先建立一个有独特使命的政党，即爱国联盟。后来，他又建立了一个全国协商议会，其成员一半是任命的，一半是由行会和地区机构选举产生的。另一方面，街头没有民兵，也没有任何迹象表明一个专制政权转变为压迫的残酷独裁政权，人们批评的只有一些专断的措施，不过仅限于临时监禁和禁闭措施。

这位专制者易怒也宽厚，粗犷而随和，据说他有时会考虑部长们的建议，避免西班牙出现个人权力过剩的情况，就像他之后几乎神化的佛朗哥将军。他虽然是单独执政的（他的军事委员会本身只有顾问角色，普里莫打算成为国王唯一的对话者），但他是以军队的名义并作为军队代表来执政的，这在西班牙也是一个新事物。因为这种体制只是在 1874 年帕维亚将军对第一共和国发动政变时才短暂地表现出来。当军队排斥他时，这个非凡的独裁者就自愿退出了。

这些解释了独裁概念在西班牙相当长一段时间内是相对善意的。普里莫·德·里维拉本人拒绝用“独裁”这个词，在这种情况下，西班牙人把它歪曲成“温柔的专制”（dictablanda）。它解释了为什么新政权从一开始就在舆论界中广泛获得令人惊讶的支持。

军队方面，防御军政府解散，普里莫不想对摩洛哥的未来做出任何承诺，从而使非洲军队的军官一度产生不信任感，但这种不信任很快就消散。政治家们意识到自己的失败，只能在形式上抗议并要求国王恢复宪法秩序。而加泰罗尼亚

① 考迪罗：西班牙语为 caudillo，通常指军政领袖或专政元首，考迪罗实质是“独裁者”的一种形式。

的雇主、坎波的利加党和中产阶级松了一口气，他们看到一位将军掌权，组织起维持秩序的志愿民兵（Somaten），有效打击暴力。最后，许多知识分子追随奥特嘉·加塞特的脚步，后者在有影响力的报纸《太阳报》中称赞“军事运动完全符合民意”。

然而，最令人惊讶的是西班牙工人社会党和劳动者总同盟对新政权的中立态度。普里莫准备谨慎对待社会主义者，因为他决心与无政府主义的对手进行激烈对抗。工会的关注点和他本人的关注点有些相似，部分受到社会天主教（在西班牙仍然很少）和从华金·科斯塔的复兴方案中汲取的一些进步思想的影响。1924年，劳动者总同盟成为他的优先对话者之一，并进入国务委员会——他重新设立的协商机构。历史的有意思之处在于：当时47岁的未来的“西班牙列宁”同意公开与独裁政权合作，而该党未来的温和派人物因达莱西奥·普列托或费尔南多·德洛斯·里奥斯却明确持保留态度。

“温和独裁者”的巅峰和第一次遇挫

必须承认，这个独裁政权的最初几年是西班牙少有的富饶岁月。西班牙银行在第一次世界大战期间积累的黄金和外汇储备使其可以对大型公共工程进行大规模的投资。主要河流流域的灌溉和供电方案正在实施，公路和铁路网正在显著改善，冷藏卡车开始向远离海洋的村庄供应鳕鱼，使西班牙人可以大量消费欧洲的新鲜鱼类。随着坐落在特殊历史遗迹和建筑物之间的国家公园的建立，旅游业迎来第一次蓬勃发展。在伊比利亚（Ibéria）公司的带领下，商业航空繁荣发展。国有或混合经济的大型财团成立，如西班牙电话公司（Télefonica，实际上由美国ITT控制）或国家石油公司（Campsa）。此外，大城市正在建造廉价住房。在经济增长和人均国民收入不断提高的同时，社会似乎终于实现和平稳定，特别是4年来平均每天发生一起致命袭击的巴塞罗那。

最后，自本世纪初以来，摩洛哥北部首次实现和平，这归功于西班牙和法国的协同行动。1925年夏天，尽管有着辉煌的战绩，非洲军队还是怀疑普里莫·德·里维拉的失败主义。他从里夫海岸对阿卜德·克里姆的叛乱给予决定性的打击，而贝当元帅的法国军队则从后方攻击。普里莫指挥的两栖作战行动有

1.8万人，由两国32艘军舰和70架飞机组成，于9月8日踏上了阿尔胡切马斯。10月2日，经过一场艰苦的战斗，“里夫共和国”这个规模不大但却很顽强的首都阿克塞尔落入西班牙人手中，逃往南部地区的阿卜德·克里姆向法国人投降。在几个星期内，20年的军事屈辱被抹去。

然而，围绕着新政权的共识出现了一些裂痕。这位独裁者也许忘记了他为赢得加泰罗尼亚人的好感而做出的承诺，当他以民族团结的名义决定禁止官方使用加泰罗尼亚语时，遭到了他们愤怒的抵抗。坎波和他的保守派利加由于与独裁者的合作，失去了许多信用，而让加泰罗尼亚新左派获益。卡斯蒂利亚文学的绚丽之花（格雷戈里奥·马隆医生、历史学家梅嫩德斯·皮达尔、奥尔特嘉）加入抗议，呼唤“加泰罗尼亚的辉煌是所有西班牙的辉煌”。该政权最坚决的反对者是米格尔·德·尤纳穆诺，他多次反对阿方索十三世的言论导致他在1924年被软禁在加那利群岛的一个偏远岛屿上。普里莫·德·里维拉和国王都没有考虑三心二意的从政的知识分子。这位独裁者也是一位业余政治家，太过于依靠他的直觉，相信极为复杂的问题可以通过简单的法令来解决。他滥用法令，常常做出武断的决定。

1925年，他更换了军事委员会，用技术官僚和有能力的部长组成文官委员会。但为支持他的政权而创立的政党纯粹是人为的创造，随着时间的推移，证明无法带来真正的民众基础。1927年底，他让协商议会起草一部具有社团主义精神的新宪法，历时18个月起草的宪法草案却引起一些人的不信任。国王被要求与受法西斯模式启发的高等委员会分享他的权力，就像远离企业的社会主义工会成员一样。尽管1923年被赶下台的政党领袖名誉扫地（包括奥特嘉在内的知识分子一再批评“旧政治”的缺点），但他们争辩说，普里莫·德·里维拉模仿墨索里尼，背弃了自己最初的承诺：为了复兴国家而建立简单的专制制度。近一个世纪以来，一直支配西班牙政治的自由派协议混合了政治家和军队的挫折感，正在焕发新光彩。

1929年：政权的致命危机

然而，1929年10月的全球经济危机在有征兆之前，就破坏了让政权赢得公众支持的辉煌成就，对独裁政权造成致命的打击。早在 1928 年，大量的短期外国资本开始从西班牙撤出，突然加速了已经因大量基础设施支出而受到影响的公共财政的失衡。该政权的专断行为也建立在促进国内工业发展的蓄意保护主义政策上——无论是像加泰罗尼亚这样的老牌制造业，还是北部坎塔布里亚工业中心的新兴产业，自给自足的愿望损害了农产品出口，并使得大型国际石油和电力公司增加对国家脆弱经济的压力。

这些资本转移导致 1927 年仍处于最高水平的比塞塔突然崩溃。两年来，经济从繁荣走向衰退，从充分就业到失业，而对最支持该政权的中产阶级来说，正受到日益严重的税收压力。

抗议活动在知识界愈演愈烈，特别是在教授和学生中，他们建立了一个明显左倾的组织“西班牙大学联合会”。然而，更令独裁者担忧的是，在军队内部一直有关于阴谋的传闻。说实话，摩洛哥问题解决后，他也从未幸免于军事造反。早在 1926 年，普里莫·德·里维拉想改革这个体制，使其成为一个不那么僵化和更有效的工具，他不得不面对一场政治军事阴谋，即圣胡安节政变，但最重要的是，一场严重的冲突使他与特别嫉妒其特权的炮兵军队对立起来。

这些叛乱企图从此发生了更明确的转变。1929 年 1 月，炮兵军官再次宣称要在拉曼查的雷阿尔城进行驻军起义。另一起煽动涉及一个已经在圣胡安节事件中妥协的将军，还有委员会的前领袖桑切斯·盖拉，他在高级军事法庭前被彻底无罪释放：这是对权力挑衅的判决。最后，在明星飞行员拉蒙·佛朗哥——未来考迪罗的弟弟的协助下，加的斯军队的戈德将军最终宣布自己支持恢复宪政秩序，当他意识到拉蒙的极端主义企图时，才中断他的颠覆活动。

一个非凡的独裁者被抛弃以及他的死亡

1929 年华尔街股市崩盘前夕，普里莫政权组织了两场大型活动：巴塞罗那国际博览会和塞维利亚的伊比利亚 - 美洲博览会。这是与大西洋彼岸姐妹国家之间灿烂文化亲密关系的高潮，也是独裁统治的绝唱。

历史学家杰拉尔德·布雷南总结道：“政权的最后两年却是一场悲剧性的闹剧，人们看到学生、教授、政治家、记者、将军，所有最终打算占据舞台的人，都在冷漠的观众面前打击、蔑视独裁者。”

1930 年 1 月 26 日，普里莫·德·里维拉感受到自己失去了军队的信任和国王的支持，疲倦和失望多于被威胁的感觉，为了试探他们，他向同僚、将军和海陆军指挥官发出信息。任何人都无法忽视在报纸上的公开倡议：如果得不到他们的支持，他就准备离开。

他们的回答要么拖延，要么太不确定，这打消了他最后的幻想：几个星期前，在与他的部长们共进午餐时，他警告他们：“让我们做好死的准备吧！”

28 日，他向国王递交了辞呈，并安排当晚离开西班牙。3 个月后，他于 1930 年 3 月 16 日在巴黎的皇家酒店的一间简陋公寓里去世。

几天后，一群紧张不安的人群陪伴着他的遗体回到马德里，人们大概会有一种苦涩的感觉，那就是杀死他的痛苦，就像他的糖尿病一样。在民主人士眼中，普里莫的政权无疑是应受谴责的，它在许多方面是胡乱、幼稚的，但同时也与繁荣和民族自豪感的幸福日子联系在一起，而这一切可能不会再现了。

这位可敬的人走出了历史的大门。但可以预见，在一些人眼里，阿方索十三世是有罪的，因为他在 1923 年破坏了将君主制与民主宪法联系在一起的契约，在另一些人看来，他背叛了给他几年清廉统治的受人尊敬的独裁者。

第二十一章　1931 年：共和国——君主制的产物

普里莫·德·里维拉的失败也是国王的失败。1923 年，国王毫无保留地支持独裁者，他在罗马进行正式访问时，曾开玩笑地向意大利国王介绍独裁者是“我的墨索里尼”。阿方索十三世对君主制的未来承担了很大的风险，即使将其与议会宪法联系起来的民主协议没有被破坏，普里莫政权的破产也对王室的合法性造成了致命的打击。在这段经历之后，国王个人被孤立，人们对体制本身失去信心，至少在政治家方面是这样的。

国王很尊重普里莫·德·里维拉，并毫不犹豫地让王室参与这位独裁者最武断的决策。但里维拉不信任君主的阴谋能力，特别是当风向开始变化时，他通常用“波旁人”来形容他们。这种几乎不加掩饰的蔑视甚至导致他最终没有经过国王同意就做出退出政坛的决定。他觉得自己掌握了军队权力，把军队当成了自己命运的唯一裁判：他向君主提出辞职只是一个礼节问题。

“贝伦格尔的错误”

阿方索十三世被羞辱，也失去了信用，除了“假装”没事以外，别无选择。他在自己支持的独裁政权下忍受了六年，他从来没有抱怨过，这个政权保证他有一个和平的假期，但没有免除他的责任。他似乎还认为，独裁者只是一个短暂过渡，中断了六年多的宪政恢复正常后，这个过渡痕迹也将很快被抹去，仿佛在那些年里什么都没发生，可以回到失败的、导致独裁政治的“旧政治”，而不是迎接新力量、政治游戏重新洗牌。

鉴于军队刚刚发挥决定性作用，任命另一位将军处理事务似乎是势在必行的，至少在君主的眼里是这样。阿方索十三世选择了一个与自己最亲近的，也是与离任独裁者关系最不好的人——前驻摩洛哥高级特派员德马索·贝伦格尔。同时，他也与“军事灾难”有关联，并负责清算前政权，逐步恢复 1876 年宪法，这部宪法只有在最终被彻底摧毁的政治阶层中才得到了真正的支持。这位被选择的军人无论多有善意，在 1921 年的旧责任事件中，却像阿方索十三世一样妥协了：君主制似乎无法应对新的政治挑战。

奥特加·伊·加塞特似乎忘记了他对 1923 年军事政变的热情支持。1930 年 11 月 14 日，他在《太阳报》上发表了一篇有名的文章，批评了这次政变，其标题相对温和：“贝伦格尔的错误”。但他的结论却有着不一样的激进，因为他以西塞罗[①]式的激昂语调写道：“君主制必须被毁灭！”（Delenda est moanrchia !）这确实是开明舆论的感觉，但为时过早：君主制正在发出最后的子弹。

从 11 月起，直到三个月后贝伦格尔将军辞职，在这个因遭到广泛质疑而无法完成的任务结束前，实际上出现了痛苦的溃散。不仅是知识分子，还有政治家，包括保守派，在六年的独裁统治期间，几乎所有人都放弃了“沉没的船只”——王室，加入了共和国。这是唯一一个有待考验的新政权，尽管其第一个版本在 1873 年至 1874 年彻底失败。这不仅仅是一个理想，长期以来，除了进步的自由主义舆论和工人工会等根深蒂固的部门外，第二共和国被视为最后的手段。但它也有一个政权该有的面貌 ——一个没有共和的共和国，正如美国的西班牙专家斯坦利·佩恩所说，没有过多的矛盾。

这场运动汇集了许多失望的君主主义者，他们往往纯粹出于个人原因而选择参加运动；以及普里莫·德·里维拉的追随者，他们没有原谅国王抛弃了将军；还有社会主义者，他们大多认为共和国只是走向无产阶级革命的一步。

圣塞巴斯蒂安的阴谋及其失败

从 1930 年 8 月起，由于阿方索十三世没有决定退位，根据温和的律师学院院长奥索里奥·伊·加利亚多的建议，共和党委员会在圣塞巴斯蒂安召开会议，为政权更迭做准备。会议决定由唐·尼塞托·阿尔卡拉·萨莫拉主持，他是阿方

① 西塞罗：罗马共和国晚期的哲学家、政治家、雄辩家。

索十三世的前部长，一个虔诚的天主教徒，但对国王怀有怨恨。参加的还有米格尔·毛拉——安东尼奥·毛拉的儿子，他非常聪明，也是极端主义者，代表了右翼自由派（他的兄弟毛拉公爵仍然是一个狂热的君主主义者），此外还有奥特嘉·加塞特和格雷戈里奥·马隆，后者没有出席，但提供了支持。在"一直是共和党人"这边的有：亚历杭德罗·勒鲁（共和党联盟）和曼努埃尔·阿萨尼亚（共和党左派），我们将有很多机会再次说到他们。社会党因达莱西奥·普列托和费尔南多·德洛斯·里奥斯加入了他们的行列，无法预先判断西班牙工人社会党和劳动者总同盟在辩论结束时决定采取什么样的态度。最后，在这个新组建的团体中，还包括激进社会主义者马塞利诺·多明戈和阿尔瓦罗·德·阿尔博诺兹，以及地区民族主义者，如加利西亚的圣地亚哥·卡萨雷斯·基罗加（女演员玛丽亚·卡萨雷斯的父亲）和不同派别的加泰罗尼亚代表，他们从一开始就警告说，他们支持共和国是以它立即承认加泰罗尼亚自决权为前提的。

鉴于王室中仍有抵抗势力，圣塞巴斯蒂安的这次集会只能算是真正阴谋的前奏。它立即得到了已经试图起义反抗普里莫·德·里维拉的军人的热情支持。圣塞巴斯蒂安革命委员会不仅新加入了一些将军，如冈萨雷斯·奎波·德·拉诺（他们与阿尔卡拉·萨莫拉家族结盟）、曼努埃尔·戈特德（他将于 1936 年 7 月起义对抗同一个共和国），还有许多意识形态最激进的军官，如拉蒙·佛朗哥和费尔明·加隆——之前圣胡安节事件的参与者之一，也与无政府主义工会关系密切。

贵族奎波·德·拉诺是军队中最活跃的人物之一，并成为了正在准备的政治 - 军事政变的协调者。他的第一个任务是在拉蒙·佛朗哥和他的共和党军事协会的同僚帮助下控制马德里卡特罗·维恩托空军基地。谨慎的弗朗西科·佛朗哥将军的弟弟提议从那里轰炸王宫，而劳动者总同盟发动的大罢工将使首都瘫痪。费尔明·加隆上尉打算煽动在阿拉贡比利牛斯山脉的杰卡进行小规模驻军起义，向该省首府韦斯卡进军，运动将从那里展开。

这个完全由没有任何革命经验的政治家和少数狂热的士兵即兴而定的方案，只能以失败告终。在各种借口下和不断拖延之下，J 日（实施的日子）终于被定于 1930 年 12 月 15 日。但自称为共和国临时政府成员的主要政治阴谋者，从前一天起就已经成为了马德里示范监狱的客人，贝伦格尔政府安全局局长埃米利奥·莫拉[1]将军礼貌地把他们领到了那里。

唐·尼塞托（即阿尔卡拉·萨莫拉）和他的朋友们仍在寻找工会为配合占领空军基地而召集的大罢工的苗头。从监狱里，他们只看到几架飞机在日常活动完全正常的首都上空散发传单。后来他们得知奎波·德·拉诺和拉蒙·佛朗哥注意到劳动者总同盟的无力，就赶紧乘坐这些飞机逃跑了。当他们知道在杰卡发生的事情时，失望之情更甚。加隆上尉和他的副手加西亚·埃尔南德斯迫不及待地采取行动，12月13日，他们计划在部队前宣布共和国的成立，但在带着500人抵达韦斯卡之前，就被忠诚的部队制服了。第二天，军区总司令召开一个简单的战争会议，似乎连政府的意见都没有征求，就把两名负责的军官给枪毙了，这无疑是让国王行使他的赦免权。

如果不是发生了悲剧性的转折，它本应是场可笑的冒险：共和国有了第一批殉道者。尽管米格尔·毛拉把这次杰卡起义称为"纯粹的疯狂""立即引起了共和党委员会成员的愤慨"，但后者确实非常了解加隆的意图，以至于他们委派圣地亚哥·卡萨雷斯·基罗加到杰卡，唯一的目的是防止这位军官过早采取行动。但这位加利西亚人因暴风雪而延误了时间，被困在一家旅馆里，到的时候已经太晚了。至于引发大罢工的社会主义工会的背叛，只能用其领导人打算对资产阶级 领导的这些举措持谨慎的保留态度来解释。受独裁政权青睐的劳动者总同盟和西班牙工人社会党在前政权下极大地发展了自己的影响力，他们并不打算轻易被新的共和派操纵。

权力的瘫痪和最后一次的和解努力

1930年就这样以一场可怜的悲剧结束了，如果是任何其他政府，在道德上受影响较小的情况下，本可以从中受益。令米格尔·毛拉惊讶的是，君主主义者

① 埃米利奥·莫拉（1887—1937年）：西班牙军事领袖，于西班牙内战前期领导国民军对抗共和军。1936年春天，莫拉加入了前军事领导人荷西·桑胡霍将军所组织的西班牙军事联盟，计划推翻西班牙第二共和国，并在国内替桑胡霍造势。内战爆发后，莫拉成为国民军重要的指挥者，在桑胡霍因为飞机意外死亡后，国民军的指挥权即分为北部的莫拉和南部的佛朗哥将军，之后莫拉国民军南下进攻马德里，并发起了几场大型战役。1937年6月3日，莫拉搭乘飞机前往维多利亚，途中因为天气过于恶劣失事坠落而亡。

十分无力，而阿方索十三世对他的军队失去了信心，并开始怀疑人民的忠诚。这种瘫痪状态让这位坚定而又客观的历史见证人备感惊讶，因为他在许多场合都能看到庆祝 1 月 23 日国王节，王后从伦敦旅行后返回马德里。民众自发的支持仍然围绕着王室："回顾西班牙历史的这个阶段，"他写道，"人们对君主制统治阶级的'自杀'心理感到惊讶，他们没有看到危险吗？他们难道对政权更替漠不关心吗？他们是否认为一切都已经失去了，任何阻止事件发展的努力都是徒劳的？我不知道……但那句经典的格言是对的——神会让那些想输的人失去判断力。"

由于笨拙的失误，贝伦格尔将军准备开始大选的日期恰逢第一共和国的周年纪念日。对那些对这个错误感到吃惊的人，他回答说，他不认为有什么问题，"自称是共和党人当然是一种错误，但肯定不是罪过！"尽管上个月发生了严重的事件，但自这个独裁政权倒台以来，国家仍然弥漫着浓烈的自由主义气氛，政府打算与之保持距离。被关押在示范监狱等待审判的同谋者是第一批受益者。在圣诞节和新年期间，马德里和各省最好的餐馆争相为他们提供最精选的菜肴。"那是一个时代，"米格尔·毛拉怀念地说，"当时，任何政治犯都是受人尊敬的人物。"杰卡的叛变官员就没有那么幸运了！

1931 年 2 月 11 日，最著名的知识分子——何塞·奥特嘉·加塞特、马隆医生、拉蒙·佩雷斯·德阿亚拉，重申了他们"为共和国服务"的承诺。当被要求参加大选时，共和党和社会党人顽固地拒绝了，结果导致贝伦格尔于 14 日辞职。另一位温和派政治家何塞·桑切斯·盖拉来到示范监狱，出现在共和党委员会成员面前，以期取得他们的合作。然而一切都是徒劳的，米格尔·毛拉以所有人的名义回答"他们不想再与君主制有任何瓜葛"。

无奈之下，阿方索十三世请没有政治经验的军人阿斯纳尔上将组建了一个政府，包括像罗马诺伯爵这样的"旧政治"人物在内，贝伦格尔亲自担任战争部部长。由于举行大选似乎是不可能的，或者说为时过早，新内阁选择在 1931 年 4 月 12 日举行简单的市政选举。

与此同时，发生了最后一出喜剧：对共和党委员会成员的审判。由于其中一个被告、社会党人拉戈·卡瓦列罗的国务委员（由独裁政权恢复的职能，随着独裁政权的消失而必然消失）地位，此案由最高战争委员会来审理。这个法庭在马德里司法宫召开，由布尔盖特将军主持，他就是那个在 1917 年夸下海口

“要像猎杀野兽一样猎杀阿斯图里亚斯矿工”的人，但现在却表现出了最先进的思想。

公开辩论变成了示范监狱荣耀客人们三天的革命论坛，他们被判处六个月监禁，但立即被他们的预防性羁押所抵消。布尔盖特甚至要求彻底无罪释放他们。在这样的氛围下，谁还能相信君主制能继续生存？

小型但决定性的选举以及阿方索十三世退位

仅仅两天时间，这个有着古老历史的王室就被扫除了，在上个世纪已经遭到严重破坏，自普里莫·德·里维拉倒台后，又被它的传统支持者抛弃。

虽然 4 月 12 日的投票结果中，从农村选区选出的君主主义市议员获得了压倒性的多数席位，但在所有举行激烈集会、革命动乱尚未减弱的大城市里，绝大多数人投票给了共和派。他们所得的选票数量更多，似乎超过了农村的票数。

4 月 13 日晚，工人阶级和中产阶级开始侵入首都和各省大城市的街道，他们展开共和国三色国旗，高唱列戈的赞歌。在晚间举行的部长会议上，主持政府的罗曼诺内斯，只能寻求其他方式解决危机，即贝伦格尔政府从一开始想举行，但他本本人反对的大选。但每个人都清楚地知道，共和国体制刚刚被多数票通过，贝伦格尔本人含蓄地表示赞同，他以战争部部长的身份向所有负责执法和秩序的人发出呼吁，要求实行最严格的纪律，“以便祖国的命运能够遵循最高民族意志所赋予的合乎逻辑的进程”。这就是承认历史已经翻过了一页。

剩下的就是让国王相信，“只要放弃权力，他就有可能在不久后的某一天，在所有人的欢呼下回归。”阿方索十三世似乎已经对此深信不疑，并决心不采取任何无可挽回的行为。他向自己很信任的人、内政部的副国务秘书马里亚诺·马菲尔询问，是否有可能在街头和平地恢复秩序，特别是在该部所在地太阳门广场，4 月 13 日至 14 日群众在那里整夜示威。

当这位高级官员询问时，国民警卫队队长（他的驻地就在内政部附近）回答说，他准备冒着被砍伤的危险独自前往，但他不能指望手下人的忠诚。当马菲尔报告国王时，国王回复：“这就是我必须要知道的。”君主所要做的就是为他的离开做准备，“没有一滴血为他或反对他而流”。他向全国人民发表的宣言中明确指出："我是所有西班牙人的国王，但也和其他人一样是西班牙人。我想维护我的王室特权，但我打算离开，而不是冒险把同胞拖入自相残杀的内战中。然而，我不会放弃我的权利，这是历史积累的神圣遗产。"

与此同时，国民警卫队指挥官桑胡尔霍将军——也就是一年后企图发动君主主义起义反对共和国的那个人，得知国王的决定后，立刻赶到米格尔·毛拉的家中，让自己和他的部队为共和国服务。大家都知道米格尔·毛拉将成为未来的内政部部长。

4 月 14 日晚，在毛拉于太阳门动乱中和平占领的内政部总部里，临时政府做出了第一次安排，而罗曼诺内斯和阿尔卡拉·萨莫拉则讨论了从一个政权向另一个政权权力移交的相关法律问题。与此同时，阿方索十三世坐着鱼雷形敞篷汽车，把护送人员甩在后面，高速驶向卡塔赫纳军港。"阿斯图里亚斯亲王号"战舰正在那里等着他，将他送往马赛。

然而，阿尔卡拉·萨莫拉要求他"在日落前"离开，这并不是一次可耻的逃跑。国王的平静和对维护公共和平的关心给他所有的追随者留下了深刻的印象。国王还确保了王室家族在第二天安全无阻地踏上流亡之路，他们经埃斯科里亚尔农村火车站，停靠在那里的伊伦快车，载着王后和她的孩子们前往法国。在这些戏剧性的时刻，国王的高尚品格让人忘记了他的行为过于轻率。国际舆论为这位君主突然倒台而震动，他在第一次世界大战期间的侠义行为、平易近人和开明的性格使其在一些国家中获得了很多同情。"我们是过时了"，阿方索十三世在选举后的第二天指出。这是部分事实：与其说是对他本人的排斥，不如说是另一种潮流刚刚胜过了君主制。这个临时组建的共和国要实现西班牙人对它的夸大的希望。

共和国动荡的第一步：加泰罗尼亚分离运动和教堂火灾

1913 年 4 月 15 日晚，共和国临时政府，也就是圣塞巴斯蒂安共和国委员会的翻版，可以夸耀自己领导了一场民众欢欣鼓舞的和平革命，并对政权更迭做出了承诺。政府的新人昨天还被关在牢里，如今其全新的象征意义开启了人民掌权的进步道路：法国玛丽安的妹妹 *Niña bonita*（"漂亮女孩"）戴着弗里吉亚帽登上舞台，那里的节日气氛掩盖了人们对这个共和国方向的误解和政府内部的严重分歧。

对一些人来说，这是一扇敞开的大门，可以进行迅速而彻底的变革，以实现他们“没有神父或军人”的社会梦想。对另一些以 1875 年的法国为榜样的人来说，共和国为了得到公认并持续下去，只能是温和甚至保守的，至少在街道秩序方面是这样的。在带有政治色彩的群众眼中，它迟早应该被转化为无产阶级革命。

然而，正如米格尔·毛拉所看到的那样，政府中只有两个人，也是仅有的天主教徒——阿尔卡拉·萨莫拉总统和米格尔·毛拉本人，希望走安静、温和的改革道路。其他人、包括已到战争部的曼努埃尔·阿萨尼亚，只想把他们的反宗教和反军国主义的偏见付诸实践。他们首先考虑的是不要因国民警卫队介入而惹恼了人民，当然国民警卫队虽不得人心，却是公共安全的唯一保障者。他们也担心如果决定按照世俗化做法攻击宗教建筑会不会惹恼民众，这种做法可以追溯到 19 世纪“崇高”的自由主义者。

然而，临时政府不得不面对的第一个冲突来自加泰罗尼亚。在西班牙共和国成立的同一天，加泰罗尼亚左派（Esquerra Republicana）领袖弗朗切斯克·马西亚上校在巴塞罗那单方面宣布加泰罗尼亚自治区作为未来伊比利亚联邦的正式成员（不管未来制宪议会将给予西班牙的是统一还是联邦地位）。马西亚在 1926 年以反对普里莫·德·里维拉的起义尝试，使其人气达到顶峰。

正如可以预料的那样，这场几乎是分离主义的政变立刻给政权带来了考验。阿尔卡拉·萨莫拉立即派遣了一个政府代表团前往巴塞罗那，以说服马西亚和加泰罗尼亚大区新任主席卢伊斯·孔帕尼斯，建议至少要等到组织一场区域的全民公决投票决定加泰罗尼亚的新地位，并得到了制宪会议的批准。

更为严重的是 5 月 10 日和 11 日在马德里发生的事件，当时临时政府成立不到一个月。正如米格尔·毛拉从内政部观察到的那样，从最初几周开始，来自群众中的极端主义分子就施加了强大的压力，从“马德里文化会所[①]的伪知识分子到工人阶级的无政府主义者，他们都已经对共和改革的温和论调感到失望，并

① 马德里文化会所（Ateneo de Madrid）：首都近一个世纪以来著名的知识中心，曾因颠覆活动被普里莫·德·里维拉关闭。此后，曼努埃尔·阿萨尼亚控制了该机构，并使其具有越来越多的左派倾向。

决心通过破坏公共秩序来加速运动的到来”。

5 月 10 日，年轻的君主主义者在阿尔卡拉街上用留声机大声播放《王家进行曲》，一群极左分子利用前者愚蠢的挑衅，迅速赶到《ABC》日报（同样是君主主义倾向）总部进行洗劫。他们与国民警卫队发生激烈冲突，后者为了脱身而开枪，造成两人死亡。随后，一大群人入侵了太阳门广场，整个晚上一直在要求砍掉毛拉的头颅，并解散国民警卫队。临时政府在抗议者的示威声中聚集到内政部开会，这时已充分显示了它的分裂。阿萨尼亚的朋友们来自马德里文化会所，他们在内阁的阳台上宣布，“人民很快就会满意”。愤怒的毛拉只能从因达莱西奥·普列托那里寻求支持，不管他多么倾向社会主义，都意识到了威胁新生共和国的极端主义是多么危险。

第二天早上，首都的修道院和教堂开始燃烧，而由阿尔卡拉·萨莫拉主持的部长会议无力维护其权威，而后曼努埃尔·阿萨尼亚主导部长会议，宣布“这些意外不值得让一个共和党人付出生命”，强烈拒绝让军队介入。这些“意外”不仅已经烧毁了宗教建筑，而且使由教会管理的学校和学徒协会也化为灰烬，事件不是由因教会迟疑于承认新政权而被激怒的人所为，而是由拉蒙·佛朗哥在 1926 年跨大西洋突袭中在西班牙空军的前队友巴勃罗·拉达领导的少数无政府主义者所为。后者悄悄地把油罐从一个礼拜场所拖到另一个礼拜场所纵火，而没有人想到要逮捕他们，阿萨尼亚开玩笑地说这是“内在正义”（justice immanente1）的表现！然而，必须恢复一定程度的秩序，但不能不惜一切代价求助于国民警卫队。因此，军队被赋予了干预的任务。指挥马德里地区部队的奎波·德·拉诺将军毫不费力地阻止了这些暴乱者。后者的行动极具象征意义，尽管造成极大的破坏，但没有造成任何伤亡。

然而，马德里的大火让无政府主义运动觉醒了。社会主义者参与共和制政权，只会促进全国劳工联盟（CNT）接过革命火炬，中间派的无政府主义 - 工会又像 1923 年一样，在伊比利亚无政府主义联盟的极端主义领袖的控制下。从 6 月起，它就宣布自己“与资产阶级共和国处于战争状态”，恢复了在巴塞罗那和安达卢西亚几个城市的恐怖活动，特别是在马拉加，那里的教堂、修道院和教会学校在当局无动于衷的注视下被烧毁了。但在塞维利亚发生的事件，揭示了政党和工会在新政权成立的头几个月里受到的低级打击。

无政府主义者的觉醒：在拉蒙·佛朗哥的庇护下，塞维利亚开始了一场革命

在塞维利亚这个安达卢西亚首府，作为劳动者总同盟的势力范围，新任总督安东尼奥·蒙塔纳是激进派领导人，也是亚历杭德罗·勒鲁的忠信，他只想着依靠无政府工团主义工会组织全国劳工联盟来消除社会党及其工会的影响，甚至不惜向无政府主义者提供武器。后者在 6 月 28 日制宪议会投票前夕，以煽动性的承诺成功地虏获了该省农村选民的心，他们认为在那里发动地方暴动的时机已经成熟。

拉蒙·佛朗哥晋升为上校，但比过去更偏向自由主义。他被临时政府任命为航空部长，这位将军的兄弟也在巴塞罗那和塞维利亚议会的名单上提出自己的候选资格，并不断乘飞机在这两个选区之间往来。内政部监视拉蒙的往来，很快就明白了这位高官策划的事：从塔布拉达空军基地劫持飞机，轰炸塞维利亚的公共建筑，并在全国劳工联盟帮派的支持下宣布成立“安达卢西亚自由共和国”。米格尔·毛拉派桑胡尔霍将军带着一支强大的国民警卫分队赶到现场，压制选举前夕开始的行动。与拉蒙·佛朗哥同谋的官员和平民被逮捕，但从会议主席台下来时不小心扭伤脚、在行动之前消失的主谋和几天前以家庭原因谨慎辞职的蒙塔纳总督都没有被捕。

然而，次日当选议员的拉蒙·佛朗哥很快就会坐上议会厅最左边的位置。至于尚未解除武装的伊比利亚无政府主义者联盟（FAI），7 月 18 日至 21 日在年轻的西班牙共产党支持下在塞维利亚全省发动革命大罢工。

教会和军队：曼努埃尔·阿萨尼亚的眼中钉

西班牙教会当然不会安然无恙，它要为强加给西班牙社会的保守，以及它声称要在国家中行使不可被分享的权力负责。它们没有如人们常说的那样“向共和国宣战”，主教们坚持在 5 月 9 日的牧灵中采取中立的态度，这等于承认新政权。托莱多大主教、西班牙首席主教塞古拉在共和国宣布成立后，立刻督促信徒们“为基督教未来的艰难日子祷告”。然而，这是一份个人声明，并不能成为将他驱逐出西班牙的理由。5 月 11 日的马德里事件一定程度上证实了这位主教的忧虑。

在政府方面，与教会斗争的意愿更为明显。历史学家克劳迪奥·桑切斯·阿尔博诺斯回忆道："共和党人往往是共济会会员，非常反教权。他们把政权视为自己的东西，从眼角观察着我们这些不认同他们偏见的新共和党人。"同样是新共和党人的米格尔·毛拉也认为："教会公开的敌人在政府中占据着绝对优势。这是天主教高层没有意识到的现实，这必然导致宗教政策的彻底改变。"

正如我们将有机会的看到的那样，本届政府的强人曼努埃尔·阿萨尼亚也是这一领域最宗派主义的人之一。但同样的保证使他全身心地认同新政权，以至于有一天宣布："共和国就是我！"（La République c' est moi!）作为战争部长，他一马当先地向权威进攻：军队先于教会。

第一次世界大战期间在盟军前线担任战争记者的经验和对法国军事政策的研究，让阿萨尼亚更有权威来推行军队改革。普里姆·德·里维拉在他之前就想这样做，但引起了军方越来越大的敌意。

军队改革的目的是将步兵师的数量减少一半，集中资源，使其提高行动效率，这也意味着减少军官人数。该法令规定，所有愿意这样做的军官能够领到全部薪水退休。这个提议非常诱人，以至于近 9500 名军官（大约一半的军官）利用这个机会，拿到了意外之财。那些仍然在职的人必须宣誓效忠共和国，这使得他们很少出现信仰问题，只有大约 30 人拒绝。

另一方面，阿萨尼亚的秘密意图似乎被曝光。在 1931 年 6 月 8 日瓦伦西亚的一次演讲中，他公开自夸，说已经开始"粉碎"所有可能反对该政权的力量。当他宣布 4 月 14 日之前所有不符合资历条件的晋升都将被复核时，"粉碎"一词真正的含义才显露出来。已得到快速晋升的原驻非洲陆军军官立刻感到羞辱和威胁。与此同时，部长决定关闭由佛朗哥将军领导、成立不到 3 年的萨拉戈萨总军事学院。以此，阿萨尼亚公开了他的真正目标：结束这个带着社会等级精神的军官学校，因为在他眼中，这种精神对共和国有潜在危险。

在短短 3 个月内，每日都有针对教会的动乱和暴力的气氛中，甚至在制宪议会召开之前采取的这些强硬措施勾勒出斗争版图，而共和国寻求的持久凝聚力也随之消散。4 月 14 日和自由派天主教达成的协议已经无法正常进行。的确，对米格尔·毛拉来说懊恼的是，这些温和势力很难在第一次选举中被动员起来，而这次选举将使第二共和国建立起自己的机构。

共和国宪法核心的宗教问题

6 月 28 日的投票确保了左派的胜利，有 255 名当选代表，包括 116 名来自社会党、56 名来自激进社会党、42 名来自加泰罗尼亚共和左翼 - 主权主义者（Esquerra）、26 名来自阿萨尼亚的政党共和联盟、15 名来自加利西亚民族主义组织。中间派由勒鲁的激进派主导，拥有 90 个席位，还集合了自由派 22 名右派代表，还有 16 名“为共和国服务”的团体代表。新议会只有一名君主主义代表，来自一个由 21 个巴斯克农业代表（民族主义但天主教）组成的右翼政党，只有 3 名来自坎波的利加党。然而，体制外的无政府主义者中有 14 人以个人名义当选为代表。

在关于宪法计划的辩论中，社会主义者、激进派、两位天主教部长和温和派在宗教问题上的分歧引起激烈的争论。政教分离的原则确保信仰自由，未引起多少反对意见，尽管奥特嘉·加塞特和他的朋友们希望天主教会应享有特殊地位，“承认它具有不可否认的历史和社会现实意义”。

然而，这个最反教权的规定却被采用。除了取消神职人员的薪酬之外，为 35 万儿童提供学校教育的教会被禁止教学，耶稣会士因为服从罗马教廷而被取缔。一项赞成彻底解散宗教团体并将其财产收归国有的社会主义修正案没有获得通过，但它引发的争议使得阿尔卡拉·萨莫拉和米格尔·毛拉于 1931 年 10 月 14 日辞职。前者由曼努埃尔·阿萨尼亚接任政府首脑，后者则由不那么坚定的卡萨雷斯·基罗加接任内务部部长。

正是在这样的情况下，这场危机的胜利者（失去温和派右翼对共和国的支持）以极为冰冷的口气，宣布了那句让他受到保守派仇恨，甚至被大部分温和派反对的名言：“西班牙从此不再是天主教的了！”

从法律角度来讲，这并不是不实之言：阿萨尼亚在他的反教权热情中，期待着宪法的最后批准。从社会学的角度来看，这甚至可以作为世俗化西班牙承认政教分离的有效声明，正如法国在 26 年前并非毫无困难所做的那样。然而，这是一种蓄意的挑衅，不仅针对许多信奉天主教的人，而且针对所有公民，他们没有表明自己的信仰，甚至是不可知论者，但仍然维持着基督教价值观，以及与其民族传统不可分割的宗教文化。

像许多激进的“反教人士”一样，曼努埃尔·阿萨尼亚把世俗主义想象成简单、健康的国家中立：对他来说，这仍然是一场反对宗教的斗争，要把西班牙许多个世纪以来的天主教剔除掉，使一半的同胞与他对立，并鼓励另一半已经世俗化的同胞对反宗教的痴迷。说实话，这种痴迷是西班牙灵魂的另一面，就像它反面的形而上学和礼拜仪式：烧毁教堂的大火回应了几个世纪以来异端裁判所的火刑。

1931 年 12 月 9 日，宪法以绝大多数票通过，将国家定义为“在自由和正义的制度下组织起来的各阶层工人的民主共和国”。它建立了一个单一的议会，由民众直接选举产生，并首次赋予妇女选举权，规定了世俗婚姻，经双方同意可以离婚。在领土方面，它承认共和国与区域自治相容，甚至为加泰罗尼亚规定了一个快速的例外程序。要求巴斯克地区、纳瓦拉和加利西亚起草自己的章程，以便随后批准。

毫无疑问，这是一部以强烈反对天主教教条为标志的战斗宪法。阿尔卡拉·萨莫拉在当选共和国总统时是其守卫者，两年后他担心这是在挑起内战，认为它是“理论、利益和偏见的产物，既没有考虑到国家的现实，也没有考虑到维护国家凝聚力”。乌纳穆诺也表达了同样的看法。比法规更重要的是由此产生的象征性姿态，如从公共建筑中拆除十字架或镇压军队中的教士，加上缺乏学校来代替这些学校进行宗教教育，冒犯了许多人的良知，并助长了越来越多可预见的反应。

第二十二章　动荡不安的共和国

第二共和国诞生于君主制的衰竭，它以议会制度的形式出现，共和国总统在此政体中发挥的作用与1876年宪法赋予君主的作用大致相同，但并不拥有历经变迁却因历史延续性所赋予王室的那种威望。不过，我们是否会见证一个进步的奇迹？组成共和国的政党从社会党到温和的中间派共和党，其优点是代表更广泛的意见。西班牙工人社会党（POSE）参与政治，预示着在共和制法律框架内政府正积极考虑无产阶级的愿望。但它还有很长的路要走。在教育如此落后的背景下，首先要把农村中仍然是文盲的民众变成负责任的公民，而这些阶层对意识形态宣传表现出明显的不耐烦，对“共和国”一词带来的变革希望过大。在经济危机继续加剧失业和贫困之际，这条路似乎向所有极端主义开放。

在无政府主义竞争对手的压力下，社会主义者把工人和农民工会的诉求交给了全国劳工联盟（CNT）和伊比利亚无政府主义联盟（FAI）。共和国面临的第一个危险不是神职人员和保守右派的反应，他们暂时无力作为，而是教堂纵火者、罢工者或地方叛乱的煽动者，例如1931年7月在塞维利亚发生的暴动。

同年10月20日，曼努埃尔·阿萨尼亚领导政府后，通过了一项“保卫共和国”的法律，通过新闻检查、规定罢工权和禁止“任何可能扰乱公共秩序的政治、宗教或社会性质的集会或示威”，使行政机关几乎绝对控制了舆论。“任何基于宗教、政治或社会理由对个人或其财产进行的暴力行为或煽动暴力行为”也将被视为对共和国的侵犯。就在它诞生6个月后，在一部公共自由方面非常先进的宪法被颁布的两个月之前，共和国不得不采取了阿方索十三世政府不敢想象的措施。为了改变现状，或者说为了防范还不存在的危险，法律明确规定“任何为君主政体辩护的行为都将受到严厉的镇压”。

从卡斯蒂尔布兰科到卡萨维哈斯：曼努埃尔·阿萨尼亚的黑色年代

从1932年1月1日至1933年1月11日，由曼努埃尔·阿萨尼亚主持、社会党人拉戈·卡瓦列罗任劳动部部长、卡萨雷斯·基罗加任内政部部长的政府没有任何喘息之机。它的担忧一方面主要来自极左派的革命者，另一方面来自对立刻归附的共和政权感到失望的桑胡尔霍将军企图发动的右翼起义。

自18世纪末乔维拉诺斯和奥拉维德等人进行内部垦殖以来，土地改革一再被推迟。1835年至1855年，自由派政府转移了社会目标，土地改革成为政府的优先事项之一。1931年4月，政府颁布法令，改善无地农民的生存状况，规范他们的工作条件。虽然西班牙的经济不再以农业生产为主，但在安达卢西亚、埃斯特雷马杜拉、托莱多和萨拉曼卡地区仍有数百万仅靠每日在田间耕作为生的短期工（braceros）。劳工部长拉戈·卡瓦列罗立即采取措施，规定向农民提供未开垦的土地，禁止解雇农民，联合委员会规定短期工最低工资。这些很难实际执行的措施在原则上是公平的，其目的是安抚农民群众的不耐烦情绪，等待更广泛的改革来消除经济危机，消除对资本逃离、地主的不情愿，以及因政府粗暴征地而疏远的农村资产阶级的担心。这些过于粗暴的措施已经使改革变得非常棘手，即使在中期内也是如此。

如果不是因为缺乏对人民进行长期教育，来配合进步措施以及随之提升的个人责任，哪一个民主制度会有这样的动荡？1931年的西班牙在这一领域很大程度上属于后来人们所说的第三世界国家，要到60年代末，随着农业领域的重大技术进步，特别是向世界开放经济，使得半岛南部和中部大量农村人口流出，以支持工业和第三产业活动，西班牙才算摆脱这一困境。

不幸的是，在第二共和国时期，悲惨的群众不认为这是一条秩序井然的改良主义道路，而是一种革命诱惑，是改变他们生活条件的捷径。极端主义运动抓住这个机会，利用他们的冲动进行叛乱。

1932年1月1日，埃斯特雷马杜拉巴达约兹省的一个村庄卡斯蒂尔布兰科发生了一起集体犯罪事件，这似乎让人联想到洛佩·德·维加·卡尔皮奥创作的悲剧《羊泉村》（*Fuente ovejuna*）。它在国内激起了强烈的情绪。4名民兵在一次群众愤怒爆发中被杀害，这次爆发显然是由社会主义最激进的代表们（包括律师玛格丽塔·内尔肯）煽动的。随后，西班牙各地接连发生严重骚乱。两天后，一些教士在毕尔巴鄂遭到攻击，其中一人被谋杀。1 月 4 日，瓦伦西亚的一个警察营房被袭，造成两人死亡，多人受伤。次日，里奥哈葡萄酒产区阿内多爆发了骚乱，包括 3 名妇女在内的 6 名抗议者被国民警卫队开枪打死，后者显然对自己成为袭击目标以及政府给它造成的恶劣名声感到愤怒。这些事件导致其领导人桑胡尔霍将军立即被解职，调去领导一个不出名的海关部队，由共和党将军（也是著名共济会会员）米格尔·卡巴内拉斯接替——这并不妨碍他参与 1936 年的民族主义起义。

同月 19 日至 22 日，在加泰罗尼亚洛布雷加矿区发生革命罢工后，全国劳工联盟号召武装起义。这个无政府主义工团的宣言很明确："共和国失败了，我们要革命！"政府必须派军队占领山谷，以消灭最新的叛乱团体。

在整个 1932 年，对农田非法、暴力的占领转变为暴乱的罢工，在莱万特市镇中自治的自由主义组织的尝试震动了西班牙农村和工业中心，让左翼政府无法喘息，然而并没有改变曼努埃尔·阿萨尼亚对共和制计划教育功效的信心，它介于自由放任和维持秩序的最低要求之间。此外，马德里仍然没有受到各省暴乱的干扰。在不可侵犯的象牙塔里，知识分子激烈争论：是否应该给共和国时间去平息因突然开放进步而造成的不适？

土地改革是这一年议会的主要任务，甚至盖过社会党人因达莱西奥·普列托提出的瓜迪亚纳和塞古拉流域灌溉和水力发电的大型公共工程项目，它们后来在佛朗哥政权下才被启动。土地法案引起激烈，有时甚至暴力的辩论，其中有意识形态和法律方面的考量（对一些人来说，土地要被用来耕种，对另一些人来说，要尊重个人土地财产），优先于经济效率和技术实施的需要。曼努埃尔·阿萨尼亚和自由主义左派梦想按照"法国模式"，建立忠于共和国的新兴小地主阶层。而对社会主义革命派，如无政府主义者，无论是苏维埃式的还是自由主义式的，集体组织模式才是理想状态。

土地改革法最终在 1932 年 9 月通过，但很难让激进团体满意。然而，它雄心勃勃地规定在中、长期征用 600 万公顷土地，将其分配给 93 万个家庭，并成立了土地改革机构，筹集必要的资金补偿被驱逐的地主。两年后，只有 11.8 万公顷的土地通过这一程序分配给大约 1.2 万个家庭。不过还要加上 1932 年 8 月因涉嫌参与桑胡尔霍将军的未遂政变而被没收的 27 位西班牙格伦代的 9 万公顷土地，以及两年来分配给 3 万名埃斯特雷马杜拉无地但有牲口农民（yunteros）的 10 万公顷土地。这可能看起来并不多，但与整个 19 世纪几乎没有变化的情况相比，这确实是一个进步。

那些像曼努埃尔·阿萨尼亚本人一样相信或假装相信他们没有“左派敌人”的共和党人，从 1933 年开年就遇到了与 1932 年初发生的类似的悲剧。1 月 9 日，无政府主义运动最自发、激进的一派伊比利亚无政府主义联盟（FAI）在巴塞罗那发动了新的攻势，警察局和几个兵营遭到袭击。骚乱影响到整个大都市的工业带，造成 37 人死亡，300 人受伤。而这场叛乱最戏剧性的一幕将深深铭刻在这个国家的记忆中，并再次影响到南方的一个农业城镇。

在加的斯省的卡萨维哈斯镇，当地活动分子宣扬自由共产主义，该村的民兵被扣为人质，当局派遣一支突击队——由米格尔·毛拉创建、未来蓝师（第 250“蓝色”步兵师）的指挥官穆尼奥斯·格兰德斯负责训练的新“共和国”突击队来解救他们。队长指挥部队在夏布洛要塞战斗，6 名无政府主义者利用一个女人、2 个孩子和被派来与他们交涉的士兵做掩护。妇女和儿童被疏散，但由外号为“六根手指”（Seis dedos）的农民活动家领导的斗士们拒绝投降。他们与人质在火焰中被烧死。第二天，烧焦的尸体激怒了突击队，他们在冒着烟的废墟上处决了 12 名俘虏。

是谁下令进行这种野蛮镇压的？罗哈斯上尉是突击分队的指挥官，向安全局局长报告工作，后者是阿萨尼亚的亲信，据说是阿萨尼亚下达了命令消灭反叛者，包括俘虏。在随后举行的议会激烈辩论、调查和反调查期间，政府首脑被指控亲自指示“朝他们腹部开枪”，这一猜测与阿方索十三世在 1921 年为督促西尔维斯特将军在里夫进行冒险攻势的著名电报一样未经证实。

也许最严重的是，至少在政治上，虽然阿萨尼亚承认即刻处决的事，但两个月来无法对所发生的事情做出明确解释，他承认信息和权威的缺失，让人们对他的责任和能力产生怀疑。在司法上，安全局局长被开除，罗哈斯上尉被判处 20 年监禁。

一种末世的氛围正在危害政府的行动。社会主义代表与之保持距离，以防与自己的大本营分开，而迭戈·马丁内斯·巴里奥代表的激进党在议会中赢得了威望，该议会中许多共济会会员是西班牙“大东方”的成员。他毫不犹豫地在讲台上唤起“充满鲜血、污泥和泪水的共和国”的恐怖。同样在知识界也有愤怒的反应。对一句不幸的话“在卡萨维哈斯，不得不发生的事情发生了”，“为共和国服务”运动的领袖奥特嘉·加塞特反驳道：“不，这不是我们想要的！”而伟大的小说家波·巴罗哈则痛苦地指出：“新政权的暴力和镇压已经让街头的死亡人数比 40 年君主制国家统治时期的人数还要多。”

温和的右翼派别分为怀念阿方索十三世派和“可能主义”（possibilistes）共和党（*用耶稣会教士的话说，指的是把国家制度放在次要地位的天主教徒*），在经历 1931 年 4 月的事件冲击之后，他们开始重组。

从桑胡尔霍将军政变未遂到右翼的觉醒

1932 年 8 月 10 日，何塞·桑胡尔霍将军企图发动的军事政变向曼努埃尔·阿萨尼亚政府发出了第一声警报。桑胡尔霍在立即归附共和国之后，无法消化政府首脑对军队的“粉碎”政策，更不必说在卡斯蒂尔布兰科和阿内多发生严重事件后，他被撤销对国民警卫队的指挥权。他的君主主义情感已经觉醒，并成功引诱一些被政府抛弃的将军、公开的保王派甚至卡洛斯派，还有其他如担心新政权的曼努埃尔·戈特德加入一个准备不充分的阴谋中。不具代表性的民间人士也加入了阴谋，而刚刚与阿萨尼亚决裂的激进派勒鲁本人也被试探，不过他不想考虑他认为注定要失败的计划。佛朗哥将军对他在摩洛哥的前总司令“里夫之狮”的嗜血和不屈不挠的脾性非常了解，他不愿意在这种事情上受到牵连。

桑胡尔霍从塞维利亚的驻军那得到了最有力的支持，起义由不协调的军队传到了马德里，突击队在不到两个小时内遏制了暴乱，而国民警卫队还没有动。8 月 11 日，这位鲁莽的将军在逃离安达卢西亚首府前往葡萄牙边境时被捕。他被判处死刑，之后立即改判为终身监禁。共和国政府不想重演杰卡起义的血腥结局：“必须教育这个国家不要滥杀无辜。”曼努埃尔·阿萨尼亚宽大处理的姿态对他往往带有宗派色彩的政治行动是一种补偿。

1933 年春天发生在右翼党派的事情与这个孤立、过时的军事政变毫无共同之处。主要的反对运动由围绕着基督教民主主义理念形成的约 20 个右派地方团体发起，命名为西班牙自治权利同盟（CEDA）。它的首位鼓动者是唐·安吉尔·埃雷拉，他是一份有影响力的日报《辩论》（*El Debate*）的主编，也是继利奥十三世、法国的红衣主教默西尔和意大利的多姆·斯特佐之后“天主教行动”的主席。早在1931年4月，埃雷拉创立了国家行动党，但没取得什么成果，在这个政党中，26名被选为制宪议会议员的农业代表在主教和西班牙雇主的祝福下，团结一致捍卫宗教和财产，但没有反对共和国制度。1932年，35岁的律师何塞·马瑞亚·吉尔·罗布雷斯担任党主席，该党改名为“人民行动党”，与瓦伦西亚地区右派合并后，最终更名为“西班牙自治权利同盟”。西班牙自治权利同盟声称以教会的社会学说为基础，并对欧洲正在建立的专制政权表示一定的同情。

另一方面，在和人民行动持不同政见的佩德罗·索恩斯·罗德里格斯，接着是普里姆·德·里维拉的前财政部长何塞·卡尔沃·索特洛的领导下，君主主义者于1933年3月1日创立了自己的政党，即“西班牙复兴党”。它是由“西班牙运动”发展而来的，这场运动和比利牛斯山另一边的“法兰西运动”相似，有着明显的莫拉斯主义风格：对这些君主主义者来说，自由主义或冠冕堂皇的议会制已不再时髦，在他们眼里，从现在开始国家就无法制止无政府主义或马克思主义的革命活动。

西班牙法西斯主义的诞生：长枪党和国家工团主义进攻委员会

在巴利亚多利的德奥内西莫·雷东多以及马德里拉米罗·莱德斯马·拉莫斯的支持下，一个工会民族主义运动：国家工团主义进攻委员会（Juntas de Ofensiva Nacional-Sindicalista，简称JONS）兴起，开始在学生圈被谈论。它受法西斯主义更直接的启发，并得到作家埃内斯托·吉梅内斯·卡瓦列罗的智力支持。他认为墨索里尼的法西斯主义适用于西班牙的情况，正如他的一本书书名所示，是新天主教的种子。

同年春天，在已故独裁者最聪明、最坚定的儿子何塞·安托尼奥·普里姆·德·里维拉的领导下，一本名为《法西斯》的杂志出版，但这份杂志很快就被取缔了。这是1933年10月29日在马德里剧院西班牙长枪党成立的前奏。何塞·安东尼奥晋升为蓝衫军国家首领，身边是运动评审会——飞行员胡利奥·鲁伊斯·德阿尔达、阿方索·加西亚·巴尔德卡萨、作家拉斐尔·桑切斯·马扎斯、诗人迪奥尼西奥·里德鲁埃霍【长枪党党歌《面向太阳》(*Cara al Sol*)的作者】。刚刚在罗马拜访过墨索里尼的何塞·安东尼奥发表了建党演说，内容充满社团主义、反自由主义、社会和民族主义，标志着一个直接受到墨索里尼启发的意识形态诞生。

尽管被宣称的天主教和以天主教双王的枷锁和箭为象征的西班牙传统价值所调和，但它仍是一种法西斯主义学说。另一个民族工团主义组织——国家工团主义进攻委员会(JONS)没有长枪党流行，1934 年其与长枪党合并。西班牙长枪党旨在对马克思主义的“阶级斗争”做出进步和超越的回应，同时承认某些社会主义理想的优点。

从社会学上讲，早期的长枪党不能说代表苦难的普通民众。他们来自保守的大资产阶级，甚至是贵族。他们展现出丰富、真诚的理念，打算通过排除多党制度的专制、大胆改革来解决社会问题。但何塞·安东尼奥，一位青春洋溢、才智过人、仪态翩翩、身材矫健的领袖，同时仍然是他父亲的儿子，发誓要为父亲报仇。他对背叛他父亲独裁统治的将军或君主主义者不信任，而后者认为他的个性“失去控制”，在不远的将来他们的关系更加艰难。 在那些年，长枪党仍然是极少数人参与的边缘运动，可能有些暴力，在夺回权力方面无法与西班牙自治权利同盟竞争。

1933 年 12 月：左派选举失败

社会主义者占主导地位的左翼政府体现着自由主义国家特性，不幸的是，正如后来所承认的那样，在宗教和社会问题上没有采取任何措施来重新关注和安抚分裂的中产阶级。1933 年 4 月的部分市政选举中，右派获得的席位是左派的两倍，特别是在农村地区，这使政府遭受严重挫折。6 月，关于宗教团体的法律实施引起了在罗马开会的西班牙大主教的强烈反应。他们言辞犀利地谴责西班牙共和国“侵略性的世俗主义和可恶的暴政”。教皇庇护十一世在通谕中称此法律是“有害的”，托莱多首席主教——戈莫红衣主教再次提出西班牙正在经历“严峻时刻”。

1933 年夏天，德国纳粹主义宣传引起的激昂骚动中，阿萨尼亚在联盟中的孤立地位更加明显。圣地亚哥·卡里略领导的社会主义青年党（统一社会主义青年联盟）在夏季代表大会上公开表达了对苏联的好感，他们指责西班牙工人社会党温和派领导人朱利安·贝斯特罗和因达莱西奥·普列托，称拉戈·卡瓦列罗为“西班牙列宁”，后者乐于人们忘记他与普里姆·德·里维拉将军的独裁统治合作以及他作为“资产阶级共和国”劳工部长的职责。路易斯·阿拉奎斯塔因和胡利奥·阿尔瓦雷斯·德尔瓦约这两名记者参加了社会主义者的这场革命。拉戈·卡瓦列罗宣布：“我们必须努力把现在的政权变为社会主义共和国。”

“现在的问题是：无产阶级专政或资产阶级专政。阶级斗争更加激烈，形势要求全体工人阶级建立统一战线。”

9 月 8 日，在宪政保障法院成员选举中，多数派再次受挫，年初以来因卡萨维哈斯的悲剧而名誉扫地，挥之不去的经济危机的阴霾，以及没有采取任何措施来避免社会分裂，种种因素使得阿萨尼亚政府最终落败，最终引发了政府危机。只有议会选举才能解决这场危机。议会解散后，马丁内斯·巴里奥负责组织选举。

选举从 1933 年 11 月 19 日至 12 月 3 日进行，西班牙自治权利同盟获得胜利，该党成为全国第一大党，在 473 席位中拥有 116 个席位，其次是机会主义者亚历杭德罗·勒鲁的激进党，有 76 名代表。西班牙工人社会党只得到 55 个席位，而“共和国行动”只获得 5 个席位。右翼多数派还有 29 名“农业”（agrariens）代表，他们都是巴斯克天主教徒，和 26 名突然重现的坎波的利加党代表。一名共产党人、一名长枪党人（何塞·安托诺在加的斯当选）和只有一名君主主义者进入议会。根据 1931 年宪法，妇女第一次被允许投票。无政府主义者的势力仍然强大，他们下达的弃权指示比 1931 年得到更好的遵守。

实际上，左右派选票之间的差距并不大（只有 24.7 万票），然而阿萨尼亚政府预测到票数接近但结果乐观，于是打算修改选举法，有利于从选票中产生的多数派，其计算结果适得其反。虽然竞选活动导致双方关系紧张，互相威胁，但从选举中吸取的教训是令人鼓舞的。它是国家寻求平衡和节制的反映。不幸的是，左派不是这样想的：它向西班牙自治权利同盟讨回权力，指责其为隐秘的法西斯主义，是对仅由自己代表的共和国合法性的攻击。

右派被剥夺治理权及社会主义激进化

阿尔卡拉·萨莫拉总统是局势的仲裁者，他不想满足曼努埃尔抵制民众裁决的企图，也不想满足吉尔·罗布雷斯，后者在9月份错误地参加了在纽伦堡举行的民族－社会党代表大会，对自由民主的优点发表了一些过于含糊的言论。勒鲁在阿萨尼亚倒台后主持没有社会主义者的临时政府，越来越倾向与右翼结盟，组建新内阁。西班牙自治权利同盟的丑闻让它失掉了明显的胜利，只是被邀请加入议会支持激进政府，这个政府里也包括一些中间偏右的部长。

普列托假装阻止吉尔·罗布雷斯发动政变，自己则以社会党的名义威胁说，如果右派想这么做的话，他将发动革命，而西班牙自治权利同盟的领袖回答说，如果他今天同意支持新政府纠正以前的政策，明天他将毫不犹豫地"要求权力，一切权力，和完全的行动自由"。

1934年，外部事件让气氛变得紧张，冲突一触即发。斯塔维斯基事件，即2月6日右翼联盟挑起巴黎骚乱，随后是左派大规模抗议示威游行，加剧了西班牙的紧张局势。就像在维也纳爆发的社会民主党起义（近300人死亡）是7月总理陶尔斐斯遇刺（被奥地利纳粹）的前奏。由于天主教和专制政权的特点，人们很容易把吉尔·罗布雷斯的形象和陶尔斐斯联系在一起，特别是在西班牙自治权利同盟游行中，罗布雷斯的部队用高呼"Jefe（首长）"欢迎他，就像在意大利人们高呼"Duce（领袖）"。

遗憾的是，在西班牙自治权利同盟的压力下，中间派政府不会对左派激进的措施让步，因为左派决定团结一心对抗"社会反动和法西斯主义崛起的双重威胁"。第一项控诉比第二项更容易接受。以整顿土地改革带来的秩序问题为名，数千名农民被逐出他们获准暂时定居或非法占用的土地。地主和老板被允许降低工资，不用再遵守联合委员会的决定。左派很清楚，选举获胜者正在竭力破坏阿萨尼亚政府的社会进步的成果。

巴斯克自治主义者之所以与西班牙自治权利同盟结盟，是因为他们有着共同的宗教信仰，但新的多数派比上届多数派更不信任巴斯克人要求的地位，现在甚至反对他们自卡诺瓦斯复辟的特权（fueros）消失以来存留的最后一些特权，即允许他们自己收税的权利。因此，那些曾被左派指责企图组成“梵蒂冈直布罗陀”（Gibraltar du Vatican）的人，在一个被认为是最重要的新利益联合体中与社会主义者走得更近了，这种联合体将一直持续到内战。

自 1933 年 12 月弗朗切斯・马西亚去世后，由路易斯・孔帕尼斯领导的加泰罗尼亚大区爆发了同样的冲突，原因是马德里要取消一项旨在保护加泰罗尼亚小佃农（rabassaire）的地区性法律，马德里认为这部农业法属于自己管辖，并得到了宪政保障法院的确认。孔帕尼斯获得农民的支持，并与全国劳工联盟－伊比利亚无政府主义联盟（CNT–FAI）保持良好关系的情况下，他决定对马德里的禁令不予理睬。同时，虽然保守派利加在全国选举中取得了巨大成功，但市政选举让他的政党加泰罗尼亚共和左翼党（Esquerra Republicana）强势回归。

一系列说不上反动的保守改革加快了左翼的激进化进程。被赶下劳动者总同盟国家委员会主席之位、梦想着“西班牙劳工主义”的朱利翁・贝斯特罗教授曾警告社会主义者：“他们选择革命社会，有可能失去他们从资产阶级手中夺来的一切”，但他的话已经无法引起社会主义工会联盟积极分子的共鸣。因为他们正在聆听拉戈・卡瓦列罗的热情演说，他已成为苏维埃式无产阶级革命预言家。党内最激进的派别控制的西班牙工人社会党喉舌《社会主义报》（*El Socialista*）宣称：“工人联盟并没有为自己设定从资产阶级民主中夺取胜利的目标。”

这个工人联盟是 1934 年夏天成熟起来的，是社会党和华金・莫林的小党“工农集团”之间第一份协议的成果。华金・莫林后来建立了受托洛茨基主义启发的马克思主义统一工人党（POUM）。

1934 年的西班牙涌现出穿五颜六色的衬衫的队伍，只求和平生活的为数不多的中产阶级对此感到惊慌。极左派社会主义民兵身穿浅蓝色衬衫，戴着红色头巾；由未来国际纵队的将军李斯特和莫德斯托带领的反法西斯工农民兵（MAOC）穿着红色衬衫。极右的长枪党穿着深蓝色衬衫，长枪党则穿着黑色服装。“国家复兴”和西班牙自治权利同盟也或多或少有军事化的青年运动，其服装以“人民行动”青年的灰色衬衫为主，而在纳瓦拉山区，以及而后在意大利法西斯提供的萨丁尼亚或利比亚的训练营中，戴着红色贝雷帽的卡洛斯突击队在瓦雷拉将军领导下历经磨炼，准备好拿起武器捍卫宗教和传统主义事业。墨索里尼分给每个团体一些钱：长枪党，各种倾向的君主主义保守派，甚至何塞·登克斯领导的极端民族主义政党加泰罗尼亚埃斯卡莫特（Escamots），他们的绿衫与伊比利亚民兵多彩衬衫和谐交织。

显然军方也建立了自己的秘密组织，他们的主要任务是向双方的民兵提供军官。右派方面，1933年底成立的西班牙军事联盟（UME）与新一代将军莫拉、佛朗哥、戈德的关系相比与旧君主主义卫队的关系要好，在秘书长帕尔多·雷纳的温和影响下，推翻合法共和国的想法不如反对任何社会-无政府主义革命企图来得强烈。在左派，为响应西班牙军事联盟而正式成立的共和国反法西斯军事联盟（UMRA）是1930年由拉蒙·佛朗哥、费尔明·加隆和胆大的冈萨雷斯·奎波·德·拉诺将军创立的共和军事协会的自然延伸。

最后，正如英国历史学家杰拉尔德·布雷南清楚总结的那样："很清楚的是，这个三年前建立的政权只能激发人们对其创始人的尊敬，没有任何右翼政党真心实意地服从它，而工人政党，即使其中一个政党西班牙工人社会党给了它短暂的支持，也只是把它看作征服权力的第一步。"

从1934年秋天起，两个对立阵营哪一个会先行动还有待观察。毫无疑问，在预示着内战的前哨战中，左派要为武装叛乱负责。

1934年10月：加泰罗尼亚的革命和阿斯图里亚斯起义

自1934年3月以来，中间派政府与阿尔卡拉·萨莫拉总统就赦免法发生冲突，针对1932年8月桑胡尔霍将军和同谋者进行处罚的赦免法在在共和国总统眼中显得过于宽泛，随后，勒鲁不得不向另一个激进派领袖里卡多·桑佩尔让步，而此次政府改组并没有改变局势，让它有利于1933年11月选举的主要赢家西班牙自治权利同盟，它一直处于权力的边缘，尽管它对政府产生巨大影响。

然而，在10月1日重新进入议会时，吉尔·罗布雷斯不再愿意接受这种在他眼中是羞辱性的、显然不民主的状况。他促使桑佩尔辞职，让自己的政党进入政府。正在重组新内阁的勒鲁这次向西班牙自治权利同盟提供了3个重要的部长职位，即司法部、劳工部和农业部部长。吉尔·罗布雷斯一直被阿尔卡拉·萨莫拉否决；在明显缓和的迹象中，他却没有坚持要得到更多，尽管他的真正位置无疑是首相。

但3个非常温和的割据派突然加入勒鲁的新内阁，这是工会左派正在等待的信号，他们要采取行动了。

由拉戈·卡瓦列罗领导的新工人联盟成员组成的秘密革命委员会一直负责向其提供兵力。早在9月11日，曼努埃尔·阿萨尼亚下令从西班牙军火库支取一部分武器帮助埃塞俄比亚对抗意大利法西斯，它们被转运到阿斯图里亚斯，分发给劳动者总同盟和全国劳工联盟的矿工。因达莱西奥·普列托负责监督他们的保护者霍拉西奥·埃切瓦里塔的图尔克斯号（Turquesa）货船在圣埃斯特邦·德·普拉维亚港到岸卸货，将武器分发给矿工工会。这件事稍后被国民警卫队发现，引起了很大的轰动，致使整个西班牙处于戒备状态。10月4日的晚间，西班牙自治权利同盟参与的新政府成立。

同一晚，拉戈·卡瓦列罗以工人联盟的名义在各大城市发布了总罢工令。但这一次没有问题，正如西班牙工人社会党成员所希望的那样，坚持促使议会解散，并让新的选举更有利于左派：苏维埃模式的无产阶级革命确实正在进行，意在对抗法西斯可能夺取权力的威胁，德国的希特勒和奥地利的陶尔斐斯就是例子。

今天，我们知道吉尔·罗布雷斯当然不允许这样的类比，但必须承认，当时首长激进的话语，以及西班牙自治权利同盟大游行期间流传的民间传闻，例如9月在科瓦东加这个9世纪收复失地运动中的阿斯图里亚高地上，“人民行动青年团”以罗马式敬礼向他们的领袖致敬，满口挖苦“堕落的民主”，这些都可以成为极左派攻击右派的论据，甚至让米格尔·毛拉这样的中右派人士备感担忧。

在1934年10月的两个主要革命温床——巴塞罗那和阿斯图里亚斯，由于加泰罗尼亚民族主义起义转移了目标，第一块革命温床很快消失。在加泰罗尼亚，社会主义的劳动者总同盟是软弱的，无政府主义者分别为与工人联盟结盟的全国劳工联盟和独立的伊比利亚无政府主义联盟。加泰罗尼亚左翼（Esquerra）领袖路易斯·孔帕尼斯不相信群众起义会成功，但他害怕被对手何塞·登克斯和他的绿衫军超越。因此，他借机重新发布了1931年4月14日的方案，宣布“加泰罗尼亚在联邦共和国的框架内独立”。从此这成为惯例：西班牙每一次国家危机都伴随着对加泰罗尼亚主权的肯定……

然而，与共和国宣布成立时巴塞罗那和马德里之间的交涉结果相反，事态发展太快，无法避免加泰罗尼亚区内佩雷斯·法拉斯指挥的警察部队（Mozos de Escuadra）与多明戈·巴特将军指挥的正规部队之间的对峙，后者在数量和军备上明显占优势。巴特将军因其加泰罗尼亚血统和被证实的共和主义倾向而被怀疑，接受了战争部非常严格的指示。与此同时，激进派的迭戈·伊达尔戈非常有信心，佛朗哥将军刚刚被中间派政府从巴莱阿里群岛军事指挥部召回。他不会失败的。

10月7日黎明时分，巴特控制了局势，朝大区政府的墙壁鸣枪炮轰之后，接受了孔帕尼斯和他的政府，以及佩雷斯·法拉斯的投降。而登克斯通过城市下水道逃离，其埃斯卡莫特（Escamots）武装组织没有动。所有人都即刻与其他反叛分子一起被带到一艘囚船上，在那里他们惊奇地发现一位意想不到的贵客：曼努埃尔·阿萨尼亚。他也作为嫌疑人被捕，而他出现在巴塞罗那可能仅仅是因为一位前部长的葬礼。晚上，从摩洛哥赶来的西班牙外籍军团（Bandera）高歌开进奄奄一息的城里。

然而，同时发生在阿斯图里亚斯的情况则完全不同。10月5日，由社会主义劳动者总同盟、共产党、马克思主义统一工人党和无政府主义全国劳工联盟动员起来的3万名装备精良的矿工和冶金工人，整齐划一地喊着："团结起来，无产阶级的兄弟们！"（Uníos, hermanos proletarios！）起义的地方领袖贝拉米诺·托穆斯、特奥多米罗·梅嫩德斯和议员冈萨雷斯·皮亚设立了一个悲壮的目标："我们正在打出最后一张牌。俄国作为无产阶级的一部分，将帮助我们在腐朽世界的废墟上建造永远保护我们的坚实的马克思主义大厦。革命万岁！无产阶级专政万岁！"这也是第一次西班牙所有工人政党之间实现真正的和谐融洽，他们第一次围绕着同一规章中的同一信仰聚集起来。第二天，整个阿斯图里亚采矿盆地，特鲁比亚的军火厂和地区首府奥维耶多已经掌握在起义者手中，只有1500名驻防士兵在兵营和大教堂抵抗。

这种情况需要更强大的军事力量，佛朗哥将军代替因接近阿萨尼亚而被解职的现任参谋长，他以一贯的效率和临危不惧控制局面。他的首要任务是说服他的部长和勒鲁本人，强调有必要召回雇佣军团和摩洛哥辅助部队，以支持海军陆战队登陆希洪港，以及来自加利西亚的洛佩斯·奥乔亚将军的部队控制叛军。自

8世纪穆斯林入侵以来，摩尔人军队首次在西哥特基督徒后裔曾抵抗过他们的不可侵犯的土地上攻打西班牙人。毫无疑问，这些雇佣军战士在佛朗哥的前战友胡安·亚桂中校的指挥下，会在阿斯图里亚斯自发使用他们在地中海另一边惯用的“平定”方法。

10月10日，当“自由号”巡洋舰的大炮轰炸奥维耶多时，另外两艘军舰载着从摩洛哥派来的非洲军团登陆希洪，佛朗哥小心谨慎地辞退了指挥官洛佩斯·布拉沃中校，后者在渡海时表示“对不得不射杀同胞感到厌恶”。48小时后，经过激战，奥维耶多的街道一条接着一条被占领，主要采矿中心相继沦陷，直到10月18日起义者最终投降。

洛佩斯·奥乔亚一再抱怨胡安·亚桂军队的行为，曾与他们发生激烈争吵。他认为可以通过让常规军和外籍军团撤出，让阿斯图里亚革命领袖投降，并承诺不会报复他们。不幸的是，事实并非如此，在戈德的协助下，佛朗哥控制的马德里参谋部对这位温和的共济会将军的人道主义考虑充耳不闻，尤其是因为矿工们没有严格遵守承诺的停火令。

军事行动一结束，亚桂就被解职了，镇压工作由国民警卫队的一名指挥官利桑德罗·多瓦尔负责。他是佛朗哥的随从，是一位令人不安的人物，在内战最严重的时刻成了低劣的刽子手，国民警卫队在激战中犯下强奸和残害的罪行。大约100名被俘工人被处决，他们中的大多数人都没有经过审判，其他人显然在多瓦尔的命令下受到了酷刑，来取得他们关于武器藏匿处的供词。

在右派眼中，这种严厉的惩罚似乎是合理的，因为暴乱者破坏公共设施与文物（如烧毁奥维耶多大学和大教堂），还犯下了可怕罪行。看了当时的报刊，确实如布雷南所写的那样，“为了满足中产阶级的残暴，什么都不能幸免”。没有必要夸大受害人数和残酷程度，这些罪行是带有宗教战争色彩的内战中意识形态清算的一部分：约有15名年轻的奥维耶多神学院修士和矿区基督教学校的弟兄（1999年被梵蒂冈封为殉道者）被暴动者立即枪杀，之后还有其他十几名教徒被杀。另有40名军人和国民警卫队士兵，还有14个平民被叛乱者杀死。因此，双方阵营的受害者数量相当。至于在战斗中丧生的人，官方估计有1355人，其中250人是警察，暴动一方的死亡人数略多于1000人。这个估计可能略低于实际情况，但与帕森里亚在其宣传演讲中所说的“四千名工人被屠杀”相去甚远。

革命者的犯罪行为固然不可原谅，但军事指挥官冷血地下令对俘虏进行即决处决，这在一支声称纪律严明的军队更不可原谅。双方互相报复是内战打响的前奏。西班牙无产阶级不会忘记这个类似于 1871 年巴黎公社的教训，它影响到一年后的选举中“人民阵线”上台。

在追究责任时，法院没有手软。加泰罗尼亚和阿斯图里亚领导人被判处死刑。阿尔卡拉·萨莫拉努力说服右派，他们正极力称“共和国不能像在 1932 年对桑胡尔霍和其他阴谋者那样纵容堕落的孩子”。处决革命人士的命令让人震惊，尤其是当拉戈·卡瓦列罗否认了所有他参加革命的证据，在被监禁一年后最终于 1935 年被宣告无罪释放。被判处 30 年监禁的孔帕尼斯不久也得到赦免。因达莱西奥·普列托在图尔克斯号（Turquesa）事件后逃往法国，他并不以支持革命事业感到自豪，几年后他承认，这让他良心不安，认为“这是社会党和整个西班牙的一个错误”。

在此之前，法西斯威胁只存在于西班牙左派的幻想中，在加泰罗尼亚的暴动和可怕的阿斯图里亚震荡之后，这种威胁以更严重的形式出现。萨尔瓦多·德·马达里亚加（可能同情极右派，而不是支持佛朗哥即将建立的政权）写道：“由于主动摧毁共和制，1934 年的阿斯图里亚斯革命使左派失去谴责 1936 年民族主义起义的道德权威。”

第二十三章　走向内战

在许多方面，阿斯图里亚斯革命预示和加速了内战，但还没有使它达到不可避免的地步。可以看见这次冶金工人和矿工铤而走险，是为了能在更公平的社会过上更好的生活。1934 年 10 月，在巴塞罗那的失败运动和在奥维耶多的蓬勃发展是工会和政党领导的一次整体革命尝试，他们的宣称目标是建立无产阶级专政。

共产主义盟友的社会党，当然还有重要的无政府主义联盟运动仍然有此计划。共和党左派假装把它看作是一个不切实际的计划，它可以被控制，并在必要时再次被冷酷镇压。相反，右翼政党中，大多数军队军官都深信，如果他们不以军事干预应对新的威胁，极左派有可能很快达到目的，但他们的愿望不再是拯救由右派民主主义者所掌控的国家，似乎只有被共和国打压的西班牙自治权利同盟还热衷于建立这样的国家。昔日的君主主义者梦想着“有机民主”（démocratie organique），换句话说，就是要建立一个比 1923 年到 1929 年普里姆·德·里维拉将军所建立的独裁政权更有活力的独裁政权，他们还重新联系老对手卡洛斯派。在这个阵营中，人们很快发现，只有狂热分子或顺从者才会支持武装运动建立政权。1936 年之前还处于边缘地位的长枪党公开宣称自己是法西斯主义者。

在国际意识形态紧张的局势下，能否阻止西班牙两个对立武装集团的矛盾升级到不可调和的地步？

为了避免最坏的情况发生，西班牙不应该在如此敏感的时期累积那么多社会问题。从社会、经济和政治方面来说，西班牙有着根深蒂固的自由主义根基，它不是卡瓦列罗想象的 1917 年的俄国，也不如斯捷潘诺夫所设想的那样，这位共产国际的分析家、在西班牙的代表开始认真相信列宁曾对西班牙的预言，即在欧洲背景下它的角色与苏维埃在自己国家所扮演的角色相当。但它不是 1917 年的俄国，所谓的中产阶级必须足够多，有影响力，并意识到极端主义势力抬头的危险，才能为抵御极端危险提供坚实的屏障。可当时的情况并非如此。

曼努埃尔·阿萨尼亚在他的回忆录中，对他的宗派主义给西班牙社会造成的紧张局势毫无觉察，他把内战爆发归咎于中产阶级的分裂。更准确地说，他们不够强大，无法有效影响祖国的命运，就像他们在佛朗哥死后支持从独裁到民主的和平过渡时的表现一样。值得一提的是，1933 年出现的世纪恶魔（阿道夫·希特勒），竟足以让德国强大的中产阶级接受纳粹主义！

极端的激进主义还借用了这个国家历史许多传统的特有因素。自 19 世纪以来，对宗教问题，人们心目中一直存在着分歧，一些狂热的反教权主义分子对那些认为天主教和西班牙身份具有同一性质的民族天主教主义者做出了回应。

所有这些因素在过去 130 年来尤为动荡的西班牙中凸显出来，加上不稳定的社会形势和正在努力扎根的共和国新政，在许多公民眼中，第二共和国使人想起第一共和国所陷入的无政府主义小行政区状态。这些记忆加强了布尔什维克主义和法西斯主义构建的海市蜃楼所导致的混乱。许多国家也经历了类似的冲突，法国从 1789 年大革命到第三共和国期间，以及第二次世界大战爆发时也经历了同样的意识形态冲突。事实上，除了上个世纪最后几十年卡诺瓦斯复辟时期，西班牙历史上也没有经历过这种对抗，后革命时代的波旁主义、奥尔良主义以及温和共和国都倾向于通过与对手融合来解决冲突。

十月革命的后果：吉尔·罗布雷斯错过的时间

到 1934 年底，紧张局势仍然集中体现于对加泰罗尼亚和阿斯图里亚叛乱分子的政策上。阿尔卡拉·萨莫拉总统和勒鲁请求宽大处理。在右翼反对派中，何塞·卡尔沃·索特洛代表他刚刚成立的国家集团[①]要求“头部”（des têtes）彻底

① 1934 年 12 月，君主主义者卡尔沃·索特洛成立了一个国家集团，将最专制的右翼势力聚集在一起，并将所有希望寄托在军事政变上，以废除共和国宪法，因此与西班牙军事联盟（UMR）的将军们保持密切联系。安东尼奥，何塞·安东尼奥的阵营中聚集了 5000 名激进分子，其目的是保持其行动自由，同时与国家集团持有相同的观点，但对军队和前君主主义者产生了极大的不信任，他们并不关心社会公正。这两种政治力量都对吉尔·罗布雷斯的法律主义毫无期待。

结束颠覆。吉尔·罗布雷斯担心自己的权力会被超越，就威胁说，如果国家元首（他指责国家元首“违法”）坚持对十月叛乱分子采取过于宽松的态度，特别是坚持否决他进入政府，那么他的部长们就会退出政府，从而引发危机。当时，被判处死刑的加泰罗尼亚人佩雷斯·法拉斯、在巴塞罗那起义的两名军官和阿斯图里亚斯社会党代表拉蒙·冈萨雷斯·皮亚的性命岌岌可危。吉尔·罗布雷斯任由卡尔沃·索特洛用可悲的特权宣布处决他们。他只是要求西班牙自治权利同盟参与权力，最终配得上它在议会的分量。

1935年5月6日，在几次内阁危机之后，新的勒鲁政府向吉尔·罗布雷斯和他政党中其他5名部长敞开了大门，罗布雷斯为自己选择了战争部长的职位。右派的强硬首先表现为不再让西班牙自治权利同盟的成员基督教民主党人曼努埃尔·吉梅内兹·费尔南德斯留任。他是塞维利亚大学教授，曾经是一位精力充沛的农业部部长，并充分意识到无地农民遭受的不公正待遇。这位智者被排挤导致了大地主不计后果的反应，特别是导致埃斯特雷马杜拉地区有牲口的农民（yunteros）被驱逐。他想要利用共和国第一届政府来改善小资产拥有者的不稳定状况。他的垮台令人遗憾，尤其是当经济、金融和公共工程的西班牙自治权利同盟负责人都是有能力且温和的。

然而，在这个激进政府所采取的行动中，更重要的是对军事指挥官的重新任命，吉尔·罗布雷斯批准提拔的新任中央参谋长弗朗西斯科·佛朗哥立即在陆军部就职。这位“欧洲最年轻的将军”作为反对革命暴动的共和国捍卫者为普通民众所知。颇具影响力的巴黎日报《时代》（*Le Temps*）甚至在过去的10月22日提前称他“在阿尔卡拉·萨莫拉辞职后，有可能会接任做军事领袖……”因此吉尔·罗布雷斯和勒鲁威胁着要挑起一场危机，解除唐·尼塞托（阿尔卡拉·萨莫拉）对最终任命的否决权。

在6个月左右的执政期里，这位西班牙自治权利同盟领导人及参谋长为维护军方右派利益，迅速摧毁了阿萨尼亚3年前建立的左翼机构。不仅共济会将军如马斯克莱特、里克尔梅和米亚哈于1936年7月被调到共和国修建了防御工事阵营，而且佛朗哥在把莫拉派去指挥摩洛哥军队之前，指示他准备制订一项极为秘密的总动员计划，在政治钟摆突然向极左派摇摆时启动。正是出于这种考虑，他才在马德里以北的瓜达拉马山脉修筑防御工事，在1936年那年危机重重的夏季，它帮助莫拉的部队击退来自被围困的首都的民兵反击。

现在，政府重组一支能够应对新形势的军队的时间已经不多了。卡尔沃·索特洛领导的“国家集团”愤怒地追捕10月起义的责任人，何塞·安东尼奥·普里姆·德·里维拉作出了不负责任的言论，呼吁他的长枪党6月在格列多斯山开会，为内战和“可能带来的所有后果”做准备，这再次使公众舆论向共和党左派倾斜。曼努埃尔·阿萨尼亚取消了与加泰罗尼亚起义者的妥协，甚至戴上了烈士的冠冕，重新获得了他的控制权。

事实上，阿萨尼亚与普列托的社会党达成了新的协议，在会议中，许多人被他冷静、不可抗拒的口才所吸引。共产党按照莫斯科的新方针，比以往任何时候都更加坚定地在反法西斯人民联盟中与资产阶级政党竞争。与法国一样，一旦新的选举给人民阵线提供机会，它就会根据共同的方案接管权力。

这个机会比它希望的更早到来，就在法国发生斯塔维斯基事件（第三共和国的丑闻之一）之后。这个事件将给亚历杭德罗·勒鲁的政府和他的盟友西班牙自治权利同盟带来致命的打击。

斯特拉佩罗丑闻和中心的崩溃

1935年9月发生的斯特拉佩罗丑闻，其实只是一个很小的丑闻，如果不是1935年9月阿萨尼亚和普列托巧妙地利用，也不会产生如此大的影响。“斯特拉佩罗”由来自中欧的两位投机者的姓氏施特劳斯和佩罗组成，他们买通激进党人和勒鲁的侄子——也是其养子，获得许可，将一款操纵式电子轮盘赌博游戏引入圣塞巴斯蒂安赌场，然而许可立即被取消了。

在阿萨尼亚的提醒下，阿尔卡拉·萨莫拉拒绝平息这起贪污案件。在新闻报道的推波助澜下，丑闻足以让这位政治家名誉扫地。勒鲁在巴塞罗那贫民窟领导一群愤怒的反教暴动者，进而开始了他的职业生涯，他比那些决定除掉他的人更尊重宪法秩序。勒鲁的倒台在道义上是正确的，却在政治谱系中心造成危险的空缺，使议会制度（正如固执地拒绝让右派单独执政的共和国总统所想的那样）失去了保持平衡的重要一环，即继吉尔·罗布雷斯之后得票最多的激进党。一个由政客巧妙处理的赌场轮盘，导致西班牙进一步走入导致内战的极端竞赛中。

吉尔·罗布雷斯长期以来被迫在勒鲁的监督下管理政府，他不怎么尊重勒鲁，但与之有共同利益。他试图仅以有利于西班牙自治权利同盟的方式解决危机，因为没有西班牙自治权利同盟就不可能获得议会多数票。阿尔卡拉·萨莫拉仍然决心阻止他，让他明白，还有另一种办法来摆脱危机：重新举行选举。

毫无疑问，总统担心让吉尔·罗布雷斯组建一个同质化的政府会再次向左派开火，但更有可能的是会冒着风险点燃炸毁西班牙的导火索。人民阵线可能的胜利将激化右派。

共和国总统的“共和美德”掩盖了他重新洗牌的冒险选择：联合起来的左派再次顺风顺水，西班牙自治权利同盟很可能要为与激进党派联合付出代价。至于重组一个中间派大党能稳定共和国，尼塞托·萨莫拉是唯一一个相信这些的人！

他选择勒鲁的前部长，精力充沛但不切实际的曼努埃尔·波塔拉·瓦拉达雷斯领导政府筹备选举，也反映出了这纯粹是他自己的幻想。他不信任阿萨尼亚和吉尔·罗布雷斯。作为一个挑剔的法学家，他的政治行为很难被人理解。因此，曼努埃尔·阿萨尼亚毫不费力地把他赶下了台，取而代之。

吉尔·罗布雷斯被“国家集团”和由秘密长枪党人拉蒙·塞拉诺·苏尔领导的人民行动青年团逼迫，在试图说服国家元首无果后，决定“不留余地，唯一的解决办法就是暴力，即内战”。如果军队的重要成员支持他，他似乎准备发动武装政变，“以恢复被总统侵犯的合法性”。其中，他的前总参谋部将军戈德和范珠尔敦促他采取行动。

吉尔·罗布雷斯在 12 月 11 日晚上关上了国家宫的殿门，对他们说：“去见佛朗哥，咨询一下他，明天给我一个明确意见”。咨询了他们的意见后，他又征求佛朗哥的意见。然而，谨慎的将军直截了当地回答：“只要权力仍掌握在温和派手中，就没有失去什么，军队不准备干预。”吉尔·罗布雷斯意识到，这也许是一个不可错失的良机。他在回忆录中提到，佛朗哥在 1937 年 2 月 4 日给他的信中解释拒绝参与的原因：“当时没有什么理由能让我提出一个看来既不切实际又没有道理的武力解决办法。当祖国的神圣事业受到迫在眉睫的威胁时，军队应该集结起来。但不能作为政治争论的仲裁者出现。然而，任何军事行动都注定要失败，因为它是不正当的。”

但 1936 年 7 月比 1935 年 12 月更正当吗？无论所设想的解决方案在民主层面上多么令人厌恶，但它也许可以避免 3 年的残忍屠杀，以及佛朗哥将军实行 40 年的个人独裁统治。至少这是吉尔·罗布雷斯后来得出的结论。

人民阵线的胜利

议会于 1935 年 12 月 31 日解散，1936 年 2 月 16 日举行了名单投票。但在此之前的竞选活动充斥着前所未有的政治宣传，是社会－共产主义民兵和长枪党之间关于末日演说和血腥斗争的竞赛场，从此成为惯例。

人民阵线联盟由曼努埃尔·阿萨尼亚（共和联盟）、马丁内斯·巴里奥的激进党、西班牙工人社会党、共产党和马克思主义统一工人党组成，这次得益于无政府主义全国劳工联盟的中立，该联盟没有下达弃权的指示。在加泰罗尼亚，左翼阵线与之相呼应，而拒绝与右翼结盟的巴斯克民族主义政党已经形成他们自己的名单。

计票结束次日，人民阵线可以合法地宣称取得了短暂的胜利。然而，令人惊讶的是，选举总体结果从未公布。35 年后，历史学家哈维尔·图塞尔的一项深入研究表明，970 万选民（男性和女性）中，投票率达 72%，人民阵线得票为 34.3%，而右派得到 32.2% 的选票，中间派为 5.4%。然而，接下来 5 月在昆卡和格拉纳达举行新选举之前，由于许多违规行为，若干选区的选票被取消。负责检查第一轮选举有争议结果的委员会被胜利者控制，来自街头的压力增加，最初的左派多数随后被扩充，人民阵线在议会中的代表席位比例从 60% 增加到约 67%。和 1933 年一样，但选举结果相反，选举法让人民阵线获得了足够的多数票，可以轻松执政。在 473 个席位中，共和左派的两个政党，即阿萨尼亚的政党和马丁内斯·巴里奥的中间派政党赢得了 126 个席位，社会党获得 99 席，加泰罗尼亚左翼党 36 席，共产党 17 席。在右翼，西班牙自治权利同盟仍然坚持认为它的票数会高于 1933 年作为西班牙第一大党时的票数，结果只获得 88 个席位。卡尔沃·索特洛领导的“国家集团”只有 13 名代表，重新登上政治舞台的卡洛斯派得到 9 席。拒绝任何选举联盟的长枪党只得到 4 万张选票，何塞·安东尼奥无法连任。被萨莫拉寄予厚望的中间派只获得 50 万张选票，得到 53 个席位，起不到什么作用。人民阵线在议会中总共拥有 276 个席位，而右派只有 132 席。当年 5 月，在人民阵线获胜并组建由社会党莱昂·布鲁姆领导的政府后，法国众议院也形成了类似的力量关系。但法国的人民阵线不像西班牙那样激烈，因为法国社会主义阵营同质化、更为温和，尽管法国共产党在这次选举中的得票率翻了一倍。

这些结果在票数上几乎平衡，似乎还没有对国内和平造成太大威胁。毕竟，西班牙官方在选举上表现稳定，只是在左右之间轻微摆动。人民阵线，就像设想的那样，作为一个单纯的选举联盟，其“共同方案”基本限于赦免 1934 年革命者、加速恢复土地改革和其他社会公益项目以及全面恢复加泰罗尼亚自治政府。甚至没有出现共产党员参与政府的问题。至于被拉戈·卡瓦列罗坚决拒绝的社会党很难让人放心，因为失去了所有政府职责，以及本可以改变西班牙工人社会党及其工会路线的温和派领导人，社会党对左翼共和党人的支持承诺是尚不确定的。

人民阵线的胜利刚一宣布，其极端主义分子就举行了欢庆的示威游行，在马德里和其他地方焚烧新的教堂、破坏它们收藏的艺术品，并洗劫了选举中心、右翼报纸或咖啡馆。这一切是在麻木不仁的执法人员和无动于衷的官员注视下进行的，根据阿萨尼亚的说法，很多由波特拉·瓦拉达雷任命的官员选择溜走。

特别乐观的人欣慰地观察到，右派和左派中不极端的政党获得大多数选票。但必须承认，选民的温和愿望在街头仍然受到少数人的强烈反对，他们随时准备通过挑战民主制度来挑起混乱：对一些人来说是社会革命，对另一些人来说是反革命。两个西班牙对立势力正等待战争的号角吹响。在接下来的几个月里，双方都没有采取行动来清除引爆点。

受伤的右派：何塞·安东尼奥的和平幻想

然而，被右派强烈质疑的人民阵线获胜次日，曼努埃尔·阿萨尼亚给人的印象是一个“安静的力量”。他是一个为了夺回权力的理性左派号召者，正如他在选举后温和的演讲中所表明的那样。拉戈·卡瓦列罗和他的革命社会主义者的不参与使人们对他抱有幻想。

何塞·安东尼奥作为一个能够吸引大量群众的领导人，给人留下了深刻的印象。他看到自己是“错失良机的人”，他把右翼最严酷的冲突留给了盲目反动的“国家集团”，以及西班牙自治权利同盟中不可救药的严守法规者和胆小怕事者。

当时，沮丧的情绪笼罩着失败的阵营。与西班牙军事联盟关系密切的将军们立即被赶下台，他们共济会的同僚马奎莱特、里克尔梅和米阿亚被阿萨尼亚重新任命，吉尔·罗布雷斯和佛朗哥建立的指挥系统被废除。3 月，佛朗哥被派到远离马德里的加那利群岛。另一名嫌疑人莫拉被派到潘普洛纳，政府这两个决定之后被证明都不是正确的考量。至于长枪党领袖，他预感到如果两个西班牙集团无法和解，灾难即将发生，他打算与因达莱西奥·普列托重建友好关系，而在此时后者已经意识到他在阿斯图里亚斯起义中的错误，越来越远离拉戈·卡瓦列罗和社会党的革命派。

此外，两人保持着一种彼此间的尊敬关系，与国内正在形成的仇恨气氛形成鲜明对比，何塞·安东尼奥幻想着：“啊！如果这位来自人民、真诚爱国的领袖能够成为西班牙的多里奥特，那么，长枪党和社会主义兄弟们将能够团结形成伟大联盟！”蓝衫军的全国领导人甚至宣布自己准备让普列托指挥运动，自己成为他的副手……但普列托不是多里奥特；他作为一个自由派进步主义者，向往社会－民主主义体制。

何塞·安东尼奥团结但天真，普列托礼遇但又疏远他。在西班牙政治舞台越来越令人窒息的气氛中，很难呼吸到新鲜空气。当长枪党和极左派民兵日复一日的流血冲突让他们更加对立时，还有什么余地留给长枪党领袖所幻想的向左派共和党开放的计划呢？

事实上，1936 年春天，街上的暴力势头比以往任何时候都明显，尤其是马德里，上演着无休止的帮派仇杀。这些帮派很少受到政治机构控制，因为他们经常被职业刺客渗透。长枪党也没能逃脱这种堕落的过程，他们宣称约已有 30 名“烈士”，通常他们将惩罚行动委托给那些违反禁令的前军团成员。

3 月 11 日，就在选举一个月后，为了报复几周内夺去 5 名长枪党人生命的袭击，长枪党将目标对准了著名法学教授、社会党议员希门尼斯·德·阿苏亚。他逃走了，但他的保镖被杀了。两天后，马德里的 3 座教堂被烧毁，君主主义的

《国家报》报社被洗劫一空。3 月 14 日，此事件以长枪党被取缔、何塞·安东尼奥被关押在首都示范监狱而告终。虽然当时的制度按惯例对政治犯非常自由，允许他们与外界保持密切联系，但他在内战爆发前不久被转移到阿利坎特监狱，并于 11 月 20 日被枪杀。

曼努埃尔·阿萨尼亚发动总统政变

1936 年 4 月的重大事件是曼努埃尔·阿萨尼亚决定罢免支持自己计划的阿尔卡拉·萨莫拉的总统职务。罢免他的借口尤其虚伪：它依据宪法的一项条款，授权议会在国家元首两次将其解散后对总统提出质疑。阿萨尼亚利用议会第二次解散重新领导人民阵线，他感谢鲁莽的唐·尼塞托（即阿尔卡拉·萨莫拉）的斡旋！然而，这个人物对左派而言并不麻烦（他固执地反对吉尔·罗布雷斯就表明了这一点），一位信奉天主教的人和一位反教权者表现出来的个人反感也许解释雅尔纳克政变的原因。不过，历史学家们也猜不透阿萨尼亚的真实动机。

后者当然有取而代之的野心，接下来的行动将证明这一点。剥夺了共和国向国内温和舆论提供的最后一些保证，这又会有什么意义呢？他将政府的积极领导权换成国家宫的金色扶椅时，能有什么额外的影响力呢？这位自称体现共和国理想的知识分子的虚荣心无疑解释了他的态度，也解释了他个人的一种惰性，导致他在面对眼前的困难时采取一些退让。

“我不配这个职位吗？”他反驳历史学家阿梅里科·卡斯特罗。另一种解释也是有道理的：西班牙工人社会党左翼对政府施加的具有威胁性的压力。

然而，拉戈·卡瓦列罗毫不掩饰自己的政治目标。他们与共产国际的观点一致，这体现在西班牙的共产国际代表阿瑟·斯捷潘诺夫的言论上。“社会党和共产党必须学会运用布尔什维克理论：短暂的过渡阶段之后，紧接着是苏维埃！”当然，莫斯科当时的总政策仍然是向资产阶级反法西斯政党伸出援手。但西班牙的情况似乎比较特殊：一颗成熟的果实准备自己落下。

1936 年 4 月，社会党和共产党青年团最终合并为“联合社会主义青年团”（JSU）。

曼努埃尔·阿萨尼亚可能因此认为，他当总统能更好地遏制革命进程，并阻断“西班牙列宁”的道路，就像阿尔卡拉·萨莫拉阻断了吉尔·罗布雷斯的路。他想把政府总理的职位交给因达莱西奥·普列托，他的计划因西班牙工人社会党和劳动者总同盟拒绝让普列托担任这一关键职位而受挫。因此，曼努埃尔从他接任国家最高职位的那一刻起就开始衰落。那是 1936 年 5 月 10 日，极左派在几天前的劳动节举行了大规模示威游行，他们用红旗和口号来歌颂苏联的光荣，让西班牙资产阶级感到恐惧。

4 月，阿尔卡拉·萨莫拉以 238 票对 5 票的投票被罢免，右派投了弃权票。10 年后，他在布宜诺斯艾利斯流亡期间透露，他被怂恿反对罢免并夺取政权：“我本来有办法实施独裁，”他写道，“在我卸任前的第一天和第二天，我得到武装部队会协助我恢复合法权力的保证，但我拒绝了……”

事实上，他的话揭示了在军方动荡阶段一个笼罩在阴影中的事件。虽然他因参与阿斯图里亚斯的行动而受到起诉，但他在镇压中的缓和措施也得到了承认。洛佩斯·奥乔亚将军作为一位优秀的共和党人，却加入西班牙军事联盟，并向总统提交了军事起义计划，以防止他下台。萨莫拉绝对不是合适的人选。他似乎一直等到对手当选的第二天才给出回应。奥乔亚没有坚持，阿尔卡拉·萨莫拉在苦闷至极的情况下，一个月后带着全家人开始了北海的长途航行，却没有机会再次见到自己的祖国。

1936 年 7 月 18 日的军事叛乱用了糟糕的方法赢得胜利，除了洛佩斯·奥乔亚之外，另一个人物是奎波·德·拉诺将军。他曾经是狂热的共和主义者，后来成为佛朗哥将军的狂热支持者，和他兄弟拉蒙关系密切。在他动荡的职业生涯中，曾于 1936 年 7 月大胆地攻占塞维利亚，及时为非洲军队提供转移到宗主国所需的空军基地。

军事准备

1936 年 3 月 8 日，在马德里，十几名将军聚集在一位西班牙自治权利同盟代表何塞·德尔加多的家中，评估他们认为紧急的情况。这些代表中有佛朗哥将军，他不得不在傍晚离开首都，次日启程前往加那利群岛的新指挥部，还有将军奥加兹、范胡尔、金德隆、维尔加斯、瓦雷拉、卡洛斯义勇军的教官，以及最近被任命为潘普洛纳驻军司令的莫拉，曼努埃尔·戈德没有出席。

在人民阵线选举胜利3周后，他们对形势做出评估，为任何可能发生的情况做好准备，要么阻止革命左派发动新的政变，要么抢占先机。他们不是没有注意到阿萨尼亚政府采取的行动，除了军队军官的新“左派化”外，看起来颇像是对1934年10月革命的复原。在加泰罗尼亚，截至3月1日，大区的叛乱不再被提及，对孔帕尼斯的所有指控都被洗刷干净，权力已经回到了他的手中。在奥维耶多，武装团伙没有预料到赦免法令向囚犯敞开监狱大门，法令恢复了他们在起义中受到影响的文职和军职。在阿斯图里亚斯矿区，自2月23日以来，雇主被强制要求重新雇用工人，甚至向叛乱工人支付补偿，同时保留他们所雇用的替代工人。因此，官方上来说，前一年秋天在西班牙似乎“没有发生非法活动，没有违反公共秩序”，革命叛乱因承认其道德上的胜利而合法化。

南部农村针对私有财产的暴力行为也卷土重来：在当局还没有紧急安置好的情况下，数以万计的农民不等恢复土地改革政策，就强行夺回被上届政府征用的土地。当局认为，人民阵线胜利后发生的犯罪行为以及拉戈·卡瓦列罗日益激进的言论而加剧了这种气氛，因此需要制订紧急计划，应对任何可能发生的情况。

同样，这些将军大多只想着开战。其中一些人已经在1932年与桑胡尔霍密谋，后者在葡萄牙流亡期间仍然是他们的领导者。他们的动机并非都是出于对共和国的憎恶，不过至少他们讨厌阿萨尼亚代表的左翼共和国。大多数人是受洛佩斯·奥乔亚温和态度影响的西班牙军事联盟成员，但其他人，如范胡尔，与联盟关系紧张。然而，他们的共同特点是军事政变的理念，这种观念在上个世纪达到鼎盛，但在组织良好的工人阶级群众面前却不再有立足之地。他们在接下来的几个月里酝酿，而佛朗哥一被赶出马德里，老式的军事叛乱计划还没开始实施就流产了。3个月后，所谓的“大阴谋”正在艰难地形成。

佛朗哥与阴谋

在这场阴谋中，只有两个军事人物越来越重要：佛朗哥和莫拉。佛朗哥同意有必要制订紧急干预计划，但条件是发生了决定性的事件：“革命左派攻击政府，国民警卫队解散，或对军队的直接威胁使其失去反应能力。”一旦成功起义所需的所有政治和军事条件都得到满足，莫拉准备在纳瓦拉极端敏感地区担任技术指挥和作战计划的政治军事协调。这两个阴谋家都很冷静，权衡了政变时会遇到的军队分裂，以及极左派强大的动员能力。佛朗哥甚至比莫拉更相信，这次军事起义几乎不可避免地会引起一场可能旷日持久的艰难内战。

在这两个人中，埃米利奥·莫拉是一位身材高大的知识分子，他身着制服，自从他在贝伦格尔政府下当过警察后，就熟悉了警方的记录和网络，他可以说是经历监狱生活最多的人，也是对政权个人怨恨最多的人。他的思想最初是自由主义的，甚至是进步的，但后来他的思想却向非常专制的、类似法西斯主义的观念倾斜。

相反，佛朗哥的那些价值观仍然是军队保守派严格的传统价值观，他是一个尊重秩序的人，在对母亲的崇拜中长大，而母亲却被道德败坏的丈夫抛弃。至少在当时，他看到自己的兄弟拉蒙在政治误入歧途，由于无政府主义思想对自己家庭的影响而对其反感。他以在摩洛哥无休止行动中展现的勇敢和在事业上的决心赢得了“西班牙军队中最年轻的将军”的称号。他与奥维耶多上层资产阶级女孩的婚姻被推迟了很久，但受到阿方索十三世的支持，这场婚姻也有利于他的社会地位提升。然而，这位工于心计者被指责为机会主义者。在 1931 年的共和国，他展现了君主主义怀旧情怀，当时，他是萨拉戈萨军事学院院长，是最后一个把王室的血金色旗挂在学院屋顶的人。但当他面对阿萨尼亚时，他的尊严和忠诚的态度，使他处于一类军人的行列，即无论他多么值得怀疑，都会激发他的对手们的某种尊敬：他肯定不会是冒险发动政变的人，在采取行动对抗合法国家之前会三思而后行。

他的矜持，与其说是自以为是，不如说是虚伪，对逞强、不太喜欢现实计算的军事环境来说，他的态度同样耐人寻味。同伴对他的看法不太确定，既诋毁他犹犹豫豫（在军事起义前几个月，共谋者称他“金丝雀小姐”“加利西亚小姐”），又对他总参谋长的经验和冷静清醒的判断力有信心。无论如何，这些特征驳斥了一些历史学家依然认为他平庸的论断。基于佛朗哥所处的环境和时代，历史学家对他的学识仅有一些粗略的描述：他长期关注“红色危险”，这种习惯是他阅读所订阅的国际出版物培养出来的，这是一种更个人化的、更家庭性的顽念，他指责共济会一直对西班牙图谋不轨，伟大的西班牙形象存留在天主教双王和哈布斯堡帝国的荣耀中。然而，这种传统信条并没有阻碍他自由地运用智慧、谨慎操控，适应时代环境，以确保他的政权持续到他去世，西方没有一位独裁者能成功地做到这样。

像这样一位复杂、高深莫测的人，尽管他的同伴们犹豫或是反感，还是会把他当作一个权威，或至少是政变不可缺少的中心。在确定他的支持之前，他们必须等待佛朗哥根据事态发展和自己设定的标准，来判断成功的机会。

然而，4 月的情况只会让这位加那利群岛新任军事指挥官失望：他的那些同事准备在行动成熟前就不计后果地点燃炮弹，还有长枪党解散、何塞・安东尼奥被监禁。在离开马德里之前，他在塞拉诺・苏埃尔家中和安东尼奥碰面，虚情假意、等候时机的加利西亚将军与年轻、教条、不耐烦的对话者发生不和。阿萨尼亚决定解除阿尔卡拉・萨莫拉的总统职务，以取而代之。

由于 2 月 16 日选举被取消的几个选区将举行补选，佛朗哥在他的连襟拉蒙・塞拉诺的施压下，打算在昆卡的右翼名单中参加竞选。面对何塞・安东尼奥的强烈抗议，他最终放弃了这一计划。安东尼奥本人也是同一名单上的候选人，并指望当选议员，以重新获得自由。然而，这段没有结果的插曲充分说明了未来考迪罗对下一次重大军事起义的疑虑，更道出了他成功的可能性。

一些人在他参加竞选一事上看到他渴望更接近马德里，准备一场煽动行动。但从这个角度来看，他对离开一个能让他有朝一日作为非洲军队领袖从邻国摩洛哥指挥军事行动的职位没有兴趣。相反，这种选举的野心颇有某种灰心的迹象，因为他刚刚离开了做无用功的同谋们。在他想从政的时候，还不确定莫拉是否会让其他将军作为在宗主国坚定有效的行动协调人。除了何塞・安东尼奥的愤怒，还有投入昆卡选战的因达莱西奥・普列托及他强壮的特种警队（Motorizada）在报纸上对他发起的恭敬又带有恐吓的攻击，这个被证实的消息无疑对他的迅速退出竞选产生了影响。如果莫拉来接管这件事，人们可以预料到更严重的事情，并准备采取行动。

传说佛朗哥只是在叛乱发动的最后一刻才表态，这个说法却经不起分析。自他在圣克鲁斯・德特内里费安顿好后，他就密切关注马德里的朋友策划着什么，建立了自己的信息网络，接待了许多找他的文职和军事联络官，并向他们提供建议，在昆卡的插曲之后，他通过加密电报与莫拉保持了日常联系。“金丝雀小姐”当然保持他的自由意志，在他认为命中注定的适当时刻进入舞台。

议会的悲剧舞台

如果没有出现引发暴动的悲剧事件，军事政变还会发生吗？人们仍然争论着这个问题。

当军事政变计划开始实施时，就有严密的组织、秘密的妥协和逃亡的风险，人们不清楚应对对手的防御措施在何处结束，而自己准备的政变从何处开始。就西班牙而言，夸张的语言、难以忍受的街头暴力造成的紧张局势，让议会变成了一个悲剧性的舞台，事态加速发展让辩论变得毫无意义。

6 月 16 日，吉尔·罗布雷斯对人民阵线政府执政 4 个月来的动荡、破坏和罪行进行了严肃评估：160 座教堂被完全摧毁，251 座宗教建筑受攻击、部分被烧毁或洗劫，269 起政治谋杀，1287 人受伤，其中有一些人受重伤，10 家报社被完全摧毁，146 枚炸弹和武器被扔到公路上，113 次总罢工和 238 次局部罢工……“我们不要抱有任何幻想，”他总结道，“一个国家可以在君主制或共和制、议会制或总统制、共产主义或法西斯主义下生存，但它不能存在于无政府状态中！”

这些话并不夸张。全国劳工联盟和伊比利亚无政府主义联盟接连发起罢工，社会主义的劳动者总同盟并不打算被无政府主义对手超越，也跟着发起罢工。在南部农村，冲突倍增，国民警卫队遏制不住土地被非法占领的势头。在大城市里，除了长枪党和极左派民兵之间的清算外，还有无政府主义者和社会-共产主义者的斗争。5 月，发生在马德里的事件堪比一个世纪前首都最黑暗的时刻。一个荒谬的谣言四处传播开来，指控修女向孩子们分发有毒的糖果，这只不过为攻击教堂、追捕修女和教士提供新的借口。

虽然 7 月 18 日政变后，民族主义阵营披露的有关拉戈·卡瓦列罗发动新的革命起义指示性文件的真实性有待商榷，但后者的政治路线、其政党的意识形态都非常引人注目。他们自己承认，社会党及其盟友正等待机会在未来某个时候夺取政权，在西班牙建立一个苏维埃共和国。

6 月 16 日，在吉尔·罗布雷斯盘点灾难与动荡的会议上，卡尔沃·索特洛也宣布将镇压政治罢工和对生产的蓄意攻击："你把这个国家称为法西斯主义。好吧，如果是这样，我，相信这个国家的人，宣布自己是法西斯主义者！"

曼努埃尔·阿萨尼亚在因达莱西奥·普列托缺席的情况下被任命为政府首脑，他刚刚宣称自己与法西斯主义处于交战状态，圣地亚哥·卡萨雷斯·基罗加提醒他"小心点"。在当时的氛围下，这些人身威胁令人担忧，几乎每天都发生暗杀事件。7 月 1 日，在同样的议会，"国家集团"领袖卡尔沃·索特洛受到了明确的威胁。威胁不是来自人们常说的激进分子，而是来自社会党人、阿萨尼亚政府的前安全局长安赫尔·加拉萨："暴力在某些时刻是合法的反应。卡尔沃·索特洛先生，当我想到你时，我认为这是完全有道理的，包括通过攻击剥夺你的生命！"

两个阵营的最后演习

当这种暴力气氛在民选的议会中成为习惯时，在大街上出现百倍的暴力攻击也就不足为奇了。这对非常温和的米格尔·毛拉是一个危机，因此他呼吁建立"共和专制政权"（une dictature républicaine），来结束无政府状态。在今天，曼努埃尔·阿萨尼亚以高贵的品质和学识被提升到伟大的民主主义者的地位，他设想建立一个民族团结政府，包括他自己的政党，以及西班牙自治权利同盟，还有迭戈·马丁内斯·巴里奥的中左派。他从上个世纪继承下来的宗派主义政治和反教权思想使他拥有一个独特的愿景，在泛滥的民粹意识形态挑战经典法治国家的时期，他的愿望是乌托邦式的：与左派同质的共和国。对他来说，法西斯主义依然是他要推翻的敌人。虽然讨厌，但革命的极左派仍是他的盟友，不管愿不愿意，最终将加入这种强大的共和国制度。为什么不能是"共和专制"制度呢？——当时卡德纳斯总统的墨西哥，既是极端民族主义、反资本主义，还是坚决的反教权主义，由独一政党"革命制度党"（Révolution institutionnalisée）领导。

正如 S.G. 佩恩在他最近的著作中所提出的那样，这种情况可能预示着右翼军事政变的失败，这个失败将有利于他持续加强对左翼各个派别的控制。这种考虑反映了阿萨尼亚的自负，以及他对右翼将军和政党的蔑视，在他眼里他们无法克服分歧，进行严肃的行动。他认为，让他们像 1932 年的桑胡尔霍一样“试一枪”，再揭穿他们，而不会有军队全面叛乱的风险。至少，阿萨尼亚对国际上的对话者、外交官或记者暗示了这一点，他们担心比利牛斯山后正被内战阴云笼罩。“这是咖啡馆的八卦！”他回答美国媒体，“相信我，唯一总是正确的西班牙人是阿萨尼亚。如果所有的西班牙人都是‘阿萨尼亚主义者’，一切都会好起来的！”

共和国总统的乐观态度显然得到了他平庸的政府首脑代表的赞同。因此，圣地亚哥·卡萨雷斯·基罗加没有回复佛朗哥将军 6 月 23 日给他的信。

加那利群岛的军事指挥官在这封信中一方面勉励他的加利西亚同胞，另一方面又劝告战争部长“不要相信那些对你说军队疏远共和国的人”，同时强调“所有驻军，包括警察部队都感到深深的不安，而每一个善良的西班牙人在面对自己国家面临的严重问题时，都会感到不安”。

这是否如一些历史学家，特别是休·托马斯所分析的那样，是“在历史面前，佛朗哥为了和平解决使出最后的手段，尽管他非常清楚为时已晚”？或者，正如其他人所声称的“一个真正的服务提议，一个雄心勃勃的将军最后的算计”，他不担心被无能的桑胡尔霍甚至被莫拉超越，虽然在他的眼中莫拉更值得尊敬，但缺乏伟大领导者的素质。只要他被召回到一个显要的职位，就准备像在 1934 年那样，打共和制合法性的牌?

第一个观点当然是最贴切的。在这种情况下，佛朗哥可能没有预料到卡萨雷斯·基罗加只有一个回避的答复。吉尔·罗布雷斯在他的回忆录中指出：“这是他在迈出决定性一步之前，审视他对法治国家忠诚的方式。意识到军事叛乱将面临着军队的分裂和来自统治力量的强烈抵抗，他猜想国内将会有一场长期内战。他所担任的非洲军队领导人的角色发挥了决定性作用。因此，人们可以推测，这封信意义含糊晦涩，是一个守秩序之人最后消除内疚的方法，他对靠不住的阴谋有抵抗力，但已经决心放手一搏。佛朗哥是那种打算不仅把握所有机会，还想让自己良心过得去的人。看到卡萨雷斯·基罗加没有回答他，他松了一口气：“权力的盲目解除了他最后的疑虑，让他没有顾忌。”

“无药可救！”（No hay remedio!）

无休止的报复螺旋，具有一种任何政治理性都无法阻挡的奇异力量。戈雅在他可怕的蚀刻版画《反复无常》《战争的灾难》已经体现了这一点。无节制的激情到了一定程度，已无药可救！

7月的第二周，在马德里这个知识分子、大学和文学精英云集的首都，普通市民担心街头混乱、连续罢工，甚至在新受害者的葬礼中，军队或长枪党示威游行到墓地，但离想象中即将发生的灾难还很遥远——人们每天都在做着日常事务，等待着夏季假期到来，能让政治世界的动荡安静下来。当时突然发生的事是最坏的情况，让所有经历它的人都震惊了。

自1933年选举右派取得胜利以来，长枪党首先为与社会－共产主义者或无政府主义民兵的暴力冲突付出沉重的代价。何塞·安东尼奥对此作出了回应“不幸的辩证法要承受拳头和左轮手枪”，他为从底层群众中招募的战士增加了武器。

7月12日星期日晚上9点30分左右，突击警卫队的何塞·卡斯蒂略中尉被袭击。他曾在阿斯图里亚斯起义中被起诉，还是反法西斯工农民兵（MAOC）的教官，当他穿过家门前的街道时，被一名长枪党突击队员或一名卡洛斯派成员（根据不同的版本）开枪打死。他的尸体被剥去衣服，披着红旗，放在太阳门广场上安全总局燃烧的小教堂里，人民阵线的政治家、工会代表和联合民兵举起复仇的拳头彻夜游行，他最亲密的战友们疯狂地准备给反对派领导人最狠毒的报复。

凌晨3时左右，突击队警卫处一辆小型卡车载着9名警察离开庞特霍斯附近的兵营，车上还有5个穿便衣的人，其中包括国民警卫队的费尔南多·康德斯上尉、远征队队长、社会主义活动家，还有因达莱西奥·普列托著名的近卫队成员。这些人里还有路易斯·昆卡，古巴独裁者杰拉尔多·马查多的前“保镖”。另外，一辆安全局的菲亚特跟随其后，车上有同样的突击队的军官。

何塞·安东尼奥·普里姆·德·里维拉已经被转移到阿里坎特监狱，因此没有受到攻击。这次全副武装出动、预示着不祥的“黎明队伍”，从内战最初就给马德里造成了严重破坏，他们首先到吉尔·罗布雷斯的家，但发现他既不在家里，也不在西班牙自治权利同盟的总部：罗布雷斯前一天和家人一起离开马德里前往巴斯克海岸了。勒鲁也是搜寻的对象，他委派了集体清算反对派领导人的计划，同样也没有被找到。

而这次行动的主要目标卡尔沃·索特洛就没有那么幸运了。和吉尔·罗布雷斯一样，他也住在同一条萨拉曼卡的优雅街道上。政府指派警察保护他，但这位君主主义领袖不信任他们，要求他们换班，让他们的同事上来，然而换班人后边跟着一位出示国民警卫队军官证件的上尉。康德斯和他的手下很快带出了人质，他是在家人面前从自己的床上被拉走的，并被命令快点穿上衣服，到安全总局接受调查。他的尸体于次日早上在阿尔穆德纳墓地被发现。职业杀手路易斯·昆卡在距离他家一百米的小货车上朝他颈部开枪，接着，他的尸体被康德斯和随从遗弃到墓地管理员那里，就像在大街上发现了一个死于非命的无名氏一样："把这块冷肉放在一边。这家伙一定是因为打架而死的！"

卡尔沃·索特洛被谋杀的消息像野火一样蔓延开来，他被绑架的情形完全被政府掩盖。一份官方声明称这是"作为卡斯蒂略上尉朋友的突击警卫队卫兵对法西斯主义领袖的疯狂复仇时刻"。然而，事件发生时的情况仍然很神秘。提到一个便衣上尉的存在，但没有提及费尔南多·康德斯的名字。后来人们知道，他曾因参加阿斯图里亚斯革命的活动而获刑，后在 1936 年被赦免，并恢复国民警卫队的职务。

最先知道这次处决细节的是《社会主义报》主任朱利安·祖加兹戈蒂亚，他属于西班牙工人社会党的分支、温和的"祷告派"。他在内战期间担任共和国的部长，而后他被德国人交给佛朗哥，1940 年被枪决。他在流亡法国时写下的动人而翔实的著作中，讲述了 7 月 13 日他是如何接待了一位显然参加过这次行动的人，这个人只能是康德斯本人。他是为了炫耀自己所做的事，还是为了让良心好受？

"当这个人走了，"祖加兹戈蒂亚写道，"一种不安和厌恶感贯穿了我的整个身体，我想知道，是什么奇怪的联系能让我和采取这种行动的人有共同的信仰，我承认我找不到。"

到处弥漫着沮丧之情。共和党和社会民主党只能以可怕的程度来判断事实：这一罪行加上丑闻，最终破坏了国家的信用。反对派的两名主要领导人之一被逮捕，随后在一名国民警卫队官员面前被谋杀，而且，这位警卫队官员本人对委员会主席负责，并宣布这是官方任务。如果这样的事也能发生，人们可以预料到之后的一切。

“这是袭击，但这也是内战！”祖加兹戈蒂亚写道，打断了他刚刚令人震惊的叙述。

证据很清楚：军事反应迫在眉睫，如果失败，将使双方进入长达3年之久自相残杀的战斗中。

第二十四章　西班牙内战

卡尔沃·索特洛被谋杀，像一道闪电从天空中落下，这非常恶毒，但又几乎是官方的行动。它除去了参与阴谋的军方和平民最后的犹豫，同时为政变提供了它正缺少的情感借口。这骇人听闻的事件让曼努埃尔·阿萨尼亚和圣地亚哥·卡萨雷斯·基罗加的计划完全被打乱。事实上，他们无法忽视一场正在酝酿的军事叛乱，不过他们相信政变的规模不会太大，而且很快就像 1932 年桑胡尔霍政变那样迅速被镇压，他们只看到了让谋反者行动，在他们安排在战略职位上的忠诚将军的支持下能很快镇压他们的好处。就在袭击前一天，情况仍然可以让总统和政府首脑保持乐观。而自 7 月 13 日以来，事态完全控制不住，埃米利奥·莫拉路上的障碍在最后一刻被清除了。对推诿的佛朗哥来说也是如此。

反对人民阵线的“共和党”政变

根据“负责人”自己和准备跟随他的大批军官的政治倾向，埃米利奥·莫拉在 6 月 5 日的备忘录中拟定最低限度政治方案，打算在自 1931 年以来使用的三色旗下起义，并在未来选举制宪会议之前成立一个军事督政府，就像普里姆·德·里韦拉在 1923 年组建的一样，但“不改变现有的共和政权”。合法的社会福利以及政教分离将得到保障。虽然提到需要建立一个“强大的、有纪律的国家”，但这些原则性的宣言，除非被滥用延伸，否则不能被认为是“法西斯主义”的宣言。

正是宣言没有明确提及民族－工会主义的国家宪法，以及对军队的不信任，让何塞·安东尼奥迟疑。他从 6 月 6 日转入的阿利坎特监狱，匆忙将他的长枪党带进战斗中，他向蓝衫军发出指示：“长枪党不会屈从于一个没有广阔社会前景的资产阶级国家，它将以自己的战斗部队保持自主性。”然而，6 月 29 日，他命令他的部队与埃米利奥·莫拉合作。不过，他的部队和埃米利奥·莫拉绝对依靠的义勇军相比没那么重要，这两三万名受过良好训练、守纪律的军人将从纳瓦拉发起行动。

但卡洛斯派的将军并不想听到共和国的消息。7 月 9 日，律师曼努埃尔·法尔·康德，他作为传统主义宗教团体的全国代表和正统派摄政者波旁帕尔马泽维尔亲王的代表，否决了这一法案，使埃米利奥·莫拉陷入接近放弃的沮丧中。因家族传统而与卡洛斯派关系密切的桑胡尔霍正在努力说服他们的领导人，代价是做出一些让步——相对自治的义勇军（requetés）被并入君主旗帜下。

和谨慎的天性有关，在加那利群岛的佛朗哥迟迟没有加入行动。7 月 12 日，根据巴托洛梅·本纳萨的说法，他再次向莫拉发送了一条加密信息，确认他弃权。尽管如此，但他似乎在君主主义领袖被暗杀之前，就已经做好了介入的准备。7 月 11 日，马德里的君主主义报纸《阿贝赛报》驻伦敦记者路易斯·博林按照报纸出版商胡安·伊格纳西奥·卢卡·德·特纳侯爵的要求包租、金融家胡安资助的“快龙”双引擎客机从克罗伊登机场出发，12 日晚在卡萨布兰卡机场降落，而此时，马德里正在准备点燃西班牙的两起谋杀的导火索。这就是上个月与埃米利奥·莫拉和未来负责空军起义的阿尔弗雷多·金德隆将军一起制订的计划，由平民实施，该计划能让佛朗哥尽可能低调地离开他在特内里费的指挥所。

从卡萨布兰卡起飞的这架飞机任务是在大加那利岛的空军基地等待将军，而不是在特内里费。7 月 16 日上午，他到达目的地。佛朗哥在近乎奇迹般的环境帮助下，乘船抵达附近的岛屿，而没有引起怀疑：他在拉斯帕尔马斯的军事助理刚刚死于致命事故，他有充分的官方理由参加了他的葬礼。葬礼结束，他在岛上逗留，直到宣布进入战争状态，并在被软禁在那里的奥加兹将军的支持下，控制了这座岛屿。在阿加迪尔和卡萨布兰卡两次停留之后，他匿名度过了最后一晚，飞机于 7 月 19 日星期日上午降落在得土安，那时非洲军队完成了对保护国的控制。

7 月 17 日，梅利利亚的官员比宗主国提早了 24 小时开始叛乱，冒着还没有开始行动就被逮捕的危险，陷入命令和反抗命令的混乱中。佛朗哥虽然晚些时候才踏上摩洛哥的土地，但他在加那利群岛时就已经撰写并向非洲军队和西班牙人民发布了他的宣言，因此成为第一位正式“宣告”的军事领导人。

从 7 月 17 日，在埃米利奥·莫拉行动之前，他就在摩洛哥传播和张贴他的各种宣言，宣言带有沉重、复杂、晦涩的风格——它援引资料说明人民阵线政客的非法性，并号召在社会正义精神指引下实现民族团结——就像一个真正的政府计划。和莫拉一样，他的声明也没有对共和制提出质疑。佛朗哥甚至在对摩洛哥部队的讲话中明确指出：“这是在共和国框架内重建有秩序的帝国，不仅体现在表面和外部标志上，而且在实质上也是。”他当然不是忠诚于这种政权制度，而是指出制度问题在目前是次要问题。长期以来，对共和国发动军事政变的传说要到几个月后，佛朗哥建立起他的个人权力时才会被证实。反叛分子所依赖的政变至少在表现形式上，并没有比温和派米格尔·毛拉为恢复国家权威而要求的“共和专政”更明确或更具有意识形态性。

无论如何，在同样的共和国号召下，塞维利亚电台的麦克风里，变化无常、别具一格的奎波·德·拉诺将军在 7 月 18 日晚宣布安达卢西亚进入战争状态。这位曾经如此进步的军人以惊人的气魄，在他的姻亲阿尔卡拉·萨莫拉主持下，一直忠实于这些制度。后者被解职后，他加入了谋反者阵营。实际上他靠着油嘴滑舌，成功地在几个小时内强迫安达卢西亚首府参谋部和主要领袖宣布中立。在周日一整天，他率领两百名匆匆归来的士兵、国民警卫和一小撮长枪党人面对塞维利亚工人社区的顽强抵抗，但已经能够临时为从摩洛哥派遣的第一支军团提供叛乱所缺少的宗主国支持点。

除马拉加和阿尔梅里亚外，安达卢西亚其他重要城市在已经叛乱的军方控制下或多或少能快速、容易地通过。在潘普洛纳、布尔戈斯、巴利亚多利德、萨拉曼卡、萨拉戈萨以及加利西亚的主要城市中心，叛乱在同一个周日或周一发动，但在阿斯图里亚斯仍然受阻，那里的阿兰达上校被工人民兵围困在奥维耶多，而从桑坦德到圣塞巴斯蒂安，整个坎塔布里亚海岸东部仍然掌握在政府手中。

正如埃米利奥·莫拉在秘密指示中所预见和下令的那样，叛乱分子在许多情况下无法避免“以极端的暴力阻止任何抵抗的企图”。面对军队分裂的威胁，残酷的行动以及随之而来的恐怖对首都叛乱部队来说将成为必然。1973 年 9 月皮诺切特将军发动政变反对萨尔瓦多·阿连德的人民阵线时，智利的情况也是如此。

巴塞罗那和马德里起义的失败：从一开始就不平衡的战斗

然而，叛乱分子远未取得胜利；1936 年 7 月 20 日晚上，它开始朝糟糕的方向发展。清晨，桑胡尔霍将军在埃米利奥·莫拉派往里斯本的飞机上被烧死，他将去布尔戈斯担任行动总指挥。这架小型飞机被迫从临时场地起飞，由于装载过重，无法达到飞行高度，撞到周围的树顶，坠入火海。然而，对这场运动的未来来说，更严重的是巴塞罗那和马德里起义失败。

曼努埃尔·戈代德从马略卡极端地区抵达加泰罗尼亚首府，参加费尔南德斯·伯里尔将军领导的军事行动，该行动几乎被工会和大区军队遏制，曼努埃尔·戈代德被围困在宾馆，19 日晚就不得不投降。他们没有在 1934 年事件后被赦免的对手那么幸运，两位将军在审判后被判处死刑，并于 8 月 12 日被枪决。

在马德里，情况同样严峻。范胡尔将军在靠近西班牙广场和国家宫的蒙塔纳大型兵营煽动起义后，犯了一个错误。前一天，他自己和约两百名军官、大多数是长枪党派的平民，还有一千多名没有被征求意见的士兵被关在那里。他们被装备精良的民兵包围，在两门大炮炮击和飞机轰炸下，他们抵挡不住最后的攻击，全部遭到屠杀。加西亚·德拉·赫兰将军躲在南部郊区卡拉班切尔的一个兵营里，却被他试图煽动的士兵杀害。只有一个驻扎在帕尔多的军团的士兵挥舞拳头，伪装成去与莫拉部队作战，才得以赢得了北边的塞拉。

叛军指挥部在首都的战术错误甚至比巴塞罗那遭受的巨大失败还要严重，毁掉了反叛分子打算以迅速果断的政变避免长期内战的希望。这是叛乱者的形象，尽管合作者尽了最大努力，但只能依靠彼此孤立的措施网络，其结果既取决于其领导人的运气和胆识，也取决于因当地情况而有很大差异的权力平衡。在这三天的暴乱结束时，两个西班牙的领土划分已经明显成形。叛军没有得到“国家”的欢迎，它控制的范围只占全国的三分之一，除了塞维利亚和萨拉戈萨之外，没有大城市，也没有人口最稠密的工业区。“他们疯了！”因达莱西奥·普列托透过马德里电台的无线电波夸口道，“我们拥有战略中心、取之不尽用之不竭的人员储备，西班牙银行的所有黄金和钱用以向我们提供武器。我们还有海军和空军！”

没错，主力战舰的海战刚刚打响。至于传统上左翼的空军，基本上忠于政府。相反，叛乱者有几大优势：三分之二的军队和国民警卫队纪律严明的军官，以及将要到来的非洲军队的三万人大军，其经验丰富的军团和摩洛哥步兵准备猛冲进埃斯特雷马杜拉（依靠萨拉萨尔医生的葡萄牙朋友支持）提供的易受攻击的通道。

不但没有海军协助，甚至还被其威胁的情况下，仍要使这支军队进入大陆，这就是反叛将军们，特别是佛朗哥面临的最紧迫、棘手的问题。在奎波·德·拉诺的领导下，以毫无人道主义顾虑的决心“平定”塞维利亚和西安达卢西亚是必要的，但还不够。如果非洲军队仍然滞留在摩洛哥，那么叛军将很快失败。

走向国际冲突

佛朗哥在得土安登陆后，首先考虑的是派出使者，包括他热心的旅伴路易斯·博隆执行紧急任务，去任何愿意为他提供运送部队所必要的空运服务的人寻求帮助。莫拉则将自己的亲信派往罗马和柏林。虽然也在与英国政府接触，但预期的帮助只能来自希特勒和墨索里尼。

墨索里尼已经因积极支持卡洛斯派和长枪党而受到连累，他是第一个有意在西班牙发挥作用的人，同时又担心巴黎和伦敦的反应。希特勒对地中海不感兴趣，除了刚刚在半岛爆发的内部冲突之外，他还有其他的顾虑。纳粹活动外部组织（1’ Ausland organization）的负责人恩斯特·博勒不顾德国官方外交踟蹰的看法，与两名在西属摩洛哥的德国居民伯尔尼哈特和兰根海姆一起，加入了由佛朗哥派驻柏林的特使弗朗西斯科·阿兰茨率领的使团，主动提出陪同佛朗哥的使者前往贝雷斯。

虽然希特勒没有立刻认识到这次标志着西班牙历史的军事政变的重要性，不过在加那利海军上将的帮助下，以及德国谈判者们夸耀佛朗哥的军事功绩和他防止国家落入苏联的决心，希特勒决定支持这位异国将军。会晤于7月25日进行，28日，希特勒承诺、戈林立即调动的第一批20架容克斯 Ju 52 螺旋桨运输机降落在得土安，然后载着约30名特西奥士兵前往塞维利亚。两天后，9架萨沃亚军队的轰炸机和运输机跟着大约20架战斗机和侦察机在摩洛哥降落，载着重要的战争装备：墨索里尼也被佛朗哥派驻罗马的特使路易斯·博隆和莫拉派来的君主主义者安东尼奥·戈伊科切亚说服（两人都不知道对方的任务），不要让希特勒垄断干预他认为是他自己的势力范围。由于国民不允诺这次重要的采购，两个未来的轴心国同意将财政问题搁置。在整个 8 月和 9 月，他们的飞机不停地运送人员和武器跨越海峡。然而，大部分部队乘船越过海峡，德国和意大利战斗机保护他们，以防共和国舰队在丹吉尔港伏击的企图。而后者被官员放弃，没起到什么作用。

虽然德国和意大利的干预确实起决定性作用，特别是在斗争的第一阶段，但不能将之看作柏林和罗马方面有预谋地支持叛军将军的行动。西班牙的冲突让包括苏联在内的外国势力都感到吃惊，他们的反应也是即兴的。人们忘记了，第一个通过给人民阵线提供军事援助，表明打算干预这场冲突的政府是已经成立 18 个月的法国人民阵线政府。莱昂·布卢姆和他的航空部部长皮埃尔·科特没有太考虑后果，事实上早在 7 月 19 日，就听到共和政府请求帮助的呼吁，向他们运送了第一批武器，其中包括 8 月初送往西班牙的 70 架波泰兹轰炸机中的 20 架。

法国的这一举措无疑有助于消除两位独裁者的犹豫。墨索里尼派来的两架萨沃亚军机在阿尔及利亚 - 摩洛哥边境坠毁后，意大利的干预被巴黎知晓。然而，在法国，利昂·布卢姆的决定立刻引起了右翼或温和派的集体抗议。对此，伟大的天主教作家弗朗索瓦·毛里亚克就像君主主义者乔治·伯纳诺斯在《月下坟墓》中反对国民在西班牙教会神圣旗帜下犯下的暴行一样，他要求莱昂·布卢姆放弃干预这场即将到来的大屠杀："我们不希望一滴西班牙人的鲜血是因为法国的错误而流。西班牙在我们的心中是不可分割的。我们永远不会原谅你的罪行！"

法国利昂·布卢姆政府中的激进社会党部长们、外交部部长伊冯·德尔博斯和国防部部长爱德华·达拉第也很谨慎。卡米尔·乔坦普斯总结他们的观点，平淡却合乎逻辑："没有人会理解，当希特勒重新占领莱茵的时候，我们没有行动，却要去西班牙冒险！"

但特别是英国坚决反对干涉西班牙冲突，这至少在表面上打击了法国社会党团结的势头。7 月 23 日，英国首相斯坦利·鲍德温和外交部部长安东尼·伊登在伦敦举行的欧洲集体安全事务会议上向法国明确表示，他们必须在向西班牙共和国提供军事援助和法英联盟之间做出选择。利昂·布卢姆政府发表声明，保证“不会以任何方式干涉西班牙国内冲突”，却继续通过迂回方式向西班牙人民阵线提供大量物资援助，并通过法国共产党员管理的法国航运公司大规模贩运武器。

通过无数次会议，支持西班牙共和国的大量活动动员了法国左翼知识分子，不过没有让他们承担风险。大约 12000 名勇敢的法国志愿者付出了血的代价，他们组成 1936 年 10 月以来参与斗争的最强的国际特遣队。

这是共产国际的独家创举，共产党小组在法国招募人员，由法国人弗朗西·安德烈·马尔罗负责政治和军事指导，他的手段让这位“黑海反叛者”获得“阿尔巴塞特屠夫”这个不光彩的绰号，他的工作人员由优秀的苏维埃成员组成。

马尔罗除了对西班牙天空的投入，还有他的文学和电影作品《希望，特鲁埃尔山》(*L'Espoir*，*Sierra de Teruel*)，这位法国知识分子的努力让西班牙战争成为一个广为流传的传奇。他自己称此举为“抒情幻觉”，是否值得——如果不是因为在其中失去生命的人——被提升到善与恶对抗的寓言层面？唉，在内战中，每个人都在努力挣扎，剥夺对方的生存权。太多恐怖、太多利益计算与意识形态的热情混杂在一起，这场自相残杀的斗争玷污了人性。站在一方，反对另一方，就是支持这种磨难所隐含的对人性的否定。

许多人批评虚伪的不干涉条约，却不问不卷入这场冲突是否符合健康和合理的秩序，因为这场冲突的利害关系显然不符合它们的价值观。正如人们所见，“西班牙共和国”已不再是英法所理解的真正意义上的共和国。至于国民运动，即使得到德国和意大利的支持，也没有构成任何直接具体的威胁，尽管人们想把这场西班牙内战当作“第二次世界大战的第一幕”。

特别是德国为佛朗哥提供强大的支持，其“秃鹰军团”有 6500 名军人，分为 8 个轰炸机和战斗机中队，以及大约 50 辆装甲车。意大利方面将派出一支由 4 万多名黑衫军组成的壮观队伍，经过让他们溃败的瓜达拉哈拉，在从马拉加到毕尔巴鄂的各条战线上作战。它的空军造成巨大破坏，尤其使巴塞罗那遭受致命的袭击，海军在地中海海域发挥重要作用。

虽然苏联没有派军队参与这场战争（共产国际提供的部队除外），但它向西班牙提供大量军备——当时最先进的坦克，数百架飞机，以及飞行员、技术人员和顾问，还派了政治顾问。

正在卫星化的共和国

曼努埃尔·阿萨尼亚领导的共和国虽然病态和反常，但早些时候，仍然表现出似乎能掌握自己命运的多元民主的面貌。7 月 19 日至 20 日，一切都突然改变了。

在军事叛变的冲击下，卡萨雷斯·基罗加——僵硬的外表下隐藏着极度紧张的弱点——他的政府于 7 月 18 日垮台，这给了阿萨尼亚一个微小的机会，重新制定更温和的政策以平息叛乱。没有加入人民阵线的中左翼小党派领导人费利佩·桑切斯·罗蒙，还有米格尔·毛拉，立即遇到工会愤怒的威胁，工会唯一的口号是："为人民武装起来！"（Armas para el pueblo！）迭戈·马丁内斯·巴里奥被赋予了一项自杀性的任务，即试着与叛军将领谈判，抑制他们的要求。

在埃米利奥·莫拉越过鲁比肯河的几个小时前，马丁内斯·巴里奥向埃米利奥·莫拉提议让他领导政府的战争部，由他任命另一位朋友来主导内政部。后者不是没意识到首都民众的骚动，也知道向他提议的职位已经任命了米亚哈将军，他的回答说是为时已晚："如果我们背叛了我们的部队，两人都应该被私刑处死！"佛朗哥在拉斯帕尔马斯与巴里奥会面，给了他相同的回答，语气更加有威慑力。

7 月 19 日晚，经过 24 小时为挽回和平与共和国公共秩序而进行的殊死搏斗，马丁内斯·巴里奥让位给阿萨尼亚的亲信何塞·吉拉尔，他的第一个决定是向社会主义、共产主义、托洛茨基主义和无政府主义组织开放军火库。关键的一页被翻开了：真正的权力从此掌握在多个"人民委员会"手中，一旦军事叛乱被粉碎，他们会迅速行使正义。这些委员会给马德里和整个西班牙共和国带来一种无法控制的恐怖气氛，它伴随着不祥、有去无回的散步以及起床时的被逮捕，有时候甚至是那些原本只想抢劫的粗鲁匪徒，突然就会实施酷刑，展开集体屠杀。例如 8 月 22 日晚在示范监狱发生的屠杀事件，随后于 11 月 7 日和 8 日大规模处决了 2000 多名囚犯，他们被扔进帕拉库罗斯·德尔·哈拉马和托雷洪·德·阿尔多斯巨型乱葬坑里，许多受害者被怀疑与叛乱者勾结。

这个措施等同于让共和国解除武装，纵容黑暗、肆无忌惮的势力，以至于让共和国成为他们以共和国名义组织犯罪的帮凶和保证人。以至于首都的叛乱尚未被镇压时，政府陷入了恐慌。但正如斯坦利·佩恩所写的那样："有人愤怒地指出，这只不过是左翼共和党政府不断背离宪法的结果。"他最近的著作提出了有关内战的基本问题，然而，这位毕生研究当代西班牙的历史学家指出，鉴于政府拥有军队和警队，有二十四或四十八小时的时间，这一后果严重的决定本可以避免。然而，令人怀疑的是，政府能否长期承受革命工会的压力：阿萨尼亚和吉拉尔将辞职，宣布解散包括亲信部队在内的职业军队，将他们与志愿民兵一起，合并到一支人民军队中，在没有纪律、也没有准备好的情况下，对叛乱将军老练的部队的发起进攻。

9 月 4 日，内阁以"资产阶级"为主的何塞·吉拉尔让位给拉戈·卡瓦列罗，后者相信自己已经走到了 1930 年以来重新建立的激进道路的终点。除了一些共和党左派的幸存者外，他的政府由于安全原因在 11 月初撤到瓦伦西亚，其中包括社会主义者，如外交部的阿尔瓦雷斯·德尔瓦约（和莫斯科关系密切），金融部门很有能力的胡安·内格林，海军和空军的因达莱西奥·普列托，教育和农业部的两名共产党人。两个月后四名无政府主义部长加入，其中有司法部长胡安·加西亚·奥利弗。阿萨尼亚尽管非常不情愿，但只能签署任命书，这是要向世界表明在斗争中日益壮大的工人阶级的凝聚力。

从逻辑上人们可以期待"西班牙列宁"宣布资产阶级国家的终结和无产阶级专政。但这样会妨碍西方国家，特别是法国的援助。

拉戈·卡瓦列罗开始不信任西班牙共产党，他长期以来一直认为共产党最初在西班牙棋盘上软弱无力，只是西班牙工人社会党的辅助。

经过敌对派别之间为争取影响力而进行的激烈斗争之后，无政府主义者和共产主义者终于在加泰罗尼亚首府的街头爆发了一场小型内战。后者已经主动提出正式对抗，试图将全国劳工联盟赶出西班牙电信（Teléfonica）的据点。从瓦伦西亚调来的四千名突击队员和两艘军舰，以平定这个布满路障、尸横遍野的城市，其中包括加泰罗尼亚劳动者总同盟的共产党秘书长和无政府主义领袖多明戈·阿卡索的尸体。

这些事件导致拉戈·卡瓦列罗倒台。胡安·内格林，一个身体和精神都充满勇气的大块头，将接替他，直到内战结束。

这位大学生理学教授是一个好战的社会党人，但远离党派机器，对意识形态的算计漠不关心，他是一个复杂的务实者，深信如果没有苏联的全力支持，西班牙共和国是不可能赢得战争胜利的。从这个角度来判断这位人物和他的政府，无政府主义者显然被排除在外，还有两位主要人物是国防部的因达莱西奥·普列托和内务部另一个温和社会党人朱利安·祖加兹戈蒂亚。与阿萨尼亚关系密切的左翼共和党人也回归这个战斗内阁，强化了一个在西方民主国家眼中可以接受的共和国的外表，也符合莫斯科的意愿。

佛朗哥统治下的“民族”国家

而在另一个阵营里，叛乱军人与保守派和长枪党结盟，政治格局更加清晰。未来掌握在军队手中，也就是在布尔戈斯组建的叛军将领手中，他们中年龄最大的、最资深的米格尔·卡巴内拉斯担任领导，在桑胡尔霍去世后，军政府正在迷茫地寻找一个领袖。

莫拉只是一个准将，负责北部行动。另一方面，佛朗哥从 8 月 7 日起在塞维利亚行动，让奎波·德·拉诺征服安达卢西亚政府场所，设想在埃斯特雷马杜拉为他提供的入侵大道上，发动不断壮大的非洲军队。这场从塞维利亚向首都的闪电攻势，让他先于同伴，快速在领土上树立威信。

胡安·亚桂是他镇压阿斯图里亚斯时的亲信，他负责这次闪电袭击，带着他的军团和摩洛哥步兵营一起，镇压梅里达和巴达霍兹民兵的激烈抵抗。他重现 1934 年对起义矿工使用的快速手段，放任摩尔人部队侵害破坏，对任何俘虏都不留情。面对国际媒体的愤慨，佛朗哥本人不得不进行干预，他禁止这些做法，但并不禁止摩洛哥战士对敌人施加的恐怖影响。

当他抵达塞维利亚时，特别是当他能在卡塞雷斯建立自己的总部时，未来的考迪罗已经向全体国民军下达了作战命令，而布尔戈斯军政府也不敢提醒他，他只是南方军队的指挥官。8 月 15 日，他不顾莫拉的指示，以及卡巴内拉斯的共济会共和主义、奎波对阿方索十三世君主制的敌意，甚至主动在塞维利亚大教堂升起西班牙波旁王朝的旧血金色旗。特别是他委派瓦雷拉将军在 9 月 22 日采取的出色行动，使他能够在萨拉曼卡举行将军会议讨论全国地区统一指挥时，将自己确立为最高领导人。

非洲军队与莫拉北下的先锋部队会师后，到达在距离马德里几十公里的塔古斯，在首批国际纵队和第一批苏联装甲车、飞机加强防御之前，非洲军队似乎能够包围首都。他们同样也接近托莱多的阿尔卡扎尔，莫斯卡多上校和大约 1200 名士兵和平民被围困其中。在守城民兵的攻击和用炸药破坏城池的情况下，这座建于查理五世时期的旧堡垒迟早要倒塌。阿尔卡扎尔——佛朗哥曾经就读的步兵学院所在地——其命运让全世界的报纸都屏住呼吸；它被解放后在国际上产生心理影响不能不引起佛朗哥的注意，在此之前，他已经通过接受国际媒体的多次采访来维护自己的形象。佛朗哥选择“解放”托莱多，当作“一个被允许的故意的军事错误”。它可能使得国民军失去对马德里的占领机会，导致内战延长，但这件事的影响将保证了将军所期望的个人最高统帅地位。

再加上那一小撮簇拥在他身边并为他做准备的忠实信徒——君主派将领金德隆和奥加兹；与他一起建立外籍军团的米兰·阿斯特拉伊；卡洛斯派的瓦雷拉；长枪党人胡安·雅格；与金融家胡安·马奇关系近的政治家胡安·安东尼奥·桑罗尼兹，以及他的哥哥、外交手段熟练的尼古拉斯·佛朗哥—— 这位“谨慎的将军”在 1936 年 9 月 29 日最后一次会议上达到了他的目标，虽然十分困难，但军政府的将军们还是被扫地出门了。颁布的法令任命佛朗哥为最高统帅，还赋予他国家元首的职能，但没有具体规定其任期，尽管最初的文本中只规定了他在战争期间的职能。

由于他的游说团的一次适时疏忽，而军政府成员对法律不是很敏感，授予佛朗哥的全部权力变成无时限，这些权力是他在政治、经济和社会事务中拥有的公认的特权。无论是夺取伊伦并继续进攻巴斯克地区、成功封锁法国边境的莫拉，还是声称“佛朗哥在民族主义运动中唯一的牺牲就是在拉斯帕尔马斯和得土安之间行径时为了隐藏身份而剃掉胡子”的奎波·德·拉诺都不敢提出抗议。面对这场像雾月十八日那样大胆的政变，老卡巴内拉斯虽然无力，但头脑清醒，把藏在白胡子后的苦涩想法透露给金德隆：“您不知道您在做什么，因为您不像我了解佛朗哥那样了解他，他在摩洛哥时在我的管理下。我是第一个认识到他的军事和精神价值的人，但如果您给他西班牙，相信我，他会认为西班牙是他的，他不会在战争期间或战争后让位给任何人，直到他死！”

在萨拉曼卡建立的政权从一开始就集中在一位领导人的手中，当时国民军区的报纸一度用“独裁者”称呼他（这让人想起普里姆·德·里维拉将军的快乐时光），后来选择了“考迪罗”这个称号，这在西班牙历史，特别是独立战争中能找到更强烈的共鸣，是一个不亚于“领袖”和“元首”的头衔。

早在1936年11月19日，德国和意大利就承认了这位最高元帅的权力，仅仅9个月后他就得到梵蒂冈的承认。在正式确立他在西班牙教会眼中合法性的主教集体发文（两位主教弃权）之前，萨拉曼卡的普洛·德尼尔大主教和西班牙首席主教、托莱多的托马斯·戈莫的教廷信件中，就提前给予他热情的支持。

10月1日的组织法规定，这种个人权力不受任何中间机构的约束。布尔戈斯的军政府改为西班牙国民议会，再也没有召开过会议。卡巴内拉斯1938年退休，莫拉担任负责协助国家元首的技术军政府主席，只限于执行军事行动任务。他在1937年6月的一次飞机失事中死亡，使佛朗哥从欠他的债以及批评者有时带来的不快中彻底解放出来。除了战争的总体进程之外，这位考迪罗在这一时期最关心的是赶在那些声称与西班牙事务关系密切的德国和意大利大使之前，摆脱他阵营中最后一批讨厌的人。

他的第一个受害者是传统主义派领袖曼努埃尔·法尔·康德，他打算创立自治的卡洛斯军事学院来保持运动的独立性。佛朗哥给了他四十八个小时离开西班牙。第二个受害者，是更难对付的曼努埃尔·赫迪拉，他于1936年11月20日何塞·安东尼奥在阿利坎特监狱被处决后，当选为长枪党领袖。

赫迪拉像大多数旧衫军（Camisas viejas）一样，打算维护长枪党的政治自治。然而，佛朗哥的计划正是将长枪党和卡洛斯派合并为一个政党，他将成为该党唯一的全国领袖。将秘密法西斯主义长枪党与极端教权主义保王党联系在一起，在他们各自的活跃分子眼中是一个冒险的计划。尽管他们被迫达成的和解已经失败，1937年4月17日的一项法令又让他们达成一致。4月19日，长枪党吸纳了传统主义卡洛斯主义政党，合并为传统主义西班牙国家工团主义进攻委员会方阵，该党作为西班牙执政党及唯一的合法政党，直至1977年被取缔。

这次的合并由拉蒙·塞拉诺·苏埃尔准备，他的作用越来越大。这种融合似乎使长枪党获得了骄傲的地位。它的象征和口号优先于卡洛斯派的象征和口号。然而，这只是剥夺它独立性的一种方式。赫迪拉对此看得很清楚，他因反对统一法令被判叛国罪，并被认定对最近选举期间发生的骚乱中几名长枪党异见者的死亡负责，特别法庭判处他死刑后，立即改判为流放加那利群岛，但其警示效果惊人，不仅仅震慑了长枪党！

让不幸而无害的赫迪拉所掉进的陷阱还有另一个目的：告知盟国在萨拉曼卡的讨厌代表——纳粹德国的代表威廉·冯·福佩尔、墨索里尼的代表罗伯托·坎塔卢波和后来的罗伯托·法里纳西——他们不应对西班牙国民军的行动施加过多的政治影响。佛朗哥小心翼翼地维护自己的独立性。他给强大盟友的承诺，让他的政权染上他们的色彩，应该是能让他们满意的。

这些大使们，特别是福佩尔，判断出这位考迪罗的政权是“反动、资本主义和教权主义的”，无法推动西班牙走向国家—社会主义革命，甚至是意大利式的法西斯主义。他们不断加强与赫迪拉的联系，企图把长枪党变成他们野心的特洛伊木马。后者的死刑判决使他们相信，佛朗哥绝不是一个简单的合作伙伴。

1937 年 4 月 19 日，一位戴着卡洛斯派红色贝雷帽、在将军服下穿着长枪党蓝色衬衫——这身制服综合又足够代表这个被更简单称为“国民运动”（Movimiento）的新政党领导人——的考迪罗颁布统一法令，这项法令将国民运动中所有的军事力量统一起来，将其纳入正规军，同时保留其团体一定的象征性自治权。训练不如卡洛斯派义勇军的长枪党人占志愿兵数量的一半以上。

以他们新的身份和雷蒙多·费尔南德斯·奎斯塔的顺从领导，长枪党仍保持着重要影响力，特别是在社会事务方面。皮拉尔·普里姆·德·里维拉以妇女运动全国代表的身份，使社会援助中心倍增，“国民运动”的全国委员会于 1938 年 3 月颁布一部《劳动法》（*Fuero del Trabajo*），该法在单一和垂直工会的严格框架内，有效保证工人在整个佛朗哥独裁统治时期得到国家的保护。

长枪党的初衷并没有被完全遗忘。他们需要它，因为它的编制人数不停增长，从内战开始到结束大约从 7 万增加到 50 万！新招募的人往往因为纯粹的机会主义或不值一提的原因入伍。这些新长枪党继承了旧衫军的暴力思想，但没有他们的文化或对更公平未来的信念，他们并不是最后为在国民军区的暴行负责的人，他们在军队背后努力清算可疑分子或篡取警察权力，但后者没有反对他们这么做，特别是在冲突初期。西班牙杰出作家费德里科·加西亚·洛尔卡的思想偏向于左派，但他在格拉纳达有长枪党的朋友，他曾在他们那里避过难。但他还是在一场悲剧中受害，在这场悲剧中，最低级的报复和最秘密的仇恨可以完全得到满足，而罪犯却逍遥法外。

分散的屠杀：作为宣传武器的虚假信息

这个国民军区，就像共和区一样，在可怕的1936年经历了“地狱的季节”，双方犯下内战一多半的罪行。在一个阵营中，任何资产阶级，按其背景、社会状况或举止被指定为资产阶级，都是无产阶级清洗的目标。而在另一个阵营中，任何贫穷的家伙，如果他们的特征让人猜出是属于某个革命组织，或对红军有天然的同情，往往加入工会主义、进步主义者甚至左派共和党的行列中，也会被处决。一些人不承认，而另一些人则比较明确，这种普遍的对抗已成为一场肮脏的阶级斗争，以及西班牙百年来一直保密的宗教战争。

巴托洛梅·本纳萨指出，长期以来，西班牙革命者甚至更多的无政府主义者通过优先消灭神职人员来根除国内天主教文化痕迹的意愿，在一开始没有宗教色彩的斗争发展过程中起了推波助澜的作用 。在整个冲突中，6775名神父、修道士和修女被屠杀，而且往往是在非常可怕的情况下被杀，特别是在第一年，屠杀助长了国民军中一个不断重复的主题，即基督教的传播者十字军，在非正统的摩尔人军队帮助下，并在一个复仇的基督国王不合乎福音的指示下行动。

通过尽可能地分析比较零碎的数据，最可靠的历史学家，即那些最不会被同情心或者对双方阵营的仇恨冲昏头脑的历史学家，今天都承认在三年战争期间，在这两个区发生的暗杀和处决数量大致相当：大约6万人是共和党人；国民军可能少一点，但在战争的前几个月，在最初的领土上，人口较少，也是最致命的。唉，佛朗哥在战后的几年里，在他自己的记录中将处决人数增加了约2.7万人。但这是另一段历史，是一个悲伤的后续。

严肃评估内战罪行就更有必要了，因为像加布里埃尔·杰克逊这样不严谨的作者常常提出一些虚幻、偏颇的数字，他报告说，20万人被国民军所杀，只有2万人的死亡是由政府军造成。

然而，这两种镇压在道德上有什么区别？国民军区更可恨，因为它被正规军有条不紊地控制；“自发革命”的“红色”区更能被原谅，因为那里的秩序混乱、长期被剥削的无产阶级报复欲望合法？这个论点一直是倾向于为共和事业辩护的历史学家不断发展起来的，确实值得考虑：比起那些生活优越、享有特权、希望恢复有利于他们的秩序的人，穷人在反抗中的过激行为不那么让人反感……约瑟夫·佩雷本人也倾向于对一方宽容。

一个简单的事实更加揭示出内战的残暴特征：两军在战斗中死亡人数估计在12万至14万之间，而双方的镇压受害者达12.7万人。在共和区大城市遭受的空袭中，有8000人到1万人丧生，进一步增加了平民在这场“全面意识形态战争”中所付出的代价。双方的政治宣传都用谎言抹黑这一罪恶的记录。有两个例子可以证明这一点。

在1937年4月26日，巴斯克历史名城格尔尼卡被德国和意大利空军的燃烧弹夷为平地，它有其战略目的（切断巴斯克部队的退路），但也在试验对平民的恐怖影响，佛朗哥的军队试图将城市的毁灭和两千多人的伤亡归咎于“为巴斯克政府服务的红色大军”。这个荒谬的版本骗不了人。取而代之的是一个更可信的说法，据说，“秃鹰军团”①在没有通知佛朗哥的情况下采取了行动。可能佛朗哥没有被告知在这次突袭中采取的激进方法，但国民军领袖肯定不会不知道这一轰炸计划，即使他没有考虑到其可怕影响。由于巴勃罗·毕加索的画作，《格尔尼卡》作为“法西斯残忍”的象征被载入史册，这是正确的，但也遮掩了另一个阵营同样进行了屠杀的事实。

亚桂的军团和摩尔人军队占领了巴达霍兹（1936年8月20日），它也被共和国的政治宣传过度利用。在这场对城镇防御工事的猛烈攻击中，当地民兵英勇防守，也发生了特别野蛮的行为，有上千名俘虏被即刻处决，至少亚桂自己也承认了。他并不希望在迅速北进的过程中受到阻拦。但在政府媒体给出的版本和后来的叙述里，留在记忆中刻骨铭心的形象是托罗斯广场上一场可怕的斗牛，那里挤满了挑选出来的观众，“可敬的绅士，虔诚的女士，美丽的小姐和谦卑的修

① 秃鹰军团：一支由阿道夫·希特勒下令组织的军团，其成员来自当时的德国国防军，其目的是在西班牙内战中支持弗朗西斯科·佛朗哥。

女，而号角声让战败的人群从牛栏突然出现，一波又一波，被胜利者的机枪打倒”。最近在一部根据何塞·路易斯·德维拉隆加小说改编的电影中重现这个场景，在影片中，让·路易斯·特林蒂昂特扮演一个邪恶的法西斯上校，邀请一位特定的观众品尝一杯精致的鸡尾酒，来慢慢品尝不幸的人，包括一名神父（劳伦特·齐夫）在行刑队的子弹下倒地的场面。

如果佛朗哥主义者在国际媒体，特别是法国媒体上有自己的辩护者，而且在他们的队伍中也有非德国非意大利裔的现役外国志愿军，那么必须承认，对这场战争的想象在共和国阵营中会更加美好。正如我们所看到的那样，马尔罗做出了他的贡献，但他并没有陷入一种幸福的奉献中，这与他的伦理道德观（就算不是他的政治信念）格格不入。

虽然西班牙知识界中的大多数伟大人物——从奥特加·伊·加塞特到格雷戈里奥·马拉翁，还有萨尔瓦多·德·马达里亚加、诗人胡安·拉蒙·希门尼斯、小说家佩奥·巴罗亚、阿佐隆或阿蒙·戈麦斯·德拉塞尔纳、历史学家兼语言学家拉蒙·梅嫩德斯·皮达尔，大部分“学生公寓”的大学生和其领导者——已经逃离共和区，为了不成为肆虐的野蛮行为的受害者或人质；而其他一些人，如萨拉曼卡的米格尔·德乌纳穆诺，格拉纳达的曼努埃尔·德·法拉以及塞维利亚的豪尔赫·吉伦，他们支持国民军区的军事秩序，他们正以悲痛欲绝的方式重获自由，或甘于晚年流亡，但不幸的是，还有一些知识分子在马德里庆祝革命恐怖与人文主义的结合。其中有共产主义诗人拉斐尔·阿尔巴蒂和他的妻子玛丽亚·特雷莎·莱昂，他们是工人社交活动的组织者，以及“天主教”散文家何塞·贝尔加明，都是狂热或盲目地赞扬过度镇压行为，高举群众正义，用他们的才能为明知虚假的政治宣传服务，还说服美国或其他国家报社的特派记者，炮弹中的马德里可以开“派对”，就像20世纪20年代杰出但遵从享乐主义且有点天真的海明威所看到的的巴黎那样。

佛朗哥的系统策略和传奇战役

当佛朗哥将国民军区所有民事和军事权力集于手中之时，共和区的权力仍被多个敌对当局瓜分，分散在政府已经撤出的瓦伦西亚、阿尔巴塞特、国际纵队司令部总部以及被苏联顾问围绕的何塞·米亚哈将军主持的国防委员会所在地马德里。对这场战争，两个对战的西班牙没有相同的胜算。

尽管胡安·内格林从1937年夏天开始努力重组政府军，特别是围绕着共产党组建的著名“第五军团”，它发挥了人民军队军官学校的作用，但佛朗哥还是占了先机，有办法赢得这场战争。他不再试图夺取马德里，因为这是一个不确定的、牺牲过多的行动，而是有条不紊地在各条战线上攻城略地，几乎寸步不让，不让敌人有机会在被征服的领土上抬头。

这稳妥、明确的“小步子策略”有时被批评可能延长了武装冲突的时间，但得到苏联强大武器支持的共和军也不允许让新的考迪罗更快地结束战斗。如果他试图这样做，就有可能占领一些他无法在政治上有效控制的地区，“在他看来，在内战中决不能犯这样的错误，因为这样有可能让敌人从后方回来 。”佛朗哥给自己设置的目标不仅是远远超出战争胜利，而且是将国家里的“红色危险”连根拔除。不过，对方阵营也追求实现同样的根除目标，这也是双方三年来所有行径的关键所在。

1936年10月至12月，佛朗哥军队没有放松对首都施加的压力，一路战斗直到大学城中心，国民军的主要精力集中在坎塔布里亚海岸，让罗阿塔将军的意大利人部队支持奎波率领的军队对安达卢西亚共和军领地发动进攻。1937年2月7日，马拉加被围困，尽管意大利军官提出抗议，但战败者受到和巴达约兹一样猛烈的镇压。在北部，6月19日轮到毕尔巴鄂沦陷，拥有这个伟大港口的“巴斯克政府”（几乎有主权）在8个月前刚从共和国获得了自治章程。

在莫拉的带领下，直到他在初夏去世，然后由达维拉将军在意大利志愿军的帮助下，在这条战线上进行的具有重要战略意义的军事行动随着桑坦德（8月26日）、希洪、阿斯图里亚斯中心地带的奥维耶多相继被攻克而结束。1937年10月21日，北方战争结束，向国民军展示了一个大工业区的潜力。

1937年，政府尝试大胆的钳制攻击，以缓解北方共和军的压力，并放松佛朗哥对马德里的控制。他们在马德里西郊的布鲁内特进攻，以及在首都以东哈拉马河前线的胜利抵抗——3月在瓜达拉哈拉一带，他们重创墨索里尼的黑箭队——以巨大的人员牺牲告终，特别是国际纵队伤亡惨重，无法移动地面上的战线。

从那时起，佛朗哥和他最优秀的将军——菲德尔·达维拉、何塞·索尔查瓜、拉斐尔·加西亚·瓦利奥、恩里克·瓦雷拉、阿隆索·维加——掌握了主动权，他们拥有一支能干的军官队伍，不久又招募到大量后备少尉，后来在佛朗哥政权中发挥了重要作用。其主要目标是将共和区一分为二，切断马德里和瓦伦西亚之间的交通路线，一旦共和国政府从瓦伦西亚退到巴塞罗那，再将加泰罗尼亚与莱万特隔离开来，马德里就会像成熟的果实一样落下。

这场大战，两边军队各约八十万人，虽然军事能力不对等，但却有着共同的英雄气概，以后会越来越向东作战。在阿拉贡南部特鲁埃尔的战役，双方你争我夺，在 1937 冬季的暴风雪中发生了惨烈的战斗，在次年春天为国民军打开了通往地中海的通道。在埃布罗河的战役中，7 月共和军越过河水下游，以遏制佛朗哥军队对瓦伦西亚施压，10 月又在国民军的反攻下，共和军在混乱中渡河回来，从此巴塞罗那的大门向国民军敞开。

加泰罗尼亚首府自 4 月以来一直受到莱里达陷落和亚桂向比利牛斯山脉东部边境推进的威胁，当 1939 年 1 月 26 日纳瓦拉先头队进入加泰罗尼亚时，政府已经抛弃了它。在溃败中，大约 40 万平民和士兵可怜地流向珀斯山口；大量难民涌入未做接收准备的法国，他们不得不挤进临时营地里。

共和国的崩溃

2 月 5 日，国家领导人曼努埃尔·阿萨尼亚、马丁内斯·巴里奥、孔帕尼斯以及共和国其他知名人士走上流亡之路，马德里和瓦伦西亚广大地区任由胜利者支配。

首都虽然被围困但仍由“中央军队”保卫，最近的战斗中没有遭受太多损失，突然发生这件事，只能解释为社会党和共产党之间已经出现的严重分歧，在特鲁埃尔战败后，普列托失去了战斗的指挥权。一旦胡安·内格林及其政府被逼到无可挽回的失败境地，留在马德里的社会党，包括著名的社会民主派教授胡里奥·贝塞罗、塞吉斯蒙多·卡萨多上校和米亚哈将军，就认为可能应该着手与佛朗哥谈判他们自 1938 年春以来一直在思考的和平协议。

阿萨尼亚甚至内格林都曾在自己一方与中立国进行过慎重的和平仲裁尝

试，这也鼓励了卡萨多等人为了自己的利益跨越这一步，特别是当得知共和国总统逃到法国后，他们感到极为愤怒。

卡萨多和考迪罗使者的第一次接触，导致前者被内格林从中央军队指挥官之位撤下，内格林再次与政府中剩下的人一起撤退到瓦伦西亚。在加泰罗尼亚已经溃败之时，首都所有岗位立即委托给了决心战斗到底的共产党人。阴谋者于3月5日在国防委员会举行会议，其中包括了西班牙共产党以外的所有党派，他们采取了报复行动，解除了内格林的职务。但两天后，共产党指挥的军队占领了马德里市中心；之后他们被支持卡萨多的西普里亚诺·梅拉的无政府主义民兵赶走。在内战中的第二次“小战争”已造成两百多人丧生。与此同时，长期不活跃的国民军部队正通过首都西边被蹂躏的大公园卡萨·德·坎波前进。

可以预见的是，马德里国防委员会委派的军官和佛朗哥派的军官于月底在布尔戈斯恢复谈判，目的是避免报复和允许那些最受威胁的人撤离，但会谈没有成功：佛朗哥要求对方无条件投降。人民军的最后一支部队溃散，或者与昨日敌人重新和好。卡萨多、梅拉、许多军事领导人和国防委员会大多数成员飞往瓦伦西亚，并从那里飞往国外。70岁的胡里奥·贝塞罗一直与党内的那些乌托邦式的革命派做斗争，决定留在被包围的首都。

佛朗哥如果有任何民族和解的愿望，也许可以在这个令人钦佩的社会主义民主派人物身上中找到机会慷慨解囊；可佛朗哥宁愿让贝塞罗在监狱中苦苦挣扎，直到一年后死去。

从2月27日起，英国和法国已经承认佛朗哥将军的政权，拉第政府派出了不亚于贝当元帅的人物作为其驻布尔戈斯的大使——这是一个过分的荣誉，试图对三年来施加给他的敌意加以补偿。3月27日，国民军终于进入马德里，接下来几天，进入尚未落入他们手中的莱万特和新卡斯蒂利亚的所有城市。

溃败的悲惨结局是：与在比利牛斯边境拥挤的可怜人群相对应的是，成千上万将要流亡的人，他们不在能乘飞机逃走的特权人士之列，直到最后一刻赶至阿利坎特码头上，等待几艘可以带他们去马赛或阿尔及利亚的船只。恐慌是彻底的：有些人不期待战胜者的怜悯，选择当场自杀，就像古代的伊比利亚保卫者努曼西亚和萨贡特一样。4月1日，考迪罗佛朗哥正式宣布其武装部队已经实现了所有目标。内战结束了。

失败的教训和幻想的蹂躏

但失败到底是何时开始，又是如何开始的呢？

胡利安·马里亚斯是何塞·奥特加·伊·加塞特的弟子，是一个思想深刻的自由主义者，对在祖国废墟上建立的独裁政权表示同情，他在民主过渡时期的几年中写道，在其他历史和社会背景之外，他把这个起点定在了 1931 年 5 月 10 日，迎接共和国宣言的教堂和修道院的火焰中。这倒不是因为事实本身，唉，在西班牙动荡的历史中，此类事时有发生，而是因为当时的胜利者，尤其是曼努埃尔·阿萨尼亚对纵火犯表现出嘲讽的仁慈。

七年后，同一个人，将共和国等同于左派，排除了任何其他党派，即使它是完全民主的，当他的整个政治生涯结束时，在 1938 年春天在瓦伦西亚承认："战争已经失败。但如果我们奇迹般地赢得了胜利，我们共和党人应该乘坐第一艘船离开西班牙，不过前提是他们让我们离开！"

这一切几乎说明：内战不是民主与法西斯主义对抗，而是在内部冲突的原始框架内革命与反革命的对抗，尽管外国势力立即积极参与，但根源和问题首先是国家内部的。

佛朗哥统治的西班牙在敌对国家中蜷缩起来，扮演着一个边缘化国家的角色。

第二十五章　考迪罗的时代

近 40 年的统治是很漫长的。在本章的开始，1940 年矮胖的独裁者在亨达耶火车站手臂举得比希特勒高的形象，和最终准备给面貌改变的西班牙一个和平未来的老人形象之间，反差是意味深长的。它掩盖了由佛朗哥这个名字唤起的记忆，人们称作历史，但往往是狭隘的选择性的刻板成见。

佛朗哥主义，那个和法西斯主义甚至和纳粹主义一样被扔到地狱的“可憎事物”，是否可以融于继它之后奇迹般的民主池子里？割裂是彻底的、必然的，但也是和平、堪称典范的。因为这种明显的个人独裁政权说到底是专制的，但不是极权主义的。其细微差别可以使这个政权有效适应不断变化的世界和社会，并在这位留下深刻变革的国家作为遗产的人去世时，几乎抹去他自己的痕迹。

一个不寻常的独裁者

这一切归功于佛朗哥的个性，他不可避免地与三十年代罪不可赦的独裁者有联系，但联系却是非常短暂的。他从未被他们愚蠢的冒险或革命幻想所迷惑，他不属于他们那种人。正如人们所看到的，作为那个时代的一名西班牙将军，他的目光投向了祖国古老的辉煌，但更明智地转向他的前任温和独裁者米格尔·普里姆·德·里维拉的具体成就。和他那个时代急于颠覆世界的教条不同，他唯一的信念是守护秩序，这个信念是由保守主义和天主教传统（伴有君主主义）所滋养的，而他那有着自由思想的父亲，和他无政府主义的兄弟拉蒙·佛朗哥一样，已经违反了这种传统（见第二十三章）。然而，这种从对家庭的失望和军事教育中获得的道德确信，是他极为辉煌的职业生涯的前奏，但并不意味着他对周围世界的僵化和封闭。他年轻的时候，既不是笃信宗教的人，也不是特别反动的人。

通过阅读，他比许多其他军官拥有更多的科学知识，并持续关注共产国际的发展策略，非常了解马克思主义行动。加上他对父亲的怨恨，以及他自己对西班牙历史的解读——他特别不喜欢共济会，自认为是这方面的专家。尽管他对时下“犹太－共济会阴谋”有所暗示，另一方面，他并没有以反犹主义为事业，甚至在战争期间从希腊和巴尔干救助许多西班牙裔犹太人脱离希特勒的魔掌。

就因为他是一名军人，所以经常不可避免地被审判为缺少文化。有人认为如果他能接受远远胜于他自己政治视野的那个时代伟大的声音，就更容易被人接受，但如果考虑到从 1931 年到 1939 年，他们中最优秀的人是如何轻率地从崇尚共和制转向对民主本身的质疑，那么情况就并非如此了。1939 年 3 月，格雷戈里奥·马拉尼翁写信给萨尔瓦多·德·马达里亚，赞扬佛朗哥军队的胜利：“这种民主的毒液，其荒谬已成为精英人士的麻醉药！”至于刚从政治幻想中走出来的奥特嘉·加塞特，在得知佛朗哥军队进入马德里后，他从里斯本向马拉尼翁发去“欢欣鼓舞和祝贺的电报”。

这个严守法规的人，只要仍然在已偏离方向的人民阵线共和国保持这样的状态，那么内战的责任甚至不能归咎于他。然而，没有人能够阻止他为了自身利益无限期地占有权力，使他的个人地位被抬升到可笑的地步，特别是在他胜利之后，通过无情的镇压，让内战中原本已消耗殆尽的报复斗争又延续了很久。

没有个人残暴，也没有情绪或怜悯，他冷酷地认为，自己的使命是“根除国家的毒草”。对胜者和败者的辩证追求到底，即便有机会，他也不寻求减少内战的裂痕。

有了这一重要的责任，佛朗哥发现他需要一直发挥谨慎和敏锐的天赋，这些天赋已经使他逃脱第二次世界大战的陷阱，以及战后找他算账的结局。这位考迪罗“因上帝的恩典”而出现，但最终没有被人们的恭维，或好战、复仇的诱惑所蒙蔽，他周围有一群明智的顾问，他能够在支持他的互相敌对势力中保持一种多元的平衡，能够仲裁而不是强加于人，并且修改他最初的评判，甚至没有给人以动摇的印象。

这种对时间的掌握，加上不可否认的国家意识，他将用最适合未来国内和平的手段确保他的继承，这既是他个性中最突出的特点，也是其政权持久的秘密。

事实上，如果认为佛朗哥政权的长久可以用单纯的约束来解释，那就错了，即使这种制约确实是其中一部分。独裁者只有知道如何让属下听从他的指令、保持他的成就，才能够统治这么久。此外，西班牙人民并不是耐心和温顺的，如果把他们对该政权普遍保持的态度说成是懦弱的顺从，那将是对他们的侮辱。这个政权至少要证明其不仅是可以承受的，而且是某种进步的承载者。在一些人坚定不移的支持和另一些人奋勇的抵抗之间，这一大批公民还有善意或批评的中立余地，他们将在一代人的时间里，看到自己的物质生活逐渐赶上欧洲水平，他们的生活计划可以得到内部和平的保证，即使是以牺牲少数自由为代价。

西班牙左派在与过去算账的时候，承认“我们不能假装佛朗哥从来没有存在过”。人们可以逐渐抹去他的痕迹，让他的雕像消失，但不能只在愤怒中倒回到过去。考迪罗的时代与西班牙的历史融合得太久，不容忽视。由于它的持续时间之长，并包含着重要的经济和社会变革，它获得了一个时代的维度：“佛朗哥时代”，这也是西班牙经济学家和历史学家拉蒙·塔马梅斯著作的标题，尽管他非常敌视其政权。

第二次世界大战中的佛朗哥主义

内战结束后，西班牙成了一个废墟中的国家，那里的民众因战争流血、最残酷的复仇，以及 50 万公民流亡，正艰难地寻找着希望过更好日子的理由。对胜利者的狂热赞美对应着战败者的屈辱，1940 年仍然有 27 万个政治犯被关押在监狱，他们将在今后许多年里被定期处决。

共和区的农业生产彻底被破坏，工业生产更是如此，比 1935 年的水平下降 30%，道路和交通工具的状况很糟糕，铁路网失去 40% 的运力，25 万户的住房需要重建。1940 年和 1941 年的歉收将进一步加剧粮食短缺，有时会导致饥荒，因此必须进行严格的限制，直到 1952 年才得到缓解。

正是在这些极度不稳定的情况下，第二次世界大战爆发了，在结束了折磨西班牙三年的噩梦之后，仅仅半年时间，西班牙的历史就又被打乱了。

正如人们所见，共和党领导人一直希望这场世界大战在欧洲地区的展开能够及时拯救他们，法国和英国对德国宣战，将导致他们介入西班牙。佛朗哥则担心出现这样的情况，并迅速向伦敦保证他的和平意图。1938 年的《慕尼黑协定》打破了内格林的幻想，让考迪罗放心。一年后，《德苏互不侵犯条约》作为波兰被入侵，以及随后西方诸国加入战争的序幕，无疑让已经上过纳粹干涉民族主义西班牙内政的当的佛朗哥想到，如果与希特勒走得过近，会给他带来的危险。尽管官方媒体主要由长枪党控制，散布了对天主教波兰的刽子手希特勒的热情言论，但谨慎的中立是必要的。

1940 年 6 月法国军队溃败后，这种做法有所改变。佛朗哥和他周围几乎所有的将军，像许多其他人一样，都相信纳粹军队所向无敌，他们一定会战胜英国。对一个长期在国际舞台和殖民分割中处于边缘地位的国家来说，坐在胜利者席位上诱惑力太强烈了，机会太特殊，不容忽视。

很多作者急于称赞佛朗哥的节制和清醒的预感，坚持说他于 1940 年 10 月 23 日在亨达耶车站一见到希特勒就立即提出反抗，这些评价可能对他过分宽容。这次会晤不像人们常说的那样，伴随着佛朗哥火车的故意延误而推迟，而是应希特勒的要求进行的。早在 6 月，考迪罗的参谋长胡安 · 维贡将军在柏林进行访问，其目的是向希特勒提供西班牙在地中海的军事合作，实质上是帮助他攻打直布罗陀，以换取轴心国承认西班牙对整个摩洛哥的主权。

不幸的是，或者更确切地说，幸运的是，当时希特勒完全致力于他的东扩计划，仍然相信可以与英国和平谈判，而且不想因为参与摩洛哥事务而危及与维希法国更有益的合作机会，并且他对西班牙的军事干预并不真正感兴趣。他接待维贡的态度非常随意，让后者等了好几天，佛朗哥将此事记在心里。而佛朗哥在亨达耶向他花言巧语，并离题地说着无聊的殖民历史，以证明他在北非的主张是正当的，这只会让急于直入主题的纳粹德国元首不耐烦。佛朗哥以获得高额经济和军事援助作为加入轴心国阵营的条件，最终激怒了希特勒：他面对的是一个忘恩负义的商人！

当然，西班牙人对经济援助的要求可以理解为，一个决心不参与大战的人经过深思熟虑后明智的回避；这可能允许他在做出不可改变的决定之前争取时间思考。在亨达耶会晤后签署的议定书中，佛朗哥“表示准备加入德国、意大利和日本一个月前缔结的对抗英国的三方条约（1940 年 9 月 25 日），并同他们一起参加战斗”。然而，由于这项承诺的签署推迟到“经双方协议”确定的稍后日期，并受制于西班牙作为盟友履行其义务的条件下暂停签署，因此，这一文件的的内容是不现实的。但如果希特勒从一开始就表现得更渴望和更慷慨的话，事情的进程可能会有所改变。在这一点上，事关人物的私密想法和心理，除了猜测佛朗哥把等待和观望放在了首位之外，人们永远不会知道在那个时候考迪罗真实的感受是什么。

然而，可以肯定的是，后者坚持展示揭露国家所处的贫困状况并不仅仅是一种逃避。如果没有向德国要求的物质补偿（而德国应该难以满足），西班牙要冒险切断来自大西洋彼岸特别是加拿大的石油和农业商品供应，结果可能是致命的。攻击直布罗陀肯定会激起英国对加那利群岛的反击和带来西班牙的损失。任何明智的领导人，无论他多么渴望对历史上的敌人进行报复，都必须要权衡这个严重决定的可预见后果。

因此，当时与德国的会谈将侧重于轴心国保证向西班牙提供物质援助的问题，作为西班牙参战的前提。这也许是阻止佛朗哥在战争结束时犯下错误、保住其前途的主要原因。但认为佛朗哥明知自己提出的条件不被允许或不可行，却把这些条件作为拖延战术，同样是合理的。

第一轮以德国军队成功为标志，佛朗哥不失时机地积极声援轴心国，将最初的中立转变为不交战，同时还对轴心国进行了过分赞扬的政治宣传，为其潜艇提供了后勤支援，并大量运送战略矿产。

然而，希特勒对西班牙的压力在亨达耶会晤三个月后变得更加危险，当时他注意到墨索里尼在希腊受挫，开始考虑封锁地中海。之后，纳粹德国元首坚定地打算让佛朗哥的军队并入自己的军队，对直布罗陀进行闪电战，而他自己的师将夺取苏伊士运河。这是“费利克斯行动”的目的，当然，它意味着德军可以从西班牙自由通过，重演1808年拿破仑为了完成对英国的大陆封锁，而对他的西班牙盟友实施的最初的和平入侵……

考迪罗的外交活动得到一位他非常信任的水手、未来的海军上将卡雷罗·布兰科的战略支持，还有他外交部长塞拉诺·苏涅尔的忠诚效力，后者虽然亲德，但与法西斯意大利更友好。考迪罗的外交在于遏制希特勒的狂热，以试图说服他，如果苏伊士没有先沦陷的话，对直布罗陀的行动解决不了任何问题。与此同时，西班牙人也在提高赌注，现在不仅要求摩洛哥，还要求奥拉尼和法属西非的领土。很显然，佛朗哥被英国人在天空中令人钦佩的抵抗所打动，考虑到这是场持久战，他无意再投入，尽管他仍然声援德国人，但对驻马德里的盎格鲁-撒克逊大使说的话却更加抚慰人心。

1940年12月31日，丘吉尔在回忆录中提到希特勒给墨索里尼的一封信，证明希特勒在与佛朗哥会晤后的愤怒。他认为西班牙已经停止与轴心国的合作，破坏了其预计在接下来的1月10日让武装部队跨越西班牙边境的计划。1月20日，里宾特洛甫发出残忍的警告："除非考迪罗立即决定与轴心国并肩参战，否则帝国政府将预言西班牙民族的终结！"它没有产生什么效果。几天后，纳粹驻马德里大使冯·斯托勒证实，佛朗哥的拒绝态度是坚定不移的。

当时希特勒强大的军事实力使得佛朗哥的态度改变更加值得赞赏。这也说明，这位殖民官员并没有让自己被年轻时的帝国主义梦想冲昏头脑。他现在要做的就是看着最严重的风暴过去。自1941年6月俄国战役以来，希特勒就不再指望他的帮助，1942年2月，当考迪罗在博尔迪格拉见到墨索里尼时（墨索里尼并不急于看到他介入冲突），然后返回途中在蒙彼利埃会见贝当，此时的考迪罗像一个从骚扰中解放出来的人。正如历史学家哈维尔·图塞尔在他的著作《佛朗哥的独裁统治》中写道："西班牙参加世界大战的诱惑已经彻底消除了。"

然而，佛朗哥还是以最小的代价安抚他前盟友的怨恨：由过去共和国突击队的创建者穆尼奥斯·格兰德斯将军指挥约2万长枪党战士的"蓝色师"将被派往东部战线，但穿的是德国而非西班牙的制服。这有悖于国家的不参战宣言。佛朗哥借此机会在英国大使塞缪尔·霍尔面前概述了他关于两场战争的理论：一场战争德国和英国对立，西班牙没有理由介入；另一场战争针对共产主义，他的弃权被否定了。1941年12月美国加入冲突，进一步加强了考迪罗的双重游戏。

战争的转折点和政权内部的第一次分歧

尽管佛朗哥政权借鉴了法西斯主义的许多特征——从罗马式敬礼到垂直的工会主义，但佛朗哥政权既不是墨索里尼模式，更不是希特勒纳粹主义的复制。这是一种"民族-天主教"，长枪党在国民运动中发挥了突出作用，但它不得不与许多其他不太响亮、但来源于同样有影响力的保守或自由传统势力分享权力。虽然军队坚定不移地忠于佛朗哥，也有一些将军亲长枪党，如雅加和穆尼奥斯·格兰德斯，但大多数人如金德隆、奥加兹、瓦雷拉、戈麦斯·乔丹亚，对“蓝衫军”的风格完全过敏，并渴望回到更符合这个古老基督教国家的标准，还有君主主义者、阿方索派、卡洛斯派、西班牙自治权利同盟的继承者“天主教行动”，其青年组织不打算任凭长枪党垄断精神控制。

各种党派在所谓单一但人为的政党控制之下，佛朗哥用他所有的天赋，通过小小的接触，用精密的天秤来权衡国内或国际背景下一个或另一个运动所代表的分量和利益。他的那些决定类似于所罗门的判决，不会让敌对党派任何一方占到便宜。但这些裁决也是有迷惑性的，那些自认为是胜利者的人往往被骗了。

随着战争的全球化及其日益可预见的后果，佛朗哥无法在公然亲德的长枪党人和要求恢复更严格中立政策的将军之间保持平衡。1942年8月，塞拉诺·苏涅尔为这次调整付出了代价。由于对法西斯的同情，这位“姐夫”在很大程度上和元首与领袖一起为自己的国际名声付出了代价。出了名的亲盟军的君主主义将军戈麦斯·乔丹纳伯爵在外交事务上接替了他。

从英美联军在北非登陆（1942年11月8日），到弗里德里希·保卢斯在斯大林格勒投降（1943年1月31日），接着蒙哥马利在利比亚战胜隆美尔（1943年5月），每一起事件都是新的、战争阶段的转折点，都伴随着金德隆和他在陆军总司令部的朋友们越来越大胆的举措。所有人都赞成采取脱离接触政策，并逐步恢复传统的君主制。

盟军在西西里岛登陆后（1943年7月），这些压力变得更加紧迫。墨索里尼被他自己的法西斯大委员会罢免和逮捕，使长枪党陷入了极大的混乱之中。如果得到美国的支持，两位将军阿兰达和奥尔加兹准备向佛朗哥施压。阿方索十三世的二儿子巴塞罗那伯爵，也是自他父亲1941年在罗马去世后的王冠合法继承者，尽管很谨慎，但开始多次呼吁，要求考迪罗在为时已晚之前体面地退休。

如保罗·普雷斯顿根据官方声明提出的那样，考迪罗仍然拒绝脱离轴心国，这似乎相当荒谬。在德国战败的情况下，他怎么会犯这样的判断错误呢？但佛朗哥并不打算放弃权力，面对这些压力，他充分发挥了自己的技巧和沉着。

墨索里尼在意大利垮台后，八位将军写了一封联名信，要求对内外政策进行彻底的改革，却被卡洛斯派的瓦雷拉搁在一边，他分别召见每个将军，对他们好言好语，并使其中几个人撤销了联名，同时赶紧从俄国前线召回“蓝色师”（1943年9月）。

为了使他的政权有一个更合适的形式，他曾在1942年通过一项法律，恢复传统的议会制度。议会代表是由社团主义学院通过限制性投票选举产生，或是由政府任命，此议会显然不是民主的，但在1943年2月首次开会的时候，它有足够的异见者票数，27名代表要求恢复君主制，同时巴塞罗那伯爵正式敦促佛朗哥放弃权力。

西班牙受到各国排挤

盟军的最终胜利给考迪罗只留下了一个选择：给胜利者最好的面子，并以雅尔塔会议之后欧洲重新出现的共产主义为挡箭牌，让内战中支持他的各种力量继续聚集在背后。尽管如此，可能未来很长一段时间还是有必要抵抗胜利者的报复。

这种报复已经是既成事实。1945年8月，波茨坦三巨头会议上，丘吉尔被艾德礼少校取代，会议确认了将西班牙排除在旧金山联合国成立大会之外的动议。1946年3月4日，美、英和法三国政府的一份联合备忘录呼吁在西班牙举行全民投票，目前还不清楚由谁来组织这次投票。同年12月，联合国大会的正式谴责最终打击了“佛朗哥的法西斯政权”，并要求其成员离开驻马德里的使馆，而法国乔治·比多政府从3月4日起关闭与西班牙的边界，正是预见到了这一举措。

国内的不安全也是一个威胁，自内战结束以来，处于半梦半醒状态的游击队员苏醒了过来。反对纳粹占领者的游击队越过了比利牛斯山脉。这只是从瓦尔·德·阿兰开始的更大军事行动的前奏。踏上这次冒险之旅的游击队员天真地相信这会导致民众的全面起义。他们的入侵最后证明是一个惨重的失败，使圣地亚哥·卡里略的组织损失了四百来人，以及近两百名国民警卫队队员。在这方面，至少佛朗哥政府可以完全放心：一场内部革命的可能性被排除了。

但更严重的是，佛朗哥有可能被他自己的支持者背叛。由几个君主主义将军和议会的小派系将军领导的暴动本身并没有太严重的危险。他所要做的就是把金德隆送到加那利群岛反思几个月，或者收回曾任他驻伦敦大使的阿尔巴公爵的护照，以使保守派恢复平静。但这些烦躁的迹象预示着一个更大规模的政治举动，巴塞罗那伯爵于1946年3月10日从洛桑正式发表了一份民主宣言，这份宣言为国际舆论以及担心自己未来的西班牙人提供一个替代考迪罗政权的严肃选择。

王位继承人唐·胡安向西方列强和少数国民军提出（尽管受到审查，但仍能够读到他的呼吁书）一个合理的方案，这个方案几乎是理想的，因为它能够团结在内战中发生冲突的双方温和派：决心打破佛朗哥政权僵局的国民军，以及对流亡人民阵线政府的混乱以及无法得到除苏联和墨西哥以外其他国家承认而感到失望的共和党。

在战后时期坚决敌视佛朗哥主义的背景下，如果佛朗哥能在国家内部保持强大的凝聚力，如果铁幕两边的冷战很快确定下来，如果唐·胡安自己认识到，美国人不会冒着失去自己在伊比利亚半岛支撑点的危险而支持不确定的民主方案，那么这段舒缓的时期本来可以进行蓬勃发展的。

然而，1946年2月，从巴塞罗那伯爵迁至葡萄牙后，西班牙工人社会党温和派边缘人士、它的工会劳动者总同盟，甚至全国劳工联盟团结在王位继承人周围，参加唐·胡安的直接顾问——西班牙自治权利同盟的前领导人何塞·马利亚·吉尔·罗布雷斯，以及与佛朗哥持不同政见的前部长佩德罗·索恩斯·罗德里格斯教授——制订的计划。吉尔·罗布雷斯于1947年8月在伦敦开始与因达莱西奥·普列托进行谈判，谈判有时很困难，但具有建设性，它规定成立一个由巴塞罗那伯爵领导的临时政府，接着就该政权的最终形式进行全民协商。1948年8月，吉尔·罗布雷斯的君主主义力量联盟和普列托的民主力量联合会两方在圣让·德·卢斯达成协议。遗憾的是，这两个大体上形同虚设的组织只代表了其发起人民族和解的梦想，而没有考虑到西班牙的现实和已经形成的国际环境。

事实上，国际上发生的事件也帮助了决心抵抗外部压力的考迪罗的政策。佛朗哥巧妙地利用了西班牙受到排挤威胁所引发的爱国反应。1946年12月7日，在联合国庄严谴责其政权前夕，他在东方广场发起著名的示威游行，聚集了50多万西班牙人，参加者的多样性毫无疑问超过了简单的长枪党聚集。在任何政治选择之外，冒犯卡斯蒂利亚的自尊心绝不是好事！

这场壮观的团结行动让佛朗哥重新动员了沮丧的长枪党，因为最近考迪罗支持“天主教行动”的对手，特别青睐其领袖阿尔巴托·马丁·阿尔塔霍，他六个月前被任命在外交事务的关键职位。但这也并不预示着政权的强硬。从唤起内部君主主义者秩序之后，并让王位宣称者回到他徒劳的幻想之后，唐·胡安在卡雷罗·布兰科上将的推举下，被置于一个不太重要但极具战略地位的岗位上，他打算平息保守派的舆论潮流，通过继承法给他带来遥远的希望，同时确保他终生的权力。

“没有国王的君主制”：考迪罗的漫长喘息期

1947 年，佛朗哥签署《国家元首关于国家元首职位继承法》，这部法律将西班牙打造成“没有国王的君主制”，只要求考迪罗在他认为适当的时间，向议会提交“最有权利的亲王”或摄政者的名字，在宣誓效忠于国民运动的基本法之后，就可以继承他。

鉴于王位合法继承人的政治选择，这种长期的继承方式没有机会给巴塞罗那伯爵。但卡雷罗，该计划的真正鼓动者，和佛朗哥一样是个理性的君主主义者，已经有自己的想法：唐·胡安应该同意会见考迪罗，人们可以设想有朝一日能让王室与政权框架和解的代际飞跃。一个在西班牙长大的穿短裤的王子——唐·胡安的长子——会让西班牙的主人有足够的时间做出决定，也能让他压制住其父亲的野心。然而，还是要在不透露太多、不得罪唐·胡安的情况下说服他，他个人与佛朗哥的和解，是他儿子的未来西班牙和王朝利益不可或缺的前提。

当卡雷罗·布兰科出于外交礼节，来到埃斯托里尔向他提交这份继承法草案，并明确表示不存在对草案内容的反悔问题时，巴塞罗那伯爵的反应是，在几天后以更加礼貌但不失坚定的措辞发表声明。在唐·胡安看来，这是“一个哥特人的把戏，它扭曲了君主制的本质，使它成为选举制，同时把个人独裁变成了终身制”。但毫无疑问，他更加关注海军上将提出的关于小胡安·卡洛斯命运的论点。难道他要让他的继承人和自己一样被流放，剥夺他在祖国成长的权利吗？这也是国内强大的君主主义游说团来访者向他重复的观点，他们并不急于看到王位的恢复，而是希望一个有效服务他们利益的政权庇护自己，这令他的政治顾问们非常不满。

根据1945年的一般法规定，将继承计划交给全民公投，该计划不出所料地得到78%选举团体和近90%选民的赞同。操纵这样的选票甚至没有必要，因为在这个受官方政治宣传制约的小世界里，每个人都可以从这个法律中找到好处：对君主主义者来说是一个长期的希望，对长枪党人是长期维持现状的保证，对大多数寻求稳定的西班牙人来说，是朝着政权自由化迈出的一步。佛朗哥的技巧刚刚为他带来了新的胜利。它进一步削弱了流亡中的反对派——无论是君主主义者还是共和主义者的微弱优势。唐·胡安本人也认为吉尔·罗布雷斯和普列托即将缔结的联盟没有什么前景。它在国家内外没有军队，想再次影响西方领导人为时已晚。

因此，1948年8月25日，正当西班牙中右翼和社会民主党的前领导人通过《圣让·德·卢兹条约》批准他们的协议时，巴塞罗那伯爵在未事先通知他的政治顾问的情况下，在圣塞巴斯蒂安附近会见了佛朗哥将军，尽管这次面谈是私下的，而且完全是为了他的儿子在西班牙的基业，但却具有重要的历史意义。

虽然他不想承认，但唐·胡安的政治斗争阶段结束了。另一个阶段开始了，还很不成熟，这个十岁的男孩名叫胡安·卡洛斯，但大家都叫他胡安尼托，在11月一个寒冷的早晨，他伤心地离开了家人，卢西塔尼亚快车把他送到马德里。没有人能够预见在这段漫长而艰难的旅程结束时，等待他的命运是什么，他将作为人质在佛朗哥不确定的观点和与父亲的深刻羁绊之间来回折腾。这个不适应过时政权的继承人，接着作为王室解围者，最终实现了巴塞罗那伯爵一生都在徒劳追求的西班牙人之间的和解梦想。

排挤结束和佛朗哥政权的成就

与此同时，佛朗哥已经赢得了当时的战争。在国内方面，军队仍然对他忠心耿耿，抱怨不已的长枪党人别无选择，只能继续依附于他的战车，而在西班牙占主导地位的保守势力在继承法的保证下，支持这个民主力量既没有办法诉诸武力也没有意愿推翻的政权。

1947年，伊娃·庇隆精心安排对马德里的访问，是与阿根廷达成粮食协议的前奏。次年2月，纽约红衣主教斯贝尔曼和美国海军上将谢尔曼出访，接着法国边境重新开放，让外国大使回来。之后，美国对佛朗哥的政策需要进行深度改革。虽然被排除在马歇尔计划之外，但经华盛顿国会批准，西班牙在1950年获得了6000多万美元的信贷。同年11月4日，由于朝鲜战争，联合国通过了一项决议，取消了1946年的决议，从而结束了西班牙的孤立状态。

1952年艾森豪威尔总统的当选，标志着西班牙与美国和解进入了一个新阶段。次年，西班牙向美国让出三个空军基地和一个海军基地，期限为10年，可续约，以换取超过10亿美元的经济援助。1955年12月，在被联合国所有附属组织接纳之后，西班牙终于加入了联合国。为了给佛朗哥的胜利加冕——在许多头衔中，他的推手提倡“西方的哨兵”称号，四年后，即1959年12月，在第二次世界大战胜利者正式访问西班牙期间，他与“艾克”（艾森豪威尔）进行了兄弟般的拥抱。

佛朗哥这一惊人的胜利，不仅是由于国际形势的变化，而且归功于他的技巧，他使一个看起来不可改变（至少在其原则上）的政权，接受了政治和经济形势所带来的变化。所有这一切，都是在最低限度的让步下进行的。

西班牙是否摆脱了其独裁者在世界大战后的后遗症，并在此过程中恢复民主自由？这总是有待商榷的。

摆脱了外交上的孤立，并早早地从美国对欧洲的援助中受益，人们认为它可以免去抑制其发展的十年自给自足的经济。但正如我们所看到的那样，这种观点并没有考虑到西班牙“民族”的社会学现实，并理所当然地认为，这是一种与时代气息和内战的刺痛记忆相矛盾的奇迹：西班牙社会自发地与和平、建设性的民主制度对话。然而，在冲突结束时，共和党阵营没有走这条路。

事实也使我们不得不说，这自给自足的十年，延长了世界大战时的经济状况，但并不是没有成效的。像所有独裁政权走向灾难性冒险之前一样，佛朗哥的独裁政权可以宣称从1955年起实现了第二共和国从未取得过的成就，对一些人来说，它也重新延续了从1923年至1929年普里姆·德·里维拉将军独裁政权的成就。国家兴建大量的水力发电站，进行土地灌溉和植树造林的宏伟计划，同时在国家工业研究所的支持下进行工业结构调整，此研究所委托给佛朗哥的亲信、他的费罗尔同乡胡安·安托诺·苏安兹负责。

在20世纪50年代，佛朗哥为了真正报复政权所遭受的排挤，增加了对西班牙各省的“胜利”访问次数，并品尝到受民众欢迎的成果，如果人们认为他在虚伪造作，那就错了。他的表弟和秘书弗朗西斯科·萨尔加多·阿劳霍保留着这位考迪罗的私密日记，他的日记没有过分自满的语气，而是带着不可否认的坦率口吻，甚至让我们看到佛朗哥真诚地关心工农无产阶级的生存状况，他常常对大地主对待短工的行为以及出差中发现的贫民窟的悲惨（只要地方当局有勇气向他展示）感到愤愤不平。这个来自中产阶级的人意识到社会不公正已经严重地影响到他同胞的革命选择，又怎么可能不想解决这种罪恶的根源呢？他认为他所推动的劳动法，保障工人就业，设立家庭津贴、医疗和养老保险，是走在进步前沿的举措。也许夸大了范围，不过这些措施是很重要的。

虽然该政权仍然有镇压和残酷的清洗，但在政治打压和意识形态限制上不能与德国甚至意大利的做法相提并论。与纳粹或法西斯政权巨大的区别是，它没有一个全能、单一政党，因为佛朗哥制度事实上是多元的，在采纳长枪党的一部分社会方案时，也压制了长枪党。当时开始访问西班牙的外国人可以证明这一点：50年代中期，没有难以忍受的压迫气氛影响日常生活。即使在加泰罗尼亚，那里也曾大量实施激烈的文化镇压，但出版商开始用加泰罗尼亚语出版书籍（限制印刷量），人们在乡村节日里跳被禁止的萨尔达那舞也不算违反公共秩序。大学当然受到严格的控制，尽管许多作家回到了西班牙，但知识分子的生活已经无法与内战前的辉煌岁月相媲美。另一方面，对经济、行政或技术等各专业学生的培养也是不容忽视的。各级工程师、管理人员和经济学家在西班牙本土接受良好的训练，他们开始从公立或私立（往往是教会学校）或者从长期受到法国模式启发的大型民用或军事机构中涌现出来。从培养人才的摇篮走出的所谓“技术官僚”，将在20世纪50年代末进入政治竞赛，并为佛朗哥的西班牙提供制度结构，使其不仅能够拥抱自己的世纪，而且能够为完全欧洲化的未来做好准备。

从自给自足的封闭经济到技术官僚新政

佛朗哥对经济学知之甚少，就像他那个时代大多数军人一样，他满足于从西班牙长年的孤立状态中继承下来的、被专制政权确立为教条的自给自足的发展模式。国家工业研究所的公营企业、开发新土地的重大工程，如巴达霍斯计划，让考迪罗有机会扮演圣诞老人，分配农田和新的住房，足以让人们相信国家“正走在显著、稳步发展的道路上”。遗憾的是，在一个正在对外开放的西班牙，这种官僚主义严重、视野有限的国家治理被证明越来越昂贵和低效。寻找进口许可——西班牙企业家的最大兴趣——在行政领域普遍存在腐败。1953年，国家的国内生产总值仍然略高于1935年，但许多训练有素的经济学家已经敲响警钟。

三年后的1956年，一系列的挫折凸显了这个闭环经济的脆弱性和局限性。歉收，接着是对瓦伦西亚柑橘类造成致命打击的严冬，造成令人担忧的收支不平衡，而此时长枪党工会不合时宜地要求提高工资。结果物价激涨近40%，巴塞罗那和马德里通过公共交通大罢工（当然是非法的）来抗议。这些社会乱象在佛朗哥统治下的西班牙是新鲜事物。与此同时，大学也重新燃起政治抗议。1939年胜利者的子女们不再在父辈的斗争中认识自己，甚至采取了相反的立场，他们呼吁政治改革，最好是激进的变革。

到目前为止，佛朗哥按照旧有的分而治之的方法，在长枪党出身的部长们和基督教民主派的天主教人士，如阿尔巴托·马丁·阿尔塔霍（外交部）以及他介绍进政府的华金·鲁伊斯·吉梅内斯（国家教育部）之间保持大致的平衡。然而，后者在大学里勇敢地推行相对开放的政策，这和长枪党秘书长何塞·路易斯·阿雷塞为了按照纯粹法西斯规矩实施运动的真正独裁而进行的进攻一样，对政权的平衡是危险的。因此必须打破这种政治和经济的双重僵局。那么，要怎么做呢？依次制裁每个人已经不够了。

卡雷罗·布兰科向考迪罗提出解决方案，即将该制度去政治化，使其更具技术性，由既不属于“天主教行动”也不属于长枪党的人领导，他们将在其政治中立性的基础上增加坚实的经济和行政技能。自1956年12月开始，谨慎、优秀的劳雷亚诺·洛佩斯·罗多上将成为政府的技术秘书长。在接下来的15年里，罗多将在政权的演变中发挥重要作用。

这位年仅37岁、毕业于西班牙“国立行政学校”的官员，既是自由派部长们的第一个代表，也是他们的招募者。他们准备投入到这个专制政权中去，以便从内部一点一点地改造它。这样的“一点一点”很重要：洛佩斯·罗多没有偏离他在20世纪60年代中期在经济收入取得初步成果时表达的理念：“只有当西班牙人跨越了人均收入1000美元的门槛时，我们才能谈论民主。”在佛朗哥去世之前西班牙人均收入就已经超过这一水平，这将是西班牙在年轻国王领导下从独裁向民主和平过渡的最有力保证，而年轻国王的未来也将得到洛佩斯·罗多的极大帮助。

洛佩斯·罗多在“主业会”（Opus Dei）等级中占有显赫地位，人们倾向于夸大这个依赖梵蒂冈的世俗机构的影响力。“主业会”由西班牙“圣若瑟玛利亚施礼华”（Saint Josemaria Escriva de Balaguer）埃斯克雷瓦·伊·巴拉格尔神父于1928年创立，以“白色共济会的方式”（à la manière d' une francmaçonnerie blanche）影响西班牙政府，参加者和同情者来自于高等院校，包括创建于1952年的著名的纳瓦拉大学。但在一个被剥夺了合法政治表达权利的国家，这种影响力网络能填补这样一个空白吗？这种顺从的西班牙在俗教徒在新的精英阶层中成长壮大，虽然或多或少受到严格的宗教承诺和共同规条的制约，但没有形成一个同质的政治集团。其中一些人，包括1966年创办《马德里日报》的人，转而支持反对派。从最广泛的意义来讲，这股潮流旨在应对社会学家马克斯·韦伯对拉丁和天主教社会提出的挑战，他认为拉丁和天主教社会不如新教社会那么适应现代资本主义世界。因此，他支持新兴技术主义的目标。主业会远非像保守派和教士为征服国家而发起的，它更像一个思想和行动的学派——可以被想象成一个神秘的决定的动力源泉——将有意或无意地带领西班牙走向民主的未来。

然而，引领国家走上快速发展道路的转折点并不是那么容易出现的。直到经济自给自足的十年快结束时，佛朗哥才最终批准洛佩斯·罗多提出的经济新政，1957年7月政府改组时，在卡雷罗·布兰科的支持下，两个由他指定的部门负责人——财政部的马里亚诺·纳瓦罗·鲁比奥和商务部的阿尔巴托·乌拉特斯对新政进行实验。老长枪党卫兵和国有企业的领导，尤其是佛朗哥的童年伙伴苏恩斯，步步阻挠他们的计划。但对外国资本开放和贸易自由化的政策很快就产生了效果，为考迪罗打开了对世界的新视野，虽然他认为这个世界是敌对和危险的，但他的现实常识已不允许他再忽视这些。

佛朗哥最大的优点是把信任放在了正确的地方，摆脱之前一直主宰他的偏见。自给自足的经济并不是他唯一的固执之处。另一个是他对摩洛哥的执着，他在那里度过了军人生涯。然而，当1956年，法国承认摩洛哥独立时，他主动放弃西班牙对谢里夫王国北部的保护权，没有表现出任何迟疑。和指导着萨拉扎博士殖民政策的怀旧情绪相比，现实的原则为他指明方向。

到 1959 年 7 月，西班牙在削减公共开支、取消关税壁垒、使比塞塔贬值并进入经合组织和国际货币基金组织的轨道之后，颁布第一个稳定计划，随后于 1964 年制定了一项发展计划。在农业领域，主要的公共设施工程被放弃，转而加速机械化，在 1960 年至 1965 年间，乡村中无产阶级中受剥削最重的阶层减少了一半，转而向工业郊区和海外移民。这些变化当然不是没有阵痛的，但它解决了历史遗留问题，即农村人口过剩、技术过时以及土地改革问题，这些问题长期以来一直是西班牙政治的噩梦。

另一方面，工业品、设备和消费品生产在私人领域信贷注入的推动下，在接下来的十年内将有惊人的增长。从前一年成立的西雅特（SEAT）第一家工厂在 1960 年一年生产四万辆汽车开始，到十年期末，将有 45 万辆汽车来自西雅特子公司和雷诺等其他欧洲主要品牌的车间。电力、钢铁、水泥生产以及造船厂正经历着“日本式”的繁荣。新的工业发展中心——当然是马德里，但也包括巴利亚多利德、维戈、萨拉戈萨、塞维利亚、韦尔瓦，正在改变西班牙的面貌。从 1960 年至 1973 年，西班牙在旅游业迅速发展、移民储蓄回流带来的外汇收入的促进下，年均增长率（不包括通货膨胀）接近 7%。

渐渐地，还处于自给自足经济和技术官僚新政冲突中的西班牙社会逐步转变为一个中产阶级社会，他们获得了房屋所有权，生活舒适度提升和有能力购置私家车，到 1970 年左右，人均收入达到关键的 1000 美元。

由于新技术官僚在政权的政治变革上没有同样的行动力量，所以后者的进程慢得多。然而，西班牙还是迫切需要政治变革，支持这个正在迅速解放的社会。

20 世纪 60 年代的几次政府改组，通过卡雷罗·布兰科、洛佩斯·罗多以及负责经济的技术官僚的影响，几乎总是证实这一趋势。1962 年 7 月，在他们的团体中加入了潇洒的工业部长格雷戈里奥·洛佩斯·布拉沃，但也不得不与一位没有参加主业会的才华横溢的新人曼努埃尔·弗拉加·伊里巴纳打交道。这位杰出的学者被提拔为新闻和旅游部部长，这表明，人们也可以期待官方政党中最年轻、最开放的元素将向技术官僚所追求的自由主义变革方向转变。

曼努埃尔·弗拉加的政治生涯一直延续到现在，他先是担任西班牙右翼领导人，后来又担任加利西亚大区主席，当年，一段非凡的旅程让他在1964年策划了一次以“佛朗哥：25年的和平”为主题的巧妙的宣传活动，并在两年后说服考迪罗是时候颁布一项新的新闻法，该法将废除以前的审查制度。虽然这项法律对超过其限度的人进行严厉惩罚，但事实证明，这一法律在当时比任何其他改革都更为重要。佛朗哥起初非常犹豫，后来终于被他的新部长说服，做出让步：“如果本世纪初那些软弱的无政府状态的政府：都能够在执政中保证新闻自由，为什么我们不能呢？”

另一项关于宗教自由的法律，是由外交部部长费尔南多·马利亚·卡斯蒂埃拉起草的，他是前驻罗马教廷大使，1953年和解协议的主导者，他也不属于主业会，而是“天主教行动”的成员，他在1967年结束了一项令人震惊的过时规矩，即禁止（至少在理论上）非天主教教派公开进行宗教活动。尽管这项改革看起来微不足道，但还是被认为是朝着未来承认结社自由迈出的第一步，而结社自由将最终导致政治团体的形成。

然而，对国家未来最具决定性的立法改革是国家组织改革。1966年12月，全民公决通过了这项改革计划，它似乎很抽象、很遥远，以至于除了在长枪党的圈子里，它没有引起公众舆论的兴趣。因为长枪党认为这部组织法最终会拒绝他们自己的计划，不管其计划多么过时，即他们要建立一个真正具有“民族－工会主义”理念的国家，并在未来将最高权力移交给“国民运动”。这部由洛佩斯·罗多长年精心制定的法律，有效地证明了新佛朗哥主义者在恢复君主制方面对长枪党新共和派的明显胜利。订立规定，扩大议会的组成和作用，将国家元首和政府领袖的职能（考迪罗在世时没有实行）分开，它小心谨慎地为胡安·卡洛斯亲王正式被指定为考迪罗死后继任者铺平了道路。

胡安·卡洛斯的宣告

事实上，这是1967年被提拔为政府副总理的卡雷罗·布兰科上将所致力的伟大计划，他取代了没有发挥作用的长枪党将军穆尼奥斯·格兰德斯。洛佩斯·罗多一直负责发展计划，同时也晋升为部长。在这次政府改组中，在技术官僚的延续性方面，纳瓦罗·鲁比奥和乌拉斯特雷斯让位于他们的继承者埃斯皮诺萨·圣马丁和加西亚·蒙卡。曼努埃尔·弗拉加再次被任命为新闻部部长，他感到非常欣慰，比主业会潮流的选择走得更远，1965年11月17日，他向伦敦《泰晤士报》断然申明：“佛朗哥将军政权结束之时，唐·胡安·卡洛斯将成为西班牙国王！”

除了正在为佛朗哥的继承人而奔走呼号的力量外，还有一位非自由派人士——佛朗哥最年长的战友之一，也是用“你”称佛朗哥的少数人之一，他就是内政部部长卡米洛·阿隆索·维加将军。他担心考迪罗在解决他的继承问题之前就去世了，于是为这位年轻的王子背书：“在私人生活上非常值得信赖，在军事纪律方面训练有素。”

1948年秋，这个十岁的孩子抵达马德里时就成为人质，他尽责地完成了人们期待他的成长路线。1954年和1960年，巴塞罗那伯爵和考迪罗两次会晤，就他的学习课程和老师的选择达成一致。唐·胡安担心他的儿子会摆脱自己的影响，宁愿看到他在英国或美国上大学，佛朗哥则看重他在空军和海军学院取得军官证带来的信誉。他在军队中培养的友谊，对他以后的发展非常有用。

1960年，在一位令人尊敬、受到其父和保护者双重信任的人物马丁内斯·坎波斯将军的关照下，当时波旁家族最年轻的人终于进入马德里大学，但也不免引起长枪党或卡洛斯少数派团体学生会组织的嘲笑。在法学教授托尔库阿托·费尔南德斯·米兰达的指导下，胡安·卡洛斯更加快乐，他是一位既敏锐又有政治目的的法学家，像弗拉加以及后来的阿道夫·苏亚雷斯一样，来自长枪党主导的“国民运动”的高层（因为在国家的行政机构中，几乎没有其他的途径可以成就事业），但他也是第一个创立机制让政权垮台的人。

1962年5月，胡安·卡洛斯与希腊的索菲娅在雅典举行婚礼。热情的西班牙君主主义者和西班牙海军官方代表涌向希腊。佛朗哥预料到这个联姻，决定把萨尔苏埃拉小宫殿提供给亲王，与自己的住所帕尔多之间隔着广阔的狩猎场。这是佛朗哥公开表示对胡安·卡洛斯的厚爱，但表现得很谨慎，几乎难以觉察：在1964年胜利纪念日游行中在他身边留出的位置，以及1963年和1965年他们的头两个孩子埃琳娜和克里斯蒂娜公主降生时，媒体广泛报道王子夫妇的活动和他们的家庭欢乐。

1968年1月5日，30岁的胡安·卡洛斯达到1947年《国家元首关于国家元首职位继承法》规定的国家元首成年年龄；同月30日，索菲娅生下费利佩王子，从而使王朝有了男性继承人，所有敦促佛朗哥让唐·胡安的儿子继承其位的人都认为时机已经成熟。他们还需要再等一年多的时间。虽然将军批准胡安·卡洛斯的父母以及他的祖母、阿方索十三世的遗孀、维多利亚·尤金尼亚老王后（自1931年以来没有见过西班牙）居住在马德里参加王子的洗礼——他本人也不能不参加这个仪式——任何具有长期影响的、为他的生命做最后准备的重大决定需要抓紧时间做了……在部长会议上，他最喜欢的结论之一是："基本上没有什么需要整改的地方！"传说他办公桌上的文件被分成两堆，一堆是用时间来解决的问题，另一堆是已经解决的问题，这并非没有根据。一日，他向"老同事"暗示，他不是永生的。老将阿隆索·维加对洛佩斯·罗多说："真是惊奇，活了这么久，此人才有这种想法！"

在试图说服佛朗哥出手的小圈子里，有一些不那么尊重人的隐喻来形容这场微妙的战斗。有人将其比喻为拉着一头加利西亚猪的尾巴，强迫它去它不想去的地方。其他人则巧妙地借用了钓河鲑鱼的比喻，这是考迪罗最喜欢的运动之一。1969年5月底，卡雷罗·布兰科告诉洛佩斯·罗多，鲑鱼即便还没有从水中出来，至少也被钩住了。事实上，尽管有来自于坚决拥护未来军事摄政的长枪党的强大压力，佛朗哥还是选择了胡安·卡洛斯，并在1969年1月15日向他秘密说明了这一点。但他在等待做好心理准备再宣布自己的决定，并希望确保他的接班人不会因为其父不可避免设置的政治、王朝和道德障碍而吓倒。

胡安·卡洛斯则坚信，他不能满足最支持政权发展的人对他的期望。他有充分的理由相信，在考迪罗去世后，他做合法继承人，将是一个让军队和长枪党解除武装的有力优势。他们最不愿意接受他将给新君主制带来的自由和民主方向。如果他失败了，如果有必要与独裁政权进行更残酷的决裂，他的父亲仍然可以发挥自己的作用。但很显然，佛朗哥永远不会指名他的老政治对手巴塞罗那伯爵作为他的接班人。如果不接受佛朗哥的提议，就等于让王位无人继承，或放弃给其他的继任人选。卡洛斯分支的波旁－帕尔马继承人，或者他自己的表弟阿方索·德·波旁－达姆皮尔，后者甚至在与考迪罗的孙女结婚之前，就得到了长枪党的支持。

当然，胡安·卡洛斯必须明确接受一些条件：向政权的基本法宣誓，不理会他的父亲以他自己所制定的民主和王朝原则为名而发起的公众抗议。这两大条件，让他作为一个老实人的良心受到考验。对第一个条件，他的良师、专家不难解决这个问题，他的法学教授托尔库阿托·费尔南德斯·米兰达特别向他保证，当时机到来时，如果以正确的法律方式行事，“从法律到法律”，西班牙人民都有自由表达的意愿，使其摆脱过去的誓言。第二个条件影响到他最亲密的感情——他对父亲的责任——不可能轻易消除。然而，有一点是明确的，唐·胡安确实同意让他的儿子成为考迪罗继任战略的主要因素。他现在会反对它带来的后果吗？母亲和姐妹们的支持帮助胡安·卡洛斯面对这场家庭悲剧，也缓和了阿方索十三世合法继承人的反应，因为他的儿子正准备窃取王位。

这种高乃依式的困境——选情感还是选荣誉——最终在两个人对彼此的感情和信任，以及在环境和理性下默契的“家庭契约”中找到出路：两个波旁人注定要以不同但互补的道路追求同一个王朝和民主的目标。

在这种情况下，佛朗哥突然开始用他操纵人的才能，确保胡安·卡洛斯不会在最后一刻屈服于父亲的要挟。1969 年 7 月，考迪罗让他到葡萄牙与家人团聚，但没有告诉他，自己已经计划好本月的任命，只是直到 7 月 15 日回到马德里，才把权力交到他手里。然后，他要求胡安·卡洛斯当场回答是或否。胡安·卡洛斯刚刚度过了一个非常糟糕的假期，巴塞罗那伯爵一直咒骂“佛朗哥永远不会解决他的继任问题”，他担心自己在父亲眼中被视为伪君子和骗子，于是问佛朗哥为什么不在旅行前正式通知他，后者平静地回答说，他不想成为他们之间痛苦冲突的根源。“但殿下不要担心，”帕尔多的主人向他保证，“我已经写信向您尊贵的父亲仔细解释了我的决定的意义和情况。”老考迪罗不想冒险让冲突破坏了他的计划，便用狡猾的花招来表达他对家庭和睦的关注！

7 月 22 日，整个西班牙都能在电视屏幕上观看美国宇航员阿姆斯特朗、柯林斯和奥尔德林登上月球踏出第一步的后日，议会以压倒性的赞成票数表决——只有 19 票反对，9 票弃权——患了帕金森综合征的国家元首颤颤巍巍地发表的长篇演讲，提出“他的统治将不可避免地结束”，并提出胡安·卡洛斯“最有资格继承他，作为国王来延续国民运动”。

第二天，更庄严的是，胡安·卡洛斯身着陆军军装，在索菲娅和他们三个美丽的孩子的陪伴下，在考迪罗和议会前宣誓，这将使这个不太可信的“西班牙王子”，在六年的岁月里成为政权长期衰落的见证者，佛朗哥自己似乎也怀疑是否能让这个政权生存下去。

人们一般没这些疑虑，他们更愿意把注意力集中在考迪罗的反民主形象，并在同样的议会前宣布，在他之后，“一切都在预料之内，并经过精心计划”。但有许多见证显示了他对未来更现实的愿景。早在1960年1月，他不是就对他的亲信“帕孔”（佛朗哥的表弟弗朗西斯科·萨尔加多·阿劳霍）表明：“政权将产生一个代议君主制，所有西班牙人都可以在议会中选举自己的代表，可以干预政府”了吗？1962年2月，当西班牙启动谈判，希望最终加入欧洲共同体时，他同样清醒地表示：“我们别无选择，只能选择欧洲。”在选择胡安·卡洛斯作为他的继任者时，他非常清楚他的政权需要变革，他打消了让胡安·卡洛斯参加部长会议的愿望：“无论如何，殿下，您不会像我那样执政，所以这对您毫无帮助。”

斯坦利·佩恩引述的一则小故事证实，这样安静的顺从伴随他到最后。在他去世前一个月，佛朗哥接见刚刚被任命为“国民运动”副秘书长的阿道夫·苏亚雷斯，他向后者提出一个问题：“你认为西班牙的未来必然是民主制吗？”对他的对话者尴尬但肯定的答案，佛朗哥只给出了一个长时间的沉默，但还是让这位一年后将成为国王挑选来清算佛朗哥机构的政府领导人感到吃惊。

从个人政权到领袖雕像

在解决他的继承问题时，佛朗哥当然没有打算放弃任何一部分决策权。但从1969年至1973年的岁月还是勾勒出一幅新的景象，在等待考迪罗即将去世时，政权内部的宗派斗争已经激化，而前者则逐渐淡出政治舞台，留下了冷冰冰的大理石替身：一尊几乎无法移动的领袖雕像。

1970年6月，戴高乐将军作为一个身无职位的游客，最后一次出国旅行期间，在帕尔多会见他后惋惜道：“这个聪明有头脑的人太老了，实际上已经退休了。”而他比考迪罗还大两岁！“但佛朗哥还是清醒的，”他补充道，“他是一个伟大的老人！”这并不影响他称赞这个“有丰富历史的伟大国家”的发展，也不影响他承认领导人长达三十多年的事业“归根到底是积极的”。

1970年，佛朗哥在部长会议中越来越多地缺席，开始把实际权力给卡雷罗·布兰科，由于“宗派”（弗拉加和运动最高级的军官，对主业会的所谓影响持敌对态度）或是意识形态（“强硬”的长枪党，聚集在被称为“帕尔多堡垒”的周围）的原因，技术官僚政府开始表现出强烈的对立。这些紧张局势的影响已经在挪用出口补贴的丑闻中让人感受到了，马塔萨案连累到经济部长们，他们至少负有玩忽职守的责任。考迪罗的仲裁通过反过来惩罚对手党派，来限制了此事的损害。1970 年 12 月，在布尔戈斯案审判之后，军事法庭对 6 名巴斯克埃塔活动分子判处死刑，又通过减刑避免了国际上的骚动。但各派之间还是为争夺继承政治遗产而展开了无情的斗争。

1973 年 6 月，佛朗哥决定任命卡雷罗·布兰科为首相——这意味着国家元首和政府首脑的职能有了全新的分离，但却没有解决问题，因为六个月后的 12 月 20 日，这位上将成为同一埃塔组织在马德里发动的大型袭击的受害者。从此，恐怖活动只会越来越多。

卡雷罗·布兰科的死让技术官僚们失去了保护者，而他的继任者是内政部部长卡洛斯·阿里亚斯·纳瓦罗，他是长枪党强硬派，至少没能阻止其前任在精心策划的袭击中被暗杀。

佛朗哥的选择与他之前的选择相矛盾，说明了他健康状况的恶化和对家庭的依赖。事实上，他的妻子卡门·波罗，他的女婿克里斯托瓦尔·马丁内斯·博尔迪、维拉沃德侯爵——一位不以外科手术技术而以阴谋诡计著称的心脏病专家——从此对考迪罗产生了越来越大的影响，这已经不是什么秘密了。表兄弟库森·萨尔加多·阿劳霍对此已经不安了好一阵子，在他的日记中记录下导致他离开帕尔多的充分理由。随着房子主人的生命力渐渐减弱，帕尔多因为卡门夫人的要求越来越显得浮夸，还受制于维拉韦德家族的贪婪。佛朗哥的家人担心胡安·卡洛斯接班之后，家族会失去所有的声誉，因此认为上将的死是他们重新获得控制权的意外机会，于是在他家周围聚集了最敌视政权改革的人。

前警察阿里亚斯·纳瓦罗在内战期间负责马拉加的激烈镇压，他似乎向佛朗哥提供保证清理技术官僚和其他“运动的叛徒”，如曼努埃尔·弗拉加，然后当命运时刻到来时，消灭考迪罗指定的继承人。行动虽然很快被证明是失败的，但他似乎更有决心，因为 1972 年 3 月，佛朗哥的孙女玛丽亚·德尔·卡门·马丁·内斯博尔迪亚与胡安·卡洛斯的日耳曼表弟阿方索·德·波旁·达姆皮埃尔结婚，他是巴塞罗那公爵的弟弟、聋哑王子唐·海梅的儿子，他自称是波旁家族的首领。他们聚集在帕尔多，婚礼盛况几乎媲美王家仪式。而西班牙王子与佛朗哥的结盟，不可避免地给达姆皮埃尔的野心，尤其是考迪罗家族的野心蒙上了一层阴影。

然而，衰弱的佛朗哥并没有屈服于其家族建立新的波旁－佛朗哥王朝的野心。他一直排斥建立自己的君主派系的想法，认为这是荒谬的，也不打算把西班牙未来的钥匙留给阿里亚斯·纳瓦罗和他身边的人。而且，纳瓦罗也不是帕尔多派系梦寐以求的那个有着坚定掌控力的人。作为马德里的前市长，他和其他许多人一样，在运动官僚机构中昏昏沉沉，甚至缺乏必要的权力将他的观点施加给政府。事实上，政府在整个统治期间，仍然可以接受佛朗哥所施加的微妙平衡。

在卡雷罗·布兰科的葬礼上，他的朋友和最忠实的支持者、老考迪罗，一阵说不清的情绪让他眼中含泪，他觉得没有什么比这句话更恰当了："No hay mal que por bien no venga！"（没有坏事就没有好事发生！换句话说：塞翁失马，焉知祸福）。没人知道他这句话的意思……难道他是在机械地、无意识地回应他在家族圈子里听到的东西？ 还是相反？他是否从忠实副手的突然离世，看到了解除压在胡安·卡洛斯肩膀上负担的可能性？上将的个性确实很复杂。就算他充分意识到，而且已经证明，需要对政权进行逐步变革，他也不是一个违背莫拉斯主义者和反自由主义原则的人。因此，他在意识形态上的僵化可能会给国王一种尴尬的监管，而国王非常需要一只自由之手来使他的全部权威得到承认。在卡雷罗·布兰科在世时，向民主的过渡可能不会那么迅速。无论是什么意思，佛朗哥会把这些神秘言论的秘密埋葬起来，就像他对"后佛朗哥主义"的想法一样，终究是不为人知的。

胡安·卡洛斯利用相对无害、平庸的阿里亚斯·纳瓦罗政府，暗自谨慎地增加接触，目的是让外国和左翼反对派消除对他未来意图的疑虑。但显而易见的是，一旦考迪罗去世或完全丧失工作能力，一个高度紧张的时期必然开始。没有人能预测当一个已经统治了三十多年的人离开时，事情会转向有利于民主开放，还是有利于军队很可能会支持的"佛朗哥堡垒"。

第二十六章　胡安·卡洛斯的时代

1974年1月至1978年12月，在经历过这个时期的人看来，这五年西班牙的命运向好的方向发展，经历了担心、希望、宽慰，然后是欢欣鼓舞，从历史的角度来说，这五年是一个重要而不确定的时期，斗牛表演中称之为“见分晓”（hora de verdad）。真实的瞬间，在绝对静默的竞技场中，每个人都屏住呼吸，紧张到极致时，一剑解决，而无法预见它的结局是胜利、悲剧还是混乱。在这种情况下，公众要为一个和解的国家对它沉重过去无懈可击的一剑起立鼓掌，但战斗的结果并不能保证。

摆脱独裁统治绝非易事，无论多么筋疲力尽、软弱或者失控。更何况它诞生于一场自相残杀的冲突，而这场冲突的伤口从未真正愈合。为了使这一变革在秩序与和平中完成，在民族和谐中迎来真正的民主，成熟、平衡的西班牙社会必须能够支配自内战以来埋藏的激烈情绪。它还必须找到关键人物来坚定地领导这个决定性的、达成共识的民主过渡。

有些人认为这是一个奇迹，他们也不是完全错误，因为这个被冠以“民主”名号的国家在未来几年内仍将受到威胁。但它的基础足够牢固，可以轮番面对恐怖主义的冲击、自己幼稚的缺点和佛朗哥主义者的残酷反击。这次冒险的英雄不仅有西班牙人民自己，在几个世纪悲剧、无果的宗派冲突之后，他们变成了平和的模范，还有前途未卜的年轻国王，他是真正的“变革引擎”。无论以何种方式回顾历史，佛朗哥时代只有在胡安·卡洛斯时代才能毫无损害地被废除。

从沉默的王子到未来的国王

然而1974年，让王子成功接管政权，把独裁转变为欧洲式民主的机会几乎不存在。在一些人看来，他只是独裁者的指定继承人，进步之风会迅速把他清除。在另一些人眼里，他就是一个在政权的阴影下长大、没有个性的浮华王子。

即使在消息灵通的自由派中，也没有人敢预测佛朗哥死后会发生什么。“最有可能的是军方夺回权力，”一位清醒的局势见证人说，“很难想象考迪罗的意志在他死后不会占上风，更难想象一个年轻的君主意识到自己的历史使命，成为一段典范历史的先导者。”

后来，胡安·卡洛斯用一句话概括了他当时的情况：“六年里扮演傻瓜没那么容易！”在考迪罗在世时表现出任何异议，无异于政治自杀。更何况在他自己的家族里出现了一个候补人选——佛朗哥的孙女婿。西班牙王子发现，唯一的指望就是在一支他曾服役并熟知的军队中培养友谊，让其效忠自己，在最高元帅去世之日，这支军队必然会控制局势。然而，他在非常隐秘的情况下已经开始增加与左翼反对派接触，保证那一天到来时的和平结果。

1974 年春天，阿里亚斯·纳瓦罗政府在矛盾中挣扎，一边宣布实行政权自由化，一边又中断措施来收紧控制权，而胡安·卡洛斯在他的官方随从不知情的情况下，在萨尔苏埃拉接待了秘密活动代表，他们有时甚至藏在后备箱里，这些代表包括社会主义者恩里克·穆吉卡或未来的加泰罗尼亚大区主席乔迪·普约尔。

执行这些秘密任务的使者属于王子的亲密合作者：雅各布·卡诺，他在萨尔苏埃拉发生的可疑车祸中过早地成为受害者；何塞·华金·普伊格·德拉贝拉卡萨，他将担任王室秘书长，更出人意料的是，佛朗哥的亲侄子尼古拉斯·佛朗哥·帕斯夸尔·德尔·波比勒，他是考迪罗的兄长、和平而精明的外交官、前驻葡萄牙大使尼古拉斯·佛朗哥的儿子。正是这位儿时伙伴从他们在埃斯托里尔海滩上的游戏开始，就对胡安·卡洛斯忠心耿耿，他与何塞·马里奥·阿梅罗负责最棘手的任务：在巴黎与西班牙共产党总书记圣地亚哥·卡里略建立第一次联系。

1974 年 8 月中旬，在维德·加兰特餐厅，这些不同的客人在一起吃了一顿意想不到的午餐。卡里略对这个被他讥讽为“矮子胡安”的人的政治前途不再相信，至少他无视了会晤发起者“民主计划”的诚意。这位曾对 1936 年帕拉库埃亚斯·德尔哈拉马屠杀事件负责的人，在他长期的政治活动生涯期间，一直软化他的教条立场。就在维德·加兰特餐会前不久，他向巴塞罗那伯爵表明，他的党派愿意接受由伯爵摄政的临时政府。自1968年华沙条约组织军队入侵捷克斯洛伐克后，卡里略转向“欧洲共产主义”。因此，卡里略向他儿子的使者确认，西班牙共产党面对君主制问题时保持中立，“协议的内容可能比形式更重要”。他提出的唯一要求甚至不是立即合法化他的政党——唯一一个在佛朗哥统治时期西班牙的工人阶级中保持强大的地下活动能力，并在知识分子反对派中有主导性影响力的政党——但至少要在过渡阶段实现工会自由和宽容。

独裁者床边的共产党人、社会主义者和后主教会议时代的天主教徒

当时，曾经是革命运动先锋的社会党似乎已经失去了动员国内左翼反对派的能力。西班牙工人社会党在长期的流亡中因内部争吵而疲惫不堪，它由一个老龄化的团队在图卢兹领导，已经与西班牙现实脱节。反佛朗哥主义的活动者现在是工人委员会的领袖们，他们通过“打入内部”故意渗透进政权的工会组织，如马塞利诺·卡马乔，他们中大多数加入了西班牙共产党，但也有一些人是来自“天主教行动”的工人组织，并且以不可否认的牺牲精神，从地下活动到监狱，而独裁者却无法阻止他们的行动。

如果西班牙社会主义有机会重新获得失去的影响力，那么只能以在西班牙成长起来的新一代推动下进行根本改变为代价，因为他们明白，人们不可能当“佛朗哥从未存在过”，虽然流亡的旧卫士还维持这种幻想。

西班牙内部的这一代人已经做好了接班的准备。它的领导人是一位塞维利亚的劳工律师费利佩·冈萨雷斯，他的朋友阿方索·盖拉与来自西班牙共产党的巴斯克叛逃者恩里克·穆吉卡，以及领导秘密的劳动者总同盟的工会主义者尼古拉斯·雷方多一起协助他。1974年10月，在巴黎郊区苏雷斯内斯举行的党代会上，这个团体成功地取代了在图卢兹以鲁道夫·洛皮斯为代表的西班牙工人社会党的领导地位。在费利佩·冈萨雷斯（*也就是所谓的“伊西多罗”*）的领导下，西班牙工人社会党将走上一条坚定的改革道路，这其中不乏来自其左翼的阻力。它要一点一点地引向符合最先进的欧洲国家，特别是德国社会民主党（SPD）模式的社会民主视野，以至于在1979年从它的章程中删去了马克思主义，就像莱茵河对岸的社会民主党人多年前在威利·勃兰特的推动下所做的那样。

伴随着传统左派的这种新演变，无政府主义不可避免地走向衰落。这个通过全国劳工联盟和伊比利亚无政府主义联盟曾经对西班牙无产阶级造成深远影响的群众运动，消融在少数孤立的极端主义团体之中。在 20 世纪 60 年代，他们仍然对学生抗议有一些影响，但早已无法动员工人阶级。只有诞生于 1969 年的最左和最激进的“埃塔”（ETA）组织，带来了武装颠覆的真正危险。它日益扩展到巴斯克地区以外的恐怖主义行动，可能和一个无政府主义团体革命反法西斯爱国阵线（FRAP）有关。该团体将在一段时间内声名大噪，但与 20 世纪 30 年代西班牙的革命激情相比，简直是小巫见大巫！

西班牙社会的重大转型还表现为自第二次梵蒂冈大公会议[①]结束和教皇保罗六世确认的后主教会议倾向以来的教会转型。随着如工人教士或天主教行动兄弟会（HOAC）等运动的发展，西班牙神职人员在内战期间遭受大规模残酷迫害的记忆逐渐淡化。它们准备与马克思主义左派一起反对独裁政权，或者在工人委员会内，或者非法（*如果不是秘密的话*）建立自己的基督教工会。1967 年主教的代际继承进一步加剧了教会和政权之间的裂痕。后者与罗马教廷为了西班牙主教职位的任命问题长期发生冲突，从 1971 年起，大多数知识界神职人员表现出疏离或敌意。1974 年，在阿里亚斯·纳瓦罗政府的领导下，这场冲突甚至演变成了与巴斯克地区一些主教的争斗。

胡安·卡洛斯第一次“代理工作”和反对派的组织

这个政权的反对派主要力量突然激动起来，因为 1974 年 7 月 9 日，佛朗哥因血栓和胃出血加重，不得不决心签署一项法令，确保暂时将他作为国家元首的权力移交给指定的继任者。胡安·卡洛斯对这份有毒的礼物有很多恐惧：他只能冒着丧失他个人信用的危险，与和他的观点不一致的政府对抗。尽管如此，他无法逃避。

他谨慎执行的代理工作于次年 9 月 2 日结束，那时考迪罗已经从 8 月份的糟糕状况中恢复过来，突然决定恢复其职责。不过，他的家人越来越担心他离世

① 第二次梵蒂冈大公会议：1962 年 10 月 11 日至 1965 年 12 月 8 日，是罗马天主教在现代召开的第一次大公会议。这次公会议还发表了十六项文献：即四项宪章，九项法令和三种宣言，是整个基督教历史上规模最大、参加人数最多、发表文件最多和涉及内容最广泛的一次会议。它做出许多重大的改变，从而掀起罗马天主教在当代世界的革新运动。

之日的到来。这一健康警报预示着其他并发症将接踵而至。它在外部反对派中引起了轰动，他们决定一旦时机成熟时就表态。这就是人们在巴黎看到的围绕着两极重组的异质集团。第一个组织于7月30日成立、名为“民主委员会”（Junte démocratique），在圣地亚哥·卡里略和西班牙共产党的支持下，聚集了一些不同的人物，如《马德里日报》的创办人、主业会的著名成员拉斐尔·卡尔沃·塞勒；恩里克·蒂尔诺·加尔冯教授，他是未来的马德里市长，还是人民社会党主席，这个党与法国米歇尔·罗卡尔的统一社会党（PSU）有共同之处；还有卡洛斯派的波旁－帕尔马的查理·胡格斯。

第二个组织是在社会党新领导层的倡议下，在苏雷斯内斯会议之后诞生的，名为“聚合平台”（Plateforme de Convergence），从1975年6月起，它汇集了各种温和的运动，如前佛朗哥教育部长华金·鲁伊斯·格梅内斯的民主左翼运动，一些前长枪党人如转向社会民主的狄奥尼西奥·里德鲁埃霍的运动，以及其他小型地方主义团体或反西班牙共产党的异见组织。

这两个团体顺应了当时的突发事件，相互签订协议，并最终在佛朗哥去世四个月后的1976年3月合并，名为“民主协调”，更通俗地被称为“平台委员会”（Platajunta），当时的形势已经与这些团体最初预想的情况大不相同。一旦民主化进程顺利进行，“民主协调”就会逐步与胡安·卡洛斯政府进行这种割裂。在这种动荡中，巴塞罗那伯爵的最大优点是他所采取的态度，不排除借助于他打算体现的传统和多元化君主制——从埃斯托里尔那里就证明了这一点——但这丝毫不影响他儿子成为国王的道路。

偏离方向的佛朗哥主义者的最后爆发

在一个饱受后佛朗哥主义各种诱惑的国家里，身体和精神都虚弱的考迪罗想重新掌权是一种幻想。1974年9月，在左翼团体的支持下，埃塔发动了新的大型袭击，目标是安全局。在太阳门广场附近的咖啡馆，有12人死亡，80人受伤，削弱了新政府对恐怖主义的压制。在老长枪党队员（何塞·索利斯、官方工会的领导何塞·安东尼奥·吉隆）和围绕在极右翼党派“新力量”（Fuerza Nueva）创立者布拉斯·皮亚尔周围的极端分子眼中，“强硬的阿里亚斯”变成了“软弱的阿里亚斯”，而他政府中最温和的人则接二连三地被免职或退出竞选。第一个是皮奥·卡纳尼利亚斯（信息部），接着是负责经济和财政的副总理安东尼奥·巴雷拉·德·伊里莫。这些离职与陆军参谋长迪兹·阿莱格拉将军被解职不无关系，他的自由信念使他被最反动的同事报复。

这种政府混乱与反对派根据临时计划仓促重组几乎同时发生，反映了一个似乎无休止的政党终结的氛围。1975 年秋季的事件给了它悲剧的光景，是最终结束的前奏。

9 月，在布尔戈斯第二次审判对三名反法西斯爱国主义革命阵线成员以及两名埃塔成员判处死刑后，在部长会议上，佛朗哥决定像 1970 年那样放弃特赦，宣布这次以多数票赞成执行判决。这不再是同一个政府，也不再是那个能够引导他们投票来支持政治上宽大处理的最高领导。恐怖袭击的增加当然可以解释判决的严厉。然而，由于形势的原因，其他国家包括民主国家本来可以接受的事情，在佛朗哥的政权下就不再能接受了。自 1963 年格里莫事件以来，五次判决没有流血，接着很快年轻的无政府主义者普伊格·安提克被处决，使考迪罗独裁政权又回到了最初残酷镇压的形象。

无论是教皇保罗六世和其他西方国家元首的紧急呼吁，还是有时针对西班牙驻外使馆的暴力示威（里斯本的使馆遭到洗劫）都没有成功使一个僵化的政府走出迷茫的境地。10 月 1 日在东方广场最后一次支持政权的游行景象，是为了再现佛朗哥的西班牙独自面对联合国排斥的“英雄时代”；这不过是在一个穿着军装、如浮影般的最高元首面前的化装舞会。他出现在宫殿的阳台上，在帕尔多的政要和朋友中间，像往日一样，伸出手臂打招呼，并高喊当天的口号。这一次是因为他想这么做！换句话说：是无缘无故的。

对那些试图恢复过时的佛朗哥主义的想法，反应是激烈的。十五天后，老考迪罗心肌梗死发作，并意识到这一次可能是他的末日，忙着起草他的政治遗嘱。10 月 22 日，西班牙人得知他的旧病复发被送进医院，每天试图通过虚假的医疗通告，猜测他病情恶化的程度。真相更简单：肺水肿，反复胃出血，肾脏间歇性阻塞……这个老人没完没了地受罪。

11 月 1 日，也就是一直犹豫是否在考迪罗在世时接受继承权的胡安·卡洛斯最终决定第二次担任国家元首的次日，佛朗哥的腹膜炎发作。亟待解决的问题的紧迫性使他别无选择：西班牙与摩洛哥在西撒哈拉问题上出现了严重的政治和军事危机，需要他这位武装部队新的最高领导人和平地解决这一危机，以确保摩洛哥国王哈桑二世颁布的“绿色进军”[①]不至于演变为仍在西班牙控制下的伊夫尼和塞吉埃特·埃尔·哈姆拉的部队对峙。胡安·卡洛斯尽其所能，立即前往艾尔-艾翁的部队前线，以确保他们遵守纪律，同时与比他年纪大一些的摩洛哥国王谈判，西班牙需要停战，以在不发生冲突的情况下完成去殖民化。与此同时，佛朗哥的痛苦被延长，暴露出医疗小组的治疗方法不太可靠，维拉韦德侯爵想控制他的治疗团队，但不想承担全部责任。佛朗哥家族的烦躁不安还有其他不那么公开的理由。11月26日，属于“帕尔多堡垒”的阿莱詹德罗·罗德里格斯·德·瓦尔卡塞尔作为议会主席和王国首相的任期届满。如果考迪罗坚持到那个日期，家人就有希望借这位垂死之人的手延长他的任期，从而阻止他最有可能的继任者、胡安·卡洛斯最亲密的顾问托尔库阿托·费尔南德斯·米兰达。如果瓦尔卡塞尔能连任，就算不能保证连续性，也能制约国王做出的决定。

但这要求垂死者坚持到这个最后期限。佛朗哥再也忍受不了这种痛苦了。他的家人们坚持要让他没有太大痛苦地死去。他在八十三岁时去世，床边放着阿维拉的圣特雷莎的圣物容器，脚上盖着从萨拉戈萨紧急运来的皮拉尔圣母的披风。11月20日黎明，是他1936年年轻的对手何塞·安东尼奥·普里姆·德·里维拉被处决的纪念日，三天后，他也进入了烈士谷的山间墓穴。

国王的第一步

当他的死讯被宣布时，全国笼罩在一种紧张和严肃的气氛中。很少有西班牙人承认当天兴高采烈，成千上万的人正准备涌到王宫，在放置死者遗体的教堂前游行。历史的一页正在翻过去，接下来几天，情况由于官方活动而有些动荡：11月22日，新君主在议会大厅里宣誓和发言，这也是罗德里格斯·德·瓦尔卡塞尔最后一次出场；次日，考迪罗的葬礼在拥挤的人群中举行，参加的国家代表

① 绿色进军（Green March）：是摩洛哥政府在1975年11月发起的一次大型群众游行活动，目的是迫使西班牙放弃对西撒哈拉地区的控制。当时佛朗哥病重，西班牙无意在此时卷入战争，遂在一周之后匆忙与摩洛哥和毛里塔尼亚签订《马德里协议》，承诺在次年初从西撒哈拉全部撤军，放弃这块殖民地。

有智利的皮诺切特将军、菲律宾伊梅尔达·马科斯、约旦国王侯赛因和摩纳哥兰尼埃亲王；最后，胡安·卡洛斯一世于11月27日，在圣杰罗尼莫王家大教堂举行的庄严的圣灵弥撒中登基，弥撒由恩里克·塔南西翁枢机主教主持，这次有六十多个国家代表出席，包括法国总统瓦莱里·吉斯卡尔·德斯坦、德国总统瓦尔特·谢尔、爱丁堡公爵菲利普亲王和美国副总统纳尔逊·洛克菲勒。

在这次宗教仪式上，马德里大主教对君主训诫："当你从一位杰出的、已成为历史的人那里接管国家时，西班牙教会并不会为自己要求任何特权，而是要求承认它为所有人宣布的自由。陛下，成为所有西班牙人的国王！"

西班牙人的正式和解确实是和平治理了35年的社会转型中缺失的一环，已故的佛朗哥从未表示有必要把这块象征性的石头带到他的大厦里。相互宽恕只会写在新的历史一页上。胡安·卡洛斯现在是唯一能够体现这种和解的人，因为他在接受过去遗产的同时，明确表示他要把西班牙带入一个新的历史阶段，正如他在议会的登基演说中所宣布的那样。

尽管一些人认为这位37岁的国王实现民主的意图十分清楚，但他的个性在许多人眼中仍然是一个谜，最重要的是，没有人能够预测他是否真正有能力摆脱强大而警惕的守旧者的制度。过于突然地解除老佛朗哥派系的武装，可能会引起军队和其他自称为公共秩序守护者的反抗，并加速一场以未来做抵押的衰退。过度拖延有可能让民主反对派失去耐心，要求直接、迅速地与政权决裂。因此胡安·卡洛斯的回旋余地很小。当然，新国家元首拥有三大优势：从佛朗哥那里继承的行政权和立法权，尽管受到新的国家组织法的限制；军事机构的忠诚，虽然这个机构也受到考迪罗政治遗嘱的约束；最后是政权本身的磨损，其领导层，除了一些值得注意的少数例外，已经致力于深刻的变革。尽管如此，他要用最大的谨慎和决心，才能打出这些王牌。

胡安·卡洛斯萌生了马上摆脱阿里亚斯·纳瓦罗的想法。但仍然由罗德里格斯·德·瓦尔库塞尔主持的王国理事会对此表示反对，国王认为以强硬的方式来开始他的统治是不合适的。胡安·卡洛斯随后向洛佩斯·罗多吐露，他花了六个月至一年的时间来排除阿里亚斯，但紧急情况并不在这里，最重要的是确保控制住两个阻挠改革、反对随后任命的新政府首脑的政治机构：王国理事会和议会。然而，为了不阻挠托库阿托·费尔南德斯·米兰达当选这两个机构的主席，国王仍然需要得到阿里亚斯·纳瓦罗的同意。后者非常理解这场交易，但当胡安·卡洛斯在重新任命他之前，以礼节迫使他辞职，并在政府中安排一些孤立他的部长时，他就觉得形势不太有利了。

副主席兼内政部长由活跃且专断的曼努埃尔·弗拉加·伊里巴纳担任，他刚刚在伦敦担任两年大使，而外交部部长之位回到前政权外交的另一位重量级人物何塞·马利亚·德·阿雷尔萨手上。另一个重要的调动是“国民运动”的秘书长、长枪党人何塞·索利斯，他离开了这一职位，转而担任劳动部部长，他的职位由一个年轻的政党高级官员阿道夫·苏亚雷斯接替。苏亚雷斯由托库阿托·费尔南德斯·米兰达培养，在担任西班牙电台台长时有机会与西班牙王子建立长期联系，和胡安·卡洛斯一样热心支持皇家马德里。另外两个职位也由坚定的改革者占据：安东尼奥·加里格斯，他是阿雷尔萨在司法部的亲信，还有阿方索·奥索里奥，另一个基督教－民主党的自由派。

民主反对派和国际舆论悲观地认为，阿里亚斯重新被任命为君主制第一任政府首脑体现了佛朗哥主义的延续，对君主制来说是一个陷阱。他迫于无奈，自己提出了改革，其中有些改革在佛朗哥生前就已经开始了，例如政治组织的地位，这是承认未来政党的前奏，接着又宣布了其他改革，例如由直接选举选出的众议院，这个目光坚定的矮小人物作为帕尔多的微小火焰，甚至连庙宇守护者都无法满意，政府的自由派更是对他感到绝望。

1976年3月，在西班牙共产党的推动下，巴斯克地区发生了严重罢工，反对一支在考迪罗死后仍执行其方式和指示的警察部队。四名工人在维多利亚被杀，另一名工人在比斯开被杀。在前往德国的弗拉加缺席的情况下，阿道夫·苏亚雷斯出来恢复秩序，他的处事手腕让君主印象深刻。在国外，反对派越来越不耐烦了。正是在这个时候，两个主要政党——卡里略的西班牙共产党和费利佩·冈萨雷斯的西班牙工人社会党，各自偶尔自由聚合——合并成“民主协调”。这个合并实际上意味着这个联合反对派的斗争从此不可分割，他们在其诉求中加上在法律上承认共产党。

随着制度改革被议会和阿里亚斯阻拦，在国外被排斥的左翼反对派越来越强硬，在这种迅速恶化的气氛中，胡安·卡洛斯不得不加速开展行动。3月2日，他向政府首脑发出了第一枚重磅炸弹，警告王国理事会，他准备举行全民公投“以勇敢、有效地进行国家所需的深刻改革”。他再次被迫利用秘密外交手段，通过使者向卡里略表明他的意图，他利用伊朗沙阿组织的波斯波利斯庆祝活动期间与齐奥切斯库保持的良好个人关系，通过罗马尼亚重新与西班牙共产党领导人建立了联系。他甚至接受了《新闻周刊》特派记者阿诺德·德·博尔赫格雷夫的采访，分享他对未来的展望和对阿里亚斯·纳瓦罗的真实感受。在不指责国王在采访中的直接评论的情况下，记者称“胡安·卡洛斯对佛朗哥主义右翼阻碍政治变革深表忧虑”。这本美国杂志明确地说，这位君主所面对的政府首脑回复他“好的，陛下”，但作为堡垒的真正标兵，他做的事情与要求他做的完全相反！据国王说，温和的民主反对派别无选择，只能与西班牙共产党合作……总之，文章作者得出的结论是：“国王自己承认，阿里亚斯·纳瓦罗的上任是一个彻头彻尾的灾难！”

更加混乱的是，卡洛斯派分为两派，当年5月，将他们以前庆祝战胜自由派的蒙特朱拉大捷传统庆典变成了一场自相残杀的对抗，造成波旁－帕尔马的查理·胡格斯的两名支持者死亡，前者最近改信“自我管理社会主义”（socialisme auto-gestionnaire），并与西班牙极右派支持的国王的弟弟西斯特亲王对抗。国民警卫队没有采取任何措施来防止“传统主义宗派”中的这一法西斯团体发动暴力行动。曼努埃尔·弗拉加又一次不在西班牙，他被认为对“他的警察”与极端分子之间的可疑联系负有责任，尽管他维护自己作为内政部长的权威，但犯了一个错误，即把马塞利诺·卡马乔等非法工会领袖投入监狱。

在阿雷尔萨的精心准备下，胡安·卡洛斯在6月2日至6日对美国进行正式访问，归来后，他认为是时候结束这种阻碍改革、让他形象模糊的治理方式了。华盛顿国会邀请他参加美国独立二百周年纪念活动，为他提供了国际舞台，他需要这个舞台来为同胞们等待的真正变革做好准备。在发言的庄严气氛中，他保证“西班牙的民主将很快像其他西方国家一样充分和彻底”的话语飞到马德里，就像即将发生王家政变的承诺一样。

从阿里亚斯·纳瓦罗到阿道夫·苏亚雷斯，做出决定性选择的时刻

三周后，即7月1日，在王宫举行的仪式结束之后，几位大使向国王呈上

了国书，国王出人意料地召见阿里亚斯·纳瓦罗，到他祖父阿方索十三世以前的办公室。从他们会面的第一分钟起，这位佛朗哥任命的政府最后一任首相，也是仍处于不稳定状态的君主制的第一位首相，就明白了对他的要求，他出乎意料地向胡安·卡洛斯保证，不会阻挠国王认为必须做出的决定。卡雷罗·布兰科遇刺使这个政治经验仅限于警察工作的人被提升到他能力之外的高位，但他对自己的过去有足够的骄傲和忠诚，当“考迪罗的继承人”要求他这样做，他就会为使命做出牺牲，这对未来是个好兆头：不能过高估计这位“堡垒”的抵抗能力。

他辞职的日期是经过精心挑选的，与现在由费尔南德斯·米兰达主持的王国理事会的一次会议日期相吻合，以便米兰达立即批准，而不会引起太多反对意见。

这个由16个人组成的重要机构，其中三分之一是长枪党人，他们现在向君主提出一份三个候选人的名单，国王将从其中选出新的政府首脑。几个月来，新主席一直在筛选最有能力的人选，与国王一起领导激烈变革。

曼努埃尔·弗拉加已经无法被他试图团结的左翼反对派所接受。何塞·马利亚·德·阿雷尔萨在国际上享有很高的声誉，是一位理想的人选，但他的提名对佛朗哥主义者来说有可能是一种不必要的挑衅，只要他们还在议会，就仍需小心对待。无论胡安·卡洛斯对父亲的私人顾问有多么尊敬，他也不希望被一个过分干涉的导师所困扰。还有其他名字在流传：费德里科·席尔瓦·穆尼奥斯、格雷戈里奥·洛佩斯·布拉沃、前部长阿方索·奥索里奥，但他们都代表了佛朗哥统治时期旧的技术官僚和宗派潮流。为了推动变革，需要一个新人决心清理过去，无论他自己是什么人。如果他来自“国民运动”领导层的话，那就更好了：他将更有能力拆除佛朗哥的国家机器。

因此，阿道夫·苏亚雷斯·冈萨雷斯的名字完全出乎意料地进入了最后三位候选人名单。这个巧妙的设计者自然是托库阿托·费尔南德斯·米兰达，他已经把苏亚雷斯推举做领导“国民运动”的秘书长，而他本人，一个长枪党改革主义者，几年前就担任过这一职务。在与胡安·卡洛斯完全达成一致之后，他成功地在最后的三人名单中通过了他们最喜欢的候选人，冈萨雷斯就像没有人会把赌注押在他身上的局外人，但国王会让他从阴影中出现。

胡安·卡洛斯要和这位他欣赏已久、多次支持的同伴一起，组成充满能量和意志坚定的二人组合，将西班牙尽快转变为一个民主国家。苏亚雷斯在前线领导进攻。国家元首知道，在即将开始的民主进程结束之际时，他的角色只能是“只统治不治理”的立宪君主，所以让苏亚雷斯担任行动领导。

至于严厉、谨慎的费尔南德斯·米兰达，一直拒绝接受胡安·卡洛斯向他提出的政府领导职位，称他作为议会领袖更有价值，他再次发挥作为法学家和政治家的才能，把这个佛朗哥议会推向几乎是自愿、无痛苦的自杀。

三人在互相信任的气氛中出色地工作，每个人各司其职：苏亚雷斯扮演骑兵的角色，迅速而大胆地挑战左翼反对派；费尔南德斯·米兰达让旧政权内部结构破裂；而国王，如果没有他的意志，什么都做不了，他已经同意在未来民主祭坛上牺牲他从佛朗哥继承的权力中所获得的轻松但危险的明星地位。

全速变化

选择一个陌生人来接任阿里亚斯·纳瓦罗是有代价的：它导致巨大的失望。没人明白国王想做什么。历史学家里卡多·德拉·西尔瓦在西班牙知识界新的中左翼机关报《国家报》上宣称：“一个错误，巨大的错误！”阿雷尔萨曾认为自己有资格亲自领导这场变革，但出于怨恨，他不顾巴塞罗那伯爵明智的建议，拒绝加入“由小孩领导的政府”，当他想收回前言时，为时已晚；阿道夫·苏亚雷斯已经任命马塞利诺奥·雷哈接替他在外交部工作，这个官员与国王年龄相仿，将被证明是一个优秀的部长。他所加入的政府，副主席是基督教民主党人阿方索·奥索里奥，还有很多新人，不管他们原来的血统如何，都确保了代际更替。胡安·卡洛斯的“二把手”大胆地领导有魅力的事业，成功地在几周内扭转了反对派和公众舆论的风向。

就在阿道夫·苏亚雷斯被任命几天后，他第一次全新风格的电视讲话——“炉边谈话”——说服西班牙人：“政治游戏从此向所有人开放，未来的政府将按照西班牙人民的多数自由意志行事。”这种风格解除了人们对他的偏见。早在7月16日，政府的意向声明——这是西班牙政治实践中的又一创举——明确表达了人民主权原则，并申明希望通过承认多元主义来实现真正的民族和解，这将得到1977年6月大选的认可。这对“民主协调”的领导人来说，是一个值得思考的问题。苏亚雷斯与费利佩·冈萨雷斯、蒂尔诺·加尔冯、乔德·普约尔或圣地亚哥·卡里略的代表谨慎交谈，这些会谈都是比较有成效的，因为重要的姿态给了他们立竿见影的信用。特别是在月底之前第一次大赦释放许多共产主义工会成员，如卢西奥·洛巴托和桑切斯·蒙特罗，以及其他约400名因政治罪而被长期拘禁的人。

8月7日，就在苏亚雷斯就职政府首相一个月后，"平台委员会"行政委员会明确表示需要"谈判决裂"。当然，是与前佛朗哥政权决裂，但与国王的政府达成了协议，正如卡里略几天前在罗马举行的西班牙共产党大会上在不可改变的激进分子面前承认的那样。

马德里，最困难——也是最棘手的——仍有待完成，就是决定根据费尔南德斯·米兰达提出的"从法律到法律"的构想，从自己的法律制度中废除旧政权。这无异于让佛朗哥主义议会对这项政治改革进行投票，让他们没有在自我毁灭的羞辱感的情况下消失。这场革命在调整的外表下表现得平淡无奇，但却规定在1977年6月最后期限之前，通过全民直接投票选举出众议院和参议院。

为了防止议会宣布自己解散，费尔南德斯·米兰达小心翼翼地在他的法案中不包含明确抵触佛朗哥主义法案的条款——它们将会自行取消——更不用说包含大肆宣扬的序言了。从他担任主席期间起，他就以高超的技巧，成功实行了简化程序来讨论和批准这一法案。改革就这样被提交到全体会议上，从11月16日至18日分三次进行辩论，最后以438票中的379票多数通过，代表们别无选择，只能全盘接受，否则要拒绝，这是他们不敢承担的责任。变革的动力似乎胜过了最敌对的团体，他们急于维护既得利益，为了重新被选举为代表，无论如何都要拥抱即将到来的新时代。

12月15日的全民公投批准了取消社团主义议会的法案，政治改革的反对票不超过总票数的2.6%。在这次投票中外部反对派被下达了弃权的指示，但仍有超过77%的投票率不如所愿，不过他们不用这么沮丧，这次投票结果至少激励了"超级平台委员会"（Super Platajunta）—10月份以来扩大的民主机构更坚定地与政府正式对话。为此，平台任命了一个九人委员会，其中包括社会党费利佩·冈萨雷斯和蒂尔诺·加尔冯，共产党桑切斯·蒙特罗和社会民主党弗朗西斯科·费尔南德斯·奥尔多兹，阿道夫·苏亚雷斯和费利佩·冈萨雷斯未来的部长，自由派的“唐·胡安主义者”华金·萨特斯特吉，加泰罗尼亚的乔德·普约尔，以及巴斯克的乔雷吉和加利西亚的帕斯·安德拉德，最后三位是苏亚雷斯政府在其计划中承认为合法的自治主义代表。

佛朗哥去世一年后，西班牙的政治气候发生了巨大变化。这在街头聊天可见一斑，就像完全解放、内容丰富的新闻界一样，如 5 月初诞生的《国家报》，以及 10 月份发行的继 1971 年以来一直在公共自由战线的《16 号改变》杂志之后的《16 号日报》。政党和工会还没有成为合法存在，但到苏亚雷斯在议会面前争取给予这些组织合法地位，使其能够成为真正的政治和工会组织时，时间似乎已经过去很久了。现在大家都知道，他们将很快得到承认。

自从 1932 年在马德里召开会议以来，1976 年 12 月 5 日至 8 日，西班牙工人社会党首次在马德里召开第二十七届代表大会。三天后，卡里略在首都以非常温和的语调举行新闻发布会，表示希望与国王会面，承认他为国家元首。这位西班牙共产党的老领导决定借此机会摘掉半非法的帽子。由于宽容的指示对所有旧党还不一样，所以政府在形式上让西班牙共产党的领导者在监狱待了几天，唯一的目的是让西共在西班牙的存在正规化。昔日的悲剧有了一个轻喜剧的结尾，不过，大团圆结局的还不能保证。

恐惧和大胆的日子：红色圣周六

1977 年 1 月的情况表明，对国王和阿道夫·苏亚雷斯政府发起的民主进程的抵制可能是严重的。在全民投票前不久，那些激进的极左派已经表现出来。在 1975 年 9 月 5 名革命反法西斯爱国阵线（FRAP）和埃塔（ETA）激进分子被处决后成立的新兴马列组织 10 月 1 日反法西斯抵抗组织（G.R.A.P.O）宣称绑架了国务委员会主席安东尼奥·马利亚·德·奥里奥尔。1 月 24 日发生了第二起绑架案：最高军事司法委员会主席比利亚埃斯库萨将军被绑架。10 月 1 日反法西斯抵抗组织威胁说，如果不下令将大赦扩大到重刑犯，他们就处决人质。2 月 11 日的营救行动进行顺利，二名人质被成功营救，但有四名警察丧生。随后的调查显示，尽管 10 月 1 日反法西斯抵抗组织与巴斯克恐怖组织有战术联系，但它只是一个影响力有限的小团体，和在地区内有众多分支的极右翼势力不同。

由劫持人质事件引起的情绪还未平复，一起突然发生的严重屠杀案又再次成为焦点。1月23日，一支“身份不明”的突击队在位于阿托查街的律师事务所内将5名专门从事劳动法的律师和工人委员会官方辩护人残酷枪杀。在马德里情人节的这天，一个阿根廷枪手杀死了一个大学生，这唤起了人们对二三十年代的黑暗记忆，当时西班牙的大城市里，对立派别雇用街头流氓制造恐怖事件。通过调查，动机可以追溯到在办公室屠杀发生之前：一名长枪党负责人对工人委员会发起的城市交通罢工做出报复行为。凶手原本的主要目标是在那时本该出现在受害人事务所的西班牙共产党工会成员。在后续的审判中获悉，一名罪犯利用法官和警察间的勾结，逃到智利并寻求皮切特将军的庇护。

政府有必要加快打击这些犯罪集团的行动，并尽可能迅速、谨慎地清除将会引起民间和军队极右翼反对的最后一个障碍：西班牙共产党的合法化。在阿托查屠杀案后，马德里发生了大规模却井然有序的示威游行，就是为了请求推进这样的政治进步。

虽然在3月，最高法院承认了所有党派长期以来翘首企盼的合法性，但西班牙共产党的命运仍然被禁忌所笼罩，导致大法官宣布它不够资格。尽管政府中有其他声音呼吁推迟让西班牙共产党合法化，但国王和苏亚雷斯认为，即将举行的选举只有在没有任何排外的情况下才具有民主可信度。这件事拖下去，很可能会在未来很长一段时间内，造成无法消除的对立情绪，毒害一个国家的生活。所以，不仅要迅速、合法地采取行动，还要避免任何媒体大肆宣传。

复活节的休假方便采取行动，让军队和政府部门没有多余的时间做出反应。熟练的专家发现，最高法院不在的情况下，总检察院就可以处理这个问题。他们在4月8日紧急召开会议，第二天，当大多数人们在乡村举行祭祀仪式时，检察官当天承认圣地亚哥·卡里略政党的合法性。在4月9日晚上，复活节前夜，少数听新闻的西班牙人得知，“红色圣周六”刚刚埋葬了内战的最后一个主要种子。

这是2月27日苏亚雷斯在首都郊区何塞·马里奥·阿梅罗的私人住宅中对卡里略进行长达六个小时绝密面谈的结果——政府首脑已经得到对话者的保证，他将忠实地进行民族和解，承诺他的政党承认君主立宪制和议会制。历史学家盖伊·赫梅特总结道：“尽管这时期社会主义者仍沉浸在与独裁统治者的原则性对抗中，而作为反佛朗哥主义拥护者的西班牙共产党团结起来，走向一个没有共和主义言论和一切理想化复仇精神的民主进程！”

毫无疑问，西班牙共产党走过一段漫长曲折的路，1936 年的卡里略个人也有很多需要道歉的地方，所以他和他的政党都遵守着在得到法律承认之前所做的承诺。4 月 14 日，中央委员会在一个由红色褶布铺盖但被血金色旗帜包围的讲台上公开亮相。西班牙共产党此后无法获得它希望通过地下战斗以及目前的温和立场而得到的选举利益。但可以肯定，如果没有圣地亚哥·卡里略这样把国家利益放在党派利益前面，西班牙的民主就不会是当年的样子。

随着越来越多的将军因忠于旧政权而退休或退役，国王用其他自由派人士取代了他们，如曼努埃尔·古铁雷斯·梅拉多，在圣地亚哥将军自愿离职后，他于 1976 年 9 月被任命为国防部部长，他曾以政府副主席的身份抗议当时正在筹备的工会改革。

民主正在形成：唐·胡安放弃王朝

4 月 29 日，前社会主义和共产主义工会中心又恢复了合法性，5 月 22 日，举行了第一次选举活动。令胡安·卡洛斯最满意的是，5 月 14 日，在查瑞拉王宫举行的家庭仪式上，巴塞罗那伯爵将他保管的王朝遗产传给了他的儿子。那天，唐·胡安兑现了他对佛朗哥设立的年轻国王的承诺，在这一天到来时让位。现在，民主进程已经开始，他可以放弃自己的权利，在胡安·卡洛斯面前俯首称臣，称其为“陛下”！胡安·卡洛斯和他的父亲一样，想为王冠的传承赋予更多的官方色彩；不过，王室在根据君主制的正典被“恢复”之前，已经被法律“确立”。

1977 年 6 月 15 日的选举，是自 1936 年 2 月有争议且代价高昂的选举以来首次的多元民主选举，这次选举中出现了两股重要的政治力量：由阿道夫·苏亚雷斯组成的民主中间联盟（UCD）获得了近 35% 的选票，赢得了 348 席众议员中的 165 席，以及费利佩·冈萨雷斯领导的工人社会党，获得了略高于 29% 的选票和 118 个席位。执政党没有获得绝对多数票，仅拿到了参议院的一个席位。在右派，由曼努埃尔·弗拉加和几位佛朗哥时期的前部长组成的人民联盟，赢得了 8%的选票和 16 个席位。而极右政党“新力量”甚至都没能成功让党魁布拉斯·皮纳尔当选议员。加泰罗尼亚和巴斯克自治派得到了 21 个席位。

反佛朗哥主义、反共产主义者坚定地转向“民主”建设，从选票中出现的西班牙面貌自一个前月费利佩·冈萨雷斯做出支持君主立宪制的理性决定后变得清晰起来。

5 月 20 日，费利佩·冈萨雷斯终于同意和哈维尔·索拉纳一起去查瑞拉王宫，索拉纳已经是这个地方的常客了。冈萨雷斯被这位他有点不信任的国王坦率和洒脱的个性折服。

显然，在制宪会议关于国家最终形式的辩论中，共和制没有胜算。

在制宪会议选举之后的 1977 年夏秋两季，政府和议会活动异常活跃，此时这个国家正在展开大规模的重新融合。在民族和解中最重要且最有标志性的一幕是国王在佛朗哥坟墓边郑重承诺，要把被考迪罗过分颂扬的内战彻底尘封地下。君主任命参议院五分之一的成员，这让胡安·卡洛斯有机会任用之前流亡的共和党人，其目的既是打击舆论，又要对过去的不公正做出弥补。首批被任用的人士中，有第二共和国前外交部长胡斯蒂诺·德·阿兹卡尔特，他在美国生活了 38 年，刚刚回到西班牙。他惊讶地说：“可是，陛下，我是个老共和党人！”国王回复他：“这就是我希望你能接受的原因。”次年，国王在正式访问墨西哥期间，他和索菲娅王后一起去探望曼努埃尔·阿萨尼亚的遗孀，“以见证共和国最后一任总统所体现的历史延续，因为现在轮到我来体现了”。

也正是在一种社会平稳和民间充满活力的气氛下，1977 年 10 月 27 日，政府签订了“蒙克拉公约”——在这项计划中，政治和工会合作伙伴同意签署一项全面的经济改革计划，包括冻结工资、限制信贷、削减公共开支，以遏制 30%的通货膨胀率，扭转贸易逆差和失业率上升。为了补偿左派所做的牺牲，政府承诺通过改革实现社会现代化，使通奸非刑罪化、避孕合法化和恢复离婚。

加泰罗尼亚政府恢复

和这场伟大的社会协商同样紧急的是加泰罗尼亚和巴斯克的自治主张。在整个独裁统治时期，这些要求被无视和打击，现在作为一个决心要与旧制度完全决裂的国家，不去面对这些问题是令人难以接受的，即使这意味着第二共和国在外围战线所经历的困难再次出现。在制宪会议讨论决定国家新面貌之前，就已经在讨论化解这一领域不可避免的冲突了，因为这个领域既敏感又具有象征意义。国王决心亲自承担起人们所期待王室发挥的统一作用。

1977 年 6 月 29 日，另一位在内战中出现过的人物乔塞普·塔拉德拉斯进入了查瑞拉宫。这位 78 岁的伟人在内战期间曾是加泰罗尼亚大区领袖路易斯·孔帕尼斯的副手，并在后者被处决后担任了有名无实的大区主席一职。乔塞普·塔拉德拉斯和胡斯蒂诺·德·阿兹卡尔特一样，已经 38 年没有见到他的国家了，直到一架私人飞机将他从图尔近郊小城圣马丹勒博的简陋隐居地带走。这次突然行动的目的是尽快结束加泰罗尼亚人的等待，恢复相关人士过去的高级职位，当然前提是他与中央政府达成协议。

然而，6 月 27 日塔拉德拉斯和苏亚雷斯的会晤并没有预期中那么顺利，因为政府首相认为“欲速则不达”，换句话说，不能在制宪委员审议自治问题之前就恢复大区地位，而塔拉德拉斯的要求正好相反。幸运的是，这种分歧一直是保密的，但两天后国王打破了平衡。国王化身成加泰罗尼亚自治强硬的守护者。当塔拉德拉斯离开查瑞拉时，他已经知道自己会得到满意的答复。他短暂返回法国后，等待法令的颁布，这项法律将使他恢复到任期结束前被承认的大区主席的地位。1977 年 10 月 23 日，塔拉德拉斯放弃了图尔的美食，转而去了辉煌的圣乔迪宫殿，那座他在 1939 年匆忙逃离的宫殿。在基本法确定王国基本领土结构的前一年，乔迪·普约尔口中加泰罗尼亚的旧使命就得到了恢复。

不幸的是，政府没有在巴斯克民族主义者的领导人中找到一个像塔拉德拉斯那样可以私下交谈的对话者，他们还被讥讽：“巴斯克的悲剧在于罗马人（*以其妥协的政治天才闻名*）没有到达那里。”埃塔的激进主义没有真正受到巴斯克民族主义党的谴责，就像父亲不甘心公开指责误入歧途的儿子。该恐怖主义组织在 1977 年 6 月杀害了一名人质——毕尔巴鄂前市长哈维尔·德伊巴拉，冒着严重军事冲突的危险，结束了与苏亚雷斯的秘密谈判。巴斯克地区预备自治被推迟到 1978 年 6 月，尽管 1 月成立了一个旨在与加泰罗尼亚大区相对应的巴斯克自治区总理事会。

1978 年宪法：自治制度和未决的问题

议员们辩论的重点是如何在某些地区自治的基础上保证国家的领土结构紧密连贯。左派不排除联邦制的选择，中右翼则担心如果只有两三个地区保留了它们在共和国时期享有的特权，会导致加泰罗尼亚和巴斯克与西班牙分离。最终，一个方案在多方妥协下确定，即将自治地位扩展到整个国家，鼓励各区根据各自的意愿创建灵活多样的大区，这就是“所有人的咖啡”。然而，只有在某些地方，尤其是在巴塞罗那才能感受到这个方案的本质：以“浑水摸鱼”的方式稀释加泰罗尼亚民族主义。在这个大浴场里，过去从未表现出特别的自主发展愿望（除了在第一共和国小行政区主义革命中完全无政府状态的背景下）的自治省将以新的属性在其中嬉戏。

“历史上的”自治地区——加泰罗尼亚、巴斯克地区和加利西亚（程度较轻），无论是在立即被授予的权力范围还是在迅速确立其地位方面当然要比新的自治区受益更多。但很明显的是，加泰罗尼亚人和巴斯克人对自己受到与西班牙其他地区一样的待遇感到不满，一旦自治大区或者格尔尼卡议会重新建立的兴奋劲过后，他们很快就会对自己的民族主义抱负感到沮丧。

西班牙直到昨天还是不可分割的中央集权国家，如今被分成了 17 个地区，其中一些地区幅员辽阔而且特性相似，如安达卢西亚，两个卡斯蒂利亚（旧卡斯蒂利亚，今卡斯蒂利亚－莱昂自治区）；新卡斯蒂利亚，今马德里自治区与卡斯蒂利亚－拉曼查自治区，加利西亚，埃斯特雷马杜拉，阿拉贡，阿斯图里亚斯，瓦伦西亚共同体，巴利阿里群岛和加那利群岛。其他较小的地区，如拉里奥哈、穆尔西亚、坎塔布里亚或纳瓦拉（与巴斯克地区冲突），它们不想被并入更大的地理或历史实体。马德里及腹地因其行政地位和经济实力而与新卡斯蒂亚——它最初所属的大区隔离开来，将成为一个独立的共同体。1977 年 7 月成立的一个专门部门将实现这一次大规模的分权改革。1978 年 4 月至 10 月曼努埃尔·克拉维罗制定了十项预备自治法案，立刻获得议会批准。

这当然是宪法中的核心内容——至少是它最初的条例——既详尽又合意，宪法于 1978 年 10 月 21 日得到参众两院的批准，12 月 6 日以 88% 的选民赞成票通过，12 月 27 日由国王在庄严的议会上颁布。宪法虽然订立了大纲，但将实施中的调整留给了后来的法律来规范。

这部1978年的宪法是由包括民主中间联盟三位代表在内的委员会完成的作品，还有工人社会党的佩切斯·巴尔瓦、共产党人索莱·图拉、人民联盟的曼努埃尔·弗拉加和加泰罗尼亚少数派米格尔·罗卡，后者也代表巴斯克民族党。这部宪法出现在西班牙和平解放的氛围中，成为共识精神的典范。七位“宪法之父”与该项目的主要协调人司法部部长兰德利诺·拉维拉密切联系，本着令人称赞的和解精神，在有时非正式会议的欢乐气氛中克服了分歧。左派支持新宪法规定的英国或斯堪的纳维亚的议会君主制，右派和中间派支持它规定的世俗国家，以及在社会事务中的进步主义思想，和周边地区的民族主义。这部基本法在国家历史上首次承诺成为任何主要政党上台都不会来挑战的和谐宪法。1977年11月，著名的法国法学家莫里斯·杜瓦杰在马德里的一次会议上发表演讲，指出任何一部好宪法都应具备的首要品质就是：“不让任何政治团体感到完全满意，也不会令他们完全不满意。”

公开表示拒绝这部宪法的“拒绝阵营”只代表了少数人，那就是与曼努埃尔·弗拉加决裂的一小部分人民联盟成员和谴责它“无神论”的八位主教。然而，全民公投中大量的弃票（32%）和反对票（8%）预示着未来有一定的困难。特别是在比斯开和吉普兹科亚，巴斯克民族主义党（PNV）的弃权指示已经将其提高到55%！在埃塔越来越大的压力下，刚硬的巴斯克民族主义并不打算解除武装。

一个有效的君主制民主国家

随着1979年的到来，以及定于3月1日举行的第一次大选，西班牙人为他们在过去两年中所取得的成就感到骄傲。在他们的历史上，从来没有在如此短的时间内，以这样的民族凝聚力取得过如此积极的成就。这个由独裁到民主的和平过渡是由一个可能会因继承佛朗哥主义而被罢免的国王和一位政府领袖以堪称典范的方式进行，现在已经完成了。每个人都履行了自己的承诺：王室和政府通过最合法但也是最坚定的手段清算独裁政权，左翼反对派为了国家更高的利益放弃了他们个人的复仇欲望。

胡安·卡洛斯纯粹的政治使命似乎已经完成了，因为从今以后宪法只承认他作为现代民主国家在位君主的国家偶像角色。他本人不仅接受了这一点，还提前在阿道夫·苏亚雷斯面前靠边站，尽管他还掌握着实权。然而，事态的发展将表明，他对这个仍然承受着威胁压力的新民主国家仍然大有用处。

《国家报》主编胡安·路易斯·塞布赖恩在一篇社论中回答了许多忧心忡忡的公民提出的问题：面对明显的危险预兆，如果没有权力，这位国王能做什么？这位主编提到与一名英国观察员的谈话，这名观察员指出，实际上英国女王拥有的特权比胡安·卡洛斯的权力更广泛，不过她从未使用过这些特权。胡安·路易斯·塞布赖恩问道："女王不用吗？好吧，和这里的情况正好相反。法律在很大程度上限制了王室的权力，但胡安·卡洛斯的个人影响力和他在过渡期发挥的历史性作用表明，在未来几年他对国家事务的干预仍然是必要的，这是国家的民主巩固的需要。在不贬低苏亚雷斯功绩的前提下，值得一问的是，佛朗哥去世造成的权力真空如果没有被王室填补的话，那怎么可能宣布政治特赦，使政党和工会合法化，并建立新国家的民主基础？西班牙民主的历史，无论是在起源还是在未来的发展上，都与君主制有着千丝万缕的联系。这不是一个信念的问题，而是简单的现实主义政治问题。"这个预测在不到两年时间内就会变成现实。

第二十七章　历经考验的民主

1981 年 2 月 23 日下午，西班牙人多少有些漫不经心地听着广播中众议院议员的辩论，在这次特殊的会议上，他们见证了作为公民一生中最难忘的事件之一。任何国家都没发生过这种情况，他们目睹了一场最突然的、最不合时宜的传统军事政变，武装士兵闯入议会大厅，命令议员们趴在地面，并用机关枪射向会议厅的玻璃窗，让他们听到这不是一个坏玩笑。在人们等待着更能说明问题的影像的同时，历史正在用政变发起者没有想到的现代传播手段将这一事件的消息实时地传入西班牙民众耳朵里。

冒险队的领头人手里拿着枪，爬上了大会讲台发布命令："每个人趴在地上，不许动！"（"Todos al suelo y que nadie se mueva！"）在这栋自从著名事件"帕维亚将军之马"[①]发生以来一百多年未被入侵的新古典主义建筑中，国民警卫队中校安东尼奥·特赫罗·莫利纳部署了两百名士兵。他那光泽的双角帽、别致的胡子和传世的手枪将成为一场又可气又好笑的闹剧象征，但只有在危险过去之后。

当时是下午 6 点 20 分，议员们已经开始点名表决，以批准或否决接替 1 月 29 日辞职的阿道夫·苏亚雷斯的新首相。政变 的日子和时间选得很好：所有部长都出席了本次特别会议，西班牙政坛被叛乱分子囚禁，只有在各自部门值班的几位国务秘书逃过一劫……胡安·卡洛斯国王，1978 年宪法取消了他的直接行政责任，但他仍然是武装部队的最高领袖和民主体制的保障者。上一章末尾提到，如两年前《国家报》的社论预见的那样，这位无权的君主要证明他的威望对

---

① 公元 1874 年，曼努埃尔·帕维亚将军和他的士兵驱散了西班牙第一共和国的代表们，从而结束了导致无政府状态的小行政区主义革命。传说中，他骑着马进入议会，因此，"帕维亚的马"的说法让人想起军事政变。

他的国家是多么有用。

怎么会变成这样？这种在看似正常化的民主政体中如此戏剧性和出乎意料的局势，是三个因素交织在一起相互作用的结果：埃塔的恐怖主义日益猖獗、作为其主要目标的军队的愤怒，以及这种双重威胁造成的政治世界的不负责任。

军队：恐怖主义的第一个受害者

自佛朗哥的遗产被清算以来，军队中一直有叛乱在发酵，被视为对阿道夫·苏亚雷斯和国王本人的背叛，这点绝不可以忽视。

早在 1978 年 11 月 18 日，即宪法颁布前一个月，两起重大事件揭示出军队中开始出现严重的动荡。那天，马德里的两名领取半饷的高级军官被捕，他们被认为正计划帮助对抗政府首脑所在地蒙克洛亚。他们是特赫罗·莫利纳中校和指挥官萨恩斯·德·恩施斯特拉，是一个活动分子团体的两大支柱，这个团体以一家名为“银河”的咖啡馆作为总部。军方情报部门（CESID）显然对这起“半薪”军官的阴谋没有多大重视，他们只得到轻判，羁押了 7 个月后延长刑期。但就在这两名同伙被抓的同时，卡塔赫纳军事港口举行了一场非常激烈的集会，国防部部长兼苏亚雷斯政府副主席古铁雷斯·梅拉多将军不得不下令立即逮捕闹事者来控制局面。莱万特地区国民警卫队指挥官阿塔里斯将军称正在起草的宪法是“无耻的谎言”，并以“佛朗哥万岁！西班牙万岁！”结束他的抨击，在场的大部分军官都鼓起了掌。

对“银河行动”的后续调查还显示，在“圣红色星期六”之后被赶下台的两名前军事部长皮塔·达维加上将和圣地亚哥将军于 1977 年 11 月在哈提瓦会晤，同时还有莱万特和加泰罗尼亚的军事总督米诺斯·德尔·博什和科洛马·加列戈斯，他们策划着“救国政府”，马德里自助餐厅的温和阴谋者就像搭多米诺骨牌一样，正在建立这个政府。1980 年 1 月，指挥马德里装甲师的托雷斯·罗哈斯将军被怀疑准备突袭。他被悄悄调离这个具有战略意义的职位，被派往加利西亚的拉科鲁尼亚。尽管“银河”咖啡馆阴谋成为所有报纸的头条新闻，但政府打算对其细节进行更高层次的保密。戏剧性的阴谋情节是大家所关心的，然而，这只是刚刚浮现出来的最粗野甚至是可笑的军事激进主义的一部分。

虽然这些佛朗哥主义者可能仅限于一小群军人，但大规模的埃塔攻击是直接针对整个军队的。巴斯克恐怖组织的计算是显而易见的：西班牙的民主制度只能通过军事政变来破坏，而军事政变必须通过各种手段来挑起。

在佛朗哥政权的最后七年和政治过渡的三年中，埃塔恐怖主义夺去了一百九十人的生命。从 1978 年 1 月——开始讨论巴斯克地区的自治章程时，独立主义组织主动否决了该章程——到 1980 年 12 月，它造成三百二十七人丧生！不到一年，巴斯克三个省近六十名民兵或警察在执勤中倒下，1978 年 7 月 21 日，埃塔在马德里市中心的汽车里杀害了一名完全与巴斯克地区镇压无关的将军和他的副官。一个月前，它在比斯开将记者何塞·马利亚·波特尔作为攻击目标，后者在该组织领导人与政府之间的谈判中发挥了重要作用。埃塔公然攻击整个军事机构，也是攻击民主制度最脆弱的环节。

桑切斯·拉莫斯将军和佩雷斯·罗德里格斯中校被谋杀只会助长一些团体中已经存在的叛乱情绪，长枪党报纸《阿尔卡扎尔报》持续发表煽动性的社论，而“欧洲右翼”大会则在马德里的竞技场上聚集了两万名示威者，他们前来为小党“新力量”（Fuerza Nueva）的极端领袖布拉斯·皮亚尔鼓掌，他身边有法国律师蒂西尔·维纳库尔和意大利新法西斯乔治·阿尔米兰特。比任何其他观点，失控的区域自治威胁着“不可分割的国家统一”，这点更令军方感到困扰。与此同时，巴斯克民族主义党准备等其自治政权的最终章程得到批准后，就将其代表和参议员撤出国民议会，从而表明对宪法的偏见，它只是口头上接受了这部宪法，作为实现其独立和省帝国主义（Limpérialisme Provincial）梦想的一个步骤。

1979 年 1 月初，马德里军事总督倒在埃塔的攻击下，让军队的恼怒达到了一个新高度。他是一个自由主义者，与古铁雷斯·梅拉多将军关系密切，后者在受害者葬礼上遭到示威者的严重骚扰，这一次，穿制服的军官们毫不犹豫地严重违纪。次日是传统军事复活节（Pascua Militar，也称为新年阅兵仪式），国王不得不利用他的权威来平息骚动，并试图说服他的听众，军队失去冷静只会给恐怖主义送上了它所期待的礼物。

在整个 1979 年，爆炸连续不断地发生，造成大量死亡。5 月 25 日，戈麦斯·奥蒂格拉中将在马德里市中心被埃塔突击队暗杀。5 月 26 日，萨拉曼卡的加利福尼亚自助餐厅发生爆炸，造成 8 人死亡，50 人受伤。7 月 29 日，又有人向马德里人群中投掷炸弹，造成5人死亡，约100人受伤。9月22日，吉普斯夸的军事总督洛伦佐·冈萨雷斯将军遇害。夏季旅游业一直被埃塔的炸弹恐吓所困扰，而关于巴斯克自治章程的谈判在极度紧张的气氛中进入了最后阶段。面对军队日益高涨的怒火和所谓巴斯克温和派民族主义者的要求，阿道夫·苏亚雷斯政府在这种情况下需要冷静地维持宪法路线！

由于埃塔追寻的目标，1980年巴斯克的自治不能带来丝毫松懈。2月，6名民兵在巴斯克地区遭到一支军车队的伏击，政府决定派出一名执行特别任务的军事代表桑塔马里亚将军亲自前往该地区，格尔尼卡地方议会的第一次选举在这种令人讨厌的气氛中进行。

在3月9日的地方选举中，出现了一个新的政党——巴斯克独立党，埃塔藏在其背后。它赢得了11个席位（巴斯克民族主义政党获得25席，西班牙工人社会党获得9个席位，中间派民主中间联盟获得6个席位），这些席位在选举后仍象征性地闲置着，恐怖组织的这一政治展示体现了它的“议会之外”意识形态立场。从这些选举结果中不难推断，至少15%的巴斯克民众支持暴力民族主义。

一个阴谋的三面

与此同时，军队活动分子意识到政府内部正在酝酿一场严重的政治危机，他们准备利用这场危机，要么用和平方式实施他们的解决方案，要么以武力发动政变来加速这种危机。后一种选择一直是“银河”咖啡馆阴谋者的目标，阴谋政变很快成为他们最喜欢的日常事务。其他人，在最高层——指挥瓦伦西亚装甲军队的海梅·米洛斯·德尔·博什和其他一些将军，如被解职的前马德里指挥官路易斯·托雷斯·罗哈斯——就算表现出使用暴力的决心，至少也要以更加谨慎的方式，他们不想与国王的权威作对，只有在保证他们的政变会以某种方式合法化之后，才会进行干预。一旦特赫罗和他的同伴们的做法超出他们的愿望，他们就必须恢复秩序。这种预防措施并没有阻止这些合谋的贵族与长期参与阴谋的“热心人”保持密切联系。

1980年夏天，人们后来得知是米洛斯·德尔·博什——胡安·卡洛斯评价他“徒有一腔热血，但脑袋空空”——派了他的副官马斯·奥利弗指挥官去找这位默默无名的国民警卫队中校商量。这两个世界的中间人之一胡安·加西亚·卡雷斯是前长枪党工会成员，曾参与 1977 年 1 月杀害阿托查街上的律师的事件。

要想让阴谋真正成形，还需要能让阴谋看起来具有合法性的那一面，将军们仍然很重视这点。它将由另一个将军阿方索·阿玛达来体现，他以前在国王那里的职位是有一定威望的。如果后者鼓励了这场运动，那么在他们看来，这至少是胡安·卡洛斯不会阻拦的信号。

阿方索·阿玛达作为议院的秘书长，确实扮演了重要的官方角色，他曾经担任过军队教官，接着是君主的老师，直到 1977 年。胡安·卡洛斯一直倾向于向那些为他服务的人表达支持和友谊，尽管如此，他还是小心翼翼地不让阿玛达与反对派秘密接触，也从未将他作为自己政治选择的心腹。而阿道夫·苏亚雷斯对阿玛达的不信任甚至导致了他三年前在查瑞拉王宫被排挤。然而，这个狡猾的加利西亚小贵族继续展现宣传他与君主的亲密关系。在他所有同僚的眼中，他熟悉王宫，对国王的事比较敏感，即使不以国王的名义说话，至少可以解读他的思想并传达他的信息。

然而，这个有城府的人物，将他的平凡、工于心计提高到大外交家的级别，他以1958年阿尔及利亚危机期间的戴高乐将军的形象塑造自己的命运[①]。在苏亚雷斯政府面对恐怖主义威胁无能为力、内部因政治支持者的溃散而被削弱、又被军队骚扰被迫退出的关键时刻，阿玛达认为自己肩负着拯救任务：到 1980 年底，这种假设很快就会实现。他赋予自己的不是一个庸俗的政变将军的角色，而是在可能的情况下，在包括社会党在内的所有民主党派的帮助下，发出全国性的呼吁，这些社会党的部分成员因为自己的弱点而陷入他的游戏中。

阿玛达希望促成这样的解决方案——虽然有道理，但不如 22 年前法国提出的解决方案那么正当——被军队中的阴谋者、“纯粹而强硬”的佛朗哥主义者或所谓的君主主义者、但视胡安·卡洛斯为考迪罗错误继承人的将军们看作是对更激进变革的保证：未来的政府首脑能够提醒国王履行他的首要职责。

---

① 20 世纪 50 年代，法国的殖民地阿尔及利亚爆发了要求独立的运动。法国驻阿尔及利亚的军队对于政府“软弱的”政策不满，便掀起了试图推翻法国政府的叛乱。法兰西第四共和国政府无力平叛，引发了法国全面的政治和社会危机。戴高乐临危受命，采取强硬的手段迅速平定了叛乱，建立了法兰西第五共和国。

然而，1981 年 1 月，阿玛达在避免与特赫罗及其同伙直接接触的同时，成功说服了“突袭”最合适的人选——米洛斯·德尔·博什，他所要做的就是在合适的时间出现在查瑞拉，让他以前的下属支持他们发动的军事政变。

遗憾的是，政界轻率地协助了这场冒险，可能导致西班牙宪法秩序的终结和民主的失败。直接原因是在恐怖主义和军事政变的双重威胁使国家陷入混乱的气氛中，政党们对阿道夫·苏亚雷斯进行了残酷的、基本上是非理性的抨击。

反对苏亚雷斯的浪潮和阿玛达将军的阴谋

仓促组建的民主中间联盟（UCD），是政府领袖在过渡初期为形成稳定的多数派而把不同的潮流聚集在自己周围，从苏亚雷斯本人等“运动”的元老到接近社会民主的党派，再到公开的保守派和基督教民主党，吸取来自四面八方的支持。而这个联盟无法再抵制巨头的野心，更无法抵挡其设计者专制的性格。苏亚雷斯现在要为国王在关键时刻授予他的大任以及他的辉煌成功付出代价。这是由小的政治分歧所引发的个人被否决，但使得西班牙工人社会党的二把手阿方索·盖拉在 1980 年 5 月说：“民主中间联盟的一半人庆祝民主联盟领导人弗拉加的右派异见，而另一半人为费利佩·冈萨雷斯的异见鼓掌。”

从离婚法到自治程序的处理，多数党内部的分裂议题都暴露出来，包括苏亚雷斯提出的对第三世界的外交政策，他是欧洲领导人中第一位承认巴勒斯坦领导人亚西尔·阿拉法特的，欢迎他来到马德里并拥抱了对方。

写了一系列尖酸批评的《国家报》主编胡安·路易斯·塞布赖恩在 11 月 23 日写道：“局势的全貌可以概括为：政府已经不复存在，因为苏亚雷斯不再是合适的人选。所以，必须赶走苏亚雷斯，政府才能继续治理国家！这就是费利佩·冈萨雷斯和曼努埃尔·弗拉加不断重复的观点。银行家和军队也这么说。明天离婚法被批准后，教士们也会这么说。”

1981 年的开端，议会发生了前所未有的动荡，结果是任命了一个不那么对抗阿道夫·苏亚雷斯的人作为继任者，这位接班人是他最亲密的副手之一，利奥波多·卡尔沃·索特洛。他是 1936 年 7 月被暗杀而引发内战的前君主主义领袖的侄子。

为了抵御迫近的军事威胁，右派、中间派甚至左派的一些人，不再犹豫地提出“民族联盟”政府的假设，甚至提出由立宪主义者主持“公共安全”（Salut public）政府。这些想法就像给阴谋煽风点火，鼓励阿方索·阿玛达采取行动，让他觉得自己几乎不用冒险：政变者会为他火中取栗……

1 月 10 日，他在瓦伦西亚和米洛斯·德尔·博什会晤，他可能让后者相信，国王正在等待军队采取强有力的行动，并将任命他为政府首脑。18 日，在马斯·奥利弗马德里的住所中，除了谨慎的阿玛达没有在场，米洛斯、托雷斯·罗哈斯、特赫罗和其他一些高级官员共同制订了行动的计划。至少这是我们从对政变责任人的审判中了解到的情况。这个审判不仅向民众公布，而且向一直对迫在眉睫的危险视而不见或忙于解决自己问题的政治阶层公开。

1 月 29 日，阿道夫·苏亚雷斯没有等到将要控诉他的民主中间联盟大会，就在得到国王同意后提前宣布辞职，而且由于航空运输业罢工，这次大会不得不在马略卡岛推迟举行。即将卸任的首相在告别演说中说：“我不希望民主制度由于我的错误而成为西班牙历史上一个短暂的阶段。”后来有人责怪他这么做是为了不面对正在酝酿的军事暴动。更可能的情况是，由于他勇敢和忠诚的性格，他觉得自己的牺牲将拯救民主中间联盟和民主本身，会引起抛弃了他的政界甚至一些社会党人的有益反应，后者为了除掉他而不惜玩火。他与胡安·卡洛斯在艰难和辉煌的过渡阶段结伴，现在又分开，无论有怎样的苦衷，都很容易得出这样的结论：两人在同意分开时，就基本问题达成一致——政府危机是不可避免的；至少它可以唤醒民族的反抗。他们不是没意识到威胁民主的危险，但也许被军方的信息匮乏（*有意或无意*）所蒙蔽，因而无法正确衡量阴谋的进展。

虽然胡安·卡洛斯暂停了对民主中间联盟大会结果的磋商，但有关民族团结政府的猜测仍在继续。1 月 31 日，发表在保守派日报《ABC》上的一篇文章引起了轰动，文章中，前长枪党人埃米利奥·罗梅罗回顾君主可选择的方案时暗示，与其在政治阶层中任命政府首脑，不如选择独立的军人，如阿方索·阿玛达将军。一系列其他文章由在阿尔卡扎尔的匿名军事团体“阿尔门德罗斯”签署，“阿玛达解决方案”成为新的政治议题。

阿玛达一方面不做煽动者，另一方面向国王表达自己的忠心不改，以各种方式接近权力。军队总参谋长何塞·加贝拉斯将军（*也许是无辜的*）召他到马德里做副手，这进一步提高了阿玛达在政变分子心中的威望，并使他们确信他比以往任何时候都受到君主的信任。阿玛达还在加泰罗尼亚比利牛斯山脚下的莱达军事指挥部任职，进一步强化了这一假设。由于靠近王室经常居住的巴盖拉贝雷特冬季运动胜地，他能够经常接近胡安·卡洛斯，并宣扬国王对其所谓的信任。

据阿玛达说——由米洛斯·德尔·博什在审判期间报告——索菲娅王后劝他帮助他们："只有你，阿玛达，才能拯救我们！"当然，这些说法是没有根据的。如果国王相信阿玛达有朝一日组建政府，就应该与他维持友好关系，阿玛达就会停止阴谋，政变也不会发生，至少不会以这种方式发生。胡安·卡洛斯甚至没有将他任命为第二参谋长。这是加贝拉斯将军的单独行为，他想通过给众议院前秘书长荣誉的方式来取悦君主。国王并不认为有必要反对后者晋升到荣誉性大于战略性的职位，只是谨慎地从巴拉哈斯机场打来电话，向阿玛达表示祝贺。在埃米利奥·罗梅罗的文章发表三天后，才奇怪地把这位狡猾的将军送入轨道。但正如保罗·普雷斯顿所言："如果胡安·卡洛斯对'阿玛达解决方案'抱有某种幻想，那么他与阿玛达的对话就会完全不同！"

另一个时代的政变

在期待阿道夫·苏亚雷斯辞职的氛围中，发生了一些插曲，2 月初，在格尔尼卡的巴斯克议会正式接待国王及其家人的事件被极右翼媒体过度利用。在此之际，赫里·巴塔苏纳的代表有效地组织了一场针对胡安·卡洛斯的喧闹抗议，后者却从容面对，赢得了巴斯克议会的起立鼓掌，毕尔巴鄂民众给予他热烈的欢迎。

然而，在军官中阅读量最大的报纸上只有危言耸听的评论"对王权的斗争"。埃塔暗杀了一名人质，他是莱蒙尼茨核电站的一名工程师，这激起了更多人的怒火。与此同时，一名恐怖组织囚犯在警察局内可疑地死亡，甚至让人担忧"紧张战略"（stratégie de la tension）的发展，如意大利刚刚经历的那样。在这种险恶的氛围下，发生任何事情都是可能的，包括一些警察和军队像埃塔一样蓄意挑衅，使得紧张局势升级，以服务既趋同又冲突的利益集团。

阿玛达继续着他的双面游戏。自国王从巴斯克地区回来后，他有两次机会接近国王，一次在阿兰河谷的巴奎拉·贝雷特，这次接近由于索菲娅的母亲（希腊前王后弗雷德里卡）在马德里意外去世而缩短；另一次是他在首都参加总参谋部的授职仪式，然而只能让他相信通过法律途径实现政治野心是徒劳的。胡安·卡洛斯只是希望他在军方那里扮演调解人的角色，因为后者吹嘘说能让军方放心。君主最近发表明确讲话，指示军队谨防任何违反宪法秩序的行为，这使他认识到君主的坚定信念。事实上，他劝米伦斯·德尔·博什和那些跟随他的将军们放弃冒险是明智之举。但阿玛达现在成了自己角色的囚徒。在阴谋家眼中，他是政治将领，必须领导他们的运动，一旦行动开始，就要像他吹嘘的那样，争取国王的同意。想退缩已经太迟了！

2 月 18 日，米洛斯·德尔·博什和特赫罗已经商定了初步行动的日期和时间。那将是 23 日星期一，国会投票任命卡尔沃·索特洛的日子：这是一个短时间内不会再有的良机，可以将所有议员和整个政府一网打尽。

瓦伦西亚总队长制订的计划完全取决于特赫罗领导的行动成功。这是有风险的，但可以相信这个人的狂热决心。中校以妻子的名义买了六辆二手校车，来运送他的突击队。23 日下午，在指挥国民警卫队的上校配合下，他从这个精锐部队招募了 200 多名志愿者，他们整装待发，等待检阅。他向队伍发表演讲让他们相信自己将“参加一项具有重大意义的爱国任务，以挽救西班牙的荣耀并为国王服务”。格尔尼卡议会最近发生的事件深深印在所有人的记忆中，许多国民警卫队队员相信，正如 15 名领导他们的军官让他们相信的那样，通过包围议会，他们将保护议员免受埃塔的突然袭击。

在议会被包围的那一刻，米洛斯·德尔·博什在广播中发表他的宣言，其灵感来自于 1936 年莫拉将军的宣言，并且仍然“以西班牙和国王的名义”，出动他的坦克占领莱万特首府的中枢地区。

米洛斯争取到的第三个协助是马德里的装甲师，这支 14 000 人的军队是他曾经指挥过的布鲁内特师，而他的直接继任者托雷斯·罗哈斯将军虽然远在拉科鲁尼亚，但在他的几名军官的支持下，包括帕尔多·赞卡达指挥官和圣马丁上校（不确定是否参与其中的何塞·朱斯特将军的参谋长），承诺支持政变。

随着军中两支最有威望的队伍发生起义，米洛斯·德尔·博什毫不怀疑这将产生的连锁反应，特别是在阿玛达在胡安·卡洛斯的完全同意下组建了政府之后……当莱万特的总司令开始试探其他九个军区的同僚们，得到的答案或多或少有些回避，但几乎是一样的："是的，如果国王同意……"除了他之外，其他任何人大概都会感觉到，这是一连串可能不会实现的假设。首先值得怀疑的就是阿玛达那个演说家给予的保证，他在最后期限到来之前含糊其辞。但事情已经发展到了无法回头的地步，米洛斯·德尔·博什一直盯着普利莫·德·里维拉将军1923年在武装部队的支持下向阿方索十三世强加的独裁统治模式——更加文明与和平。可他既搞错了时代，也认错了君主。

行动的第一阶段按计划进行。但第一粒沙子卡住了机器，并连累了马德里装甲军队的及时起义。

在行动当天早晨，朱斯特将军可能没有参与到这场秘密阴谋之中，他去参加了阿拉贡的演习，布鲁内特的某些部队参加演习。陪同他的圣马丁上校在下午早些时候找了个借口返回马德里，实际上是为了迎接他的前上司托雷斯·罗哈斯将军，后者已从拉科鲁尼亚乘飞机过来。何塞·朱斯特感到疑惑，决定返回马德里。他发现自己的军队正在骚动，卷入了运动，坦克部队离开了营地。他倍加怀疑，去核实王室所谓的政变报道。对他来说，证实这一切取决于阿玛达将军是否在查瑞拉宫……

议会之夜与胡安·卡洛斯的孤独

特赫罗的国民警卫队闯入后，议会的场面就如惊讶的电台听众猜测的那样，他们对部长和议员们下达的狂暴命令，机枪的劈劈啪啪声，接着是令人焦虑的沉默，突然间使西班牙重新陷入内战最糟糕的记忆。

然而，直到第二天，这部野蛮袭击的影片才播出给全世界观看。电视摄像机在政变者不知情的情况下录制了五十分钟令人难忘的片段，揭示了所有细节。这些图像显示了陷入惊恐中的议会，但也显示了可以载入史册的尊严和勇气：阿道夫·苏亚雷斯和圣地亚哥·卡里略直立在座位上，副主席古铁雷斯·梅拉多将军无畏地走向讲台，命令士兵们放下武器，接着他被绑起来挨打。苏亚雷斯从长凳上跃起，飞快地去救他，也遭受了同样的命运和折磨，他被拖到会议厅外，两杆机枪抵着他的腰部……苏亚雷斯和他的政府副主席被带走后，他们也看到了几位重要的人被带走，尤其是圣地亚哥·卡里略和费利佩·冈萨雷斯即刻处决的阴影一定萦绕在当晚五百名左右人质的脑海中。

胡安·卡洛斯在查瑞拉宫的办公室，在打壁球前，通过广播听议员们投票过程，从政变军队入侵议会的第一刻起就经历了这个严重事件。他立即给自己最亲密的合作者，也是四年前接替阿玛达的众议院秘书长费尔南德斯·坎波将军打电话："萨比诺，你听听是怎么回事，快上来！"这位有着非凡奉献精神的高级军官同时接到了何塞·朱斯特将军的电话，朱斯特打听阿玛达在不在王宫，并要求与他通话。没花太多时间，这两个人就明白发生了什么。国王错误地忽略了苏亚雷斯关于其前老师的警告：当费尔南德斯·坎波回答说阿玛达不仅不在查瑞拉，而且根本不指望他在那里时，朱斯特表现出的困惑是很有说服力的："但这样的话，一切都变了……"朱斯特嘟囔着，他明白自己被托雷斯·罗哈斯和他的高级军官害了。

朱斯特困窘至极，虽然保证以最快速度补救，但也不得不承认，他的军队已经动身，占领首都的敏感中枢，首先是西班牙国家广播电视台（RTVE）的总部。由于米洛斯·德尔·博什的装甲部队已经控制了瓦伦西亚，局势有可能无法逆转。武装叛乱将蔓延到整个西班牙。

至少国王很快就知道，他可以依靠两位他提拔到关键位置的忠诚将军：马德里地区将军吉列尔莫·金塔纳和武装部队总参谋长何塞·加贝拉斯。他立即指示后者密切监视他的新副手阿方索·阿玛达，在任何情况下都不能让他离开总参谋部。这两名高级军官以及何塞·朱斯特亲自向自己的部队下达命令，这在马德里叛乱的队伍中引起了混乱，有时也会得到服从。但加贝拉斯对米洛斯·德尔·博什下达的命令却遭到顽固的拒绝：他声称只接受阿玛达的命令。

恢复军队秩序的关键任务只能落在国王肩上，他是最高指挥官以及叛乱分子用来为其政变辩护的理由。在晚上 8 点到午夜之间，胡安·卡洛斯用他的全部精力一个接一个地打电话给军区领导和各部队的主要指挥官，告诉他们被骗了，自己不能容忍任何违反宪法的行为。有时，他不得不对电话线的另一端称呼"您"，而另一些人则回答说："真遗憾，陛下，但我们听您的指挥！"更难的是说服米洛斯·德尔·博什，让这个唯一最终在外省兵变的人回归正途。"为了达到您的目的，"胡安·卡洛斯在用尽所有充满善意的话语后对他说，"应该让我指挥部队！”

与此同时，国王的关注点集中在议会上，必须不惜一切代价防止政府官员和议员作为人质被劫持。幸运的是，首都中心没有被叛军占领，不过里卡多·帕尔多·赞卡达指挥官下令由一百五十名宪兵组成的分遣队成功潜入议会大院，与特赫罗的国民警卫队会合。

在议会对面的王宫饭店，国民警卫队指挥官阿拉姆布鲁将军建立了他的总部，并打算从晚上 8 点与他的顽固下属谈判。会晤进行得很不顺利。阿拉姆布鲁在被特赫罗的人制服之前终于拔出了手枪。特赫罗回答说，他不会投降，而是准备当场杀了阿拉姆布鲁，哪怕是在他的脑袋上开一枪……从中校与米洛斯·德尔·博什的电话交谈中可以看出，阿玛达准备亲自到会议厅里，决定让议会任命他为政府首脑。至少特赫罗很多次告诉他的人质们：“很快就会有一位高层人士来和他们谈话。”

被揭穿的阿玛达试图孤注一掷

国王和何塞·加贝拉斯将阿玛达置于国防部的看管之下，他们想到利用被揭穿的叛臣压制特赫罗。因此，阿玛达参与瓦解他策划的阴谋，欺骗他的同伙有关君主的秘密意图。

一旦阿玛达被领入会议厅，就可能对议员施压，这种风险不容忽视，但可以打赌，国家民选代表的尊严会让他们不那么容易屈服。无论如何，在这种情况下，投票只能被视为无效。委托给阿玛达的官方任务仅限于劝中校和他的手下立即释放人质，这样就向他们提供赫塔菲空军基地的两架大飞机，把他们运送到阿根廷或智利。阿玛达的任何其他举措都只会让他自己承担责任。

就在午夜前，当一辆公务车把阿玛达带到王宫饭店时，接待他的是阿拉姆布鲁将军和国家警察督查桑塔马拉将军，以及马德里总督、前安全局局长马里亚诺·尼古拉斯。在他们面前，阿玛达还在用不太有把握的傲慢口气展示他“尊重宪法”的政府计划，并向他们保证：几个军区的危急情况已经不会发生了。在马德里，何塞·朱斯特在托雷斯·罗哈斯搭乘第一架飞往拉科鲁尼亚的飞机逃亡后，赶来重新控制了他的军队，而布鲁内特部队几乎全部返回基地，在午夜过后放弃了离查瑞拉宫不远的普拉多・德尔・雷伊的西班牙国家广播电视台（RTVE）总部。

接下来的场景发生在议会入口处的一间玻璃办公室里——基本上是一间门房——唯一获准进入的阿玛达由阿拉姆布鲁和尼古拉斯陪同到入口大门。特赫罗和阿玛达之间的讨论没有直接证人，但很容易重现它。当阿玛达展示了他打算向议会提交的计划时，中校的脸拉长了：

"什么！一个文官政府？！"

"是的，但由一位军人主持，如果他们任命我的话……"

特赫罗明白，他为之奋斗的是组建一个起义军政府，恢复佛朗哥主义统治，而不是阿玛达向他提出的计划。

"不，将军，不是这样约定的。我做这么多努力不是为了让你当选为社会主义和共产主义政府的领导人！是谁派你来的？"

"事情变得复杂了，"阿玛达说，"形势很严峻。军队已经到了分裂的地步。我来也是给你提供唯一可行的解决方案，让你摆脱这个烂摊子。"

特赫罗是个粗人，但不是懦夫。他不想听到那些以他投降为代价的方案。至于让阿玛达向议员讲话，那是不可能的。两人决定打电话给米洛斯・德尔・博什，后者可以劝特赫罗去服从阿玛达，但中校回答说："我只接受由你主持的军政府。"在赶走将军之前，特赫罗用威胁的口气警告他，如果特种部队（GEO）攻击议会，他就把他的据点变成新的托莱多的阿尔卡扎尔。会晤结束了，它持续了 45 分钟。阴谋没有经受住最初含糊不清的谎言。剩下的就是解决米洛斯・德尔・博什的问题，更重要的是要拆除威胁议会的炸弹，国民警卫队已开始采取行动，割开扶手椅，放火烧掉旧麻。

国王的演讲和叛乱的最后时刻

国王最终从在西班牙国家广播电视台（RTVE）的指挥官费尔南多・古铁雷斯那里得知，叛乱者已经停止占领普拉多・德尔・雷伊。国王与瓦伦西亚总司令进行了精疲力竭的电话会谈之后，要求紧急派遣一支队伍给他，以便他可以向全国发表讲话。此前，他已经通过电报向所有省区和三军军官下达了命令。他穿上军装，在办公室里发表庄严讲话，立即显示在电视屏幕上："在我们所处的非常环境下，我打算简明扼要地这样做。我请求所有人尽可能地镇静和完全地信任。我已向军方下达了以下命令（接着是他一小时前向他们传达的法令原文），君王作为国家永久和统一的象征，绝不容忍某些人以其行动或态度，阻碍西班牙人民通过自由表达而制定的宪法所确立的民主进程。"

当时是凌晨1点20分。整个西班牙都明白，政变注定要失败。在国家陷入的深渊里，唯一的光芒来自查瑞拉，国王的孤独被赞扬。他坚持尊重民主的法律制度。在他的倡议下，成立了政府政务会，由一位新任安全局局长弗朗西斯科·莱纳担任国务秘书。然而，没有人可以忽视这样一个事实，即这个没有直接权力的国王，除了掌握军队最高指挥权之外，是唯一一位可以让叛军服从的人。而且大家也承认，历史可以通过平稳和平的过渡塑造起来，这一次做得不错。如果胡安·卡洛斯没有得益于佛朗哥的遗产和在武装部队中享有的威望，那么仅靠他的民主合法性可能不足以让他们服从。

在国王公开干预之后，米洛斯·德尔·博什开始退让。他在凌晨5点前决定撤回坦克，并发表声明，取消他最初的宣言，因为他相信唯一光荣的出路是主动让特赫罗释放人质。中校陷入绝境，感到被所有人背叛，再次说要炸掉自己的整个世界。

解救议会的却是来自布鲁内特师的两名高级军官。第一位是指挥官帕尔多·赞卡达，他曾想声援国民警卫队的同事，尽管如此，他还是一个明智的人。第二位是他最亲密的朋友爱德华多·富恩特斯中校，他在凌晨主动提出和帕尔多·赞卡达一起去说服特赫罗，任何徒劳的固执都将永远玷污军队的荣誉。两人意识到特赫罗自杀式的愚蠢行为，于是努力说服中校的部下和特赫罗本人相信，如果他们所服务的事业以杀戮告终的话，将什么也得不到。

被米洛斯·德尔·博什抛弃后，特赫罗唯一的要求和最终的报复就是迫使阿玛达亲自签署投降备忘录，以结束议会悲剧之夜。这份文件是放在一辆路虎的引擎盖上签名的。它规定，反叛分子将井然有序地撤离议会，在自己的营地放下武器，起诉不会影响部队的士兵和士官。部长和议员们在这地狱般的夜晚最后时刻到来时，已经筋疲力尽，终于可以呼吸阳光明媚的早晨的新鲜空气了。

胡安·卡洛斯的大众加冕

2月25日，在与叛乱分子筋疲力尽的角力之后，国王在查瑞拉召集了很多政治领袖，其中许多人忽视了他们的轻率态度可能引发的风险。

也许在导致苏亚雷斯倒台和军事暴动致命危机的行动中，最无可指责的是圣蒂亚戈·卡里略。然而，他发自肺腑地表达了对这次磨难的感受："陛下，您救了我们的命！"对那些没有像阿道夫·苏亚雷斯和古铁雷斯·梅拉多将军表现出英雄气概的人，胡安·卡洛斯只是用一个坚定的警告来回应他们的感激之情。现在应该由他们这些被选举成为政治阶层的领导人来承担民主责任："每个人都必须清楚地知道，不能也不应该让国王在他自己的直接领导下，再次面对如此严重的事件。"换句话说，他的宪法角色不会再给他机会来救火。

2月25日，在仍带有入侵痕迹的半圆大厅中，议会恢复了前一天中断的关于任命卡尔沃·索特洛的投票。主席兰代莱诺·拉维拉号召："为了国王陛下，起立！"全体议会代表，加上记者、接待人员、话务员以及议会所有基层工作人员，除了议员布拉斯·皮亚尔之外，都以特别热烈的掌声向依议会民主惯例被排除在仪式之外的那一位君主致敬。

2月27日，在国家四大政党的号召下，马德里人民和其他大城市市民站了起来。当天，300万西班牙人走上街头，表达对民主事业的拥护，并感谢这位民主捍卫者。胡安·卡洛斯赢得了他还缺少的最后的民众加冕。

无论心中的秘密是君主制还是共和制，西班牙的"胡安·卡洛斯主义"都觉醒了。毫无疑问，他甚至意识到脱离"政治家政治"的统一王权对国家而言是宝贵的优势。马德里文化运动时期的杰出编年史家弗朗西斯科·乌姆布拉在《国家报》发表文章说道："好吧，当我们西班牙人认为应该拥有一个更好的君主时，就出现了一位我们配不上的国王。"

"23 F."审判和中间派的终结

这项被称为"23 F."（1981年2月23日）对政变始作俑者的审判于1982年2月19日在高级军事司法委员会进行，持续了三个多月。尽管米洛斯·德尔·博什一再出言不逊，而阿玛达要么为他的善意诡辩，要么在沉重的沉默后喃喃诉说着所谓的秘密，他用这些秘密假装掩护国王，实则掩饰自己。导致这场闹剧的两个互补的情景出现了：阿玛达作为一个演戏的叛徒掉入自己的陷阱，而米洛斯和特赫罗，这两位迷途的粗野军人活在他们不理解也不再理解他们的时代。这三人将在二审中被判处最高 30 年监禁，随着和平时期的宽大处理，这一刑期将逐步减少。

虽然留下了一些次要责任的阴影，但这一审判最积极的结果是，军界在辩论期间的第一反应为重组。他们暗示国王对他们中的一些人的煽动行为并不完全陌生。最终，军队被迫采取更明确的立场，并否定其活动分子。国王随后与负责武装部队的中间派以及后来的社会党部长们采取措施，以提拔各级指挥官中那些在磨难中能出色协助胡安·卡洛斯的人，这将迅速地将一支以佛朗哥模式为基础的内向型军队转型为捍卫民主的国防力量，并很快融入北约的军队部署。这场从某种意义上来说哥白尼式的革命将永远阻止西班牙军队干涉国家的政治生活，虽然他们认为军队干政是他们近两个世纪以来的职责。

随着这次审判的结束，一个时代也即将终结：在阿道夫·苏亚雷斯的领导下确保民主过渡成功，但现在已经耗尽资源的中间派领袖的时代。民主中间联盟的分裂加速了危机的到来，在更右翼的、不那么有魅力的继任者领导下，它也未能重新焕发活力。然而，利奥波尔多·卡尔沃·索特洛作为一个政治家也并非不值得尊敬，在他担任主席的 18 个月里，他不得不面对新的恐怖袭击，造成两位自由派将军丧生，其中一位是与国王关系密切的华金·瓦伦苏埃拉。他还要抑制住一些军人的愤怒反应，后者趁机要求在审判之前释放政变分子！ 1981 年 6 月，一个新的阴谋被及时揭穿了：这一次是计划在君主前往巴塞罗那途中抓住他，迫使他退位。

卡尔沃·索特洛意识到在巴斯克和加泰罗尼亚的要求下，民族团结受到的挑战会在军中引起不安，因此，经中间派和社会党之间的相互协议，在 1981 年 9 月通过一项重要的法律——著名的统一自治进程组织法（LOAPA）——旨在安排或如它的反对者所说的那样，减缓向新的大区移交权力，因为这种执行有失控的趋势。

尽管做出了这些有价值的努力，使统治阶级团结在一个既坚定又温和的政策周围，但西班牙的气氛仍然受到极左恐怖主义与极右政变思想的毒害，而“23

F”判决几乎没有使其恢复活力。国王对议会幸存者的严厉警告几乎没有被民主中间联盟领导人注意到，他们分为两极分享战利品：曼努埃尔·弗拉加的右翼联盟和费利佩·冈萨雷斯的社会党。

西班牙工人社会党自放弃马克思主义和阶级斗争以来，就采取坚定的社会民主倾向，受近期事件震动的舆论风潮推动着它寻求一个新的强大、一致的执政党。卡尔沃·索特洛为了避免中间派被彻底淡化，决定将选举提前到 1982 年 10 月 28 日。

事实证明，他本希望遏制的溃败几乎难以想象，因为 1979 年赢得 600 万张选票的民主中间联盟只赢得了 150 万张选票。获得 1000 万张选票和 202 名代表的西班牙工人社会党，得到了大部分彻底分裂的中间派选民的支持。阿道夫·苏亚雷斯以民主和社会中心（CDS）之名组建了自己的政党，但只有两名议员当选。西班牙正朝着新的左右两党联合组阁方向迈进。第二大全国性政党现在是弗拉加的联盟，即未来的人民党，拥有 550 万张选票。

在一场严重动摇国家的政治和军事危机之后，西班牙有了明智而温和的转向，它做出的选择让国家元首不太高兴，因为他一度对重建曾经支持他领导过渡时期的中间派抱有希望。事实上，胡安·卡洛斯坚信，西班牙君主制只有表现出与社会主义政府完美相容之后，才能真正得到巩固。

第二十八章　三十年荣耀与幻灭

在 20 世纪 70 年代末和 80 年代初，当西班牙的生活成本比独裁时期更高时，经常可以看到墙上写道："有了佛朗哥，我们可以生活得更好！"（Con Franco se vivía mejor!）"马德里运动"[①]的知识分子和学生们戏谑地改了口号，把"Con"改成"Contra（反对）"。事实上民主经常令人感到索然无味，而"反对佛朗哥"更加刺激。

幻想破灭是那个时代反复出现的主题之一。就像在 1978 年宪法中刚刚被确立的民主，好似人们期待已久的玩具，一旦得到，就觉得索然无味。

当然，明智的做法是不要把这种情景太当回事。西班牙人和英国人都有一种尖酸刻薄的幽默感，他们经常讲黑色笑话，并以外国朋友的抗议为乐。但不要和他们较真，否则他们会变本加厉！

在谈到 1982 年至 2012 年这三十年的历史时，这些话不是没有用的。因为今天我们知道，我们所获得的机会并不是永恒的，在西班牙这三十年应该是辉煌的三十年，社会持续进步，经济日益繁荣，政党有序交替，这些都表明着这个政府机构良好的运行，也是这三十年使西班牙恢复了它曾失去的欧洲及世界地位。

除了任何民主国家所固有的平庸，有时甚至是愚蠢之外，事实上西班牙历史上没有哪个时代比这个时期更具有持久的建设性。因为这是第一次历史可以在一个完全转型的社会基础上自由地书写。这些舒适又浮华的岁月在一场史无前例的世界危机影响下结束。这场幻灭是所有置身在财富美梦中的人都无法预料的。但西班牙人已经历经了几个世纪梦想破灭，毫无疑问他们比其他人更懂得如何去面对。

---

① 马德里运动：后佛朗哥时代西班牙过渡时期早期在马德里出现的反文化运动，它以"La Movida"这一名称传播到其他省份，直到 20 世纪 80 年代中期结束。

民主巩固的十年（1982—1992）

1981年，与共产党有联系的法国社会党在弗朗索瓦·密特朗的领导下，制定了“左翼共同纲领”，但两年后受到突发经济事件的影响，这一纲领终止。这次变革是很重要的，甚至是关键的，因为这是西班牙左派在历史上第一次在没有宣称推翻国家结构的情况下上台执政，也是西班牙工人社会党放弃了一直以来的革命意识形态后的第一次执政。费利佩·冈萨雷斯在1979年就明确表示赞成社会民主（“要么是马克思主义，要么是我”），甚至拒绝与一个非常稳固的西班牙共产党结成选举联盟，这为其按照民主过渡的理想，在尊重宪法规定的议会君主制的情况下，在中央执政奠定了坚实的基础。他与国王的良好关系将有助于促进这种制度平衡。

性格坦率是两人的相似点，就像胡安·卡洛斯和阿道夫·苏亚雷斯之间的关系一样，这使他们之间的合作变得更加简单。它将以政府机关的实践作为基础，而不受国家元首的个人意志和模棱两可的决策影响：胡安·卡洛斯认为，为了建立更好的君主制，这一点是必需的。

这种社会主义的温和态度并不会妨碍费利佩·冈萨雷斯的改革，在他的第一个首相任期里，他就实施了一系列的人们希望左翼政府能实现的改革。1981年中间多数派已经重新确立了离婚法，1985年通过一项限制性很强的法律，（在强奸，胎儿畸形，怀孕将会影响到母亲生命安全时）保障自愿中止妊娠的权利。世俗教育也将在这些有益的改革中被振兴和推广。然而政府在毒品问题上的松懈就另当别论了。这个欧洲国家由于地处所有毒品贩运的十字路口，受这一祸害的影响最为直接，1992年它将私人使用毒品非刑罪化，日后看来这确实是灾难性的。

但这个社会主义改革方案没有包括皮埃尔·莫罗伊政府在法国进行的国有化。相反，费利佩·冈萨雷斯宣布从1984年11月起支持一项冒险的工业重组计划，该计划将毫不犹豫地牺牲那些在整个经济体系中需要长期援助的领域，这也使他面临非常严重的工人委员会的罢工运动，从1988年后，工人社会党也与它自己的工会——劳动者总同盟分道扬镳。

基于同样的现实精神，在德国社会民主党（SPD）以及赫尔穆特·施密特明智建议的启发下，他在社会主义纲领的中心点之一——对前中间派卡尔沃·索特洛政府投票通过西班牙加入北约的质疑上来个 180 度大转弯。他完全放弃质疑，甚至大力主张最终加入《北大西洋公约》，并在 1986 年 1 月 1 日庄严签署协定，使西班牙成为欧洲共同体第十一个成员国的两个月后，最终通过全民公投批准了西班牙全面加入北约[①]。费利佩·冈萨雷斯实行了一个关键政策：调整武装部队，使其转为主要执行非政治任务。这又是一次国防部长和国王的完美合作，社会党国防部长、加泰罗尼亚人纳吉斯·塞拉从未穿过军装，但这并不减损他的权威，以及影响其灵活处理工作的能力；而掌握军队最高指挥权的国王很满意他以前的军校同学逐步获得了高级别领导权。在 1981 年 2 月事件前后发生的调动、晋升或是退休安排进一步凸显了国王的能力。然而，这些并没能阻止西班牙在接下几年来生活在因埃塔恐怖活动而引发的军事反应的持续威胁中。

1984 年 1 月，曾为失败的政变做出贡献的马德里地区上将吉列尔莫·金塔纳被杀，重新刺激了人们的情绪，而这一事件不过是借口而已。1985 年 6 月 2 日前，隶属于国防部的国家情报局在清除了可疑情报后，在危急关头成功摧毁了军队活动分子的新阴谋，该阴谋的目的是在王室、费利佩·冈萨雷斯、纳克里斯·塞拉和其他人士在科鲁尼亚庆祝武装部队日时，炸毁他们站立的看台。正如一位参与行动的人后来承认的那样："现在我们很清楚，只有铲除国王本人这个'背信者和佛朗哥的叛徒'，才能发动新的政变。"

由于中央政府与巴斯克执政党民族党之间没有达成长久协议，巴斯克民族党不愿意谴责埃塔组织，因此这方面的情况一直没有改善，法国政府的态度也没有让马德里的任务变得轻松。当时法国的社会主义内政部长加斯顿·德费尔不知道或想无视西班牙至少从六年前已经彻底改变的政体，他甚至公开将埃塔组织的恐怖活动和法国德占时期的抵抗运动进行对比！ 1984 年，法国终于第一次下决心将埃塔活动人士引渡到西班牙，长期以来法国被视为他们的避难所。从政治上讲，在比利牛斯山的另一边建立一个社会主义政府（尽管是社会民主的）是有必要的，这样巴黎才会对已经建立起来的西班牙民主制度给予一定的信任。

---

① 西班牙直到 1982 年才加入北约，1986 年，全民公投中以 57% 赞成票的结果进一步确认了这项决定。

尽管埃塔的恐怖袭活动持续不断，但军纪越来越受到控制，随着 1986 年 6 月费利佩·冈萨雷斯的第二个首相任期，西班牙还是进入了历史上最积极的阶段。从 1975 年佛朗哥去世到 1982 年间，受到石油危机影响的国际经济形势没有为正在过渡期执政的中间政府提供有利环境，接替的社会党政府前三年亦是如此，尽管那时候形势已经好转。从 1986 年起，西班牙成为欧洲共同体的正式成员，并在 1989 年首次主持欧共体，国内局势开始变得明朗起来。从此西班牙受益于欧洲对其基础设施和农业的资金投入，外国投资快速增长，过去影响到近 22% 劳动人口的地方性失业率也开始下降，同时通货膨胀得到遏制，购买力、家庭储蓄能力都开始回升。

一个特殊但应得的机会降临到费利佩·冈萨雷斯身上。在 1987 年的市政府选举中，社会党输掉了大量的大城市，但在 1989 年 10 月的议会选举中社会党获得了大多数席位。因此费利佩·冈萨雷斯的第三个首相任期这种有利的情况下开始。在第一个以社会民主为标志的十年民主巩固之后，西班牙因其在布鲁塞尔委的代表的素质，以及在斯特拉斯堡的欧洲议会中代表的勤勉，在欧洲赢得了尊重和钦佩。西班牙可以开始实施更雄心勃勃的目标——最终恢复其作为一个新的世界强国的形象。

塞维利亚和巴塞罗那：1992 年的辉煌

进入 20 世纪 90 年代，欢欣鼓舞的气氛在全国各地蔓延。到处都是新建的高速公路、旅游综合体以及为了迎接日益增加的游客而扩建、翻新的机场。西班牙高速铁路（AVE）使塞维利亚到马德里的车程缩短到两个半小时。当时马德里、巴塞罗那及其他大城市都在改变着城市面貌，在精心改造和维护的大道上建起了未来主义风格的高楼，以及各种新博物馆，比如马德里的雷纳·索菲娅艺术中心或是 1993 年建成的收藏蒂森男爵绝美收藏品的博物馆。破旧的城市外墙被重新装修，过时的办公场所也进行了改造，以容纳活跃的资本主义控制下的大型工商企业和银行的豪华总部。

喧闹繁荣的迹象渗透在日常生活中，甚至在那些缺乏活力的偏远地区也是一派繁荣景象。而在地中海沿岸，受猛烈、无底线的投机活动影响，人们忽视了这些城市原来的面貌：历史遗迹、传统习俗的魅力，赋予了这个国家不变的色彩。可是谁能抱怨巴塞罗那为举办奥运会而进行的巨大工程，给了这座加泰罗尼亚大都市一个配得上它的海滨城市面貌呢？或者在塞维利亚投入了同样可观的资金，使它成为庆祝发现新大陆五百周年的世界博览会的举办地呢？

1992 年夏天这两件具有象征意义的事件在世界范围内产生了巨大的影响，彰显了西班牙强大的组织能力，标志着西班牙重返世界重要国家之列。它冠以文化影响力的外交举措使西班牙恢复了两个世纪前失去的国际地位：1990 年费利佩·冈萨雷斯政府决定象征性地参与了第一次伊拉克战争，次年 10 月，在马德里召开了中东和平国际会议。1991 年 7 月，西班牙国王在墨西哥主持了伊比里亚大家族（葡萄牙和巴西加入）国家元首峰会的开幕式。胡安·卡洛斯从军队改组给他带来的最严重的忧虑中解脱出来后，开始频繁地处理国际事务，为他的国家服务。他的声望，尤其是对法国和德国的成功访问，为西班牙加入欧洲共同体清除了余下的障碍。他在访问军事独裁统治的阿根廷期间表现出的坚定立场具有里程碑意义，为拉丁美洲的许多根本性变革铺平道路，同时为西班牙企业的扩张做好了准备。

随着马德里与其前帝国形象之间日常联系的加强，这位君主还可以利用人脉维持他与中东主要领导人间的友谊，更不用说与华盛顿和伦敦，甚至与欧洲王室间的血缘关系为他赢得的个人光环，西班牙得以在这些最高层次的外交活动中获益。对西班牙来说，持久的君主制代表的机会随着时间推移、君主成为西方国家元首中年龄最长者而无法抵挡住一些磨损或因压迫的过去而产生的冲突，但至少费利佩·冈萨雷斯认为君主制具有真正的价值，并将在今后很长一段时间内保持这种价值，虽然 1996 年上台的右派似乎不那么重视它。

社会党政权的衰落与失败

在这个国际认可和国内充满活力的阶段，在经济五年持续强劲增长的支撑下，大家原以为费利佩·冈萨雷斯掌舵的社会党会继续乘风破浪。

在 1992 年开始的全球经济衰退中，西班牙严重受创，国家机制表面良好的运行掩盖了它的特有弱点，使其更容易受到经济危机的影响。首先是技术落后，最常见的是工业领域（特别是汽车行业）采用外包，长期缺乏对科学研究的投入。

大型工程的兴建掏空了国库，社会党政府在竞选时的承诺——增加 80 万个新的就业机会从未实现，失业率更是进一步上升到 20%，1992 年 9 月至 1993 年 5 月间比塞塔连续贬值三次。此前社会党政府的信誉已经受到了各种金融界丑闻的影响，更严重的是一个民主右翼在年轻财政监察员何塞·玛丽亚·阿斯纳尔的主持下重新组织起来，发出自己的声音，他的组织天赋和勇猛干练弥补了形象上的不足。

这个人民党摆脱了佛朗哥主义残余势力，这股势力阻碍了联盟和曼努埃尔·弗拉加（他本人退回到加利西亚大区主席职位）的人民联盟。人民党赢得了那些最主要城市的选举，并在最有活力的城市和工业区确立了自己的主导地位。

1993 年 6 月 6 日的议会选举仍然为工人社会党带来了短暂的胜利。但社会党在国会的 350 个席位中只获得 159 个席位，而人民党则从 107 个代表增加到 141 个。费利佩·冈萨雷斯的个人魅力再次发挥了作用，但也顺从了“有用的票”，因为社会党似乎比抵制周边民族主义的右翼政党更能得到稳定的多数——加泰罗尼亚和巴斯克民选代表的支持。

冈萨雷斯领导着越来越难以控制的党派，十年的权力使他疲惫不堪，人见人爱的“费利佩”难以获得最后的成功。实际上他已经将工人社会党的机构交给了他过去的密友阿方索·盖拉，不过后者因他兄弟胡安在塞维利亚被判有罪而在 1990 年放弃了副主席的职位，事实证明，盖拉对该党的家族化控制与他的队伍中本应进行的清理工作是不相容的。

在舒适安逸的年代里，金钱滚滚流动，鼓励了时髦的商人、部长和政府公务员，以至于马德里红衣大主教恩里克·塔兰肯公开谴责“比独裁时期更严重的腐败”，借此来唤醒西班牙的良知，但他本人对佛朗哥主义没有任何眷恋。君主本人在 1996 年 6 月格拉纳达的一次演讲中毫不留情地批评：“自由放任的生活损害西班牙的形象。”他似乎不担心他的私生活会为他带来影响，尽管他现在的私生活比以前更加不克制。

在后运动时代，魅力无穷的巴内斯托银行家马里奥·孔德，高调张扬的加泰罗尼亚商人、科威特在西班牙投资的管理者，“两个阿尔贝托”（科迪纳和阿尔克赛娶了富有的克拉波维兹姐妹，她们是以佛朗哥政权下以垄断生活垃圾收集为基础的财富继承人）。

以及其他工业巨子出现在西班牙人喜爱的人物、政治、经济、尤其是八卦杂志上，引起纷纷议论。

这股轻浮之风让这个国家的人们幻想财富，他们中有些人在淘金赛道上成为破产者，有人甚至锒铛入狱。人们使用特权的丑闻频增，比之前几届政府执政时发生的都要多，这最终导致社会党的权力完结。

无论是西班牙银行董事为私利开设秘密账户，还是现任卫生部部长、前西班牙铁路公司总裁曾将公司可用土地贩卖给代理人或他的朋友们，都仅仅只是这类可悲违法交易中的一二，在最有影响力的国家中，没有一个国家能够真正幸免于此类交易。1994 年夏天，当人们得知路易斯・罗兰——第一位以文职身份担任过去留给军人的国民警卫队总指挥一职——在得到令这个骗子心惊胆战的起诉书后畏罪潜逃时，舆论的愤怒让费力佩・冈萨雷斯政府没有任何机会。

在他的第四个任期开始后仅一年，1994 年 6 月的欧洲选举使他和工人社会党遭受惨败，形势对人民党有利。在安达卢西亚失业率超 34% 的艰难经济形势下，阿斯纳尔并不急于弹劾对手，而是等待其出现信任危机。最终反恐解放组织（GAL）的问题促成了这场权力交接。这个组织是一个由内政部资助的地下组织的执行机构，他们利用与对手相同的快速方式在境外打击埃塔。这些行动小组建立于 1983 年，当时法国尚未决定与西班牙进行警察合作，总而言之，它不过是类似于各国特勤局设立的行动小组，丑闻之所以会被揭露，要么是因为组织的行动被曝光，要么是因他们的愚蠢——在这里往往是这种情况——被政治所利用。

这一新丑闻的严重性加上因罗兰事件对腐败零容忍的社会氛围最终毁掉了费利佩・冈萨雷斯仅存的个人信用。情理之中，1996 年 3 月的选举提前几个月，使受欢迎的右派获得 156 个席位，而工人社会党只得到了 141 席。这对任何人来说都不意外，这种政权的交替本身是对国家民主制度是否正常运行的考验，证实了西班牙两党制的政治方向，这也是政府持久稳定的保证。然而这种稳定需要在投票中得到多数的票，就像之前两次选举一样，需要加泰罗尼亚和巴斯克民族主义者的支持，因为他们显然有能力起到决定性作用或是对某些观点产生威胁。在这种情况下，胡迪・普霍尔的加泰罗尼亚多数党——融合与统一党，以及巴斯克的泽维尔·阿尔扎鲁兹领导的巴斯克民族主义党，这两党都代表了保守的民族主义选民，感觉上他们都更加接近人民党，尽管人民党体现的西班牙右翼传统比工人社会党更集权。这次选举结束时，这些关键党之间的博弈并未停止：他们对新一届政府的支持以是否能在新政府中得到好处为条件。

阿斯纳尔的时代：大跃进与美国的诱惑

何塞·马利亚·阿斯纳尔，这位身材矮小、头发梳理得过于整齐的男人通常被社会党和他的左翼知识分子朋友们生动地称为“理发师”，显然不及他的前任那么有魅力。这位蹩脚的演说家，甚至被漫画描绘成有着卓别林式的炭黑眉毛以及在一动不动的嘴唇上的浓密小胡子——黑色眼睛，短促的手势，晦涩难懂的单词和畏缩的语气，西班牙似乎在其代表形象和传播方面已经输了。但经过几年时间，他塑造了一个与新右派提倡的高尚品德相符的正直严肃的形象，且没有婚外情的污点，使人们对他的评价有了转变。

何塞·马利亚·阿斯纳尔是佛朗哥统治下一位著名记者的孙子，但这位独裁者去世时他只有 22 岁，没有人认真怀疑他的人民党和他本人与已经从政治版图上消失的极右翼分子合谋，尽管左派不断有人认为他们仍然藏匿在人民党中。他和妻子安娜·博泰拉（今天的马德里市长）一起展示了一对完美的当代夫妇面孔，他们的形象在今后会更加频繁地出现在公众视野。他的团队为他提供了毋庸置疑的能力保证。这也得益于经济环境的好转。

早在 1998 年，西班牙就能够以财政管理和经济活力使其达到《马斯特里赫特条约》苛刻的趋同标准，并在 2002 年 1 月与欧洲的先驱国家一样将比塞塔兑换成了欧元。与此同时，人民的支持使他的政府获得了成功。经济增长已恢复到年均 3.5% 的稳定水平，失业率与 1994 年相比至少下降了 6 个百分点，尽管减税幅度超过 10%，但公共赤字仍大幅下降。2000 年 3 月的这次选举，人民党获得了绝对的多数选票。

对阿斯纳尔的几个客观批评，可以概括为他的施政有过于公开的“总统化”倾向，破坏了王室作为象征的这种微妙但又必不可少的平衡。胡安·卡洛斯在这个与他性格如此不相似的人身上，看不到如之前的合作伙伴阿道夫·苏雷亚斯和费利佩·冈萨雷斯那样的热情。而阿斯纳尔对君主的态度看似恭敬，实则比较疏远，有时甚至是傲慢。他倾向于相信君主制对国家的正常运转并非不可或缺，这种想法被社会民主派左派所否定，但却存在于新老右翼人士的基因中。至少这是右派中最强硬的那部分人对国王的尖锐批评所传播的观念，据说他们准备推动第三共和国的建立。这些观念以后会被西班牙和加泰罗尼亚极左翼更成功也更持续地利用。

何塞·马利亚·阿斯纳尔在取得辉煌成就的基础上，没有被任命为共和国总统（如果他有这个想法的话），他转而追求另一个更加实际可靠的梦想，但这将使他的政党在2004年遭遇惨败：与华盛顿建立类似与英国的特殊关系，即使这意味着西班牙必须远离它的欧洲伙伴。

2001年1月，乔治·W·布什当选为美国总统，阿斯纳尔认为执政的美国新保守派与他意识形态相近，鼓励了西班牙这种外交政策的调整。9月11日在纽约发生的大规模恐怖袭击唤起了长期受到恐怖主义危害的国家一种特殊的团结感，尽管这些恐怖袭击有不同的来源。

值得回味的是，欧洲在历史上总是作为西班牙问题的“解决方案”，一旦问题解决，那么通过以前的属地将马德里与美洲大陆联系起来的跨大西洋古老纽带自然而然能重新恢复其期待的经济、文化影响力。这些考虑也是由于西班牙感到自己羽翼渐丰，却因法、德的国力优势，使西班牙降为欧洲次要强国而感到恼火。从这个角度看问题，美、西双方都有一些好的或不好的理由——一方面是缺乏考虑，另一方面是忘恩负义——诱惑对于阿斯纳尔来说是巨大的，他想维护自己国家的行动自由，可能也想在小布什发动第二次伊拉克战争时发挥主导作用。

2003年3月16日在亚速尔群岛举行的首脑会议上，托尼·布莱尔和何塞·马利亚·阿斯纳尔围绕着美国总统聚在一起，这使得后者受到了巴黎的嘲讽。但这位被讽刺为“布什的卷毛狗”的人没有忘记，在前一个夏天，当摩洛哥占领直布罗陀海峡的西班牙佩雷吉尔岛时，帮助他解决与摩洛哥冲突的不是法国外交家，而是美国国务卿科林·鲍威尔！

西班牙公众舆论以绝对多数——据民意调查，几乎80%的西班牙民众强烈谴责国家军队参与这场针对“邪恶轴心”的不适当的“十字军东征”。但随着2004年3月新立法的出台，西班牙舆论似乎原谅了阿斯纳尔对战争的热情，因为他执政八年来取得非常积极的成果。他在1999年曾试图与埃塔建立积极的联系，以证明他并不因好战而参与战争，不过没有成功。

2000年12月，他促使工人社会党新秘书长何塞·路易斯·罗德里格斯·萨帕特罗与人民党结缔了"打击恐怖主义自由公约"，拒绝与国家分裂组织以及犯罪组织达成任何妥协，并要求两党将这一问题排除在选举竞争之外。除了这次融洽的政治和谈，他出于骄傲，而不是谦虚（在王家埃斯科里亚修道院为他女儿举办婚礼，丝毫没有顾及国王的感受），承诺自己不会展开第三个首相任期竞选。但很显然，西班牙的经济健康状况非常好，其一直以来的弱点并没有被诊断出来，这一点当时大家都是有目共睹的，也是欧洲邻国所敬佩的。

确实，这些年阿斯纳尔一直沉浸在国家现代化甚至是后现代化的发展中，政府没有发生像让社会党落败的公共腐败，没有宣扬教权主义，也没有质疑早前的社会改革。另一方面，发展成果与西班牙人天生的活力和勇敢密不可分，不可战胜的乐观精神将时代最后的贫困记忆一扫而空。在2008年全球经济危机之前，西班牙可以一直不受阻碍地发展经济。一股强大的活力调动着西班牙的大型工业和金融企业的积极性。在20年的时间里，西班牙从一个依赖外国直接投资的中等规模经济体逐渐发展到在国际舞台上拥有令人羡慕的地位。传统的资金流向也发生了转变，大型集团——西班牙国家石油（Repsol）、西班牙电信（Telefonia）、西班牙天然气公司（GNF），加利西亚服装巨头印地纺集团（inditex）及旗下Zara，西班牙对外银行（BBVA）和桑坦德银行，正在世界市场上与其他大公司竞争。这些新征服者辉煌的扩张使人们忘记了国内经济弱点，忽视了其对近乎单一的混凝土经济和房地产债务的依赖。

尽管如此，在2004年初，西班牙失业率已经降至不到11%，阿斯纳尔政府在第二个任期内创造了240万个就业岗位，年增长率远高于欧洲平均水平。它还减少了公共支出和税收，同时公共赤字不到3%，外债限制在国内生产总值的60%：对欧盟各大国来说，这是一个令人羡慕的例外。所有的条件似乎都已具备，可以预测右派在3月14日的选举中取得新的胜利，民调也支持了这一点。但来自东方沙漠的一粒沙子却足以阻止这台美好的机器良好运转。

3月11日清晨，马德里阿托查车站发生爆炸，造成191人死亡，1824人受伤。这是穆斯林恐怖主义对何塞·马利亚·阿斯纳尔参与美国军事行动做出的回应。

社会党人回归："记忆"的困惑与全球危机爆发

人民党为其领导人失败的大西洋主义政策付出了的代价，它的失利更是因为长期隐瞒这一骇人听闻的袭击源头，而将其归咎于埃塔。不能确定埃塔是否也参与其中，但随着越来越多的证据指向"基地"组织，西班牙人民将长期以来对伊拉克战争的不满，转换成以投票惩罚故意隐瞒真相的右翼。在罗德里戈·拉托（阿斯纳尔得力的财政部长，也是多米尼克·施特劳斯－卡恩之前一任的国际货币基金组织总裁）放弃之后，阿斯纳尔可靠但平庸的副手马里亚诺·拉霍伊已经准备从容地接替他，却沦为由联合左翼、环保主义者和加泰罗尼亚民族主义者围绕西班牙工人社会党组成联盟所支持的何塞·路易斯·罗德里格斯·萨帕特罗的反对派。

政府新主席采取的第一步当然是撤回大约1400名在伊拉克战场的西班牙士兵……在波兰指挥官的指挥下，这一举措在巴黎被誉为西班牙在大西洋主义偏航后重返欧洲的怀抱。萨帕特罗未能改变令普通民众满意的非常自由的经济政策方向——但其代价是房地产泡沫不断膨胀和被投机狂热所攫住的家庭令人担忧的负债——萨帕特罗打算以大力的"社会改革"让他的首相任期被人们记住，鉴于他当选时特殊的情绪化环境，这些并不是很明确和坚持的改革方案不过是一张舆论的空头支票。

这个神秘的男人有着圆脸庞，弧形眉毛下坦率的眼神让他看起来就像是从漫画中走出来的人物，而在这样的外表下隐藏着有些宗派主义的决心。他至少搞错了事情的紧要顺序。在有必要采取有力的措施清理内部市场同时遏制它的崩溃时，他却靠用处不大的新政策，转移了人们对威胁西班牙社会的真正问题的注意力。从他上台到卸任还没有明显的经济衰落迹象。繁荣一直延续到2006年至2008年初，在新的选举中他获得了第二个首相任期，国外媒体较克制地赞美"令人羡慕的西班牙活力"。事实上，无论是在右翼或是社会民主党左翼领导的西班牙和大多数西方大国一样，都受到了全球经济规则的约束，而且几乎无力控制这些规则。人民党和工人社会党只能在边缘、在这些"社会问题"上表现出分歧。

从一开始罗德里格斯·萨帕特罗就将解决社会问题作为自己的施政纲领。

当经济危机变得明显时，这些措施显得越来越不合时宜，因为如果能多一些预见性，少一点对次要（就算不是多余的）社会问题的沉迷，国内经济问题的很大一部分偏差也许就会得到纠正。

2005年6月20日，众议院以187票同意147票反对通过了一项法律，从而保障同性恋伴侣拥有婚姻及收养权，这引起了教会的抗议和众多示威活动，人民党也加入其中，他们认为其不公平的选举失败是对“恐怖主义胜利”的认可。政府却想更进一步，调整医疗和法律框架，使变性人的生活得到保障。2006年政府还修订关于麻醉药物的法律，尤其是将大麻种植及私人销售大麻种子合法化。最后，在2010年，原本理论上仅限于强奸和胎儿畸形的流产，在医疗实践中却没有那么多限制，所有女性（包含未经父母允许的未成年人）在妊娠14周前都可以自愿终止妊娠。

然而，所有改革中最引起争议的莫过于2007年10月由社会党多数派在议院长达数月的激烈辩论后通过的历史记忆法。从某种意义上说，这项法律正如其名，对“抹去历史”的不成文约定提出质疑，这个约定一直是过渡时期的政治基石，伴随着20世纪80年代西班牙年轻人享乐主义的节日气氛和欢乐的宣泄，在那个时代严肃思想和“政治正确”还没有侵入人们的精神和道德中。

这项受争议的法律无疑包含了公平的措施。右派本身在2002年11月一致通过了一项法律，首次对佛朗哥独裁统治提出谴责。自2000年以来，一个“恢复历史记忆”的协会开始活跃起来并迅速壮大，其使命是让内战和后来佛朗哥镇压的受害者家属能够悼念在乱葬岗上被遗忘的死者，并给他们一个体面的葬礼。在许多曾发生过大屠杀的村庄举行了感人的仪式。

但是否有必要唤醒这段痛苦的历史，将其提升到民族运动的高度，仅以这场自相残杀的战争中被征服者的角度来重写历史呢？左派的论点在很大程度上是可以接受的，但很显然，反对派阵营中同样众多的受害者——在帕拉库洛斯·德尔·哈拉马的万人坑以及“共和派”的刑场中遇难的人——在佛朗哥时代已经得到了足够的尊重。在1976年至1984年间，除了赦免双方犯下的罪行外，还通过了几项赔偿法，它们纠正了独裁期间那些最严重的伤害，并授予人民阵线老兵与国民军阵营老兵同样的权利。

何塞·路易斯·罗德里格斯·萨帕特罗——他的祖父曾是一名忠于人民阵

线的军官，被国民军枪杀——重提“历史记忆”的问题时，其意图可能是通过推翻可恶的佛朗哥主义的好与坏、赢家与输家的辩证法来修改西班牙历史，从而有利于一个单一阵营，在他眼里，这个阵营是“道德价值”的唯一保有者。这很可能是为了回溯民主的合法性，不是回溯到1978年宪法，而是回溯到1931年共和国成立之时，也进一步暗示君主制及君主不过是佛朗哥政权的化身。至少反对这种“记忆”立法的党派精神的人是这样理解的。“七十年后，萨帕特罗想要赢得内战。”路易斯·玛丽亚·阿农戏谑地总结道。

这种以“集体记忆”的角度理解历史的方式，有不可避免的局限性，即使它在社会学分析中体现出其价值。然而无论是法国的莫里斯·霍布瓦克、皮埃尔·诺哈或是西班牙的帕罗玛·阿吉拉尔，当他们谈论“历史记忆”时，还是会令人困惑。正如斯坦利·佩恩所指出的那样，这是一个名副其实的矛盾体，与诗人的“晦涩的清晰”同出一辙 。它其实是两个截然不同的概念的混合体：一个是记忆，本质上是主观的、解释性的，另一个是历史，它可以随时根据新的研究进行修正，但要受制于更客观的规则……

这项记忆法在西班牙社会引发的骚动无疑是它可能造成的最大损害。此外，它是基于虚假的假设，即所谓的“集体遗忘”是过渡政府出于政治目的有意为之的。随着西班牙出版的无数资料翔实的文献，通过对内战、内战的起因、内战的影响和佛朗哥政权的各种辩论和争议，不断地滋养着这个国家公民对他们那段近代史的好奇心。如果不是因为年轻一代对讲述一个不再属于他们时代的历史表现出可以理解的冷漠，人们很难看到这种被指责的“否认记忆”在哪里。

声称“恢复”这段历史，最终指出了这个动词本身引申的意义：发明一种单向的国家叙事，通过宣称揭开强加的遗忘面纱，来取代另一种（早已过时的）叙事。然而，正如约瑟夫·佩雷总结的那样：“在民主过渡时期，没有什么集体遗忘，而是一种相互的赦免，一种和解的愿望，为什么不呢？就此忘记某些事情……”确切地说，某些事情恰恰应该被忘记。

无论如何，这种超现实的政治氛围与当下的现实生活相去甚远，第一个对全球金融危机爆发感到惊讶的似乎是萨帕特罗本人。尽管这一切都始于美国次贷危机，但它与近两年来威胁着西班牙的房地产泡沫有着相同性质。自2006年以来，许多金融分析师就在为不可避免的“不幸后果”敲响警钟。当然，社会党并不是建筑业过度通胀唯一的责任方。其直接后果是，房地产债务使得银行网络，主要是地方储蓄银行的烂尾证券泛滥。但工人社会党在 2008 年 3 月以令人满意的多数票获得连任，他们没有采取任何措施应对这一威胁，直到最后一刻还让人相信“一切如常”。尽管部分国际媒体不停地称赞西班牙，但它们已经开始对西班牙泛滥的“贵族的疯狂”表示担忧。然而，另一个最后期限也即将在 2013 年来临：届时该国将不再是扩大到 27 个成员国的欧洲共同体结构基金的受益者，而将进入捐助国类别。

很快曲调就变了。2010 年，随着公共建筑业（BTP）的崩溃，失业率已升至 20% 以上，2011 年 7 月，在致命的地区和市政选举之后，萨帕特罗因采取了公务员减薪 5%、减少失业救济金、延长法定退休年龄等紧急措施而变得非常不受欢迎，不得不提前四个月举行议会选举。

这些事件发生在愤怒者运动领导的“反体制”抗议活动之后，抗议者在 2011 年春夏期间大规模占领了马德里太阳门广场和其他地区的大广场。原定于 11 月 22 日进行的选举成了现政府溃败和人民党彻底复仇的现场。2004 年对马德里袭击事件中故意隐瞒真相的右翼政党的制裁又一次上演，惩罚了因虚假危机管理而名誉扫地的社会党。《国家报》虽然倾向左翼，但也要求萨帕特罗在选举后“立即辞去”工人社会党秘书长的职务，并指出即将离任的首相“缺乏政治才能”。

2008 年 3 月工人社会党还拥有 1120 万张选票，如今已经失去了 430 万张。这些选票分散到了激进左派、或多或少新兴的中间派小党、“另类”党派，以及一些地区民族主义组织中。马里亚诺·拉霍伊的人民党以 186 席对社会党 110 席的绝对多数当选，在极端严重的危机下被赋予了历史责任。此时国民经济的支柱产业已经倒塌，银行体系受到严重冲击，濒临破产的地区向国家求救，而这一时期的失业率将继续上升，超过了最坏的预测。

右派的报复：西班牙的优势与劣势

在这种情况下，不能期待出现任何奇迹。最多只能期待右派在管理国家财政方面更加严格，甚至采取更多的紧缩措施，但没有人知道这些措施是否能被接受。在这种黯淡的经济前景中，我们可以看到，西班牙仍然拥有一些重要的优势，使其能够比其他受到同样危机的西方国家更好地面对挑战，甚至有可能摆脱危机。这些优势一部分来自其更有支撑力的传统家庭结构，大量西班牙人可以通过流动甚至移民去寻找工作。这也是由于工会的态度更加明智，更加顺应现况，为了保住就业，工会毫不犹豫地在工资和工作时间上做出牺牲。早在2012年，国家竞争力指数就开始受益于这些良好的素质。以雷诺为例，它指出西班牙的工业劳动力成本自2008年以来下降了近10%，而法国的工业劳动力成本上升了5%以上，雷诺计划增加其伊比利亚生产部门的产量。在出口市场上，出于同样的原因，西班牙的产品具有强大的商业活力，在许多情况下比法国同类公司的产品更具竞争力。一年之内，西班牙的贸易逆差已经减少了36.4%。如果这一趋势持续下去，有望在2013年底国家恢复收支平衡，甚至实现盈余。

这种灵活性使西班牙比欧洲大陆上的主要邻国更加习惯于直面厄运的打击，加上西班牙已经在世界市场中占据的工业和金融地位，以及国内的基础设施，所有这些积极因素让这个富有活力的国家可以大声表达它的愤怒，但不会停留在无谓的指责和徒劳的努力上。

西班牙对在这次危机中失去五十年发展成果的恐惧无疑和其他地方一样强烈，但恐惧并没有让西班牙变得消极僵化，反而促使它适应“必须保证将一切都做到最好，或是尽可能地减少损失”，据说这是在面临深渊的西班牙经常可以听到的一句话。从历史中汲取的经验教训使西班牙人习惯于依靠自己的资源来抵御当下的灾难。

然而，2012年对西班牙来说是非常艰难的一年。在经济衰退之际，对受失业打击的近四分之一的劳动人口和近46%的年轻群体来说，又何尝不是如此呢？唯一的好消息是在军事上疲惫不堪的埃塔方面结束了武装斗争。在进行了四十三年的恐怖活动之后，巴斯克组织于2011年10月宣布打算“谈判”解散。拉霍伊政府拒绝妥协，所以它别无选择，只能自行解散。作为正式政治宣告，巴斯克团结党于2013年1月在巴约纳宣布解散。但它没有放弃争取地区自治和独立的斗争，在最近的选举中，它通过强硬的政治手段服务其政治目标。

与此同时，加泰罗尼亚受到其民族主义政党在议会选举中成功的激励——联合与统一党在全国投票中首次领先于加泰罗尼亚社会党，以及埃斯奎拉左翼激进党强势推进——它加大了对中央政府的压力，同时迫切要求其提供财政支持。

加泰罗尼亚自治区主席阿瑟·马斯迈出决定性的一步，组织地区公投，尽管这一决定是违宪的，但这表明加泰罗尼亚对完全主权的要求。

国王本人长期以来被认为是西班牙人气最高的人，但在博茨瓦纳的一次昂贵且不合时宜的狩猎后，民调显示他的支持率下跌至 50%，尽管在 2012 年 4 月他就此事进行了公开道歉。最近王室的形象因为国王的女婿、前手球冠军、克里斯蒂娜公主的丈夫伊纳基·乌丹加林的财务丑闻而严重受损，并继续恶化，以至于让人们对君主制的未来产生了怀疑。

国家所陷入的焦虑气氛和社会困境无法缓和因政治局势突变而加剧的情绪。除了一些人的复仇欲望之外，还有党派内部的清算。人民党在过去的十年中没有出现太多使其名誉受损的事件，但在 2013 年 2 月它被指控一直从秘密资金中获益，这些资金不被征税，用于补充当选议员和政府工作人员的官方工资。拉霍伊在中左派报纸《国家报》公布的文件中遭到谴责，称他长期接受未申报的每年 2.5 万欧元的“额外工资”。最令人意外的是右翼《世界报》完全同意这一指责，丝毫不担心会进一步让多数派领袖的地位不稳。

可以预见，经济危机所激起的恶劣氛围会将许多长期藏匿在寂静水域中的海蛇拖出水面。西班牙民主虽然不会受到威胁，但至少是伤痕累累。这场危机加剧了中央政府与那些最敏感的自治区之间的紧张关系，也凸显出国家结构的弱点，这个结构一直没有找到平衡，更不用说解决方案了，自 1978 年民主制度建立之后，似乎已经达到了它的极限了。一些西班牙人对自己身份的印象可能本身就是混乱的。

毫无疑问，这仍然是西班牙必须面对的最棘手的问题，涉及到它整个漫长的历史，而我们现在要为这些刚刚写就的篇章画上句号。

图书在版编目(CIP)数据

大航海时代的世界帝国 / (法) 菲利普·努里著 ; 郑东晨译. -- 兰州 : 敦煌文艺出版社, 2023.1
ISBN 978-7-5468-2167-2

Ⅰ. ①大… Ⅱ. ①菲… ②郑… Ⅲ. ①西班牙－历史 Ⅳ. ①K551

中国版本图书馆CIP数据核字(2022)第012337号

大航海时代的世界帝国
[法]菲利普·努里 著 郑东晨 译

统筹策划：徐 淳
责任编辑：曾 红
文字校对：尚晶晶
封帧设计：水玉银文化
审 校：钱金飞

敦煌文艺出版社出版、发行
地址：(730030)曹家巷1号新闻出版大厦
邮箱：dunhuangwenyi1958@163.com
0931－8152172(编辑部)
0931－8773112 0931－8120135(发行部)

运河（唐山）印务有限公司
开本 710毫米×1000毫米 1/16 印张32.5 插页8 字数530千
2023年1月第1版 2023年1月第1次印刷
印数 1～6 000

ISBN 978－7－5468－2167－2
定价：108.00元